THE LEGO® MINDSTORMS® EV3 DISCOVERY BOOK
By LAURENS VALK

Copyright © 2014 by Laurens Valk
THE LEGO® MINDSTORMS® EV3 DISCOVERY BOOK, ISBN 978-1-59327-532-7, published by No Starch Press.
Korean-language edition copyright © 2015 by Insight Press. All rights reserved.
The Korean edition was published by arrangement with No Starch Press through Agency-One, Seoul.

이 책의 한국어판 저작권은 에이전시 원을 통해 저작권자와의 독점 계약으로 인사이트에 있습니다.
저작권법에 의해 한국 내에서 보호를 받는 저작물이므로 무단전재와 무단복제를 금합니다.

레고® 마인드스톰® EV3 마스터 가이드
EV3 프로그래밍 원리와 조립 기법을 탐구하며 체험하는 로봇 창작의 세계

초판 1쇄 발행 2015년 10월 26일 **3쇄 발행** 2021년 6월 7일 **지은이** 로렌스 발크 **옮긴이** 공민식 **펴낸이** 한기성 **펴낸곳** 인사이트 **편집** 김강석 **본문 디자인** 신병근 **제작·관리** 신승준, 박미경 **용지** 에이페이퍼 **인쇄** 현문인쇄 **제본** 자현제책 **등록번호** 제2002-000049호 **등록일자** 2002년 2월 19일 **주소** 서울시 마포구 연남로5길 19-5 **전화** 02-322-5143 **팩스** 02-3143-5579 **블로그** http://blog.insightbook.co.kr **이메일** insight@insightbook.co.kr **ISBN** 978-89-6626-171-3 책값은 뒤표지에 있습니다. 잘못 만들어진 책은 바꾸어 드립니다. 이 책의 정오표는 http://blog.insightbook.co.kr에서 확인하실 수 있습니다.

| 일러두기 | 본문 중 🧑 오렌지색으로 쓰인 글은 모두 옮긴이의 글입니다.

레고® 마인드스톰® EV3 마스터 가이드

The LEGO® Mindstorms® EV3 Discovery Book

로렌스 발크 지음 | 공민식 옮김

EV3 프로그래밍 원리와 조립 기법을 탐구하며 체험하는
로봇 창작의 세계

차례

옮긴이의 글 xiv

들어가는 글 xvii
- 왜 이 책입니까? xvii • 여러분에게 이 책이 적절할까요? xviii
- 이 책은 이렇게 구성되어 있습니다 xviii • 들어가는 글을 마치며 xxii

1 시작하기

1 EV3 준비하기 3

구성품을 살펴봅시다 3
- EV3 브릭 4 • 테크닉 부품 정리하기 5 • 임무 패드 6

로봇을 제어하기 6

EV3 소프트웨어 설치하기 7

이 장을 마치며 9

2 첫 번째 로봇 만들기 11

조립도 활용하기 11

익스플로러 조립하기 13

입력과 출력, 그리고 전선 22

EV3 브릭 살펴보기 23
- EV3 켜고 끄기 23 • 프로그램 선택과 실행하기 24

리모컨으로 로봇 움직여 보기 25

이 장을 마치며 26

3 프로그램 만들고 수정하기 27

첫 번째 프로그램 따라하기 27

기본 프로그램 만들기 29
- 프로그래밍 팔레트 30 • 시작 블록 30
- 프로그래밍 캔버스 30 • 하드웨어 페이지 31

프로젝트와 프로그램 32
- 파일 관리 33 • 도구 모음 34 • 콘텐츠 편집기 37

EV3 기본 로봇과 보너스 모델 38

이 장을 마치며 38

4 프로그래밍 실습: 동작 블록　　　　　　　　　　　　　　39

프로그래밍 블록은 어떻게 작동할까요?　　　　　　　　　　39

조향모드 주행 블록　　　　　　　　　　　　　　　　　　40

- 조향모드 주행 블록 활용 40 　• 모드와 설정에 대해 자세히 알아보기 41
- 정확하게 회전하기 44

　　탐구과제 1: 가속시키기! 44　　탐구과제 2: 정확한 회전! 45

　　탐구과제 3: 원하는 곳까지 이동하기! 45　　탐구과제 4: 글자를 쓰며 주행하기! 45

사운드 블록　　　　　　　　　　　　　　　　　　　　　46

- 사운드 블록의 설정에 대해 자세히 알아보기 46 　• 사운드 블록의 활용 48

　　탐구과제 5: 어느 방향이라고 말했죠? 49　　탐구과제 6: 디제이가 되어 봅시다! 49

디스플레이 블록　　　　　　　　　　　　　　　　　　　49

- 디스플레이 블록의 설정 살펴보기 50 　• 디스플레이 블록의 동작 52

　　탐구과제 7: 화면 자막 52　　탐구과제 8: 8자 이동 로봇 53

브릭 상태 표시등 블록　　　　　　　　　　　　　　　　53

　　탐구과제 9: 신호등! 54

주행 블록에서의 켜짐과 꺼짐 모드　　　　　　　　　　　54

　　탐구과제 10: 음악과 함께 드라이브! 55

탱크모드 주행, 라지 모터 그리고 미디엄 모터 블록　　　55

추가적인 탐구　　　　　　　　　　　　　　　　　　　　56

　　탐구과제 11: 원 그리기! 57　　탐구과제 12: 길잡이! 57　　탐구과제 13: 춤추는 로봇 57

　　디자인 탐구과제 1: 로봇 청소기 58　　디자인 탐구과제 2: 익스플로러와 함께 예술을! 58

5 대기, 반복 마이 블록과 다중 작업　　　　　　　　　　59

대기 블록　　　　　　　　　　　　　　　　　　　　　　59

- 대기 블록 설정하기 60 　• 대기 블록의 동작 살펴보기 60
- WaitDisplay 프로그램의 이해 60

　　탐구과제 14: 메세지를 남겨주세요! 60　　탐구과제 15: 보드 게임 타이머! 60

루프 블록　　　　　　　　　　　　　　　　　　　　　　61

- 루프 블록 사용하기 61 　• 루프 블록의 동작 살펴보기 62
- 루프 블록 안에 루프 블록을 넣기 62

　　탐구과제 16: 순찰 경비원 64　　탐구과제 17: 삼각형! 64

나만의 블록 만들기: 마이 블록　　　　　　　　　　　　64

- 마이 블록 만들기 65 　• 프로그램에서 마이 블록을 사용하기 65
- 마이 블록 편집하기 67 　• 프로젝트에서 마이 블록 관리하기 67

　　탐구과제 18: 나의 사각형! 68　　탐구과제 19: 내 노래! 68

멀티태스킹　　　　　　　　　　　　　　　　　　　　　68

- 시작 블록 여러 개 사용하기 68 　• 시퀀스 와이어를 나누기 69
- 리소스 충돌을 피하는 방법 70

추가적인 탐구 70

    탐구과제 20: 도전, 멀티태스킹! 71   탐구과제 21: 단일태스킹! 71

    탐구과제 22: 복잡한 코스 주행! 71   디자인 탐구과제 3: Mr. EXPLOR3R! 72

2 센서 응용하기

6 센서의 이해 75

센서란 무엇인가? 75

- EV3 세트에 포함된 센서 이해하기 75 · 터치 센서의 이해 76
- 터치 센서를 활용해서 범퍼 만들기 76 · 센서값 측정하기 81

센서와 프로그래밍 81

- 센서와 대기 블록 82

    탐구과제 23: 반가워, 잘가! 83   탐구과제 24: 장애물을 회피하고 얼굴 표정 드러내기! 84

    탐구과제 25: 쉽게 누르기! 84

- 센서와 루프 블록 85

    탐구과제 26: 즐거운 음악! 86

- 센서와 스위치 블록 86

    탐구과제 27: 갈까 말까? 88   탐구과제 28: 어려운 결정! 89

- 비교, 변경, 측정 모드 이해하기 90

추가적인 탐구 91

    탐구과제 29: 방향 선택하기! 92   탐구과제 30: 대기, 반복 또는 스위치? 92

    탐구과제 31: 브릭 버튼! 92   디자인 탐구과제 4: 침입자 경보! 92   디자인 탐구과제 5: 조명 스위치! 93

7 컬러 센서 사용하기 95

컬러 센서 장착하기 96

컬러 모드 97

- 선 밖으로 나가지 않기 97

    디자인 탐구과제 6: 불도저! 98

- 선 따라가기 99
- 측정 모드의 스위치 블록 101

    탐구과제 32: 여러분만의 트랙을 만들어 보세요! 102   탐구과제 33: 파란색 선을 보면 멈추기! 102

    탐구과제 34: 색상을 말해 보세요! 103   탐구과제 35: 엄청난 반사광! 103

반사광 강도 모드 103

- 기준값을 설정 104 · 센서값과 기준값의 비교 104
- 좀 더 부드럽게 선을 따라가기 105

주변광 강도 모드 — 108
- 주변 빛의 강도 측정 108 • 모르스 부호 프로그램 108
  - 탐구과제 36: 기상 알람! 109

추가적인 탐구 — 110
- 탐구과제 37: 컬러 태그! 110   탐구과제 38: 지문 스캐너! 110   탐구과제 39: 컬러 패턴! 110
- 탐구과제 40: 길 위에 장애물이! 111   탐구과제 41: 아주 어려운 트랙! 111
- 디자인 탐구과제 7: 초인종! 112   디자인 탐구과제 8: 안전 금고! 113

8 적외선 센서 사용하기 — 115

근접감지 모드 — 115
- 장애물 피하기 116 • 센서의 복합 활용 116
  - 탐구과제 42: 최대한 가까이! 118   탐구과제 43: 세 개의 센서! 118

원격 모드 — 119
- 탐구과제 44: 비콘으로 잠금 해제! 120

비콘 신호강도 모드 — 120

비콘 방향 모드 — 121
- 탐구과제 45: 부드럽게 따라가기! 122

여러 가지 센서 모드의 혼용 — 122

추가적인 탐구 — 123
- 탐구과제 46: 나를 따르라! 123   탐구과제 47: 레이더 탐색음! 124
- 디자인 탐구과제 9: 철로 차단기! 124   디자인 탐구과제 10: 완벽한 경보장치! 124

9 브릭 버튼과 회전 센서 사용하기 — 125

브릭 버튼 사용하기 — 125
- 탐구과제 48: 긴 메시지! 126   탐구과제 49: 나만의 메뉴! 126

회전 센서 활용하기 — 127
- 모터 위치 127 • 모터 위치를 재설정 128 • 회전 속도 128
  - 탐구과제 50: 시작점으로 돌아가기! 129   탐구과제 51: 색으로 속도 표시! 130

속도 조절에 대한 이해 — 130
- 동작 상태에 따른 모터 속도 제어 130 • 실속한 모터 멈추기 131

추가적인 탐구 132
- 탐구과제 52: 브릭 버튼으로 조종하기! 132   탐구과제 53: 저속 장애물 감지! 133
- 디자인 탐구과제 11: 스마트 하우스 133

3 로봇 조립 기법

10 빔, 축, 커넥터와 모터　　　　　　　　　　　　　　　　　　137

빔과 프레임 사용하기　　　　　　　　　　　　　　　　　　　138
- 빔 연장하기 138　• 프레임 사용하기 139
- 빔을 이용한 구조 강화 139　• 경사 빔 사용하기 140

  탐구과제 54: 큰 삼각형! 141

LEGO 격자 단위 사용하기　　　　　　　　　　　　　　　　142

  탐구과제 55: 경사 결합! 144

축과 축 구멍을 이용한 결합　　　　　　　　　　　　　　　　144
커넥터 사용하기　　　　　　　　　　　　　　　　　　　　　145
- 축 연장하기 145　• 두 개의 빔을 연결하기 146
- 직각으로 빔 연결하기 146　평・행으로 놓인 빔을 보강하기 146

  탐구과제 56: 커넥터 응용! 148

- 0.5단위 활용하기 148

  탐구과제 57: 0.5단위의 빔! 149

- 얇은 부품 사용하기 149

가변형 구조 만들기　　　　　　　　　　　　　　　　　　　　149
모터와 센서의 활용　　　　　　　　　　　　　　　　　　　　150
- 라지 모터를 응용해 조립하기 150　• 미디엄 모터를 응용해 조립하기 153
- 센서를 응용해 조립하기 154

기타 부품　　　　　　　　　　　　　　　　　　　　　　　　155
추가적인 탐구　　　　　　　　　　　　　　　　　　　　　　155

  디자인 탐구과제 12: 전차의 구동! 155　디자인 탐구과제 13: 테이블 청소기! 155

  디자인 탐구과제 14: 전동 커튼! 156

11 기어 활용하기　　　　　　　　　　　　　　　　　　　　　157

기어의 기본 개념　　　　　　　　　　　　　　　　　　　　　157
- 기어에 대해 자세히 살펴보기 159

  탐구과제 58: 기어 관찰하기! 159

- 두 기어의 기어비 계산하기 160　• 회전 속도 증감하기 161

  탐구과제 59: 기어비 계산! 162

- 토크란 무엇인가? 162　• 좀 더 복잡한 기어열 만들기 164
- 마찰과 유격 166

  탐구과제 60: 예측할 수 있는 구동 167　탐구과제 61: 서로 다른 방향 167

EV3 세트의 기어 사용하기　　　　　　　　　　　　　　　　168
- 레고 기어와 격자 단위 169　• 단면, 양면 베벨 기어 사용하기 171

탐구과제 62: 수직 교차 옵션 173　　탐구과제 63: 보다 강한 기어열! 174

- 노브 휠 활용하기 174　　• 웜 기어 활용하기 174

탐구과제 64: 느린 구동! 175

기어열을 튼튼하게 보강하기　　175

- 빔을 이용해 기어열 보강하기 175　　• 축이 꼬이면서 손상되는 현상 176
- 축의 회전 방향 바꾸기 177

EV3의 모터와 기어의 조립　　178
추가적인 탐구　　179

디자인 탐구과제 15: 드랙스터! 179　　디자인 탐구과제 16: 달팽이 로봇! 179

디자인 탐구과제 17: 암벽 등반! 180　　디자인 탐구과제 18: 턴테이블! 180

디자인 탐구과제 19: 로봇팔! 181

4 차량과 동물형 로봇

12 포뮬러 EV3: 레이싱 로봇　　185

포뮬러 EV3 레이싱 로봇 만들기　　186
구동 및 조향하기　　207

- 조향을 위한 마이 블록 만들기 207　　• 마이 블록 테스트하기 210

무선 조종 프로그램 만들어 보기　　212
무인 자동차 레이싱　　214
추가적인 탐구　　214

탐구과제 65: 조향 민감성 조절 실험! 214　　탐구과제 66: 야간 레이싱! 215

탐구과제 67: 유선 가속 페달! 215　　탐구과제 68: 후면 깜빡이! 216

탐구과제 69: 충돌 감지! 216　　디자인 탐구과제 20: 보다 빠른 레이싱! 217

디자인 탐구과제 21: 자동차 튜닝! 217

13 앤티: 로봇 개미　　219

보행 메커니즘의 이해　　220
앤티 로봇 만들기　　221
앤티의 걸음마　　238

- Opposite 마이 블록 만들기 238　　• 장애물 회피하기 239

프로그래밍하기　　240

- 먹이 찾기 240　　• 주변 환경 감지 240

추가적인 탐구　　243

탐구과제 70: 무선 조종! 243　　탐구과제 71: 야행성 동물! 243　　탐구과제 72: 배고픈 로봇! 244

디자인 탐구과제 22: 로봇 거미! 244　　디자인 탐구과제 23: 무서운 발톱! 244

디자인 탐구과제 24: 더듬이! 245

5 고급 프로그래밍 기법

14 데이터 와이어 사용하기 — 249

스케치봇 만들기 — 250
데이터 와이어 배워보기 — 260
탐구과제 73: 먼 곳에 이야기 하기! 261
데이터 와이어의 활용 — 261
- 데이터 와이어의 값 보기 262 · 데이터 와이어 지우기 262
- 프로그램에서의 데이터 와이어 262 · 복수의 데이터 와이어 사용하기 263
- 반복 구조와 데이터 와이어 263

탐구과제 74: 막대 그래프! 264

탐구과제 75: 그래프 업그레이드! 265

데이터 와이어의 유형 — 265
- 숫자형 데이터 와이어 266 · 논리형 데이터 와이어 266
- 텍스트형 데이터 와이어 266

탐구과제 76: 부드럽게 멈추기! 267

- 숫자형 배열과 논리형 배열 267 · 형 변환 267

센서 블록 활용하기 — 270
- 측정 모드 270 · 비교 모드 275

탐구과제 77: 휠을 돌려서 속도 조절하기! 276 탐구과제 78: 내 포트 보기! 276

탐구과제 79: 크기 비교! 276

- 데이터 와이어 값의 범위 276

흐름 제어 블록의 고급 기능 — 277
- 데이터 와이어와 대기 블록 277 · 데이터 와이어와 루프 블록 278

탐구과제 80: 적외선 가속페달! 279

- 데이터 와이어와 스위치 블록 279 · 루프 인터럽트 블록 282

추가적인 탐구 — 285
탐구과제 81: 인터럽트를 인터럽트하기! 285 탐구과제 82: 센서 활용! 286

탐구과제 83: 힘이냐 속도냐! 286 탐구과제 84: 실제 방향은 어디? 287

디자인 탐구과제 25: 인공 로봇손! 287

탐구과제 85: 지켜보는 스케치봇! 287 탐구과제 86: 오시로스코프(계측기)! 288

15 데이터 연산 블록,
그리고 데이터 와이어를 활용한 마이 블록 — 289

데이터 연산 블록 사용하기 — 289
- 수학 블록 290

탐구과제 87: 수학으로 최댓값을! 291 탐구과제 88: 값 더하기! 293

탐구과제 89: 적외선으로 속도 제어! 293 탐구과제 90: 적외선으로 속도 제어 2! 293

탐구과제 91: 이득 제어! 293 탐구과제 92: 직접 제어! 293

- 랜덤 블록 294

  탐구과제 93: 임의의 음높이! 295

- 비교 블록 295

  탐구과제 94: 모터와 속도 모두 임의로! 296

- 논리 연산 블록 296

  탐구과제 95: 논리 센서! 298   탐구과제 96: 세 개의 센서를 이용한 대기! 298

- 범위 블록 298   • 올림/내림 블록 299   • 텍스트 블록 300

  탐구과제 97: 카운트다운! 301

마이 블록에 데이터 와이어 활용하기   301

- 마이 블록과 입력 301   • 마이 블록 수정하기 305

  탐구과제 98: 측정 단위! 305   탐구과제 99: 고급 디스플레이 306

- 마이 블록과 출력 306

  탐구과제 100: 근접 평균치! 308   탐구과제 101: 이동 속도! 309

- 마이 블록과 입축력 309

  탐구과제 102: 원 계산! 311

- 마이 블록을 활용하기 위해 생각해야 할 것 311   • 마이 블록을 시작하는 방법 311
- 내가 만든 마이 블록을 다른 프로젝트에서 공유하기 312

추가적인 탐구   312

  탐구과제 103: 이 숫자는 정수인가요? 312   탐구과제 104: 이중 브레이크 감지! 313

  탐구과제 105: 반사 신경 테스트! 313   디자인 탐구과제 26: 로봇 시계! 313

16 상수와 변수   315

상수의 활용   315
변수의 활용   316

- 변수 정의하기 317   • 변수 블록 활용하기 317

  탐구과제 106: 처음과 비교! 319   탐구과제 107: 직전과 비교! 319

- 변숫값 바꾸기 320   • 변수의 초기화 321   • 평균 산출하기 321

추가적인 탐구   322

  탐구과제 108: 숫자 증가와 감소! 323   탐구과제 109: 일정 구간의 평균값! 323

  탐구과제 110: 임의의 숫자 뽑기! 323   탐구과제 111: 가장 가까운 값! 323

  디자인 탐구과제 27: 숫자 세기! 324

17 EV3 그림 그리기 게임   325

1단계: 기본적인 그리기 기능   326

- 마이 블록 #1: 화면 지우기 326   • 마이 블록 #2: 좌표 처리 326
- 기본 프로그램 마무리 327

2단계: 연필 부가 기능 추가   328

- 연필을 들고 이동 329   • 연필을 지우개로 바꾸기 330
- 화면 지우기 330   • 연필 두께 설정 330

탐구과제 112: 로봇 예술가! 333   탐구과제 113: 포스 피드백! 333

  탐구과제 114: 아주 뾰족한 연필! 333

추가적인 탐구   334

  탐구과제 115: 도둑을 잡아라! 334   탐구과제 116: 수학 게임! 335

  디자인 탐구과제 28: 플로터! 335

6 기계 그리고 인간형 로봇

18 스냇처: 로봇팔을 장착한 자율 이동형 로봇   339

로봇팔의 동작에 대한 이해   340

- 로봇손의 동작 원리 341   • 팔을 들어올리는 원리 341

스냇처 로봇 만들기   343
로봇손 제어   376

- 마이블록 #1: grab(잡기) 376   • 마이블록 #2: reset(초기화) 376
- 마이블록 #3: release(놓기) 377   • 무선 조종 프로그램 만들기 378

  탐구과제 117: 무선 조종 업그레이드! 379   탐구과제 118: 무선 속도 조종! 379

- 로봇팔의 문제 해결 380

비콘 찾기   380

- 적외선 벌레 만들기 380   • 마이블록 #4: search(탐색) 382

  탐구과제 119: 신호 확인! 387

- 최종 프로그램 만들기 388

추가적인 탐구   390

  탐구과제 120: 부지런히! 390   탐구과제 121: 경로 찾기! 391

  탐구과제 122: 거리 탐색! 391   디자인 탐구과제 29: 굴삭기! 391

19 라바 렉스: 걷고 말하는 인간형 로봇   393

하반신 만들기   395
로봇의 걸음마   413

- 마이 블록 #1: Reset 413   • 마이 블록 #2: Return 414
- 마이 블록 #3: Onsync 416   • 마이 블록 #4: left 419   • 첫 번째 단계 진행 420

  탐구과제 123: WALK 마이 블록! 421   탐구과제 124: 뒷걸음질! 421

  탐구과제 125: 우향우, 좌향좌! 421

상반신 만들기   421
머리와 팔 제어하기   430

- 마이 블록 #5: Head 430   • 장애물을 피하고 악수에 답하기 430

추가적인 탐구 434

 탐구과제 126: 춤추는 로봇! 435 탐구과제 127: 무엇이 다를까요? 435

 탐구과제 128: 로봇 코치! 435 탐구과제 129: 경계 근무하는 보초 로봇! 435

 탐구과제 130: 다마고치! 436 탐구과제 131: 우아한 걸음걸이! 437

 탐구과제 132: 무선 조종 보행! 437 디자인 탐구과제 30: 또 다른 2족보행 로봇! 437

A 프로그램 문제 해결, EV3 브릭, 무선 연결법   439

문제 해결 – 컴파일 오류 439
 • 마이 블록의 누락 439 • 프로그램 블록에서의 오류 440 • 변수 정의의 누락 440

실행 중인 프로그램의 문제 해결   441

EV3 문제 해결   444
 • 하드웨어 페이지의 활용 444 • USB 연결에 대한 문제 해결 446
 • EV3 브릭의 강제 재부팅 447 • EV3의 펌웨어 업데이트 447
 • 마이크로 SD 카드를 사용해 데이터를 보존 448

무선으로 EV3에 프로그램 전송   449
 • 블루투스를 이용해 EV3 브릭에 연결하기 450
 • Wi-Fi 무선 네트워크를 이용해 EV3 브릭에 연결하기 452
 • 블루투스와 Wi-Fi 무선 랜 사이의 선택 454

정리   455

B 브릭 프로그램 기능의 활용   457

브릭 프로그램을 만들기, 저장하기, 그리고 실행하기   458
 • 루프에 블록 추가하기 458 • 블록의 세부 설정 바꾸기 459
 • 브릭 프로그램 실행하기 460 • 프로그램 저장하기, 열기 460

브릭 프로그램의 블록 사용하기   461

브릭 프로그램 불러오기   463

정리   464

찾아보기 465

옮긴이의 글

마인드스톰을 처음 접하게 되었던 것은 대학 졸업 준비를 하던 2002년 무렵입니다. 기계와 로봇에 조금 관심이 있었지만, 평범한 인문계 고등학교와 평범한 대학의 전산학 계열에 진학한 데다 공부도 열심히 하지도 않았던 불량한 학생이었던 저는 졸업 작품 준비로 한참 스트레스를 받고 있었습니다. 컴퓨터 프로그램의 복잡한 알고리즘이나 데이터베이스, 통신 관련 프로그래밍이 부담스러웠던 때, 마침 소니의 '아이보'와 혼다의 '아시모'가 한참 이슈를 타고 있었습니다. 로봇이라는 아이템은 제게 하나의 돌파구처럼 보였습니다.

하지만 기계 설계나 구조, 역학 등에 대해 제대로 배워본 적도 없었던지라 마이컴 보드를 이용한 로봇 컨트롤은 기존의 프로그램과 별로 다르지 않은 난이도와 부담감으로 다가왔습니다. 남들이 판금 가공으로, 목재로, 심지어 종이 상자로 로봇의 프레임을 만들었다는 말만 듣고 덤빈 하드웨어의 조립은 끝없는 좌절과 실패만을 안겨줄 뿐이었습니다.

겨우 프로젝트를 마무리할 무렵 우연히 발견한 레고 마인드스톰. RCX라고 불리던 레고 사의 첫 로보틱스 제품군이 보여준 모습은 제겐 실로 놀라움의 연속이었습니다. 내가 알고 있던 레고는 집짓기, 성 쌓기, 소방차, 우주선 같은 장난감이었는데, 그 장난감이 내 눈앞에서 미로를 찾아가고, 계단을 오르내리고, 그 외에도 너무나 신기하고 재미있는 동작들을 척척 보여주는 것입니다.

레고 사가 처음으로 마인드스톰 제품군을 출시하자마자, 대부분의 IT 계열 제품들이 그러하듯 일부 엔지니어들이 이 독특한 장난감의 속을 해부해 보기 시작했습니다. 그렇게 제품의 내부 구조와 설계 개념이 오픈되었을 때, 레고 사는 자신들의 제품을 해킹한 해커 그룹을 고소하는 대신, 스스로 과감하게 제품의 내부 개념과 가능성을 적극적으로 개방하고 홍보하는 전략으로 초강수 맞대응을 합니다.

결국 마인드스톰은 2세대인 NXT를 거쳐 3세대 EV3까지 명맥을 이어오며 로봇 교육 시장의 새로운 패러다임으로 자리매김하게 되었습니다. 무한한 창의성을 가진 레고 부품을 하드웨어로 활용하는 이 기막힌 플랫폼은, 제어를 위한 컨트롤러까지도 엄청난 확장성을 보여주고 있습니다. 어린 아이들을 위한 논리적인 프로그래밍 실습에서 제어를 즐기는 성인들의 취미는 물론, 특수목적의 장비를 설계하는 연구자들의 프로토타입 리소스로도 활발하게 활용되고 있습니다.

마인드스톰 제품군의 하드웨어는 기존 기계장치의 설계와는 조금 개념이 다릅니다. 기존의 하드웨어 설계 기법은 각각의 제조사에서 설계한 수많은 부품들 중 원하는 구조에 가장 적합한 부품을 하나하나 찾거나, 설계 후 자체 가공하는 방식이었습니다. 이를 위해서는 부품 설계를 위한 캐드에서부터 가공을 위한 CNC 내지는 3D 프린터 등의 가공 기계 운용법을 이해할 필요가 있었습니다. 혹은 부품 제조회사가 발행한 수백 페이지에 달하는 부품 카탈로그를 뒤지며 수많은 업체에서 생산하는 각기 다른 크기의 부품들 중 원하는 것을 찾아야 하는 비효율을 감내해야 했습니다.

하지만 레고에서는 이미 상당 부분 기계적으로 검증이 된 레고 테크닉 부품과 쉽게 이해할 만한 브릭 구조 들을 활용하여 하드웨어를 설계할 수 있습니다. 기존의 하드웨어 설계나 조립과 비교한다면 압도적으로 시간을 절약할 수 있습니다. 물론 금속 절삭 가공으로 제작한 기어나 하드웨어 프레임의 내구성에 비할 수는 없겠지만, 학생들이 기계 구조를 이해하거나 간단한 프로젝트를 수행하는 데는 충분하다고 할 수 있습니다.

하드웨어와 더불어 마인드스톰을 빛나게 하는 것은 그래픽 기반의 프로그래밍 언어라는 점입니다. 마인드스톰은 C 언어나 JAVA 같은 텍스트 기반의 프로그램도 지원하지만 기본 언어로 그래픽 기반의 언어를 번들로 포함합니다. 이 언어는 마우스와 간단한 클릭을 통해 손쉽게 프로그램의 개념을 배울 수 있습니다. 이는 텍스트 메뉴만으로 구성된 컴퓨터 언어가 주는 프로그래밍 학습과 작업에 대한 부담감을 크게 줄여줍니다. 실제로 초등학교 3~4학년 정도의 어린이들도 기본적인 교육을 받은 후 간단한 로직을 작성할 수 있을 정도로 마인드스톰 프로그램의 진입 장벽은 낮습니다. 그리고 이를 통해 학습자는 자연스럽게 프로그래밍 언어의 구조와 개념에 대해 이해할 수 있게 됩니다.

저는 초중등 로봇 체험 교실과 일부 고등학교의 로봇 기초 실습 및 공대 소프트웨어 계열 학과 학부생들을 대상으로 한 로봇 체험 실습을 지도해 보며 레고 마인드스톰의 교육적 가능성을 일찍이 확인하였습니다. 이 로봇의 매력에 빠져 동심으로 돌아가 두 눈을 반짝이던 학생들의 행동 하나하나가 지금도 눈앞에 선합니다. 자신의 창조물인 로봇이 친구의 로봇과 경쟁하는 모습을 보며 즐거워하고, 승리하기 위해 하드웨어와 소프트웨어의 수정 방법을 고민하는 과정 속에서 순수한 엔지니어의 고뇌와 기쁨을 함께 맛보았을 것입니다.

저자인 로렌스 씨 역시 이런 매력을 좀 더 널리 알리고자 이 책을 집필했을 것이라 생각합니다. 레고 마인드스톰은 제대로 이해하고 빠져든다면 엄청나게 넓은 창작의 바다를 보여주기도 하지만, 선입견이나 부담을 갖고 접근한다면 오히려 기존의 레고 제품들보다 더 재미없고 어렵게 느껴질 것입니다. 여러분이 이 책에서 '휴머노이드 라바렉스' '개미 로봇 앤티'를 만들어 보는 것으로 끝낸다면, 여러분은 이 책의 진정한 매력의 절반 정도를 경험한 것입니다. 이 책에 제시된 모델들을 통해 여러분만의 독창적인 아이디어를 구체화하는 기쁨을 느껴보시기 바랍니다.

이 책에 나온 모델들은 그 자체로도 충분히 매력적이고 재미있는 장난감들이지만, 구조적으로나 프로그램의 개념적인 면에서도 다른 로봇 제작의 기초가 될 수 있는 멋진 것들입니다. 여러분은 레이싱 카를 개조해서 무인 트럭을 만들어 볼 수도 있고, ANTY 개미 로봇을 개조해서 유명 SF 영화에 나오는 보병 수송용 장갑차를 만들어 볼 수도 있습니다. 무엇을 만들지와 어떻게 만들지를 고민하는 것이 말처럼 쉬운 일은 아니지만, 그 과정에서의 결과물이 내 눈앞에서 움직이는 것을 보게 된다면 아마도 그동안의 노력에 대한 충분한 보상이 되리라 확신합니다.

해외와 달리 이제까지 레고 서적이 다양하게 출시되지 않았던 우리나라에서 적극적으로 좋은 책을 꾸준히 소개해 주시는 인사이트의 한기성 사장님께 감사를 전합니다. 특히 굼뜬 역자에게 꾸준히 응원을 해주시며 부족한 번역을 꼼꼼히 봐주신 김강석 님과 디자인에 힘써주신 신병근 님께도 감사 인사를 드립니다. 옆에서 부족한 번역을 지적해 주고 검토해 준 아내 박수경 님과, 잘 놀아주지도 못하는 아빠를 응원해 주는 딸에게도 고마움을 전합니다. 마지막으로, 이 책을 읽고 즐겁게 레고를 즐기실 모든 분들에게도 뜨거운 감사의 인사를 전합니다.

2015년 여름
공민식

들어가는 글

로봇의 매혹적인 세계에 빠져 볼 준비가 되었습니까? 여러분이 이 책을 읽고 나면, 아마도 여러분은 로봇을 배우기 위해 레고 마인드스톰 EV3를 선택하지 않을 수 없게 될 것입니다. 나는 그 선택이 훌륭한 선택이라는 것을 믿어 의심치 않습니다.

내가 처음으로 레고 마인드스톰을 접한 것은 2005년, 내 나이 13살 때의 일입니다. 로보틱스 인벤션 시스템 👦 을 발명 수업시간에 사용했습니다. 처음에는 단순한 취미로 시작했지만, 머지않아 로봇의 매력을 발견하게 되었고, 이로 인해 나는 진로를 공학으로 결정하게 되었습니다. 레고 마인드스톰은 모터와 센서를 이용해 하드웨어를 설계, 조립하고 프로그램을 탑재하는 일련의 과정을 모두 포함하기 때문에 로봇공학에 대한 많은 개념적인 부분을 배울 수 있는 훌륭한 교재입니다.

이 책의 목적은 마인드스톰이 지닌 여러 가지 가능성을 경험해 볼 수 있도록 돕는 것입니다. 내가 그랬듯이, 여러분 또한 이 흥미로운 로봇에 대해 많은 재미를 느끼고, 그 과정에서 많은 것을 배울 수 있기를 기대합니다!

왜 이 책입니까?

레고 마인드스톰 EV3 로봇 세트는 다양한 부품과 다섯 가지 로봇의 조립도가 함께 제공됩니다. 이것만으로도 기본적인 로봇을 만들고 프로그래밍해서 움직이는 재미를 느껴볼 수 있습니다. 하지만 로봇을 막 시작하는 단계라면 이 모델들은 약간 부담이 될 수도 있습니다. 기본 프로그램에서는 여러분이 선택한 로봇의 제작 방법을 제공하지만 기본 프로그램의 사용자 가이드만을 가지고 여러분이 원하는 자신만의 로봇을 만들기란 쉽지 않습니다.

이 책은 레고 마인드스톰 EV3를 이용해 자신만의 로봇을 디자인하는 데 도움을 주기 위해 기획되었습니다. 이 책의 내용을 이해한다면 여러분은 자신만의 로봇을 설계, 제작하고 프로그래밍까지 완벽하게 해낼 수 있을 것입니다.

👦 RIS: Robotics Invention System. 레고 마인드스톰 제품군의 1세대 제품으로 RCX 컨트롤러가 포함되어 있습니다. 이후 2세대인 NXT를 거쳐 지금의 EV3로 진화하였습니다.

여러분에게 이 책이 적절할까요?

이 책은 여러분에게 기존의 마인드스톰 제품군에 대한 조립이나 프로그래밍 경험을 요구하지 않습니다. 순차적으로 책의 내용을 따라가다보면 기본적인 제어의 개념뿐만 아니라 단순한 움직임에서 고급 프로그래밍 기법으로 정교하게 제어되는 로봇까지 경험해 볼 수 있습니다.

여러분이 신규 사용자라면 1장부터 차근차근히 읽어 보고 2장의 기본 로봇 역시 만들어 볼 것을 권합니다. 만약 레고 마인드스톰에 대한 기본적인 지식을 갖고 있다면 로봇을 설명하는 장으로 바로 이동해서 조립을 따라할 수도 있습니다. 고급 프로그래밍에 관련된 내용을 다루는 5부와 로봇 디자인을 다루는 6부의 내용은 분명 고급 사용자들도 흥미를 느낄 것입니다.

이 책은 이렇게 구성되어 있습니다

여러분이 활용하기 나름이겠지만, 이 책은 참고서적이라기보다는 학습교재에 좀 더 가깝습니다. 각 장은 로봇의 조립, 프로그래밍 그리고 탐구과제로 구성되어 있으며, 읽기 힘들고 지루한 책이 되지 않도록 가급적 각각의 내용들이 섞이도록 배치했습니다.

예를 들어 한 장에서 기본 로봇 프로그래밍 기술과 동시에 첫 번째 로봇을 움직이는 방법에 대해 배우고, 그 다음 새 로봇과 그에 맞는 고급 프로그램을 배우게 될 것입니다. 필자가 생각하는 가장 좋은 로봇 학습 방법은 '실습을 통한 학습'입니다. 그래서 이 책 또한 실습을 통한 학습을 지향하고 있습니다.

탐구과제

각 장에서 제시하는 개념을 좀 더 잘 이해하기 위해 많은 탐구과제를 책에 담았습니다. 탐구과제에서는 예제 프로그램을 확장한 개념 내지는 완전히 새로운 프로그램이 제시됩니다. 예를 들면 실습 과정을 통해 로봇이 소리를 내도록 하는 방법과 화면에 글자를 출력하는 방법을 알았다면, 탐구과제에서는 로봇이 음성을 출력하고 이에 맞추어 화면에 텍스트를 보여주는 형식으로 좀 더 심화된 학습을 하게 됩니다.

또한, 일부 장에서는 마지막 부분에서 로봇 디자인에 대한 탐구과제도 제시합니다. 해당 장에서 사용된 로봇을 수정하는 방법에 대한 아이디어를 제공할 것입니다. 예를 들면, 레이싱 로봇을 만드는 장에서 바퀴와 모터 사이에 기어를 추가해 속도를 높이는 방법 또는 침입자 경보를 이용해 EV3를 동작시키는 방법이 함께 제시됩니다.

난이도 파악하기

여러분이 탐구과제의 난이도를 손쉽게 파악할 수 있도록, 필자는 각 탐구과제의 상단에 난이도를 표시해 두었습니다. 하급 난이도(🔲)는 기본 예제를 약간 확장하는 수준으로 구현할 수 있는 가장 쉬운 단계입니다. 중급 난이도(🔲🔲)는 여러분이 기존에 배운 내용을 덧붙이거나 새로운 개념을 추가해야 하는 약간 어려운 단계입니다. 상급 난이도(🔲🔲🔲)는 여러분에게 보다 깊은 사고와 창의성을 요구하는 예제가 될 것입니다.

난이도에 대한 평가 기준은 여러분이 이 책을 순차적으로 읽고 앞의 내용을 기억하고 있다는 것을 가정한 평가입니다. 바꾸어 말하자면, 아마도 19장의 상급 난이도 문제보다 4장의 상급 난이도 문제가 훨씬 더 쉬울 것이라는 뜻입니다. 👦

또한 필자는 각 탐구과제를 해결하는 데 필요한 대략적인 시간에 대한 기준도 예측해서 기록해 두었습니다. 소요 시간이 짧다(⏱), 보통이다(⏱⏱), 길다(⏱⏱⏱)로 구분되며, 일반적으로 짧은 것은 기본 예제에 약간의 수정을 가해서 해결할 수 있는 문제이고, 긴 것은 완전히 새로운 프로그램의 작성을 요구하는 과제입니다.

로봇 디자인에 대해서도 비슷한 기준이 제시됩니다. 단, 로봇의 구조 변경은 대체로 프로그램의 동작에도 영향을 미치기 때문에 단순한 프로그램 수정에 비해 더 많은 시간이 소요될 수 있습니다. 역시 조립 난이도(✸)의 개수와 프로그래밍 난이도(🔲)의 개수를 통해 로봇 디자인의 변형에 의한 과제 난이도를 예측할 수 있습니다.

👦 여러분이 순서를 무시하고 중간 이후부터 읽는다면 하급 난이도조차도 어렵게 느껴질 수도 있습니다.

해결책을 찾는 과정

탐구과제 중 일부는 여러분에게 한두 개 정도의 힌트를 제공하기도 합니다. 하지만 각각의 과제들은 다양한 해법을 갖고 있습니다. 여러분이 이 책에서 제시된 가이드를 정확하게 맞추었는지는 중요하지 않습니다. 여러분은 누구도 생각지 못한 훨씬 더 훌륭한 해결 방법을 찾아내고 더욱 뛰어난 결과물을 얻을 수도 있으니까요.

마찬가지로, 제시된 난이도와 예상 시간을 맞추지 못하고 문제 해결에 훨씬 더 시간이 오래 걸리고 어렵게 느껴지더라도 걱정하지 마십시오. 단지 여러분이 기억해야 할 것은 과제를 풀어가는 과정을 즐기는 것입니다.

여러분이 필요하다면 http://ev3.robotsquare.com/을 검색해서 과제 중 일부의 해결책을 찾을 수도 있을 것입니다. 그러나 여러분이 진정으로 본인의 창의성을 개발하고자 한다면 답을 찾아 다운로드하는 방법보다는 자기 머리로 직접 생각해서 문제를 해결하는 경험이 더욱 필요하다고 생각하기에 이렇게 해보기를 추천합니다.

각 부에서 다루게 될 내용

이 책은 총 6부로 구성되며 각 부의 개괄적인 내용은 아래에서 언급될 것입니다. 여기에서 사용되는 일부 용어들은 여러분에게 생소할 수도 있습니다. 하지만 모든 용어는 이 책을 읽어 가면서 충분히 습득할 수 있을 것입니다.

제1부: 시작하기

제1부의 1장은 EV3 세트를 처음 접하는 것으로 시작합니다. 2장에서는 첫 번째 로봇 제작과 함께, EV3 컨트롤러에 대해 배워 봅니다. 3장에서는 본격적인 EV3 소프트웨어 프로그램의 사용이 시작되며, 4장에서는 이 개발환경을 이용하는 여러 가지 방법과 기본 프로그래밍 블록을 활용해 로봇을 움직이는 방법을 배우게 됩니다. 마지막으로, 5장에서는 프로그램에 가장 기본이라 할 수 있는 반복되는 작업을 구현하는 방법과 동시에 여러 가지 작업을 수행하는 방법에 대해 배우게 됩니다.

제2부: 센서를 활용해 프로그래밍하기

제2부에서는 마인드스톰을 이용한 로봇의 필수 구성 요소인 센서에 대해 살펴보겠습니다. 6장에서는 앞서 만든 로봇에 터치 센서를 추가하고 프로그램에서 센서를 활용하는 방법을 살펴봅니다. 그 다음 7장에서 컬러 센서의 활용 방법을, 8장에서는 적외선 센서와 적외선 비콘의 활용 방법을, 끝으로 9장에서는 서보 모터의 회전각 센서와 내장 버튼 센서의 활용 방법을 배우게 됩니다.

제3부: 로봇 조립 기법

제3부는 EV3 세트와 함께 제공되는 다양한 테크닉 부품의 조립 기법에 대해 배우게 됩니다. 여러분은 10장에서 빔, 축, 그리고 다양한 커넥터의 활용 기법을, 그리고 11장에서 기어의 활용 방법을 배울 것입니다.

제4부: 차량과 동물 로봇

두 개의 로봇을 만들어 하나의 로봇에 장착된 모터와 센서로 다른 하나를 제어하는 기법을 배우게 됩니다. 12장에서는 포뮬러Formula 레이싱 자동차를, 그리고 13장에서는 '앤티ANTY'로 이름 지은 로봇 개미를 만드는 방법을 살펴봅니다.

제5부: 고급 프로그래밍 기법

제5부에서는 고급 프로그래밍 기법을 중점적으로 다루게 됩니다. 14장에서는 데이터 와이어의 활용 방법을, 15장에서는 센서값을 처리하고 수학적 연산을 하는 방법을, 그리고 16장에서는 로봇이 무언가를 기억하기 위한 지역 변수의 개념과 제작 및 활용 방법을 배울 것입니다. 끝으로 17장에서는 이제까지 배운 모든 프로그래밍 기법을 총동원하여 게임기 조립과 프로그래밍을 해볼 것입니다. 점을 이동해 선을 그리는 게임인 '에치 어 스케치Etch A Sketch'와 유사한 게임입니다.

제6부: 기계, 그리고 휴머노이드

앞에서 모터, 센서 및 다양한 프로그래밍 기법들을 배운 여러분을 위해 두 개의 복잡한 로봇을 제작할 것입니다. 18장에서는 '스냇처SNATCH3R' 로봇을 제작하고 프로그래밍합니다. 이 로봇은 자율적인 로봇팔을 장착하고, 물건을 감지, 잡기, 들기 및 옮기기가 가능하며 적외선 리모트 컨트롤러의 신호에 완벽하게 반응합니다.

마지막으로 19장에서는 이 책의 표지 모델로 등장한 인간형 휴머노이드 로봇 '라바 렉스LAVA R3X'를 만들고 프로그래밍해 볼 것입니다. 이 로봇은 전 버전의 레고 마인드스톰 제품군인 LEGO MINDSTORMS NXT의 메인 로봇인 휴머노이드 '알파 렉스Alpha Rex'를 모티프로 제작한 로봇입니다.

참고 홈페이지

필자의 홈페이지(http://ev3.robotsquare.com/)에서 여러분은 참고할 만한 정보를 찾을 수 있습니다. 또한, 이 책의 모든 예제를 다운로드할 수도 있고, 일부 탐구과제에 대해서는 해법을 제시하기도 합니다.

들어가는 글을 마치며

무엇보다도 먼저, 나는 이 책의 초판을 읽은 독자들에게 감사의 뜻을 전하고 싶습니다. 전 세계에서 나에게 도착한 수많은 이메일과 댓글들은 이 책을 보다 풍성하게 만드는 데 많은 영감을 주었으며, 실제로 많은 주제가 독자 여러분의 피드백으로부터 시작되었습니다. 마인드스톰은 세대를 불문하고 창의성과 독창성을 자극할 수 있습니다. 여러분이 EV3 세트를 열고 이 책의 첫 장을 읽는 순간, 여러분은 필자처럼 레고 마인드스톰의 창조적인 세계에 푹 빠지게 될 것입니다. 부디 이 책이 여러분의 창의성 향상에 도움이 되기를 바랍니다.

이 책의 전반적인 구성은 초판과 거의 같습니다. 하지만 LEGO MINDSTORMS NXT로부터 EV3는 많은 변화가 있었고, 이 때문에 비슷한 구성에도 불구하고 책의 내용은 본질적으로 처음부터 새로 작성해야 했습니다. 이 작업은 오로지 내 주변의 많은 재능을 가진 사람들의 고마운 헌신 덕분에 가능했습니다.

이 책의 기술적인 부분에 대한 신뢰성을 높이기 위해 개선점에 대한 조언을 아끼지 않은 클로드 바우만에게 큰 감사를 표합니다. 또한, 책에 사용하기 위해 2012년부터 제작된 로봇들의 프로토타입을 테스트하기 위해 수고한 마크안드레Marc-André Bazergui, 마르틴Martijn Boogaarts, 케네스Kenneth Madsen 그리고 잔더Xander Soldaat에게도 감사를 표합니다.

초판의 성공적인 출간과 이번 책의 집필을 위해 큰 도움을 준 No Starch 출판사의 관계자들에게도 감사를 표합니다. 발행인인 윌리암William Pollock, 편집장 세프Seph Kramer, 일정에 맞추어 작업을 해 준 세레나Serena Yang, 화려한 페이지에 원고를 앉히느라 고생한 릴리Riley Hoffman와 앨리슨Alison Law, 그리고 지난 몇 년간 업무에 관련된 모든 일을 처리해 주었던 레이Leigh Poehler에게도 감사합니다.

초기 설계 단계에서 커뮤니티의 의견을 수렴하고 이런 멋진 로봇 교육용 키트를 개발한 레고그룹에도 감사의 말을 전합니다. 카밀라Camilla, 데이비드David, 플레밍Flemming, 헨릭Henrik, 라스Lars Joe, 라세Lasse, 리Lee, 린다Linda, 마리Marie, 스티븐Steven, 윌렘Willem 등의 레고 마인드스톰 EV3 팀 멤버들 덕분입니다.

또한 로봇 조립 가이드를 만드는 데 사용된 LDraw 관련 프로그램을 지원하는 LDraw 커뮤니티에도 감사의 인사를 전합니다. 이 책에 사용된 EV3 부품의 3D LDraw 데이터는 필립Philippe Hurbain의 덕분입니다. 또한, CAD 작업툴인 MLCad의 개발자 마이클Michael Lachmann, CAD 데이터를 이미지화하는 LDView의 개발자 트라비스Travis Cobbs, CAD 상에서 굽혀진 전선을 구현하는 LSynth와 조립도를 생성해 주는 LPub 프로그램의 개발자 케빈Kevin Clague, 그리고 EV3 내장 LCD의 화면을 캡처하는 프로그램을 만든 존John Hansen에게도 감사를 표합니다.

마지막으로, 이 책을 집필하는 동안 많은 도움을 준 내 가족들과 친구들에게도 감사 드립니다. 무엇보다도 파비엔느Fabiënne의 끊임없는 격려가 없었더라면 이 책을 끝낼 수 없었을 것입니다. 이 모든 이에게 감사의 인사를 드립니다.

1

시작하기
getting started

1

EV3 준비하기

preparing your EV3 set

이 책에 등장하는 모든 로봇들은 한 개의 레고 마인드스톰 EV3 세트(제품번호 31313)로 만들 수 있습니다. 이후 31313 세트에 대한 명칭은 'EV3 세트'로 통일합니다. 만약 여러분이 그림 1-1과 같은 세트를 갖고 있다면 손쉽게 이 책의 모든 것을 따라할 수 있습니다. 만약 여러분이 교육용 EV3 세트(제품번호 45544)를 갖고 있다면, 이 책의 각 장에 등장하는 로봇을 만들기 위한 추가 필요 부품의 목록을 http://ev3.robotsquare.com/에서 확인할 수 있습니다.

이번 장에서는 EV3 브릭과 EV3 세트를 구성하는 다른 부품들에 대해 알아보겠습니다. 또한 여러분은 로봇을 제작하고 구동하기 위해 프로그래밍을 해야 합니다. EV3의 프로그래밍은 전용 소프트웨어를 이용하며, 이 프로그램은 레고 사의 홈페이지에서 다운로드한 후 설치해야 합니다.

구성품을 살펴봅시다

EV3 세트는 로봇 제작을 위한 컨트롤러인 EV3 브릭, 리모트 컨트롤러(비콘), 모터와 센서, 케이블 등의 전기 계통 부품 외에도 많은 종류의 테크닉 부품이 함께 포함되어 있습니다(그림 1-2 참조). 여러분은 이 책을 통해 각 구성 요소의 특징과 활용 방법에 대해 배우게 됩니다. 또한, 이 책의 뒤쪽에는 EV3 세트의 전체 구성 부품의 목록이 삽입되어 있습니다.

EV3 로봇은 바퀴, 팔 또는 다른 구동부를 동작시키기 위해 라지 또는 미디엄 모터를 사용합니다. 또한, 로봇의 주변 상황에 대한 파악, 이를테면 표면의 색상이나 대상물과의 거리 등의 정보를 센서를 통해 획득합니다. 모터와 센서는 EV3 브릭과 전용의 케이블로 연결됩니다. EV3 세트에 동봉되는 적외선 리모컨을 이용한다면, 여러분이 제작한 로봇을 간단히 무선으로 조종할 수 있습니다.

■ 그림 1-1 LEGO MINDSTORMS EV3 세트(제품번호 31313). 이 책에 등장하는 모든 로봇은 이 세트를 기본으로 설계되었습니다.

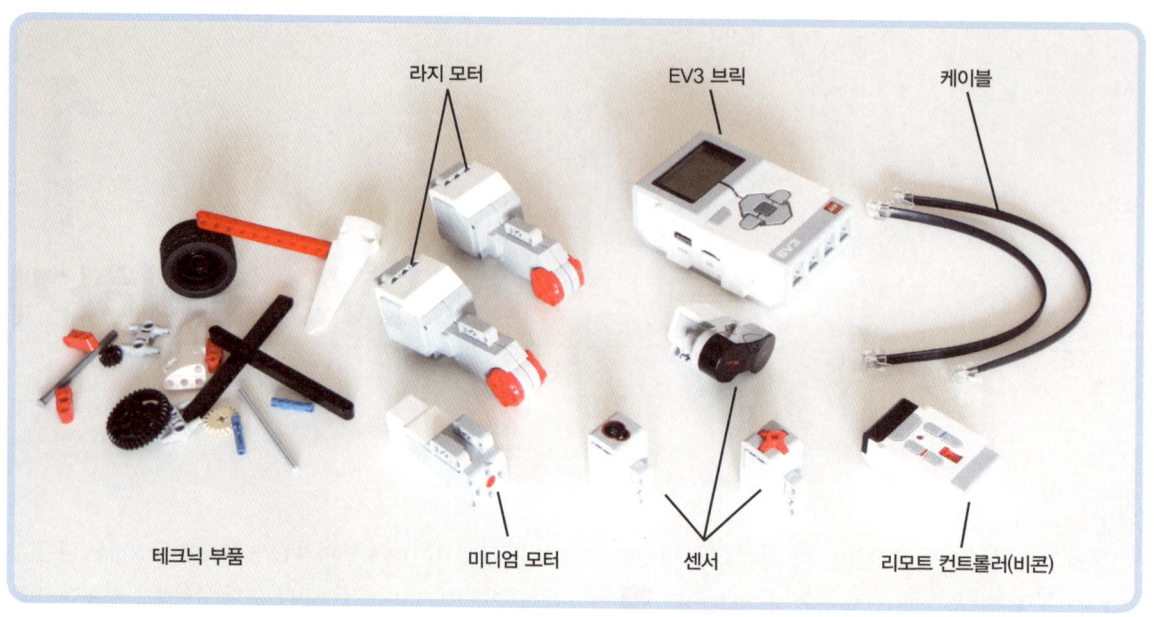

■ 그림 1-2 EV3 세트는 테크닉 부품들, 모터, 센서, EV3 브릭, 리모트 컨트롤러(비콘)와 케이블 등이 포함되어 있습니다.

EV3 브릭

EV3 브릭, 스마트 브릭 또는 간단히 EV3로 불리는 이 부품은 로봇이 모터와 센서를 활용해 스스로 움직일 수 있도록 도와주는 일종의 작은 컴퓨터입니다. 예를 들면, 로봇에 장착된 센서가 EV3와 근접한 장애물의 존재를 알리게 되면, EV3는 프로그래밍한 대로 정해진 과정을 통해 모터를 제어하고 장애물을 회피하게 됩니다. 여러분은 머지않아 로봇이 스스로 이동하면서 앞의 장애물을 피하도록 만들 수 있게 될 것입니다.

로봇은 프로그램에서 설계된 대로 주변 환경을 판단하고, 일반적으로 한 번에 하나씩의 작업을 순서대로 수행하면서 정해진 조건에 맞는 동작을 구현합니다. 이러한 프로그램은 컴퓨터에 설치된 LEGO MINDSTORMS EV3 프로그래밍 소프트웨어 이후 'EV3 소프트웨어'에서 제작할 수 있습니다. 프로그램 제작이 완료되면 컴퓨터에 연결된 USB 케이블을 이용해 프로그램을 EV3에 전송하며, 전송이 완료되면 로봇은 여러분이 작성한 프로그램대로 동작할 준비가 완료됩니다.

EV3 컨트롤러를 동작시키기 위해서는, 6개의 AA 배터리를 삽입하거나 전용 충전기(제품번호 8887)와 세트로 판매되는 충전식 배터리팩(제품번호 45501)을 사용해야 합니다(그림 1-3 참조). 충전식 배터리팩의 경우 중앙부가 돌출되어 부피(EV3 브릭의 두께)가 약간 증가합니다.

이 책의 로봇들은 AA 배터리를 사용하는 것을 전제로 모델링되었기 때문에 여러분이 충전기를 사용한다면 EV3 세트의 기본 로봇인 트랙커TRACK3R 로봇을 비롯한 이 책의 일부 로봇은 EV3 컨트롤러의 결합 부위를 약간 수정해야 할 것입니다.

컨트롤러가 6개의 AA 배터리로 7.2v~9v 사이의 전원을 공급받는 것과 달리, 적외선 리모트 컨트롤러는 두 개의 AAA 배터리를 이용해 동작합니다.

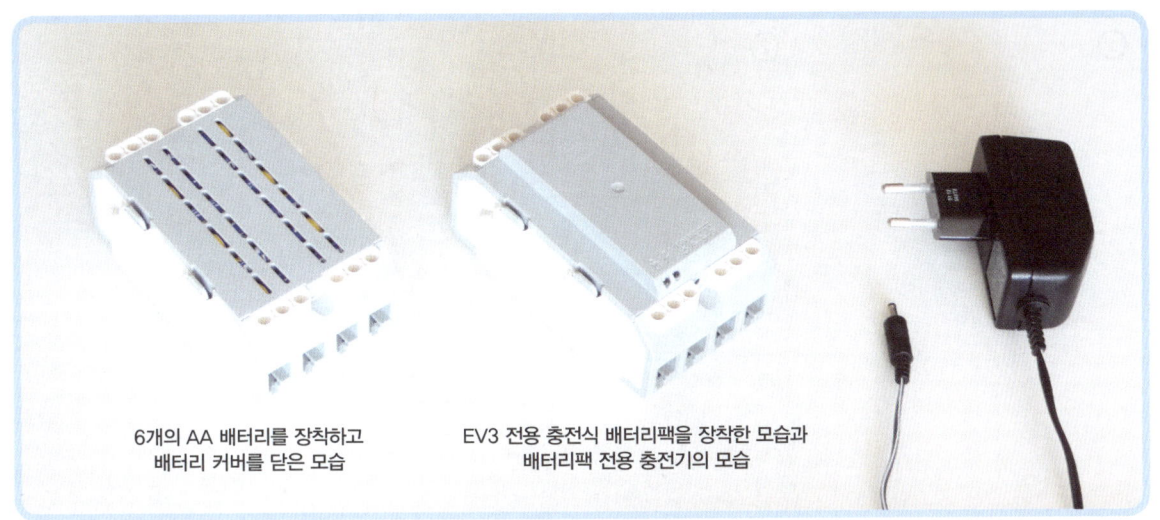

6개의 AA 배터리를 장착하고 배터리 커버를 닫은 모습   EV3 전용 충전식 배터리팩을 장착한 모습과 배터리팩 전용 충전기의 모습

■ 그림 1-3 EV3 컨트롤러는 여섯 개의 AA 배터리 또는 전용의 충전식 배터리팩을 이용해 구동할 수 있습니다.

테크닉 부품 정리하기

부품의 정리가 꼭 필요한 것은 아니지만, 만약 여러분이 그림 1-4와 비슷한 형태로 부품을 종류 및 크기별로 사전에 분류해서 정리해 둔다면 보관도 용이할 뿐더러 무언가를 만들 때에도 많은 시간을 절약할 수 있을 것입니다. 이 책의 로봇을 따라 만드는 과정뿐만 아니라, 나중에 여러분의 창작품 로봇을 만들 때에도 마찬가지입니다.

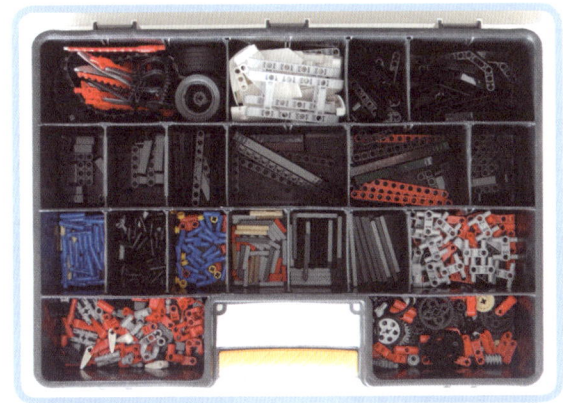

■ 그림 1-4 일반적인 공구상자를 이용해 EV3 세트의 구성품을 종류별로 구분한 모습

정리함에 부품이 종류와 크기별로 구분된다면 각 부품의 특징과 위치를 한눈에 확인할 수 있습니다. 또한 특정한 부품 또는 이미 다 써서 더 이상 없는 부품을 찾기 위해 모든 부품들을 오랫동안 뒤지는 불필요한 시간 낭비도 줄일 수 있습니다.

부품을 정리하는 데 정해진 규칙은 없지만, 부품을 용도별로 구분하는 것이 일반적으로 가장 편리합니다. 예를 든다면, 몸체를 만드는 데 사용하는 빔을 구동부에 사용되는 기어 및 축과 별도로 보관하는 것입니다.

만약 각각의 부품을 모두 나누어 보관할 만한, 충분한 수의 보관함을 갖고 있지 않다면, 쉽게 구분할 수 있는 부품들을 한 보관함에 섞어 보관하는 방법도 생각해 볼 수 있습니다. 예를 들어, 짧은 회색 축과 짧은 빨간색 축은 비슷한 용도로 사용되지만 외형적인 특징이 구분하기 쉬운 편이기에 함께 섞어 보관해도 서로 구분해서 사용하기에 무리가 없습니다.

EV3 세트에는 부품에 장식적인 효과를 가미하기 위한 스티커가 1매 포함됩니다. 이 스티커는 흰색의 '패널' 부품에 사용되며 각각의 패널에 스티커가 부착된 모습은 그

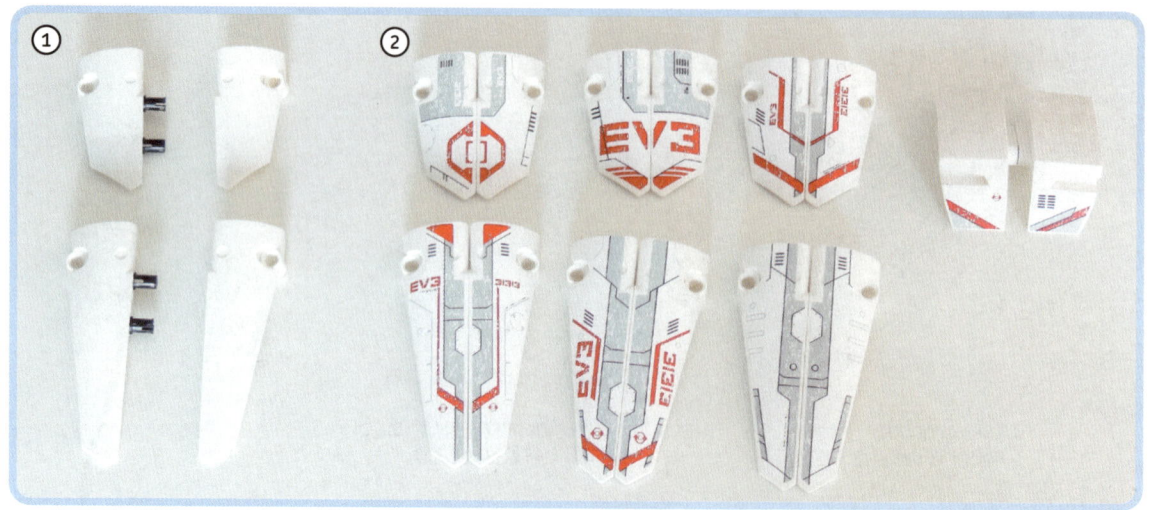

■ 그림 1-5 스티커가 부착된 패널은 한 장씩 사용하기도 하지만 두 장을 붙여 하나의 큰 패널로 사용하기도 합니다. 스티커의 그림이 어긋나지 않도록 두 패널을 미리 검은색 핀으로 결합한 다음 두 장의 스티커를 무늬를 맞추어 붙이면 보다 깨끗하게 스티커를 부착할 수 있습니다.

림 1-5에서 확인 가능합니다. 여러분은 이 책에서 제작되는 로봇 모형의 패널 조립 단계에서 정확한 패널의 종류를 구분하기 위해 스티커의 그림을 참고할 수 있습니다.

임무 패드

EV3 세트는 제품 박스의 겉면을 한 번 더 포장한 상태로 출고하는데, 바로 이 겉면의 포장지 안쪽에 로봇의 테스트를 위한 그림 1-6과 같은 패턴의 임무 패드가 인쇄되어 있습니다.

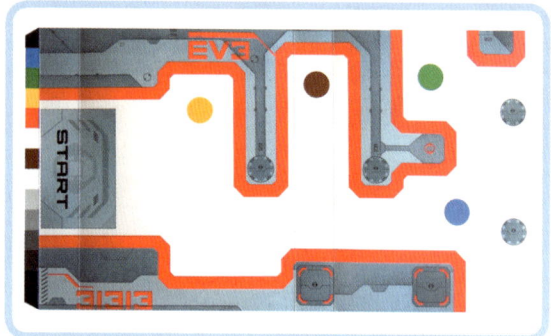

■ 그림 1-6 임무 패드. EV3 세트의 상자 겉면을 보면 가위로 자를 수 있는 절취선을 볼 수 있습니다. 이 절취선을 따라 겉포장을 잘라내면 포장 안쪽으로 코팅이 된 이와 같은 패턴의 임무 패드를 얻게 됩니다.

여러분은 로봇이 이 패드의 각종 패턴에 반응하는, 예를 들면 두꺼운 빨간색 줄을 따라 로봇이 주행하는 것(7장 참조)과 같은 프로그램을 통해 로봇을 테스트해 볼 수 있습니다. 이 책에서 실습하는 내용의 경우, http://ev3.robotsquare.com/에서 추가적인 트랙을 다운로드한 후에 인쇄해서 사용할 수 있습니다.

로봇을 제어하기

EV3 세트는 그림 1-7에서 보는 바와 같이, 다양한 방법으로 로봇을 제어할 수 있도록 지원합니다. 이 책을 통해 EV3 소프트웨어로 로봇이 스스로 동작할 수 있는 프로그램을 만드는 방법을 익힐 수 있습니다. 또한 EV3 세트에 포함된 리모트 컨트롤러를 이용해 로봇을 원격 제어하고 명령을 보내는 방법도 함께 살펴볼 것입니다. 더불어 스마트폰 또는 태블릿에 앱을 설치해 블루투스 기능으로 로봇을 제어하는 방법도 배울 수 있습니다. 스마트폰이나 태블릿에 설치되는 앱은 모터 제어뿐만 아니라 센서값의 모니터링 또는 각각의 로봇에 맞게 앱의 인터페이스를 바꾸는 것도 가능합니다. 이 또한 http://ev3.robotsquare.

com/에서 스마트폰 및 태블릿에 설치되는 EV3 앱에 대한 보다 자세한 내용을 확인할 수 있습니다.

EV3 소프트웨어 설치하기

여러분이 조립한 로봇에 프로그램을 탑재하기 위해서는 먼저 EV3 프로그래밍 소프트웨어를 설치해야 합니다. 프로그램은 인터넷 링크를 통한 다운로드 형태로 제공되며, 다음의 단계를 순서대로 진행해 소프트웨어를 설치해야 합니다.

만약 여러분이 사용하고자 하는 컴퓨터가 인터넷에 접속할 수 없는 상황이라면, 다음의 단계 중 1단계와 2단계를 인터넷 접속이 가능한 다른 컴퓨터에서 소프트웨어 인스톨본을 다운로드하고 진행해야 합니다. 작업하고자 하는 컴퓨터에 설치하기 위해서는 최소 1GB 이상의 용량을 가진 저장장치가 필요한데 USB 메모리 등의 저장장치를 활용할 수도 있습니다. 소프트웨어의 다운로드와 작업하고자 하는 컴퓨터로의 복사가 끝나면 3단계부터 진행합니다.

1단계

http://www.lego.com/ko-kr/Mindstorms/에 접속합니다. 그림 1-8을 참고하여 다운로드 탭을 클릭하고 소프트웨어 다운로드(PC/MAC) 버튼을 클릭합니다.
이 그림은 LEGO의 홈페이지 관리 정책에 따라 다른 모습으로 바뀔 수 있습니다.

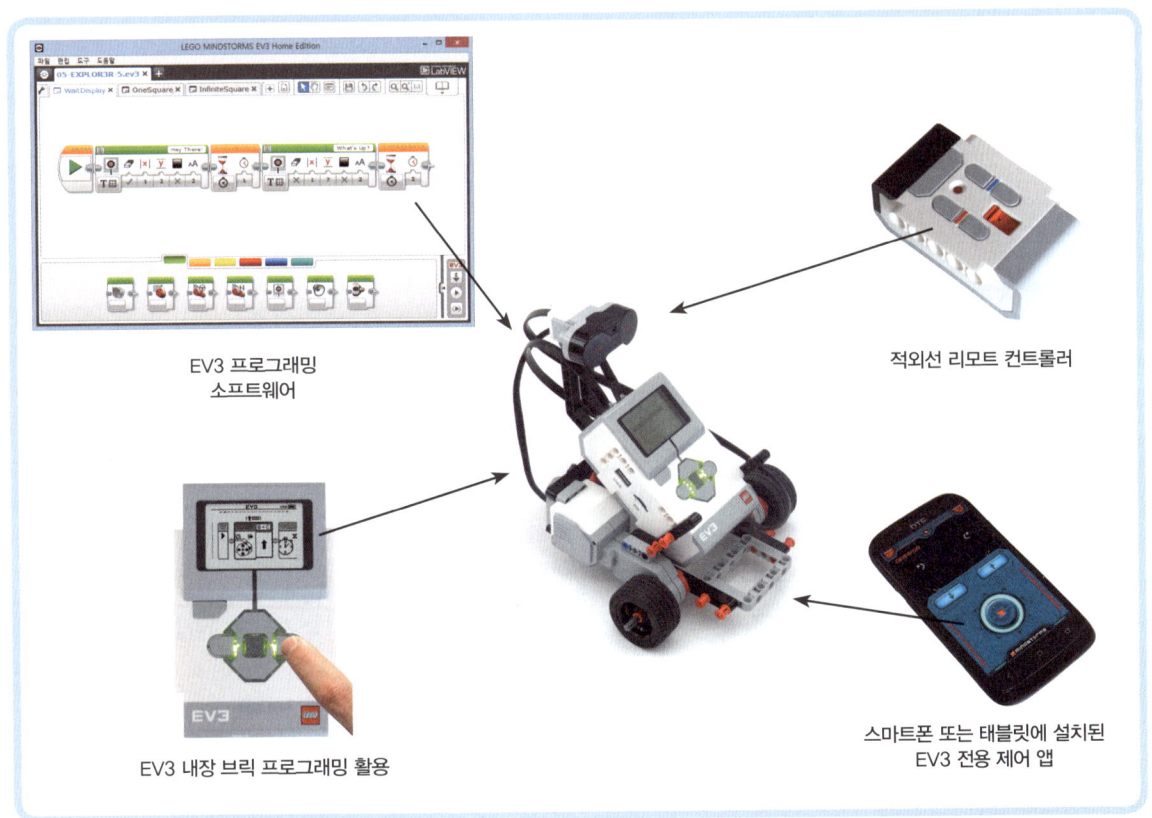

■ 그림 1-7 여러분은 여러분이 만든 로봇이 자동으로 움직이도록 프로그램을 만들어 다운로드하거나 원격 조종장치를 이용해 제어할 수 있습니다.

■ 그림 1-8 LEGO MINDSTORMS EV3 소프트웨어를 다운 받기 위한, 레고코리아의 마인드스톰 EV3 공식 홈페이지. 여기에서 기본 소프트웨어뿐만 아니라, 추가적인 조립 가이드, 로봇 아이디어, 프로그래밍 블록 등을 다운 받을 수 있습니다.

2단계

그림 1-9와 같은 소프트웨어를 사용할 컴퓨터의 운영체제를 선택합니다. 레고 홈페이지의 국가 설정이 한국으로 되어 있다면, 여러분은 윈도우용/맥용 한글 버전만을 선택할 수 있습니다. 여러분이 윈도우 XP, 비스타, 윈도우 7, 8, 10 등의 마이크로소프트 운영체제를 사용한다면 Windows 버튼을, OSX 10.6, 10.7 등의 MAC OS를 사용한다면 OSX 버튼을 클릭합니다. 홈페이지에서 설치를 위한 시스템 요구사항을 참고하시기 바랍니다.

👤 EV3부터는 기존 마인드스톰 시리즈와 달리 개발 환경에서 한글을 지원합니다. 이 책은 영문 윈도우와 영문 EV3 소프트웨어를 사용해 제작되었으나 번역본에서는 한국 사용자를 위해 한글 버전의 EV3 소프트웨어를 사용했습니다. 책에 언급된 소프트웨어의 영문 메뉴는 한글 EV3 소프트웨어에서 번역된 용어를 그대로 사용했습니다.

단, EV3 컨트롤러 자체의 특성 때문에 한글 버전의 소프트웨어에서도 블록 명이나 변수 명 등 일부는 한글 사용이 불가능하며, 이 부분은 영문 소프트웨어를 쓴 원서와 동일한 용어를 사용했습니다.

NOTE 소프트웨어의 용량은 약 600MB 정도이며, 여러분의 통신 환경에 따라 수 분에서 수십 분 이상이 걸릴 수도 있습니다. 다운로드가 진행되는 동안 여러분은 이 장을 넘어가서 먼저 로봇의 하드웨어 조립을 먼저 진행해도 무방합니다.

3단계

다운로드가 완료되면 소프트웨어 인스톨본을 클릭해 실행합니다. 윈도우 운영체제라면 그림 1-10과 같은 설치 진행 화면을 볼 수 있습니다. 만약 여러분이 맥 OS를 사용한다면 .dmg 파일을 더블클릭해서 설치를 진행합니다. 설치 진행 화면에서 나타나는 메시지를 확인하며 순서대로 설치를 진행합니다.

4단계

설치가 완료되면 컴퓨터를 재실행하라는 메시지가 출력됩니다. 재실행 후 여러분의 컴퓨터 데스크톱 화면에는 'LEGO MINDSTORMS EV3 홈 에디션'의 바로가기가 추가되었을 것입니다. 소프트웨어의 설치가 완료되면 이후 별도의 인터넷 연결 없이도 EV3 프로그램을 작성할 수 있습니다.

이 장을 마치며

이제 여러분은 로봇을 조립하고 프로그래밍해서 움직이도록 하기 위한 모든 준비가 완료되었습니다. 2장에서 여러분은 EV3 브릭에 대해 좀 더 자세히 배우고, 모터와 리모트 컨트롤러를 활용한 여러분의 첫 번째 로봇을 만들어 볼 것입니다.

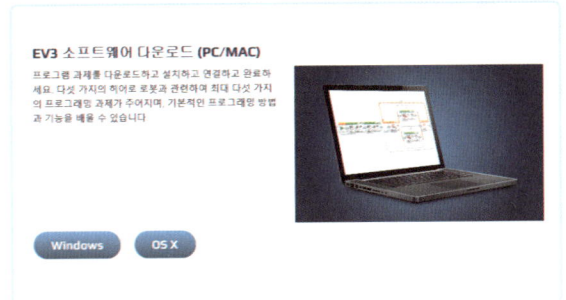

■ 그림 1-9 사용하는 컴퓨터의 운영체제를 선택하는 단계. 이 책이 번역된 현재 한국어 홈페이지에 등록된 소프트웨어는 LMS_EV3_WIN32_KO_01_01_01_full_setup.exe입니다. KO는 한국어 버전을, 뒤의 숫자는 프로그램의 버전을 의미합니다.

■ 그림 1-10 설치 진행 화면. 다운로드 완료된 소프트웨어의 인스톨본을 클릭해 실행합니다.

NOTE 소프트웨어를 최신 버전으로 업데이트하기 위해서는 단순히 LEGO 홈페이지에서 최신 버전을 다운 받은 후 일련의 앞 단계를 동일하게 수행하면 됩니다. 버전 업데이트를 위해 기존의 EV3 소프트웨어를 제거할 필요는 없습니다.

2
첫 번째 로봇 만들기
building your first robot

1장에서 EV3 로봇이 모터, 센서, EV3 브릭으로 구성되었음을 배웠습니다. 이제 각 요소들의 동작에 대해 쉽게 이해할 수 있도록 구성 요소를 하나씩 살펴볼 것입니다. 이 장에서는 그림 2-1과 같이 '익스플로러EXPLOR3R'라는 이름의 바퀴가 달린 로봇을 만들고 이를 이용할 것입니다.

이 로봇은 EV3 브릭과 두 개의 라지 모터를 사용합니다. 또한 적외선 센서를 통한 수신 기능이 추가되어 로봇을 완성한 후 리모컨으로 무선 제어도 할 수 있습니다. 이번 장에서는 여러분이 로봇을 리모컨의 버튼으로 조작하기 위한 방법도 배워 볼 것입니다.

조립도 활용하기

레고 마인드스톰 EV3 세트는 다양한 길이와 종류의 빔과 축이 포함됩니다. 정확한 부품을 찾기 위해 조립도의 뒷면에는 그림 2-2와 같은 참고용 이미지가 포함됩니다. 외장을 꾸미는 부품의 경우 크기가 중요하지 않은 경우도 있지만, 구동에 관련된 부품의 경우는 작은 차이에 의해서도 구동부가 의도와는 전혀 다르게 동작하거나 심한 말썽을 일으키기도 합니다.

■ **그림 2-1** 익스플로러는 구동용 바퀴 두 개(앞)와 지지용 바퀴(뒤) 하나가 있습니다.

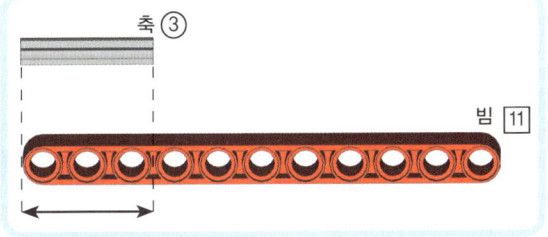

■ **그림 2-2** 빔과 축의 길이는 다르니 조립 시 정확하게 사용해야 합니다. 부록에 삽입된 비교 차트를 참조하세요.

적절한 빔의 크기를 확인하는 방법은, 단지 빔의 측면에 뚫린 구멍의 숫자를 세는 것으로 충분합니다. 그림 2-2의 빨간색 빔은 11 사이즈입니다. 쉽게 식별이 가능하도록 조립도에서는 부품 이미지 측면에 길이를 나타내는 숫자가 네모 칸에 함께 기입됩니다.

축을 찾는 방법 역시 동일합니다. 빔처럼 구멍이 뚫려 있지는 않지만, 빔이나 다른 레고 부품에 나란히 놓고 길이를 재어 보면 역시 구멍 단위와 같은 방식으로 길이를 측정할 수 있습니다. 간혹 구멍 길이의 0.5단위도 사용됩니다. 축의 경우 부품 이미지 측면에 길이를 나타내는 숫자가 동그라미 칸에 함께 기입됩니다.

빔 또는 다른 부품들을 서로 연결하기 위해서는 그림 2-3과 같은, 핀 부품을 사용합니다. 핀은 각각의 용도에 따라 모양 및 색상이 서로 다릅니다. 각각은 중요한 차이점이 있는데, 마찰력이 거의 없도록 설계되어 핀 구멍에 끼워져 자유롭게 회전 가능한 것과, 마찰력이 있어 쉽게 회전하지 않아야 다른 부품과 상호 결합할 때 좀 더 유용한 것으로 그 성질이 구분됩니다.

일반적인, 외형을 꾸미기 위한 레고 부품에서는 각각의 모양별로 다양한 색상의 부품이 존재합니다. 하지만 기능성을 염두에 두고 제작된 테크닉 및 마인드스톰 계통의 부품군에서는 일부 특수 용도의 부품인 경우, 특정 색으로만 제작되는 경우가 있습니다. 대표적인 것이 그림 2-3에서 보게 될 핀 종류입니다. 이는 여러분이 노란색 로봇을 만든다고 하더라도 핀은 검정, 파랑, 회색을 선택할 수밖에 없음을 의미합니다.

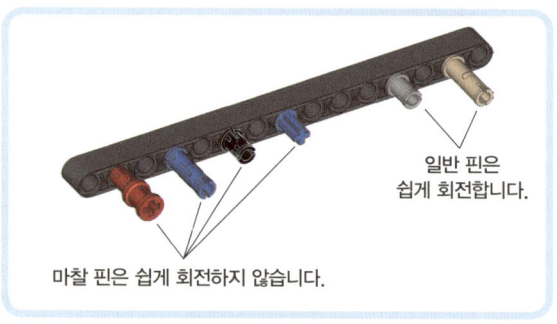

■ 그림 2-3 EV3 세트에는 마찰 핀과 일반 핀이 포함됩니다. 이 책의 조립도에서는 위에 제시된 색상의 핀만을 사용합니다.

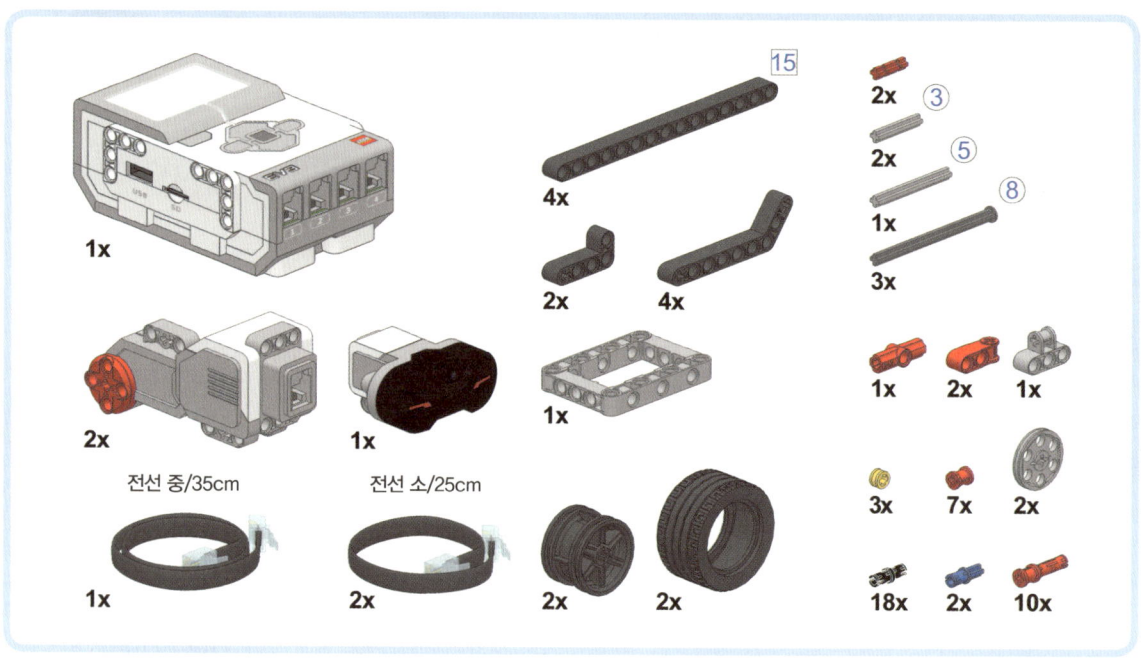

■ 그림 2-4 익스플로러 로봇의 부품 구성

익스플로러 조립하기

조립에 시작하기에 앞서 그림 2-4의 부품들이 필요합니다. 그림 2-4와 같이 조립에 필요한 부품들이 나열된 이미지를 BOM(Bill/Build Of Materials)이라고 합니다. 부품들이 준비되면 다음 단계를 따라 로봇을 조립합니다.

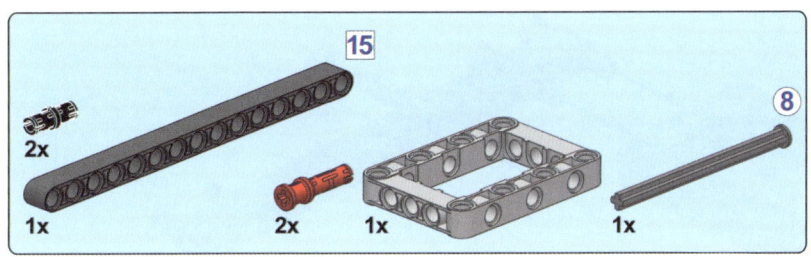

1

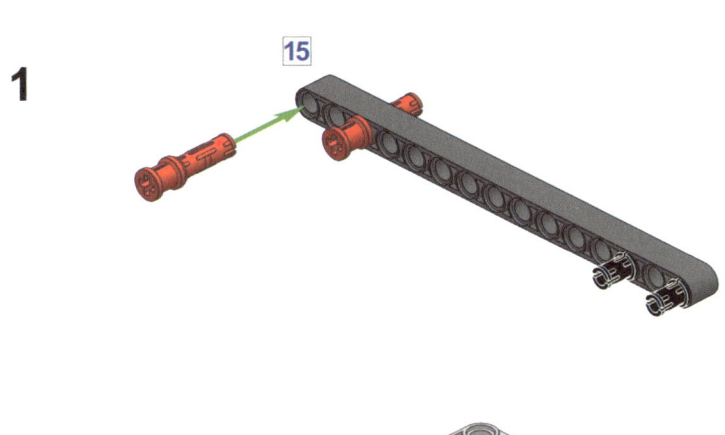

2

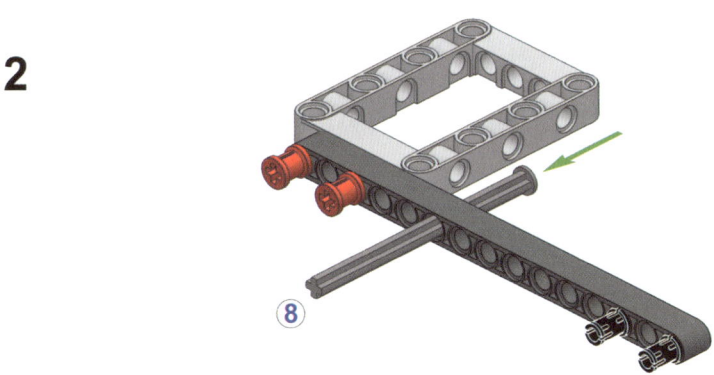

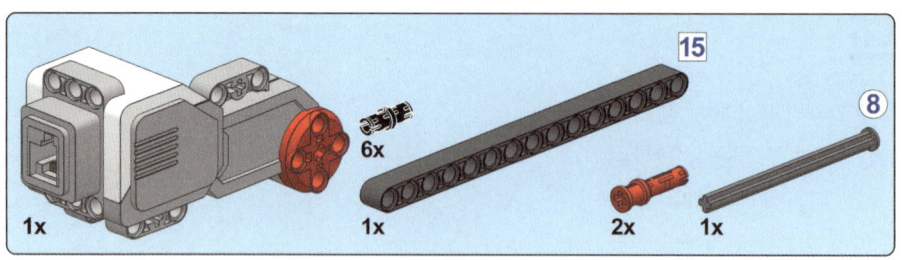

3

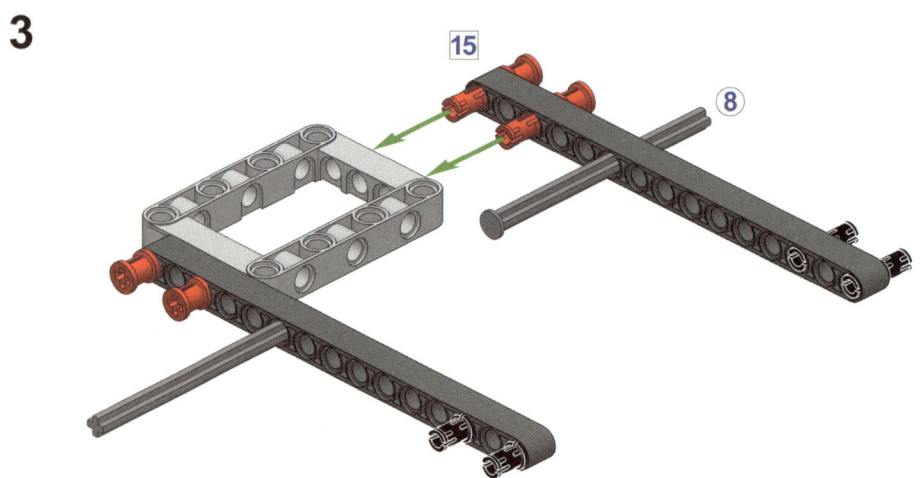

4

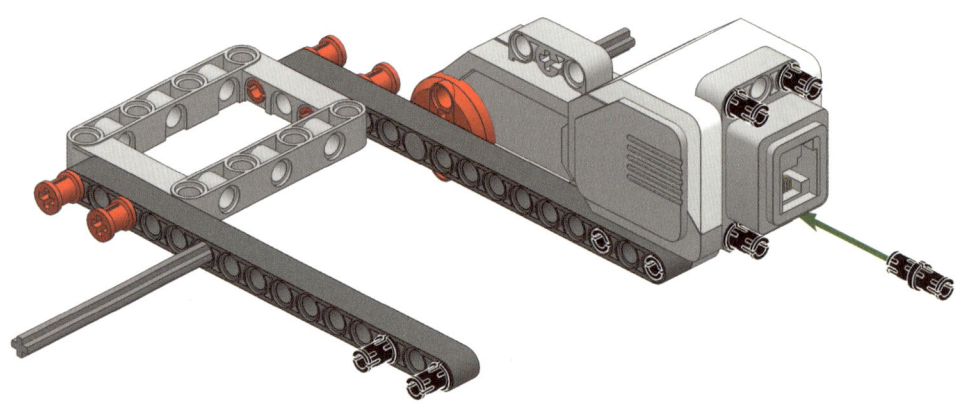

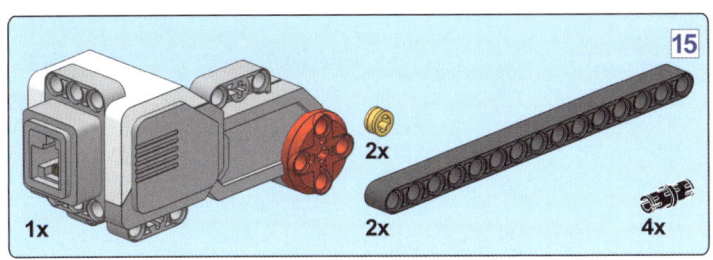

5

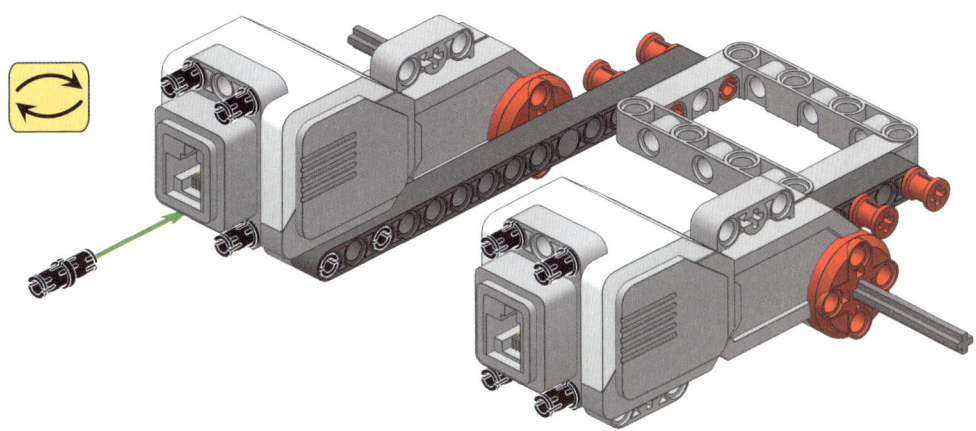

6

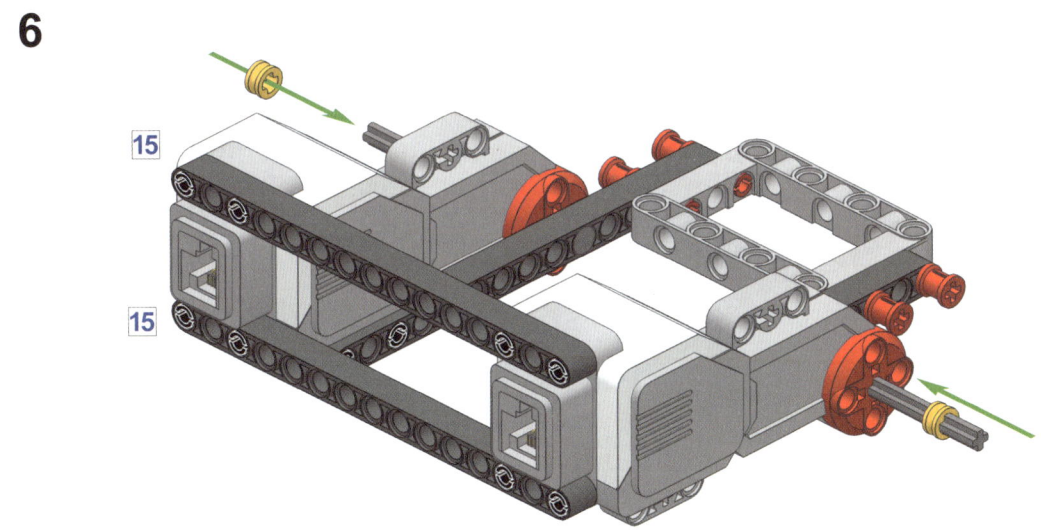

2 첫 번째 로봇 만들기

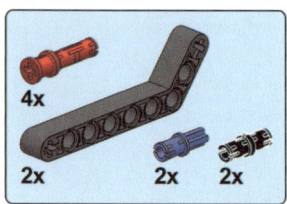

7

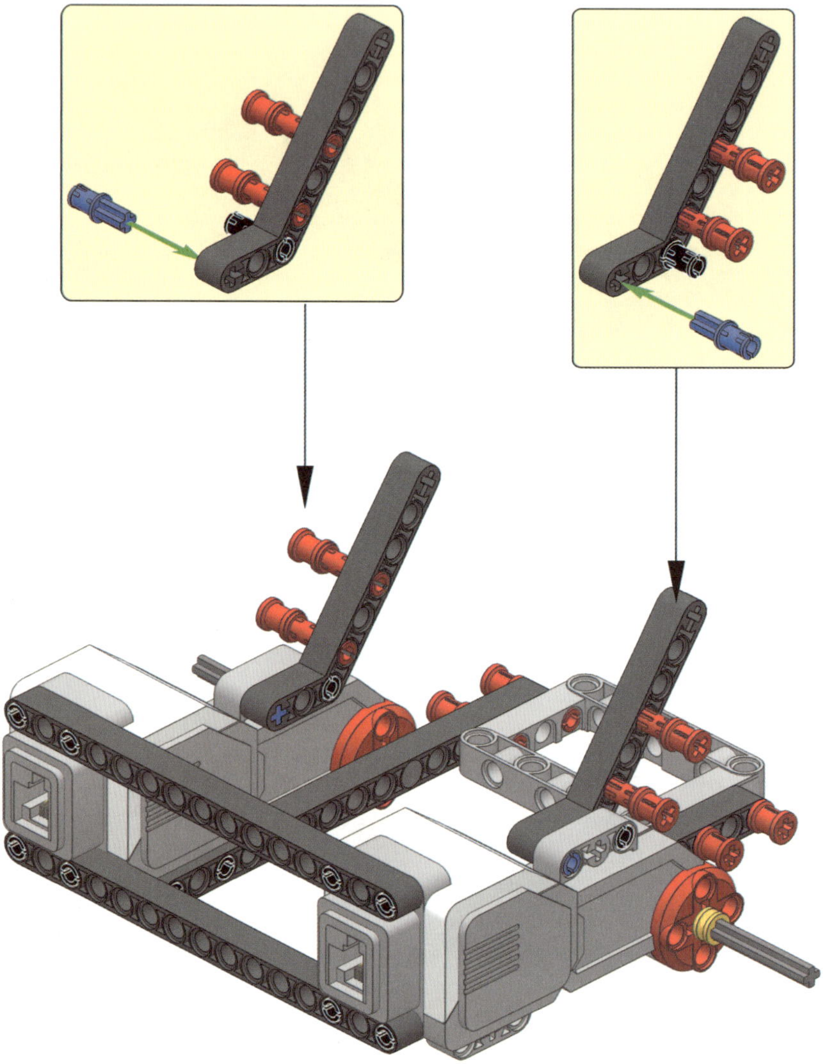

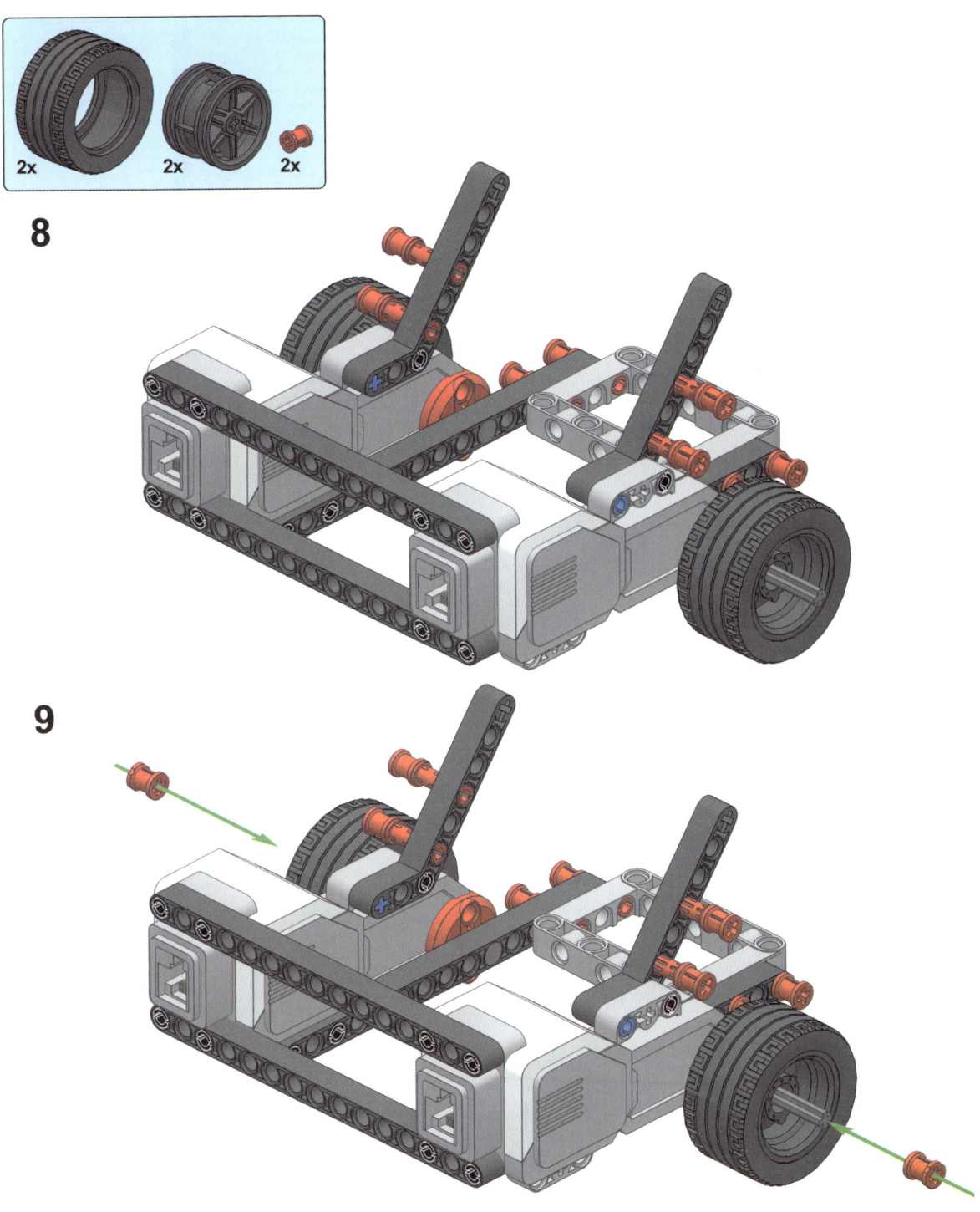

2 첫 번째 로봇 만들기 17

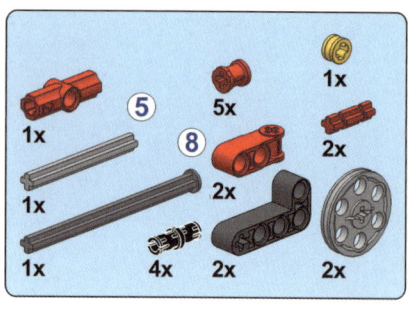
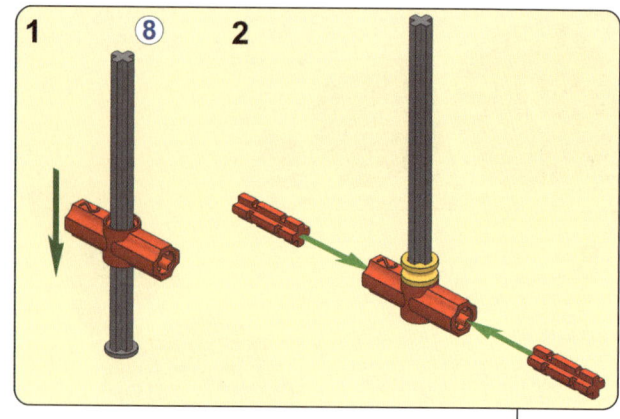
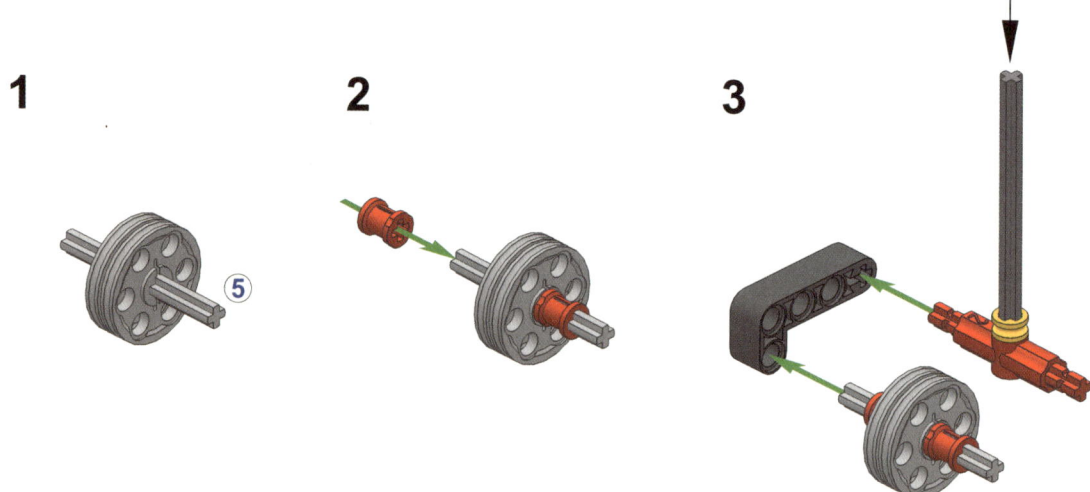
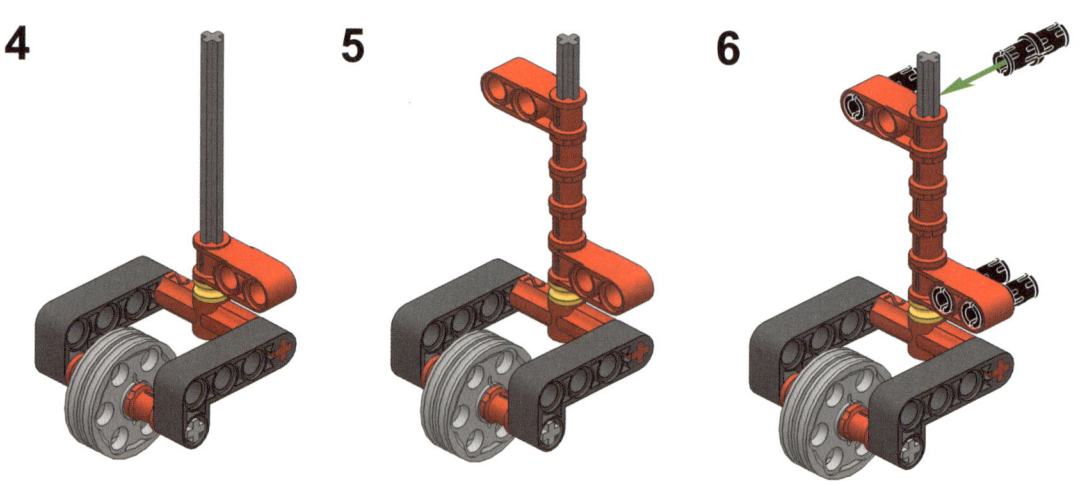

10

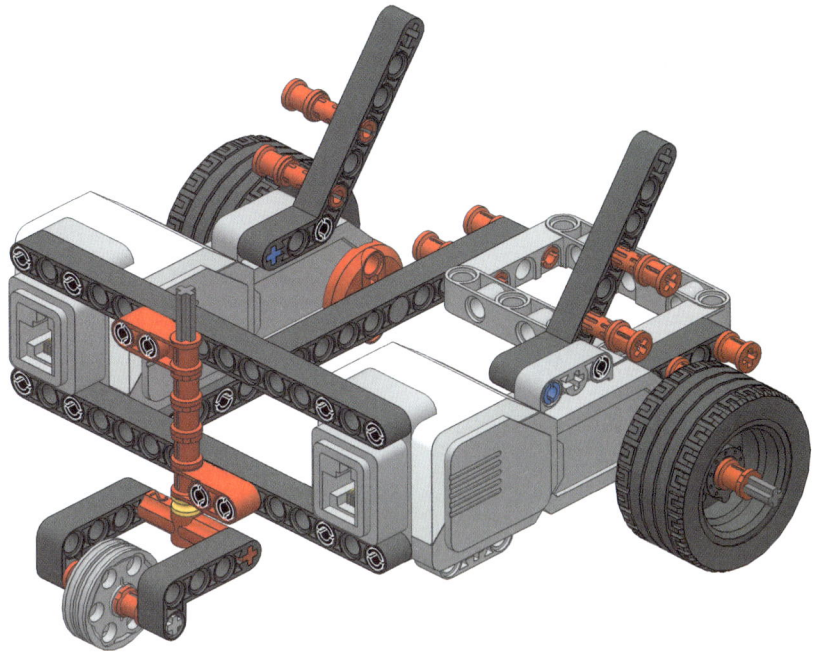

11

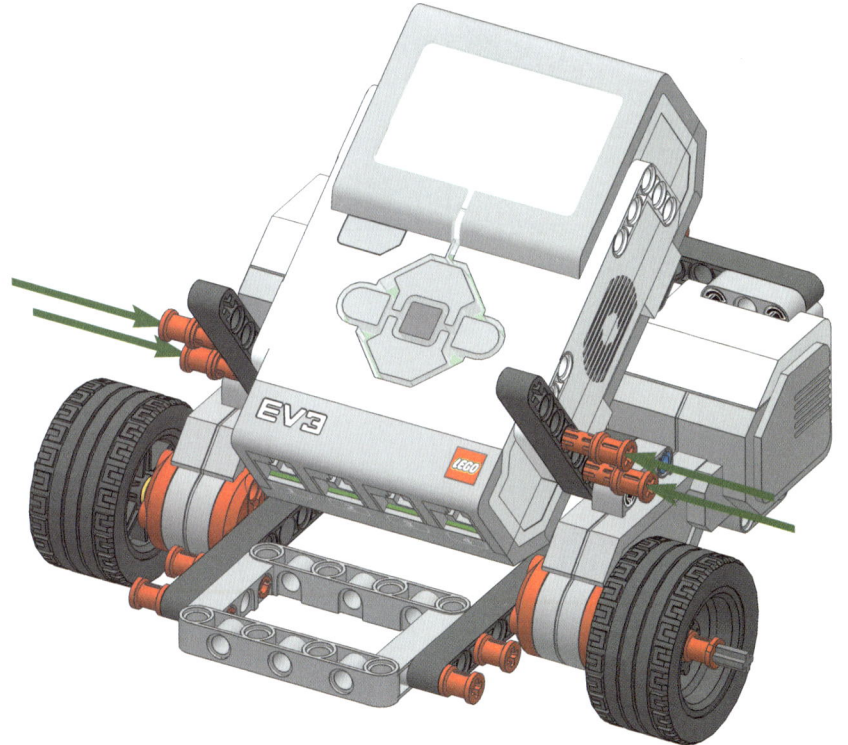

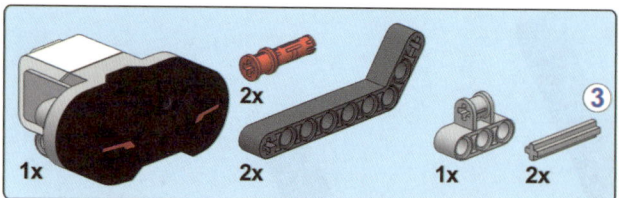

12

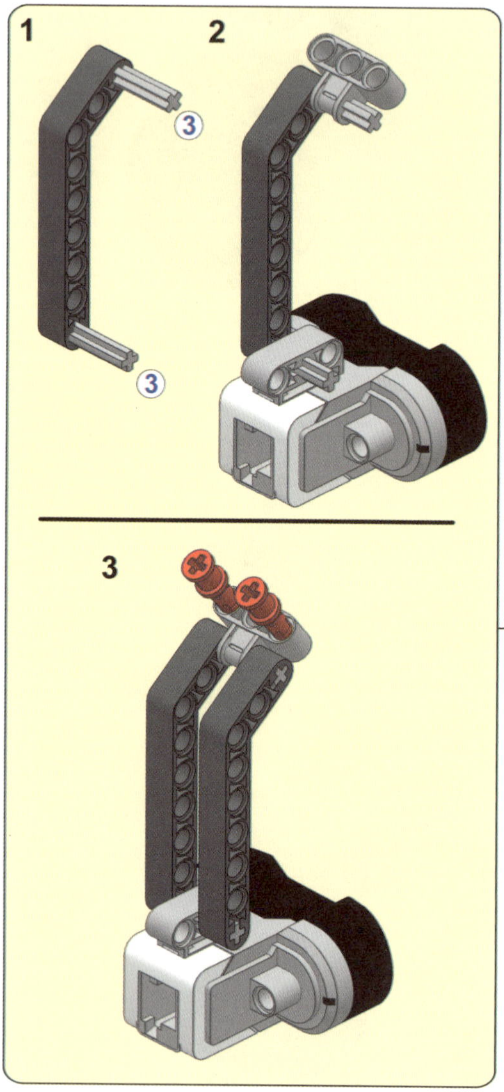

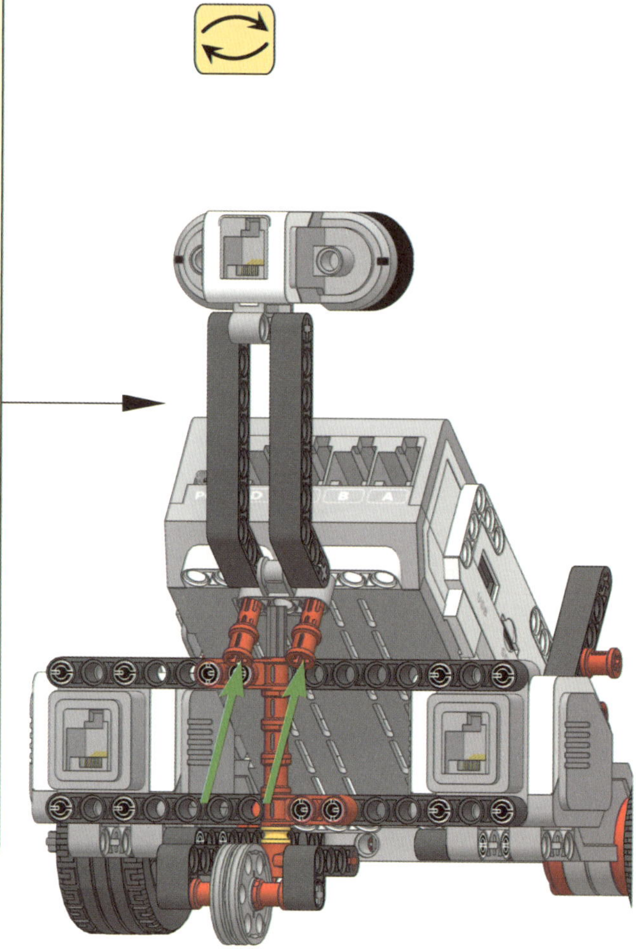

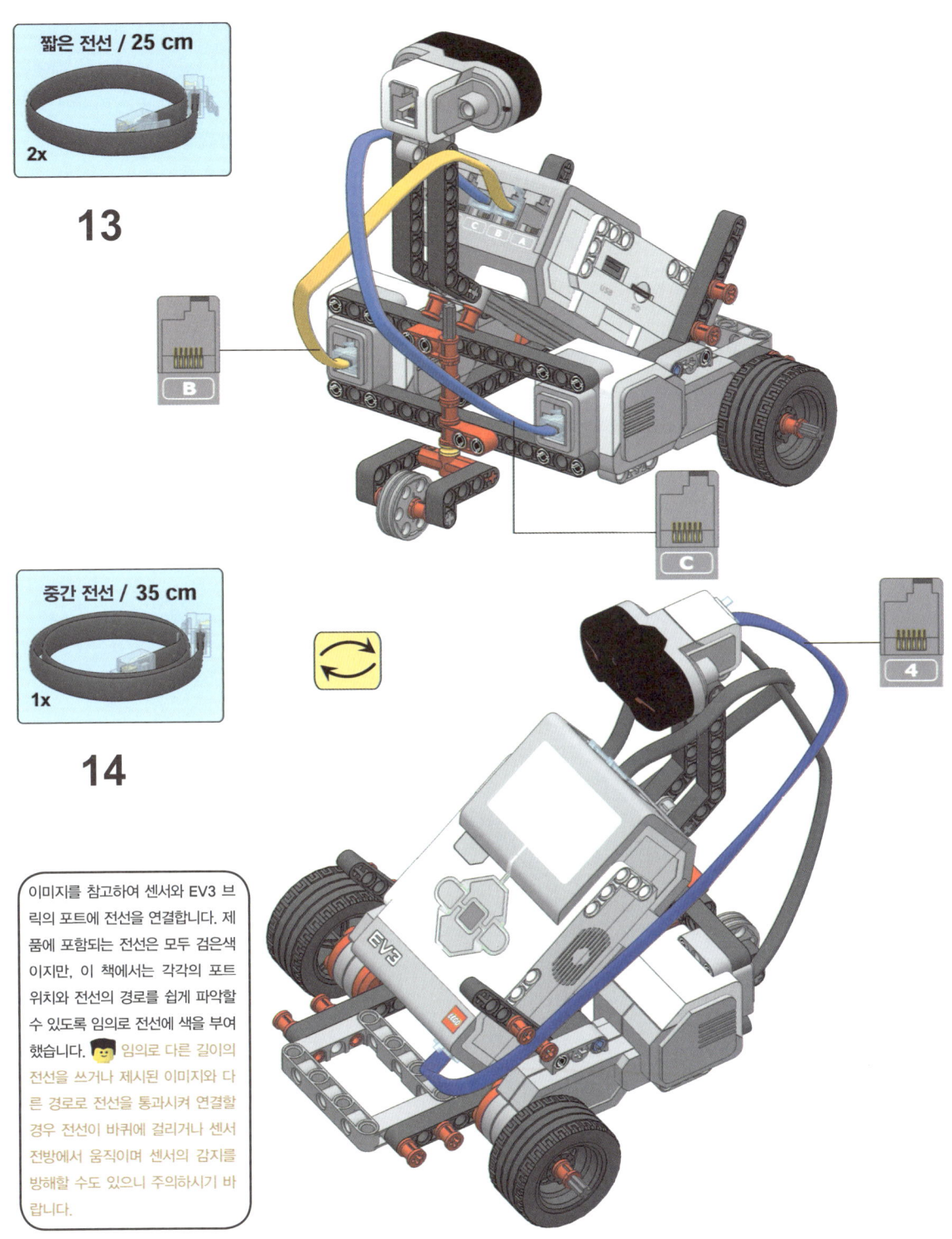

입력과 출력, 그리고 전선

축하합니다! 여러분은 드디어 익스플로러EXPLOR3R 로봇을 완성했습니다.

이제 EV3 브릭에 연결된 전선들을 좀 더 살펴볼까요? 여러분은 두 개의 라지 모터를 EV3에서 B와 C로 이름 붙여진 출력 포트에 연결했습니다. 라지 모터뿐만 아니라, 미디엄 모터 역시 출력장치이므로 연결은 항상 출력 포트에 합니다(그림 2-5 참고).

출력 포트는 EV3 상단에 모여 있으며, 이름은 A부터 D까지로 정해져 있습니다. 마찬가지로 센서는 입력 포트에 연결해야 하며, 포트는 하단에 모여 있고 이름은 1부터 4까지로 정해져 있습니다(센서의 자세한 특성에 대해서는 2부에서 살펴볼 것입니다).

EV3 세트에는 세 가지 종류의 전선이 동봉됩니다. 네 개의 가장 짧은 전선(25cm), 두 개의 중간 전선(35cm), 그리고 가장 긴 전선(50cm)입니다. 전선을 연결할 때에는 항상 전선이 로봇의 주위(이를테면 바퀴) 또는 바닥에 끌리거나 센서나 모터의 동작에 방해를 일으킬 위험이 없도록 정확한 길이로, 또는 다른 부품을 이용해 선을 잘 정리해 주어야 합니다.

EV3 브릭은 두 개의 USB 연결 포트를 갖고 있습니다. 한 개는 PC라는 이름이 붙어 있으며 EV3 브릭의 상단에 위치합니다(그림 2-5 참고). 이 포트는 컴퓨터에서 작성한 EV3 프로그램 또는 데이터 파일을 EV3 내부 메모리로 전송하는 용도로 사용합니다.

EV3의 측면에는 한 개의 USB 포트가 더 있는데, 이 포트는 USB 호스트의 역할을 합니다. 이 포트에는 추가적인 장비, 이를테면 EV3 호환 Wi-Fi 무선랜 동글, 또는 다른 EV3 컨트롤러 등을 연결할 수 있습니다.

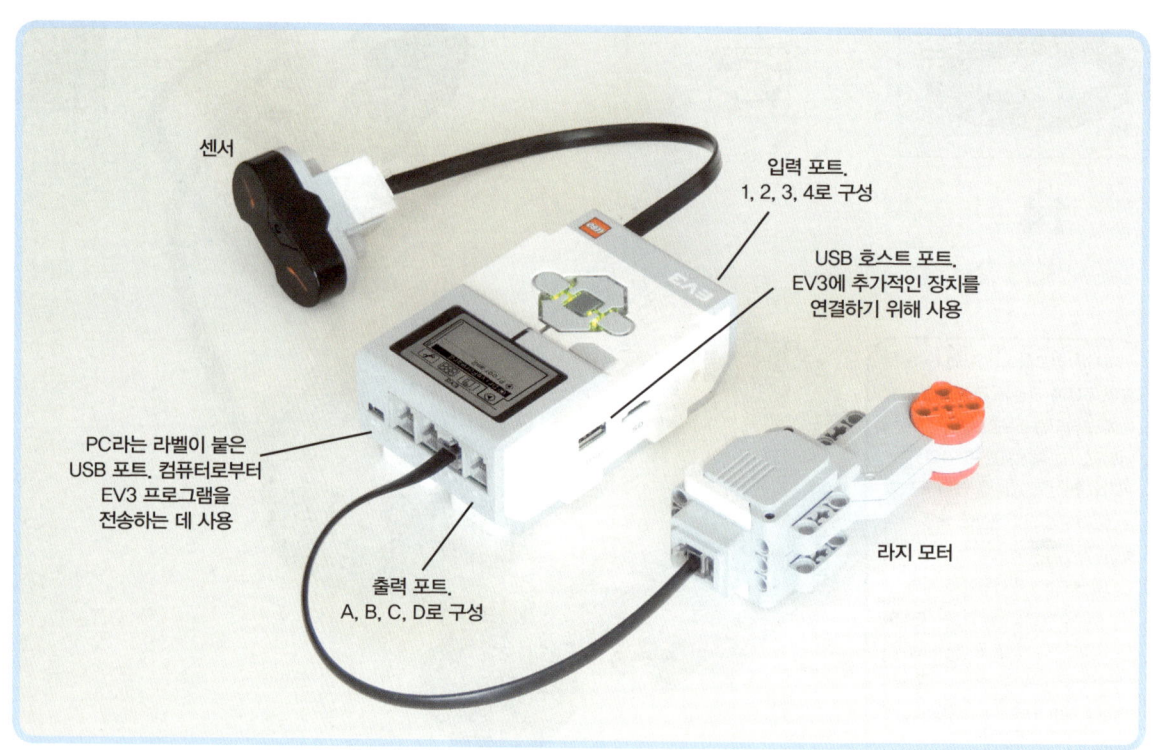

■ 그림 2-5 모터는 출력 포트(상단), 센서는 입력 포트(하단)에 연결합니다. PC라는 이름이 붙은 USB 포트는 컴퓨터에서 작성한 프로그램을 전송하는 데 사용합니다.

포트의 모양을 유심히 살펴본다면, 상단의 USB 포트는 일반적인 디지털 카메라나 카드 리더기의 컴퓨터와 연결되는 포트와 모양이 같은 Mini-B형, 측면의 USB 포트는 PC의 메인보드 뒷면 혹은 케이스 전면에 내장된 일반적인 USB Type-A형인 것을 알 수 있습니다.

측면의 USB 호스트 포트 옆에는 마이크로 SD 카드 슬롯이 있으며, 이곳에 마이크로 SD 카드를 설치하면 EV3의 기본 내장 메모리인 4MB 저장 공간을 크게 확장할 수 있습니다. 물론, 이 책에서 실습하는 모든 내용들은 내장 메모리 용량만으로도 충분합니다.

내장 슬롯은 마이크로 SDHC를 지원하며 테스트 해 본 바로는 32G 용량까지도 지원합니다. 단, 대용량의 사운드 데이터나 이미지 데이터를 넣거나 혹은 복잡한 데이터를 장시간 수집하는 특수 용도로 사용하지 않는다면 내장 메모리만으로도 충분하기 때문에 일부러 메모리를 구입할 필요는 없을 것으로 생각됩니다.

덧붙이자면 스프링 방식으로 밀면 쉽게 메모리가 나오는 방식이 아닌, 단순한 밀어넣기 방식의 슬롯이기 때문에 손톱으로 메모리를 잡고 빼다가 놓쳐 작은 마이크로 SD 메모리가 날아가는 경우가 생기기도 합니다. 이에 대한 해결책은 부록 A의 그림 A-11에서 볼 수 있습니다.

EV3 브릭 살펴보기

3장의 프로그래밍 부분을 살펴보기에 앞서, EV3 브릭에 장착된 버튼을 활용해 메뉴를 탐색하고 내장된 프로그램을 실행하는 기본 활용법부터 살펴보겠습니다(그림 2-6 참조).

EV3 켜고 끄기

EV3 브릭을 켜기 위해서는, 그림 2-7과 같이 **가운데** 버튼을 누릅니다. 브릭 상태를 알려주는 상태 표시등은 EV3가 부팅되는 동안 빨간색으로 켜집니다.

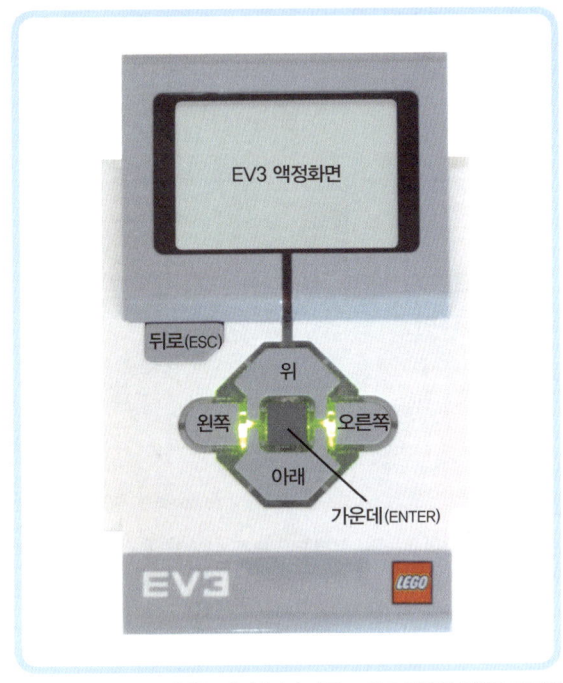

■ 그림 2-6 EV3의 전면부. 액정화면과 버튼, 그리고 버튼의 주위로 브릭의 상태를 알려주는 상태 표시등이 내장되어 있습니다.

EV3 커널은 기존 NXT의 단순화된 임베디드 OS 커널과 달리 리눅스 기반의 커널이기 때문에, 부팅에는 약 30초가량의 긴 시간이 소요됩니다.

부팅이 완료되면 상태 표시등은 녹색으로 바뀌고 EV3의 초기 메뉴 화면을 볼 수 있습니다. 초기 메뉴는 네 개의 탭으로 구성된 탐색기 형태로, 각 메뉴의 세부 구성은 뒤에서 좀 더 자세히 살펴볼 것입니다. 각각의 탭은 고유의 파일이나 기능을 포함하고 있으며 좌로부터 각각의 메뉴 이름은 다음과 같습니다.

최근 실행된 파일 Run Recent: 이 탭에서는 가장 최근에 실행한 프로그램들을 보고 선택할 수 있습니다. 컴퓨터의 '내 문서'와 비슷한 개념입니다.

파일 탐색기 File Navigation: 이 탭에는 폴더가 포함될 수 있으며, 각각의 프로그래밍 프로젝트별로 관리할 수 있습니다. 각각의 폴더에는 실행 파일 외에도, 관련된

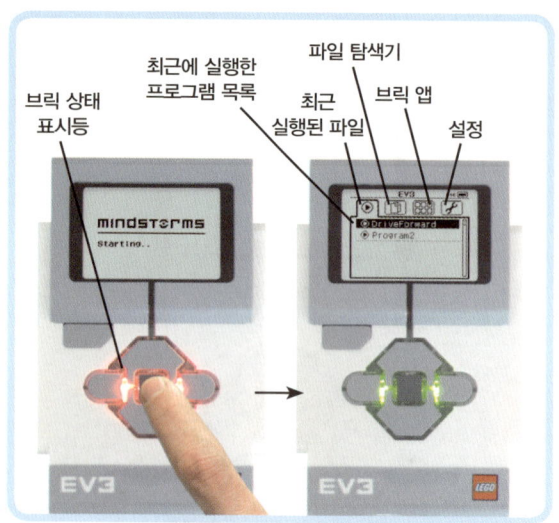

■그림 2-7 가운데 버튼을 누르면 EV3 브릭이 부팅됩니다. 부팅이 완료되면 네 개의 탭이 있는 초기화면이 로딩되고 네 방향 버튼과 가운데(ENTER), 뒤로(ESC) 버튼으로 메뉴를 이용할 수 있습니다. EV3 컨트롤러 자체는 한글을 지원하지 않습니다. 파일/폴더 명, 컨트롤러 명, 내부 사용 변수 등 EV3에서 실제로 사용하는 값은 한글 이름을 가질 수 없습니다.

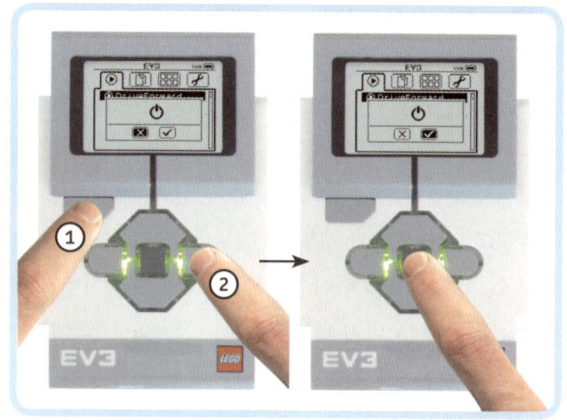

■그림 2-8 EV3 브릭 끄기. '뒤로' 버튼으로 더 이상 돌아갈 메뉴가 없을 때 EV3는 '끄기' 윈도를 보여줍니다.

파일, 이를테면 사운드 파일 등이 포함될 수 있습니다. 컴퓨터의 '탐색기'로 'C 드라이브'를 탐색하는 것과 비슷한 개념입니다.

브릭 앱 Brick Apps: 이 탭은 컴퓨터로 프로그래밍하지 않고 컨트롤러 자체적으로 센서 및 모터를 간단히 테스트할 수 있는 기능을 포함합니다. 센서의 입력에 의한 단순한 모터 동작이나 리모컨을 이용한 모터 동작을 테스트할 수 있습니다(부록 B 참조).

설정Setting: 이 탭은 EV3 컨트롤러의 설정에 관련된 부분. 이를테면 볼륨 설정이나 블루투스 연결 설정 등의 메뉴가 포함됩니다.

EV3를 끄기 위해서는 최상위 메뉴로 돌아가야 합니다. 뒤로를 누르면 EV3의 탐색 메뉴는 한 단계씩 상위 메뉴로 돌아가며 초기화면에서 '뒤로' 버튼이 눌리면 EV3는 끄기 메뉴를 보여줍니다. 파워 온오프 아이콘(⏻)이 그려

진 윈도가 열리면 좌우 버튼을 이용해 ☑표시로 검정 커서를 옮긴 후 가운데 버튼을 누르면 EV3가 꺼지게 됩니다. ☒를 선택할 경우 *끄기* 시도는 중단되고 EV3는 다시 최상위 메뉴를 보여줄 것입니다.

로봇의 동작이 완료되는 상황이 아니더라도, 배터리 부족 등의 이유로 EV3를 꺼야 할 경우도 있습니다. 이 경우 상태 표시등이 빨간색이라면 조금 더 기다려야 합니다. 빨간색인 경우는 '부팅 중' 및 '종료 중'인 경우입니다. 이때 배터리를 분리한다면 컴퓨터를 정상 종료하지 않고 전원을 분리하는 것과 마찬가지로 시스템에 무리가 갈 수 있습니다. 물론 저장되지 않은 데이터는 손실될 수도 있으므로 주의해야 합니다.

프로그램 선택과 실행하기

네 개의 탭 중 하나로 이동하기 위해서는 **왼쪽** 또는 **오른쪽** 버튼을 누르면 됩니다. **뒤로** 버튼을 누를 경우 이전 메뉴로 돌아갑니다. 각각의 탭에서 **위** 또는 **아래** 버튼을 누르면 세부 메뉴로 들어갈 수 있으며, 해당 메뉴를 선택 또는 실행하기 위해서는 **가운데** 버튼을 누르면 됩니다.

EV3 로봇은 여러분이 전송한 프로그램을 선택하고 실행할 때 비로소 움직이게 됩니다. 물론, 아직 여러분만의 프로그램을 작성해서 전송하지 못했더라도 EV3 브릭에

탑재된 데모 프로그램을 이용해 간단한 구동 테스트를 해볼 수 있습니다. 익스플로러 로봇을 테스트해 보기 위해 그림 2-9와 같은 순서로 파일 탐색기 탭으로 이동한 후 'Demo'를 선택해 보시기 바랍니다.

만약 펌웨어 설치를 정상적으로 완료했다면 로봇은 소리를 내며 전진, 좌회전을 하고 화면에는 귀여운 눈이 나타날 것입니다. 또한 프로그램이 동작하는 동안 상태 표시등은 녹색으로 점멸합니다. 실행 중인 프로그램을 중지시키려면 **뒤로** 버튼을 누르면 됩니다. (이미 프로그램을 한 번 실행했기 때문에 이 프로그램은 '최근 실행된 파일' 탭에서 볼 수 있습니다.)

> **NOTE** 데모 프로그램은 내장된 브릭 프로그래밍 기능으로 제작되었습니다. 하지만 컴퓨터로 프로그래밍을 하더라도 움직임은 같을 것입니다.

내장된 EV3의 자체 프로그래밍 툴을 이용한다면 EV3의 화면을 보며 버튼만을 이용해서 메뉴를 선택해야 하기 때문에 컴퓨터의 마우스를 이용해 대형 모니터에서 프로그래밍하는 것보다는 불편할 것입니다. 하지만 아주 복잡한 구조나 고급 프로그래밍 기법을 구사하지 않는다면, 간단한 분기문이나 반복문으로 로봇을 움직이는 것은 EV3 컨트롤러에 내장된 브릭 프로그래밍 툴로도 가능합니다.

리모컨으로 로봇 움직여 보기

여러분이 로봇의 조립을 완료했다면, 프로그램을 작성하고 다운로드하기에 앞서 로봇의 하드웨어적인 구조가 이상이 없는지 확인해 볼 필요가 있습니다. 케이블이 빠져 센서값이 인식되지 않거나 모터 포트가 반대로 끼워져 내가 생각하는 방향과 반대로 움직일 수도 있고, 기어나 링크 구조가 잘못 조립되었을 수도 있기 때문입니다.

그림 2-10에서와 같이, 모터 컨트롤Motor Control 앱과 IR(Infra Red, 적외선) 컨트롤 앱을 이용하면 손쉽게 로봇의 모터를 각각 제어해 볼 수 있습니다. 모터 컨트롤 앱은 EV3의 버튼을 이용해 각각의 모터를 돌려 볼 수 있으며, IR 컨트롤 앱은 적외선 리모컨을 이용해 로봇에 신호를 보내어 모터를 구동할 수 있습니다. 리모컨을 이용한 테스트는 간단하게 할 수 있을 뿐만 아니라, 무척 재미있는 기능이기도 합니다.

> **NOTE** 적외선 센서는 적외선을 이용해 거리를 감지할 수 있을 뿐만 아니라, 적외선 리모컨의 수신기 역할도 함께 합니다. 따라서 리모컨을 이용해 로봇을 테스트하기 위해서는 로봇에 반드시 적외선 센서가 장착되어야 합니다. IR Control 앱은 기본 설정으로 적외선 센서가 4번 포트에 연결되어야 정상 동작하며, 익스플로러 로봇의 조립 과정에서도 적외선 센서는 4번에 연결됩니다.

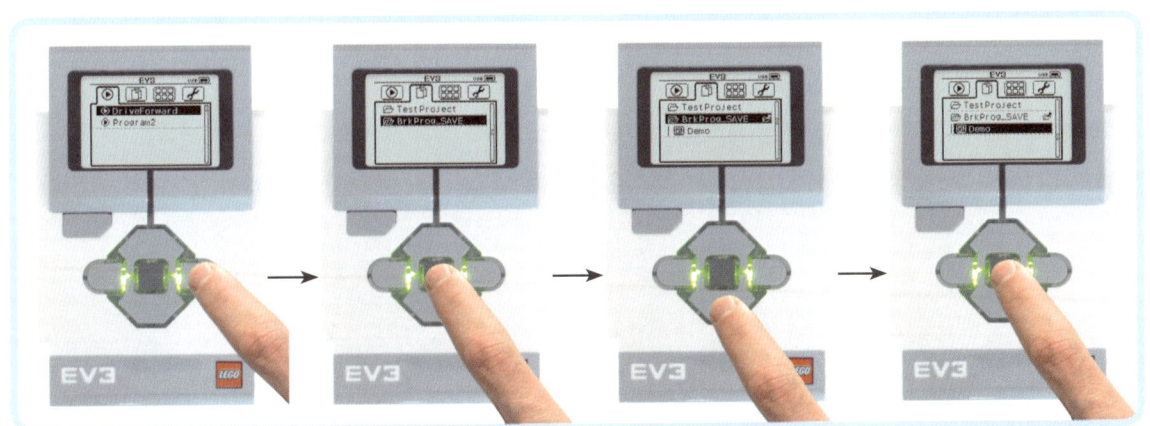

■ **그림 2-9** 데모 프로그램을 실행하기 위해 먼저 파일 탐색기 탭으로 이동합니다. 그 다음 '위아래' 버튼을 이용해 BrkProg_Save 폴더로 이동 후 '가운데' 버튼을 눌러 폴더를 열고 Demo에서 다시 한 번 '가운데(중앙)' 버튼을 눌러 프로그램을 실행합니다. 여러분이 직접 프로그래밍 후 저장한 파일 역시 이와 같은 **방법으로 실행할 수 있습니다**(그림에서는 'TestProject'라는 이름의 폴더를 볼 수 있습니다).

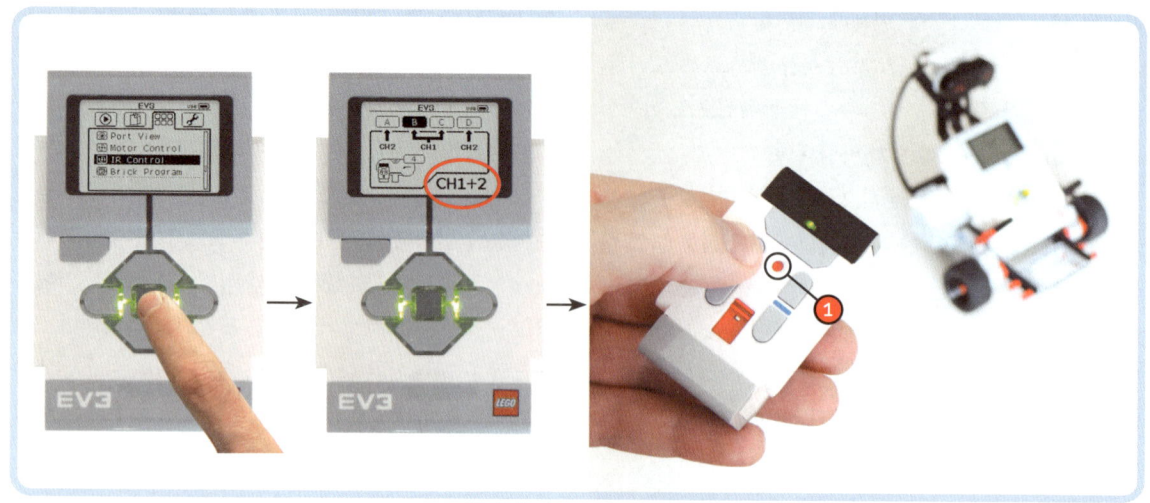

■ 그림 2-10 원격 제어를 활성화시키기 위해서는 브릭 앱Brick Apps 탭으로 이동한 다음 IR 컨트롤 앱을 실행해야 합니다. 만약 화면 우측 하단에 'CH1+2' 가 보이지 않는다면 '가운데' 버튼을 한 번 더 누릅니다. 이 기본 설정에서 포트 B와 C에 연결된 모터는 1번 채널로 설정된 리모컨의 빨간색 상하 레버와 파란색 상하 레버에 연결됩니다. 송신기 채널 설정은 송신기 가운데의 슬라이드 스위치를 이용합니다. 스위치를 맨 위까지 올리면 송신기 상단의 작은 빨간 동그라미에 채널 숫자 1이 보일 것입니다.

이 장을 마치며

이번 장에서 여러분은 로봇의 두 가지 중요한 구성 요소, EV3 브릭과 모터의 구동에 대해 살펴보았습니다. Demo 프로그램을 실행하면 EV3는 모터를 제어해 로봇의 움직임을 구현합니다.

3장과 4장에서는 이와 같은 프로그램이 어떻게 동작하는지, 그리고 EV3 소프트웨어를 통해 어떻게 프로그램을 만드는지에 대한 내용을 살펴볼 것입니다.

적외선 센서와 원격 제어(리모트 컨트롤)에 대한 부분은 이 책의 2부에서 살펴볼 것입니다.

3 프로그램 만들고 수정하기

creating and modifying programs

로봇의 조립과 기본적인 테스트가 완료되었다면, 이제는 익스플로러 로봇을 전진 후 좌회전이나 우회전하도록 제어할 수 있는 본격적인 프로그램을 만들어야 할 때입니다.

이번 장에서는 EV3 소프트웨어를 이용해 프로그램을 만들고 수정하는 방법에 대해 살펴볼 것입니다. 물론 여러분이 EV3에 내장된 브릭 프로그래밍 기능을 이용한다면 컴퓨터가 없더라도 로봇을 움직일 수 있습니다. 하지만 내장된 브릭 프로그램으로는 많은 불편함과 기능상의 제약이 따르기 때문에, 좀 더 편리하고 강력한 프로그래밍을 위해 이번 장은 매우 중요합니다(브릭 프로그래밍을 이용한 프로그램 제작은 부록 B 참조).

첫 번째 프로그램 따라하기

먼저, 작고 간단한 프로그램부터 만들어 로봇에 다운로드해 보겠습니다. 프로그램을 만들기 위해서는 아래와 같은 단계를 수행해야 합니다.

1단계

세트와 함께 제공되는 USB 케이블을 이용해서 컴퓨터와 로봇을 연결합니다(그림 3-1 참조). 그리고 EV3 브릭을 켭니다. (프로그램을 만들어 로봇에 전송하기 위해서는 로봇은 컴퓨터와 연결되어 있어야 합니다.)

■ 그림 3-1 세트에 동봉된 USB 케이블을 이용해 컨트롤러 상단의 USB 포트로 컴퓨터와 연결된 EV3 로봇

2단계

컴퓨터에 설치된 LEGO MINDSTORMS EV3 Home Edition 아이콘을 더블클릭해서 EV3 소프트웨어를 실행합니다. 프로그램이 실행되면 여러분은 EV3 프로그램의 로비에서 각각의 기능을 실행하거나 제시된 예제 로봇을 조립해 볼 수 있습니다.

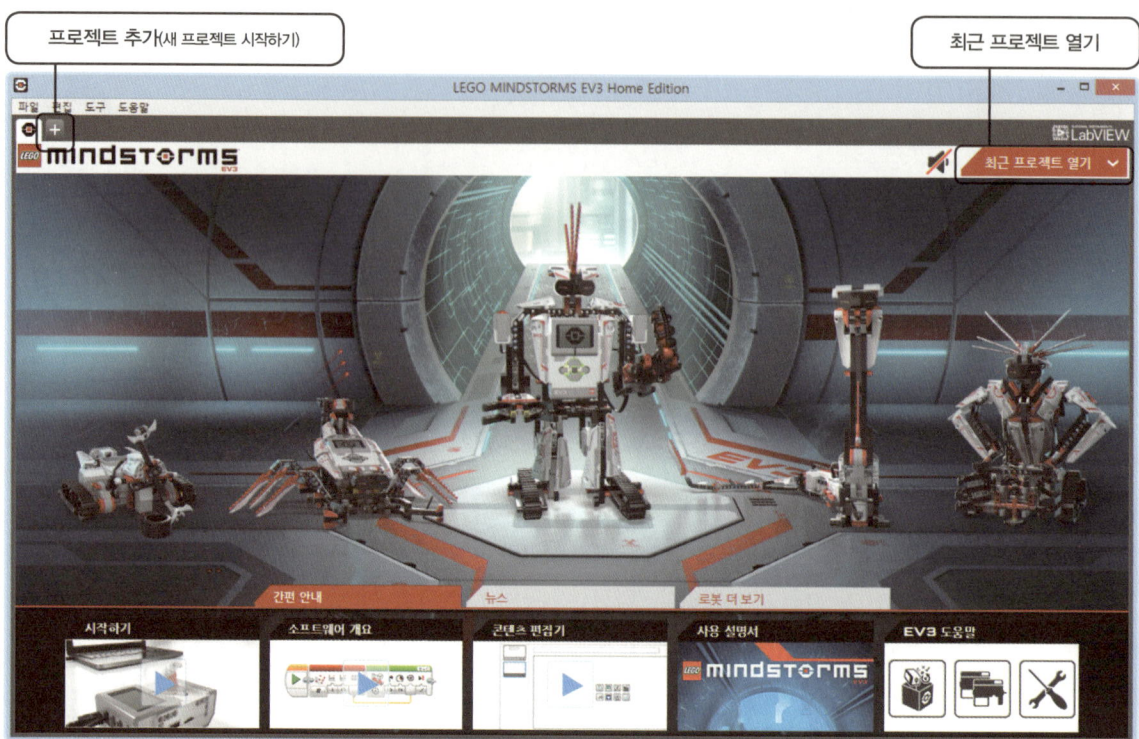

■ 그림 3-2 EV3 소프트웨어의 초기화면. 좌측 상단의 + 아이콘을 클릭하면 새 탭이 열리며 새로운 프로그래밍 프로젝트가 시작됩니다.

3단계

새 프로그램을 만들기 위해 그림 3-2와 같이, 상단의 + 버튼을 눌러 새로운 탭을 열어줍니다.

> **NOTE** 팝업을 통해 '브릭의 펌웨어 버전을 업데이트하십시오.' 메뉴가 뜨면 부록 A를 참고하여 EV3 컨트롤러의 펌웨어를 업그레이드 하십시오.
>
> 👦 EV3 컨트롤러는 일종의 컴퓨터이고 펌웨어는 일종의 윈도우 운영체제와 같은 개념입니다. 하드웨어의 기능 활용 또는 소프트웨어적인 향상 및 버그 수정 등의 이유로 레고 사는 사용자의 동의 없이 임의로 서버에 업그레이드한 펌웨어를 게시할 수 있습니다. EV3 소프트웨어가 인터넷에 연결되어 있으면 자동으로 최신의 EV3 펌웨어를 확인한 후 연결된 컨트롤러의 펌웨어 버전과 비교하고 사용자의 펌웨어가 구버전일 경우 업데이트를 권장합니다. 업데이트를 하지 않아도 동작에 큰 문제가 생기는 경우는 별로 없지만, 업데이트 과정 자체가 어렵거나 복잡한 것도 아니고 기존 펌웨어보다 개선된 점이 분명히 있을 것이므로 가능하면 펌웨어 업데이트 메뉴가 뜰 경우 업데이트를 바로 해주는 것을 권장합니다.

4단계

그림 3-3과 같이 '조향모드 주행' 블록을 꺼내어 프로그램 화면에 배치합니다. EV3 프로그램은 로봇이 작동하는 데 필요한 기본적인 동작 목록을 보여준다는 것을 기억하세요. '조향모드 주행' 블록을 이용하면 로봇은 전진할 수 있습니다.

5단계

블록 배치가 완료되었다면 그림 3-4를 참조하여 **다운로드 및 실행** 버튼을 누릅니다. 컴퓨터는 USB 케이블을 통해 이 프로그램을 로봇으로 전송하고 실행시킬 것입니다. 그리고 로봇은 전진할 것입니다. 다시 움직여 보고 싶다면 다운로드 및 실행 버튼을 다시 한 번 누릅니다. 여러분이 모든 과정을 제대로 이해하고 따라했다면 로봇은 짧은 거리를 전진할 것입니다. 이것이 여러분이 처음으로 만들어 본 EV3 로봇의 프로그램입니다. 축하합니다.

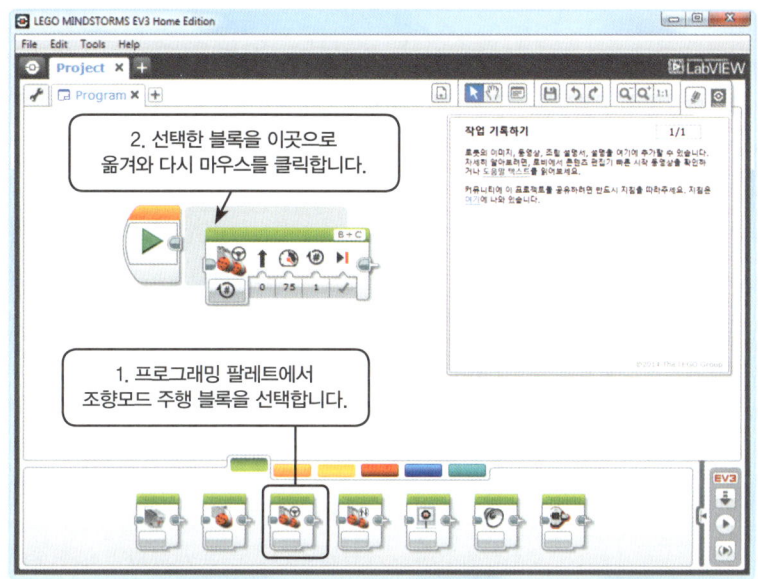

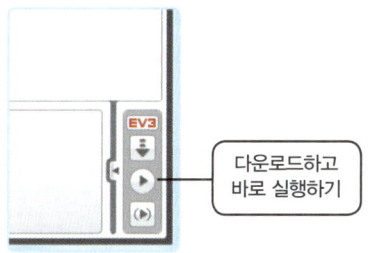

■ 그림 3-4 완성된 프로그램을 로봇에 다운로드하고 실행해 보세요. EV3 글자가 빨간색 [EV3] 이라는 것은 컴퓨터와 EV3의 연결 상태가 정상이고, 프로그램을 다운로드 받을 준비가 되었다는 뜻입니다.

■ 그림 3-3 소프트웨어 개발환경에서 블록 배치하기. 블록을 선택하고 프로그램 화면으로 가져갑니다. 새로운 프로그램을 생성하면 항상 오렌지색 시작 블록이 배치되어 있으며, 여러분이 선택한 블록을 시작 블록 가까이 가져가면 두 블록은 자동으로 연결됩니다.

NOTE 만약 그림 3-4의 [EV3] 아이콘이 [EV3]로 보인다면 컴퓨터와 EV3가 제대로 연결되지 않은 것입니다. 이 경우 컴퓨터에서 작성한 프로그램을 EV3로 다운로드할 수 없습니다. USB 연결에 문제가 생긴 것으로 일반적으로는 USB 케이블을 분리한 다음 다시 EV3와 컴퓨터를 연결해야 합니다.
그래도 문제가 지속된다면 EV3의 전원을 끄고 다시 켠 다음 연결해 보시기 바랍니다. 이에 대한 추가적인 정보는 부록 A에 있습니다.
USB 장치들은 종종 컴퓨터의 파워 부족 혹은 다른 여러 가지 이유로 일시적으로 인식이 되지 않는 경우도 있으나 보통 EV3 및 PC를 재부팅하는 정도로 해결됩니다.

기본 프로그램 만들기

자, 여러분의 로봇이 움직이는 것을 보셨나요? 이제 좀 더 자세히 움직이는 법을 살펴볼까요? 앞으로 여러분은 로봇을 좀 더 복잡하고 정밀하게 제어하기 위한 EV3 소프트웨어의 다양한 기능들을 살펴보게 될 것입니다.

조금 전의 내용까지 잘 따라하셨다면, 여러분의 컴퓨터 화면은 아마 그림 3-5와 비슷한 모습일 것입니다. 이제 이 화면의 각각의 요소들에 대해 그림에서 구분한 순서대로 좀 더 자세히 살펴보겠습니다.

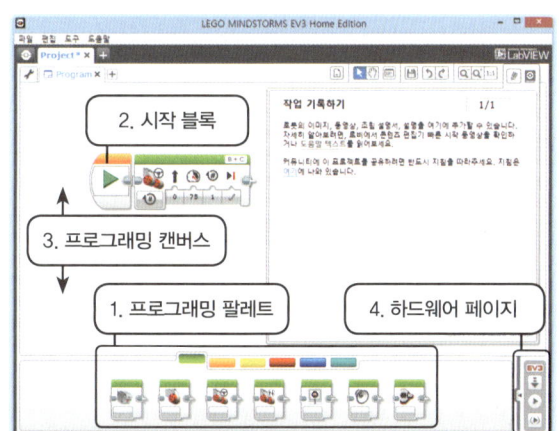

■ 그림 3-5 EV3 소프트웨어 화면은 몇 개의 구획으로 나뉠 수 있습니다. 여러분이 로봇 프로그램을 만든다면 이 구획들을 각각 순서대로 사용해야 할 것입니다.

1. 프로그래밍 팔레트

EV3 프로그램은 '프로그래밍 블록'으로 구성됩니다. 각각의 블록은 로봇이 움직이거나 소리를 내는 등의 여러 가지 행동을 포함합니다. 이러한 블록들은 그림 3-6과 같은 '프로그래밍 팔레트'에서 선택할 수 있습니다.

프로그래밍 팔레트는 용도에 따라 여섯 가지 색으로 구분되어 있습니다. 동작 블록(녹색), 흐름 제어 블록(주황색), 마이 블록(하늘색)은 4장과 5장에서 배워 볼 것입니다. 흐름 제어 블록을 이용해서 센서를 활용하는 다양한 기법들은 이 책의 2부에서 다루게 됩니다.

센서 블록(노란색)과 데이터 연산 블록(빨간색)은 5부에서, 그리고 이 책의 전반에 걸쳐 고급 블록(파란색)의 활용 방법도 함께 살펴볼 것입니다.

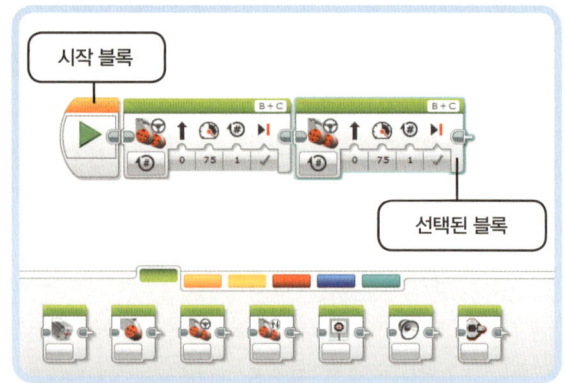

■ 그림 3-7 프로그래밍 팔레트에서 원하는 블록을 선택했다면 프로그래밍 캔버스에 놓아야 합니다. 처음으로 꺼낸 것이라면 시작 블록에 붙여야 합니다.

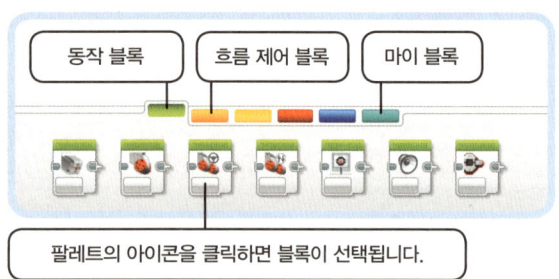

■ 그림 3-6 프로그래밍 팔레트

2. 시작 블록

프로그램은 항상 '시작 블록'부터 시작합니다. 프로그래밍 팔레트에서 블록을 선택해 꺼내면 그림 3-7처럼 이 블록을 시작 블록에 붙여야 합니다. EV3에서 프로그램이 시작되면 시작 블록에 연결된 블록들은 연결된 순서대로 수행됩니다.

만약 여러분이 실수로 시작 블록을 삭제했다면 프로그래밍 팔레트의 주황색 탭에서 시작 블록을 다시 꺼낼 수 있습니다.

3. 프로그래밍 캔버스

블록을 배치해 프로그램을 만드는 공간을 프로그래밍 캔버스라고 부릅니다. 이곳에 놓인 블록은 왼쪽 마우스 버튼을 이용해 움직일 수 있습니다. 왼쪽 마우스 버튼을 클릭하면 블록이 커서에 잡힐 것이고, 버튼을 클릭한 상태로 움직이면 블록도 따라 움직입니다.

만약 여러 개의 블록을 선택하고 싶다면, 캔버스의 빈 칸에서 마우스를 클릭하고 드래그해서 그물망으로 블록들을 선택합니다. 이렇게 선택된 블록은 동시에 움직이거나 삭제할 수도 있습니다. 캔버스에서 블록을 지우려면 하나의 블록을 클릭 또는 지우고자 하는 여러 개의 블록을 드래그해서 선택한 다음 키보드의 DEL(삭제) 키를 누르면 됩니다.

잘라내기(Ctrl-C), 붙여넣기(Ctrl-V) 등의 기능도 동일하게 작동합니다.

일반적으로 그림 3-7과 같이, 블록을 직선으로 연속되게 붙여 배치하는 경우가 대부분이지만 때로는 의도적으로 블록의 위치를 이동해야 하는 경우도 있습니다. 보통 특정한 기능을 임시로 테스트해 보고 싶을 때 이와 같이 연속된 흐름을 끊고 테스트 블록을 다른 위치에 배치한 다음 그림 3-8과 같이 연결하기도 합니다.

만약 여러분이 이와 같이 특정한 위치에 블록을 의도적으로 배치하고자 한다면, 블록 간의 실행 순서를 결정해주기 위해 그림 3-8과 같이 '시퀀스 와이어'를 이용해야 합니다.

앞의 블록과 바로 연결된 블록과 달리, 임의 위치에 배치된 블록은 시퀀스 와이어로 실행 순서를 결정해 줄 때까지 비활성화 상태이며 아이콘은 회색으로 보이게 됩니다. 물론 이렇게 회색으로 비활성화된 블록은 로봇의 동작에 아무런 영향도 미치지 못합니다.

4. 하드웨어 페이지

하드웨어 페이지는 작성한 EV3 프로그램을 EV3 브릭에 전송하기 위한 연결 설정 기능이 들어 있습니다. 평소에는 작은 탭으로 접혀 있으며, 그림 3-9처럼 확장용 화살표를 누르면 윈도가 열리면서 세부 내용을 확인할 수 있습니다(이 각각의 기능들은 앞으로 각각 추가적으로 설명할 것입니다).

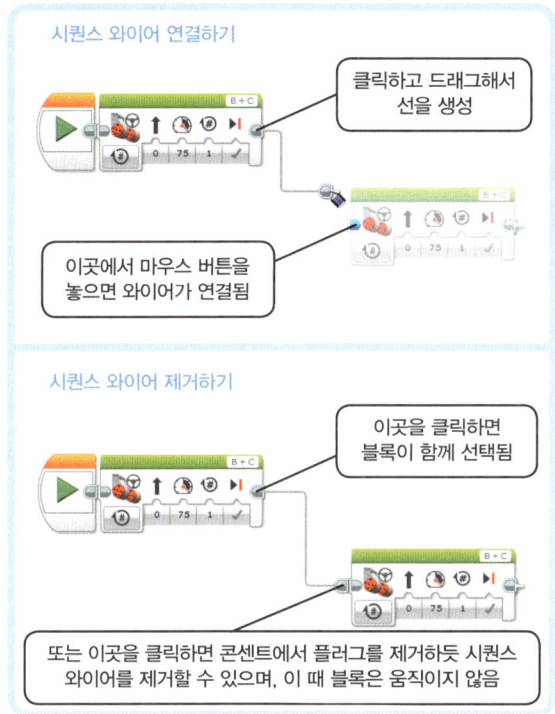

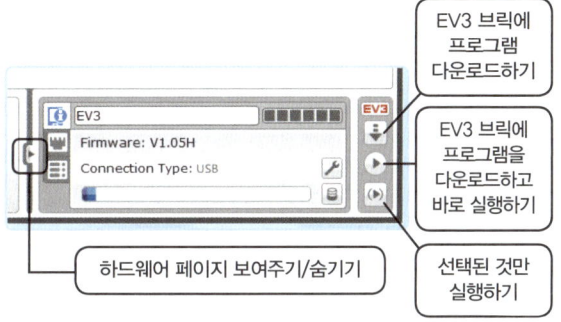

■그림 3-8 블록은 일반적으로 연속으로 붙여 배치하지만, 임의의 위치에 배치하고 시퀀스 와이어로 연결할 수 있습니다. 그림 위쪽은 시퀀스 와이어를 연결하는 모습입니다. 이것은 마치 플러그를 콘센트에 꽂는 개념처럼 시퀀스 와이어의 양 끝 중 하나를 클릭해서 제거하는 것도 가능합니다.

두 개의 아이콘 사이를 연결하는 줄, 시퀀스 와이어가 보이고, 이 때 마우스 커서는 실을 감는 '실패' 모양으로 바뀝니다. 이러한 특징은 그래픽 기반 프로그래밍 언어이자 마인드스톰 개발환경의 모체라 할 수 있는 랩뷰(LabView) 언어의 특징에서 기인합니다.

■그림 3-9 하드웨어 페이지

프로그램 다운로드하고 실행하기

프로그램을 다운로드하기 위해서는 EV3 브릭이 컴퓨터와 연결된 상태로 켜져 있어야 하며, **다운로드하고 실행** 버튼을 클릭해야 합니다. 프로그램의 다운로드가 성공적으로 완료되면 EV3 브릭은 소리를 통해 알려주며, 다운로드한 프로그램을 바로 실행합니다. 각각의 블록이 모두 수행되면 프로그램은 종료합니다.

EV3에는 프로그램을 저장하기 위한 플래시메모리 저장 공간이 있어 프로그램을 다운로드 한 후에는 USB 케이블을 분리해도 로봇은 자유롭게 동작할 수 있습니다. 물론 EV3 브릭의 전원을 껐다 켜도 다운로드한 프로그램은 그대로 유지됩니다.

의도적인 삭제가 아니라면 다운로드한 프로그램은 그대로 유지됩니다. 단, 같은 이름으로의 다운로드 혹은 펌웨어 업데이트를 할 경우 기존에 다운로드한 사용자 프로그램은 삭제됩니다.

프로그램 직접 실행하기

프로그램이 자체적으로 종료되거나, 혹은 여러분이 EV3의 **뒤로** 버튼을 눌러 실행 중인 프로그램을 중지시킬 경우, 2장에서의 내용처럼 EV3의 다른 메뉴 버튼을 활용해서 프로그램을 다시 시작할 수 있습니다. EV3의 파일 탐색기 탭을 이용한다면 여러분이 작성해서 EV3에 다운로드한 모든 프로그램들을 볼 수 있습니다. 물론 가장 최근에 실행한 프로그램은 최근 실행 목록 탭에서 바로 확인할 수 있습니다.

> **NOTE** 여러 개의 프로그램을 다운로드하다 보면 최근 실행 목록 탭에서 프로그램이 사라지는 경우도 있습니다. 하지만 여러분이 의도적으로 삭제하지 않았다면 프로그램은 파일 탐색기 탭에서 다시 찾을 수 있습니다.

프로그램을 다운로드만 하기 (나중에 실행하기)

로봇에 프로그램 다운로드를 완료하는 순간 프로그램이 자동으로 실행된다는 것은 편리하다고 느껴질 수도 있지만, 항상 유용한 것은 아닙니다. 이를테면 여러분이 책상에 로봇을 올려놓고 프로그램 **다운로드하고 실행** 버튼을 누를 경우를 생각해 봅시다. 아마도 높은 확률로 여러분의 로봇은 책상 아래쪽으로 곤두박질치고, 심하면 분해되겠지요.

프로그램이 다운로드 되는 즉시 실행되지 않도록 하기 위해서는 하드웨어 페이지에서 다운로드 후 실행이 아닌, **다운로드** 버튼을 클릭합니다. 다운로드가 끝나면 소리로 알려주는 것은 동일하지만 이제는 프로그램이 바로 실행되지 않고 EV3는 대기 상태를 유지하며, 여러분은 USB 케이블을 분리하고 로봇이 안전하게 움직일 수 있는 곳으로 가져가 프로그램을 실행할 수 있습니다.

선택된 것만 실행하기

선택된 것만 실행 버튼을 누르면 블록 중 여러분이 선택한 것만 수행됩니다. 이 기능은 큰 프로그램을 작성하면서 각 부분을 조금씩 테스트해 나아가는 경우 유용합니다.

여러 개의 블록을 선택하기 위해서는 블록들의 주변에서 마우스를 클릭해 드래그하면서 블록들을 감싸거나, 혹은 키보드의 Shift 키를 누른 채로 블록을 하나씩 선택하면 됩니다. 빈 공간을 클릭하면 선택되었던 것이 취소됩니다.

> **NOTE** USB 케이블을 이용한 다운로드 방법 외에도, EV3는 블루투스 또는 전용의 Wi-Fi 동글을 이용한 무선랜 접속을 이용해서도 프로그램을 다운로드 받을 수 있습니다. 부록 A에서는 이와 같은 다양한 무선 연결 설정 방법이 수록되어 있습니다.

프로젝트와 프로그램

여러분이 로봇을 제작할 때, 아마도 로봇에 두 개 이상의 프로그램을 탑재하고 싶은 상황이 자주 발생할 것입니다. 두 프로그램은 로봇의 동작을 서로 다르게 만들지만, 결과적으로 하나의 로봇을 위한 것이기 때문에 프로젝트로 묶어 관리할 수 있습니다.

그림 3-10에서는 프로젝트 파일 기능을 이용해 로봇 프로그램들을 섹션 단위로 관리하는 방법을 보여줍니다.

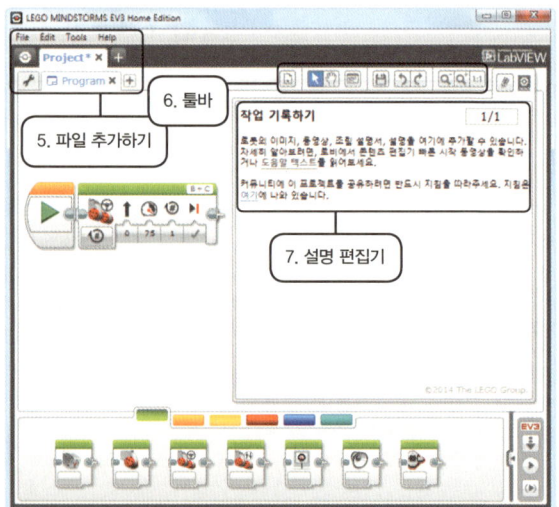

■ 그림 3-10 프로젝트를 관리하기 위한 도구와, 그 안에서 파일을 열어놓은 모습

5. 파일 관리

그림 3-11과 같이 비어 있는 프로그램 윈도가 포함된 새 프로젝트를 생성함으로써 첫 번째 로봇 프로그램을 만들 준비가 완료됩니다. 이 프로젝트에 새로운 프로그램을 추가하고 싶다면 + 표시를 클릭하세요.

프로젝트 및 프로그램 저장하기

어느 프로그램이나 마찬가지이겠지만, 여러분이 오랜 시간을 들여 작업한 소중한 결과물을 한순간에 날려버리지 않기 위해서는 자주 저장하는 습관을 들이는 것이 무엇보다도 중요합니다.

특히 프로그래밍 소스는 소스를 수정하면서 새로운 버그가 생기기도 하고 예전 기능이 필요한 경우도 생기기 때문에 중요한 기능을 추가할 경우 새 이름으로 하되, 날짜나 시간 또는 기능에 대한 설명을 추가한 파일 이름으로 저장하는 것이 조금 더 편리합니다.

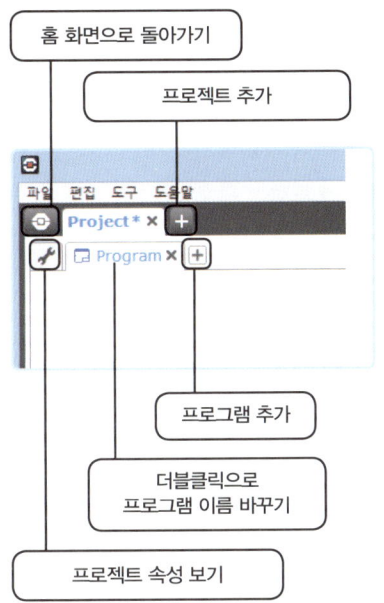

■ 그림 3-11 새 프로젝트 및 프로그램 만들기

툴바의 **프로젝트 저장** 또는 **Ctrl-S**를 누르면 프로젝트에 포함된 모든 프로그램이 일괄 저장됩니다. 만약 생성 후 처음으로 저장되는 프로젝트라면 EV3 프로그램에서 프로젝트 이름을 정할 것을 요구합니다. 그림 3-12의 경우 **MyFirstProject**(내 첫 번째 프로젝트)라는 이름으로 프로젝트를 저장했습니다.

이전에 저장한 프로젝트를 열기 위해서는 **파일** 메뉴의 **프로젝트 열기** 또는 홈 화면의 **최근 프로젝트 열기** 탭을 이용합니다(그림 3-2 참조). 여러분이 특정한 폴더를 지정하지 않는다면, EV3 프로그램은 프로젝트를 문서\LEGO Creations\MINDSTORMS EV3 Projects\ 폴더에 저장합니다.

프로젝트나 프로그램을 종료하기 위해서는 상단 탭의 ✕ 버튼을 클릭합니다(그림 3-12 참조). 프로젝트의 다른 프로그램을 선택하기 위해서는 상단 탭에서 원하는 프로그램 이름이 있는 탭을 클릭합니다. 닫은 프로그램을 다시 열기 위해서는 뒤에 설명될 '6. 도구 모음'을 참고하여 '프로그램 목록' 버튼을 클릭합니다.

■ 그림 3-12 프로젝트에 여러 개의 프로그램이 포함되어 있을 경우, 프로젝트를 마지막으로 저장한 후 프로젝트에 변경이 있다면, 즉 저장 후 무언가 수정했다면 프로젝트 이름 뒤에 * 표시가 추가됩니다.

프로젝트 및 프로그램의 이름 바꾸기

프로그램의 이름을 바꾸려면 해당 탭을 두 번 클릭하고 새 이름을 입력합니다. (예를 들자면, 그림 3-12의 화면에서 보는 바와 같이 프로젝트의 첫 번째 프로그램은 기본값인 Program이 아닌 DriveForward로 바뀌었습니다.) 프로젝트의 이름을 바꾸는 방법은 조금 다릅니다. 프로젝트의 이름은 **파일** 메뉴에서 **다른 이름으로 프로젝트 저장**을 선택하고 새로운 프로젝트 이름을 입력합니다.

프로젝트 및 프로그램의 이름을 이해하기 쉬운 형태로 저장하는 것은 여러분이 컴퓨터에서, 그리고 EV3에서 파일을 찾고 실행하는 것을 한결 쉽게 해줍니다.

EV3 브릭 메뉴에서 프로젝트 및 프로그램 찾기

다운로드 또는 **다운로드하고 실행**을 클릭하면 그림 3-13과 같이 전체 프로젝트가 EV3 브릭으로 전송됩니다. EV3의 파일 탐색기 탭에서 각각의 프로젝트 폴더를 볼 수 있습니다.

그리고 각각의 프로젝트 폴더에는 해당 프로젝트에 속한 모든 파일, 즉 로봇의 동작을 담은 프로그램 외에도 이미지나 사운드 데이터까지도 함께 저장됩니다.

프로그램을 실행하기 위해서는 방향 버튼으로 커서를 움직인 다음, 원하는 프로그램 위에서 **가운데** 버튼을 눌러 줍니다.

만약 여러분이 EV3 브릭에 마이크로 SD 카드를 삽입했다면 파일 탐색기 탭에서 SD_Card라는 폴더를 볼 수 있을 것입니다.

이곳에서 다운로드 받은 MyFirstProject 프로젝트의 폴더를 볼 수 있습니다.

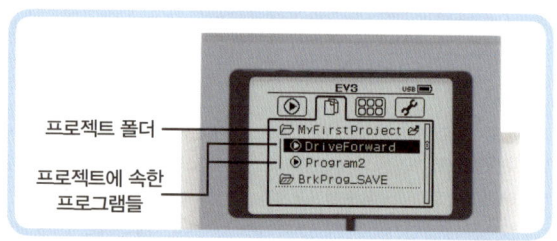

■ **그림 3-13** 컴퓨터의 EV3 개발환경에서 저장한 프로젝트 이름은 EV3 브릭에 프로젝트 이름과 같은 이름의 폴더로 저장됩니다. 탐색기에서 볼 수 있는 이 폴더에는 프로젝트의 관련 파일들이 모두 저장됩니다.

> **NOTE** 각각의 로봇 프로그램을 모두 하나의 프로젝트에 모아 저장할 수도 있습니다. 하지만 프로젝트에 여러 개의 파일이 저장되는 경우, 특히 큰 용량의 사운드 데이터와 같은 파일들이 프로젝트에 포함된다면 프로그램을 다운로드하는 시간이 급격하게 늘어날 수도 있으므로 주의해야 합니다.
>
> 규칙으로 정해진 것은 아니지만, 일반적으로 동일한 하드웨어를 쓰는 프로그램이라면 한 프로젝트로 묶어도 무방합니다. 단, 프로젝트 안에서 A라는 프로그램이 대용량 데이터를 포함하고, B와 C는 A의 데이터를 전혀 사용하지 않는다면 A를 별도의 프로젝트로 저장하고 B와 C를 하나의 프로젝트로 저장하는 것이 더 효율적일 수 있습니다.

프로젝트 속성 수정하기

EV3 소프트웨어에서 프로그램 탭의 왼쪽에 있는 렌치 모양의 아이콘을 클릭하면 프로젝트의 속성 페이지가 나타납니다(그림 3-14 참조). 여기에서 프로젝트에 추가적인 정보(프로젝트에 대한 설명, 대표 사진 또는 비디오 등의 소스코드 외의 데이터)를 추가할 수 있으며, 이 자료를 다른 사람과 공유할 수도 있습니다.

프로젝트 속성 페이지에서는 프로젝트에 포함된 프로그램 외에도 사운드나 이미지 등 모든 종류의 파일을 볼 수 있습니다. 프로젝트의 프로그램을 닫았을 경우 다시 열기 위해서 해당 프로그램의 이름을 더블클릭합니다. 프로젝트에서 프로그램을 삭제하기 위해서는 프로그램을 선택한 후 **삭제**를 클릭합니다.

6. 도구 모음

도구 모음(그림 3-15 참조)은 프로젝트에서 파일 열기, 저장 및 실행한 작업을 취소하거나 변경 사항을 다시 실행하는 등의 편의 기능을 제공합니다. 또한 블록 다이어그램의 확대, 축소 그리고 이동 기능도 지원합니다.

선택, 이동 및 확대 축소 기능

툴바의 '선택' 버튼이 그림 3-15와 같이 활성화(파란색)되면 마우스 커서를 이동하고 프로그래밍 캔버스에 블록을 배치하고 이동할 수 있습니다. 키보드의 방향 키를 누르면 프로그래밍 캔버스를 상하좌우로 이동할 수 있습니

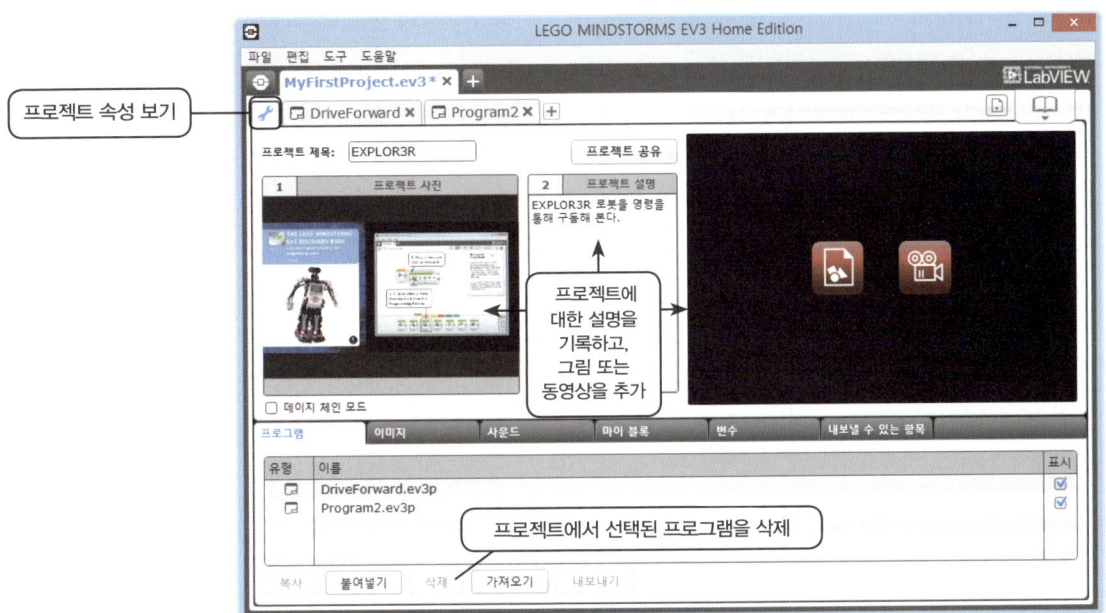

■ **그림 3-14** 프로젝트 속성 페이지에서 여러분이 원하는 대로 프로젝트에 설명을 추가하거나 파일을 더하고, 다른 개발자와 프로젝트를 공유할 수도 있습니다. 프로젝트에 포함된 프로그램 목록에서 더블클릭으로 원하는 프로그램을 열 수 있고, '삭제' 버튼을 눌러 프로젝트에서 특정 프로그램을 삭제할 수도 있습니다.

■ **그림 3-15** 도구 모음

다. 아마도 프로그램을 작성하는 시간 동안 이 '선택' 모드를 사용할 것입니다.

만약 여러분이 '이동' 버튼을 선택한다면, 마우스 커서는 손 모양으로 바뀌고 마우스 버튼을 클릭한 채 드래그하면 프로그래밍 캔버스를 이동할 수 있습니다. 이 기능은 여러분이 가진 모니터의 해상도를 넘어가는 복잡한 프로그램을 만들 경우 유용합니다.

'선택' 버튼을 누른 상태에서도 키보드의 Alt 키를 누르면 '이동' 버튼을 눌렀을 때와 마찬가지로 마우스 버튼을 누른 채 드래그해서 프로그래밍 캔버스를 움직일 수 있습니다.

블록 다이어그램이 방대한 프로그램이라면 이동 기능으로 화면을 좌우로 움직여가며 내용을 확인할 수도 있지만, '축소' 또는 '확대' 버튼을 눌러 전체 블록 다이어그램을 좀 더 가까이에서 크게, 또는 멀리에서 작게 볼 수도 있습니다. '축소' 버튼을 누르면 블록 아이콘이 작아지며 한 화면에서 좀 더 많은 블록이 보이게 됩니다. '확대'를 누르면 블록 아이콘이 커지고, '확대/축소 초기화' 버튼은 기본 줌 상태로 블록 다이어그램을 보여줍니다.

주석 도구 사용하기

주석 도구를 사용하면 프로그래밍 캔버스 안에 주석을 추가할 수 있습니다. 여러분이 추가한 주석은 프로그램의 동작에는 아무런 영향을 미치지 않습니다. 하지만 프로그램의 각 부분이 무슨 의미를 갖는지 여러분이 기억하는 데 도움을 줄 것입니다.

프로그래밍을 하는 과정에서 본인이 어떤 의도를 가지고 블록들을 조합해 블록 다이어그램을 구성할 경우, 차후에 주석이 없다면 이 블록 조합이 무슨 이유로 구성되었고 어떠한 동작을 하는지 파악하기 어려운 경우가 있습니다. 너무나 당연하고 쉬운 블록까지 일일이 주석을 달 필요는 없겠지만, 특정한 조건이나 동작을 의도하고 블록들을 조합하는 경우 주석을 달아 둔다면 프로그램을 유지보수하고 프로그램 개념을 학습하는 데에도 큰 도움을 줄 것입니다.

도구 모음에서 **주석** 버튼을 클릭하면 캔버스에 주석 박스가 추가됩니다. 그림 3-16처럼 주석 박스의 안을 클릭하고 내용을 입력할 수 있으며, 다른 블록처럼 이동하거나 키보드의 Delete 키를 이용해 삭제할 수도 있습니다. 또한 설명이 길어질 경우 박스의 모서리를 클릭하고 드래그해서 박스 크기를 조절할 수 있습니다.

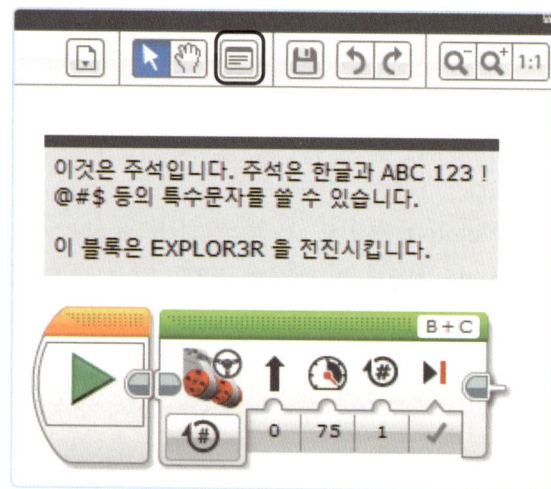

■ 그림 3-16 주석 달기

하나 이상의 블록 복사하기

프로그래밍을 하다 보면, 아마도 프로그래밍 팔레트에서 블록을 꺼내 오는 것보다 이미 만들어 놓은 블록의 일부를 복사해서 붙여 넣는 것이 더 편리한 경우가 있습니다. 특정 블록들을 선택해서 복사하려면, 그림 3-17처럼 먼저 복사할 대상 근처에서 마우스를 클릭한 채 드래그하면서 생기는 연회색 상자로 복사할 블록들을 감싸줍니다.

꼭 블록의 모든 부분을 완벽하게 감쌀 필요는 없습니다. 연회색 상자에 블록 아이콘의 일부분만 걸치더라도 연회색 상자에 완전히 들어간 블록과 같이 선택됩니다.

이렇게 선택된 블록들은 테두리가 하늘색으로 바뀌며, 이때 키보드의 Ctrl 키를 누른 채 선택된 블록들을 클릭한 상태에서 드래그하면 선택된 블록들이 복사됩니다. 일련의 과정들은 **편집** 메뉴의 **복사**와 **붙여넣기** 기능을 선택하거나 윈도우에서 표준으로 지원하는 클립보드 기능인 Ctrl-C(복사)와 Ctrl-V(붙여넣기)로 할 수도 있습니다.

단, Ctrl 키를 누른 채 드래그로 블록을 옮길 경우 바로 원하는 위치에 놓아 자동 연결을 시킬 수 있지만, **붙여넣기** 또는 Ctrl-V를 이용할 경우 블록들은 프로그램에 의해 임의 위치에 놓여지며, 사용자가 직접 이 블록들을 클릭한 채 드래그해서 원하는 위치로 다시 옮겨 주어야 합니다.

도움말 문서

모든 블록들의 기능 및 특징에 대해 좀 더 자세히 알고 싶다면 그림 3-18과 같이 **도움말 ▶ EV3 도움말 표시** 기능을 활용해 보십시오. 이 기능은 html 기반으로 사용자의 컴퓨터에 설치된 웹브라우저를 통해 EV3 프로그램이 설치된 폴더에서 도움말을 읽어와 보여줍니다.

예를 들어 도움말 창에서 **프로그래밍** 블록을 선택하고 **동작** 블록에서 **조향모드 주행**을 선택한다면 여러분은 '조향모드 주행 블록'의 각 기능에 대한 상세한 설명과 활용 예시를 볼 수 있을 것입니다.

만약 여러분이 '도움말'에서 '컨텍스트 도움말 표시'를

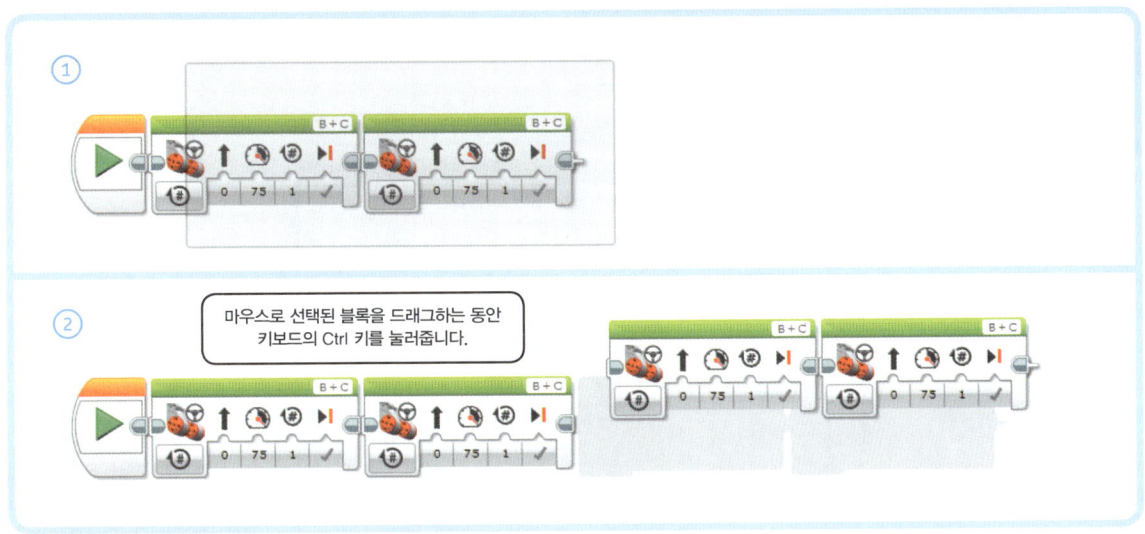

■ 그림 3-17 일련의 블록을 복사하기 위해서는, ① 마우스 왼쪽 버튼을 누른 채 드래그해서 복사하고자 하는 블록을 연회색 상자로 덮어 줍니다. ② 선택이 완료되면 키보드의 Ctrl 키(애플 맥: ⌘키)를 누른 채 선택된 블록을 클릭한 상태에서 드래그하면 블록들이 복사됩니다.

선택했다면 그림 3-18과 같이 작은 윈도가 프로그래밍 캔버스에 추가되고 여러분이 선택하는 블록에 대한 간략한 설명을 보여줄 것입니다. 여기에서 아래의 링크, **자세한 정보**를 클릭하면 html 도움말 문서로 넘어가게 됩니다.

■ 그림 3-18 컨텍스트 도움말 윈도는 선택된 블록에 대한 간단한 설명을 보여줍니다. (이 그림에서는 시작 블록이 선택되었습니다.)

또한, 홈 화면 버튼을 눌러 EV3 프로그램의 로비(그림 3-2)에서 사용 설명서 및 추가적인 프로그램 활용 방법, 하드웨어 추가 정보 등의 다양한 도움말을 볼 수 있습니다.

7. 콘텐츠 편집기

화면 맨 오른쪽에 위치한 '콘텐츠 편집기'(그림 3-19)는 여러분이 만든 프로젝트에 대해 프로그램의 작동 방식이나 로봇 조립 방법 등 추가적인 정보를 기입해 나중에 이 프로젝트를 다시 볼 경우 또는 다른 이가 여러분의 로봇을 똑같이 따라 만들어 보려 할 경우 도움을 줄 수 있는 기능입니다.

여러분은 여기에서 설명, 사진이나 그림 외에도 동영상, 표, 조립설명서 등을 추가할 수 있습니다. 물론, 이 기능은 일반적인 프로그래밍 작업을 할 경우 위로 숨겨둘 수도 있습니다.

콘텐츠 편집기의 상태를 편집 모드와 보기 모드로 상호 전환

콘텐츠 편집기의 내용을 보여주기/숨기기

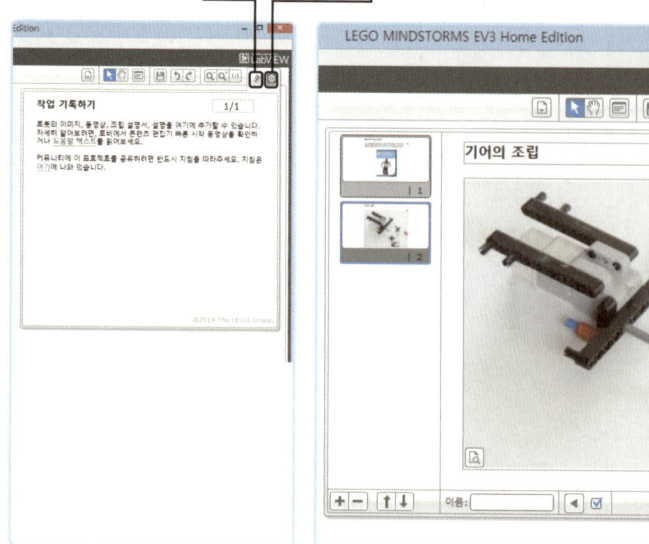

■ 그림 3-19 왼쪽은 콘텐츠 편집기로 프로젝트에 대한 설명을 기록한 모습입니다. 오른쪽은 동작 원리에 대해 자세히 알 수 있도록, 내부 구조를 촬영한 사진을 콘텐츠 편집기에서 추가한 모습입니다.

EV3 기본 로봇과 보너스 모델

■ 그림 3-20 5가지의 EV3 공식 모델 외에도, 이 레이싱 트럭과 같은 공식 모델과 전혀 다른 12가지의 새로운 로봇을 만들어 볼 수 있습니다.

여러분은 EV3 소프트웨어를 통해, 로비에서 기본 제공하는 5가지의 로봇, 이를테면 에버스톰EV3RSTORM 같은 로봇을 만들고 프로그래밍해 볼 수 있습니다. 또한, 여러분은 '로봇 더 보기' 탭에서 12가지의 보너스 모델에 대한 프로젝트도 살펴볼 수 있습니다.

아마도 이 보너스 모델들은 시간이 지날수록 더 다양한 것들이 추가될 것입니다. 저자의 경우 그림 3-20의 레이싱 트럭을 설계했습니다.

이 장을 마치며

이 장에서는 EV3 프로그래밍 소프트웨어의 기본적인 사용 방법을 배워 보았습니다. 이제 여러분은 프로그램을 만들고, 수정하고, 프로젝트 및 프로그램을 저장하는 방법과 EV3 브릭에 프로그램을 전송하는 방법을 알 것입니다. 4장에서는 좀 더 어려운 프로그래밍 기법에 대해 배워 보겠습니다.

4
프로그래밍 실습: 동작 블록

working with programming blocks: action blocks

우리는 3장에서 EV3 프로그램을 만들고 익스플로러 로봇에 만들어진 프로그램을 전송하는 기본적인 방법을 배워 보았습니다. 이번 장에서는 프로그래밍 블록을 활용하는 방법과 익스플로러 로봇을 동작시키는 방법을 배워 볼 것입니다.

또한, 여러분의 로봇이 소리를 내고 글자나 그림을 LCD 화면으로 출력하는 방법 그리고 EV3 브릭에 내장된 LED를 원하는 대로 발광시키는 방법에 대해서도 배울 것입니다. 기회가 된다면 이 장에서 주어지는 예제를 응용한 몇 가지 탐구과제를 직접 풀어 보는 것도 좋을 것입니다.

프로그래밍 블록은 어떻게 작동할까요?

EV3 프로그램은 일련의 블록으로 구성됩니다. 각각의 블록들은 로봇이 특정한 동작을, 이를테면 '1초간 전진'과 같은 일을 수행하도록 합니다. 프로그램은 각각의 블록들이 시작 블록을 기준으로 왼쪽에서 오른쪽 방향으로 순차적으로 실행됩니다. 첫 번째 블록의 작업이 완료되면 프로그램은 그 다음 블록을 시작하는 식으로 순서대로 진행됩니다. 프로그램에 반복 구조가 없다면 마지막 블록의 작업이 완료되는 시점에서 프로그램이 종료됩니다.

각각의 블록은 한 개 이상의 모드를 가지고 있으며, 각각의 모드마다 여러 가지의 독립적인 상태 설정 기능을 포함합니다. 물론 여러분은 각각의 블록마다 세부적인 설정을 임의로 수정할 수 있으며, 수정 내용에 따라 블록의 동작 방식이나 조건이 바뀌게 됩니다.

예를 들면, 그림 4-1에서의 두 개의 블록(연두색)은 동일한 '조향모드 주행' 블록입니다. 하지만, 두 블록은 서로 다른 모드로 설정되어 있습니다. 그리고 서로 모드가 다르기 때문에 세부 설정 사항의 설명과 설정 값 역시 다른 것을 볼 수 있습니다. 이러한 모드 및 설정 값의 차이 때문에 이 프로그램은 로봇이 한 가지 동작을 마치고 전혀 다른 두 번째 동작을 수행하게 할 것입니다.

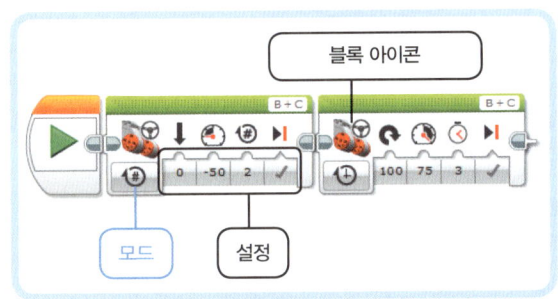

■ 그림 4-1 블록의 동작을 구성하려면 블록의 모드와 설정을 조정해야 합니다. 이 그림에서의 첫 번째 블록은 로봇을 후진시킵니다. 잠시 후 실행될 두 번째 블록은 로봇을 오른쪽으로 회전시킵니다. (이 프로그램은 다음 절에서 만들어 볼 것입니다.)

블록에는 다양한 종류가 있습니다. 각 블록은 고유한 이름과 아이콘으로 구분됩니다. 블록들은 각각의 목적에 따라, 유사한 속성의 블록끼리 그룹화되어 있으며 블록 그룹은 서로 다른 색상으로 프로그래밍 팔레트에서 구분됩니다. 이번 장에서는 '동작 블록'에 대해 주로 살펴볼 것입니다. (프로그래밍 팔레트에서 연두색의 그룹입니다.)

조향모드 주행 블록

'조향모드 주행' 블록은 로봇의 모터를 제어합니다. 이 블록을 프로그램에서 사용한다면 여러분은 익스플로러 로봇을 전후좌우 마음대로 움직이게 할 수 있습니다. 이번 장에서는 조향모드 주행 블록을 이용해 익스플로러 로봇을 아주 잠깐 앞으로 전진시켜 볼 것입니다.

조향모드 주행 블록 활용

조향모드 주행 블록을 활용하기에 앞서, 조향모드 주행 블록의 특징을 볼 수 있는 간단한 프로그램을 먼저 만들어 봅시다. 이 프로그램은 로봇을 바퀴가 뒤로 두 바퀴만큼 후진시킨 다음 3초간 재빠르게 오른쪽으로 회전시킬 것입니다. 이를 위해 조향모드 주행 블록을 두 번 사용하고 각 블록의 모드와 설정을 바꾸어 줍니다.

1단계

먼저 EXPLOR3R-4라는 이름으로 새로운 프로젝트를 생성합니다. 이 프로젝트에 이번 장에서의 모든 실습 프로그램을 모아 둘 것입니다. 프로젝트의 첫 번째 프로그램의 이름은 'Move'로 지정합니다.

2단계

프로그래밍 팔레트에서 두 개의 조향모드 주행 블록을 꺼내어 그림 4-2와 같이 시작 블록에 연결해 줍니다.

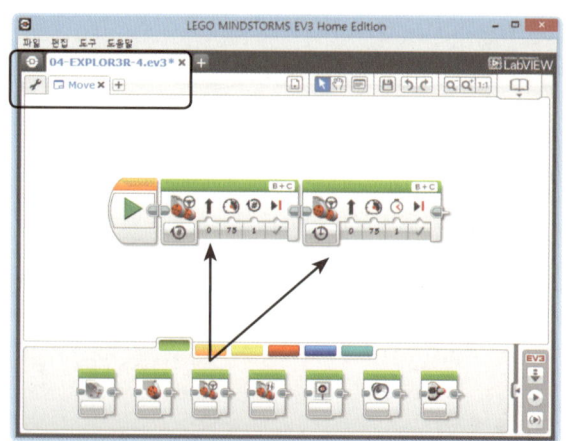

■그림 4-2 EXPLOR3R-4 프로젝트에서 새로운 프로그램을 만들고 Move라고 이름을 지어 줍니다. 프로그래밍 팔레트에서 조향모드 주행 블록을 꺼내어 시작 블록에 연결해 주고, 다음 조향모드 주행 블록 역시 첫 번째 조향모드 주행 블록 뒤에 연결합니다.

3단계

다른 설정 변경이 없다면 그림 4-3과 같은 형태로, 연결된 두 개의 블록은 단지 로봇을 아주 잠깐 앞으로 전진시킬 뿐입니다. 먼저 우리가 계획한 두 바퀴 후진 기능부터 구현해 보겠습니다. 이를 위해서 첫 번째 블록을 그림 4-3과 같은 설정 값으로 바꾸어 줍니다.

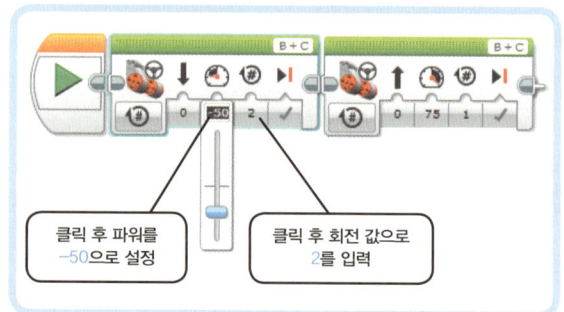

■그림 4-3 첫 번째 블록의 파워를 -50으로 설정합니다. 파워 게이지 아이콘 아래의 숫자를 클릭해 슬라이드 창에 바로 숫자를 입력하거나, 혹은 슬라이드를 드래그해서 파워를 조절할 수 있습니다. 파워가 음수인 경우 모터는 역회전하며, 모터의 장착 방향에 따라 달라질 수 있지만 이 경우 로봇은 후진을 하게 됩니다. 파워를 설정한 다음 회전 값에 2를 입력하면 모터는 역방향으로 두 바퀴 회전한 뒤에 정지합니다.

4단계

이제 두 번째 블록의 값을 바꿀 차례입니다. 이 블록은 로봇을 재빠르게 오른쪽 방향으로 3초간 회전하도록 만들 것입니다. 먼저, 아이콘 아래의 모드 선택을 클릭해 그림 4-4와 같이 **시간(초)으로 동작**을 선택합니다.

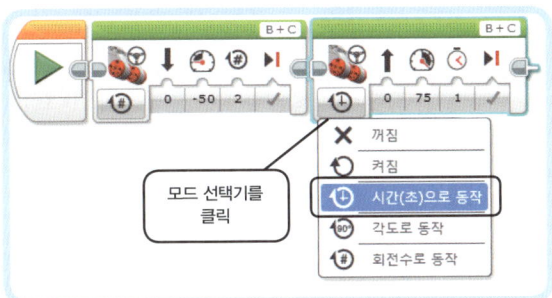

■ 그림 4-4 두 번째 블록의 모드를 클릭해 동작 모드를 '시간(초)로 동작' 으로 바꾸어 줍니다.

5단계

로봇이 오른쪽으로 3초간 재빠른 회전을 하기 위해서는 두 번째 블록의 조향 부분을 그림 4-5처럼 바꾸어 주어야 합니다.

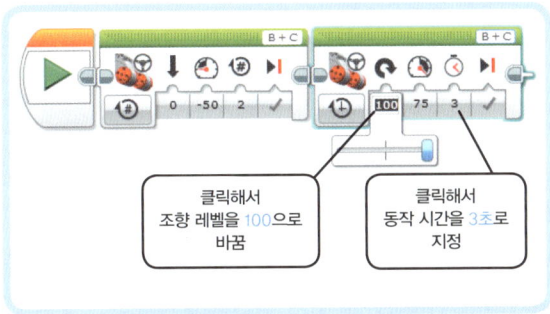

■ 그림 4-5 조향 슬라이더를 오른쪽으로 끝까지 드래그해서 두 개의 모터(B와 C) 중 하나만 100% 회전하도록 만들고, 동작 시간 조건에 3을 입력해 이 동작을 3초간 수행하도록 합니다.

6단계

모든 설정이 완료되었다면 프로그램을 로봇에 다운로드하고 실행합니다. 로봇은 설정 값에서 지정된 것처럼 바퀴가 뒤로 2회전할 때까지 후진한 다음 제자리에서 3초간 빠르게 선회할 것입니다.

> **NOTE** 만약 같은 값을 입력했음에도 여러분의 로봇이 좌회전과 우회전 속도가 다르다면 모터의 전선이 잘못 끼워졌을 수도 있습니다. 2장의 조립도 13~14번(21쪽)을 보고 본인의 로봇 전선 배선을 다시 한 번 확인해 보세요.

모드와 설정에 대해 자세히 알아보기

예제의 동작 원리를 좀 더 자세히 이해하기 위해 모드와 설정에 대해 좀 더 자세히 살펴보겠습니다. 각 블록의 동작은 모드와 설정 값에 따라 다양하게 변화합니다. 그림 4-6은 우리가 이미 사용해 본 조향모드 주행 블록의 몇 가지 설정을 보여줍니다.

조향모드 주행 블록은 여러 가지 모드가 있습니다. 각각의 모드는 모드 선택기 버튼을 눌러 바꿀 수 있으며, 모드에 따라 블록은 서로 다르게 동작합니다. 예를 들어, 우리의 첫 번째 프로그램에서 '회전수로 동작' 모드였고, 모터는 원하는 만큼의 회전수를 정해주면, 지정된 숫자만큼 회전합니다. '시간(초)으로 동작' 모드에서는 각도나 회전량과 상관없이 정해진 시간만큼 모터를 회전합니다. 조향모드 주행 블록은 아래와 같은 모드가 있습니다.

- **켜짐** 모터의 회전을 시작합니다. 이 블록 뒤에 모터의 회전 조건, 즉 각도나 시간을 정해주어야 의미 있게 동작합니다.
- **꺼짐** 모터의 회전을 정지합니다.
- **회전수로 동작** 정해진 회전수만큼 모터를 회전합니다. 조건이 만족되면 정지합니다.
- **시간(초)으로 동작** 정해진 시간(초)만큼 모터를 회전합니다. 조건이 만족되면 정지합니다.
- **각도로 동작** 정해진 각도만큼 모터를 회전합니다. 조건이 만족되면 정지합니다.

'켜짐'과 '꺼짐' 모드에 대해서는 54쪽 '주행 블록에서의 켜짐과 꺼짐 모드'에서 다시 살펴볼 것입니다.

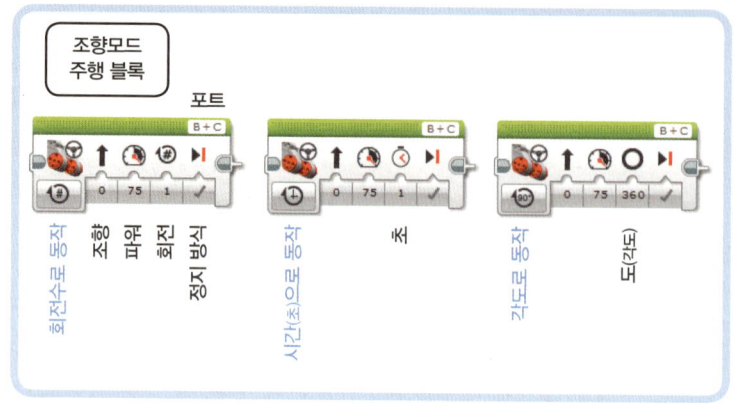

■ 그림 4-6 조향모드 주행 블록의 모드(파란색)와 설정(검은색). 모드를 바꾸려면 모드 선택기 버튼을 눌러 열리는 메뉴에서 원하는 모드를 클릭합니다. 기본적인 특성은 '주행'에 맞추어져 있기 때문에 어떤 모드를 선택하더라도 대부분의 기본 설정은 비슷해 보일 것입니다.

원하는 거리를 이동하기 위해서는 사용하는 바퀴의 지름과 모터에서 바퀴까지의 기어 구성을 참고해서 원의 둘레를 계산하는 공식을 써야 합니다. 단순한 임의 패턴이라면 '회전수로 동작'만으로도 충분할 수 있지만, 보다 정확한 이동 거리가 필요하다면 계산을 한 후 '각도로 동작' 블록을 사용하는 것을 권장합니다(탐구과제 102 참조).

포트

포트 설정은 블록의 오른쪽 위에 위치합니다. 여러분은 로봇에 장착된 모터가 EV3의 어느 출력 포트에 연결되었는지 정확히 파악하고, 프로그램이 정확한 포트를 제어할 수 있도록 포트 설정에서 모터를 정확하게 정해 주어야 합니다. 익스플로러 로봇은 모터 B와 C를 좌우 바퀴의 구동에 사용합니다. 그러므로 우리가 사용할 예제에서 포트는 B+C로 정해야 합니다.

조향

이동 프로그램에서 실습해 본 것과 같이, 여러분은 로봇의 이동 방향을 바꾸는, 즉 조향을 할 수 있습니다. '조향' 설정을 누르고 슬라이드를 왼쪽 또는 오른쪽으로 드래그합니다. (로봇이 슬라이드의 비율에 맞추어 왼쪽 또는 오른쪽으로 선회합니다.)

일반적인 자동차는 앞바퀴의 방향을 바꾸어 조향을 구현합니다. 여러분의 로봇 익스플로러처럼 앞바퀴가 없는 경우 어떻게 조향할까요? 이 블록을 이용한다면 좌우의 두 바퀴를 각각 제어함으로써 손쉽게 조향할 수 있습니다.

로봇을 전진시키기 위해서는 두 개의 바퀴를 같은 방향, 같은 속도로 회전시킵니다. 로봇의 방향을 선회하려면 한쪽 바퀴를 다른 한쪽 바퀴보다 더 빠르게 회전시키거나, 한쪽 바퀴를 같은 속도로 역회전시킴으로서 제자리 선회를 구현합니다.

그림 4-7은 익스플로러 로봇을 통해 모터의 파워와 방향을 제어해 로봇의 방향을 바꾸는 여러 가지 방법을 보여줍니다.

파워

파워 설정은 모터의 속도를 바꾸는 것을 의미합니다. 파워가 0이라는 뜻은 바퀴가 회전하지 않는다는 뜻이며, 100이라는 뜻은 바퀴가 최고 속도로 회전한다는 뜻입니다. 파워가 음수일 경우, 이를테면 -100이나 -30과 같은 값이라면 모터는 역회전하게 되며 이동 프로그램에서 실습해 본 것처럼 로봇의 바퀴는 후진하게 됩니다.

회전, 초, 도

세 번째 설정 기능은 조향모드 주행 블록의 모드를 선택하는 것에 따라 회전량을 결정할 수 있게 해줍니다. 예를

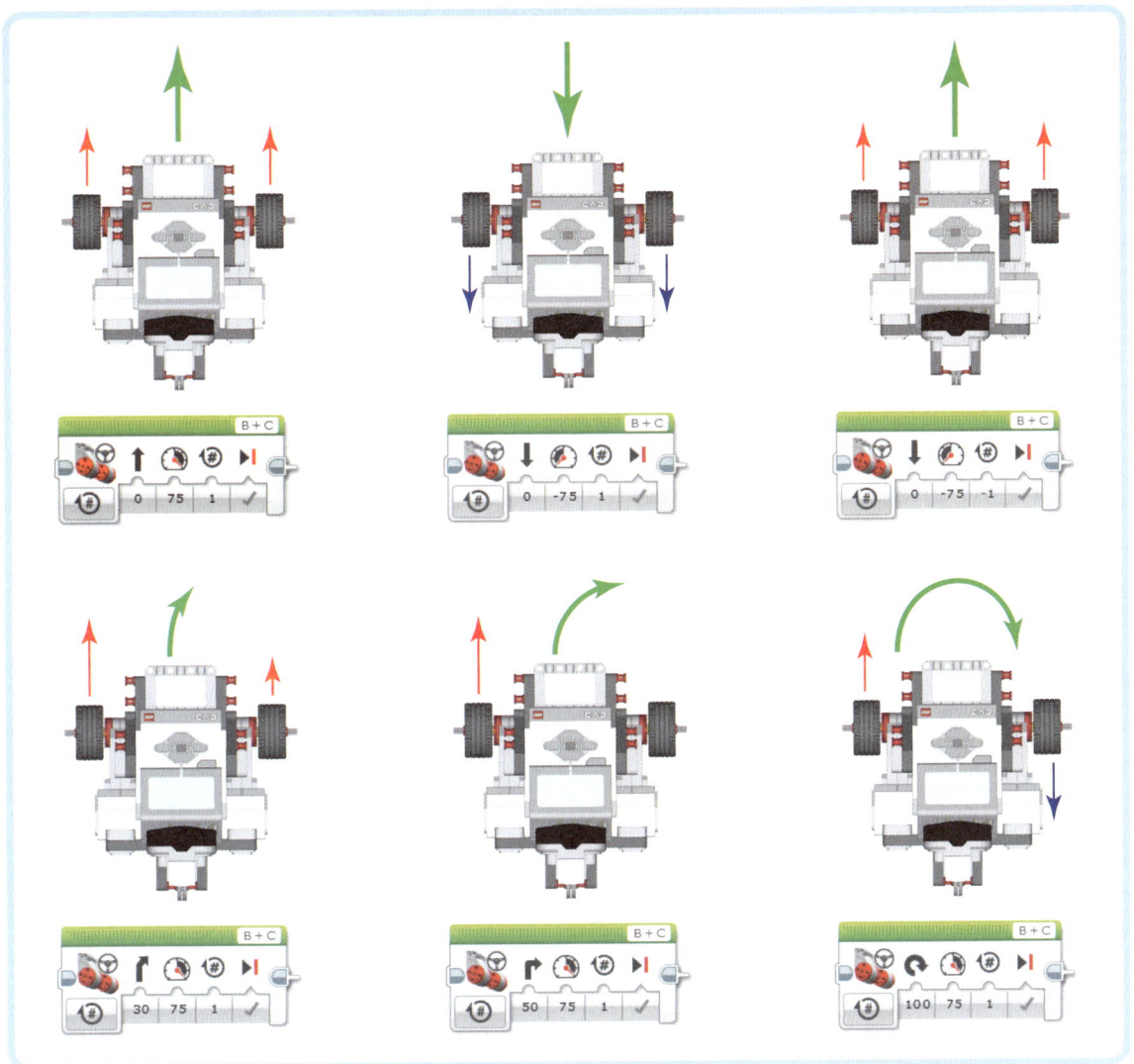

■ **그림 4-7** 로봇을 선회시키기 위해서는 조향 설정을 조절해 주어야 합니다. 이 블록에서는 두 모터의 속도와 방향을 각각 제어해 로봇을 원하는 대로 선회시킬 수 있습니다. 빨간 화살표는 모터의 정회전을, 파란 화살표는 역회전을 의미하며 화살표의 크기는 파워(속도)를 의미합니다. 녹색 화살표는 로봇이 결과적으로 움직이는 형태를 보여줍니다.

들어 모드를 '시간(초)으로 동작'으로 선택하고 세 번째 설정 값을 3으로 입력한다면 로봇은 3초간 이동할 것입니다.

'각도로 동작' 모드는 모터 축의 회전각을 체크해서 지정된 각도까지 모터를 회전시킵니다. 360도 회전시킬 경우 일반적으로 모터와 바퀴를 1:1로 연결한 로봇에서는 모터가 한 바퀴를 회전하고 180도라면, 모터는 반 바퀴 회전할 것입니다.

'회전수로 동작' 기능의 경우 이미 여러분이 이동 프로그램에서 실습해 본 것과 같이 지정된 숫자만큼 360도 회전을 반복합니다.

🧑 로봇의 모터에 바퀴를 1:1로 연결했다면 실제 이동 거리는 다음과 같습니다.

$$거리 = 2\pi r \times \frac{x}{360}$$
$$= 2 \times 3.14 \times 바퀴\ 지름 \times (각도 \div 360)$$

단, 모터와 바퀴 사이에 기어 가감속이 들어간다면 이렇게 계산된 거리 값에 기어비에 따른 계산을 추가 적용해야 합니다.

모터에 8톱니, 바퀴에 24톱니 기어를 써서 $\frac{1}{3}$ 감속일 경우

실제 이동 거리 = $(2\pi r \times \frac{x}{360}) \times \frac{1}{3}$

> **NOTE** 파워를 음수 값, 이를테면 -75와 같이 입력하고 회전 값을 양수, 이를테면 1회전 또는 360도 회전과 같이 준다면 모터는 역회전하게 됩니다. 파워를 75와 같은 양수 값으로 입력하고 회전 값을 음수, 이를테면 -1회전과 같이 입력할 때도 마찬가지입니다. 만약 파워와 회전수를 모두 음수로, 이를테면 -75 파워로 -1회전을 시킨다면 모터는 정회전하게 됩니다.
>
> 👦 음수와 양수의 곱셈 연산을 생각하면 됩니다. 둘 중 하나가 음수라면 결과는 음수, 둘 다 같은 음수 또는 양수라면 결과는 양수가 되는 것과 같습니다.
>
> 아직 파워와 회전 값, 그리고 로봇의 이동 방향의 관계에 대해 혼란스럽다면 그림 4-7을 주의 깊게 살펴보시기 바랍니다.

정지 방식

정지 방식은 회전하던 모터가 각도, 회전수 또는 시간 등의 정해진 조건에 도달했을 경우, 모터가 멈추는 방식을 지정합니다. 참(✓)은 강제 정지, 거짓(✗)은 부드러운 정지입니다.

👦 강제 정지는 내부적으로 모터에 전류를 흘려 강제 정지시키는 일종의 '브레이크'이고, 부드러운 정지는 모터에 공급되는 모든 전류를 차단해서 모터 스스로 운동 에너지를 소진하고 멈추게 하는, 일종의 '엔진 스톱' 개념입니다. 당연한 말이지만 정확한 제어를 위해서는 강제 정지가 더 유리하며, 부드러운 정지는 로봇의 무게와 바퀴의 구조 등에 따라 로봇이 약간 밀리는 현상이 발생할 수 있습니다.

정확하게 회전하기

조향모드 주행 블록을 사용하면서 로봇이 90도 회전하도록 하려면 각도로 동작을 선택하고 각도에 90을 넣으면 될까요? 아닙니다. 사실상 각도 지정은 모터의 축을 몇 도만큼 회전시킬 것이냐를 정하는 것으로, 실제 로봇을 이동시키는 것은 모터의 축이 아닌, 축에 연결된 바퀴입니다.

실제 로봇을 90도 회전시키기 위한 값은 로봇의 디자인마다, 그리고 같은 디자인이라도 구동되는 조건이나 다른 여러 가지 주변 환경에 의해 조금씩 영향을 받기 때문에 정확한 주행을 위해서는 여러분이 직접 실험을 통해 값을 측정해야 합니다. 탐구과제 2번에서는 여러분의 로봇에 적합한 각도를 찾는 방법을 연구해 볼 것입니다.

탐구과제 1: 가속시키기!

난이도 🗂️ 시간 ⏱️

이제 조향모드 주행 블록의 중요한 특성들을 배웠고, 실험해 볼 준비가 되었습니다. 과제는 로봇이 천천히 출발해서 속도를 가속시키는 것입니다. 프로그램을 만들기 위해 시작 블록에 조향모드 주행 블록 10개를 연결합니다. 이 중 가장 앞의 두 개 블록은 그림 4-8과 같은 형태로 값을 설정합니다.

세 번째 블록부터는 같은 방식으로 값을 수정하는데, 모터의 파워는 30으로 설정하고 각각의 블록마다 파워를 10씩 증가하게 합니다. 블록은 '시간(초)으로 동작' 모드로 설정되어 있을 것입니다. 프로그램을 테스트해 보고, 이번에는 10개의 모든 블록을 '회전수로 동작'으로 바꾸어 봅니다.

이때 회전량은 1로 바꾸어 주고 다시 한 번 테스트해 봅니다. 어떤 프로그램이 더 오래 동작할까요? 그 이유는 무엇일까요?

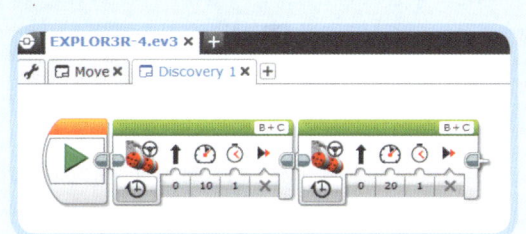

■ 그림 4-8 탐구과제 1의 프로그램 시작 부분입니다. 앞으로의 탐구과제들을 계속 확인하고 수정할 수 있도록 프로젝트에 새로운 파일 이름으로 추가하는 것을 잊지 마십시오.

탐구과제 2: 정확한 회전!

난이도 🔲   시간 ⏱

로봇을 90도 회전하도록 프로그램해 봅니다. 그림 4-9와 같이 조향모드 주행 블록을 '각도로 동작' 모드로 설정하고 조향 슬라이더를 오른쪽으로 이동시킵니다. 로봇이 모터를 얼마만큼 회전시켜야 로봇의 몸체가 90도 회전할 수 있을까요?

 우선 275도 정도로 값을 입력하고 테스트해 봅니다. 만약 충분치 않다면 280도, 285도와 같이 값을 조금씩 증가시키면서 로봇의 회전에 적절한 값을 찾아봅니다. 로봇이 90도 회전하는 데 필요한 값을 찾아내었다면 이번에는 180도 회전하는 데 필요한 값도 찾아보시기 바랍니다.

 👦 관성과 가속도 등 다양한 영향에 의해 90도 회전하기 위한 회전 값에 단순히 2배를 하는 것으로는 정확한 180도 회전을 구현하기 어려울 것입니다.

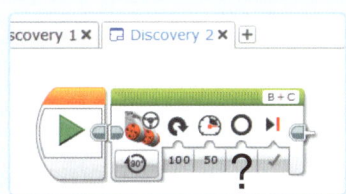

■ 그림 4-9 탐구과제 2의 프로그램 예시. 로봇을 90도, 180도 회전시키려면 그 값은 얼마일까요?

탐구과제 3: 원하는 곳까지 이동하기!

난이도 🔲   시간 ⏱ ⏱

이번 프로그램은 조향모드 주행 블록을 세 개 사용할 것입니다. 익스플로러 로봇을 3초간 50%의 파워로 전진시키고 180도 회전시킨 다음 시작점으로 돌아가도록 프로그램해 봅니다. 로봇이 180도 회전하는 기능의 두 번째 블록은 탐구과제 2에서 만든 프로그램을 참고하면 쉬울 것입니다.

탐구과제 4: 글자를 쓰며 주행하기!

난이도 🔲 🔲   시간 ⏱ ⏱

조향모드 주행 블록을 이용해 로봇을 구동하는데, 이번에는 로봇의 구동 경로를 여러분 이름의 영문 이니셜 첫 글자로 해봅니다. 이것을 프로그래밍하기 위해 조향모드 주행 블록이 몇 개나 필요한가요?

HINT 글자에 곡선이 들어간다면, 조향 슬라이드를 조절해 곡선의 크기를 조절할 수 있습니다.

사운드 블록

익스플로러 로봇을 자유자재로 구동시키는 것은 분명 재미있는 일입니다. 하지만 여기에 소리를 추가해 준다면 아마 한층 더 큰 재미를 느낄 수 있을 것입니다. 여러분의 로봇은 두 가지 형태로 소리를 낼 수 있습니다.

하나는 간단한 톤의 음, 이를테면 '삐~' 소리로 구성된 간단한 멜로디의 형태입니다. 또 다른 하나는 미리 녹음된 음성 파일, 이를테면 '헬로우'와 같은 소리입니다. 여러분이 사운드 블록을 사용한다면, 적어도 로봇이 여러분과 '소통'하는 듯한 느낌을 줄 수 있을 것입니다.

🧑 물론 스마트폰의 음성비서 프로그램처럼 실제로 사람과 대화가 되는 수준은 지금의 EV3 프로그램만으로는 어려울 것입니다. 아마도 좀 더 실용적인 용도라면 구동 중인 로봇이 어떤 알고리즘을 수행하려 할 때 미리 특정한 소리를 내어 로봇이 무엇을 하려는지 사용자에게 알리는 용도와 같은, 로봇이 사람에게 보내는 일방통행적인 의사 전달에 쓰일 수 있습니다.

사운드 블록의 설정에 대해 자세히 알아보기

비록 각각의 블록이 로봇을 동작시키는 형태는 다를지라도, 기본적인 동작 개념은 동일하다고 할 수 있습니다. 바꾸어 말하자면, 로봇을 움직이기 위해 '조향모드 주행' 블록을 팔레트에서 꺼내어 캔버스에 놓는 것과 같이 소리를 내기 위해서는 '사운드' 블록을 꺼내 놓는 것만으로 충분하다는 뜻입니다.

사운드 블록 역시 어떠한 소리를 어떤 방식으로 낼 것인지 모드와 설정을 여러분이 원하는 대로 조작해 주어야 합니다. 사운드 블록을 사용한 프로그램을 만들어 보기 전에, 이 블록에 포함된 각각의 모드와 설정을 좀 더 자세히 살펴보겠습니다. 그림 4-10에서는 사운드 블록의 네 가지 모드를 보여줍니다.

- **사운드 파일 재생** '헬로우'와 같은 미리 녹음된 음성 파일을 재생합니다. 🧑 당연한 이야기이지만, 여러분의 목소리로 우리말 인사를 녹음할 수도 있습니다. 사투리도 가능합니다!
- **톤 재생** 지정된 시간동안 특정한 주파수(Hz)의 음을 출력합니다. 음의 길이도 조절 가능합니다.
  🧑 기본적으로는 3옥타브의 음계 형태로 음을 선택할 수 있습니다. '도' 음의 경우, 낮은 도 261.63Hz보다 더 낮은 250Hz부터, 높은 도 2,093Hz보다 더 높은 10,000Hz까지 0.01Hz 단위로 음을 임의로 바꿀 수 있습니다. 참고로 사람이 들을 수 있는 가청주파수 영역은 20Hz에서 20,000Hz 사이이지만, 실제로 9,000Hz 이상으로 올라가면 청각이 둔한 사람은 식별하지 못할 정도의 약한 소리가 출력됩니다.
- **단일 음 재생** 지정된 시간 동안 특정 음계의 음을 출력합니다. 🧑 가상의 3옥타브 피아노 건반에서 음을 선택하는 보다 직관적인 인터페이스입니다. 건반의 음만 선택할 수 있습니다.
- **정지** 현재 재생 중인 모든 소리를 중지합니다.

파일 이름

사운드 파일 재생 모드에서는 파일 이름을 입력하는 상자가 추가되며, 이곳을 클릭해서 사운드 파일을 선택합니다. EV3 프로그램은 기본적으로 동물, 색상, 번호 등의 몇 가지 카테고리로 분류된 기본 사운드 파일을 제공하며 여러분이 원한다면 **도구 ▶ 사운드 편집기** 메뉴를 이용해 컴퓨터에서 직접 임의의 사운드를 녹음할 수도 있습니다. (사운드 편집기의 활용 방법은 EV3 프로그램의 도움말 보기에서 **도구 ▶ 사운드 편집기** 항목을 보시기 바랍니다.)

음량

재생하려는 소리의 음량을 조절할 수 있습니다. 0(작게)부터 100(크게) 사이에서 슬라이드 또는 숫자 값 입력으로 조절합니다.

■ 그림 4-10 사운드 블록의 네 가지 모드(파란색) 와 설정(검은색)

재생 유형

재생 유형을 이용해 소리의 재생을 제어하는 방법을 선택할 수 있습니다. '완료 대기'(0)는 소리를 한 번 재생하고, 프로그램은 사운드가 끝날 때까지 기다린 후 진행됩니다. 재생 시간이 긴 음악이라면, 곡이 끝나고 난 다음 블록이 실행된다는 뜻입니다.

'1회'(1)는 소리를 한 번 재생하며 프로그램은 즉시 진행됩니다. 소리가 재생되는 것과 사운드 블록 다음에 연결된 블록의 진행이 동시에, 즉 멀티태스킹으로 소리 출력과 로봇 구동을 함께 처리한다는 의미입니다.

'반복'(2)은 1과 같이, 소리를 재생하면서 동시에 다음 블록이 진행되지만, 새로운 사운드 블록이 수행될 때까지 현재 출력하는 사운드 블록을 계속 반복하게 됩니다. 아마도 일반적인 경우라면 0을 선택해 소리 출력을 마치고 다음 블록을 진행하는 형태가 가장 무난할 것입니다.

음계 또는 톤

여러분이 선택한 모드에 따라 사운드 블록은 피아노 건반 모양의 인터페이스로 입력되는 음계 또는 음의 톤(주파수)을 헤르츠(Hz) 단위로 보여주고 음계를 선택하거나 직접 톤 주파수를 입력하는 모드를 제공합니다. 톤에서 440Hz(기본 주파수 값)의 경우 일반인의 청각으로 정확하게 들을 수 있는 '삐' 소리가 됩니다.

이 기능은 프로그램을 테스트, 예를 들면 특정 기능의 동작 시작이나 끝을 알리기 위한 용도로 삽입할 경우 프로그램의 진행 상태를 알려주는 용도로 쓸 수 있습니다.

수행 시간

수행 시간은 음계 또는 톤을 지속하고 싶은 시간(초)을 입력합니다. 사운드 파일 재생의 경우 파일 자체의 전체 재생 시간이 정해져 있기 때문에 별도의 수행 시간 입력이 없습니다.

사운드 블록의 활용

이제, 사운드 블록의 동작을 경험해 보기 위해 'Sound Check'라는 이름의 프로그램을 만들어 봅시다. 그림 4-11과 같이 프로그램을 작성합니다. 이 프로그램을 포함해서 이 책에서 등장하는 다른 예제 프로그램들도 아래의 순서를 따라 작성하는 것을 권장합니다.

1단계

프로그래밍 팔레트에서 블록의 색상 및 아이콘을 보고 필요한 블록을 찾아 캔버스에 끌어 놓습니다. 사운드 블록이라면 상단이 녹색이므로 먼저 프로그래밍 팔레트의 녹색 탭을 선택하고, 그 다음 녹색의 블록 아이콘들 중 스피커 모양을 찾아 선택합니다.

2단계

꺼낸 블록에서 자신이 필요로 하는 모드를 선택하기 위해 모드 선택기 버튼을 누릅니다. 모드 선택기는 각각의 모드를 아이콘과 설명으로 보여줍니다. 예를 들어 사운드 블록의 '단일 음 재생'은 피아노 건반 모양의 아이콘을 사용합니다.

3단계

마지막으로 블록에서 추가적인 설정 값을 입력합니다. 예를 들어 조향모드 주행 블록이라면 조향 값과 파워 값을 입력해야 하겠지요. 이런 과정을 거쳐 여러분은 책에서 제시된 예제와 같은 프로그램을 만들 수 있습니다.

프로그램이 완성되었다면 로봇에 프로그램을 다운로드하고 실행해 봅니다.

SoundCheck 프로그램의 이해

이제 프로그램을 실행해 보았으니, 각각의 블록들이 어떻게 작동하는지 조금 더 자세히 살펴봅시다.

첫 번째 사운드 블록이 하는 일은 여러분의 익스플로

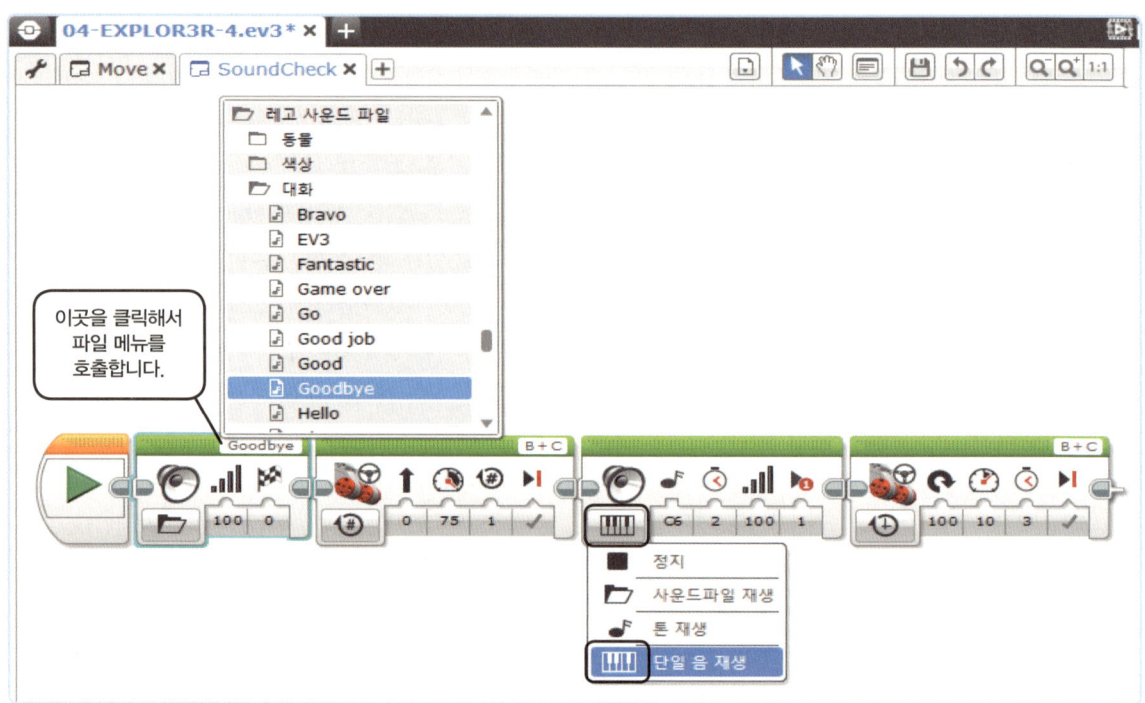

■ 그림 4-11 'SoundCheck' 프로그램입니다. 블록의 모드를 선택하려면 모드 선택기 버튼을 누르고 예제의 그림과 같은 아이콘의 모드를 선택해 줍니다.

러 로봇이 '굿바이'라고 인사하게 합니다. 동작 방식은 '완료 대기'이며, 이는 로봇이 '굿바이'라는 문장을 다 읽고 난 다음에야 비로소 사운드 블록 뒤의 조향모드 주행 블록을 실행해 로봇을 움직인다는 의미입니다.

이미 앞에서 살펴본 블록인 조향모드 주행 블록은 로봇의 바퀴를 1회전시켜서 로봇을 전진시키며 그 다음엔 또 다른 사운드 블록이 실행되고 EV3는 C6(세 번째 도)음을 2초간 출력합니다. 이 사운드 블록은 동작 방식이 '1회'이므로 음의 출력이 시작되고 바로 다음 조향모드 주행 블록을 실행시킵니다.

로봇이 오른쪽으로 3초간 회전하는 동안 C6 음도 2초간 계속 출력되며, 음 출력이 끝나고 남은 1초 동안 모터의 구동은 지속되어 로봇이 오른쪽으로 조금 더 회전한 뒤 로봇은 멈추게 됩니다.

탐구과제 5: 어느 방향이라고 말했죠?

난이도 ▣▣ 시간 ⏱

SoundCheck와 비슷한, 하지만 이번에는 로봇이 자신이 이동하는 방향을 말하는 프로그램을 만들 것입니다. 로봇이 전진하게 되면 '포워드'라고 말하고, 후진할 때는 '백워드'라고 말합니다. 사운드 블록의 재생 유형은 어떻게 설정하는 것이 좋을까요?

탐구과제 6: 디제이가 되어 봅시다!

난이도 ▣▣ 시간 ⏱⏱⏱

여러 개의 사운드 블록을 음계 연주 용도로 사용해 봅시다. 여러분이 EV3 프로그램을 직접 작곡을 해보는 것입니다. 여러분만의 음악을 만들기 어렵다면 악보가 공개된 다른 유명한 음악을 넣어보는 것도 좋겠지요?

디스플레이 블록

EV3 프로그램은 로봇의 구동과 소리 출력 외에도, EV3 컨트롤러의 액정화면을 제어하는 블록도 제공합니다. 이를테면 여러분은 EV3의 화면에 그림 4-12와 같은, 개성적인 그림을 출력시킬 수 있습니다. 화면은 가로 178픽셀, 세로 128픽셀의 흑백 디스플레이입니다. (픽셀은 화면을 구성하는 최소 단위, 화소라고도 합니다.)

디스플레이 블록은 재미있는 요소이기도 하지만, 프로그램의 동작 상태를 테스트해보는 데에도 중요한 역할을 합니다. 예를 들어, 센서가 입력될 때의 값을 바로 화면으로 확인하는 등의 형태로 활용할 수 있습니다. 이 책의 5장에서 이와 같은 센서값의 모니터링에 대해 다룰 것입니다.

여러분은 '디스플레이 블록'으로 그림과 글자, 도형(그림 4-12 참조)을 EV3의 화면에 출력할 수 있습니다. 하나의 디스플레이 블록으로 여러 개의 이미지나 텍스트를 동시에 출력할 수 없기 때문에, 그림 4-12와 같은 결과물을 얻기 위해서는 여러 개의 디스플레이 블록을 함께 사용해야 합니다.

■ **그림 4-12** 디스플레이 블록은 EV3의 화면에 그림, 글자, 그리고 도형을 출력할 수 있습니다.

디스플레이 블록의 설정 살펴보기

디스플레이 블록이 화면에 무언가를 출력하고 나면, 프로그램은 바로 다음 블록, 이를테면 디스플레이 블록 뒤에 연결된 구동 블록을 수행합니다. 다음 블록이 실행되어도 EV3는 또 다른 디스플레이 블록이 실행되기 전까지 LCD 화면에 출력된 결과를 유지합니다. 즉 로봇이 이동 중에도 화면은 그대로 유지된다는 뜻입니다.

프로그램이 종료되면 EV3는 LCD에 기본 메뉴를 출력합니다. 여러분의 프로그램 마지막에 디스플레이 블록이 들어간다면, 아마도 프로그램이 종료되는 순간 디스플레이 블록이 보여주고자 했던 화면이 빠르게 지나가고 초기화면이 되어 여러분이 원하는 화면을 보기 어려울 것입니다.

🧑 컴퓨터에서 게임을 실행하면 화면 가득 게임 장면이 출력되지만, 게임이 끝나면 화면은 다시 윈도우 바탕화면이 출력되는 것을 생각하세요.

EV3의 화면에 무언가가 출력되는 것을 보고자 한다면, 디스플레이 블록 뒤에 다른 블록, 이를테면 구동 블록나 대기 블록이 추가되어야 할 것입니다. 그림 4-13은 디스플레이 블록의 네 가지 모드를 보여줍니다.

- **이미지** 선택된 이미지, 이를테면 웃는 얼굴과 같은 그림을 보여줍니다.
- **모양** 선, 원, 사각형이나 점과 같은 기하학적인 도형을 보여줍니다.
- **텍스트** 화면에 문자열을 보여줍니다.
- **화면 초기화** 화면을 지우고 일반적으로 EV3에서 프로그램을 실행했을 때 볼 수 있는 MINDSTORMS 로고를 보여줍니다.

서브 모드

일부 모드는 서브 모드가 있습니다. 디스플레이 블록에서 '모양' 모드를 선택하면 그림 4-13과 같이, '라인' '원형' '사각형' '점' 의 네 가지 서브 모드 중 하나를 선택해야 합니다. '모양-원형' 모드를 선택하면 디스플레이 블록은 EV3 화면에 원을 그리게 되며, 설정 역시 원을 그리는 데 필요한 정보인 원의 중심 좌표, 반지름, 채우기 및 색상 정보를 요구합니다.

파일 이름

이미지 모드를 선택하면 블록 우측 상단에 파일 이름을 입력하는 창이 생깁니다. 기본적으로 EV3 프로그램에서는 눈, 개체, 진행 상태, 레고 등의 몇 가지 카테고리로 비슷한 이미지를 구분해 제공합니다.

물론 여러분이 원한다면 **도구 ▶ 이미지 편집기** 메뉴를 이용해 컴퓨터에서 직접 임의의 그림을 그리거나 사진 이미지를 불러와 EV3에 넣을 수도 있습니다. (이미지 편집기의 활용 방법은 EV3 프로그램의 도움말 보기에서 **도구 ▶ 이미지 편집기** 항목을 보시기 바랍니다.)

화면 지우기

화면 지우기는 지금 실행되는 디스플레이 블록이 그림을 그리기에 앞서, 기존의 화면을 지울 것인지를 결정합니다. 참일 경우 블록은 화면을 지우고 새로 그림을 그리게 되며, 거짓일 경우엔 기존의 화면을 그대로 유지하면서 새 그림을 덮어씌우게 됩니다.

🧑 말풍선 그림을 먼저 출력하고 이것을 지우지 않은 상태에서 인사말 텍스트를 출력하면 만화처럼 말풍선 안에 글자가 쓰여진다는 의미입니다.

복합적인 내용으로 구성된 화면을 출력하기 위해서는 먼저 첫 번째 디스플레이 블록에서 화면을 지우고 내용을 출력한 다음, 이어지는 디스플레이 블록에서는 화면을 지우지 않고 내용만을 덮어씌우는 형태로 구성할 수 있습니다.

이러한 방법에 대해서 DisplayTest 예제에서 좀 더 자세히 살펴볼 것입니다.

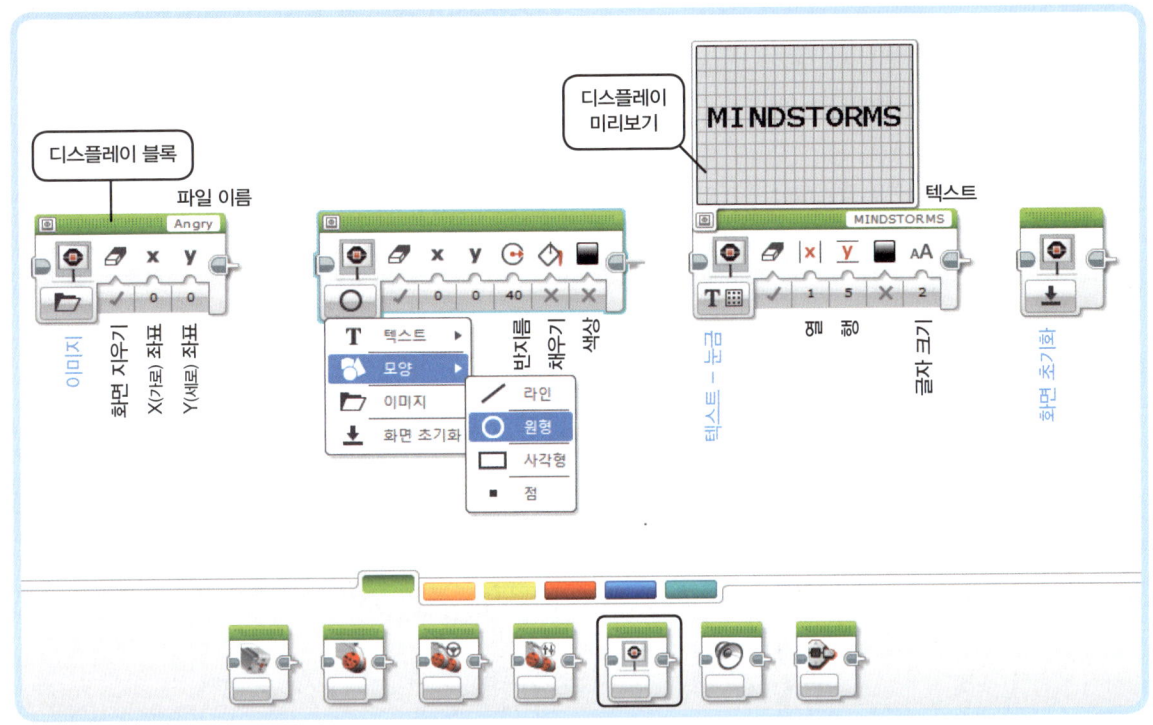

■ 그림 4-13 네 가지 모드(파란색)와 설정(검은색). EV3 화면에 나타날 이미지의 모습은 디스플레이 미리보기 기능으로 미리 확인할 수 있습니다.

반지름 및 채우기

디스플레이 블록은 각각의 모드에 따라 설정이 조금씩 다릅니다. 예를 들어, 반지름 설정은 '모양'-'원형' 모드에만 해당되며, 채우기 역시 원형이나 사각형과 같은 폐곡선 모드에만 해당됩니다. 채우기는 참을 선택하면 도형 내부를 검은색으로 채워주고, 거짓을 선택하면 도형의 외곽선만 그려줍니다.

색상

일반적으로, EV3의 화면은 아무것도 출력되지 않는 색상이 '흰색'으로 설정되어 있기 때문에 무언가를 표시하려면 색상은 검은색(거짓)을 선택하는 것이 좋습니다. 단, 만약 여러분이 먼저 특정 영역을 검은색으로, 이를테면 검은색으로 채워진 원을 그리고 그 위에 글자를 쓰고 싶다면 이때는 글자색을 흰색(참)으로 설정해야 합니다.

텍스트 및 글자 크기

텍스트 모드에서는 출력하고자 하는 문장을 한 줄로, 이를테면 그림 4-13의 'MINDSTORMS'와 같이 입력해야 합니다. 문자열에는 영문과 숫자, 특수문자를 입력할 수 있으며 글자 크기는 3단계로 0이 가장 작은 글자, 3이 가장 큰 글자로 구분됩니다.

EV3 컨트롤러는 비영어권 언어의 문자를 출력하는 기능이 포함되지 않았습니다. 개발환경에서 영문, 숫자, 특수문자 외의 글자를 입력하면 경고 화면이 뜰 것입니다. 단, 실행코드와 상관없는 프로그램 주석은 한글이 들어가도 무방합니다.

```
이 필드에는 다음 문자만 포함될 수 있습니다.
!"#$%&'()*+,-./0123456789:;<=>?@
ABCDEFGHIJKLMNOPQRSTUVWXYZ[\]^_`
abcdefghijklmnopqrstuvwxyz{|}~
```

X, Y, 열 및 행

이미지, 텍스트('텍스트' – '화소' 모드) 그리고 도형의 경우 그것이 출력될 기준점을 선택해야 합니다. X는 화면의 좌측을 기준으로 우측으로 증가하는 좌표이고, Y는 화면의 상단을 기준으로 하단으로 증가하는 좌표입니다.

보다 정확히 내가 출력하고자 하는 대상의 실제 모습을 확인하고자 한다면, 그림 4-13과 같이 '디스플레이 미리보기' 기능을 활성화시키고 좌표 및 기타 설정 값을 바꾸어 보시기 바랍니다.

텍스트 모드의 경우 화면에 가상의 격자를 보여주고 열과 행으로 좌표를 입력하는 '눈금' 모드를 선택할 수도 있습니다. 열은 좌로부터 시작되며 0에서 20의 값, 행은 위로부터 시작되며 0에서 11의 값이 유효합니다. 화소 단위의 모드와 눈금 모드가 같이 있는 이유는 눈금 모드가 여러 줄의 문자열을 입력할 때 위치를 지정하기가 편리하기 때문입니다.

🧑 열 20 또는 행 11 이상의 값이 입력되면 글자는 화면 밖으로 잘려나갈 것입니다.

> **NOTE** 각각의 블록에 대해 좀 더 자세히 알고 싶다면 도움말 기능을 적극적으로 활용해 보시기 바랍니다. 디스플레이 블록에 대한 도움말은 EV3 프로그램의 도움말 보기에서 '프로그래밍 블록 ▶ 동작 블록 ▶ 디스플레이' 항목에 보다 상세한 예제와 함께 서술되어 있습니다.

디스플레이 블록의 동작

이제 로봇이 구동되는 동안 화면을 동작시키기 위해 디스플레이 블록을 활용한 예제를 만들어 봅시다.

DisplayTest라는 이름의 프로그램을 만들고 세 개의 디스플레이 블록을 꺼내어 그림 4-14와 같이, 두 개의 조향모드 주행 블록과 번갈아가며 연결해 주고 세부 설정도 조정해 줍니다. 프로그래밍이 완료되면 로봇에 전송하고 실행해 봅시다.

탐구과제 7: 화면 자막

난이도 📅   시간 ⏱

네 개의 사운드 블록을 이용해서 '헬로우, 굿모닝, 굿바이!'라고 말하는 프로그램을 만듭니다. 이때 소리가 나오는 것에 맞추어 화면 자막이 'Hello, Good morning, Goodbye!'라고 순서대로 출력합니다. 각각의 문장이 음성으로 출력될 때마다 화면을 지우고 해당 음성에 맞는 문장만 출력하도록 만들어 봅시다. 디스플레이 블록을 사운드 블록 앞에 놓는 것이 좋을까요, 아니면 뒤에 놓는 것이 좋을까요?

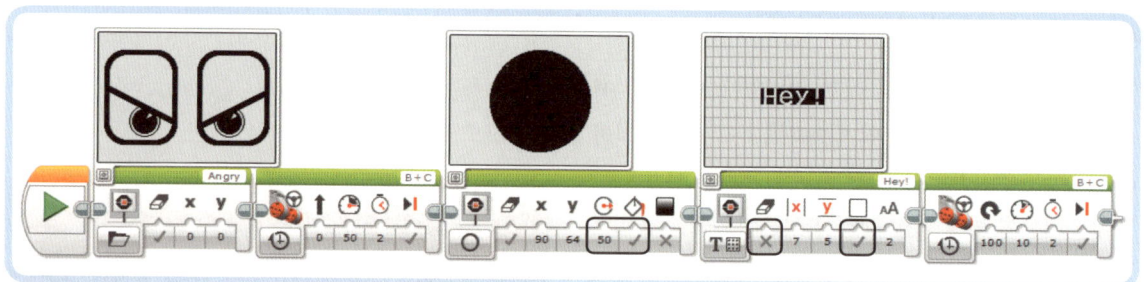

■ 그림 4-14 DisplayTest 프로그램은 로봇이 구동되는 동안 여러 가지 화면을 출력합니다. 부릅뜬 눈과 검정 원 등의 가상 EV3 화면 미리보기 기능은 원한다면 접어 두어도 무방합니다.

탐구과제 8: 8자 이동 로봇

난이도 ▯▯ 시간 ⏱⏱

익스플로러 로봇을 그림 4-15와 같이 8자를 그리며 움직이도록 프로그래밍합니다. 로봇은 움직이는 동안 화면으로 얼굴 표정을 보여주어야 합니다. 레고 이미지 파일 폴더의 '눈' 폴더에서 적절한 이미지를 선택하세요.

■ 그림 4-15 로봇의 대략적인 이동 경로. 꼭 이 그림과 완벽하게 똑같은 모양으로 움직일 필요는 없습니다. 아직은 비슷한 모양으로 움직이는 정도로 충분합니다. (7장에서 이런 형태의 구동을 좀 더 정확하게 하는 방법을 배울 것입니다.)

DisplayTest 프로그램 살펴보기

DisplayTest 프로그램에서 디스플레이 블록은 화면에 몇 가지 이미지를 보여주고, 조향모드 주행 블록은 로봇을 움직이게 합니다. 첫 번째 디스플레이 블록은 화면을 지우고 화난 눈 그림을 보여주며, 이 표정은 2초간 움직이도록 설정된 첫 번째 조향모드 주행이 완료될 때까지 유지됩니다. 다음 디스플레이 블록 역시 화난 눈이 그려진 화면을 먼저 지우고 검은색 채워진 원을 그리게 됩니다.

세 번째 디스플레이 블록으로 넘어가면 이제는 화면을 지우지 않습니다. 그리고 글자색을 흰색으로 설정했습니다. 화면에 이미 검정 원이 그려져 있기 때문에 세 번째 블록의 실행으로 원 위에 흰색 글자가 써진 상태가 됩니다. 마지막으로 조향모드 주행 블록이 실행되어 로봇이 오른쪽으로 회전하고 프로그램은 종료됩니다.

브릭 상태 표시등 블록

EV3 브릭의 화면 아래 입력 버튼을 둘러싼 상태 표시등은 일반적으로 녹색으로 켜져 있습니다. 표시등은 프로그램이 동작하는 동안 점멸합니다. 이것은 EV3의 기본 설정 값으로, 브릭 상태 표시등 블록은 이런 설정을 무시하고 여러분이 임의로 상태 표시등을 제어할 수 있도록 합니다. 이 블록은 그림 4-16과 같이, 세 가지 모드가 있습니다.

- **켜짐** 상태 표시등을 켭니다. 설정에서 상태 표시등의 색상을 선택할 수 있습니다. 녹색(0), 주황색(1), 빨간색(2)의 세 가지 색이 지원되며 또 다른 설정으로 점멸을 선택하면(참) 상태 표시등이 깜빡입니다. 켜진 상태로 유지(거짓)할 수도 있습니다.
- **꺼짐** 상태 표시등을 끕니다.
- **초기화** 일반적인 프로그램 동작이나 종료 시에 작동하는 형태는 녹색 점멸 모드로 초기화됩니다.

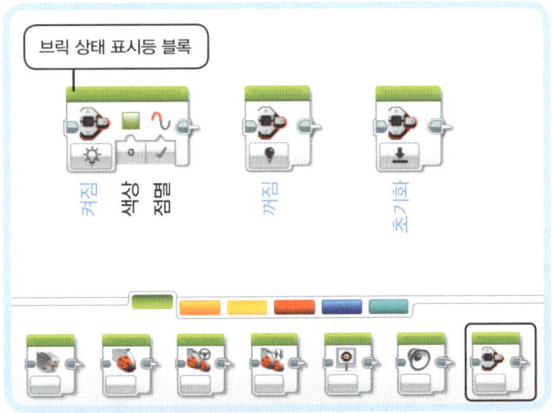

■ 그림 4-16 브릭 상태 표시등 블록의 세 가지 모드와 설정

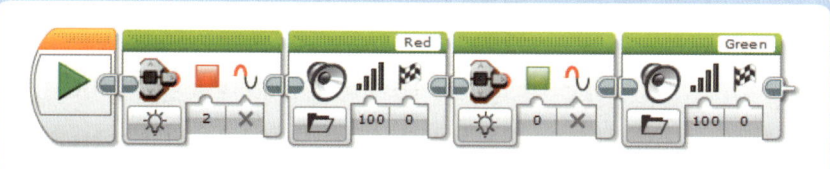

■ 그림 4-17 ButtonLight 프로그램

이제 그림 4-17을 참고해 ButtonLight 프로그램을 만들어 브릭 상태 표시등 블록을 테스트해 봅시다. 상태 표시등이 빨간색으로 켜지고 EV3는 '레드red'라고 말할 것입니다. 이어 상태 표시등이 녹색으로 켜지고 EV3는 '그린green'이라고 말할 것입니다.

> **탐구과제 9: 신호등!**
>
> 난이도 ☐ 시간 ⏱
>
> ButtonLight 프로그램을 응용해 여러분의 로봇을 교통 신호등으로 만들어 봅시다. 신호등의 색이 빨간색일 때 로봇은 '스톱Stop', 주황색에서 '액티브Active', 녹색에서 '고Go'를 출력하도록 프로그램을 작성합니다

주행 블록에서의 켜짐과 꺼짐 모드

이제 여러분은 몇 가지 액션 블록의 사용 방법에 대해 배웠고, 조향모드 주행 블록과 그 외 몇 가지 블록에서 켜짐과 꺼짐 모드가 있다는 것도 보았을 것입니다. 켜짐 모드는 모터를 켜고 곧바로 다음 블록으로 넘어갑니다. 프로그램이 진행되면 또 다른 블록이 모터를 건드리기 전까지 모터는 그대로 켜진 상태를 유지합니다.

그리고 꺼짐 모드를 만나면 모터는 멈추게 됩니다. 이 특성에 대해 좀 더 잘 이해하기 위해 그림 4-18과 같이, OnOff 프로그램을 만들어 보겠습니다.

여러분이 프로그램을 실행하면, 로봇은 움직이기 시작하면서 '레고 마인드스톰'이라고 말할 것입니다. 로봇이 멈추는 시점은 정확히 '레고 마인드스톰'이라는 단어가 끝나는 순간이며, 로봇은 동작을 멈춘 후에야 '삐' 소리를 낼 것입니다.

여러분이 주행 블록에 구동 시간을 지정하지 않아도 이 블록은 정확히 소리 출력이 끝난 뒤에 움직임을 멈출 것입니다. 바꾸어 말하자면, 모터 구동이 시작되면 다른 블록에서 꺼짐 모드를 사용해 모터를 멈추는 명령이 실행되기 전까지 어떤 블록이 수행되더라도 모터의 움직임은 그대로 유지된다는 뜻입니다.

만약 한 개의 주행 블록만을 켜짐 모드로 설정해서 프로그램에 넣는다고 가정하면, 이 프로그램은 로봇을 어떤 모습으로 움직일까요? 언뜻 로봇이 무한정 앞으로 전진할 것이라 생각할 수 있지만, 실제로는 꿈틀거리는 것 이상의 움직임을 보여주지 못할 것입니다.

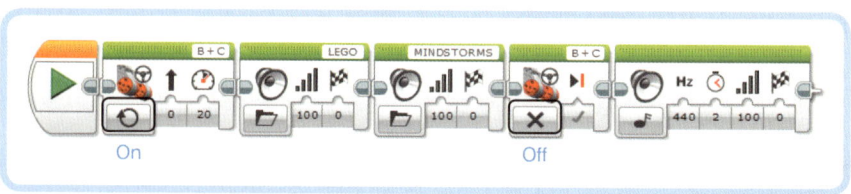

■ 그림 4-18 OnOff 프로그램입니다. 조향모드 주행 블록의 설정을 유심히 보기 바랍니다.

주행 블록은 분명 모터에 구동 명령을 내리지만, 그 다음에 수행되는 블록이 아무것도 없기 때문에 프로그램은 바로 종료될 것이고, 프로그램의 종료는 곧 모든 모터의 정지를 의미하기 때문입니다.

탐구과제 10: 음악과 함께 드라이브!

난이도 ▭▭ 시간 ⏱⏱

탐구과제 6을 변형해 봅니다. 이번에는 로봇이 전진하는 동안 여러분이 만든 음악을 연주하게 해 보세요. 조향모드 주행 블록을 프로그램의 시작 부분에 '켜짐' 모드로 설정해 놓고, 다른 하나는 프로그램의 끝 부분에 꺼짐 모드로 설정해 놓습니다. 만약 여기에 다른 조향 설정의 주행 블록을 추가하면 어떻게 될까요?

탱크모드 주행, 라지 모터 그리고 미디엄 모터 블록

조향모드 주행 블록 외에도 동작 팔레트에는 세 개의 모터 관련 블록이 더 있습니다. 첫 번째로 볼 것은 '탱크모드 주행' 블록입니다. 이 블록은 여러분이 만든 익스플로러 로봇이나, 군용 궤도차량과 같이 좌우의 바퀴가 각각 제어되는 차체를 위한 블록입니다.

언뜻 조향모드 주행 블록과 비슷해 보이지만, 탱크모드 주행 블록은 좌우 모터에 각각 파워를 다르게 줄 수 있습니다. 좌우의 바퀴에 다르게 파워를 공급할 때 나타나는 움직임의 변화는 그림 4-7에서 볼 수 있습니다.

🧑 일반적인 승용차 또는 세발자전거의 경우 구동바퀴는 좌우가 동시에 전후진만 가능하며 조향 바퀴가 별도로 있습니다. 하지만 EV3의 '조향모드 주행'은 기본적으로 전차 혹은 휠체어와 같은 좌우 바퀴가 각각 제어되는 차체를 위해 만들어진 블록으로 엄밀히 따지고 보면 사용자 인터페이스의 차이가 있을 뿐입니다. 구동 패턴은 조향모드 주행 블록과 탱크모드 주행 블록이 거의 같습니다.

탱크 모드에서는 각각의 모터에 파워를 개별적으로 할당하는 방식이고 조향모드 주행에서는 블록 내부 계산식으로 조향 값을 정했을 때 자체적으로 좌우 모터에 다른 파워를 공급하는 방식의 차이이기 때문입니다. 구동 패턴에 차이점을 부여하자면 조향모드 주행은 정해진 계산식에 의해 어느 정도 정해진 대로의 곡선 주행만 가능하지만 탱크모드 주행은 좌우에 완전히 임의의 값을 자유롭게 할당해 보다 자유로운 곡선 주행이 가능하다는 정도의 차이점이 있습니다.

Tank 프로그램은 탱크모드 주행 블록(그림4-19 참조)

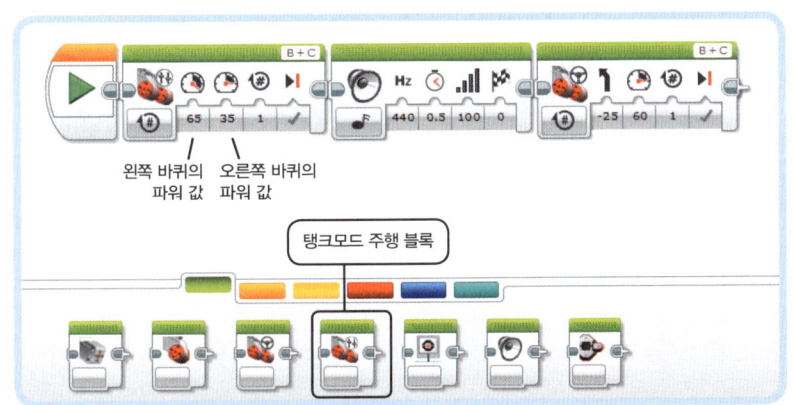

■그림 4-19 Tank 프로그램. 탱크모드 주행 블록을 이용해, 로봇은 완만하게 우회전을 합니다. 우회전이 끝나면 멈추고 소리를 낸 뒤, 다시 구동됩니다. 두 번째에 사용된 블록은 탱크모드가 아닌 조향모드 주행 블록입니다.

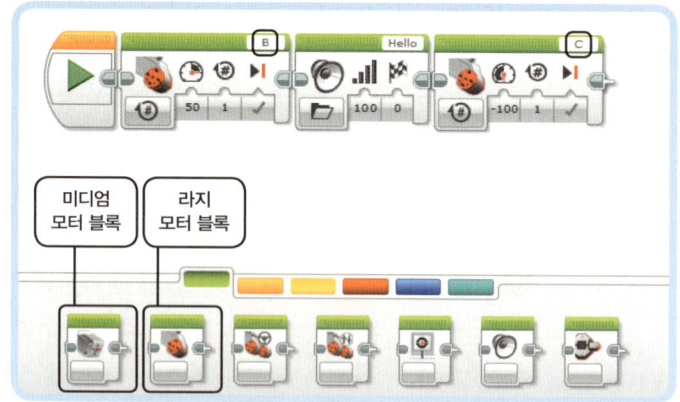

■그림 4-20 LargeMotor 프로그램 왼쪽(B)이 먼저 전진한 후 로봇은 'Hello'라고 말할 것입니다. 그 다음 오른쪽(C)이 후진할 것입니다.

의 동작을 보여줍니다. 이 블록은 본질적으로는 조향모드 주행 블록과 같지만 일부 설정 기능이 다릅니다. 좌우에 바퀴가 설치된 유형의 차량을 구동할 때 여러분은 탱크모드 주행과 조향모드 주행 어느 것을 선택해도 무방합니다.

탱크모드 주행 블록에서 만약 좌우 두 모터의 파워 값이 다를 경우, 회전 조건인 회전수 또는 각도는 빠른 모터의 값을 기준으로 합니다. 한 바퀴로 설정되었다면 빠른 모터가 먼저 한 바퀴에 도달한 순간, 블록은 종료되고 다음 블록이 실행된다는 의미입니다. (이 개념은 조향모드 주행 블록도 마찬가지입니다.)

독립된 라지 모터를 제어하고 싶다면, '라지 모터' 블록을 이용합니다. 이 블록은 물건을 잡는 집게와 같이 모터 한 개로 구동되는 장치를 제어하는 데 유용합니다. 기본적인 제어 개념은 다른 모터 제어 블록과 같고 단지 선택할 수 있는 모터 포트가 한 개라는 점이 다릅니다.

그림 4-20에서는 두 개의 라지 모터 블록이 왼쪽(B)과 오른쪽(C)을 각각 순차적으로 제어합니다. '미디엄 모터' 블록 역시 '라지 모터' 블록과 기본적인 특징은 같습니다.

기본 EV3 세트에는 미디엄 모터가 한 개 포함되며 12장에서 미디엄 모터의 활용 기법을 살펴볼 것입니다.

추가적인 탐구

축하합니다. 여러분은 이제 레고 마인드스톰 EV3의 가장 기본적인 프로그래밍 방법을 배웠습니다. 여러분은 이제 로봇을 움직이고 소리 내며, 램프를 점멸시키고 화면에 그림이나 글자를 보여줄 수도 있습니다. 5장에서는 프로그래밍 블록을 좀 더 자세히 살펴볼 것입니다. 또한, 프로그램을 일시 정지하고 반복하는 방법도 배울 것입니다.

하지만 다음 장으로 넘어가기에 앞서, 4장의 마지막 탐구과제들을 풀어 본다면 분명 여러분의 프로그래밍 능력에 도움이 될 것입니다.

NOTE 탐구과제를 풀고 나면, 만든 프로그램을 저장해 두는 것을 잊지 마십시오. 지금 만들어 두는 작은 프로그램들은 나중에 여러분이 만들 큰 프로그램의 일부로 활용할 수 있습니다.

탐구과제 11: 원 그리기!

난이도 ▭ 시간 ⏱⏱

익스플로러 로봇을 지름 1미터 정도의 원형 경로로 구동시켜 봅시다. 아마도 조향모드 주행 블록 한 개로 충분할 것입니다. 조향각은 어느 정도가, 그리고 회전량은 어느 정도가 적당할까요? 조향각의 설정은 원형 경로의 직경에 어떤 영향을 줄까요? 모터 속도의 변화에 영향을 받을까요? 준비가 되었다면 탐구해 보고, 탱크모드 주행 블록으로도 도전해 봅시다.

탐구과제 12: 길잡이!

난이도 ▭▭ 시간 ⏱⏱

조향모드 주행 블록을 이용해 로봇을 그림 4-21과 같이 구동시켜 봅니다. 로봇이 구동되는 동안 로봇은 자신의 이동 방향을 화살표로 화면에 보여줍니다. 목표 지점에 도달해서 로봇이 정지하면 화면에는 STOP 표시를 보여주어야 합니다. 과제에 성공했다면 여기에 방향을 바꿀 때마다 그 방향을 소리 내도록 수정해 봅시다.

    소리를 내며 방향을 바꾸고 전진하려면 사운드 블록을 어떻게 설정해야 할까요?

HINT 그림 4-21의 화살표와 STOP 표시는 모두 '레고 이미지 파일' 폴더 아래의 '정보' 폴더에서 찾을 수 있습니다.

탐구과제 13: 춤추는 로봇

난이도 ▭▭ 시간 ⏱⏱⏱

익스플로러 조향모드 주행 블록을 이용해 로봇을 지그재그로 움직이면서, 사운드 블록을 이용해 계속 음악과 소리를 내도록 합니다. 움직임이 바뀔 때마다 소리도 바꾸어 줍니다.

HINT 사운드 블록의 재생 유형을 적절하게 설정하세요.

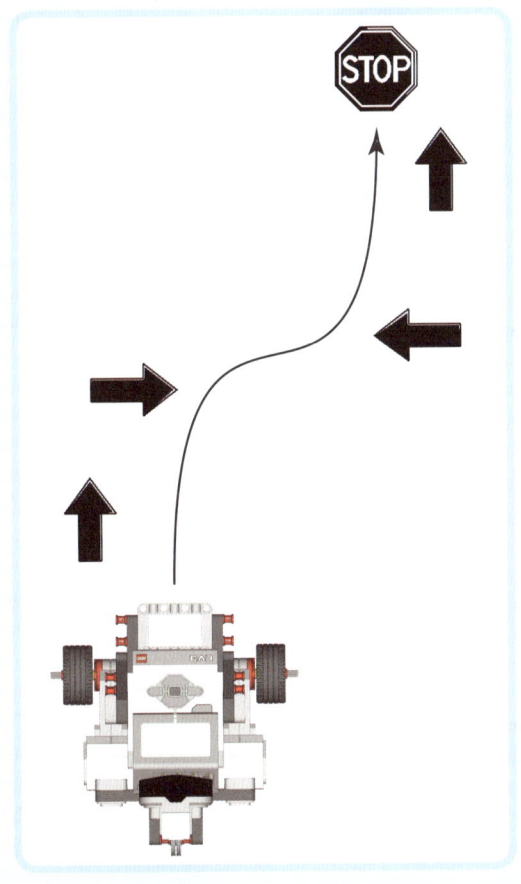

■ 그림 4-21 탐구과제 12의 로봇 주행 경로와 화면에 표시되어야 할 이미지

디자인 탐구과제 1: 로봇 청소기

조립 난이도 ☼ 프로그래밍 난이도 ▭

로봇의 앞부분에 일부 레고 부품을 추가해 바닥을 닦을 수 있는 걸레를 장착합니다. 그 다음 조향모드 주행 블록을 이용해 여러분의 방을 로봇이 훑으며 청소하도록 프로그래밍합니다. 2장에서 살펴본 것과 같이 적외선 리모컨을 이용해 여러분의 청소 로봇을 조종할 수 있습니다. 여러분은 어떨지 모르겠지만 필자는 청소가 너무나 즐거웠습니다!

디자인 탐구과제 2: 익스플로러와 함께 예술을!

조립 난이도 ☼ ☼ 프로그래밍 난이도 ▭ ▭ ▭

이 디자인 과제는 익스플로러 로봇의 디자인을 많이 수정해야 할 수도 있습니다. 레고 부품을 이용해서 여러분의 로봇에 펜을 장착할 수 있는 기구를 조립합니다.

로봇을 커다란 흰 종이 위에 올려놓고 여러분이 작성한 프로그램을 구동시키면 로봇은 선 또는 글자나 어떤 그림을 그릴 수도 있습니다. 이 과제는 탐구과제 8번의 연장선에 있는 과제입니다.

로봇에 펜을 장착하면 단지 로봇을 움직이는 것만으로도 그림이 그려집니다. 그것만으로도 충분히 재미있기는 하지만, 실제 그림이나 글자는 대부분 한 붓그리기가 아닌 펜을 떼었다 다시 종이에 대는 과정이 필요할 것입니다. 로봇이 펜을 들었다 놓을 수 있도록 미디엄 모터를 활용해 보세요.

미디엄 모터를 EV3의 A 포트에 연결하고 필요할 때 미디엄 모터 블록을 이용해 펜을 눌러 쓰고 들어 올릴 수 있도록 프로그래밍해 봅니다. 이 정도라면 여러분의 성이나 이름을 써 보는 것도 가능하겠지요?

완성된 로봇의 움직임을 기록해 두고 싶다면, 여러분의 로봇 디자인이나 로봇이 그린 결과물을 사진으로 촬영한 다음, 콘텐츠 편집기를 이용해 프로젝트 결과물로 추가시킵니다.

5

대기, 반복 마이 블록과 다중 작업

waiting, repeating, my blocks, and multitasking

이전 장에서 로봇의 구동을 비롯해 다양한 액션을 수행하는 프로그램을 살펴보았습니다. 이번 장에서는 EV3의 프로그램 흐름을 제어하는 보다 다양한 블록의 활용법을 배워 볼 것입니다. 대기 블록을 이용한 프로그램의 일시 중지와 일련의 블록들을 반복하는 기법, 두 가지 이상의 작업을 동시에 수행하는 방법과 이렇게 만들어진 프로그램의 일부분을 여러분만의 블록으로 재구성하는 방법을 살펴볼 것입니다.

대기 블록

이제까지 여러분이 사용해 본 EV3의 프로그래밍 블록은 소리를 내고 화면에 무언가를 보여주거나 혹은 직접적으로 움직임에 관련된 것입니다. 이제는 어떤 행동을 하는 것이 아니라, 정해진 시간이나 센서 등의 조건이 만족할 때까지 로봇이 아무것도 하지 않도록 하는 블록을 배워 볼 것입니다. 그림 5-1에서 이러한 종류의 블록을 볼 수 있으며, 이 블록들을 '대기 블록'이라고 합니다.

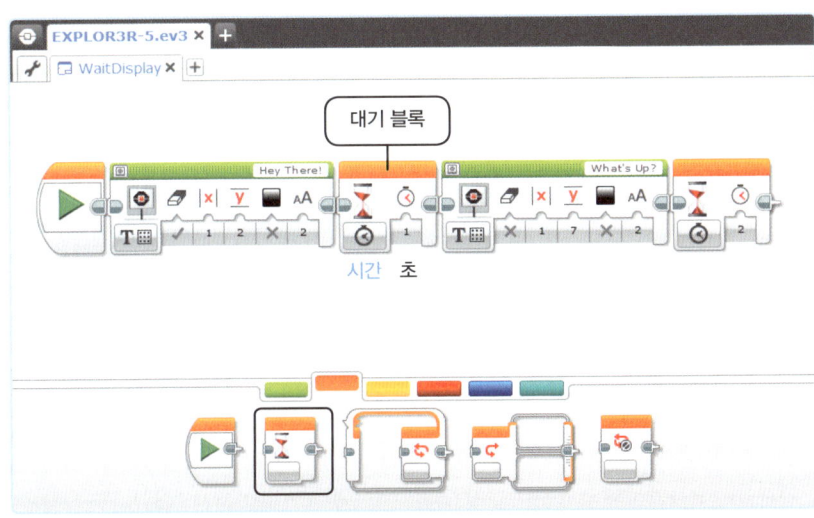

■ **그림 5-1** WaitDisplay 프로그램은 두 개의 대기 블록을 시간 모드로 사용했습니다. 이 프로그램의 대기 블록은 EV3의 화면에 나타난 글자를 읽을 수 있도록 약간의 대기 시간을 주는 역할을 합니다.

대기 블록 설정하기

대기 블록 역시 기본적인 사용법은 여느 프로그래밍 블록과 같습니다. 팔레트에서 블록을 선택해 캔버스에 놓고 모드와 설정을 조정합니다. 이번 장에서는 가장 기본적인 기능인 '시간' 모드만을 살펴볼 것입니다.

'시간' 모드에서 대기 블록이 하는 일은 단지 정해진 시간, 이를테면 5초간 프로그램의 진행을 멈추는 것입니다. 👦 엄밀히 말하자면 프로그램의 진행 자체가 멈추는 것이 아니고, 다음 블록으로 제어권을 넘겨주지 않고 대기 블록이 정해진 조건을 만족할 때까지 자신의 조건을 반복적으로 검사하는 기능만 수행하는 것입니다. 즉 대기 블록은 그 자체가 하나의 독립된 반복 구조라는 의미입니다.

정해진 시간이 되면 대기 블록 뒤의 블록이 실행됩니다. 입력할 설정 값은 '초'로서, 14나 1.5와 같이 정수 값 또는 실수 값을 입력할 수 있습니다. 정수 값은 그대로 '초'로 적용되며 소수점이 있는 숫자의 경우 밀리세컨드 단위로, 0.05초(50밀리초)만큼 대기시키고 싶다면 입력 값에 0.05를 입력하면 됩니다.

대기 블록의 동작 살펴보기

자, 도대체 프로그래밍을 할 때 어떤 상황에서 아무것도 하지 않고 기다리기만 하는 기능이 필요할까요? 그림 5-1에서 그 해답을 엿볼 수 있습니다. 새 프로젝트 이름을 EXPLOR3R-5로 설정하고 여기에 WaitDisplay라는 이름의 프로그램을 추가합니다. 프로그램의 설정 값은 그림 5-1을 참고해 입력합니다.

WaitDisplay 프로그램의 이해

이 프로그램을 실행하면 화면에는 'Hey There!'(어이 봐!)라는 메시지가 출력되고 1초 뒤 'What's Up?'(무슨 일이야?)라는 메시지가 출력됩니다. 두 번째 대기 블록은 여러분이 EV3의 화면에 출력된 메시지를 읽을 시간을 줍니다. 만약 대기 블록을 사용하지 않는다면 프로그램은 실행되자마자 두 메시지를 보여주고 바로 종료될 것이며, 아마 여러분의 눈에는 프로그램이 종료된 후의 EV3 화면만이 비춰질 것입니다. 대기 블록은 이와 같이 시간을 두고 기다려야 하는 상황에 유용할 뿐만 아니라 다음 장에서 살펴볼, 센서를 이용해 주변 상황의 변화를 기다리는 데에도 매우 유용합니다.

탐구과제 14: 메시지를 남겨주세요!

난이도 🟦 　시간 ⏱⏱

WaitDisplay 프로그램을 변형해 여러분이 앞으로 어디로 갈지, 행선지를 알려주는 프로그램을 만들어 봅시다. 대기 블록 사이에 메시지를 넣어 읽기 편리하도록 만들어 줍니다. 물론, 가족들이 여러분이 남긴 메시지를 읽을 수 있도록 간단한 사용법 정도는 미리 알려줘야겠지요?

탐구과제 15: 보드 게임 타이머!

난이도 🟦🟦　시간 ⏱⏱

보드 게임과 같이 일정한 시간을 측정할 필요가 있는 상황에서 쓸 수 있는 타이머를 만들어 봅니다. 프로그램은 그림 5-2와 같이 시간의 대략적인 흐름과 남은 시간을 그림으로 보여줄 수 있어야 합니다. 시간이 다 되면 로봇은 '게임 오버'라는 소리를 출력하거나, 다음 플레이어의 차례 혹은 남은 시간을 말하도록 만들 수도 있습니다.

> **HINT** 디스플레이 블록의 이미지 모드에서 '진행 상태' 폴더 아래에 있는 Timer 0부터 4까지의 스톱워치 아이콘을 쓸 수 있습니다.

■ 그림 5-2 탐구과제 15의 보드게임 타이머

루프 블록

그림 5-3과 같이, 사각형의 경로로 걸어가고 있다고 상상해 봅시다. 여러분의 보행 패턴은 아마도 약간의 전진 후 오른쪽으로 90도 돌기, 그리고 다시 방금 전과 같이 약간의 전진 후 오른쪽으로 90도 돌기 이런 식으로 같은 동작을 반복하게 되겠지요.

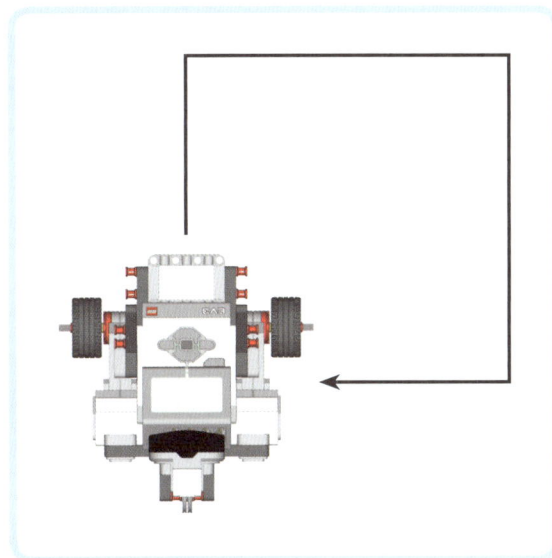

■ 그림 5-3 익스플로러의 사각형 주행 경로

이미 사용해 본 조향모드 주행 블록을 이용한다면, 이 동작은 그리 어렵지 않게 구현할 수 있습니다. 단지 앞의 주행 블록은 전진을, 그 다음의 주행 블록은 90도 우회전을 넣는 것으로 로봇은 사각형 경로의 두 번째 직선 앞까지 움직입니다. 이 동작을 네 번 반복하여, 즉 주행 블록을 총 여덟 개를 쓰는 것으로 그림 5-3과 같이 움직일 수 있습니다.

하지만 8개의 주행 블록을 쓰는 것보다 더 쉬운 방법이 있습니다. 루프 블록을 써서 반복적으로 수행되는 블록들을 루프 블록 안에 넣어주는 것입니다. 루프 블록은 특히 특정한 작업을 여러 번 반복해야 할 때 매우 유용합니다.

🧑 만약 여러분이 주행 블록 8개를 써서 프로그램을 작성한 후 사각형의 크기를 더 키워야 한다면 직선 주행 블록 네 개를 모두 수정해야 합니다. 사각형 대신 팔각형을 그리고 싶다면 주행 블록은 열여섯 개가 필요하겠지요. 하지만 루프 블록을 사용한다면 사각형의 크기를 키우기 위해 단지 한 개의 직선 주행 블록만 수정하면 충분하고, 팔각형을 그리고 싶다면 반복 횟수를 4회에서 8회로 바꾸는 것으로 충분합니다. 단지 반복 횟수만 늘여준다면 20각형으로 회전하는 프로그램도 쉽게 만들 수 있겠지요.

루프 블록 사용하기

루프 블록은 그 안에 여러분이 집어넣은 일련의 블록들을 반복 수행합니다(그림 5-4 참조). 모드를 선택하기에 따라 루프 안의 블록들은 반복 횟수, 시간(초) 등의 조건을 만족하는 동안, 또는 여러분이 EV3 브릭을 이용해 강제로 프로그램을 종료시킬 때까지 무한 반복할 수 있습니다. (루프 블록의 반복 조건은 횟수와 시간 외에도 여러 가지가 있으며, 이 책의 다른 장에서 루프 블록의 다양한 활용 기법을 좀 더 자세히 살펴볼 것입니다.)

각각의 루프 블록은 맨 위에 고유하게 루프를 식별할 수 있는 이름을 넣을 수 있으며, 이곳에 루프의 특징을 간략하게 입력할 수 있습니다. 🧑 영문만 가능하기 때문에 자세한 루프 동작의 묘사는 어려울 수 있습니다. 참고로, 실제 이름의 길이는 영문 150여 자 이상도 충분히 입력할 수 있으나, 루프 블록 위에서 잘리지 않고 보이는 글자

수는 영문 열 세 자입니다.

　루프 블록은 다른 블록이 내부에 들어가면 자동으로 크기가 조절되며 필요하다면 그림 5-4에서 보는 것과 같이 모서리를 클릭한 채 드래그해서 임의로 크기를 키우는 것도 가능합니다. (반복 횟수를 지정해서 동작하는 루프 기능은 14장에서 다룰 예정입니다. 이번 장에서는 이 기능에 대한 내용은 다루지 않습니다.)

　루프의 최소 크기는 내부에 들어간 블록들이 차지하는 공간의 크기와 같습니다. 즉 블록이 2개가 들어갔다면 루프는 블록 2개 크기보다 더 작게 줄일 수 없습니다. 단, 내부의 블록이 차지하는 공간보다 더 크게 루프 크기를 키우는 것은 가능합니다.

루프 블록의 동작 살펴보기

루프 블록의 동작을 살펴보기 위해, 그림 5-6의 One Square 프로그램을 먼저 만들고 실행해 봅시다. 프로그램을 실행하면 먼저 로봇은 소리를 낼 것입니다. 그 뒤 사각형의 패턴으로 주행을 하고 주행이 끝나면 다른 소리를 낸 후 멈출 것입니다. 만약 로봇이 90도에서 많이 벗어난 각도로 움직인다면 두 번째 조향모드 주행 블록의 각도 값을 조정해 보시기 바랍니다. 이 프로그램의 설정 값은 아마도 45쪽의 탐구과제 2와 비슷할 것입니다.

루프 블록 안에 루프 블록 넣기

OneSquare 프로그램(그림 5-6참조)은 익스플로러 로봇이 한 번 사각형 코스를 주행하도록 합니다. 또 다른 루프 블록을 추가한다면, 사각형 코스를 도는 행동 자체를 반복하도록 만들 수 있습니다. '켜짐'으로 설정할 경우 로봇은 배터리가 다 될 때까지 끊임없이 사각형 코스를 반복 주행할 것입니다.

　그림 5-7을 참고하여 이번에는 OneSquare 프로그램을 확장한 InfiniteSquare 프로그램을 만들어 봅시다. 먼저 팔레트에서 두 번째 루프 블록을 꺼내어 캔버스에 놓고 모드 설정을 '켜짐'으로 바꾸어 줍니다. 그 다음 앞서 만든 프로그램의 '사각형 그리기' 루프를 선택해 두 번째 루프 안으로 집어넣습니다.

　모든 블록이 다 연결되면 이제 사각형 그리기를 무한하게 반복하는 프로그램이 완성됩니다. 마지막으로 한 번 사각형을 그릴 때마다 작업이 한 번 완료되었다는 것을 알려주기 위해 '굿바이'라고 소리 내는 사운드 블록을 추가합니다.

　이 프로그램은 '켜짐'을 이용한 무한 반복이기 때문에 스스로 종료되지 않으며, 멈추기 위해서는 EV3 컨트롤러의 '뒤로' 버튼을 눌러 프로그램을 강제 종료시켜야 합니다.

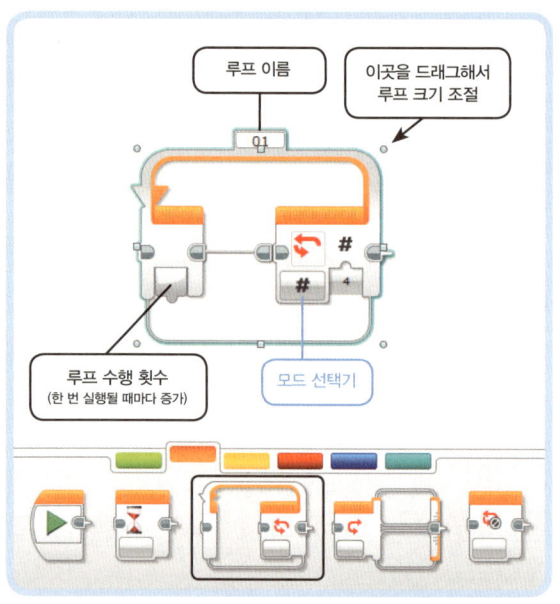

■ 그림 5-4 루프 블록을 횟수 모드로 설정한 모습. 이 경우 프로그램은 루프 블록을 네 번 실행합니다. 물론 루프 안에 아무런 명령도 없기 때문에 실제로는 아무런 동작도 하지 않을 것입니다. 이 외에도 일정 시간(초) 동안 반복하기, 무한 반복하기 등의 모드가 있습니다.

　루프 블록을 이용한 반복 구조를 만드는 방법은 어렵지 않습니다. 그림 5-5와 같이 하나 또는 그 이상의 블록을 선택한 다음 루프 블록 안에 드래그해 넣는 것으로 반복 구조가 만들어집니다.

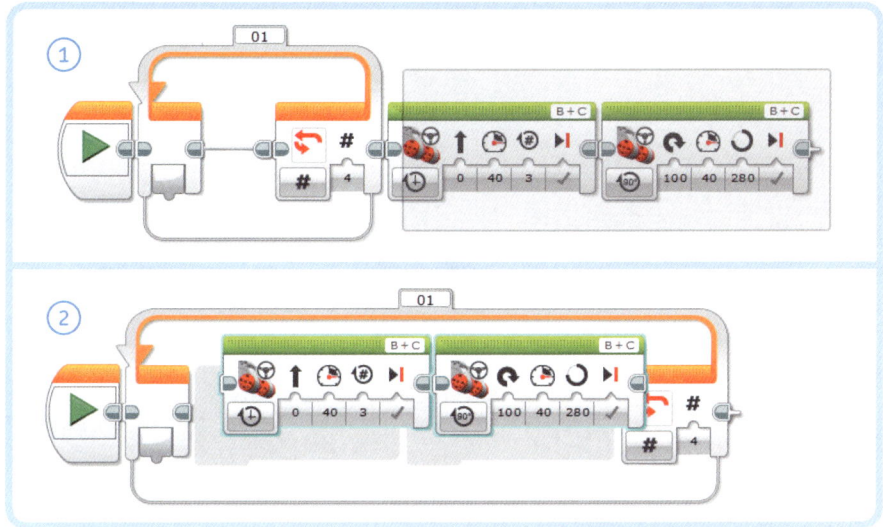

■ 그림 5-5 루프 블록 안에 블록을 배치하려면, 먼저 프로그래밍 캔버스에 모든 블록들이 준비되어 있어야 합니다①. 그 다음 루프 블록 안에 넣어 반복하고자 하는 블록을 클릭하거나 여러 개일 경우에는 캔버스를 드래그해서 다중 선택을 합니다. 이렇게 선택된 블록(들)을 드래그해서 루프 블록 안에 넣어 줍니다②. 루프 블록의 크기는 선택해서 넣는 블록(들)의 크기에 따라 자동으로 확장 및 축소되며 루프 블록의 크기를 바꾸는 동안에도 내부에 위치한 블록들은 그대로 유지됩니다.

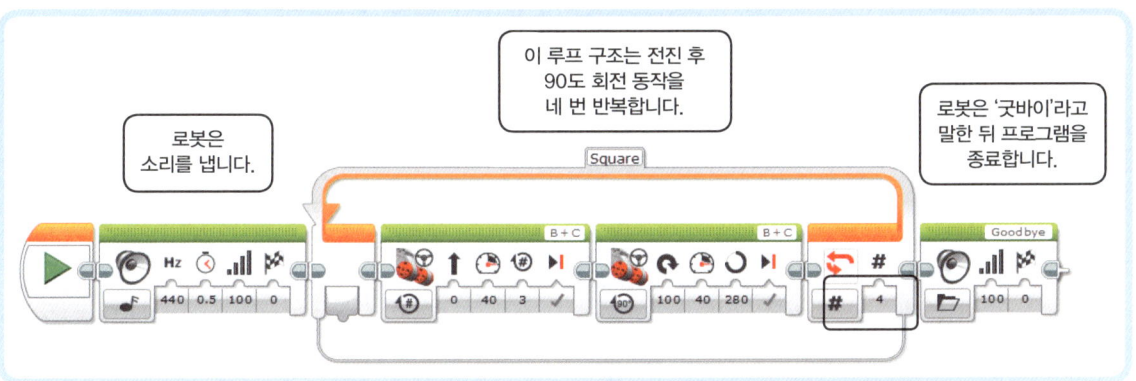

■ 그림 5-6 OneSquare 프로그램은 4번 실행하는 루프 구조를 갖는데 약간 전진과 90도 회전의 두 개 블록이 포함되어 네 번 반복하여 사각형 주행을 하게 됩니다. 루프 블록 뒤의 사운드 블록은 루프가 종료되면 수행됩니다. 이름으로 그 기능을 설명하는 'square'를 입력할 수 있습니다.

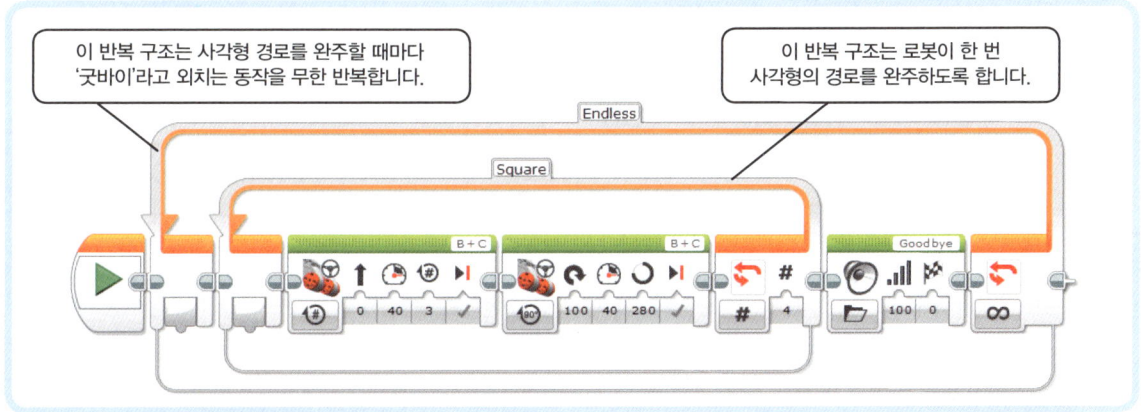

■ 그림 5-7 InfiniteSquare 프로그램은 하나의 루프 구조가 다른 루프에 어떤 형태로 들어갈 수 있는지 보여줍니다. 안쪽 루프는 사각형 패턴 주행을, 바깥쪽 루프는 이 주행과 '굿바이'라고 외치는 동작을 무한 반복하게 합니다.

탐구과제 16: 순찰 경비원

난이도 ▫ 시간 ⏱

익스플로러 로봇이 여러분이 자고 있는 동안 침입자를 막기 위해 여러분의 침실 앞에서 그림 5-8과 같이 순찰을 도는 프로그램을 만들어 봅시다. 루프 블록 하나를 켜짐으로 사용하고, 그 안에 들어가는 주행 블록 중 하나는 전진, 다른 하나는 180도 뒤로 돌기를 넣어주면 됩니다.

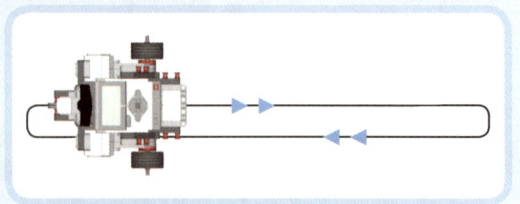

■ 그림 5-8 탐구과제 16의 익스플로러 주행 경로

탐구과제 17: 삼각형!

난이도 ▫▫ 시간 ⏱

여러분은 이제 사각형 경로를 주행하는 프로그램을 쉽게 만들 수 있을 것입니다. 그러면 OneSquare 프로그램을 수정해서 삼각형의 경로를 주행하도록 만들어 보시겠습니까? 육각형의 경로는 어떨까요? 반복되는 동작을 구현하기 위해 각각의 면마다 한 번씩, 다섯 개의 루프 블록을 추가해 봅시다.

HINT 여러분은 45쪽 탐구과제 2를 통해 로봇이 180도 회전하기 위한 각도 값을 이미 확인했을 것입니다. 이 값을 이용해 삼각형 경로를 주행하기 위한, 즉 로봇이 120도 회전하기 위한 각도 값의 근사치를 계산해 보세요.

🧑 가장 간단하게는 비례식을 이용해 근사치를 얻어낼 수 있습니다. 하지만 실제로는 작은 각도와 큰 각도, 파워 값의 차이에 의해 발생되는 관성의 차이 등, 여러 가지 문제로 120도:180도는 정확히 2:3의 비율이 아닐 수도 있습니다.

나만의 블록 만들기: 마이 블록

이미 만들어져 있는 블록을 사용하는 것 외에도, 여러분은 여러분이 임의로 조합한 블록을 필요할 때마다 꺼내어 사용할 수도 있습니다. '마이 블록'이라는 이름의 블록은 여러분이 프로그램 안에서 여러 개의 특정한 블록 집합을 자주 사용할 경우 유용합니다.

예를 들어 마이 블록을 이용한다면 로봇이 '헬로우, 굿모닝!'이라고 말하는 동안 상태 표시등의 색을 빨간색으로 바꾸는 복잡한 기능을 블록 하나만으로 구현할 수 있습니다.

일반적으로, 이런 종류의 작업을 위해서는 다섯 개 정도의 블록이 필요합니다. 여러 번 해야 할 경우 프로그램은 더욱 복잡해지겠지요. '헬로우, 굿모닝!'을 외치며 반짝이는 행동이 들어가는 곳마다 매번 다섯 개씩의 블록을 집어넣어야 한다면 상당히 번거로울 것입니다.

이럴 때 마이 블록 기능은 효과를 발휘합니다. 복잡한 동작을 해야 할 때마다 한 개의 마이 블록을 넣는 것으로 충분하다는 뜻입니다. 또한, 마이 블록을 사용한다면 여러 개의 블록을 하나로 묶어주기 때문에 결과적으로는 프로그래밍 캔버스의 한 화면에서 보다 큰 구성을 볼 수 있어 프로그램을 관리하고 수정하는 데 도움을 줍니다.

🧑 마이 블록을 사용하지 않는다면 '헬로우, 굿모닝' 블록과 상태 표시등 블록으로 가득 찬 캔버스를 보게 될 겁니다. 하지만 마이 블록을 적절히 사용한다면 이 일련의 행동이 '인사하며 상태 표시등 바꾸기' 마이 블록 하나로 정리되기 때문에 프로그램의 전체 흐름을 파악하기가 좀 더 쉬워지겠지요.

마이 블록 만들기

마이 블록 기능을 이해하기 위해 앞서 이야기했던 '헬로우, 굿모닝!' 인사 기능을 프로그램에 넣어봅시다. 익스플로러 로봇이 소리로 인사를 하고 전진한 다음 다시 한 번 소리로 인사를 하도록 프로그래밍합니다. 로봇은 여러분에게 두 번 인사하는 것입니다.

이를 위해, 그림 5-9부터 5-11까지를 참고하여, 인사말과 상태 표시등 블록들을 묶어 'Talk'라는 이름의 마이 블록으로 만들어 사용해 볼 것입니다. 여러분이 마이 블록을 만들었다면, 그 다음에는 로봇의 프로그램 어디에라도 인사를 했으면 하는 위치에 'Talk' 마이 블록을 넣는 것으로 충분합니다.

1단계

MyBlockDemo라는 이름으로 새 프로그램을 생성합니다. 그리고 그림 5-9와 같이, 먼저 다섯 개의 블록을 캔버스에 놓고 설정을 조절해서 '상태 표시등 색 바꾸기'와 '헬로우, 굿모닝!' 사운드 기능을 구현합니다. 그 다음 이 다섯 개의 블록을 선택(선택된 블록은 테두리가 하늘색이 됩니다)하고 상단 메뉴에서 **도구 ▶ 마이 블록 빌더**를 클릭합니다.

2단계

그림 5-10이 '마이 블록 빌더'의 모습입니다. '이름' 박스에 내 블록의 이름, 여기에서는 Talk를 입력합니다. '설명' 박스에는 여러분이 나중에 이 블록을 사용하고자 할 때 알아볼 수 있는 간단한 블록의 설명을 입력합니다.

🧑 블록 이름은 EV3 컨트롤러가 사용할 이름이기 때문에 한글을 쓸 수 없습니다. 반면, 설명은 여러분을 위한 것으로 EV3 컨트롤러에 다운되지 않기 때문에 한글을 써도 무방합니다.

마지막으로 이 블록의 기능을 상징할 수 있는 아이콘, 여기에서는 스피커 모양을 선택하고 **종료**를 클릭합니다.

3단계

이렇게 해서 여러분의 마이 블록이 만들어졌습니다. 완성된 마이 블록 'Talk'는 프로그래밍 캔버스 위에 놓일 것입니다. 그림 5-11과 같이, 만들어진 마이 블록을 원래의 블록 위치에 놓고 끊어진 순서를 다시 연결해 줍니다.

프로그램에서 마이 블록 사용하기

여러분이 마이 블록을 통해 여러분만의 블록을 만들었다면, 이제 프로그래밍 팔레트의 밝은 파란색 탭을 클릭해 만들어진 마이 블록을 언제라도 자유롭게 사용할 수 있습니다(그림 5-12 참조). 조향모드 주행 블록을 추가하고, 조금 전에 만든 마이 블록도 하나 더 추가해서 MyBlock Demo 프로그램을 마무리해 봅시다.

프로그램을 실행하면 로봇은 '헬로우, 굿모닝!'이라고 말하며 전진하고, 다시 한 번 더 인사를 합니다. 상태 표시등은 로봇이 말하는 동안 빨간색으로 바뀌고 인사말이 끝나면 다시 녹색으로 바뀔 것입니다.

프로그램의 반복되는 부분을 이같이 마이 블록으로 단순화시키면 프로그램을 모르는 사람, 이를테면 친구들도 여러분의 프로그램을 훨씬 더 쉽게 이해할 수 있을 것입니다. 또한, 때로는 실행중인 프로그램을 멈추는 데에도 유용합니다. 이 때문에 마이 블록으로 만든 부분을 단 한 번만 사용하게 되더라도 마이 블록은 충분히 그 값어치를 할 것입니다.

🧑 마이 블록은 일반적인 프로그래밍 언어로 본다면 사용자 라이브러리의 개념이라 할 수 있습니다. 반복되

■ 그림 5-9 그림과 같이 프로그램을 구성합니다. 그 다음 마이 블록으로 만들 블록을 선택합니다. (선택된 블록은 테두리가 하늘색이 됩니다.) 그 다음 메뉴에서 '도구-마이 블록 빌더'를 선택합니다.

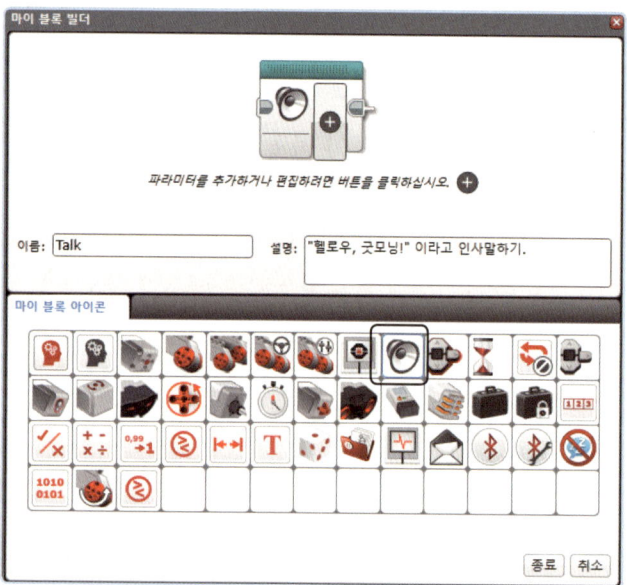

■ 그림 5-10 마이 블록 빌더의 모습입니다. 마이 블록의 이름, 설명과 아이콘을 지정할 수 있습니다. 지정이 완료되면 '종료'를 클릭해 줍니다.

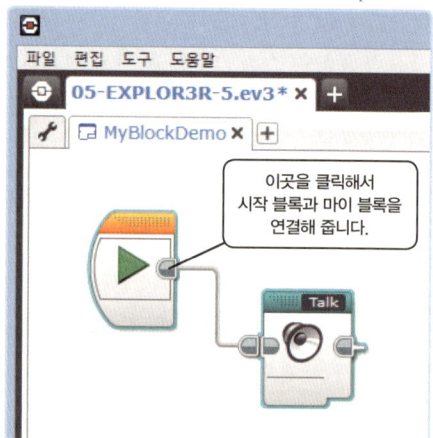

■ 그림 5-11 완성된 마이 블록이 캔버스에 놓인 모습입니다. 만들어진 마이 블록이 앞의 블록(여기에서는 시작 블록)과 연결되지 않은 경우, 앞 블록의 시퀀스 연결점을 클릭해서 마이 블록의 시퀀스 연결점과 이어 줍니다.

■ 그림 5-12 완성된 MyBlockDemo 프로그램

는 일련의 패턴을 재정의하고 해당 패턴이 필요할 때 정의된 블록을 불러 들여 기능을 구현하는 이러한 방식은 고급 프로그래밍 언어에서 기본이 되는 프로그래밍 방식이기도 합니다.

마이 블록 편집하기

경우에 따라서는 마이 블록 기능을 이용해 만든 블록의 내부 기능을 수정해야 할 때도 있습니다. 마이 블록을 수정하기 위해서는 캔버스 위의 마이 블록을 더블클릭해줍니다. 더블클릭하면 마이 블록의 내용은 일반적인 EV3 프로그램처럼 펼쳐지고, 여기에서 마이 블록의 기능을 수정합니다. 수정된 내용은 프로젝트를 저장하면 프로젝트와 함께 저장됩니다.

마이 블록의 이름을 바꾸기 위해서는 마이 블록을 더블클릭한 다음, 마이 블록의 내용이 펼쳐진 캔버스 상단의 파일 이름 탭을 더블클릭합니다. (그림 3-11의 프로그램 이름을 바꾸는 법과 동일합니다.)

프로젝트에서 마이 블록 관리하기

하나의 프로젝트 안에서 만든 마이 블록은 프로젝트 안의 어떠한 프로그램에서도 불러서 쓸 수 있습니다. 즉 여러분이 앞서 만든 'Talk' 마이 블록은 EXPLOR3R-5 프로젝트의 어느 프로그램에서도 가져다 쓸 수 있다는 뜻입니다.

하지만 프로그램을 좀 더 많이 작성해 보게 된다면, 한 프로젝트에 속한 마이 블록을 다른 프로젝트에서도 사용하고 싶어질 수 있습니다.

마이 블록을 다른 프로젝트에 복사하기 위해서는 먼저

 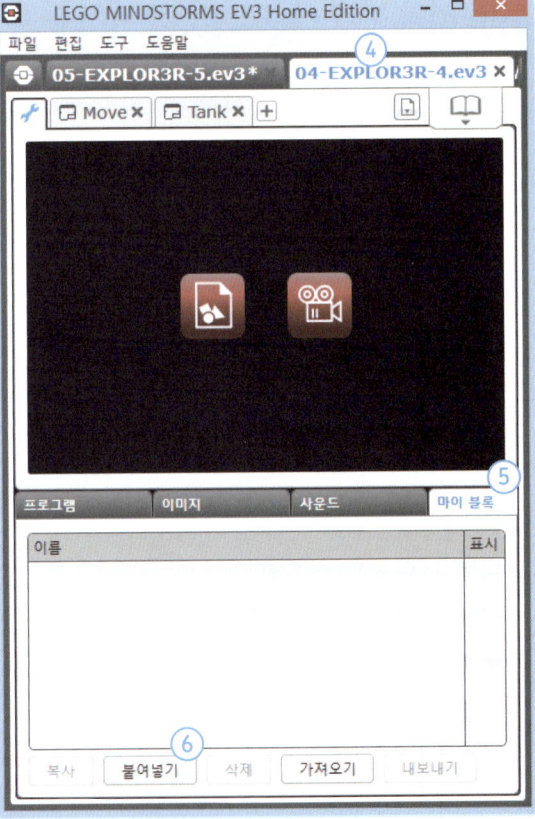

■ 그림 5-13 EXPLOR3R-5 프로젝트에서 만든 마이 블록을 원번호 순서에 따라 EXPLOR3R-4 프로젝트에 복사

프로젝트 속성 페이지로 이동합니다(그림 5-13의 ①). 마이 블록 탭으로 이동한 다음 Talk.ev3p 마이 블록을 선택하고② **복사합니다**③. 지금의 프로젝트를 닫지 않은 상태에서 마이 블록을 넣고 싶은 프로젝트를 열어줍니다④. 새 프로젝트의 속성 페이지에서 마이 블록 탭으로 이동한 다음⑤ **붙여넣기**를 클릭해 줍니다⑥. 이제 EXPLOR3R-4 프로젝트에서도 Talk 마이 블록을 사용할 수 있게 되었습니다.

　복사 기능을 사용하지 않고, **내보내기** 기능을 이용할 수도 있습니다. 이 기능을 이용하면 여러분의 마이 블록을 파일로 저장할 수 있으며, 저장된 마이 블록을 이메일을 통해 다른 사람에게 보낼 수도 있습니다. 이렇게 전송된 마이 블록은 프로젝트의 마이 블록 페이지에서 **가져오기** 기능을 이용해 불러올 수 있습니다. 프로젝트에서 더 이상 필요 없어진 마이 블록은 **삭제** 기능으로 제거할 수 있습니다.

> **NOTE** 마이 블록을 옮기는 데 사용된 방법은 다른 EV3 프로젝트의 파일들, 이를테면 프로그램 파일이나 소리, 이미지 파일에도 동일하게 적용됩니다.

탐구과제 18: 나의 사각형!

난이도 🔲　시간 ⏱

그림 5-6의 OneSquare 프로그램을 열고 루프 블록 및 그 안의 블록들을 MySquare라는 이름의 마이 블록으로 저장합니다. 이제 여러분은 로봇이 사각형 경로를 주행하도록 프로그램을 만들어야 할 때 이 마이 블록을 사용하면 됩니다.

탐구과제 19: 내 노래!

난이도 🔲　시간 ⏱

탐구과제 6에서 여러분이 사운드 블록을 이용해 만들었던 DJ 프로그램을 기억하십니까? 이 사운드 블록들로 구성된 멜로디를 마이 블록으로 바꾸어 여러분의 프로그램에서 음악이 필요한 순간 자유롭게 활용해 보세요.

멀티태스킹

이제까지 만들어 본 프로그램들은 모두 블록들을 순서대로 하나씩 실행하는 형태였습니다. 하지만 EV3는 동시에 여러 개의 프로그램을 함께 실행하는 '멀티태스크(다중 작업)' 기능을 지원합니다. 🧑 멀티태스크 기능은 1세대 마인드스톰인 RCX와 2세대인 NXT에서도 지원되던 기본 기능 중 하나입니다.

　멀티태스킹을 구현하기 위해서는 시작 블록을 여러 개 놓거나 시퀀스 연결을 이용해서 하나의 시작 블록에서 여러 개의 블록을 동시에 연결하는 형태로 구현할 수 있습니다. 아마도 두 방법은 여러분이 봐도 아주 비슷하게 보일 것입니다.

시작 블록 여러 개 사용하기

동시에 두 가지 작업을 병렬로 실행하기 위한 가장 쉬운 방법은 그림 5-14처럼 시작 블록을 하나 더 추가하는 것입니다. 이렇게 작성된 프로그램을 다운로드한 후 실행하면 두 개의 시작 블록에 연결된 각각의 프로그램은 동시에 수행되며, 두 개의 프로그램이 모두 종료되어야 EV3는 대기 상태로 돌아갑니다.

　🧑 둘 중 하나의 프로그램이 종료되지 않았다면 다른 하나가 종료되었더라도 수행 중인 나머지 하나의 프로그

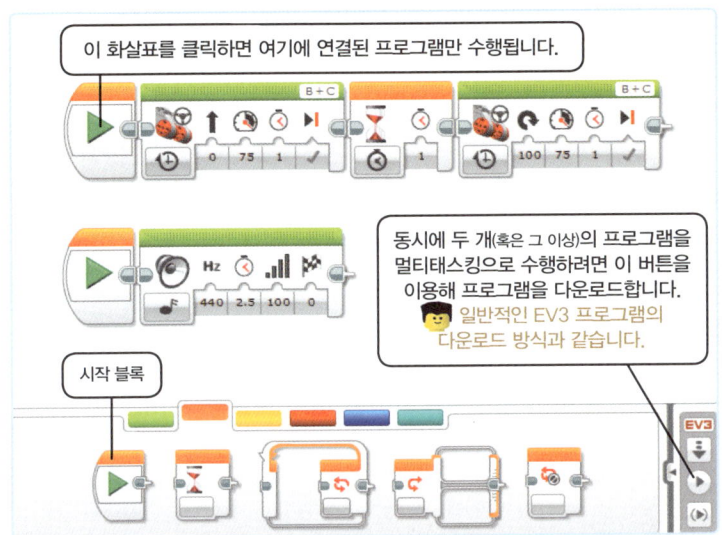

■그림 5-14 두 개의 시작 블록을 이용해 멀티태스킹을 구현한 MultiStart 프로그램. 아이콘 팔레트의 주황색 탭에서 시작 블록을 찾을 수 있습니다.

램이 종료될 때까지 프로그램은 계속 동작됩니다.

작성된 두 개의 프로그램을 각각 테스트하려면 시작 블록에 그려진 녹색 화살표를 클릭하면 됩니다. 이 경우 클릭된 시작 블록의 시퀀스만 실행되고 다른 시작 블록의 시퀀스는 실행되지 않습니다.

이 프로그램을 실행하면 로봇은 움직임과 소리내기를 동시에 수행할 것입니다.

시퀀스 와이어를 나누기

그림 5-15에서는 시퀀스 와이어를 나누어 멀티태스킹을 구현하는 방법을 보여줍니다. 이 방법은 두 가지 프로그램이 동시에 수행되어야 하지만, 시작 시점은 다른 경우에 유용합니다. 그림 5-15의 MultiSequence 프로그램을 잘 살펴보면, 로봇은 우선 '삐' 소리만을 내게 됩니다. 소리를 낸 후 시퀀스 와이어가 두 갈래로 갈라지면서 두 가지 작업인 전진하기, 그리고 앞서 만들었던 Talk 마이 블록을 이용한 '헬로우, 굿모닝!' 소리내기가 동시에 수행됩니다.

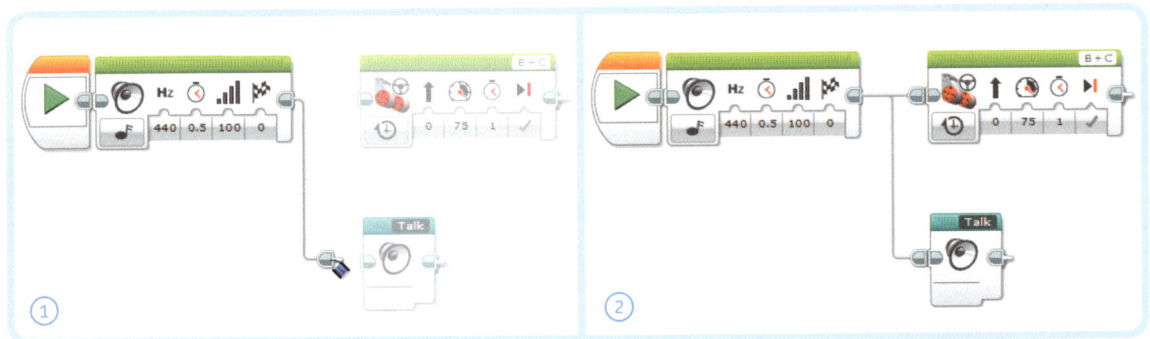

■그림 5-15 시퀀스 와이어를 나누는 형태로 멀티태스킹을 구현한 MultiSequence 프로그램. 이와 같이 만들기 위해서는 먼저 프로그래밍 캔버스에 필요한 블록을 전부 꺼낸 다음, 멀티태스킹이 시작되기 전의 블록과 멀티태스킹이 시작될 블록들을 각각 와이어로 직접 연결합니다. (이 프로그램은 심지어 사운드 블록과 주행 블록이 서로 겹치더라도 동작할 것입니다. 아마도 이 블록들은 Talk 마이 블록을 연결하려 할 때 자동으로 분리될 것입니다.)

리소스 충돌을 피하는 방법

사람은 동시에 앞으로 걸으면서 뒤로 걸을 수 없습니다. 마찬가지로 로봇에게 전진 명령을 내리면서 동시에 후진 명령을 내릴 수 없습니다. 정확히는 명령을 내릴 수 있습니다. 단지 여러분이 원하는 '동시에 전진과 후진'이 아닌, 둘 중 하나의 행동만을 하게 되어 의도한 것과 다르게 움직이겠지요.

이것을 리소스 충돌이라고 합니다. 리소스 충돌은 두 개의 프로그램이 한 개의 모터 또는 센서를 사용하려 할 때 발생합니다.

엄밀하게는 '행동'이 적용되는 대상이 동시에 제어될 때 충돌이 발생합니다. 단, 타이밍을 잘 제어해서 대상이 제어되는 시간을 동시가 아닌 순차적으로 실행되도록 한다면 충돌을 방지할 수도 있습니다. 식사 중 이야기를 할 때, 씹으면서 말하지 않고 삼키고 나서 말을 하면 문제가 발생하지 않는 것과 마찬가지입니다.

'정보 획득'이 적용되는 대상인 센서의 경우는 충돌로 인한 큰 문제가 발생하지 않습니다. 왜냐면 센서가 획득한 정보가 저장된 공간을 프로그램이 접근해서 센서값을 얻기 때문입니다. 멀리 있는 산을 보며 '산이 멀다'라는 정보와 '산이 녹색이다'라는 서로 상이한 정보를 동시에 획득할 수 있듯이, 프로그램 역시 동시에 한 센서에서 얻은 정보를 동시에 처리해서 각각의 시퀀스를 수행할 수 있습니다.

유감스럽게도, EV3 소프트웨어는 만약 여러분이 실수로 리소스 충돌이 야기될 상황을 프로그램 안에서 구현하더라도 이것을 미리 알려주지 않을 것입니다. 아마 여러분이 의도치 않은 충돌 상황을 만들고 프로그램을 다운로드하더라도 그 프로그램은 언뜻 잘 실행되는 것처럼 보일 수도 있습니다.

물론 그 결과는 예상치 못한 형태로, 이를테면 여러분이 생각한 방향과 전혀 다른 곳으로 움직이거나 여러분이 계획한 순간에 원하는 행동을 취하지 않을 수 있습니다. 프로그램을 세심하게 설계한다면 이 문제를 피할 수도 있지만, 이런 잠재적인 문제점을 피하기 위한 가장 좋은 방법은 한 시퀀스에서 사용한 모터와 센서를 다른 시퀀스에서는 사용하지 않는 것입니다.

이런 방법은 멀티태스킹 프로그램을 만드는 과정에서 예기치 않은 충돌을 예방할 수 있습니다. 여러분이 충분히 심사숙고해서 충돌을 피하는 타이밍을 잡아 두 시퀀스가 한 개의 모터를 제어하는 데 성공했다 하더라도, 나중에 프로그램을 수정해야 하는 상황이 발생했을 경우 그것을 잊고 또다시 충돌이 야기되는 상황을 만들 수도 있기 때문입니다.

때로는 여러분이 멀티태스킹으로 수행하고자 했던 작업이 단일태스크로도 충분히 수행할 수 있는 경우도 있습니다. 예를 들어, 로봇의 이동과 소리내기를 두 개의 멀티태스크로 구현하는 것보다 탐구과제 21과 같이 단일태스크로 구현하는 것이 전체적인 프로그램의 제어에 더 편리할 것입니다.

추가적인 탐구

이 책의 앞부분을 마치게 되었습니다. 이번 장에서 대기와 반복 블록의 활용 방법, 마이 블록 만들기, 그리고 로봇에 멀티태스킹을 구현하는 방법 등을 배웠습니다. 이제 여러분은 몇 가지 기초적이고도 필수적인 프로그래밍 기법을 충분히 배운 것입니다.

이 다음 부분부터는 센서를 활용해서 주변 환경과 상호 작용하는 로봇을 통해 보다 다양한 프로그래밍 기법을 배워 볼 것입니다. 하지만 그 전에 이번 장에서 배운 것들을 좀 더 단단히 다지기 위해 탐구과제를 시도해 보는 것을 잊지 마시기 바랍니다.

탐구과제 20: 도전, 멀티태스킹!

난이도 ▯ 시간 ⏱

사각형 주행 경로를 무한 순환하는 프로그램과 '레고 마인드스톰 EV3'라고 말하는 프로그램을 멀티태스킹으로 구현해 봅시다.

탐구과제 21: 단일태스킹!

난이도 ▯ 시간 ⏱

MultiStart 프로그램은 멀티태스킹 기능의 이해를 돕기 위해 의도적으로 만든 간단한 프로그램이지만, 이와 같은 움직임과 소리내기를 동시에 동작시키기 위해 항상 멀티태스킹이 필요한 것은 아닙니다. 실행시켰을 때 로봇의 움직임은 MultiStart 프로그램과 같지만, 실제로는 멀티태스크를 사용하지 않고 단일태스크로 동작하도록 프로그램을 재설계해 봅시다.

　MultiStart 프로그램의 단일태스크화가 성공적으로 완료되었다면 이번에는 MultiSequence 프로그램도 단일태스크로 재구성해 봅니다.

> **HINT** 여러분은 4장에서 사운드 블록의 몇 가지 설정 방법에 대해 배워 보았습니다. 사운드 블록의 재생 유형 설정을 다시 한 번 잘 생각해 보세요.

탐구과제 22: 복잡한 코스 주행!

난이도 ▯▯ 시간 ⏱⏱⏱

그림 5-16과 같은 패턴을 그리며 로봇이 주행하도록 프로그램을 작성합니다. 물론 로봇이 주행하는 동안 다른 소리를 내는 프로그램이 동시 수행되어야 합니다.

> **HINT** 주행 패턴을 잘 살펴보면, 이 주행 패턴은 네 개의 패턴이 반복되어 이루어진 것을 알 수 있습니다. 따라서 주행 시퀀스는 주행 블록을 이용해 한 개의 패턴(조금 직진 후 270도 원을 그리며 회전한 다음 다시 조금 직진)만을 만든 다음 이것을 네 번 반복하는 루프 블록에 넣으면 간단히 완료될 것입니다.

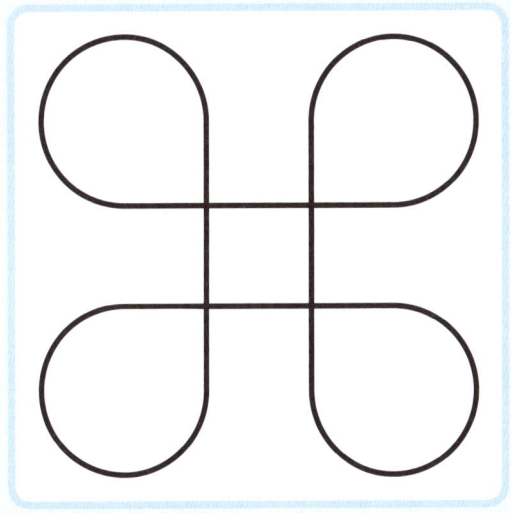

■ 그림 5-16 탐구과제 22의 주행 경로

디자인 탐구과제 3: Mr.EXPLOR3R!

조립 난이도 ※ 프로그래밍 난이도 🗂

익스플로러 로봇이 팔을 흔들 수 있도록, 팔을 구동하기 위한 미디엄 모터를 추가합니다. 다른 레고 부품들을 활용해서 여러분만의 미스터 익스프로러를 만들어 봅시다. 이제 로봇이 계속 팔을 흔들며 '굿 모닝'을 외치며 반복적으로 인사하도록 프로그램을 작성해 봅시다.

2

센서 응용하기
programming robots with sensors

6

센서의 이해
understanding sensors

레고 마인드스톰 EV3 세트에는 세 종류의 센서 즉 터치, 컬러, 그리고 적외선 센서가 포함됩니다. 여러분은 이 세 가지 센서를 응용해 로봇이 주변 환경을 인식하도록 프로그래밍할 수 있습니다. 이를테면 로봇이 사람을 감지했을 때 소리를 낸다거나, 또는 주행 중 장애물을 만났을 때 회피하고, 정해진 색의 라인을 따라 주행하는 등의 행동을 할 수 있습니다.

2부에서는 로봇의 동작에서 센서를 활용하기 위한 여러 가지 기법을 살펴볼 것입니다.

센서의 기본 동작 방법을 배운 후 우리는 그림 6-3과 같이 익스플로러 로봇에 터치 센서를 이용한 범퍼를 장착해 전방의 장애물을 인식하는 방법부터 실험해 볼 것입니다. 여러분은 프로그램을 통해 터치 센서를 다루는 방법을 배우고, 다른 장을 진행하면서 순서대로 다른 센서들의 활용법도 함께 배워 볼 것입니다.

센서란 무엇인가?

레고 마인드스톰을 이용한 로봇은 사람과 같은 방법으로 주변을 보거나 느낄 수 없습니다. 하지만, 여러분이 센서를 추가해 준다면 EV3는 간단한, 그리고 특정한 주변 상황에 대한 정보를 얻을 수 있습니다. 이렇게 얻어진 단편적인 정보는 여러분이 설계한 프로그램을 통해 의미 있는 정보로 재해석되고, 이 정보에 대한 로봇의 반응은 여러분의 로봇을 지능형 로봇처럼 보이게 만들 것입니다. 예를 들어, 로봇의 센서가 파란색 종이를 감지했을 때 로봇이 '블루'라고 말하도록 프로그래밍할 수 있다는 뜻입니다.

🧒 프로그래밍되기 전까지 로봇에게는 단지 파란색 종이의 RGB로 환산된 디지털 숫자 값만이 인식될 뿐이며, 이 값에 대한 의미 즉 '파란색'이라는 것은 로봇이 모르는 상태입니다. 이 로봇이 0, 0, 255라는 숫자 값을 '파란색'으로 인식하고, 이 때 '블루'라고 말하기 위해서는 색상 값과 그에 맞는 사운드를 출력하도록 여러분이 프로그래밍을 통해 로봇을 '교육'시켜야 합니다. 로봇은 철저히 프로그래밍한 내용대로 행동한다는 것을 잊지 마십시오. 여러분이 로봇에게 파란색을 보았을 때 '레드'라고 말하도록 프로그래밍한다면 로봇은 여러분이 교육한 대로 파란색을 '레드'라고 말할 것입니다.

EV3 세트에 포함된 센서 이해하기

여러분이 구매한 EV3 세트에는 컨트롤러에 내장된 센서 장치 외에도, 별도의 부품 형태로 세 종류의 센서가 포함되어 있을 것입니다(그림 6-1 참조). 🧒 이 책은 일반 소매

점용 제품인, 제품번호 31313 마인드스톰 EV3 제품을 기준으로 설명합니다. 만약 여러분이 에듀케이션 계열로 출시된 제품번호 45544를 갖고 있다면, 센서 구성은 지금 이 책의 설명과는 조금 다를 것입니다.

터치 센서는 전면부의 빨간색 버튼을 이용해 접촉, 정확히는 눌림을 감지합니다. 컬러 센서는 접촉한 대상물의 색상 또는 근거리에 위치한 광원의 광량을 측정할 수 있습니다. 컬러 센서의 색상 감지에 대해서는 7장에서 다룰 것입니다. 적외선 센서는 8장에서 다루게 되며, 근거리에 있는 물체와의 거리를 파악하고 적외선 비콘의 신호를 수신하며 비콘의 위치를 파악할 수 있습니다.

또한, EV3에 포함된 모터들은 모두 회전량을 측정하기 위한 회전 센서가 내장되어 있어 모터의 회전각과 속도를 측정할 수 있습니다. 끝으로 EV3 컨트롤러의 버튼 역시 센서의 일종으로 각각의 입력 값을 받아 프로그래밍할 수 있습니다(9장 참조).

■그림 6-1 EV3 세트(제품번호 31313)는 터치 센서(좌측), 컬러 센서(중앙), 적외선 센서(우측)가 제공됩니다.

터치 센서의 이해

터치 센서는 그림 6-2와 같이, 빨간색 버튼 부분이 물리적으로 눌렸는지를 통해 접촉을 감지합니다. 여러분은 눌림을 통한 접촉 감지 기능을 활용해서 터치 센서를 눌러 줄 때마다 로봇이 '헬로우'라고 말하도록 프로그래밍할 수 있습니다.

🧑 버튼을 물리적으로 누를 수 있는 물체가 아니라면 감지되지 않을 수도 있습니다. 얇은 천이나 비닐, 혹은 센서와 접촉 시 버튼을 누르지 못하고 넘어지거나 밀려날 수 있는 가벼운 노트나 공과 같은 물체는 터치 센서로 감지하기 어렵습니다. 로봇이 주행 중일 경우, 로봇의 운동 에너지를 받고도 센서를 누를 수 있는 정도의 안정감이 있어야 터치 센서로 감지가 가능합니다.

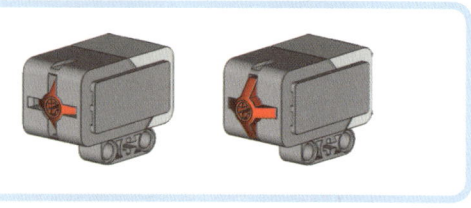

■그림 6-2 터치 센서는 빨간색 버튼이 눌린 상태(좌측)와 눌리지 않은 상태(우측)를 감지합니다. 🧑 눌림의 정도, 즉 압력은 감지할 수 없습니다.

단순한 기능에도 불구하고 터치 센서는 의외로 많은 곳에서 유용하게 활용할 수 있습니다. 예를 들어, 로봇 전방에 설치된 터치 센서는 주행 중 앞의 장애물을 감지합니다. 또한, 로봇의 동작하는 부위가 특정 위치에 도달했는지도 감지할 수 있습니다.

🧑 이런 기법은 주로 제한된 범위 안에서 움직이는 장치의 초기 위치 설정을 위해 사용됩니다. 예를 들면, 자동문을 여닫는 프로그램을 동작시키기 위해 문이 최대한 열렸음을 감지할 수 있도록 터치 센서를 설치하는 것입니다.

터치 센서를 활용해서 범퍼 만들기

터치 센서를 활용해 범퍼를 만들고 이를 로봇에 장착한다면, 로봇은 언제나 범퍼의 상태를 감지하고 장애물이 있다면 범퍼를 통해 감지할 것입니다. 로봇은 범퍼가 눌렸다는 정보를 얻게 되고, 여러분은 이 때 장애물이 없는 쪽으로 회피 기동을 하도록 프로그래밍할 수 있습니다.

범퍼를 만드는 법과 로봇에 장착하는 방법은 곧이어 설명할 것입니다. 센서를 장착한 뒤에는 입력 포트 1번에 터치 센서를 연결해 줍니다. 짧은 케이블을 이용하는 것이 좋습니다.

■ **그림 6-3** 터치 센서를 이용한 범퍼가 장착된 EXPLOR3R 로봇은 주행 중 전방의 물체를 감지할 수 있습니다.

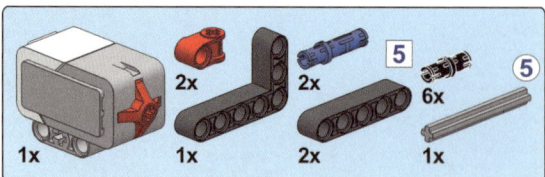

1

2
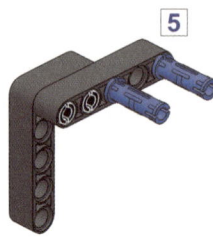

3
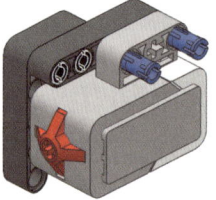

4
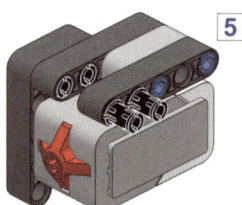

5
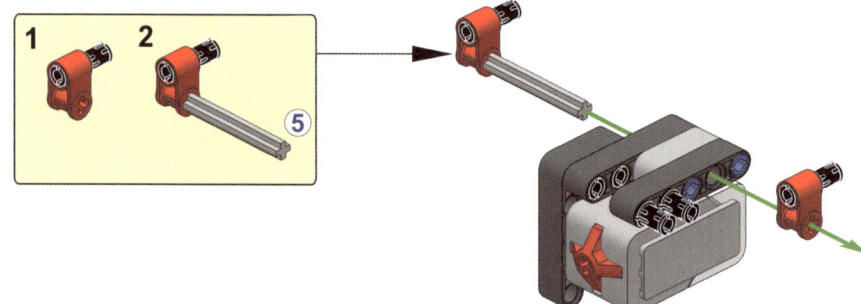

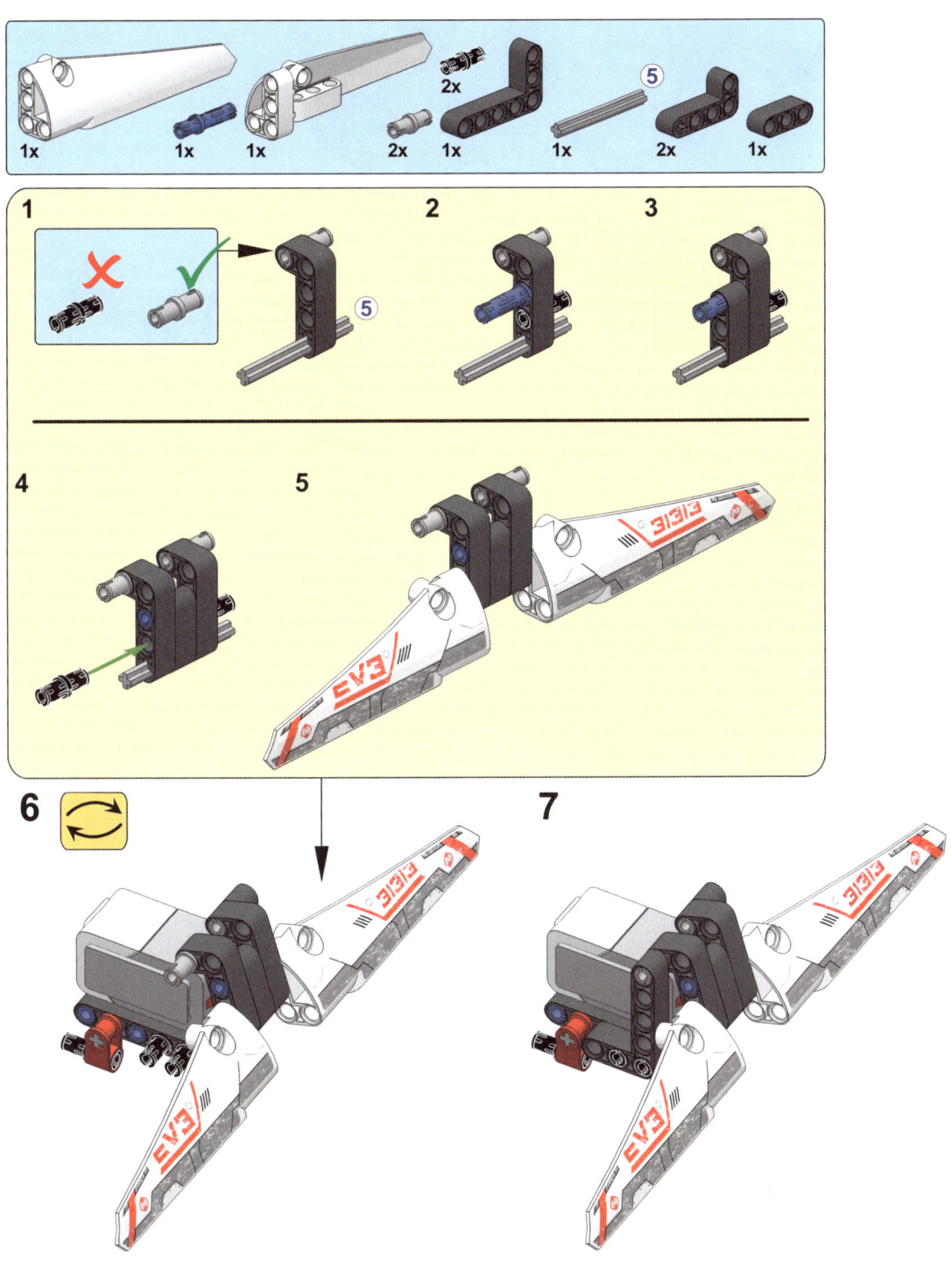

6 센서의 이해 79

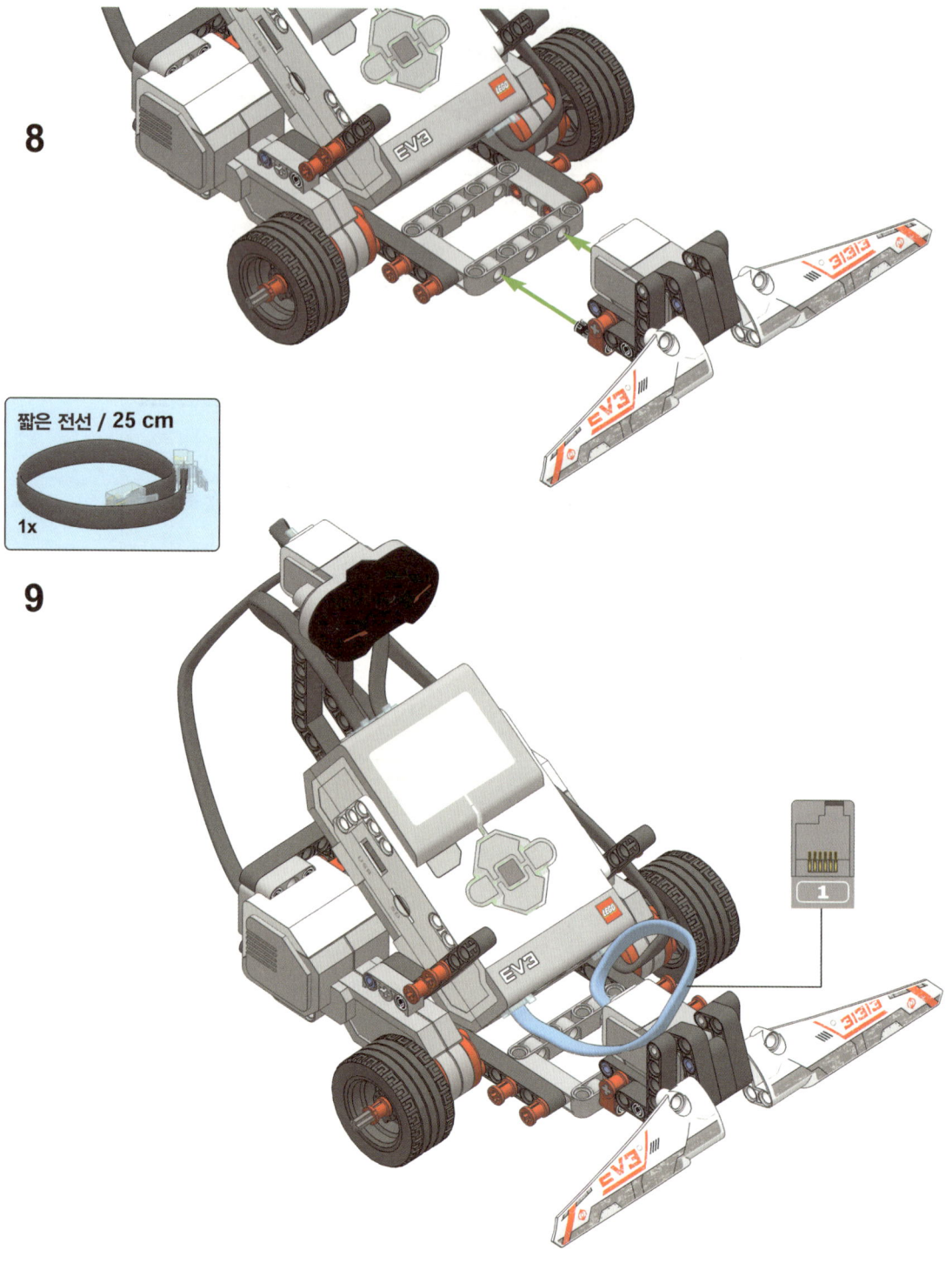

센서값 측정하기

그림 6-4와 같이, EV3 컨트롤러의 Brick Apps 탭으로 이동한 다음 **포트 보기** Port View 앱을 실행하면 EV3 컨트롤러가 인식한 각 센서의 상태를 EV3의 LCD 화면을 통해 눈으로 확인할 수 있습니다. 터치 센서의 경우 눌리면 1이라는 값이, 눌리지 않았다면 0이라는 값이 인식됩니다.

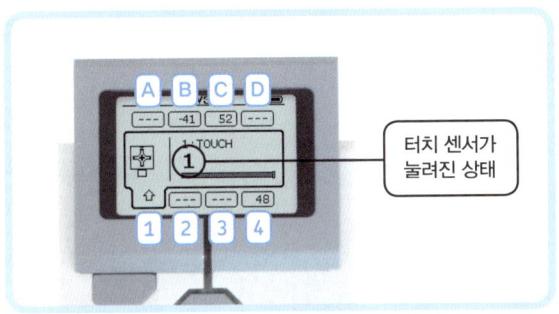

■ 그림 6-4 Brick Apps 탭에 내장된 Port View 앱의 모습. EV3 브릭은 현재 포트에 연결된 EV3 센서를 자동 인식하며, 해당 센서에 맞는 형태로 값을 계산해서 보여줍니다. EV3 컨트롤러의 네 버튼(상,하,좌,우)을 이용해 메뉴를 조작할 수 있으며 좀 더 자세한 정보도 확인할 수 있습니다.

👦 센서의 값은 원시 값이라고 하는 전기적 신호 레벨 또는 파형 형태의 값으로 입력됩니다. 이 값은 1차로 컨트롤러에 내장된 운영체제에 의해 해당 센서에 맞는 수식이 적용되어 센서값으로 보이게 됩니다. 구 버전의 센서 중 일부는 EV3에서 자동 인식되지 않으며, 이 경우 센서는 0~1,024의 원시 값으로 데이터가 입력되고 사용자가 자신의 프로그램 안에서 이 값을 해석하는 알고리즘을 함께 구현해야 할 수도 있습니다.

EV3의 버튼을 이용해 포트 보기 앱의 다른 센서 메뉴를 선택할 수 있습니다.

그림 6-4의 4번 위에 보이는 숫자는 4번 포트에 연결된 센서값을 의미하며, 이 사진에서는 적외선 센서값이 48%임을 보여줍니다. B와 C라고 적힌 아래쪽 두 개의 숫자, -41과 52는 포트 B와 C에 연결된 모터의 각도 값입니다.

일부 센서는 측정된 센서값을 해석하는 모드가 여러 가지인 것도 있습니다. 적외선 센서의 경우를 살펴보기 위해 4번 포트로 바꾸어 봅니다. EV3의 중앙 버튼을 누르면 센서 모드를 선택할 수 있으며 각각의 센서에 따른 모드는 뒤에서 좀 더 상세하게 살펴볼 것입니다.

만약 여러분의 로봇이 컴퓨터에 연결되어 있을 경우, 포트 보기 앱과 비슷한 기능을 EV3 소프트웨어에서 사용할 수도 있습니다. 그림 6-5와 같이 '포트 보기' 기능을 클릭하면 각각의 센서에 대한 이미지와 센서값을 바로 확인할 수 있습니다. EV3에서 직접 보는 것과 컴퓨터에서 보는 것, 어느 방법을 써도 무방합니다.

👦 블루투스를 이용해 무선으로 연결할 경우 로봇이 원거리에 떨어져 있어도 PC에서 센서값을 측정할 수 있습니다. 이 경우 실제 로봇이 동작 과정에서 획득하는 주변 상황 정보를 내가 직접 볼 수 있기 때문에 프로그램의 오류를 수정하기 한결 편리해집니다. 움직이는 로봇의 LCD에서 센서값을 읽으려 노력하지 마세요. EV3는 블루투스로 10여 미터 밖에서도 여러분의 컴퓨터에 자신이 접하는 모든 센서값을 그대로 전달해 줄 것입니다.

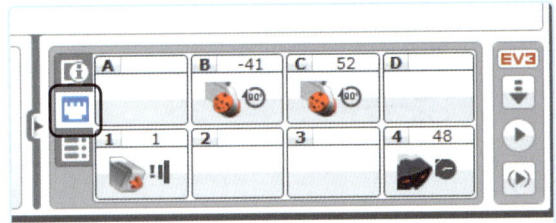

■ 그림 6-5 EV3 소프트웨어에도 역시 센서 포트의 입력 값을 볼 수 있는 기능이 구현되어 있습니다. 만약 센서값이 제대로 실시간 업데이트 되지 않는다면 로봇에 프로그램 다운로드를 시도해서 연결 상태를 갱신해 봅니다. 센서 그림을 클릭하면 센서값의 유형을 변경할 수도 있습니다.

센서와 프로그래밍

이제 프로그램 속에서 실제 센서를 활용해 보겠습니다. 먼저 터치 센서를 이용해 센서가 눌리면 소리를 내는 간단한 프로그램부터 만들어 보겠습니다. 터치 센서를 활용할 수 있는 블록인 대기, 루프, 스위치 블록을 사용할 것입니다.

이번 장에서는 터치 센서와 관련된 일련의 센서 블록들을 어떻게 사용할지 배워 볼 것이며, 다른 센서와 관련된 블록에도 유사하게 적용할 수 있습니다.

센서와 대기 블록

앞서 우리는 일정 시간(이를테면 5초간) 프로그램의 진행을 대기시키기 위해 대기 블록을 사용해 보았습니다. 하지만 이 블록은 시간만이 아니라, 센서가 인식될 때까지 프로그램을 대기시키는 용도로도 쓸 수 있습니다. 예를 들어, 그림 6-6과 같이 모드를 설정하면 터치 센서의 상태를 비교하여 센서가 눌릴 때까지 프로그램의 진행을 대기시킬 수 있습니다.

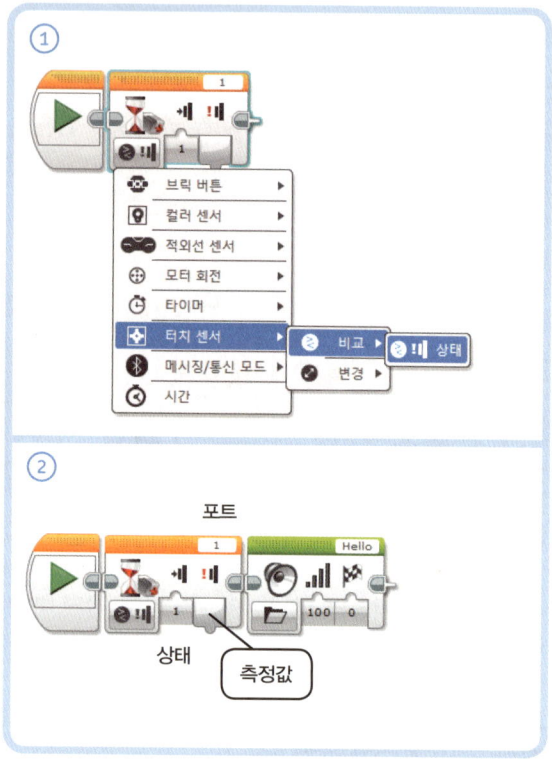

■ 그림 6-6 TheWaitForTouch 프로그램은 터치 센서가 눌리게 되면 소리를 출력합니다.

터치 센서 모드를 선택할 경우, 하위 모드로 '비교' 모드와 '변경' 모드가 있으며 둘 중 하나를 꼭 선택해야 합니다.

'비교' 모드를 선택할 경우, 터치 센서가 눌리지 않은 상태(0), 눌린 상태(1), 눌렀다가 떨어진 클릭 상태(2) 중 하나의 모드를 선택해야 하며 블록은 터치 센서의 현재 상태가 프로그램에서 지정한 상태와 같은지 비교합니다.

만약 클릭 상태로 지정했다면 프로그램은 터치 센서가 눌리고 나서 떨어질 때까지 기다린 다음 터치 센서 대기 블록 뒤에 이어지는 블록을 실행합니다.

'변경' 모드에서는 터치 센서의 상태가 블록이 실행된 시점의 상태에서 변경되는 순간까지 대기합니다. 만약 센서가 눌린 상태로 프로그램이 실행되었다면, 대기 블록은 터치 센서가 눌리지 않은 상태가 될 때까지 기다릴 것입니다. 반대로 터치 센서가 눌리지 않은 상태로 실행된다면 센서가 눌릴 때까지 프로그램은 대기 상태를 유지합니다.

포트 설정은 여러분이 검사할 센서가 어느 포트에 연결되었는지를 지정합니다(그림 6-6의 경우 1번 포트). 마지막으로, 측정값 플러그는 한 블록에서 측정된 값을 다른 프로그래밍 블록에 전달해 주기 위한 확장 기능입니다. 이 부분은 5부에서 다시 다룰 것입니다.

센서와 대기 블록의 동작

EXPLOR3R-Touch라는 이름의 프로젝트를 생성하고 WaitForTouch라는 이름의 프로그램을 추가해 그림 6-6과 같이 블록을 배치하고 설정합니다.

대기 블록의 설정은 **터치 센서 - 비교 - 상태**로 설정합니다. 프로그램을 실행하면 우선 로봇은 아무런 행동도 하지 않습니다. 터치 센서를 누르는 경우(클릭 포함) 로봇은 '헬로우'라고 인사합니다.

이제 터치 센서를 누른 상태로 프로그램을 다시 실행해 봅시다. 인사말이 즉시 재생될 것입니다. 그 이유는 터치 센서가 이미 눌려 있어서 대기 블록이 더 이상 기다릴 필요가 없기 때문입니다.

탐구과제 23: 반가워, 잘가!

난이도 🔲🔲 시간 ⏱

로봇의 터치 센서를 누를 때 반갑다는 의미로 '헬로우'를, 그리고 센서를 뗄 때 잘가라는 의미로 '굿바이'를 소리 내도록 프로그래밍해 봅시다.

HINT 그림 6-6의 WaitForTouch 프로그램에 대기 블록과 사운드 블록을 각각 하나씩 더 추가합니다. 첫 번째 대기 블록은 눌릴 때, 그리고 두 번째 대기 블록은 떨어질 때를 기다립니다. 이 두 블록의 적절한 위치는 어디일까요?

터치 센서를 이용해 장애물 회피하기

이제 여러분은 터치 센서와 대기 블록에 대해 배워 보았습니다. 이제 조금 더 흥미로운 프로그램을 만들어 볼 차례입니다. 다음 프로그램인 TouchAvoid는 익스플로러 로봇이 방 안을 움직이고, 장착된 범퍼에 무언가, 이를테면 벽이나 의자를 감지할 경우 그것을 회피하도록 만들 것입니다. 그림 6-7에서 프로그램의 대략적인 개요를 볼 수 있습니다.

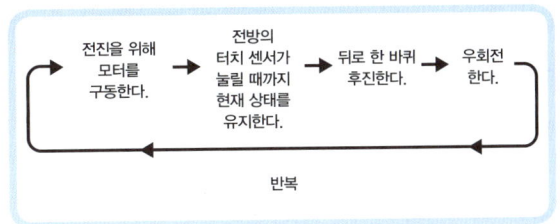

■ 그림 6-7 TouchAvoid 프로그램의 흐름. 전진 중 장애물에 부딪히면 회피를 위한 우회전을 하고, 다시 처음으로 돌아가 앞의 동작을 반복합니다.

위 개요의 각 동작은 하나씩의 블록으로 구현할 수 있습니다. 조향모드 주행 블록은 전진 구동에 사용되고, 대기 블록은 터치 센서가 눌릴 때까지 기다리는 동작에 사용됩니다. (대기 블록에 의해 프로그램이 다음 블록을 실행하지 않고 기다리는 동안에도 앞서 실행된 전진 구동은 그대로 유지됩니다.)

센서의 상태가 바뀌게 되면, 다시 조향모드 주행 블록을 사용해서 후진과 방향 전환을 각각 구현합니다. 두 동작 모두 **회전수로 동작** 모드로 설정합니다. 로봇이 장애물 회피 동작을 완료하면, 프로그램은 다시 시작으로 돌아가고 또다시 장애물을 인식할 때까지 전진할 수 있도록 앞서 만든 네 개의 블록을 루프 블록 안에 넣어 **무한 반복** 모드를 켜짐 상태로 설정합니다.

이제 그림 6-8을 참고하여 프로그램을 작성해 봅시다.

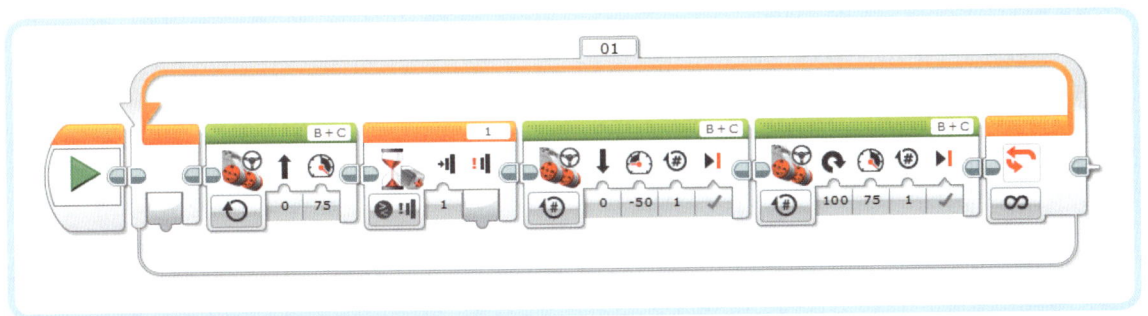

■ 그림 6-8 TheTouchAvoid 프로그램. 대기 블록은 터치 센서–비교–상태 모드로 설정합니다.

탐구과제 24: 장애물을 회피하고 얼굴 표정 드러내기!

난이도 ▢   시간 ⏱

TouchAvoid 프로그램의 기능을 확장하여 전진하면서 장애물이 없는 동안 LCD에 웃는 표정을, 회피를 위해 후진 및 좌회전을 하는 동안 슬픈 표정을 내도록 프로그래밍해 봅시다.

HINT 루프 블록 안 어딘가에 두 개의 디스플레이 블록이 사용됩니다.

탐구과제 25: 쉽게 누르기!

난이도 ▢▢   시간 ⏱⏱

익스플로러 로봇이 범퍼를 누를 동안 뒤로 가도록, 그리고 범퍼에서 손을 떼면 멈추도록 만들어 봅시다. 이 동작을 여러분이 강제 종료할 때까지 반복하도록 프로그래밍합니다. 범퍼를 손으로 누른 상태로 프로그램을 테스트해 봅니다. (이 로봇은 언뜻 보면 여러분이 손으로 로봇을 밀어내는 것처럼 보일 수도 있습니다. 사실은 로봇 스스로가 움직이고 있는 것이지만요.)

HINT 이 프로그램은 두 개의 대기 블록, 두 개의 조향모드 주행 블록 (켜짐 모드와 꺼짐 모드 각각 하나씩) 그리고 하나의 루프 블록이 필요합니다.

변경 모드 사용하기

지금까지 우리는 대기 블록을 터치 센서의 상태가 눌리거나 풀리는 순간까지 기다리는 기능을 만들기 위해 비교 모드로 사용했습니다. 이제 우리가 만들어 볼 프로그램은 '변경' 모드를 사용해서 특정 상태가 아닌 현재 상태에서 센서값에 변화가 생기는 시점까지 기다리는 기능을 구현할 것입니다(눌려 있다면 풀릴 때까지, 풀려 있다면 눌릴 때까지).

그림 6-9와 같이 WaitForChange 프로그램을 만들고 실행해 봅시다.

만약 프로그램 시작 시점에서 범퍼가 눌리지 않은 상태라면 로봇은 물체에 부딪쳐 범퍼가 눌릴 때까지 전진 후 정지합니다. 만약 범퍼가 눌린 상태에서 프로그램이 시작된다면 로봇은 센서가 풀릴 때까지 전진한 다음 멈출 것입니다.

대부분의 일반적인 프로그램에서 로봇의 행동을 예측하기 쉽다는 이유로 비교 모드가 주로 사용됩니다. 비교 모드를 사용하면, 센서의 초기 상태에 관계없이 항상 프로그램이 시작된 뒤 여러분이 지정한 조건이 될 때까지 대기시킬 수 있기 때문입니다.

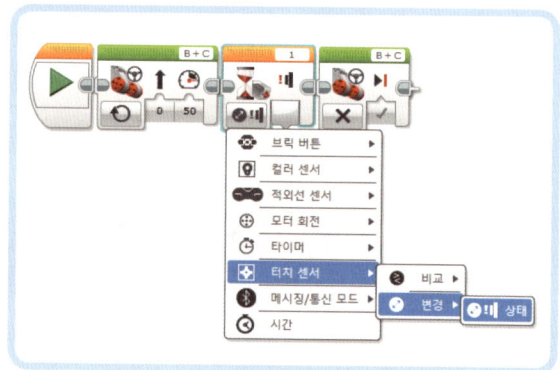

■ 그림 6-9 WaitForChange 프로그램

센서와 루프 블록

5장을 통해 우리는 루프 블록의 설정 값을 바꾸어 반복 횟수를 임의로 정하거나, 지정된 시간 동안 반복 또는 무한 반복하도록 할 수 있다는 것을 배웠습니다. 루프 블록 역시 대기 블록과 마찬가지로 센서의 상태를 반복 조건으로 설정할 수 있습니다.

예를 들어, 여러분은 로봇이 앞뒤로 왕복하는 동작을 터치 센서가 눌릴 때까지 반복하도록 만들 수 있습니다. 여기에서는 '루프 블록'이 사용되었기 때문에 조건이 성립되지 않는다면 무한하게 동작이 반복될 수도 있습니다. '특정 조건이 될 때까지 기다리기' 위한 대기 블록과 함께 '특정 조건이 될 때까지 반복'하는 루프 블록은 실제 프로그래밍에서도 중요하게 사용되는 기능 중 하나입니다.

루프 블록을 이와 같이 설정하기 위해서는 그림 6-10과 같이, 먼저 모드 버튼에서 '터치 센서-상태' 모드를 선택해야 합니다. 루프 블록의 아이콘 바로 위 숫자 1은 센서가 연결된 포트 번호를 의미합니다.

LoopUntilTouch 프로그램을 만들고 어떻게 동작하는지 실행해 봅시다. 기억할 점은 6-10과 같이 프로그램을 설계할 경우 프로그램에서의 센서값 측정이 루프의 한 주기가 끝나는 시점에서 한 번만 이루어진다는 것입니다.

이 말은 로봇의 전진이 끝나고, 루프가 한 번 완료된 시점에서 센서가 눌려져야 함을 의미합니다. 만약 이때 센서가 눌리지 않는다면 루프는 다시 터치 센서의 상태를 체크하기에 앞서 루프에 들어 있는 로봇의 전·후진 동작을 한 번 더 수행할 것입니다.

이를 통해 우리는 루프 블록의 대략적인 행동 순서를 예상할 수 있습니다. 하지만 때로는 여러분이 정확한 타이밍에 센서를 누르지 않더라도 루프가 종료될 수 있었으면 하고 생각할 수도 있습니다.

실제로 '눌림' 상태로 설정할 경우 루프가 끝나는 시점에서 눌린 상태일 때만 유효합니다. 루프가 시작되는 순간 센서를 눌렀다가 풀어준다면 루프가 센서를 검사하는 시점에서 눌리지 않았다는 사실만으로 루프는 재실행하게 될 것입니다.

이 문제를 해결하기 위한 방법은 센서의 상태를 '접촉 후 떨어짐'으로 프로그래밍하는 것입니다(센서 설정의 상태-2).

설정을 이와 같이 바꾸게 되면, 루프 블록은 루프 내부의 블록들이 수행을 완료하는 시점에서 한 번만 센서를 검사하는 형태가 아닌, 루프 내부의 블록이 수행되는 전체 시간 동안 지속적으로 센서의 '접촉 후 떨어짐'을 검사합니다.

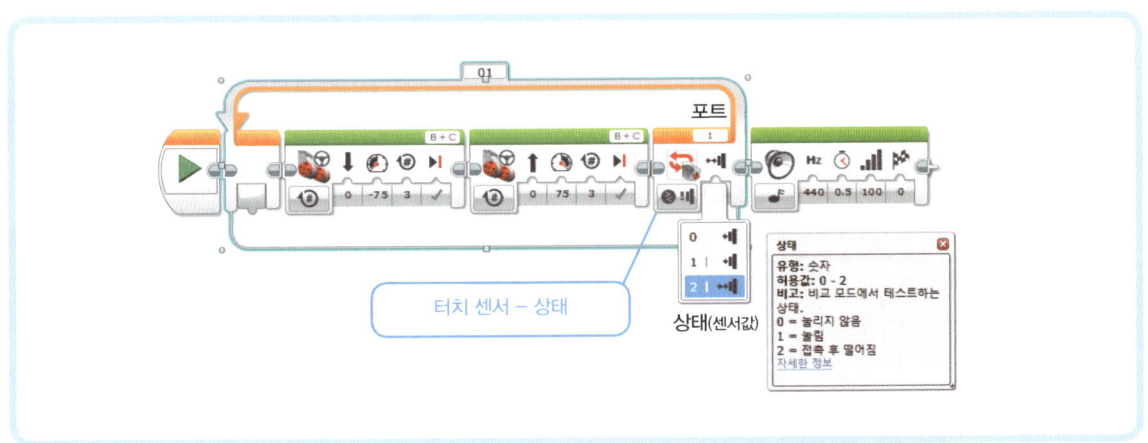

■ 그림 6-10 LoopUntilTouch 프로그램. 루프 블록을 설정하기 위해 모드 선택기를 클릭하고 '터치센서-상태'를 선택합니다.

즉, 루프가 수행되는 동안 어느 시점에서라도 터치 센서가 '접촉 후 떨어짐' 상태가 된다면 현재 수행되는 루프를 마지막으로 반복이 종료됨을 의미합니다. (EV3 브릭은 이러한 센서값의 모니터링에 대해 여러분이 별도의 태스크나 변수의 할당을 고려할 필요가 없도록, 지속적으로 터치 센서의 상태를 모니터링해 둘 것입니다.)

탐구과제 26: 즐거운 음악!

난이도 □ 시간 ◔

로봇이 범퍼를 눌릴 때까지 루프 블록을 이용해 음악 연주를 반복하도록 프로그래밍합니다. 범퍼가 눌린다면 놀란 로봇은 비명을 지르고 도망가도록 합니다.

HINT 음악 연주를 위해 탐구과제 19에서 만든 마이 블록을 재활용할 수 있습니다. 만약 여러분만의 새로운 음악을 만들어보고 싶다면 사운드 블록에서 적절한 사운드 파일을 선택해도 됩니다.

센서와 스위치 블록

센서의 측정값에 기초해서 둘 중 한 가지 작업만을 선택하도록 프로그래밍할 수도 있습니다. 예를 들어, 그림 6-11과 같이 로봇이 장애물을 만난다면 후진을 하고, 장애물을 만나지 않았다면 '장애물이 없습니다'라고 말하도록 프로그래밍할 수 있습니다.

스위치 블록은 그림 6-12와 같이 실행되는 시점에서 센서 상태를 읽고, 주어진 조건과 비교해 참과 거짓 중 하나를 선택합니다.

이 예제에서 스위치 블록은 두 가지의 다른 프로그램을 포함하고 있으며, 센서값에 따라 판단된 참과 거짓의 결과를 통해 둘 중 하나의 프로그램을 실행합니다. 만약 센서값이 참일 경우 스위치 블록의 위쪽 프로그램이 실행되어 로봇은 후진합니다. 반대로 센서값이 거짓일 경우 스위치 블록의 아래쪽 프로그램이 실행되고 로봇은 '노 오브젝트'(장애물이 없습니다)라고 말할 것입니다.

스위치 블록의 설정

스위치 블록의 모드와 설정을 정의해 원하는 검사 조건을 만들 수 있습니다. 프로그램이 실행되어 스위치 블록의 차례가 되면 로봇은 프로그램에서 정한 조건과 현재 센서값을 비교해 조건이 성립될 경우 참의 결과를, 그렇지 않으면 거짓의 결과를 반환합니다.

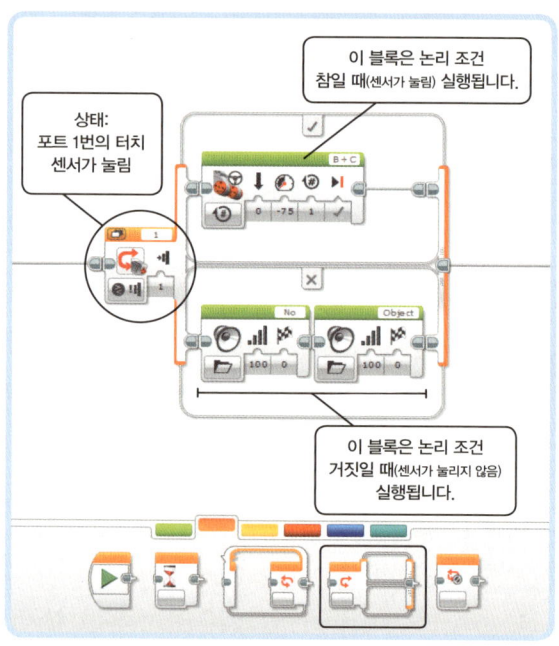

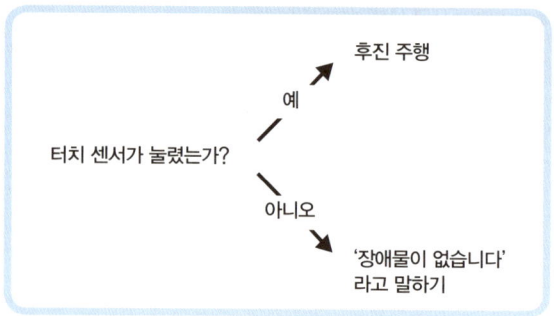

■그림 6-11 로봇은 센서의 측정값에 따라 다른 동작을 선택할 수 있습니다.

■그림 6-12 스위치 블록은 정해진 조건과 현재의 센서값을 비교해서 논리 조건의 참과 거짓을 판단하며, 이를 통해 실행할 블록을 결정합니다. 여러분은 스위치 블록의 모드와 세팅을 조절해 판단할 센서와 조건을 설정할 수 있습니다.

반환된 결과에 따라 프로그램은 스위치 블록 안에 들어간 참 또는 거짓에 해당되는 프로그램을 수행합니다.

스위치 블록 역시 각각의 센서마다 모드 설정이 있습니다. 이번 예제의 터치 센서 모드의 경우 **터치 센서 – 비교 – 상태**의 모드만 있으며 다른 옵션을 선택할 수 없습니다. 이 모드에서 여러분은 터치 센서가 눌리지 않는(0) 또는 눌리는(1) 조건 중 어느 것을 참으로 선택할지 설정해야 합니다.

다른 블록의 센서 설정에서와 마찬가지로 아이콘 위쪽의 숫자는 실제 센서가 EV3에 연결된 센서 포트 번호입니다.

센서와 스위치 블록의 동작

TouchSwitch 프로그램을 만들어 로봇이 3초간 전진하도록 합니다. 3초 전진이 끝난 시점에서 만약 터치 센서가 눌렸다면 로봇은 뒤로 약간 후진합니다. 만약 센서가 눌리지 않았다면 로봇은 '노 오브젝트'라고 말합니다. 둘 중 선택된 한 가지 동작을 수행한 다음 로봇은 '삐' 소리를 내고 프로그램이 종료됩니다. 프로그램의 전체 구성은 그림 6-13과 같습니다.

이 프로그램을 몇 번 테스트해 본다면, 여러분은 로봇을 후진시키기 위해 언제 센서를 눌러야 할지 알 수 있을 것입니다. 측정 결과를 통해 로봇이 스위치 블록이 실행되는 순간 센서값을 한 번 확인하고, 이때의 값이 참인가에 따라 모드를 바꾼다는 것을 알 수 있습니다.

센서값의 측정은 오직 3초간 전진이 끝나는 시점에서 한 번 이루어지며, 이 때 장애물에 의해 터치 센서가 눌렸다면 후진을, 센서가 눌리지 않았다면 '노 오브젝트' 사운드를 출력합니다. 스위치로 구분된 동작 중 하나가 끝나면 '삐~' 소리를 낸 후 프로그램은 종료됩니다.

스위치 블록에 다른 블록 추가하기

스위치 블록 안에 들어갈 수 있는 블록 숫자에는 제한이 없습니다. 스위치 블록의 위아래 중 한 곳에 여러 개의 블록이 들어갔더라도, 실행 조건이 되었을 때 각각의 블록들은 일반 프로그램과 마찬가지로 하나씩 순서대로 실행됩니다.

또한, 스위치 블록의 두 조건 중 한 곳을 그림 6-14와 같이 비워 두는 것도 가능합니다. 이 경우 'A를 실행하거나 또는 B를 실행'이 아닌, 'A를 실행하거나 하지 않

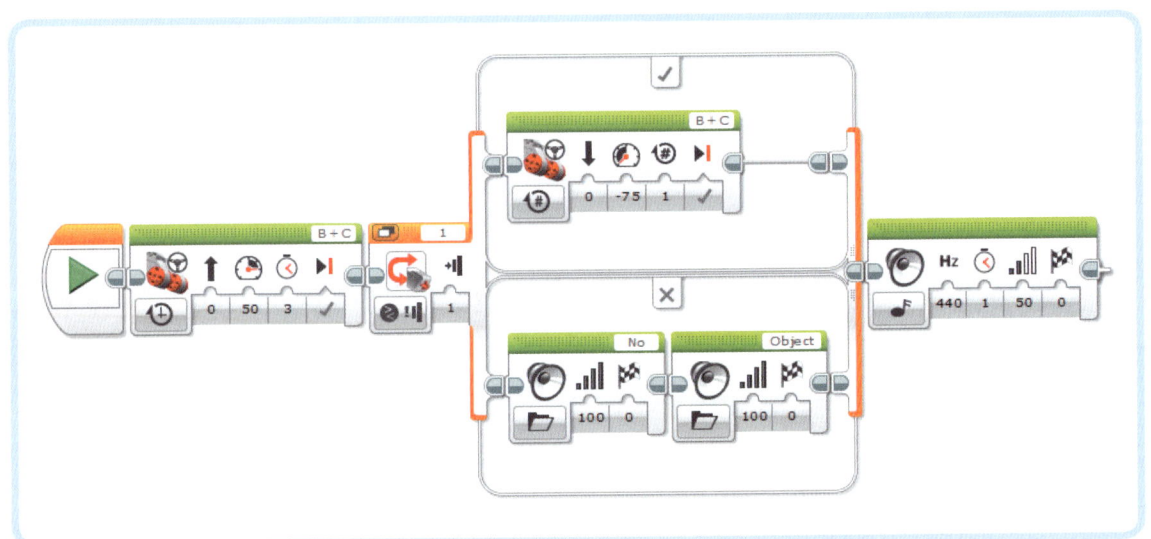

■ **그림 6-13** TouchSwitch 프로그램은 로봇이 센서값에 따라 서로 다른 동작을 선택적으로 수행할 수 있도록 합니다.

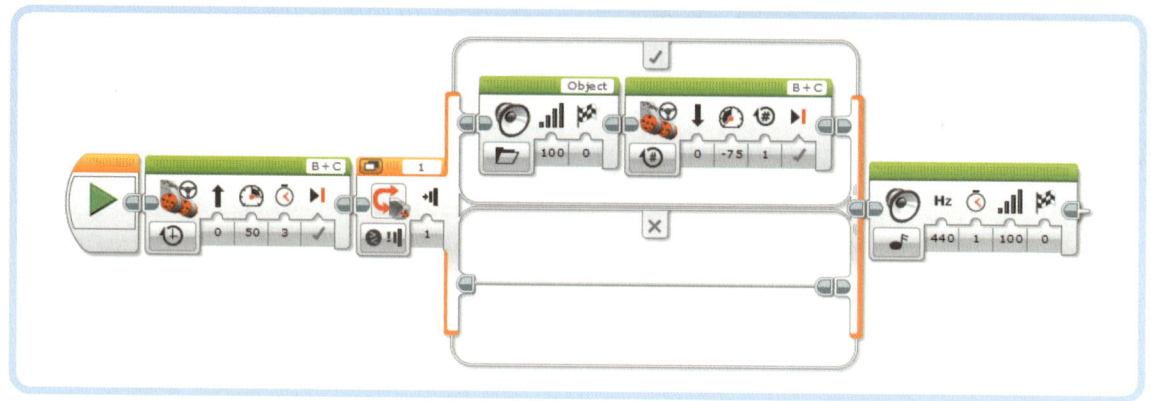

■ 그림 6-14 TouchSwitch 프로그램의 수정된 형태. 스위치 블록의 거짓 조건에는 아무런 블록을 넣지 않았습니다. 그래서 프로그램은 만약 장애물이 없다면 로봇은 전진 후 바로 소리를 낼 것입니다.

는' 형태로 실행됩니다.

그림 6-14의 프로그램을 실행하면 어떤 일이 일어날까요? 만약 조건이 참이면(센서가 눌리면) 스위치 블록에 의해 로봇은 '오브젝트'라고 이야기하고 뒤로 이동할 것입니다. 스위치 블록의 실행이 끝나면 프로그램은 사운드 블록의 '삐' 소리를 내겠지요.

반면 조건이 거짓이라면(센서가 눌리지 않으면) 스위치 블록의 아래로 프로그램은 분기되고, 여기에는 아무 블록도 들어가 있지 않기 때문에 프로그램은 아무 일도 하지 않은 채 스위치 블록을 종료시키고 뒤에 연결된 사운드 블록을 실행할 것입니다.

플랫 뷰와 탭 뷰의 활용

일반적으로 여러분이 스위치 블록을 꺼내어 놓게 되면 플랫 뷰 상태로 캔버스에 놓이게 됩니다. 만약 스위치 블록 안에 들어갈 블록의 숫자가 많아지고, 이 때문에 스위치 블록의 크기가 커지게 된다면 프로그램의 가독성이 떨어지고 전체적인 프로그램의 흐름을 파악하기도 어려워집니다.

이런 경우에 활용할 수 있는 기능이 바로 '탭 뷰'입니다. 탭 뷰 기능을 활용하면 그림 6-16과 같이 스위치 블록에서 분기되는 두 가지의 블록 다이어그램을 앞뒤로 겹쳐 보여주게 되어 캔버스에서 차지하는 공간을 줄여줍니다.

탐구과제 27: 갈까 말까?

난이도 🟦 시간 ⏱

로봇이 3초간 가만히 대기합니다. 그 다음, 만약 터치 센서가 눌리지 않았다면 로봇은 한 바퀴 회전한 다음 다섯 바퀴만큼 전진합니다. 터치 센서가 눌린 상태라면 로봇은 아무 움직임 없이 곧바로 프로그램을 종료합니다.

탐구과제 28: 어려운 결정!

난이도 📄   시간 ⏱⏱

스위치 블록의 활용 기법을 조금 더 응용해 보겠습니다. 그림 6-15에 제시된 의사결정 구조를 프로그램으로 구현해 봅시다. 스위치 블록을 어떻게 설정해야 할까요? 그리고 프로그램의 종료 시점에서 대기 블록은 왜 사용되었을까요?

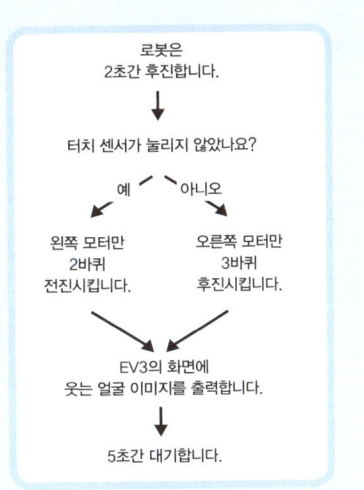

■ 그림 6-15 탐구과제 28의 의사결정 구조

스위치 블록의 선택 부분은 여전히 그대로 보이지만, 상하로 나뉘어 있던 부분은 하나로 합쳐지고 상단에 작은 책갈피가 끼워진 형태의 탭으로 구분됩니다. 해당 탭(참/거짓)을 클릭하면 스위치 블록의 박스 안 블록 다이어그램이 바뀌게 됩니다.

스위치 블록의 반복

프로그램은 매번 스위치 블록을 수행할 때마다 터치 센서의 상태를 체크하고 프로그램의 흐름을 참의 블록 다이어그램으로 진행할지 거짓의 블록 다이어그램으로 진행할지 결정합니다.

로봇이 특정 상태에 대한 체크를 한 번 이상 하도록 만들기 위해서는 스위치 블록을 루프 블록 안에 설치해야 합니다. 예를 들어, 로봇이 터치가 눌린 동안 '예스', 터치가 눌리지 않았다면 '노'를 말하도록 만들 수 있습니다.

이를 위해 그림 6-17과 같이 루프 블록 안에 터치 센서 스위치 블록을 넣고 프로그램을 만들어 실행한다면, 로봇은 센서가 눌려 있는 동안 '예스'를, 눌리지 않은 동안 '노'를 반복할 것입니다. 그림 6-17의 RepeatSwitch 프로그램을 만들고 실행해 봅시다.

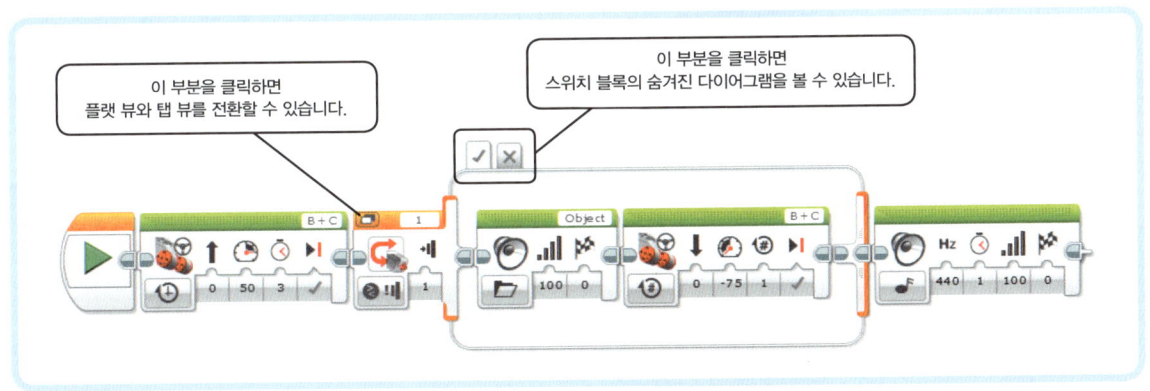

■ 그림 6-16 탭 뷰 모드로 바꾸면 스위치 블록의 크기가 줄어듭니다. 이 옵션은 단지 프로그램에서 보이는 블록의 모습만 바꿀 뿐입니다. 시스템의 실행 속도나 성능에는 전혀 차이가 없습니다. 이 그림은 6-15의 TouchSwitch 프로그램을 '탭 뷰' 모드로 바꾼 모습입니다.

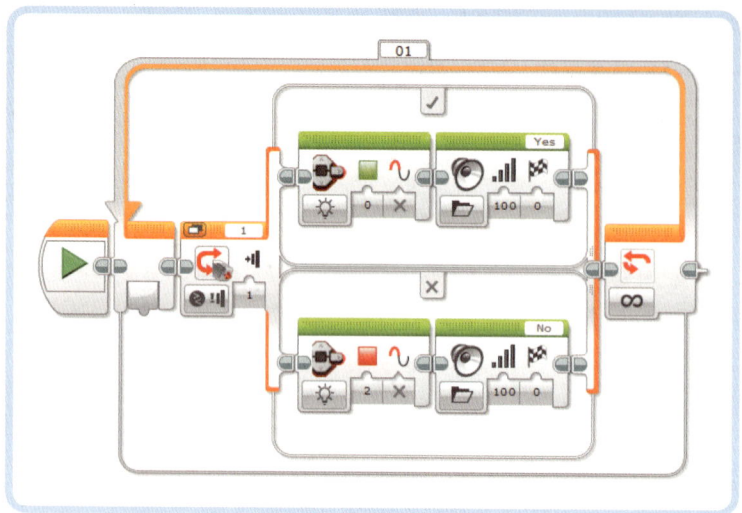

■ 그림 6-17 TheRepeatSwitch 프로그램

비교, 변경, 측정 모드 이해하기

여러분이 프로그램에서 대기, 루프, 스위치 블록과 센서를 함께 활용하기 위해서는 비교, 변경, 측정 모드 중 하나를 선택해야만 합니다. 각각의 모드에 대해 여러 가지 예제가 준비되어 있지만, 다시 한 번 각각의 모드가 동작하는 원리에 대해 자세히 살펴보겠습니다.

비교 모드

비교 모드(⚖)는 센서값을 측정하고, 블록에 여러분이 설정해 준 기준값과 비교하는 것입니다. 이를테면 '터치 센서가 눌림' '측정된 빛의 세기는 37% 미만' '컬러 센서가 빨간색 또는 파란색을 인식'과 같은 형태입니다.

- 대기 블록은 비교 모드로 설정할 때 새로 측정된 센서값이 참이 될 때까지 프로그램을 대기시킵니다. 조건이 참이 되면 대기 블록 다음의 블록이 실행됩니다(그림 6-6 참조).
- 루프 블록은 비교 모드로 설정할 때 루프가 한 번 수행이 완료될 때마다 센서값을 새로 측정합니다. 조건이 참이 되면 루프가 실행을 마친 다음 반복되지 않고 종료되며, 루프 다음의 블록이 실행됩니다. 조건이 거짓이라면 루프는 다시 실행됩니다(그림 6-10 참조). 루프 블록에서 사용되는 센서 모드는 항상 비교 모드입니다.
- 스위치 블록은 비교 모드로 설정할 때 센서값을 측정한 후 조건이 참이면 위쪽의 블록 다이어그램을 실행합니다. 조건이 거짓일 경우 아래쪽의 블록 다이어그램이 실행됩니다(그림 6-13 참조).

변경 모드

변경 모드(✎)는 오직 대기 블록에서만 사용할 수 있습니다. 변경 모드로 설정된 대기 블록은 처음 측정값을 기억하고 새로운 측정값과 기존의 측정값을 비교해서 기다림의 지속 여부를 결정합니다. 예를 들어, 만약 터치 센서가 눌린 상태에서 프로그램이 시작되었다면 대기 블록은 터치 센서가 풀린 상태가 될 때까지 대기하고, 센서가 풀리면 그 다음의 블록을 실행합니다(그림 6-9 참조).

측정 모드

측정 모드(🔢)는 오직 스위치 블록에서만 사용할 수 있습니다. 스위치 블록의 측정 모드는 각각의 측정값에 따라 실행할 다른 블록 다이어그램을 가지게 됩니다. 이 블

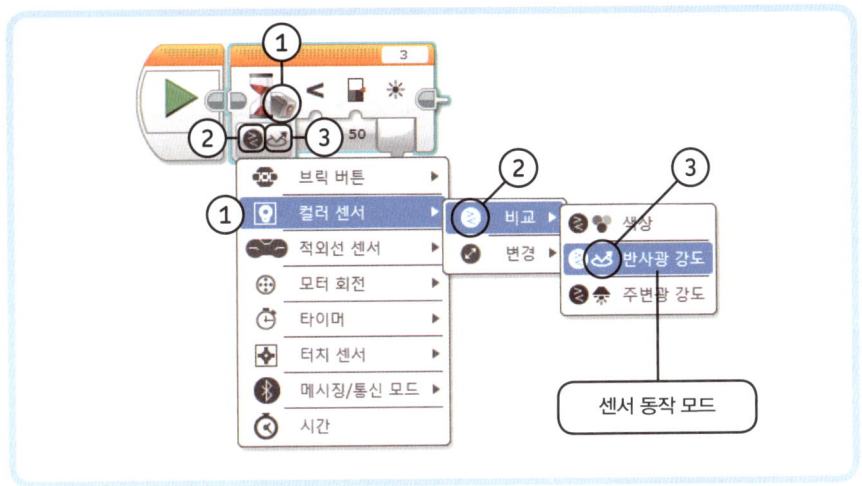

■ 그림 6-18 여러분은 이 책의 예제 프로그램을 실습하면서 대기, 루프, 스위치 블록을 자주 사용하게 될 것입니다. 그렇다면 아마도 그림과 비슷하게 아이콘으로 표시되는 모드 중 적당한 동작 모드를 선택해야 할 것입니다. 과정을 정리하자면 먼저, 필요한 센서를 선택하고① 비교, 변경, 측정 모드 중 하나를 고른 다음② 마지막으로 센서의 동작 모드를 선택③해야 합니다.

록의 좀 더 자세한 동작에 대해서는 7장에서 컬러 센서가 각각의 색을 구분하고 인식한 색에 따라 다른 작업을 수행하는 예제를 통해 배워 볼 것입니다.

모드 설정하기

이 책에서 사용되는 예제들에 대해 블록의 모드를 글로 설명한다면 의미 전달은 정확하게 될 것입니다. 하지만 프로그래밍 캔버스 안의 블록들은 글자로 자신의 현재 모드를 보여주지 않습니다. 모든 정보들은 간략화된 아이콘 형태로 표시되며 블록의 아이콘을 보고 기능을 정확히 알 수 없다면 해당 모드의 서브 메뉴로 들어가 그림 6-18처럼 직접 확인해 보는 것이 가장 확실합니다.

설정 순서는 먼저, 여러분이 필요로 하는 센서를 선택하고① 그 다음 비교, 변경, 측정 모드 중 하나를 선택합니다②. 끝으로 센서의 동작 모드를 선택해 주는 것③으로 센서의 모드 설정이 완료됩니다. 터치 센서의 경우 단지 하나의 모드만 있습니다(빨간 버튼의 상태). 하지만 컬러 센서의 경우라면 그림 6-18과 같이 선택할 동작 모드는 세 가지로 늘어납니다.

다음 장에서는 각각의 모드에 대해 경험해 보고, 센서를 활용한 여러분만의 프로그램을 만드는 방법을 배워 볼 것입니다.

추가적인 탐구

이번 장에서 우리는 로봇이 자신의 주변 환경에 대한 정보를 얻기 위해 블록에서 센서를 사용하는 방법을 배워 보았습니다. 또한 프로그램에서 센서를 활용하기 위한 대기, 루프 그리고 스위치 블록의 기능에 대해서도 배워 보았습니다.

이번 장에서 다룬 것은 오직 터치 센서 한 가지 뿐입니다. 하지만 여러분이 이번 장에서 터치 센서를 통해 배운 여러 가지 프로그래밍 기법은 뒤에 배워 볼 다른 센서에서도 충분히 응용할 수 있습니다.

앞으로 7장에서 다루게 될 컬러 센서, 8장에서 다루게 될 적외선 센서, 그리고 9장에서 다루게 될 모터 내장 엔코더와 브릭 버튼 등 모든 입력장치에서 이 기법을 활용합니다. 앞으로의 능숙한 활용을 위해 이어지는 탐구과제를 충분히 연습해 보기 바랍니다.

탐구과제 29: 방향 선택하기!

난이도 ▫▫　시간 ⏱

그림 6-8의 TouchAvoid 프로그램을 확장해서 로봇이 전진 중 첫 번째 장애물을 만나면 오른쪽으로, 두 번째 장애물을 만나면 왼쪽으로 피하도록 합니다. 다시 장애물을 만나면 오른쪽, 그 다음은 왼쪽의 순서로 반복하도록 프로그램을 수정합니다.

HINT 루프에 들어간 네 개의 블록이 두 번 반복되어 결과적으로는 루프 안에 총 여덟 개의 블록이 들어갑니다. 그리고 두 번째 조향모드 주행 블록은 방향 설정을 수정해 주어야 합니다.

탐구과제 31: 브릭 버튼!

난이도 ▫▫▫　시간 ⏱⏱

9장에서 다시 자세히 다루어 볼 계획이지만, EV3의 화면 아래에 설치된 브릭 버튼의 사용법은 사실 우리가 배워 본 터치 센서의 사용법과 거의 같습니다. 네 방향 중 왼쪽의 브릭 버튼을 누를 경우 '레프트', 오른쪽을 누를 경우 '라이트'라고 말하도록 프로그램을 만들어 보시겠습니까? 성공했다면 이번에는 위쪽과 아래쪽 버튼 역시 같은 방법으로 '업' 또는 '다운'이라고 소리 내도록 프로그램을 수정해 봅시다.

탐구과제 30: 대기, 반복 또는 스위치?

난이도 ▫▫　시간 ⏱

터치 센서의 눌림을 기다리는 프로그램을 만듭니다. 만약 센서가 5초 이상 눌려 있을 경우 로봇은 '예스'라고 말하고, 그렇지 않은 경우 '노'라고 말하도록 합니다.

HINT 이 과제는 스위치와 대기 블록을 조합해서 사용해야 합니다.

디자인 탐구과제 4: 침입자 경보!

조립 난이도 ✲　프로그래밍 난이도 ▫

여러분의 방에 들어오려는 침입자를 감지하고 경고하는 로봇을 만들어 봅시다. 터치 센서를 누군가 방으로 들어올 때 감지되는 스위치로 사용할 수 있도록 설치해 봅시다. 스위치가 작동해서 큰 소리로 경고음이 나도록 프로그래밍해 줍니다.

HINT 이를테면 로봇의 앞에 책과 같이 무거운 물건을 놓아 이 물건이 센서를 누른 상태로 대기할 수 있도록 환경을 꾸며 줍니다. 그 다음, 문이 열릴 때 이 책이 움직이도록 덫을 구성합니다. 문이 열리고 책이 움직여 센서가 눌리지 않은 상태가 되면 로봇은 소리를 내어 누군가가 침입했음을 알려줍니다.

디자인 탐구과제 5: 조명 스위치!

조립 난이도 ✹✹   프로그래밍 난이도 ▫▫

로봇을 이용해 여러분이 터치 센서를 누를 때마다 방의 전등 스위치를 켜거나 끌 수 있도록 만들어 봅시다. 터치 센서를 누를 때마다 스위치를 켜고 끄는 동작을 순서대로 수행합니다. 이 기능을 구현하기 위해 미디엄 모터를 사용할 수 있습니다. 전등 스위치의 모양에 맞게 완전히 새로운 로봇을 설계해 보는 것도 좋습니다.

7

컬러 센서 사용하기

using the color sensor

이번 장에서는 컬러 센서의 사용법을 배워 보기 위해 익스플로러에 컬러 센서를 추가하고(그림 7-1), 로봇이 색종이, 선 그리고 빛 신호에 반응할 수 있도록 만들어 볼 것입니다.

■ **그림 7-1** 컬러 센서를 사용한 익스플로러 로봇은 색상을 구분할 수 있을 뿐만 아니라 선을 따라 주행할 수도 있습니다.

컬러 센서는 그림 7-2와 같이 표면의 색상(컬러 모드), 특정한 면에서 반사되는 광량(반사광 강도 모드), 그리고 주변 빛의 밝기(주변광 강도 모드)를 측정할 수 있습니다.

이번 장에서 만들어 볼 프로그램 역시 대기, 루프, 스위치 블록 등의 앞에서 다루어 본 블록으로 구성되며, 기본적인 기능은 터치 센서에서 배운 것과 비슷합니다.

👦 터치 센서는 0과 1, 컬러 센서는 0부터 100까지의 숫자 형태로 결과 값이 처리된다는 점이 다릅니다.

여러분은 이 책에서 컬러 센서에 대한 다른 응용 프로그램, 예를 들어 19장에 등장하는 라바 렉스LAVA R3X와 같은 로봇에 사용되는 것을 볼 수 있을 것입니다. 여러분이 악수를 시도하면 라바 렉스 로봇은 반사광 강도 모드로 손바닥을 감지해 반응합니다.

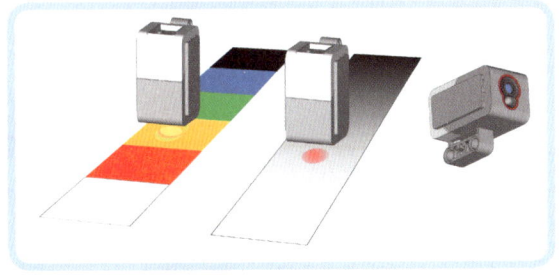

■ **그림 7-2** 컬러 센서의 동작 모드: 컬러 모드(왼쪽), 반사광 강도 모드(중간), 주변광 강도 모드(오른쪽). 가장 오른쪽 센서는 측정 부위가 위쪽으로 향해 있어 실내의 광량이나 주변광을 측정합니다.

컬러 센서 장착하기

프로그래밍 실습에 들어가기에 앞서, 먼저 앞서 로봇에 장착하고 사용한 터치 센서 모듈을 분리합니다. 로봇에서 분리는 하되 아직 분해할 필요는 없습니다. 터치 센서 모듈은 이 책의 뒷부분에서 다시 그대로 사용하게 될 테니까요. 터치 센서 모듈이 분리되었다면 그 위치에 조립해서 장착합니다.

컬러 센서 모듈의 조립은 아래와 같습니다.

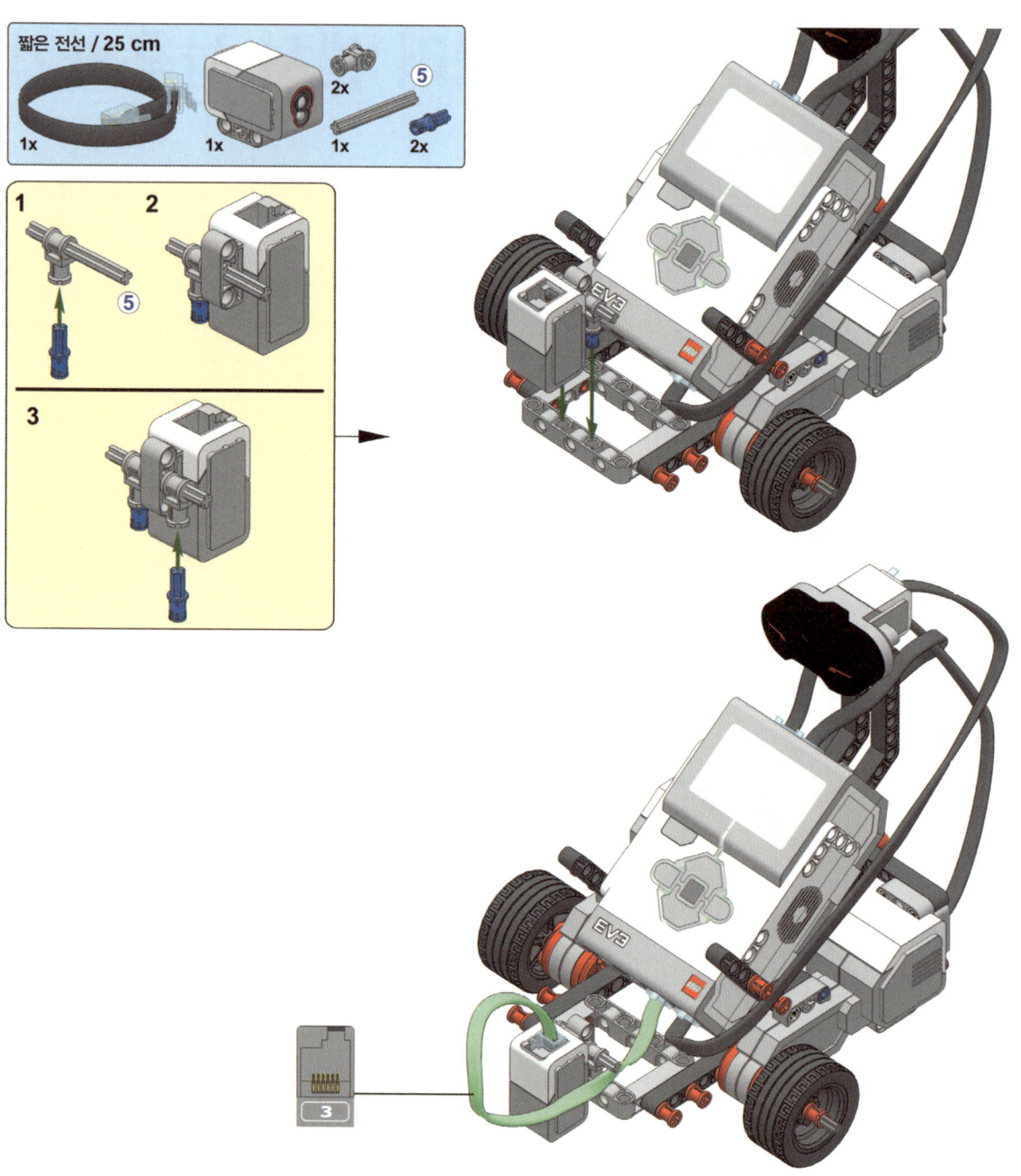

컬러 모드

첫 번째로 살펴볼 컬러 센서의 모드는 '컬러 모드'입니다. 이 모드에서 컬러 센서는 약 1cm 정도 떨어진 평평한 물체의 표면 색상을 감지할 수 있습니다. 외부 조명등에 의한 영향을 최소화하기 위해 이번 장에서는 센서를 아래로 향하도록 장착하고, 로봇이 움직이면서 바닥면의 색을 감지할 것입니다.

색 감지 기능을 테스트해 보기 위해 색 패턴이 그려진 시트를 인쇄하고, 그 위에 로봇을 올려 테스트해 볼 수 있습니다(http://ev3.robotsquare.com/color.pdf 참조). 만약 컬러 인쇄가 곤란한 경우, 혹은 인쇄한 컬러 시트가 제대로 인식되지 않으면 EV3 세트에 포함된 기본 컬러 시트를 사용할 수 있습니다.

시트가 준비되면 EV3 브릭의 포트 보기Port View 프로그램을 이용해 그림 7-3과 같이 숫자 형태로 인식된 색상을 확인해 볼 수 있습니다.

센서가 구분할 수 있는 색은 검은색(1), 파란색(2), 녹색(3), 노란색(4), 빨간색(5), 흰색(6), 갈색(7)입니다. 만약 센서가 색을 감지하지 못했다면 센서값은 0으로 출력됩니다. 센서가 색을 감지하지 못하는 경우는 센서와 대상물이 너무 멀거나 가까울 때 발생합니다.

🧑 컬러 센서는 발광 LED와 각각의 색 필터를 장착한 수광소자들을 복합적으로 활용합니다. 각각의 수광소자가 감지한 반사광을 복합적으로 계산해서 빛의 3원색을 조합하는 것과 비슷한 개념으로 연산을 통해 색을 추정해내는 방식입니다. 그래서 반사된 빛이 확산되어 주변의 자연광과 큰 차이가 나지 않을 정도로 멀거나, 반대로 센서에 감지되는 빛들이 서로 간섭을 일으킬 정도로 가까운, 또는 빛의 반사가 원활하지 않은 표면의 경우라면 제대로 색을 감지하지 못할 수도 있습니다.

선 밖으로 나가지 않기

컬러 센서의 프로그램 역시 센서값에 기반한 대기, 루프, 스위치 블록을 이용해 작성합니다. 예를 들어, 여러분은 로봇이 그림 7-4와 같이 검정 선을 벗어나지 않고 움직이게 만들 수 있습니다. 이를 위해 로봇은 검정 선을 볼 때까지 전진하고, 선을 감지하면 후진 후 방향을 전환해 다른 방향으로 움직이는 일련의 동작을 수행할 수 있습니다.

테스트 트랙 만들기

먼저, 이 테스트를 위해 닫힌 원 또는 사각형 형태의, 충분한 크기의 테스트 트랙이 필요합니다. 일반적인 프린터는 A4 정도의 종이를 인쇄할 수 있기 때문에, 트랙은 A4 용지에 일부분을 인쇄한 다음 연속적으로 타일과 같

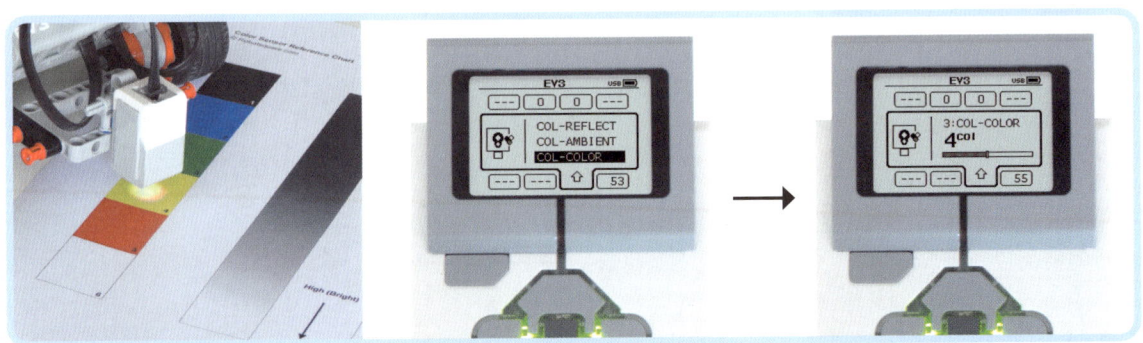

■ 그림 7-3 내장된 포트 보기 프로그램을 사용하면 센서의 측정값을 볼 수 있습니다. 메뉴에서 입력 포트 3번으로 체크박스를 옮긴 후 가운데 버튼을 누르면 COL-COLOR라는 프로그램이 실행됩니다. 이제 여러분은 EV3의 화면을 통해 0부터 7 사이의 숫자를 볼 수 있습니다. 위 그림의 측정값 숫자 4는 센서로 노란색을 측정했을 때 정해진 센서의 결과 값입니다. 🧑 이 숫자는 레고 사에서 임의로 각 색상에 대해 할당해 준 값입니다.

■ 그림 7-4 로봇을 테스트 트랙의 검정 선 밖으로 나가지 않도록 구동합니다.

이 이어 붙이면 됩니다.

http://ev3.robotsquare.com/testtrack.pdf/에서 9등분으로 나뉜 트랙을 다운받아 A4 용지로 인쇄한 후 점선에 따라 오려 네 귀퉁이를 맞추어 테이프로 붙이면 그림 7-4와 같은 트랙이 완성됩니다. 만약 여러분이 프린터를 사용할 수 없는 조건이라면, 1절이나 2절지 같은 큰 종이나 또는 표면이 흰색인 폼보드 등의 소재에 검정 테이프를 이용해 만들 수 있습니다.

🧑 흔히 고무 재질의 전기 테이프와 제본용 종이테이프가 사용됩니다. 역자의 경험으로는 전기 테이프는 고무재질이고 쉽게 늘어나 곡선을 만들기에 편리한 점이 있지만 끈적이고 쉽게 떨어집니다.

반면 제본에 사용되는 종이테이프는 찢어질 수 있어 곡선을 만들 때 조금 번거롭지만 전기 테이프보다 깔끔하게 트랙을 만들 수 있습니다. 검정 유성펜을 이용해 그리면 선의 두께가 얇아 센서가 제대로 감지하지 못할 수 있습니다.

디자인 탐구과제 6: 불도저!

조립 난이도 ✱   **프로그래밍 난이도** ▫

StayInCircle 프로그램으로 로봇이 원 안을 벗어나지 않고 이동하도록 할 수 있습니다. 만약 여러분이 원 안에 몇 개의 레고 부품을 던져 놓는다면, 로봇은 원 안을 돌아다니며 자연스럽게 레고 부품들을 원 밖으로 밀어낼 것입니다. 물론 이를 위해 먼저 익스플로러 로봇의 앞면에 불도저 삽날을 만들어 장착해야 할 것입니다. 가지고 있는 부품을 이용해 도전해 봅시다.

프로그램 만들기

그림 7-5는 로봇이 검정 선 밖으로 벗어나지 않고 움직이는 프로그램의 흐름을 나타냅니다. 자세히 보면 그림 6-7(83쪽)의 터치 센서를 이용한 벽 회피 프로그램과 비슷합니다. 차이점이라면 버튼이 눌릴 때까지가 아닌 검

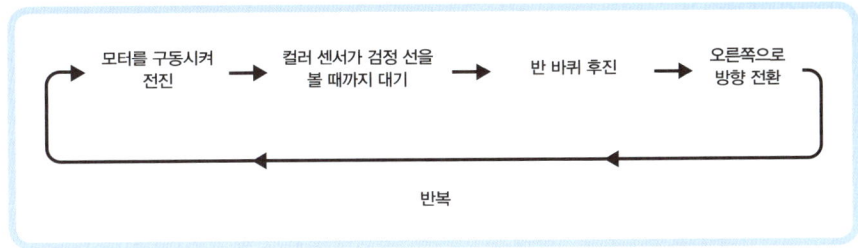

■ 그림 7-5 StayInCircle 프로그램의 흐름

정 선을 감지할 때까지로 조건이 바뀐다는 것입니다.

이 프로그램의 경우, 대기 블록의 **컬러 센서 – 비교 – 색상** 모드를 사용합니다. 색상 모음 설정에서 감지하기를 원하는 색상들의 체크박스를 선택해 줍니다. 선택된 색들 중 하나를 센서가 감지하면 블록은 대기를 멈추고 다음 블록을 실행할 것입니다.

그림 7-6은 검은색이 나올 때까지 대기하도록 대기 블록을 설정한 프로그램의 모습입니다. 로봇을 검정 선 안쪽 공간에 놓고 프로그램을 실행해서 동작을 확인해 봅시다.

선 따라가기

다음 프로젝트에서, 여러분은 컬러 센서를 이용해 앞서 만든 테스트 트랙의 검정 선을 따라 가는 '선 따라가기' 로봇을 만들어 볼 것입니다. 프로그램의 구성을 살펴봅시다.

로봇은 흰색 바닥 위에 그려진 검정 선을 따라가야 합니다. 센서는 항상 두 가지, 검은색 또는 흰색을 감지할 것입니다. 따라서 프로그램은 스위치 블록을 이용해 검은색을 감지하는 기능을 사용해야 할 것입니다. 만약 센서가 검은색을 감지한다면 스위치 블록은 조향모드 주행 블록을 작동시켜 하나의 동작을 수행합니다.

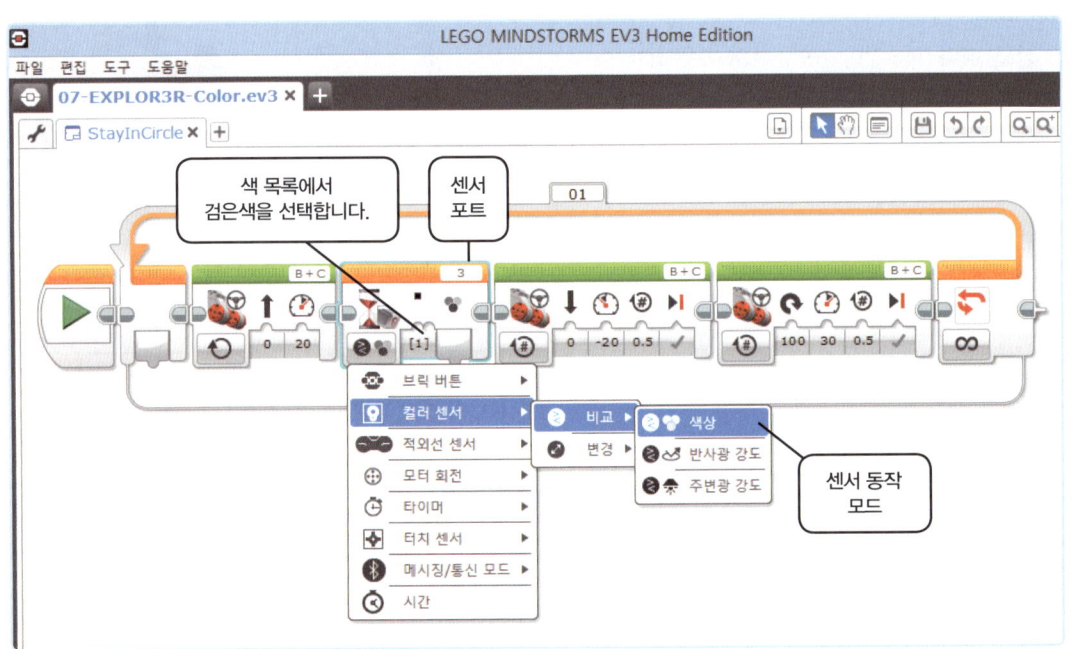

■ 그림 7-6 EXPLOR3R-color라는 이름으로 프로젝트를 생성하고 새 프로그램을 만들어 StayInCircle이라는 이름으로 저장합니다. 대기 블록을 설정하기 위해 먼저 모드를 비교 – 색상으로 선택하고, 그 다음 색 목록에서 검은색[1]을 선택합니다.

그리고 이 동작에 의해 센서가 다른 색(흰색)을 감지할 경우 로봇은 그림 7-7과 같이 또 다른 동작을 수행해야 합니다. 로봇이 각각의 선을 보았을 때 크게 움직이지 않고 조금씩 움직이도록 한 뒤, 이 동작을 무한 반복시키면 결국 로봇은 지그재그 형태로 움직이며 선을 따라 이동할 것입니다.

이와 같이 움직이는 ColorLine 프로그램의 모습은 그림 7-8과 같습니다. 🧑 센서가 하나인 상태에서는 로봇이 너무 빠르게 움직일 경우 자신의 방향(그림 7-7에서 위쪽을 향하는 경우와 아래쪽을 향하는 경우)을 구분할 수 없어 정반대 방향을 향할 수 있습니다. 센서를 두 개 사용해서 '왼쪽'과 '오른쪽'의 흰색 영역을 각각 감지하도록 합니다.

> **NOTE** 센서 한 개를 이용한 지그재그 주행에서는 날카로운 모서리의 곡선을 주행할 경우 속도를 늦추는 것이 좋습니다.
> 20~25% 정도의 속도가 적절하며 이보다 빠를 경우 곡선이 아닌 각진 모서리를 돌 때 이탈할 확률이 높습니다.

이제 로봇이 선을 따라가는 동작에 대해 다시 한 번 살펴보겠습니다. 여기에서 선을 따라간다는 동작은 정확하게 말하자면 '선'을 따라가는 것이 아닌, '선의 좌우 경계 중 하나'를 따라간다는 뜻입니다.

프로그램은 센서값에 따라 로봇의 주행 방향을 변경하며 그 결과로 로봇은 선의 경계를 기준으로 현재 색이 검정이면 오른쪽으로, 그리고 흰색이면 왼쪽으로 움직이는 동작을 반복하게 되는데, 결과적으로는 지그재그 형태로 선의 경계를 따라가게 됩니다.

🧑 이 동작을 위해서는 로봇의 방향 전환 동작에 앞 방향으로의 움직임이 포함되어야 합니다. 즉, 한 바퀴를 멈추고 한쪽만 구동시키거나 안쪽을 천천히, 바깥쪽을 빨리 구동시키는 형태로 로봇의 중심점이 조금이라도 이동하는 형태로 구성되어야 합니다. 만약 좌우 바퀴를 반전시키는 형태로 제자리에서 방향 전환을 하는 형태를 적용시킨다면 로봇의 중심점은 움직이지 않게 되고, 결과적으로 이 로봇은 놓인 위치에서 계속 좌우로 도리도리 하는 움직임만을 반복하게 될 것입니다.

경계를 따라 지그재그로 움직인다는 의미는 여러분이 로봇을 원형 트랙을 시계 방향으로 주행하도록 만들려면 원의 안쪽에, 시계 반대 방향으로 주행하려면 원의 바깥쪽에 놓아야 한다는 뜻입니다. 이를 확인해 보기 위해 트랙의 원 안쪽과 바깥쪽에 로봇을 놓고 각각 프로그램을 테스트해 보시기 바랍니다.

🧑 그림 7-7을 보며 상상해 보면 보다 쉽게 이해할 수 있습니다. 검정 선 왼쪽이 원형 트랙의 바깥쪽이라면 결과적으로 로봇은 점차 왼쪽을 향해 돌면서 시계 방향으로 주행하게 될 것이고, 반대로 검정 선 왼쪽이 원형 트랙의 안쪽이라면 로봇은 오른쪽을 향해 돌면서 시계 반대 방향으로 주행하게 된다는 의미입니다.

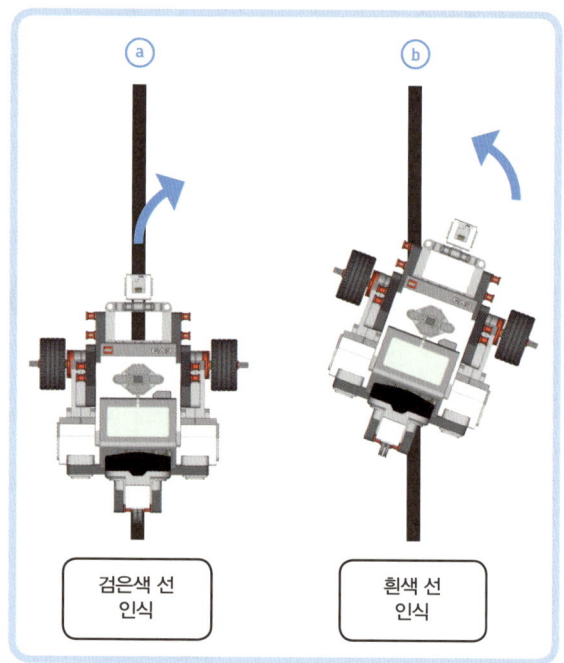

■**그림 7-7** 로봇이 검정 선을 볼 경우ⓐ 오른쪽 대각선 방향으로 전진합니다. 흰색을 볼 경우ⓑ 왼쪽 대각선 방향으로 전진합니다. 이 과정에서 로봇의 중심은 약간 앞으로 이동하게 되며 프로그램은 이 동작을 반복하면서 선을 따라가게 됩니다.

측정 모드의 스위치 블록

ColorLine 프로그램의 스위치 블록은 센서가 검정 선을 감지하면 로봇이 오른쪽으로 주행하도록 합니다. 만약 다른 색, 이를테면 녹색이나 빨간색을 감지하면 왼쪽으로 주행하도록 합니다. 스위치 블록의 컬러 센서 모드를 **측정 – 색상**으로 바꾸면, 각각의 색에 다라 다른 동작을 설정하도록 만들 수 있습니다.

그림 7-9는 ShowColor 프로그램으로 컬러 센서의 측정값 중 특정한 색에 대해 상태 표시등의 색으로 결과를 알려주는 프로그램입니다. 이 프로그램에서 스위치 블록은 네 가지 케이스를 갖게 됩니다. 각각의 케이스에는 한 개 이상의 블록이 들어가고, 감지한 색에 따라 다른 동작을 수행합니다.

만약 센서가 초록색을 감지한다면 EV3의 상태 표시등

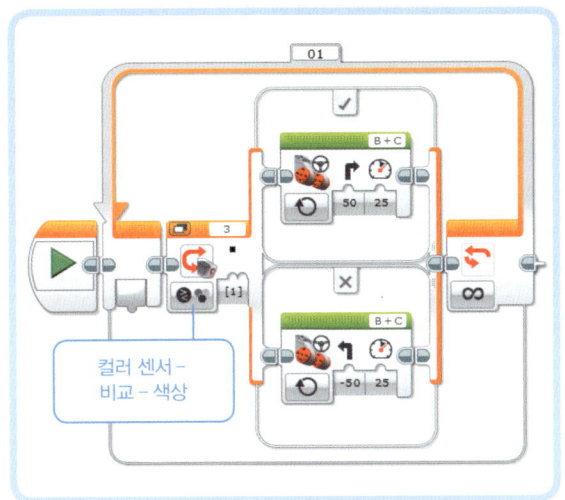

■ **그림 7-8** ColorLine 프로그램. 조향모드 주행 블록을 사용했습니다. 프로그램이 동작되고 모터 구동이 이루어지자마자 프로그램은 다시 처음으로 돌아가고 센서값을 다시 측정합니다. 측정된 값에 따라 마지막 동작을 한 번 더 수행할지, 방향을 전환할지 결정하게 됩니다.

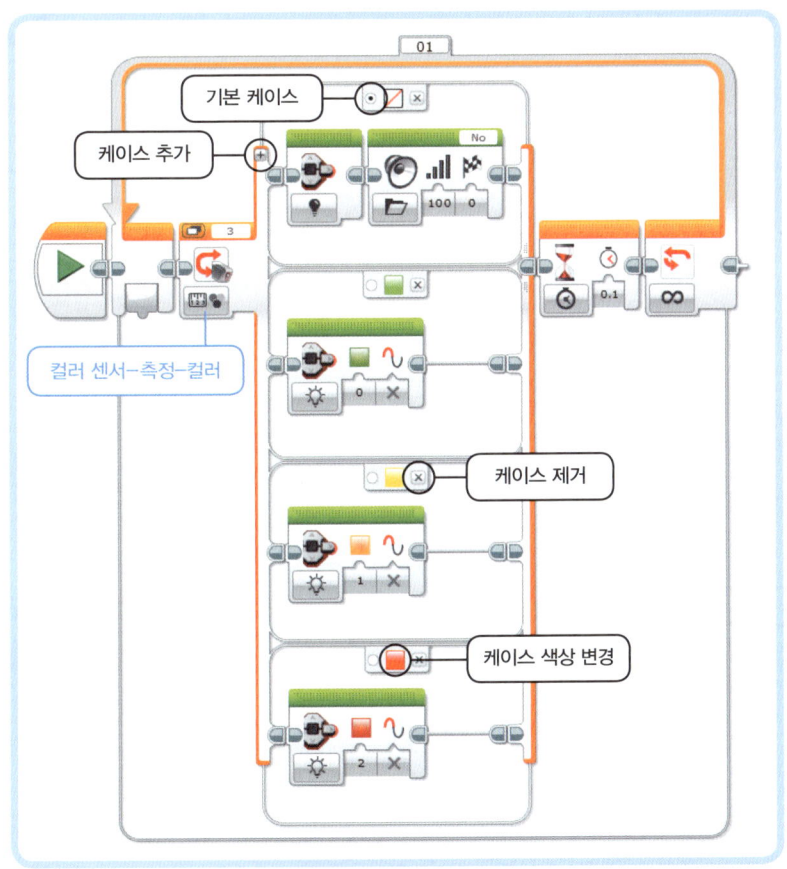

■ **그림 7-9** ShowColor 프로그램. 스위치 블록의 모드를 **컬러 센서 – 측정 – 색상**으로 선택하고 **+** 버튼을 클릭해 두 개의 케이스를 추가합니다. 스위치 블록이 기본적으로 두 개의 케이스를 갖고 시작하기 때문에 두 개를 추가하면 스위치 블록은 총 네 개의 케이스를 갖게 됩니다. 이제 각각의 케이스에 해당되는 색을 선택합니다. 맨 첫 번째의 케이스를 '색상 없음'으로 선택하고 기본 케이스 버튼을 눌러 점을 찍어주는 것을 잊지 마십시오.

을 녹색으로, 빨간색을 감지한다면 빨간색으로 점등하고, 노란색을 감지했다면 주황색으로 표시등을 점등합니다. 🤖 EV3의 상태 표시등은 빨간색과 녹색, 두 가지 색상이 내장되어 있으며, 각각 켜질 때는 빨간색 또는 녹색, 둘 다 켜질 경우 주황색이 됩니다.

만약 컬러 센서가 빨간색, 노란색, 녹색 중 어떤 색상도 감지하지 못했다면, 예를 들어 검은색이나 파란색, 흰색이나 갈색을 감지했다면 어떻게 될까요? 센서가 읽은 값이 스위치 블록에서 정해진 케이스 중 어떤 것에도 해당되지 않는다면 스위치 블록은 '기본 케이스'로 설정된 케이스의 블록 다이어그램을 실행합니다.

그림 7-9에서는 맨 위의 검은색 점이 선택된 케이스가 기본 케이스이며, 색상 파악이 불가능한 (❒) 또는 파악되었지만 아래의 케이스에 해당되지 않는 경우 상태 표시등이 꺼지고 '노'라는 음성을 출력하게 됩니다.

이제 프로그램을 만들고 테스트 트랙을 이용해 프로그램의 동작을 테스트해 봅시다.

탐구과제 32: 여러분만의 트랙을 만들어 보세요!

난이도 🔲 시간 ⏱⏱⏱

좀 전까지 사용한 트랙을 그대로 써도 좋습니다. 하지만 http://ev3.robotsquare.com/lines.pdf에서 보다 역동적인 패턴의 트랙을 추가 인쇄해 트랙 난이도를 높일 수 있습니다. 직선, 코너, 교차로 등 30가지 패턴이 포함된 트랙을 골라 인쇄하고 가로로 잘라서 서로 연결하면 여러분만의 트랙이 완성됩니다.

준비가 되었다면 우선, 네 개의 코너(pdf의 3쪽을 네 장 출력), 지그재그 트랙(15쪽), 그리고 직선에 파란색 교차선이 그려진 트랙(18쪽)를 이용해 그림 7-10과 같은 트랙을 구성해 봅시다. ColorLine 프로그램을 이용해 로봇이 이 트랙을 잘 주행하는지 테스트해 봅시다.

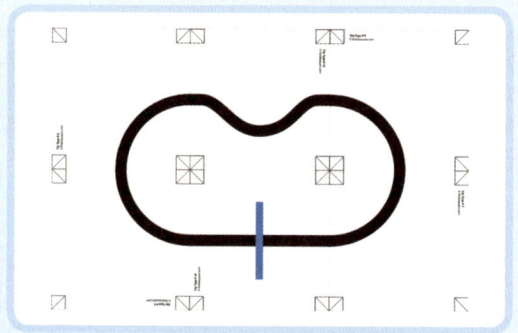

■ 그림 7-10 탐구과제 32, 33에서 사용할 트랙의 모습

TIP 일부 프린터는 인쇄 옵션에서 페이지 번호를 입력해서 한 번에 원하는 각각의 페이지를 인쇄할 수도 있습니다. 7-10과 같은 트랙을 인쇄하기 위해서는 3, 3, 3, 3, 15, 18과 같이 인쇄할 쪽을 입력하면 됩니다.

탐구과제 33: 파란색 선을 보면 멈추기!

난이도 🔲🔲 시간 ⏱

로봇이 탐구과제 32의 트랙을 주행하다가 파란색 선을 감지했을 때 멈추도록 ColorLine 프로그램을 수정해 봅시다. 파란색 선을 보면 로봇이 멈추고 소리를 낼 수 있어야 합니다.

HINT 파란색을 감지하기 위해 루프 블록의 모드를 변경해야 합니다.

탐구과제 34: 색상을 말해 보세요!

난이도 ▭▭ 시간 ⏱⏱

로봇이 센서로 감지한 색을 소리 내어 말할 수 있도록 프로그램을 만들어 봅시다. 만약 센서가 파란색을 감지하면 '블루', 아무것도 감지하지 못했다면 '노 오브젝트 디텍티드'와 같이 지금 인식한 내용을 음성으로 출력하도록 하는 것입니다. 프로그램이 완료되었다면 색상을 구분하도록 만들어진 스위치 블록을 SayColor라는 이름의 마이 블록으로 만들어 줍니다. 이 마이 블록은 여러분의 로봇에 색을 구분하고 말하는 기능이 필요할 때 언제든지 불러서 사용할 수 있습니다.

HINT 이 프로그램은 앞서 만들어 본 ShowColor 프로그램과 유사할 것입니다.

탐구과제 35: 엄청난 반사광!

난이도 ▭ 시간 ⏱

여러분이 측정한 대상 중 100%의 반사율을 보인 물체가 있습니까? 여러분이 충분히 호기심을 갖고 여기저기 센서를 옮겨가며 측정해 보았다면 이렇게 높은 값을 보이는 물체를 찾았을 수도 있습니다. 그 물체는 무엇인가요? 그리고 왜 그 물체의 반사광 측정값이 높았을까요?

반사광 강도 모드

컬러 센서의 또 다른 모드로, 물체에 반사된 반사광의 광량을 통해 물체의 명암을 구분할 수 있는 '반사광 강도 모드'가 있습니다. 예를 들어, 이 모드에서는 빛을 비추었을 때 흰색과 회색, 검은색 같은 무채색에서 반사되는 빛의 양을 통해 각 색의 명암 차이를 구분할 수 있습니다.

반사광 강도 모드에서는 0%(매우 낮은 반사율: 어두운 색)부터 100%(매우 높은 반사율: 밝은 색)까지의 단위로 대상의 명암을 측정합니다. 일반적인 검은색 종이는 빛을 흡수하는 속성 덕분에 10% 전후의 측정값을 보입니다.

반면 흰색 종이는 상대적으로 반사율이 커서 60% 정도까지 측정값이 높아집니다. 센서값을 육안으로 측정하기 위해서는 센서를 3번 포트에 연결하고 EV3 브릭의 포트 보기Port View 프로그램을 이용해 COL-REFLECT를 선택합니다(그림 7-3 참조).

여러분이 가진 테스트 시트에서 흑백 명암이 인쇄된 부분을 찾아 로봇을 움직여가면서 명암이 바뀌면서 어떻게 값이 변화하는지 확인해 봅시다.

👦 반사광을 측정하는 이 센서의 특성상, 센서값의 차이는 흑백 명암뿐만 아니라 질감에 따라서도 달라질 수 있습니다. 같은 유광, 또는 같은 무광이라면 당연히 밝은 색의 값이 크지만, 어두운 색이 광택 재질이고 밝은 색의 표면이 거칠어 난반사가 이루어지는 재질이라면 측정값은 바뀔 수도 있습니다.

기준값을 설정

컬러 모드에서 센서는 다른 몇 가지 색과 함께 무채색에서는 검정과 흰색, 단 두 가지 색만을 인식했습니다. 이제 살펴볼 반사광 강도 모드에서 로봇을 손으로 잡고 테스트 트랙의 검정 선으로부터 흰색 공간까지 아주 천천히 움직이면서 센서값을 확인합니다.

측정 조건에 따라 조금씩 다르겠지만, 대략적인 센서값은 6% 전후(검은색)에서 시작해 62% 전후(흰색)까지 증가할 것입니다. 어느 시점에서 센서는 검정 선과 흰색 여백을 동시에 볼 수도 있습니다. 🧑 센서가 측정할 수 있는 영역은 1cm 전후의 면적으로 충분히 두 색이 동시에 센서의 감지 범위 안에 들어올 수 있습니다.

센서값은 이 두 가지 값 사이에 위치할 것이며 검은색과 흰색의 중간은 회색이 될 것입니다. 길 따라가기 로봇을 제대로 동작시키기 위해서는 이를 좀 더 응용한 값이 필요합니다.

로봇이 측정한 값이 검정 선인지, 혹은 흰색 배경인지 판단하기 위해서는 현재 읽은 색상을 비교할 기준값이 필요합니다. 측정된 값이 기준값보다 크다면 흰색으로, 기준값보다 작다면 검은색으로 간주할 수 있습니다. 바꾸어 말하자면, 로봇은 그림 7-11의 명암 영역 중 진회색 구간을 검은색으로, 연회색 구간을 흰색으로 인식할 수도 있다는 뜻입니다.

🧑 물론 프로그래밍하기에 따라 흑백의 두 단계가 아닌 좀 더 여러 단계를 구분하도록 할 수도 있습니다. 단, 흑백의 명암 차이에서 회색과 연회색 정도의 차이는 외부 광량이나 그림자에 의한 오차 범위에 영향을 받을 수 있는 수준이기 때문에 최상의 조건이 아니라면 프로그램은 쉽게 오동작을 일으킬 수도 있습니다.

일반적인 오차 범위에 영향을 받지 않을 만큼 두 색이 차이가 명확하다면 단순히 외부 광량 조건에 의해 로봇이 오동작하는 것을 최소화할 수 있는데, 이 때문에 적외선 반사광을 이용해 패턴을 인식하는 로봇의 트랙은 대부분 흑백의 두 색을 주로 사용합니다.

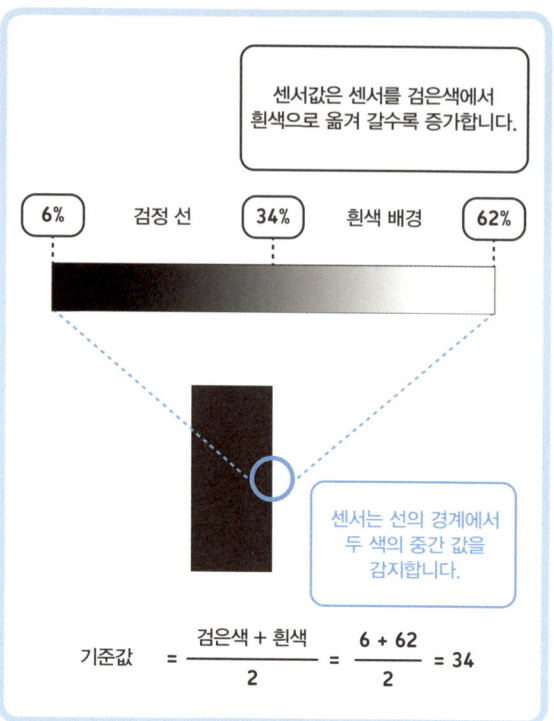

■ 그림 7-11 선의 경계에서, 센서는 검은색과 흰색이 섞인 구간을 보게 됩니다. 검은색과 흰색이 마주하는 구간에서의 측정된 값은 흰색만큼의 반사율로도 검은색만큼의 빛 흡수율로도 인식하지 않으며, 이 구간은 마치 회색처럼 인식될 것입니다.

기준값은 센서가 인식한 가장 어두운 색(낮은 값)과 가장 밝은 색(높은 값)의 중간에 위치하는 값이 됩니다. 이를 계산하기 위해서는 두 값을 더한 후 2로 나누어 평균을 구하면 됩니다.

센서값과 기준값의 비교

이제 여러분은 반사광 강도 모드와 기준값을 활용해서 새로운 길 따라가기 프로그램을 만들 수 있을 것입니다. 프로그램을 만들기에 앞서 먼저 로봇이 검은색을 인식한다면 오른쪽으로, 흰색을 인식한다면 왼쪽으로 주행하는 것으로 약속하겠습니다.

이를 위해 스위치 블록을 그림 7-12와 같이 **컬러 센서 – 비교 – 반사광 강도**로 설정합니다. 앞서 계산한 기준값을 경계값 입력란에 설정합니다. 비교 유형 설정은 센서값이 얼마일 때를 참으로 설정할지, 즉 스위치 블록의 위쪽 다이어그램 실행을 결정하기 위한 계산식입니다.

여러분은 현재 측정된 센서값과 입력된 경계값을 비교하는 아래의 여섯 가지 유형을 통해 스위치 블록의 위쪽 다이어그램을 실행하도록 설정할 수 있습니다.

0. 측정된 값이 경계값과 같다. (=)
1. 측정된 값이 경계값과 다르다. (≠)
2. 측정된 값이 경계값보다 크다(초과). (>)
3. 측정된 값이 경계값보다 크거나 같다(이상). (≥)
4. 측정된 값이 경계값보다 작다(미만). (<)
5. 측정된 값이 경계값보다 작거나 같다(이하). (≤)

여러분이 구현하고자 하는 로봇의 센서가 검은색을 인식하고 오른쪽으로 회전하는 행동은 측정된 센서값이 기준값보다 작은 경우를 뜻하며, 이 때 프로그램에서는 스위치 블록의 위쪽에 설정된 블록들이 수행됩니다.

자, 이제 그림 7-12를 참고하여 ReflectLine1 프로그램을 만들고 앞서 프로그램을 테스트한 것과 같이 테스트해 봅시다.

> **NOTE** 프로그램의 스위치 블록에는 기본적으로 50이라는 기준값이 경계값에 입력되어 있습니다. 하지만 여러분이 프로그램을 제대로 동작시키고 싶다면 기준값을 스스로 계산하는 것이 좋습니다. 여러분이 측정한 기준값은 아마도 방의 전체적인 밝기, 로봇의 배터리 상태, 값을 측정하고자 하는 매트의 재질 등 다양한 요소에 의해 영향을 받기 때문에 기본적으로 설정된 값과 많이 차이가 날 수도 있습니다.

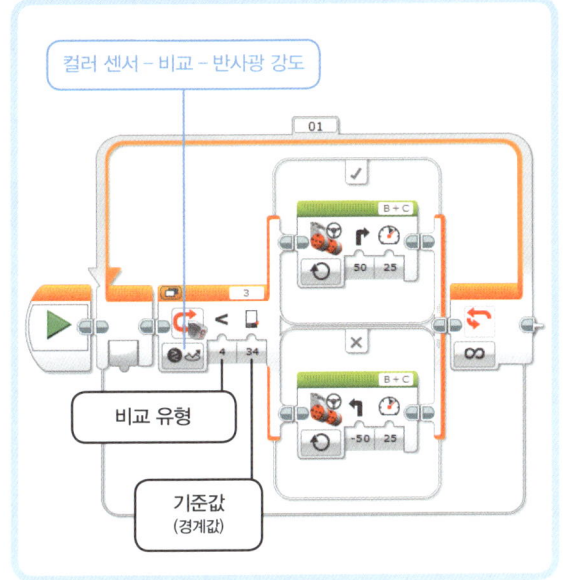

■ 그림 7-12 ReflectedLine1 프로그램은 익스플로러 로봇이 반사광 강도 모드를 이용해 테스트 트랙의 선을 따라갈 수 있게 합니다. 보다 작음(<) 유형은 비교 유형 목록의 네 번째 유형입니다.

좀 더 부드럽게 선을 따라가기

반사광 강도 모드의 장점은 로봇이 단순히 검정과 흰색을 구분할 뿐만 아니라, 선의 경계를 지나면서 검정과 흰색의 중간 색조 역시 인식할 수 있다는 것입니다. 만약, ReflectedLine1 프로그램을 수행하는 로봇이 흰색을 인식한다면, 로봇은 다시 선을 인식하기 위해 급격한 좌회전을 수행할 것입니다.

하지만 급격한 회전은 센서가 라인을 아주 조금만 벗어난 경우라면 구태여 필요하지 않습니다. 만약 로봇이 연회색을 감지했다면 일반적인 급격한 좌회전이 아닌 아주 약하게 좌회전하는 것으로도 충분히 검정 선으로 돌아갈 수 있을 것입니다.

이 기능이 구현되지 않은 로봇은 아마도 좌우로 격하게 몸을 흔들며 부자연스럽게 선을 따라갈 것이며, 반면 기능이 구현된 로봇은 보다 부드럽게 선을 따라갈 수 있습니다. 물론 항상 로봇이 선을 이탈했을 때 부드러운 회전만 하는 것은 아니며, 만약 로봇이 흰색을 감지했다면 라인을 많이 벗어난 상황(이를테면 큰 각도로 꺾인 커브 구간)

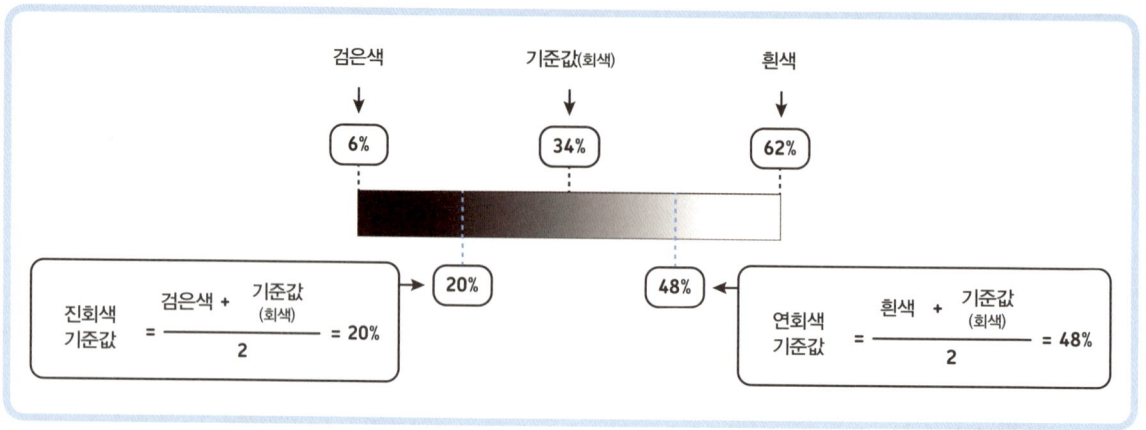

■ 그림 7-13 검정과 흰색뿐만 아니라 진회색과 연회색까지 구분하기 위해서는 추가적인 두 개의 기준값 계산이 필요합니다. 각 기준값은 여러분이 측정한 검은색과 흰색의 값, 그리고 이 두 값의 중간인 회색의 값을 이용해 재계산합니다. 그림에서 검은색의 값(6%)과 흰색의 값(62%)을 이용해 계산한 회색의 값(34%)을 다시 검은색의 값(6%)과 계산해서 회색과 검은색의 중간인 진회색의 값(20%)을 산출했습니다.

이라고 인식하고 급격한 좌회전을 수행할 것입니다.

이와 같은 부드러운 회전을 하기 위해서는, 로봇이 검정, 진회색, 연회색, 그리고 흰색을 각각 구분할 수 있어야 합니다. 이를 위해 여러분은 프로그램에 두 개의 기준값을 추가해야 합니다. 그림 7-13은 이렇게 추가된 세 개의 기준값을 보여줍니다.

그림 7-14는 센서가 인식하는 각각의 상태에 따라 로봇이 어떻게 판단하고 급격한 회전 또는 부드러운 회전 중 어떤 형태의 회전 동작을 수행할지 결정하는 흐름을 보여줍니다. ReflectedLine2 프로그램을 실행해 보면 로봇은 ReflectedLine1 프로그램에 비해 좀 더 부드럽게 선을 따라가는 것을 볼 수 있습니다(그림 7-15 참조).

만약 여러분이 육안으로 판단했을 때 로봇이 급격한 회전을 수행 중인지 부드러운 회전을 수행 중인지 구분하기 어렵다면 EV3 브릭의 상태 표시등을 활용해 급격한 회전에는 빨간색, 부드러운 회전에는 녹색 빛이 들어오도록 만들어 로봇의 동작을 확인할 수도 있습니다.

🧑 프로그램을 만들고 수행하게 되면, 내가 원하는 대로 명령이 수행되고 있는지 확인해야 할 경우가 있습니다. 일반적인 프로그래밍 언어에서는 이 과정을 소스코드의 실행 흐름을 추적하는 형태 또는 프로그램이 동작하면서 반환하는 특정한 결과 값을 체크하는 형태로 파악합니다.

하지만 동작하는 로봇의 경우 이러한 기존의 추적 방법 외에도 소리나 램프 등의 요소를 활용해 현재 수행 중인 코드가 무엇인지 확인할 수도 있습니다. 여러분은 특정 코드가 실행되는지 확인하기 위해 해당 코드가 수행될 때 특정한 소리를 내거나, 상태 표시등의 색을 바꾸는 등의 디버깅용 코드를 추가할 수 있습니다.

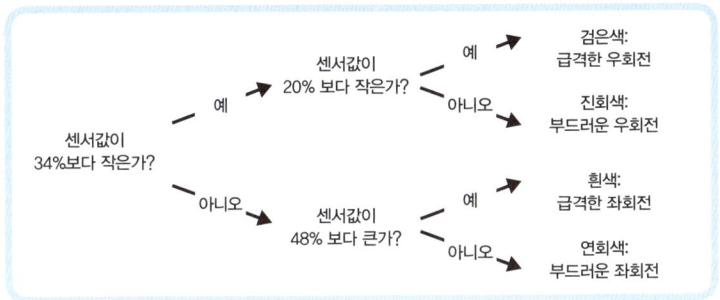

■ **그림 7-14** ReflectedLine2 프로그램의 흐름도

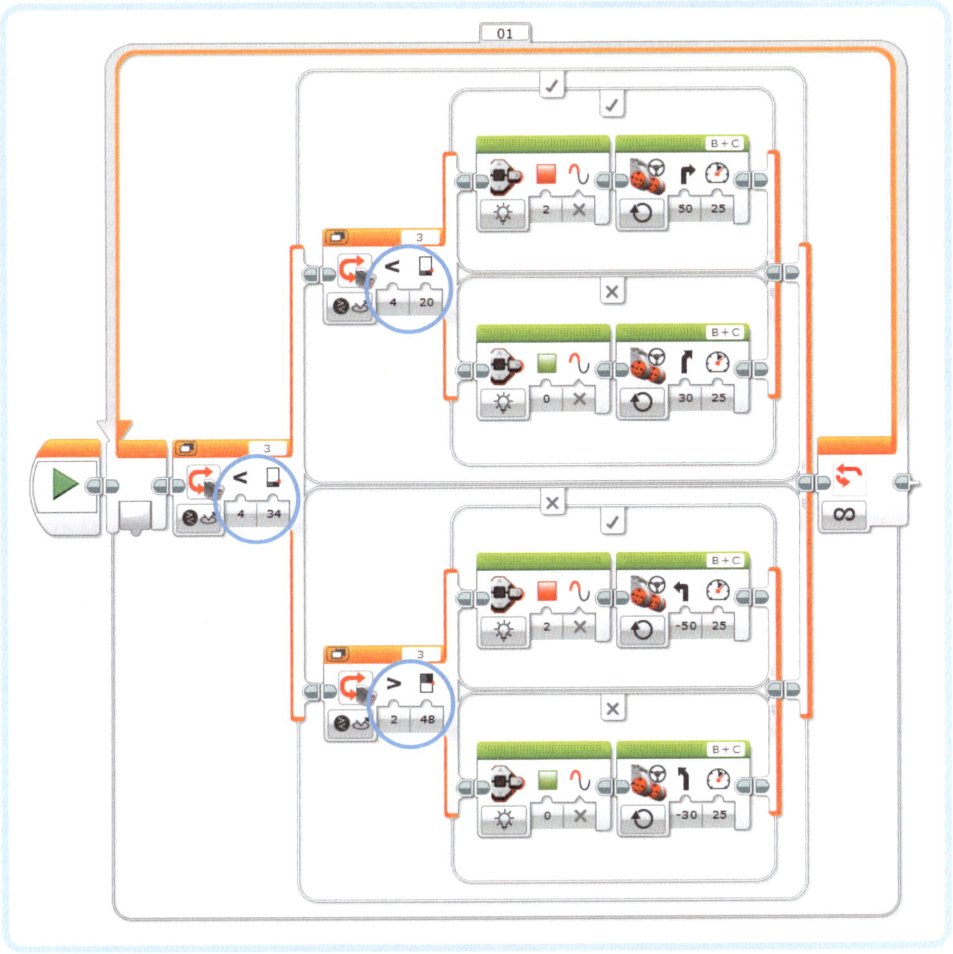

■ **그림 7-15** ReflectedLine2 프로그램. 스위치 블록 안에 들어간 두 개의 스위치 블록 중 아래의 스위치 블록에 설정된 비교 유형이 '2번, 보다 큼'(>)으로, 기준값은 연회색으로 설정된 것에 주의하십시오.

7 컬러 센서 사용하기 **107**

주변광 강도 모드

컬러 센서는 주변광 강도 모드를 통해 실내의 조명 밝기 또는 특정 광원의 밝기를 측정할 수 있습니다. 이 모드를 활용한다면 방의 불이 켜져 있는지 아닌지를 구분할 수도 있습니다. 센서가 주변의 광량을 보다 잘 파악할 수 있도록 센서를 그림 7-16과 같은 형태로 로봇에 장착할 수 있습니다.

■ 그림 7-16 로봇의 전면에 하단을 향하도록 부착했던 컬러 센서를 떼어 비스듬히 위를 향하도록 다시 부착합니다. 이 수정 작업에 추가적인 부품은 필요하지 않습니다. 케이블 역시 3번 포트에 연결된 상태를 그대로 유지합니다.

주변 빛의 강도 측정

EV3의 포트 보기를 이용해서 **COL-AMBIENT**를 선택하면 주변광 측정이 가능합니다. 센서값은 0%(매우 어두움)에서 100%(매우 밝음)까지 측정 가능합니다. 여러분이 센서를 손으로 가려 준다면 대략 5% 정도의 값이 인식될 것이며, 만약 센서가 전구를 향하도록 위치한다면 70% 이상의 값이 인식될 것입니다.

센서의 값을 측정하는 방식은 여러분이 이미 테스트해 본 반사광 강도 모드와 거의 동일합니다. 단지 메뉴가 **컬러 센서 – 비교 – 주변광 강도**로 바뀌었을 뿐입니다. 방의 불이 켜져 있는지 확인하기 위해서는 스위치 블록을 이용하고 센서가 측정한 값이 기준값보다 큰지 비교하면 됩니다. 기준값을 입력하기 위해서는 불이 켜져 있을 때의 센서값과 불이 꺼져 있을 때의 센서값을 측정해 평균값을 계산하면 됩니다.

> **NOTE** 컬러 센서는 주변광 강도 모드에서 연한 푸른 빛을 냅니다. 하지만 이 빛은 실제 센서가 값을 측정하는 아주 짧은 순간 동안은 꺼진 상태가 됩니다. (매우 빠른 주기로 점멸하기 때문에 사실상 켜진 것처럼 보일 것입니다.) **주변광 강도 모드에서는 반사된 빛을 측정하지 않고 센서는 오직 주변에서 센서로 들어오는 빛의 양만을 측정합니다.**
>
> 👦 반사광 모드와 주변광 모드, 둘 다 기본적으로 '밝을수록 센서값이 크다'는 것은 동일합니다. 단지 반사광 강도 모드에서는 색상을 측정하기 위해 센서에 내장된 빨간색 **LED**를 켜고 이 빛이 반사되는 양을 측정하는 형태로 동작하고, 주변광 강도 모드에서는 색상을 측정하기 위해 센서에 들어오는 빛의 양을 바로 측정한다는 점이 다를 뿐입니다.

모르스 부호 프로그램

이제 우리는 어두운 방에서 빛을 매개로 로봇에게 명령을 보내는 프로그램을 만들어 볼 것입니다. 여러분이 만들 프로그램은 로봇이 2초 이상 빛을 감지할 경우 오른쪽으로 회전, 그보다 짧은 시간 동안 빛을 감지할 경우 왼쪽으로 회전하는 기능을 구현해야 합니다.

이를 이용해 여러분은 방의 전등 스위치를 켜고 끄는 것으로 로봇의 이동 방향을 제어할 수 있게 됩니다. 이 기능은 음성 통신 전화가 발명되기 전에 사용되던 '모르스 부호'와 비슷한 형태라고 할 수 있습니다.

먼저 로봇은 대기 블록을 이용해 빛 신호를 감지할 때까지 기다립니다. 빛 신호가 감지되면 두 번째 대기 블록을 이용해 2초간 대기합니다. 그 다음 스위치 블록을 이용해 컬러 센서를 검사하고 아직도 밝은 상태라면 2초 이상 빛 신호가 지속적으로 전달된 것으로 인식해서 우회전을, 그렇지 않다면 짧은 빛 신호가 전달된 것으로 인

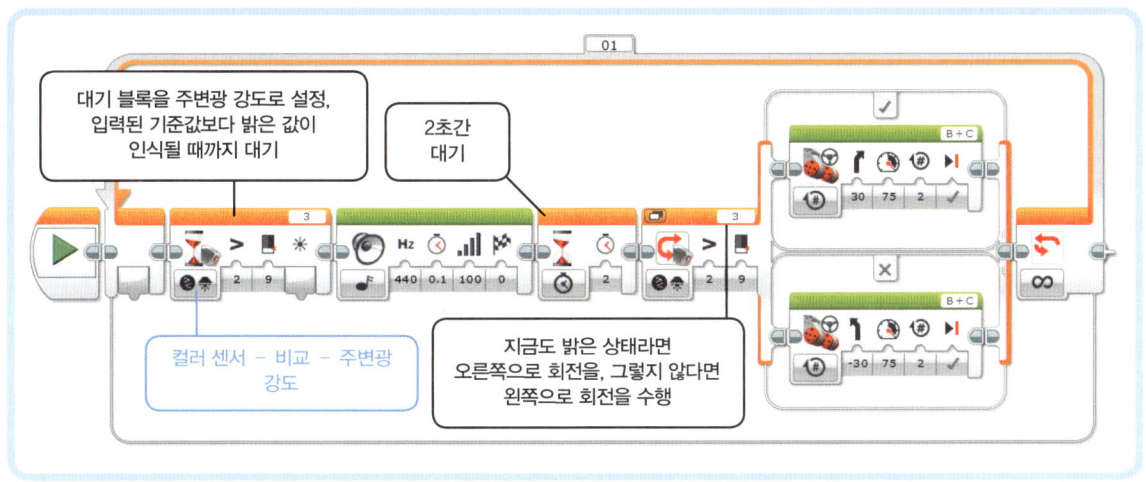

■ **그림 7-17** MorseCode 프로그램. 처음의 대기 블록과 스위치 블록은 모두 '컬러 센서 – 비교 – 주변광 강도' 모드로 설정되어 있습니다.

식해서 좌회전을 구현합니다.

그림 7-17을 참고하여 MorseCode 프로그램을 만들고 어두운 방에서 테스트해 봅시다. 꼭 어두운 방이 아니더라도 손전등과 같은 도구를 이용해 빛 신호를 줄 수 있습니다.

NOTE 필자의 경우, 방에서 불을 껐을 때 2%, 불을 켰을 때 16% 정도의 값이 인식되었고, 그래서 센서값으로 9% 정도의 값을 사용했습니다. 하지만, 반사광 모드를 사용할 때와 같은 이유로 프로그램에는 여러분이 직접 측정한 센서값을 계산해서 기준값을 입력해야 합니다.

탐구과제 36: 기상 알람!

난이도 🗂 시간 ⏱⏱

아침 해가 뜰 때 로봇이 이를 감지하고 알람이 동작하도록 만들 수 있습니까? 로봇을 창문 근처에 놓고 대기 블록을 이용해서 여러분이 계산한 기준값(밤과 아침을 구분할 수 있는 값)을 넘어가기 전까지 프로그램이 대기 상태를 유지해야 합니다.

해가 뜨고 주변이 밝아지면 여러분이 알람을 중지하도록 설정한 터치 센서 버튼을 누를 때까지 알람은 시끄러운 소리로 여러분을 깨울 수 있어야 합니다. 🧑 이 알람시계를 너무 믿으면 곤란합니다. 아침에 짙게 안개가 낀 경우 이 시계는 여러분을 지각하게 만들지도 모릅니다.

TIP EV3 컨트롤러는 내장된 배터리를 절약하기 위해 기본값으로 30분 동안 사용하지 않을 때 스스로 꺼지도록 설정되어 있습니다.

이런 이유로 여러분이 잠들기 전 이 알람을 동작시킨다면 아침에 컨트롤러가 동작하지 않고 꺼진 상태인 것을 보게 될 것입니다.
해결 방법은 EV3의 Setting 탭에서 Sleep(절전) 메뉴를 선택하고 30min(30분)으로 설정된 자동 설정 값을 Never(절대 자동으로 꺼지지 않기)로 바꾸어 주어야 합니다. 물론 여러분이 설정을 바꾸게 된다면 앞으로 EV3 컨트롤러는 여러분이 끄는 것을 잊어버릴 경우 배터리가 다 방전될 때까지 켜져 있게 될 것입니다.

그러므로 특별한 목적이 있는 경우가 아니라면 이 설정 값은 다시 30분 후 자동 Off 되는 30min으로 바꾸는 것을 권장합니다.

추가적인 탐구

컬러 센서는 로봇이 색상 또는 반사되는 대상물의 명암을 판단하거나 혹은 주변광의 밝기 변화를 감지하는 등의 용도로 활용할 수 있습니다. 로봇은 센서의 모드 설정을 통해 적절한 상황에 대해 반응하는 작업을 할 수 있습니다. 예를 들면 익스플로러 로봇이 흑백으로 구분된 선을 따라가거나 혹은 랜턴을 이용한 빛 신호를 감지하는 형태로 말입니다.

이를 위해 우리는 기준값을 계산하는 방법과 센서값과 기준값을 비교해서 로봇이 주변 환경을 인식하는 방법을 배워 보았습니다. 로봇은 기준값을 토대로 현재 인식한 센서값의 상황이 검정 선 또는 방의 불이 켜진 상태임을 판단할 수 있습니다.

기준값은 컬러 센서에서만이 아닌, 다른 센서의 측정에서도 활용하는 개념이며, 우리는 이에 대해 다른 센서를 다루는 장에서 다시 한 번 살펴볼 것입니다.

컬러 센서는 다양한 용도로 활용할 수 있으며, 이 책에서 제시된 것 이상의 여러 가지 조건에서 아주 유용하게 쓰일 것입니다. 이어서 제시되는 탐구과제에서 좀 더 참신한 활용법을 찾아보시기 바랍니다.

탐구과제 37: 컬러 태그!

난이도 ☐ 시간 ⏱⏱

그림 7-16과 같이 컬러 센서를 장착하고 여러분이 제시한 카드의 색상에 따라 로봇이 다른 방향으로 움직이도록 프로그래밍해 봅시다. 각각의 움직임은 3초간 지속되도록 합니다.

탐구과제 38: 지문 스캐너!

난이도 ☐☐ 시간 ⏱⏱

터치 센서를 누르면 로봇이 왼쪽으로, 컬러 센서를 누르면 오른쪽으로 동작하게 만들어 봅시다. 먼저 로봇에 장착된 센서를 분리한 다음 최대한 긴 전선을 이용해 EV3와 센서를 연결하고 두 센서는 여러분의 손에 쥡니다. 여러분의 컬러 센서는 어떤 방식으로 여러분의 손가락을 인식할 수 있을까요?

HINT 여러분의 손가락에서 반사된 빛의 광량 값을 측정해 보세요.

탐구과제 39: 컬러 패턴!

난이도 ☐☐☐ 시간 ⏱⏱

탐구과제 37에서 만든 프로그램의 기능을 확장해 여러 가지 컬러 패턴에 각기 다른 반응을 할 수 있도록 만들어 봅시다. 예를 들어, 빨간색을 2초간 인식한다면 왼쪽으로 커브 주행을 하고, 빨간색 1초 후 파란색을 1초간 인식한다면 오른쪽으로 커브 주행을 하는 형태로 말입니다.

HINT 이 프로그램은 앞서 만들어 본 모르스 부호 프로그램과 유사합니다.

탐구과제 40: 길 위에 장애물이!

난이도 ▭▭▭   시간 ◷◷◷

로봇이 길을 따라 주행하고, 만약 길 위에 장애물이 감지될 경우 돌아서 갈 수 있도록 프로그래밍해 봅시다. 그림 7-18을 참고하여 터치 센서 모듈을 장착하고 왼쪽에 컬러 센서를 장착해 줍니다. (두 개의 파란색 편 중 하나만 연결되지만 이것만으로도 충분합니다.)

HINT 길 따라가기 기능이 구현된 프로그램의 루프 블록을 터치 센서가 눌릴 때까지 동작하도록 수정합니다. 루프 블록 뒤에 로봇이 장애물을 회피하기 위한 구동 명령을 추가합니다. 장애물을 피한 다음 길을 찾고, 감지된 길을 다시 따라가도록 프로그래밍 합니다.

■ 그림 7-18 EXPLOR3R 의 3번 포트에는 컬러 센서를, 1번 포트에는 터치 센서를 장착합니다. 앞에서 만들어 보았던 길 따라가기 프로그램을 수정해 장애물 회피 기능을 구현합니다.

탐구과제 41: 아주 어려운 트랙!

난이도 ▭▭▭▭   시간 ◷◷◷

http://ev3.robotsquare.com/lines.pdf에서 두 개의 코너 트랙(3쪽 2매), 삼거리 트랙(33쪽), 로터리 트랙(17쪽), 노란 얼굴 트랙(26쪽), 초록별 트랙(28쪽)을 인쇄해 그림 7-19와 같이 배치합니다. 로봇이 초록별을 감지할 때까지 길을 따라간 다음 초록 별을 시작점으로 잡고 다시 출발합니다.

HINT 만약 로봇이 노란 얼굴을 감지한다면 180도 회전해 반대 방향으로 라인을 따라가야 합니다.

■ 그림 7-19 탐구과제 41의 트랙

디자인 탐구과제 7: 초인종!

조립 난이도 ✲ 프로그래밍 난이도 ▫

누군가 현관에 다가갔을 때 감지하고 EV3 브릭이 소리를 내도록 만들어 봅시다. 컬러 센서를 문틀에 설치하고 반대쪽에는 작은 손전등을 설치해 불빛이 컬러 센서를 향하도록 조정합니다. 어떻게 하면 이 로봇이 현관에 다가온 사람을 감지할 수 있을까요?

HINT 사람이 현관에 접근하면 그 사람에 의해 손전등의 불빛이 가려져서 주변은 분명히 어두워질 것입니다.

👤 이와 같은 시스템은 지하철역 등에서 유동인구가 간헐적인 출입구의 에스컬레이터 장치에 자주 활용됩니다. 에스컬레이터 입구에 두 개의 기둥을 설치하고 한쪽 기둥의 램프에서 빛을 반대쪽 기둥의 센서에 향하도록 설정해 사람이 지나가면서 센서에 감지된 광량이 적어지면 사람이 들어왔다고 판단하고 에스컬레이터를 동작시키는 개념입니다.

이런 용도의 기둥은 센서와 램프 부위에 검은색 창이 설치된 것을 볼 수 있습니다. 참고로 이런 장치에 쓰이는 램프는 가시광선이 아닌 적외선을 발광하는 적외선 램프가 설치되어 우리의 눈으로는 빛이 보이지 않습니다. 디지털 카메라 장치(캠코더나 핸드폰 카메라 포함)로 램프를 보면 불빛을 확인할 수 있습니다.

디자인 탐구과제 8: 안전 금고!

조립 난이도 ✲✲✲
프로그래밍 난이도 ▫▫▫

그림 7-20과 같은 컬러 보안카드를 이용해야만 열 수 있는 보안 금고를 만들어 봅시다. 한 개의 모터는 컬러 패턴이 들어간 보안 카드를 읽기 위해 움직이는 용도로, 다른 하나는 컬러 패턴이 맞을 경우 금고의 자물쇠를 여닫는 용도로 사용합니다. 보안카드를 스캔하고 반응하는 순서는 다음과 같습니다.

1. 컬러 센서 앞에 장착된 롤러 바퀴를 빨간색, 노란색, 녹색 또는 파란색 중 하나의 색이 감지될 때까지 회전합니다.
2. 첫 번째 색상이 빨간색이 아니라면 카드를 밀어냅니다. 잘못된 카드이므로 문은 열리지 않습니다. 첫 번째가 빨간색이라면 다음 과정을 진행합니다.
3. 빨간색 뒤의 색을 읽기 위해 롤러 바퀴를 다시 회전합니다.
4. 두 번째 색상이 노란색이 아니라면 카드를 밀어냅니다. 잘못된 카드이므로 문은 열리지 않습니다. 두 번째가 노란색이라면 다음 과정을 진행합니다.
5. 노란색 뒤의 색을 읽기 위해 롤러 바퀴를 다시 회전합니다.

6. 이와 같은 방법으로 네 가지 색을 전부 검사한 후, 빨간색 – 노란색 – 녹색 – 파란색 순서라면 문을 열어줍니다.

> **HINT** 각각의 색을 인식하는 과정에 스위치 블록을 하나씩 사용합니다. 첫 번째 스위치 블록은 첫 번째 색이 빨간색인지를 검사하고 만약 그렇다면, 참의 블록 다이어그램에는 롤러를 회전해 카드를 다음 위치까지 읽고 다음 색을 검사하는 스위치 명령을 넣어줍니다.
> 이런 방식으로 네 번째 색상의 스위치 명령까지 연속적으로 참의 블록 다이어그램에 위치하며, 만약 빨간색이 아니라면(또는 두 번째나 세 번째 스위치에서 노란색이나 녹색이 아니라면) 거짓의 블록 다이어그램을 실행해서 롤러를 반대로 회전하고 카드를 밀어낸 뒤 종료합니다.

■ **그림 7-20** 컬러 패턴이 인쇄된 보안 카드 이미지는 http://ev3.robotsquare.com/securitycard.pdf에서 찾아 인쇄할 수 있습니다.

8
적외선 센서 사용하기
using the infrared sensor

적외선 센서는 물체에 적외선을 조사해서 반사되는 광량을 통해 물체와 센서 사이의 거리를 측정, 즉 '볼' 수 있습니다. 또한, 이 센서는 적외선 비콘beacon에서 나오는 특정한 패턴 신호(정보)를 인식할 수 있습니다.

센서는 EV3 키트에 포함된 비콘의 어떤 버튼이 눌렸는지, 센서와 리모컨 사이의 거리 그리고 비콘이 센서를 기준으로 좌측부터 우측 사이에 어느 방향으로 위치하는지도 대략적으로 파악할 수 있습니다.

여러분은 이 기능들을 구현하기 위해 적외선 센서 관련 블록에서 네 가지의 모드를 선택해 사용할 수 있습니다. 적외선 센서의 모드는 장애물을 감지하기 위한 근접 감지 모드, 비콘의 방향을 감지하기 위한 비콘 방향 모드, 비콘과의 거리를 감지하기 위한 비콘 신호강도 모드, 그리고 비콘의 버튼을 식별할 수 있는 원격 모드, 이렇게 네 가지입니다(그림 8-1 참조).

비콘의 신호는 적외선에 실리기 때문에 육안으로는 신호를 확인할 수 없으며 스마트폰이나 캠코더와 같은 디지털 카메라를 통해 적외선 신호를 볼 수 있습니다. 가전제품에 사용되는 적외선 리모컨 역시 마찬가지입니다. 단, 신호가 발생되는 원리는 적외선 LED를 발광하는 것으로 모두 같지만, EV3의 비콘과 가전제품에 사용되는 리모컨은 각각 만들어내는 신호의 패턴이 다르기 때문에 서로 직접적인 호환이 되지는 않습니다.

비콘의 거리를 감지하기 위해서 비콘 신호강도 모드가 동작될 때, 적외선 신호 출력을 육안으로 식별할 수 있도록 비콘에 내장된 녹색 LED가 점등되기도 합니다. 이번 장에서는 익스플로러 로봇을 이용해 각각의 모드가 작동하는 방법을 배우고, 로봇이 장애물을 회피하고 비콘의 명령에 반응하며 비콘을 찾는 기능까지 실습할 것입니다.

근접감지 모드

근접감지 모드에서 로봇은 적외선 센서의 내장 LED를 발광하고 이 빛이 전면의 물체에 반사되어 돌아온 반사광을 측정해서 장애물의 대략적인 거리를 판단합니다. 측정 방식은 우리에게 익숙한 센티미터나 인치가 아닌 백분율로, 0%(가깝다)부터 100%(멀다)로 측정합니다. EV3 브릭의 포트 보기에서 IR-PROX InfraRed PROXimity를 선택하면 거리에 따른 센서값의 변화를 볼 수 있습니다.

센서값의 측정 방식은 적외선 센서에서 발광한 적외선이 물체에 부딪혀 돌아오는 반사광의 광량을 측정하는 방식입니다. 센서와 물체의 거리가 가깝다면 좀 더 많은 반사광이 센서로 돌아갈 것입니다. 이런 이유로, 물체의 색이나 재질 역시 센서값에 영향을 줄 수 있습니다. 이를

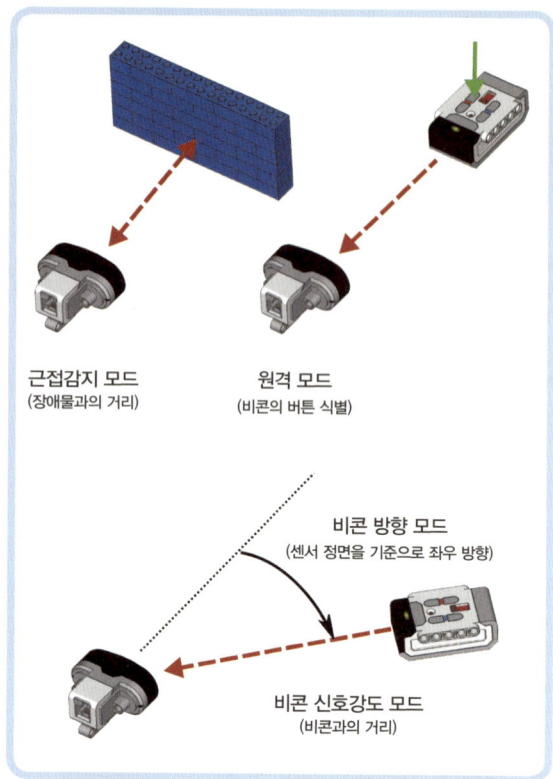

■ 그림 8-1 적외선 센서의 동작 모드. 빨간색 점선은 눈에 보이지 않는 적외선의 이동 방향을 나타냅니다. 비콘을 이용하는 모드에서 만약 센서와 리모컨 사이에 장애물이 위치한다면, 센서는 정확한 값을 측정할 수 없습니다.

테면 센서로부터 똑같은 거리의 흰색 벽과 검은색 벽은 흰색이 검은색보다 빛 반사율이 높기 때문에 좀 더 가깝게 인식될 수 있습니다.

마찬가지로 딱딱하고 매끄러워 반사율이 높은 재질과 울퉁불퉁하고 난반사가 이루어질 만한 불규칙한 재질 역시 같은 거리라도 다르게 인식할 수 있습니다. 이런 이유 때문에 적외선 센서를 이용한 거리 감지에는 정확한 도량형에 따른 거리 산출이 어려워 백분율(%) 개념을 쓰는데, 대략적인 거리만을 측정값으로 나타낸다고 할 수 있습니다. 반면 모양이 비슷하지만 전혀 다른 원리로 동작하는 '초음파 센서'의 경우 초음파가 물체에 부딪혀 오는 시간을 계산하는 방식이기 때문에 주변 광량이나 물체의 색에 의해 영향을 받는 적외선 센서와 달리 센티

미터 또는 인치 단위로 상당히 신뢰성 있는 거리 측정이 가능합니다.

장애물 피하기

적외선 센서를 이용해서 정확한 거리를 측정할 수는 없습니다. 단지 멀지 않은 전방에 장애물이 있는지의 유무 정도를 파악할 수 있을 뿐입니다. 센서에 아무런 장애물도 감지되지 않는다면 센서값은 100%로 인식할 것입니다. 적외선을 충분히 반사할 만한 면적이 없는 장애물, 예를 들어 가는 막대와 같은 경우 적외선 센서를 이용해서는 제대로 인식할 수 없습니다.

센서값이 30% 정도까지 떨어진다면 로봇이 장애물에 상당히 근접했다고 생각할 수 있습니다. 만약 여러분이 65% 정도의 값을 적외선 센서의 기준값으로 설정한다면 로봇은 장애물이 두 뼘 정도의 거리에 근접할 때까지 전진하고, 이보다 장애물이 가까울 때 회피 동작을 수행할 수 있습니다.

그림 8-2의 ProximityAvoid 프로그램은 대기 블록을 이용해 65% 미만의 적외선 센서값을 인식할 경우 장애물을 회피할 것입니다.

센서의 복합 활용

여러분이 로봇을 만들고 프로그래밍할 때 반드시 센서를 하나만 써야 한다는 제약은 없습니다. 단지 EV3 컨트롤러의 입력 포트 숫자에 제한이 있을 뿐입니다. 사실상 여러분이 가진 모든 센서를 EV3의 입력 포트에 전부 연결하고 하나의 프로그램에서 모든 센서를 측정할 수 있습니다.

대체로 센서를 하나 이상 사용할 때 하나만 쓸 때보다 좀 더 안정적이고 효과적으로 반응할 수 있습니다.

예를 들자면, 적외선 센서의 경우 동작 특성을 볼 때 작은 물체(또는 얇은 물체)를 감지하기 어렵습니다. 이를테면 로봇의 주행 경로 사이에 막대기를 세워두면 센서가 감지하지 못할 수도 있다는 뜻입니다. 하지만 터치 센서는

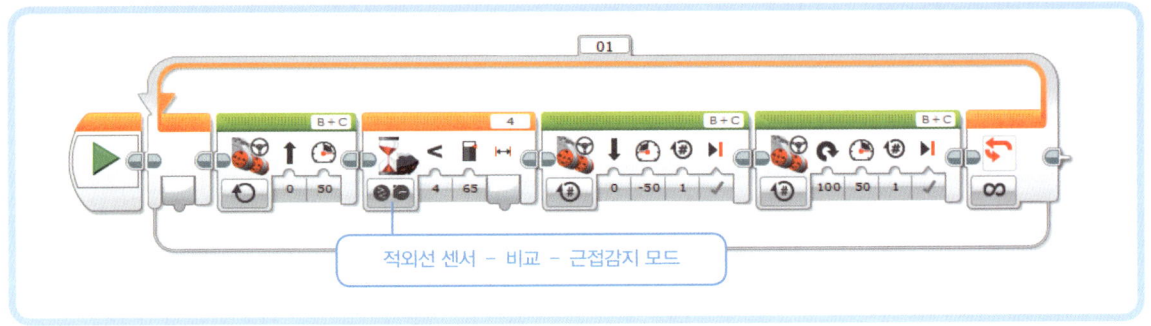

적외선 센서 - 비교 - 근접감지 모드

■ 그림 8-2 EXPLOR3R-IR이라는 새로운 프로젝트를 만들고 ProximityAvoid라는 프로그램을 추가합니다. 구성은 그림과 같습니다. 전체적으로는 6장에서 실습한 TouchAvoid 프로그램과 유사합니다.

물리적으로 접촉이 된다면 얇은 물체라도 감지할 수 있습니다. 단, 임의의 위치에 놓인 얇은 물체를 감지하려면 터치 센서에 넓은 범퍼를 먼저 장착해야겠지요.

접촉이 되고 센서를 누를 만큼 단단한 물체라면 터치 센서가 유용하겠지만, 만약 커튼과 같이 얇고 힘이 없는 물체라면 터치 센서는 무용지물이 됩니다. 이럴 때 물체에 반사된 광량을 측정하는 적외선 센서는 제기능을 발휘할 수 있습니다.

만약 터치 센서와 적외선 센서를 로봇에 함께 장착한다면, 상호 보완적으로 익스플로러 로봇은 주변의 다양한 물체를 훨씬 잘 인식하고 회피할 수 있을 것입니다.

센서를 복합 활용하기 위한 한 가지 방법은, 스위치 블록 안에 스위치 블록을 넣어 중첩 활용하는 것입니다. 이러한 기법의 프로그램 흐름이 그림 8-3에 나와 있습니다. 그림 8-3을 참고하여 그림 8-4와 같은 구성의 프로그램을 CombinedSensors라고 이름 짓고 테스트해 봅시다.

NOTE 6장에서 만들었던 터치 센서 모듈을 로봇에 장착하는 것을 잊지 마십시오. 터치 센서의 입력 포트는 1번으로 설정하면 됩니다.

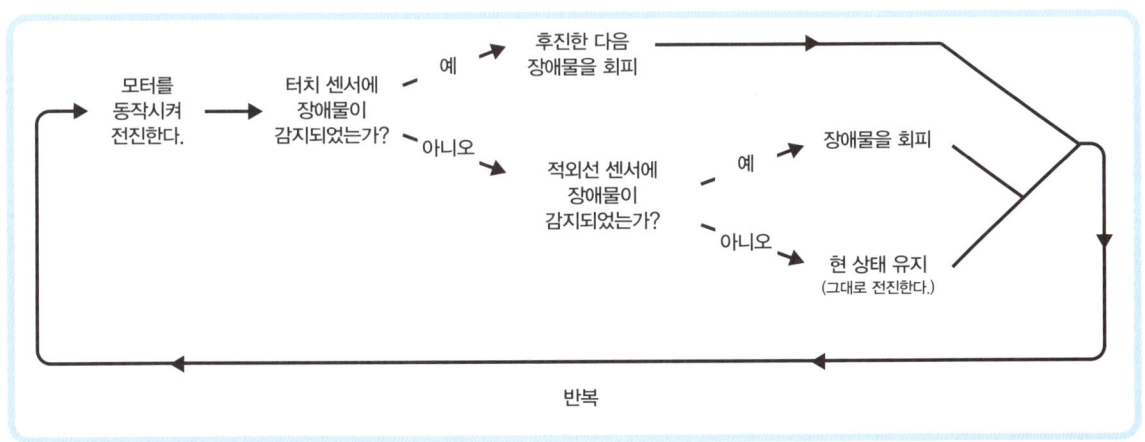

■ 그림 8-3 CombinedSensors 프로그램의 흐름도

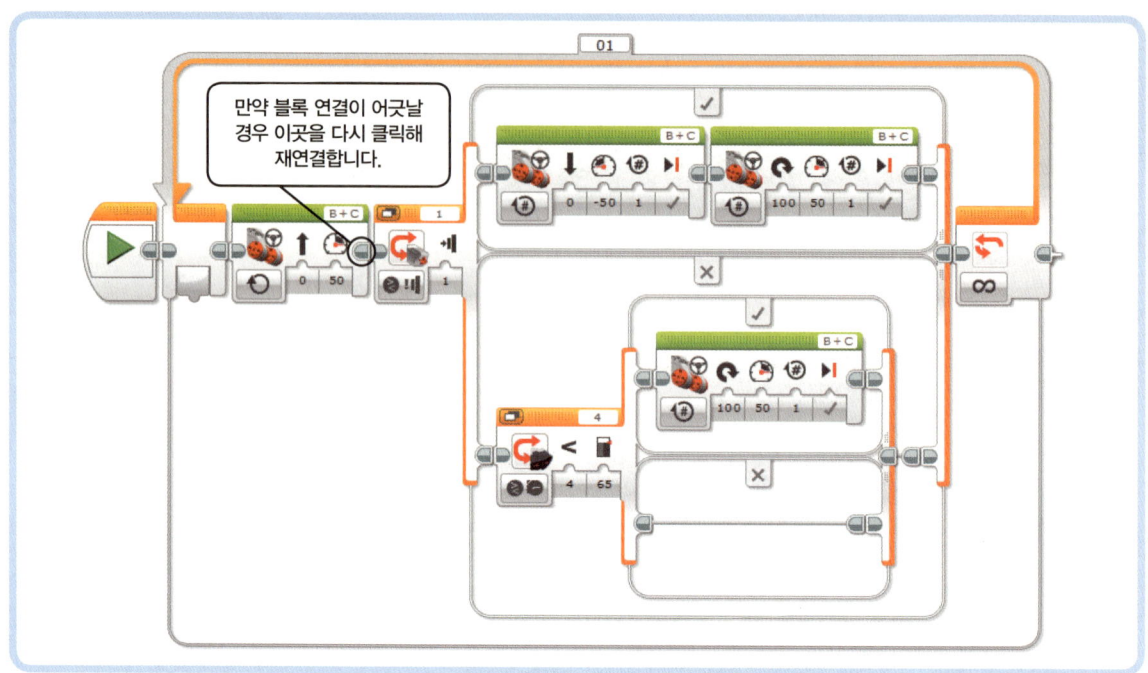

■ 그림 8-4 CombinedSensors 프로그램. 스위치 블록과 루프 블록의 크기를 조절해야 할 경우도 있습니다.

EV3 프로그램은 블록과 블록을 바로 연결할 수 있으며, 조금 떨어진 상태에서 연결하기 위해 커넥터 플러그를 이용합니다. 어떤 형태라도 정상적으로 연결되었다면 블록의 색은 진하게 표시됩니다. 만약 연결이 제대로 되지 않았다면 블록은 희미한 색으로 표시되고 사용자가 블록을 움직이거나 플러그를 클릭해서 블록을 다시 연결해 주어야 합니다.

탐구과제 42: 최대한 가까이!

난이도 시간

로봇이 아무런 물체도 감지하지 못했을 때, '서칭'(탐색)이라는 음성을 반복해서 출력하고, 50% 이내로 감지하면 '디텍티드'(감지)라는 음성을 반복적으로 출력하도록 만들어 봅시다. 성공하면 다음 과제로 기준값을 5% 또는 95% 등의 다른 값으로 설정하고 재시도해 봅니다. 센서가 장애물에 대해 신뢰할 수 있게 반응하는 기준값은 어느 정도가 될까요? 여러분은 이 실험을 통해 적외선 센서가 정확한 거리를 측정하지 못하며, 물체의 형태나 재질에 의해서도 측정값이 바뀔 수 있음을 알 수 있습니다.

HINT 프로그램은 스위치 블록이 루프 블록 안에 들어가는 형태입니다.

탐구과제 43: 세 개의 센서!

난이도 시간

CombinedSensors 프로그램의 기능을 확장해서 세 개의 센서를 장착합니다. 만약 로봇이 컬러 센서를 통해 파란색의 무언가를 감지한다면 멈춘 상태를 유지하고, 그 장애물이 없어지면 다시 움직일 수 있도록 만들어 봅시다.

원격 모드

원격 모드에서 적외선 센서는 적외선 비콘의 버튼 신호를 구분할 수 있으며, 각각의 버튼에 따라 다른 작업을 수행하도록 만들 수도 있습니다. 이것이 여러분이 2장에서 로봇을 비콘으로 조작할 수 있었던 이유입니다. EV3 브릭에 내장된 적외선 수신 프로그램은 여러분이 누를 비콘의 버튼 방향에 따라 모터의 구동 방향을 조절하는 형태로 만들어진 것입니다.

적외선 센서는 그림 8-5에서 표시된 12가지의 버튼 조합을 구분할 수 있습니다. 스위치 블록에서 **측정 – 원격** 모드로 설정하면 각 버튼의 ID 또는 이 버튼들의 조합된 값을 구분할 수 있습니다.

CustomRemote 프로그램을 이용하면 비콘의 좌우 버튼 위쪽을 동시에 누를 경우(버튼 ID 5) 로봇은 전진합니다. 좌측 위 버튼만 누른다면(버튼 ID 1) 로봇은 좌로 회전합니다. 우측 위 버튼(버튼 ID 3)이라면 오른쪽으로 회전합니다.

만약 아무 버튼도 눌리지 않았다면(버튼 ID 0) 로봇은 정지합니다. 또한, 스위치 블록의 기본값을 정지로 설정했기 때문에 정의되지 않은 버튼 조합(예를 들어 ID 10 이나 11)이 감지되면 로봇은 정지 상태를 유지할 것입니다.

예제 프로그램은 비콘의 채널 1번을 수신하도록 설정되어 있습니다. 비콘 역시 아마도 기본값으로 채널 1로 설정되어 있을 것입니다(그림 2-10 참조). 만약 다른 EV3 로봇을 가지고 있다면 익스플로러를 조종할 때 다른 로봇이 오작동하지 않도록 다른 EV3 로봇 프로그램에서 채널 값을 변경(2, 3, 4 중 하나)해야 합니다.

이제 그림 8-6을 참고하여 프로그램을 만들어 다운로드해 봅시다. 그 다음 여러분의 로봇을 비콘으로 조작해 봅시다.

이 조작 기법은 매우 재미있고 유용합니다. 왜냐하면 이제 로봇에 최적화된 조종 프로그램을 만들 수 있기 때문입니다. 예를 들어, 12장에서 여러분이 만들고 실습하게 될 EV3 포뮬러 레이싱카는 일반적인 자동차와 같은 후륜 구동 + 전륜 조향 형태로, 좌우 구동형인 익스플로러와는 구조적으로 다릅니다.

EV3 비콘의 구조가 좌우 대칭형이기에, 대칭형으로 설계된 익스플로러와 같은 로봇은 직관적으로 쉽게 조종할 수 있지만, 조향과 구동이 분리된 자동차형 로봇에는 적합하지 않다고 생각할 수도 있습니다.

하지만 우리는 EV3 프로그램을 통해 각 버튼의 용도를 재정의할 수 있고, 당연히 자동차형 로봇의 조향 및 구동장치의 조작에 맞도록 각 버튼에 따른 동작을 설정해 마치 운전하는 것처럼 자연스럽게 자동차형 로봇을 조작할 수 있습니다.

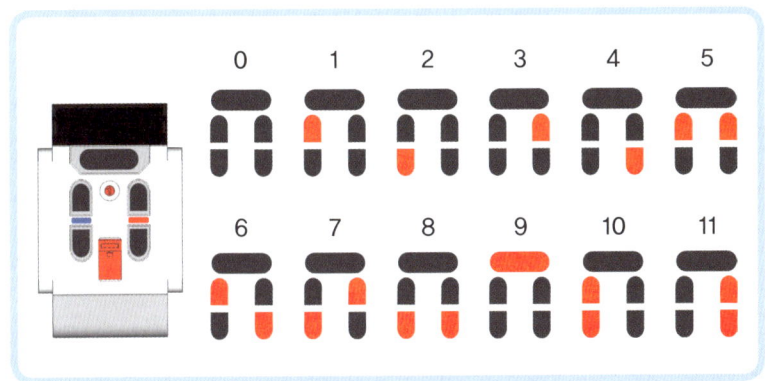

■ **그림 8-5** 적외선 센서는 리모컨의 다섯 가지 버튼이 각각 눌린 상태, 그리고 이 버튼 두 개를 동시에 누른 조합 등, 총 12가지 패턴의 버튼 입력(ID)에 대해 반응할 수 있습니다. 그림에서 빨간색 버튼은 눌린 상태입니다.

비콘 신호강도 모드

적외선 센서는 적외선 비콘의 눌린 버튼이 어떤 종류인지 구분할 수 있을 뿐만 아니라, 버튼을 눌렀을 때 신호의 강도(거리)와 대략적인 방향도 측정할 수 있습니다. 이를 이용한다면 로봇을 원격 조종할 수도 있고, 비콘의 신호를 로봇이 탐색하거나, 탐색된 비콘의 신호를 쫓아가는 등의 행동도 가능합니다.

비콘 신호강도 모드에서 센서는 비콘 신호의 적외선 세기를 계산해서 1%(아주 가까운 거리)부터 100%(먼 거리)로 판단합니다. 최적의 반응을 이끌어내기 위해서는 적외선 센서와 비슷한 높이에서 비콘의 검은색 발광부를 로봇의 눈에 맞추는 것이 좋습니다(그림 8-1 참조).

비콘의 적외선 전송 부위(검은색) 중앙에는 녹색 LED가 내장되어 있으며 비콘에서 신호가 발신될 때 이 LED가 점멸됩니다. 빨간색의 상하, 파란색의 상하, 이 네 개의 버튼의 경우 지속적으로 누르고 있는 동안 신호가 발신됩니다.

만약 비콘 신호강도 모드나 비콘 방향 모드를 사용할 경우 센서가 비콘을 감지하기 위해서는 비콘에서 지속적으로 신호를 발신해야 합니다. 이 경우 맨 위에 있는 회색 버튼(버튼 ID 9)을 이용하면 편리합니다.

다른 버튼이 누르고 있는 동안 신호를 발신하는 것과 달리 맨 위의 버튼은 한 번 클릭하면 신호 발신 모드가 되고 LED가 켜지며, 다시 한 번 누르면 신호가 꺼지는 방식이기 때문에 적외선 센서에 비콘 신호를 보내기 위해 지속적으로 비콘 버튼을 누르고 있을 필요가 없습니다.

이제 BeaconSearch1이라는 이름으로 프로그램을 만들어 봅시다. 로봇은 적외선 비콘의 신호 강도가 10% 미만일 경우 지속적으로 '서칭'(탐색)이라는 음성을 출력하며 신호를 검색할 것입니다. 만약 여러분이 신호를 발신하는 비콘을 센서에 아주 가깝게 접근시킨다면 센서는 '서칭' 음성을 멈출 것입니다.

그림 8-7과 같이 루프 블록을 응용해 이 프로그램을 만

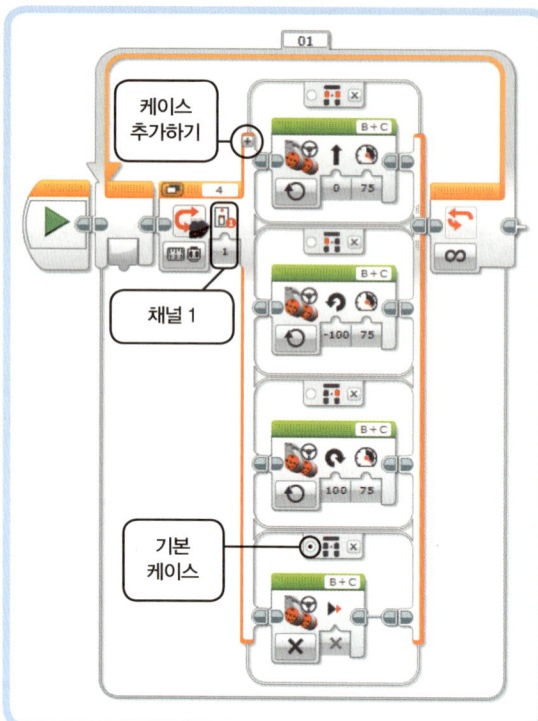

■ 그림 8-6 CustomRemote 프로그램

탐구과제 44: 비콘으로 잠금 해제!

난이도 🗔 시간 ⏱

프로그램에서 비밀 버튼의 조합으로 보호되는 보안 장치를 만들어 봅시다.

두 개의 대기 블록을 CustomRemote 프로그램의 루프 블록 앞에 두고 이 대기 블록이 여러분이 버튼 ID 10 과 11을 각각 누를 때까지 기다리도록 합니다. (추가 도전과제로, 이 기법을 113쪽 디자인 탐구과제 8: 안전 금고에 적용해 보세요.)

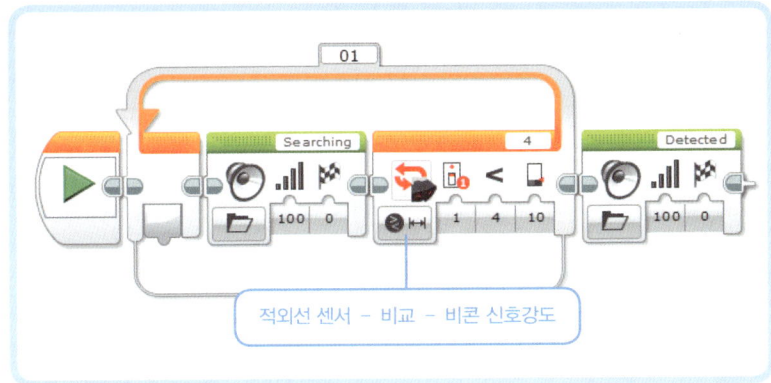

■ 그림 8-7 BeaconSearch1 프로그램

들 수 있습니다. 탐색이 완료되면 루프가 종료되고 로봇은 '디텍티드'(감지 완료)라는 음성을 출력합니다.

> **NOTE** 센서는 다른 블록에게 자신이 감지한 센서값을 전달할 수 있습니다. 물론, 이 값을 이용해 로봇의 움직임을 제어하는, 예를 들어 신호가 감지되지 않으면 로봇이 멈추도록 만들 수도 있습니다. 이런 기능을 구현하기 위해서는 여러분이 아직 접해보지 못한 몇 가지 추가적인 기능이 필요합니다. 이러한 기법에 대해서는 14장에서 좀 더 자세히 살펴볼 것입니다.

비콘 방향 모드

적외선 센서는 비콘 방향 모드를 이용해서 신호를 발신하는 비콘의 대략적인 위치를 횡(가로) 방향으로 감지할 수 있습니다. 센서의 측정값은 그림 8-8에서와 같이, -25에서 25 사이의 값이 출력됩니다. 이 모드에서 정확한 각도가 측정되는 것은 아닙니다. 하지만 비콘이 로봇의 왼쪽(음수)인지 오른쪽(양수)인지, 혹은 정면에 가까운지 판단하는 용도로는 충분합니다.

이론적으로 센서는 비콘이 센서 측면에서 약간 뒤쪽에 위치하더라도 신호를 감지할 수 있습니다. 물론 위치를 신뢰할 수 있는 구간은 정해져 있습니다. 가장 확실하게 반응하는 구간은 그림 8-8의 녹색 구역입니다. 센서가 정확히 정면에 위치한다면 센서값은 0으로 측정됩니다. 참고로 센서가 전혀 감지되지 않는 뒤쪽 또는 비콘 신호가 감지되지 않는 경우에도 센서는 0의 값을 반환합니다.

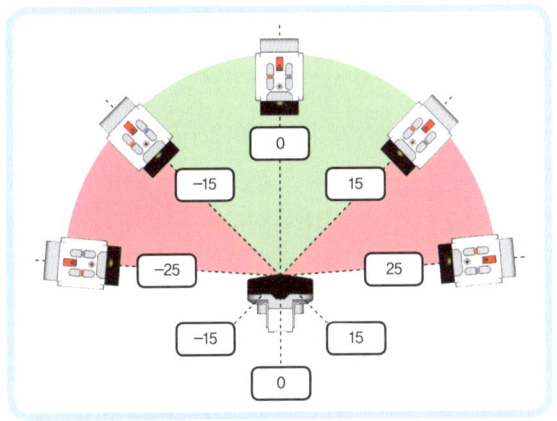

■ 그림 8-8 비콘 방향 모드에서 센서값의 범위는 -25부터 25 사이입니다. 음수 값은 센서 정면을 기준으로 왼쪽 영역에 비콘이 위치하고 있음을, 양수 값은 오른쪽 영역에 비콘이 위치하고 있음을 나타냅니다. 값이 0에 가까울수록 비콘이 센서에 근접했거나 정면에 위치했음을 의미합니다.

비콘 신호의 위치가 로봇의 왼쪽인지 오른쪽인지 감지할 수 있다면, 로봇이 비콘 신호를 향해 움직이도록 만들 수도 있습니다. 비콘의 신호가 왼쪽에서 감지되면 로봇은 좌회전을 하고, 오른쪽에서 감지되면 우회전을 합니다.

이러한 동작은 스위치 블록을 이용해 구현할 수 있습니다. 스위치 블록에서 비콘 신호강도를 측정해서 센서값이 0보다 작다면 비콘이 왼쪽에 있다는 의미입니다. 만약 로봇이 연속적으로 센서 방향을 움직이면서 전진하도록 한다면 로봇은 비콘 신호를 탐지할 수 있을 것입니다.

앞서 만들어 본 프로그램에서 사운드 블록을 삭제하고 스위치 블록을 추가한 다음 두 개의 다른 방향으로 조향

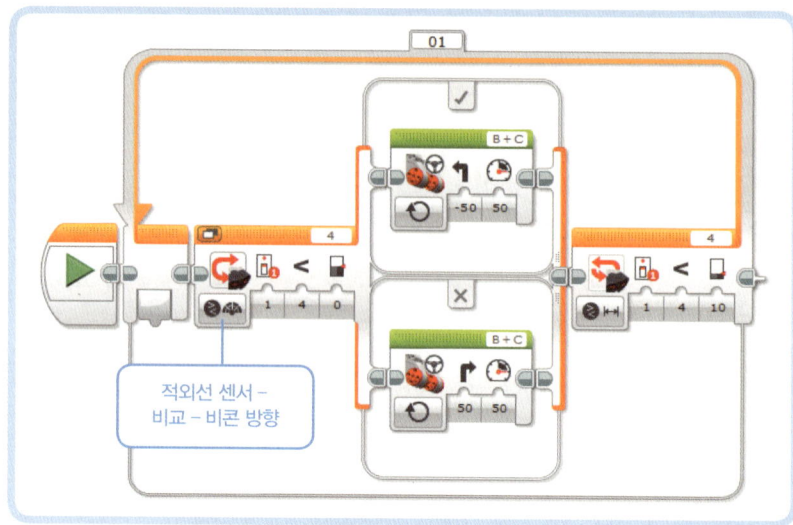

■ 그림 8-9 BeaconSearch2 프로그램은 비콘 신호를 찾을 때까지 지그재그 형태로 탐색을 지속하며 비콘 신호가 매우 가까워지면 종료됩니다. 만약 여러분이 비콘을 들고 이동한다면, 이 로봇은 여러분을 따라다닐 수도 있습니다.

블록을 넣어 그림 8-9와 같이 BeaconSearch2 프로그램을 만들어 봅시다. 반복 구조는 로봇이 비콘 신호의 방향을 측정하는 것으로 10% 이하(로봇 전방)로 감지되면 반복이 종료됩니다.

> **NOTE** 비콘이 반복적으로 신호를 보내기 위한 방법인 상단의 긴 버튼(버튼 ID 9)를 잊지 마십시오. 이 버튼을 한 번 클릭하면 녹색 LED가 켜지고 신호는 LED가 꺼질 때까지 반복적으로 발신됩니다.

탐구과제 45: 부드럽게 따라가기!

난이도 ▣▣   시간 ⏱

BeaconSearch2 프로그램을 수정해 로봇이 좀 더 부드럽게 비콘 신호를 따라갈 수 있도록 만들어 봅시다. 그림 8-8에서 녹색 구획일 경우 로봇이 부드럽게 회전(25% 조향)하고, 만약 빨간색 구획일 경우 좀 더 격하게 회전(50% 조향)하도록 합니다.

> **HINT** 7장의 7-15 예제를 참고합니다. 참고로, 적외선 센서의 비콘 방향 모드의 기준값은 따로 계산할 필요 없이 그림 8-8의 값을 참고하면 됩니다.

여러 가지 센서 모드의 혼용

필요하다면 프로그램 동작 중 적외선 센서의 동작 모드를 바꾸어 사용하는 로봇을 만들 수도 있습니다. 하지만 이 경우 한 모드에서 다른 모드로 전환될 때 약간의 시간 지연이 발생하기 때문에 로봇이 의도한 것과 다르게 움직일 수 있습니다. (이러한 문제를 일으키지 않고 지연 없이 혼용할 수 있는 센서 모드는 비콘 방향 모드와 비콘 신호강도 모드입니다. 다른 모드를 혼용할 경우 각 모드를 바꿀 때마다 약간의 지연이 있습니다.)

예를 들어, 그림 8-6에서 살펴본 CustomRemote 프로그램을 센서와 적외선 비콘 사이의 거리가 10% 이하일 동안 반복 수행하도록 바꾼다고 가정해 봅시다.

스위치 블록에서는 비콘의 버튼 눌림을 감지하는 리모트 모드로 동작하고, 스위치 블록이 끝나면 루프 블록이 실행되면서 적외선 센서와 비콘의 거리를 감지하는 비콘 신호강도 모드로 바뀌어야 합니다. 이 시간이 아주 짧다면 로봇은 비콘의 신호에 정확히 반응하고 비콘의 신호가 멀어질 때 바로 멈출 수 있을 것입니다.

하지만 적외선 센서가 한 모드에서 다른 모드로 내부적인 신호 처리 방법을 바꾸는 데 약간의 시간이 소요되기 때문에, 결과적으로 이 프로그램은 매우 느리고 둔하

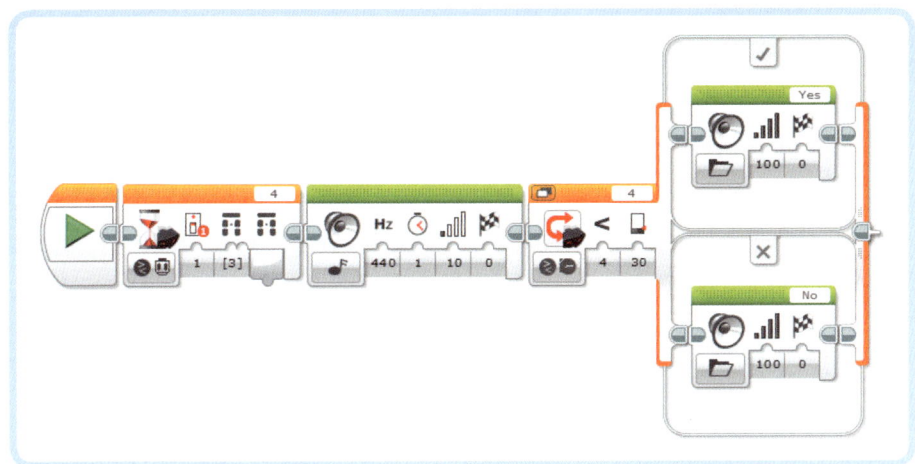

■ 그림 8-10 MultiMode 프로그램. 이 프로그램에서 적외선 센서의 모드가 변경될 때 걸리는 시간은 프로그램의 동작에 큰 영향을 주지 않습니다. 그래서 이 프로그램은 적외선 센서를 비콘 원격 모드와 근접감지 모드로 혼용할 수 있습니다.

게 동작할 것입니다. 결국 여러분의 로봇은 여러분이 의도한 움직임을 보여주지 못하고 비콘의 신호에도 제때 반응하지 못할 것입니다.

만약 빠른 반응 속도나 정확한 타이밍이 필수적이지 않은 경우라면 한 프로그램에서 두 가지 다른 모드를 섞어 사용해도 무방합니다.

예를 들어 그림 8-10의 Multi-Mode 프로그램은 여러분이 예상한 것과 같이 무난하게 동작합니다.

먼저 로봇은 비콘의 우상단 버튼(버튼 ID 3)이 눌릴 때까지 기다립니다. 그 다음 버튼이 감지되면 '삐' 소리를 내고 그 다음 적외선 센서와 비콘의 거리가 30% 이하라면 '예스', 그렇지 않다면 '노우'를 출력합니다. 실제 프로그램의 동작에서 '삐' 소리와 예스/노우 답변 사이에 약간의 시차가 생깁니다. (이 시간이 적외선 센서가 비콘 신호강도 모드와 원격 모드 상호간 전환에 소요되는 시간입니다.)

추가적인 탐구

적외선 센서는 일정한 거리 안의 물체나 약간의 환경 변화를 감지할 수 있습니다. 또한 적외선 비콘과 함께 사용한다면 센서는 무선 조종을 위한 수신기로, 또는 비콘을 감지하기 위한 탐색기로 쓸 수도 있습니다. 터치 센서 같은 다른 센서와 함께 사용한다면 로봇이 보다 다양한 형태의 장애물에 유연하게 반응할 수 있습니다.

물론 여러분이 할 수 있다면 컬러 센서와 연동해 보다 복잡한 프로그램을 구성해 볼 수도 있습니다. 물론 이렇게 능숙하게 센서를 다루기 위해서라면, 이어지는 탐구과제를 통해 센서의 활용 기법을 좀 더 연습해야 할 것입니다!

탐구과제 46: 나를 따르라!

난이도 ▢▢   시간 ◷◷

익스플로러 로봇이 똑바로 걸어가는 사람과 일정한 거리를 유지하면서 따라가도록 만들어 봅시다. 적외선 센서의 근접감지 모드를 활용해 로봇이 앞에서 걸어가는 사람의 손을 감지할 수 있도록 합니다. (허리를 약간 굽혀 적외선 센서의 높이에 손을 맞추어 주세요.) 만약 손이 너무 가깝게 다가갈 경우 로봇은 일정한 거리를 유지하기 위해 뒤로 후진할 수도 있습니다. 로봇과 손의 거리가 센서값을 기준으로 35%에서 45% 사이라면 로봇이 멈추고 기다리도록 합니다.

탐구과제 47: 레이더 탐색음!

난이도 ▯▯▯ **시간** ◐◐

로봇이 소리로 눈을 감은 여러분을 안내하도록 만들 수 있습니까? 비콘 신호의 거리와 방향에 따라 로봇이 낼 수 있는 '삐' 소리의 주파수와 볼륨을 조절할 수 있어야 합니다. 예를 들면 비콘 신호가 왼쪽일 때는 낮은 톤의 소리(400Hz)를 내고, 오른쪽일 때는 높은 톤의 소리(1,000Hz)를 내도록 합니다. (톤과 별개로 비콘 신호가 가까워질수록 볼륨은 커지고 멀어질수록 볼륨이 작아지는 기능도 필요합니다.)

HINT 먼저 스위치 블록을 이용해 비콘이 왼쪽인지 오른쪽인지부터 판단합니다. 그 다음 각각의 경우마다 비콘과 센서의 거리를 판단하는 스위치 블록을 추가합니다. 마지막으로 이렇게 만들어진 네 개의 케이스 구문 안에 사운드 블록을 넣고 각각 다른 주파수와 볼륨을 설정해 줍니다. 낮고 큰 소리, 낮고 작은 소리, 높고 큰 소리, 높고 작은 소리, 이렇게 네 종류로 말입니다.

디자인 탐구과제 10: 완벽한 경보장치!

조립 난이도 ✹ **프로그래밍 난이도** ▯▯

EV3의 세 가지 센서를 모두 사용해 어떤 도둑의 침입도 막을 수 있는 경보장치를 만들어 봅시다. 터치 센서는 문이 열릴 때를 감지하고(디자인 탐구과제 4), 컬러 센서 역시 문틀에 설치되어 지나가는 도둑의 발걸음을 감지합니다(디자인 탐구과제 7). 끝으로 적외선 센서를 근접감지 모드로 설정해 관심 가는 물체, 이를테면 전화기와 같은 물체의 주변을 감지하는 용도로 사용합니다.

TIP 보안 경보 기능은 그대로 작동하되, 여러분이 들어가면 경보가 울리지 않도록 프로그램을 만들어 보시기 바랍니다.

디자인 탐구과제 9: 철로 차단기!

조립 난이도 ✹ **프로그래밍 난이도** ▯

레고 시티 기차 시리즈에 어울릴 만한 철로 차단기를 만들어 봅니다. 차단기의 동작에 모터를 한 개 이용합니다. 차단기는 철로에 기차가 진입했을 때 건널목으로 사람 또는 차량이 지나가지 못하도록 건널목을 막는 역할을 합니다. 적외선 센서 또는 컬러 센서를 건널목 이전 철로에 설치하고 이 센서가 지나가는 기차를 감지하면 차단기를 작동시킵니다. 물론 기차가 통과한 뒤에는 차단기를 다시 들어 올려 사람과 차량이 지나갈 수 있도록 합니다.

9
브릭 버튼과 회전 센서 사용하기
using the brick buttons and rotation sensors

EV3 세트에는 터치 센서, 컬러 센서, 적외선 센서 외에도 두 가지 종류의 센서가 추가로 내장되어 있습니다. 바로 EV3 컨트롤러에 장착된 브릭 버튼과 모터에 장착된 회전 센서입니다. 브릭 버튼은 여러분이 EV3 컨트롤러에 내장된 기능이나 프로그램을 호출하기 위한 메뉴 조작용으로 사용되지만, 로봇이 동작하는 중 버튼 조작에 의해서도 제어되도록 만들 수 있습니다.

각각의 EV3 모터들은 모두 내부에 회전량을 측정할 수 있는 회전 센서가 내장되어 있습니다. 이를 이용하면 바퀴 또는 다른 기계적인 구동부를 정밀하게 제어할 수 있습니다. 회전 센서는 모터의 속도도 측정할 수 있는데, 이를 토대로 의도한 것보다 모터가 느린지 혹 빠른지를 파악할 수 있습니다.

브릭 버튼 사용하기

EV3 브릭의 버튼 중 위, 아래, 좌, 우, 그리고 중앙의 다섯 개 버튼은 프로그램 상에서 터치 센서를 쓰는 것과 비슷한 방법으로 활용할 수 있습니다. 예를 들면, 여러분이 특정 버튼을 누를 때 원하는 소리를 내도록 하거나, 버튼이 눌리면 프로그램이 시작 또는 눌려 있던 버튼이 풀리면 다음 동작을 하는 등의 형태로 활용 가능합니다.

브릭 버튼들 이용한 한 가지 흥미로운 응용 기법은 EV3의 화면에 있는 메뉴 탐색기와 비슷하게 사용자 인터페이스를 간단히 구성하는 것입니다. 그림 9-1의 ButtonMenu 프로그램은 사용자가 누르는 세 버튼 중 하나에 따라 각기 다른 소리를 내는 간단한 상호작용 프로그램입니다.

두 개의 디스플레이 블록은 화면에 간단한 선택 메뉴를 보여줍니다. 이 메뉴는 사용자가 'Hello' 'Okay' 'Yes' 중 하나를 선택하도록 요구합니다. 그 다음 대기 블록에서 **브릭 버튼 - 비교** 모드를 선택하고 여기에서 브릭 버튼 ID 중 왼쪽, 중앙, 오른쪽의 세 버튼 중 아무 버튼이나 하나가 눌릴 때까지 대기하도록 합니다.

탐구과제 48: 긴 메시지!

난이도 🔲 시간 ⏱

EV3의 화면은 작기 때문에 여러분이 표시하려는 메시지가 길다면 한 화면 안에서 다 보여주지 못할 수 있습니다. 아래 버튼을 눌러 화면 밖으로 넘어간 메시지를 끌어 올릴 수 있도록 만들어 봅시다.

HINT 아래 또는 위 버튼을 누를 때마다 각기 다른 텍스트를 출력하도록 만들면 쉽게 해결할 수 있습니다.

탐구과제 49: 나만의 메뉴!

난이도 🔲 시간 ⏱⏱

ButtonMenu 프로그램의 기능을 확장해 단순한 소리 재생 이상의 기능을 구현해 봅시다. 예전에 만들어 보았던 마이 블록 프로그램을 선택적으로 실행할 수 있게 ButtonMenu 프로그램을 업그레이드해 봅니다. 화면에 출력되는 메시지 역시 각각의 버튼에 따라 실행될 마이 블록 이름을 보여주도록 합니다.

TIP 이 기법은 마인드스톰을 이용하는 로봇대회에서 종종 유용하게 활용됩니다. 왜냐하면 각기 다른 기능을 가진 프로그램을 서로 신속하게 전환할 수 있기 때문입니다. 서브 프로그램의 기능을 수정하기 위해서는 독립된 마이 블록을 수정하는 것만으로 충분하며 이때 전체적인 프로그램의 동작 안정성은 큰 영향을 받지 않습니다.

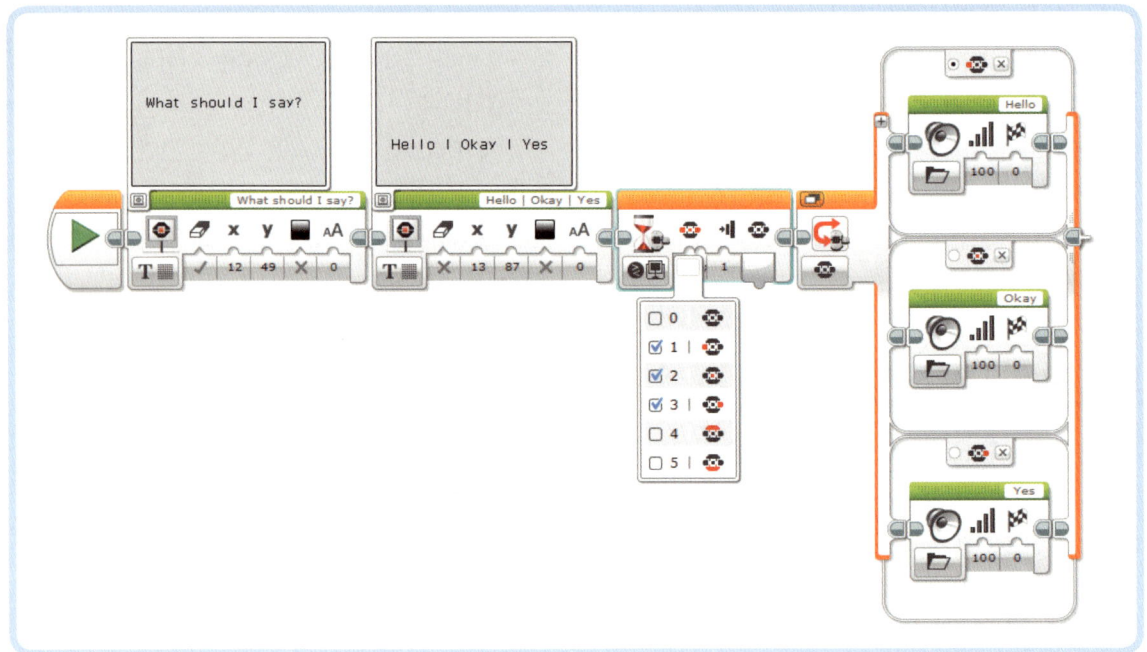

■ 그림 9-1 ButtonMenu 프로그램. 대기 블록은 **브릭 버튼 – 비교 – 브릭 버튼** 모드로 설정되고 스위치 블록은 **브릭 버튼 – 측정 – 브릭 버튼** 모드로 설정되었습니다.

다음으로, 대기 블록에서 원하는 셋 중 하나의 버튼을 누르고 스위치 블록으로 넘어가면, **브릭 버튼 – 측정 – 브릭 버튼** 모드로 설정된 스위치 블록은 어느 버튼이 눌렸는지에 따라 각기 다른 케이스가 실행되도록 합니다. 이 과정은 아주 짧은 시간에 진행되기 때문에 여러분이 재빨리 누른 손을 떼더라도 눌렀던 버튼에 해당되는 케이스가 정확히 실행될 것입니다.

회전 센서 활용하기

로봇에게 조향모드 주행 블록을 이용해 세 바퀴만큼 전진하도록 명령한다면, 로봇은 정확히 원하는 만큼 이동한 뒤 정지할 것입니다. 각각의 EV3 모터에는 회전 센서가 내장되어 모터 축이 얼마만큼 회전했는지 파악할 수 있기 때문입니다. 이 뿐만 아니라 프로그램을 통해 모터가 원하는 위치까지 이동하는 데 걸리는 시간도 알아낼 수 있습니다.

여러분은 이를 위해 대기, 루프, 스위치 블록을 사용할 수 있습니다. 각각의 블록은 모터 회전 모드를 이용해 모터 회전각(각도 또는 바퀴 단위의 회전량)을 측정할 수 있으며, 모터 속도(현재 모터 파워) 역시 측정할 수 있습니다.

모터 위치

모터 위치는 프로그램이 시작되고 모터가 회전한 회전량을 의미합니다. EV3에 내장된 포트 보기 앱을 이용하면 출력 포트(A, B, C, D)에 연결된 모터를 손으로 회전시켰을 때 각도 값이 변화하는 것을 볼 수 있습니다.

처음 포트 보기 앱(또는 여러분의 모터 회전각 관련 프로그램)을 실행하면 센서값은 0으로 출력됩니다. 이 값은 모터를 정방향(축이 나를 향한 상태에서 시계 방향)으로 회전하면 값이 증가하고 역방향(반시계 방향)으로 회전하면 값이 감소합니다.

이에 대해서는 그림 9-2에서 자세히 설명하고 있습니다. 예를 들어 모터를 전진 방향으로 90도 회전시킨 다음 후진 방향으로 한 바퀴(360도) 회전시킨다면 최종적인 회전 센서의 값은 –270도가 됩니다.

그림 9-3과 같은 간단한 프로그램을 통해 손으로 모터 축을 회전시켜 반 바퀴(180도)만큼 전진시키면 소리를 내는 기능을 구현해 볼 수 있습니다. 대기 블록을 **모터 회전 – 비교 – 도** 모드로 설정하고 측정 유형을 180도보다 크거나 같음(≥)으로 설정합니다. 이 센서들은 모터 내부에 내장되어 있기 때문에 EV3의 출력 포트로 연결되며 이 프로그램에서도 B 포트에 연결된 것을 볼 수 있습니다.

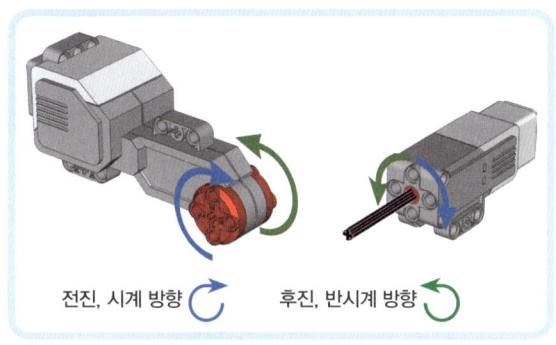

■ **그림 9-2** 만약 EV3의 모터에 전진 명령을 내린다면, 이 모터의 축은 축을 바라보는 사람 방향을 기준으로 시계 방향(파란색 화살표)으로 회전합니다. 이 때 내장된 회전 센서의 값은 양수의 값으로 증가합니다.

🧑 로봇에 모터를 결합하는 방식의 문제와 팔 또는 집게 등의 다른 구조적인 모듈에 장착되는 모터를 생각할 때, 모터로의 '전진' 명령이 로봇의 '전진'한다는 의미로 단정할 수는 없습니다. 전진 / 후진이 모터 단독의 구동 방향을 의미하는 것인지, 혹은 모터가 장착된 로봇 몸체의 앞뒤로의 움직임을 의미하는 것인지 잘 구분해야 합니다.

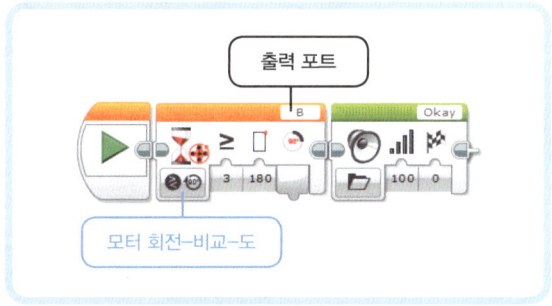

■ **그림 9-3** HandRotate 프로그램은 여러분이 직접 모터의 회전축을 손으로 돌리고, 회전각이 180도가 되었을 때 '오케이'라고 말하는 간단한 테스트 프로그램입니다. 각도 단위로 1바퀴는 360도이고 현재 설정된 값이 180도로 절반이기 때문에, 이 프로그램은 여러분이 모터 회전 – 비교 – 회전으로 모드를 설정해서 한 바퀴 단위로 측정하도록 측정 단위를 바꾸고, 회전량을 0.5바퀴로 설정해도 동일하게 수행될 것입니다.

모터 위치를 재설정

자, 이제 9-3에서 만들어 본 HandRotate 프로그램을 응용해 볼 차례입니다. 루프 블록을 이용해 HandRotate 프로그램이 반복적으로 모터가 180도만큼 회전할 때마다 소리를 내도록 만들어 봅시다.

이 프로그램이 그대로 루프 블록에 들어간다면, 첫 180도에서는 분명히 소리가 나겠지만, 두 번째 180도(360도)와 세 번째(540도)에서는 소리가 나지 않을 것입니다. 이것은 이미 회전 센서의 값이 첫 루프에서 180도를 넘어갔기 때문이며, 당연히 이런 결과는 우리가 원하는 것이 아닙니다.

방법은 회전 센서의 값을 루프가 시작될 때마다 0으로 만들어 주는 것입니다. 그림 9-4에서 이러한 기능이 추가된 프로그램을 볼 수 있습니다. 여기에서는 '모터 회전 블록'의 초기화 모드를 이용합니다. (이 블록과 다른 블록들의 추가적인 기능에 대해서는 14장에서 다루어 볼 것입니다.)

프로그램을 실행하고 모터 축을 손으로 돌려 보면 전진 방향으로 매 180도 회전할 때마다 소리가 날 것입니다.

회전 속도

회전 센서는 -100%에서 100% 사이의 범위에서 회전축의 회전 속도를 측정할 수 있습니다. 이 값은 모터가 전진 방향으로 회전하면(그림 9-2 참조) 양수로, 후진 방향으로 회전하면 음수로 표시됩니다. 속도가 빠를수록 절대값이 커지고 모터 축이 정지하면 값은 0으로 바뀌게 됩니다.

이 기능은 속도계와 비슷한 개념입니다. 점점 빨라질수록 값은 100 또는 -100에 가까워지며 느려질수록 0에 가까워지는 형태입니다.

라지 모터의 경우 '현재 모터 파워' 모드에서 50%의 값이 측정된다면 실제 속도는 85rpm(rotations per minute, 분당 회전수) 정도가 됩니다. 여러분은 손으로 모터를 돌리거나, 모터 블록을 이용해 파워 값을 50%로 입력해서 이 속도를 낼 수 있습니다.

NOTE 현재 모터 파워 모드는 속도를 측정하는 기능입니다. 이 기능으로 모터의 소비전력은 측정할 수는 없습니다.

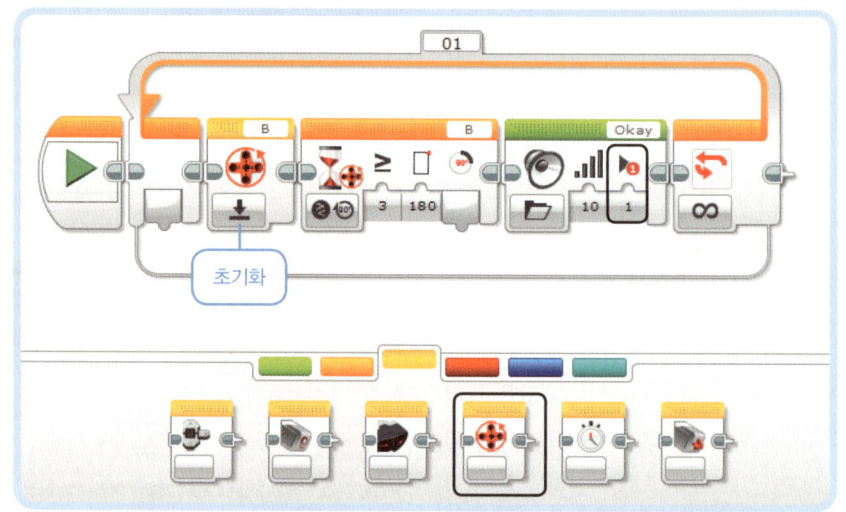

■ 그림 9-4 HandRotateReset 프로그램은 매번 루프가 시작될 때 회전 센서의 값을 0으로 초기화합니다. 주의할 점은 사운드 블록의 재생 유형을 반복이 아닌 1회로 설정해서 매 180도마다 한 번씩만 소리를 내도록 하는 것입니다.

탐구과제 50: 시작점으로 돌아가기!

난이도 ▫▫ 시간 ⏱

프로그램이 시작된 후 움직인 모터가 다시 프로그램을 시작할 시점으로 돌아가도록 만들 수 있습니까?

로봇은 여러분에게 5초의 시간을 주고, 그동안 여러분은 손으로 임의의 각도로 모터를 회전시킵니다.

5초가 지나면 로봇은 모터를 여러분이 손대기 전의 각도로 원위치 시킵니다. 프로그램의 흐름도는 그림 9-5와 같습니다.

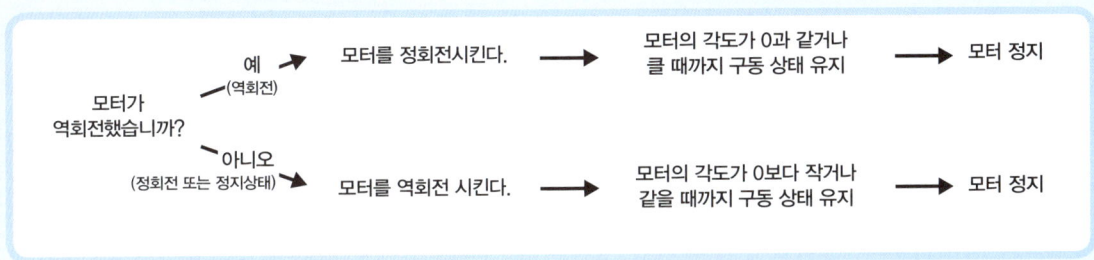

■ 그림 9-5 탐구과제 50의 프로그램 흐름도. 로봇은 어떻게 모터가 뒤로 회전한 것을 알 수 있을까요?

회전 속도 계산

여러분은 현재 모터에 적용되는 파워를 이용해 모터의 분당 회전수(rpm)를 측정할 수 있습니다.

라지 모터

분당 회전수 = 현재 모터 파워 × 1.70

미디엄 모터

분당 회전수 = 현재 모터 파워 × 2.67

예를 들어, 만약 라지 모터의 현재 모터 파워가 30%라면 이 모터는 30 × 1.70 = 51rpm의 속도로 회전한다는 뜻입니다. 1rpm은 60초에 360도를 회전한다는 뜻이므로 1초에 6도를 움직인다는 의미이기도 합니다. 여러분은 아래와 같은 계산을 통해 초당 회전 속도를 계산할 수도 있습니다.

회전 속도(각도/초) = 분당 회전수 × 6

예를 들어, 51rpm 으로 회전하는 모터는 1초에 51×6 = 306도만큼 회전합니다.

프로그램에서 회전 속도 측정

프로그램 내에서 회전 속도를 측정하기 위해, 여러분은 그림 9-6과 같이 회전 센서의 현재 모터 파워 모드를 사용할 수 있습니다.

PushToStart 프로그램은 대기 블록을 이용해, 외부의 힘에 의해 모터의 회전량이 30%(51rpm)을 넘을 때까지 기다립니다. 만약 회전량이 주어진 조건을 넘어가면 프로그램은 브릭 버튼과 모터 구동 블록을 실행하고 로봇은 움직이게 됩니다.

익스플로러 로봇에 다운받고 실행하면 여러분이 로봇을 손으로 밀어 51rpm을 넘기는 순간 로봇은 스스로 전진을 시작할 것입니다. 🧑 손으로 엔진 휠을 돌려 시동을 거는 경운기와 비슷하겠군요.

■ 그림 9-6 PushToStart 프로그램

탐구과제 51: 색으로 속도 표시!

난이도 ▢▢ 시간 ⏱⏱

로봇의 상태 표시등이 실시간으로 바뀌며 모터의 상태를 표시하도록 프로그래밍해 봅시다. 모터 B가 정회전하면 상태 표시등은 녹색, 역회전하면 주황색, 그리고 정지하면 빨간색으로 상태 표시등의 색을 바꾸어 줍니다. 이 프로그램에서 모터 B의 구동은 여러분의 손으로 직접 하게 됩니다.

HINT 이 프로그램은 루프 블록과 두 개의 스위치 블록, 그리고 세 개의 브릭 상태 표시등 블록이 필요합니다.

속도 조절에 대한 이해

지금까지 우리는 로봇의 구동을 위해 녹색의 모터 구동 블록을 주로 사용해 왔습니다. 이러한 종류의 블록들은 균일한 상태와 속도로 모터를 제어하려 합니다. 만약 구동 중 장애물 또는 경사에 의해 모터에 부하가 걸리고 속도가 떨어진다면 이 블록들은 EV3 브릭이 모터에 추가적인 전력을 공급하도록 만들어 자신의 설정 값 그대로 모터가 구동되도록 합니다.

🧑 이러한 상황이 항상 좋은 것은 아닙니다. 정확한 동작 신뢰도를 확보할 수 있다는 장점과 함께, 주변 상황의 변화를 고려하지 않고 모터 값만을 측정하면서 구동하려는 동작으로 인해 구동부의 과부하나 비정상적인 구동 현상이 발생할 수도 있습니다.

이런 종류의 구동 블록들을 프로그래밍 단계에서 사용하고 모터의 파워를 설정하면 모터는 정해진 속도와 각도를 유지하려고 합니다. 예를 들어 라지 모터를 구동하면서 20% 속도(34rpm)로 설정한 경우, 차체에 부하가 가해진다면 🧑 무거운 물체를 올려놓거나 경사각도가 심해지는 경우 40% 정도의 속도(68rpm)까지 모터 출력이 증가될 수도 있습니다.

🧑 이 상태에서 순간적으로 과부하를 유발하던 물체나 경사가 사라진다면 로봇은 설정된 20% 속도 출력의 두 배인 40% 출력으로 급출발하게 될 수도 있습니다.

여러분이 이런 형태의 EV3에 의한 능동적인 출력 제어를 원하지 않는다면 '비조정 모터' 블록을 사용할 수 있습니다.

동작 상태에 따른 모터 속도 제어

모터의 정속 구동과 비조정 구동의 차이를 느껴보기 위해서는 프로그램을 만들고 실제 경사면, 예를 들어 한쪽을 들어올린 테이블과 같은 조건에서 로봇을 구동시켜 보는 것도 좋은 방법입니다. 먼저, 로봇을 비조정 모드로 3초간 구동시키고, 그 다음엔 정속 구동으로 3초간 구동시켜 봅니다.

프로그램에는 두 개의 비조정 모터 블록(모터당 한 개씩)이 사용됩니다. 비조정 모터 블록은 프로그래밍 팔레트의 고급 탭에서 볼 수 있습니다. 비조정 모터 블록 각각의 파워는 그림 9-7과 같이 20%로 설정합니다. 그 다음 대

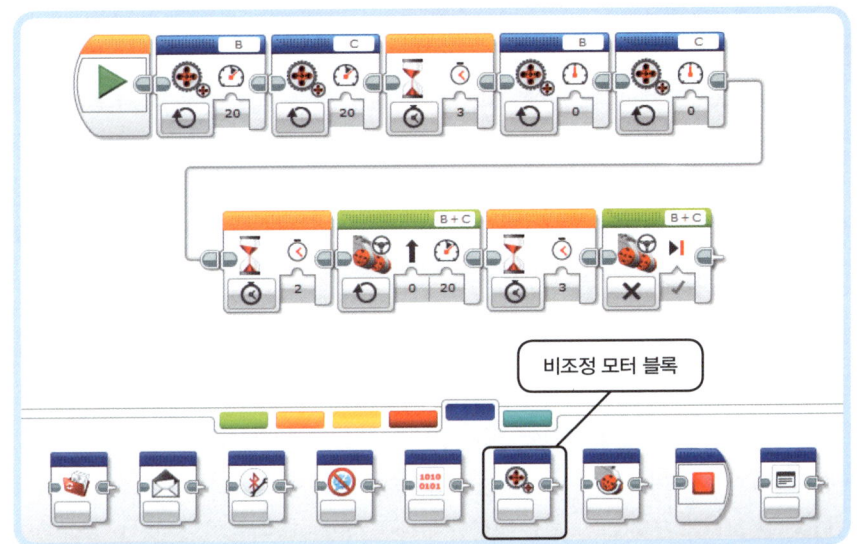

■ 그림 9-7 SteepSlope 프로그램. 이 프로그램은 보기 좋게 만들기 위해 위쪽의 비조정 모터 블록 구동부와 아래쪽의 조향모드 주행 블록 구동부를 시퀀스 와이어로 이어주는 형태로 프로그래밍했습니다. 여러분이 실제로 프로그래밍할 때에는 시퀀스 와이어를 이용해 이 그림처럼 z 형태로 배치할 필요 없이 모든 블록을 일직선으로 배치해도 무방합니다.

기 블록을 3초로 설정하고 다시 비조정 모터 블록을 이용해 두 개의 모터의 파워를 0%로 설정합니다. 그 다음 2초 뒤 조향모드 주행 블록을 이용해 역시 20%의 파워(34rpm)로 두 모터를 3초간 구동시키고 정지합니다.

익스플로러 로봇을 경사면에 놓고 SteepSlope 프로그램을 실행하면 처음 3초간 서서히 경사면을 올라가고 잠시 쉰 다음 남은 3초간 전력으로 경사면을 올라가는 것을 볼 수 있습니다.

첫 번째 구동 단계에서 EV3은 두 개의 모터에 전원을 공급하지만 실제 회전량에 대해 검사하거나 제어하려 하지 않고 3초간 기다립니다. 로봇은 경사를 올라가면서 평지를 구동할 때에 비해 더 많은 힘을 필요로 하지만, 비조정 모터 블록에서는 이에 대한 제어가 이루어지지 않기 때문에 로봇은 천천히 경사면을 올라가게 됩니다.

두 번째 구동 단계에서는 전원을 공급받고 모터가 회전하면서 동시에 모터에 내장된 회전 센서가 현재의 회전 상태를 알려주게 됩니다. 공급된 파워에 의해 무부하 상태에서 회전해야 하는 회전량에 비해, 경사면을 오르는 상황에서의 회전량이 적기 때문에 모터에 부하가 걸린다고 판단하고 EV3 컨트롤러는 전원 공급량을 늘려 모터에 추가적인 힘을 내어 속도를 높이게 합니다.

실속한 모터 멈추기

만약 여러분이 조향모드 주행 블록에 의해 구동되는 모터축을 손으로 잡는 등의 행동으로 인위적인 부하를 가한다면 반대로 로봇은 부하를 이겨내고 정해진 조건대로 모터를 구동하기 위해 더욱 출력을 높이는 것을 느낄 수 있을 것입니다.

바퀴가 달린 차량의 구동이라는 관점에서 본다면 이런 현상은 나쁘지 않습니다. 하지만, 구동부가 무한 회전할 수 있는 구조가 아니라면, 예를 들어 90도 정도의 회전 반경과 여기에 연결된 링크 구조를 활용해 벌릴 수 있는 집게와 같은 장치라면 이런 구동 형태는 좋지 않을 수도 있습니다.

👦 로봇의 손에 무언가를 올려놓았을 때, 로봇이 손을 움켜 쥐면서 손가락에 최대한의 힘을 주어 손에 쥔 물건을 박살내거나, 또는 손가락이 부러지는 상황을 생각해 보시기 바랍니다.

이 문제는 비조정 모터 블록과 회전 센서를 복합적으로 사용해 모터에 구동 명령을 내리고 실제 모터가 회전하고 있는지, 또는 무언가에 의해 구동이 방해받는(실속) 상태인지를 검출하는 형태로 해결할 수 있습니다.

그림 9-8의 WaitForStall 프로그램은 이러한 개념이

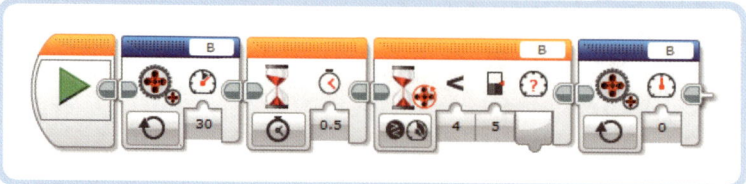

■ 그림 9-8 WaitForStall 프로그램은 모터 B가 실속할 때까지 모터를 구동시킵니다. 주지할 점은 0.5초의 대기 블록이 모터의 가속을 위해 사용되었다는 것입니다. 대기 블록이 실행되는 0.5초 동안 모터는 0%에서 30%까지 파워 가속이 이루어집니다. 만약 대기 블록이 사용되지 않았다면 모터가 미처 가속이 이루어지지 않은 상태에서 파워 검사가 이루어지기 때문에 프로그램은 바로 종료될 것입니다.

적용된 예제 프로그램입니다. 프로그램은 모터 B를 30%의 파워로 구동시킵니다.

그리고 0.5초 뒤 현재 모터 파워가 5% 이하로 내려가는지 검사합니다. 5% 이상이라면 EV3는 모터의 부하를 무시하고 계속 구동하지만, 5% 이하까지 파워가 떨어진다면 EV3는 모터가 실속 상태라고 판단하고 모터를 정지시킵니다.

익스플로러 로봇에 이 프로그램을 다운로드 받고 실행하면 로봇은 여러분이 앞을 막아 구동을 방해할 때까지 계속 원형 코스를 주행할 것입니다.

추가적인 탐구

이제 여러분은 EV3 세트에 포함된 모든 센서와 모터의 작동에 대해 배워 보았습니다. 이제 여러분만의 로봇을 만들어 볼 차례입니다. 테스트에 활용한 익스플로러 로봇은 그 많은 예 중 하나일 뿐입니다. 이 책을 읽는 동안 여러분은 각기 다른 센서와 구동부가 포함된 몇 가지 로봇을 만들고 실험해 볼 수 있을 것입니다.

지금까지 여러분이 배운 구성 요소인 EV3 컨트롤러와 모터, 센서, 그리고 기본 프로그래밍 블록들은 로봇이 구동하는 데 필수적인 요소입니다.

뒤이어 살펴볼 내용에서는 이 각각의 요소들을 좀 더 상세히 다루어 보면서 보다 정교하면서도 재미있는 로봇을 접해 볼 수 있을 것입니다. 먼저 다음 장에서 우리는 EV3 세트의 구성 부품을 활용한 테크닉 조립 기법들과 이를 이용한 여러분만의 로봇을 만드는 방법을 살펴볼 것입니다.

이어지는 탐구과제들 역시 좀 더 다양한 센서의 활용 기법을 경험하게 해 줄 것이니 꼭 놓치지 마시기 바랍니다.

탐구과제 52: 브릭 버튼으로 조종하기!

난이도 🔲 시간 ⏱⏱

전선은 분리하지 않고 EV3 브릭만을 분리한 상태에서 EV3의 브릭 버튼을 누르는 것에 따라 로봇이 움직이게 만들어 봅시다. 상하 버튼을 누르면 로봇이 전후진을 할 수 있고 좌우 버튼은 로봇의 방향을 전환하는 데 사용합니다. 물론 아무것도 누르지 않는다면 로봇은 멈추어 있어야 합니다.

HINT 스위치 블록의 '브릭 버튼 – 측정 – 브릭 버튼' 모드를 사용합니다.

탐구과제 53: 저속 장애물 감지!

난이도 ▢▢▢   시간 ⏱⏱

로봇에 터치 센서, 컬러 센서, 적외선 센서를 장착하지 않고, 방을 돌아다니다가 장애물을 만났을 때 로봇이 회피하도록 만들어 봅시다. 로봇의 구동에는 비조정 모터 블록을 사용하고 이를 이용해 장애물을 감지합니다. 장애물을 만나면 로봇은 후진해서 장애물을 회피하는 기동을 한 후 다시 구동을 시작합니다.

> **HINT** 로봇이 장애물을 만난다면 바퀴의 회전 속도가 떨어질 것입니다.

디자인 탐구과제 11: 스마트 하우스

조립 난이도 ✸✸✸   프로그래밍 난이도 ▢▢

일반적인 레고 제품을 이용한 집을 만들어 본 적이 있나요? 그렇다면 이제 센서와 모터, 그리고 프로그램의 활용 방법을 알고 있으니 레고 건물에 EV3를 활용해 집을 좀 더 스마트하게 꾸며 보는 것은 어떨까요?

> **TIP** 누군가가 초인종(터치 센서)을 누르면 모터가 장착된 현관문이 자동으로 열리고, 창문이나 담장에 설치된 적외선 센서에 움직임이 감지되면 침입자 경보를 울릴 수 있습니다. 또 다른 모터와 컬러 센서를 활용해 빛의 밝기 또는 특정 색(카드 키)에 따라 차고의 셔터를 여닫을 수도 있습니다.

3

로봇 조립 기법
robot-building techniques

10
빔, 축, 커넥터와 모터
building with beams, axles, connector blocks and motors

여기까지 오면서 여러분은 이미 익스플로러 로봇을 충분히 만져 보았을 것입니다. 하지만 새로운 로봇을 설계하고 조립하는 과정 역시 무척이나 중요합니다. 조립에 대한 노하우는 다양한 레고 브릭을 충분히 조립해 보는 경험을 통해서 나오겠지만, 이 책에서는 여러분이 가진 EV3 세트의 부품에 좀 더 집중해서 조립 기법을 살펴볼 것입니다.

이번 장에서는 그림 10-1에 나열된 빔, 프레임, 커넥터와 축 등의 부품을 이용해 로봇의 구조를 튼튼하게 만드는 기법을 다룰 것입니다. 또한, 이번 장에서는 자신만

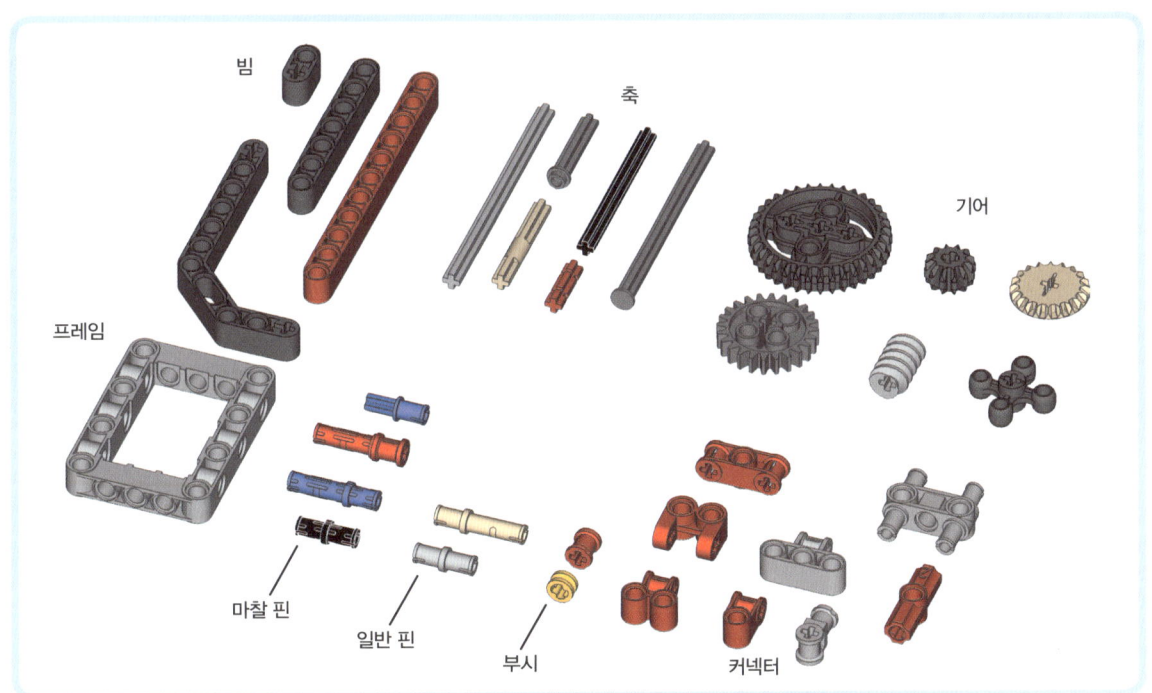

■ **그림 10-1** EV3 세트는 다양한 빔과 프레임, 축, 기어, 커넥터와 핀을 포함합니다.

10 빔, 축, 커넥터와 모터   **137**

의 로봇을 설계하기 위한, 레고 브릭 단위의 계산 방법도 살펴볼 것입니다. 기어의 구동에 관련된 부분은 이어지는 11장에서 다룰 예정입니다.

이 장에서 제시된 각각의 예제들은 여러분의 EV3 세트만으로 구현해 볼 수 있는 것들입니다. 물론 한 개의 EV3 세트에는 부품 수가 제한되어 있기 때문에 이 책의 모든 모듈을 동시에 전부 만들 수는 없습니다. 하지만 한 단계씩 구조의 특징과 조립 기법에 대해 이해한다면 여러분만의 로봇을 만드는 데 필요한 유용한 조립 기법을 몸으로 익힐 수 있을 것입니다.

보다 폭넓은 레고 기계장치의 조립 기법과 구동 노하우를 알고 싶다면 인사이트에서 출간한 『레고 테크닉 창작 가이드』를 추천합니다.

NOTE 여러분이 원한다면 이제 익스플로러 로봇을 분해해도 괜찮습니다. 이 책의 뒷부분에서는 더 이상 이 로봇을 사용하지 않을 것입니다.

빔과 프레임 사용하기

지금까지 여러분은 EV3 브릭과 모터 및 센서에 대한 부분을 집중적으로 배워 보았습니다. 이제 이 요소들을 장착하고 지지할 수 있는 구조물을 만들기 위한 방법으로 빔의 활용 방법을 배워 보겠습니다. 각 부품의 특징을 배우기에 앞서, 먼저 레고 빔의 길이 단위부터 살펴보겠습니다.

레고 빔과 다른 레고 부품들은 길이 단위로 레고만의 단위를 주로 사용합니다. 이 단위는 '모듈'(M)이라고도 합니다(그림 10-2 참조). EV3 세트에 포함된 가장 짧은 빔은 2M이며, 가장 긴 빔은 15M입니다.

또 다른 레고 단위로는 '스터드'가 있습니다. 사실 '스터드' 단위와 'M' 단위는 같은 길이로 미터법으로는 8mm입니다. 일반적인 레고 부품의 경우 위로 튀어나온 스터드와 브릭의 아랫면이 결합되는 '스터드 결합 방식'을 주로 이용하며, 대부분의 부품이 스터드를 가지고 있어 좌우 방향으로는 '스터드'라는 단위를 사용합니다.

또한 브릭은 너비와 높이가 다르기 때문에 높이 방향으로는 '브릭'이라는 단위를 사용합니다. 하지만 기계적인 구조를 나타내기 위한 테크닉 부품의 경우 외형에 스터드를 사용하지 않고 높이 역시 기존 브릭의 높이보다 낮은, 3방향 모두 스터드 단위인 정육면체를 기본으로 모양이 변경되기 때문에 이런 부품들을 스터드가 없이 설명하기 위해서 보다 포괄적인 단위인 M이라는 단위가 사용되었습니다. 바꾸어 말하자면 15M 빔은 15스터드와 같은 단위이고 1x3 브릭은 3M 빔과 같은 길이입니다.

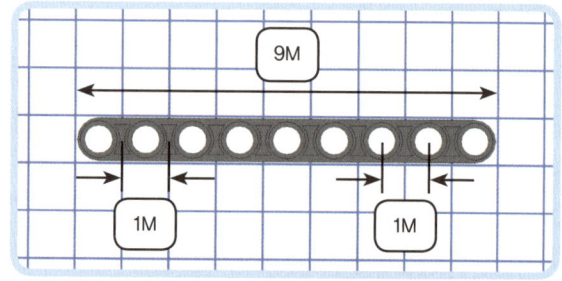

■ 그림 10-2 빔 및 다른 요소들은 레고 단위로 길이를 측정합니다. 레고 단위에서는 구멍과 구멍 사이의 중앙부터 다음 구멍과 구멍 사이까지(구멍 지름 + 좌우 지지 부분), 그리고 한 구멍의 중심에서 인접한 다른 구멍의 중심까지의 거리를 1M으로 측정합니다. 이 그림의 빔은 전체 길이 9M, 가장 우측의 구멍부터 가장 좌측의 구멍까지의 거리는 8M이 됩니다. 1M은 8mm로, 9M의 빔은 미터법으로는 72mm가 됩니다.

빔 연장하기

마찰 핀을 이용해 중간에 보강 빔을 덧대면 빔의 길이를 연장할 수 있습니다. 연결 부위를 흔들리지 않게 하려면 빔과 빔의 연결에 최소한 두 개 이상의 핀을 사용하는 것이 좋습니다. 조금 더 내구성을 확보하고 싶다면 빔과 빔이 겹쳐지는 구멍을 그림 10-3과 같이 세 개 이상 확보하는 것이 좋습니다.

적어도 두 개 이상의 마찰 핀을 사용하고 빔과 빔이 겹치는 구멍은 세 개 이상이 되도록 만드는 것이 좋습니다.

■ **그림 10-3** 마찰 핀(EV3 세트에서는 빨간색, 파란색, 검은색이 포함됨)을 이용해 빔의 길이를 연장할 수 있습니다.

프레임 사용하기

EV3 세트에는 그림 10-4와 같은, 두 가지 종류의 프레임이 포함됩니다. 프레임은 큰 구조물을 손쉽게 만들 수 있도록 다양한 방향으로의 결합이 가능한 구조로, 모터나 다른 빔들을 결합할 때, 특히 90도 단위의 직각 결합에 유용합니다.

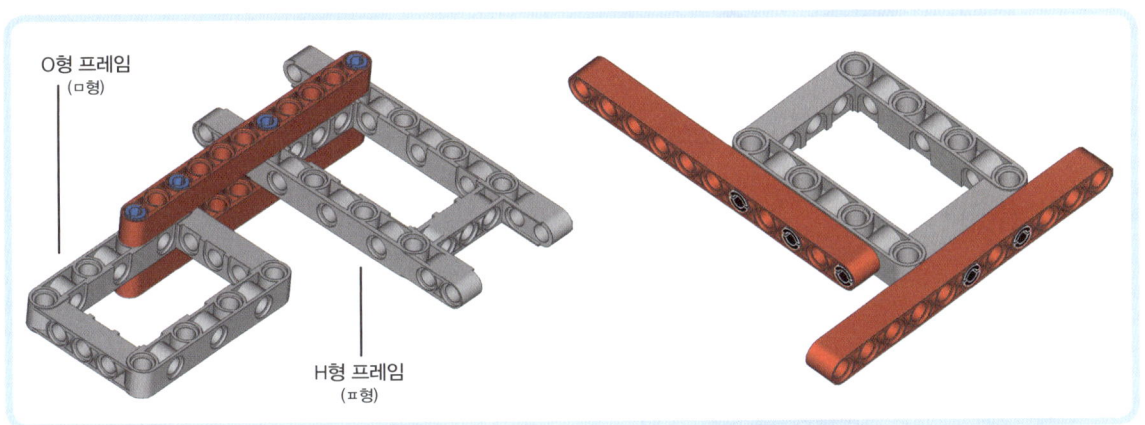

O형 프레임 (ㅁ형)

H형 프레임 (ㅍ형)

■ **그림 10-4** 프레임은 크고 튼튼한 구조를 만들기에 적합하도록 많은 핀 연결 구멍을 갖고 있습니다. 프레임을 이용하면 다양한 형태, 특히 오른쪽과 같은 직각 결합에 유용합니다.

빔을 이용한 구조 강화

빔은 새로운 구조물을 만드는 데 주로 사용되지만, 다른 구조물의 보강재로도 유용하게 활용됩니다. 예를 들어, 그림 10-5의 위쪽 구조물의 경우 빔과 두 개의 O형 프레임이 파란색 마찰 핀만으로 결합되어 있으며, 두 O형 프레임을 바깥 방향으로 당기면 매우 쉽게 분리되는 특성을 보입니다.

🧑 이것은 핀의 결합 방향과 힘이 가해지는 방향이 같기 때문입니다. 마찬가지 이유로 스터드 결합이 이루어진 브릭의 경우에도 상하로 당기는 힘이라면 스터드의 마찰력을 넘길 정도만으로도 분리가 가능합니다. 만면 아래에 소개될 빔 강화와 같이, 힘의 방향과 직교되는 방향으로 보강이 이루어진다면 구조는 매우 튼튼해집니다. 브릭 결합 역시 스터드와 브릭 밑면이 만나는 지점인 결합 면은 상하로 당기는 힘보다 훨씬 더 큰 힘을 줘도 쉽게 분리되지 않습니다.

그림 10-5의 아래쪽 구조물은 두 개의 3M 빔으로 보강이 이루어진 형태입니다. 이 경우 두 개의 검은색 빔, 그리고 이 빔과 프레임을 결합하는 네 개의 검은색 마찰 핀 덕분에 구조물은 프레임 바깥 방향으로 당기는 힘에

매우 강하게 됩니다. (만약 여러분이 이정도로 만족하지 못한다면, 3M짜리 빔 대신 회색 O형 프레임 두 개를 전부 감쌀 수 있는 길이인 11M짜리 빔을 사용할 수도 있습니다.)

🧑 이 그림의 구조물과 같이 단순한 구조라면 빔을 이용해서도 충분히 보강을 할 수 있지만, 여러 부품들이 다양한 각도로 결합이 이루어지면 보강용 부품도 이에 맞추어 복잡해져야만 할 수 있습니다. 뒤에 다루게 될 다양한 커넥터들은 이런 보강에 유용하게 쓸 수 있습니다.

훨씬 더 다양하지만, 이중 EV3 세트에는 그림 10-6과 같은 네 가지 형태의 90도 빔만이 포함됩니다. 이 빔들을 이용하면 여러분은 90도 단위로 부품을 꺾어 결합할 수 있습니다.

🧑 실제 레고 부품, 특히 테크닉 부품은 모양뿐만 아니라 색상도 빨간색, 녹색 등 무척 다양합니다. 하지만 EV3 세트에 포함되는 부품색은 무채색 위주로, 상대적으로 단조로운 편입니다.

EV3 세트에는 90도 단위로 꺾인 빔뿐만 아니라 53.13도로 꺾인 빔도 있습니다. 그림 10-7과 같이 두 가지가 있습니다. 이 각도는 언뜻 아주 생소하게 느껴질 수 있습니다. 하지만 이 각은 사실 세심하게 고려된 각으로서, 일반적인 삼각형을 만들 수 있을 뿐만 아니라, 피타고라스의 정리에 의거한 직각삼각형을 만드는 데에도 유용하게 활용됩니다.

피타고라스의 정리인 '빗변의 제곱은 남은 두 변을 각각 제곱해서 더한 값과 같다'를 만족하는 값 중 하나인 3, 4, 5를 길이로 하는 3M, 4M, 5M 크기의 직각삼각형 형태를 그림 10-8에서 볼 수 있습니다.

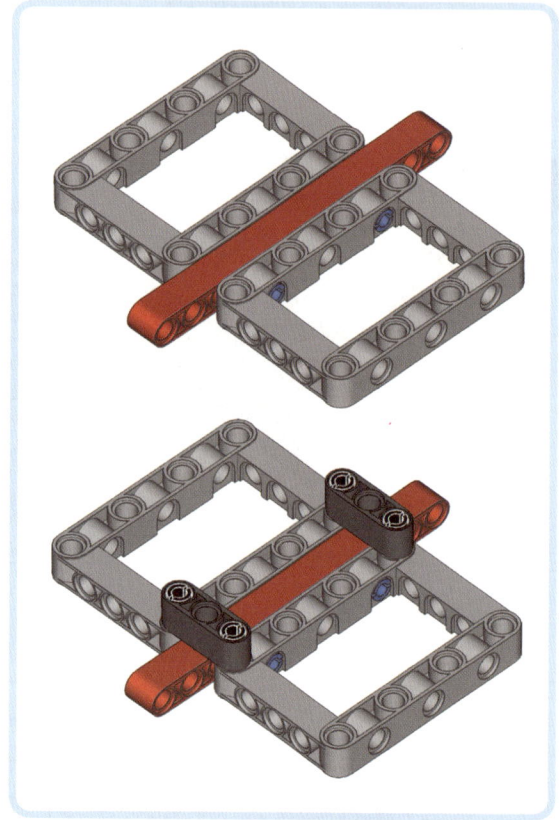

■ **그림 10-5** 빔을 이용해 구조물을 강화할 수 있습니다. 실제로 여기에 제시된 두 가지 구조물을 만들고 손으로 잡아당겨 분해를 시도해 보시기 바랍니다. 아래의 프레임이 훨씬 더 내구성이 강하다는 것을 느낄 수 있을 것입니다.

경사 빔 사용하기

EV3 세트에는 꺾인 모양과 각도, 크기 등이 서로 다른, 다양한 종류의 경사 빔이 제공됩니다. 실제 레고 부품은

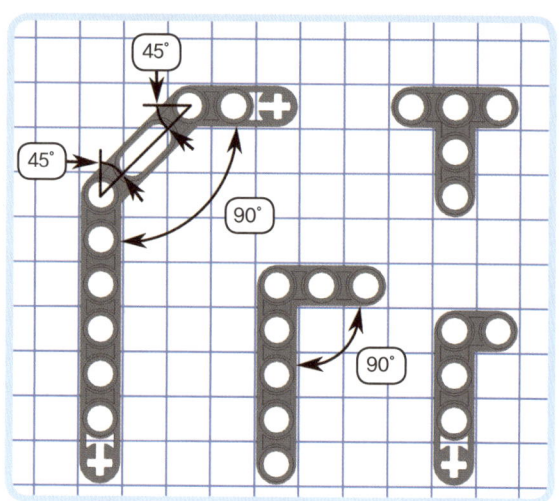

■ **그림 10-6** 네 가지 종류의 90도 빔

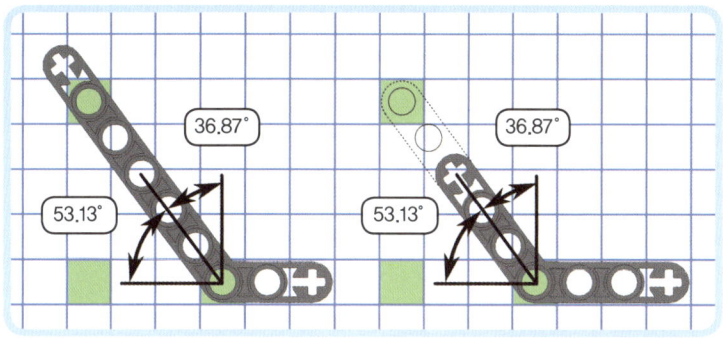

■ **그림 10-7** 53.13도로 꺾인 두 가지 종류의 빔. 두 빔의 각도가 같은 이유는 짧은 것(오른쪽)의 길이를 확장해서 긴 것(왼쪽)과 유사한 형태로 활용할 수 있다는 이유 때문입니다.

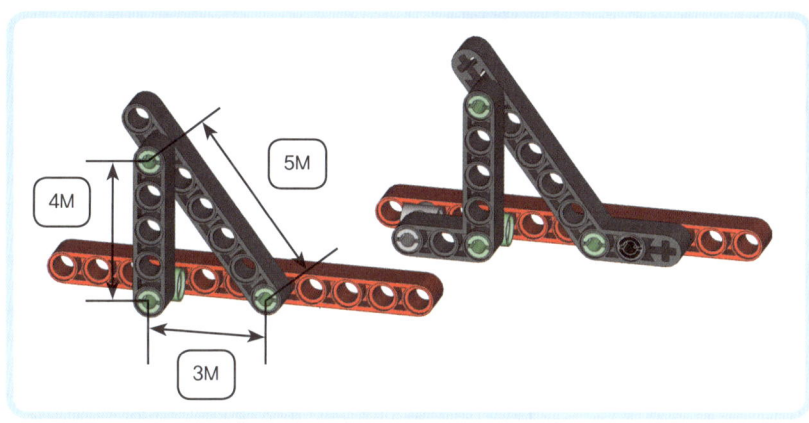

■ **그림 10-8** 일반 빔을 활용한 직각삼각형(왼쪽)과 경사 빔을 활용한 직각삼각형(오른쪽). 녹색으로 표시된 핀은 실제로는 다른 색이지만 그림 10-7에 있는 삼각형의 꼭지점 표시와 맞추기 위해 임의로 채색했습니다. 각 면의 정확한 길이는 구멍의 숫자가 아닌, 첫 번째 구멍의 중심점에서 마지막 구멍의 중심점까지를 기준으로 측정합니다.

탐구과제 54: 큰 삼각형!

난이도 ☀ 시간 ⏱

여러분이 가진 EV3 세트에는 또 다른 직각삼각형을 만들 수 있는 부품이 있습니다. 사실, 그 삼각형의 크기는 그림 10-8에서 만든 삼각형의 두 배입니다. 이 삼각형은 어떻게 만들 수 있을까요?

LEGO 격자 단위 사용하기

그림 10-9의 왼쪽은 1M 단위(1x1 브릭 크기)로 그려진 격자입니다. 이 단위는 여러분이 레고로 구조물을 만들 때 알아두면 여러모로 유용합니다. 만약 여러분이 빔에 새로운 무언가를 조립하고자 한다면 이와 같은 격자 구조 안에 각 부품의 핀 구멍을 맞추어 보는 것만으로도 분명 구조물을 만드는 데 도움이 될 것입니다(그림 10-9의 ⓐ참조).

만약 여러분이 레고의 기본 요소 중 하나인 사각형 배치를 벗어나 좀 더 자유로운 각도를 응용하고자 한다면, 격자 구조를 유지한 구조물에 비해 부품을 조립할 수 있는 구멍의 위치는 줄어들게 됩니다(ⓑ 참조). 하지만 이 정도의 변형은 아직 구조물로 활용할 만합니다.

이런 형태의 각도는 기능적인 요소로 쓰일 수도 있지만, 동물 로봇의 꼬리와 같은 장식적인 요소를 만들 때도 자주 쓰입니다.

90도 단위가 아닌 경사가 들어갈 경우, 시작점과 끝점 사이에 움직일 수 있는 점이 하나라도 추가가 된다면 경사를 가진 상태로 결합이 가능합니다. 이렇게 결합된 예가 10-9 ⓑ입니다. 반면 시작점과 끝점 사이에 움직일 수 있는 점이 없는 ⓒ와 같은 경우, 피타고라스의 정리를 만족하는 조건이 아니라면 정확하게 결합되지 않습니다.

만약 격자를 벗어난 지점에서 핀 결합을 시도하거나, 혹은 피타고라스의 정리를 만족하지 않는 경사의 삼각형으로 조립을 시도한다면, 빔과 핀은 무리한 힘을 받게 되어 핀이 부숴지거나 빔이 휘는 등의 부품 손상이 발생할 수 있습니다(그림 10-9의 ⓒ).

여러분은 구조물을 조립할 때 이와 같은 상황을 피해야 합니다. 약간의 주의를 기울인다면 부품이 억지로 휘면서 결합되는 이런 현상은 충분히 예방할 수 있습니다. 만약 조립을 시도하는 구조물이 부품을 휘면서 억지로 조립한 구조물인지 아닌지 확신이 없다면, 일반적인 각도로 꺾인 부품만을 활용해 레고 격자 단위에 맞추어 조립하는 것이 좋습니다.

레고 사에서 공개한 캐드 프로그램인 LDD는 이런 구조에 대해 파악하기 좋은 프로그램입니다. LDD는 컴퓨터 모니터 안에서 부품을 결합하는데, 삼각형 구조물의 경우 핀에 연결된 빔의 각도를 회전시켜 만들 수 있으며, 만약 수학적으로 정확하게 결합되는 위치가 아니라면 (여러분이 힘을 주어 억지로 끼워서 실제로 부품이 휘면서 결합되는 경우) LDD에서는 결합되지 않습니다. 반대로 LDD에서 결합이 되는 구조물은 실제 레고 부품으로도 확실하게 결합이 보장됩니다.

여러분은 53.13도로 기울어진 빔을 이용해 격자를 벗어나지 않는 결합 지점에서 삼각형 구조물을 만들 수 있습니다. 그림 10-7에서는 이러한 정확한 결합 지점이 초록색으로 표시되어 있으며, 그림 10-10에서는 이 방법을 응용해 경사가 들어간 구조물을 만든 것을 볼 수 있습니다.

> **NOTE** 여러분은 http://ev3.robotsquare.com/grid.pdf 이 링크에서 이 책에 사용된 것과 같은, 레고 0.5단위까지 표시된 격자를 출력할 수 있습니다. 인쇄할 때 페이지 비율을 '원본' 또는 '100%'로 설정해야 정확한 크기로 출력됩니다. (페이지 크기에 맞추어 인쇄 옵션을 선택할 경우 실제 레고 크기보다 작은 크기로 인쇄될 수 있습니다.) 실제 부품 크기를 비교하기 위해서 15M 빔 모형이 격자 최상단에 포함되어 있으며, 만약 실제 빔의 크기와 이 모형의 크기가 일치하지 않는다면 인쇄 비율을 재설정하고 다시 인쇄해보시기 바랍니다.

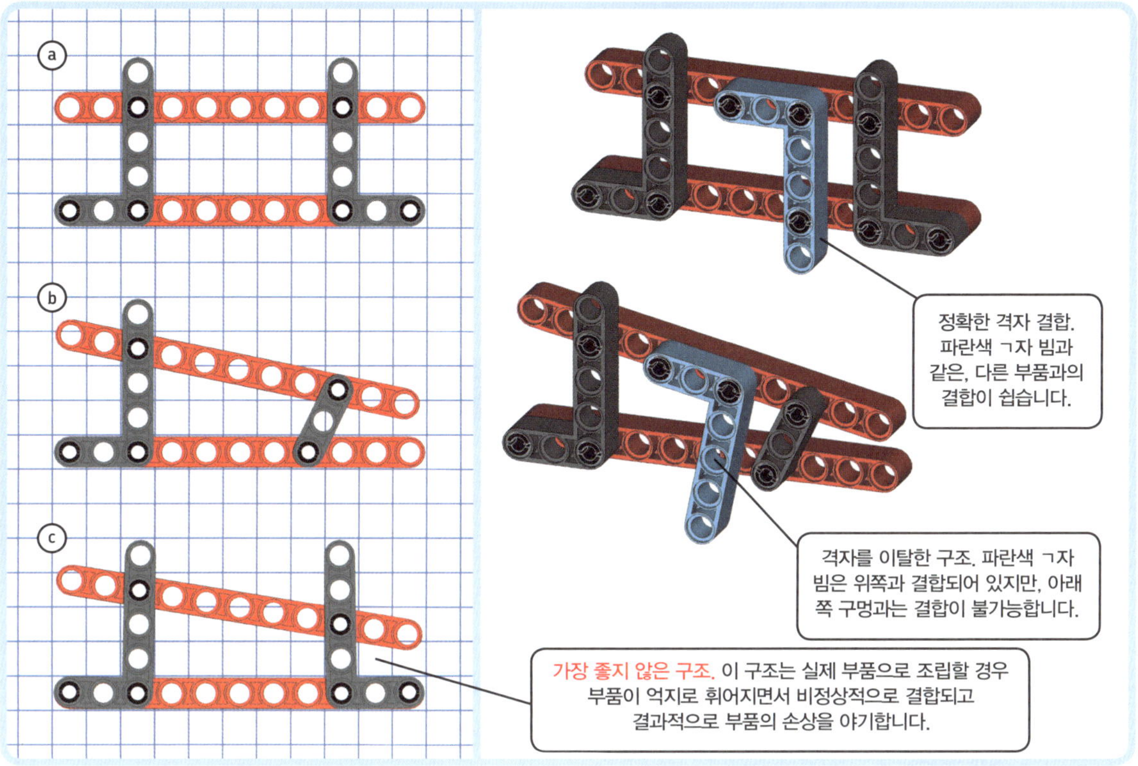

정확한 격자 결합. 파란색 ㄱ자 빔과 같은, 다른 부품과의 결합이 쉽습니다.

격자를 이탈한 구조. 파란색 ㄱ자 빔은 위쪽과 결합되어 있지만, 아래쪽 구멍과는 결합이 불가능합니다.

가장 좋지 않은 구조. 이 구조는 실제 부품으로 조립할 경우 부품이 억지로 휘어지면서 비정상적으로 결합되고 결과적으로 부품의 손상을 야기합니다.

■ **그림 10-9** 격자에 맞추어 조립한 경우ⓐ. 결합 위치가 격자를 벗어나는 경우라도 다른 연결 지점에서 적절하게 각도를 조절하면 부품에 무리를 주지 않고 결합될 수 있습니다ⓑ. 하지만 다른 부품들이 모두 고정된 상태에서 두 개의 점을 연결하려 할 경우, 적절한 각도가 아니라면 부품이 휘어지면서 억지로 결합되고 결과적으로 모형이 분해되거나, 부품이 손상될 수 있습니다ⓒ.

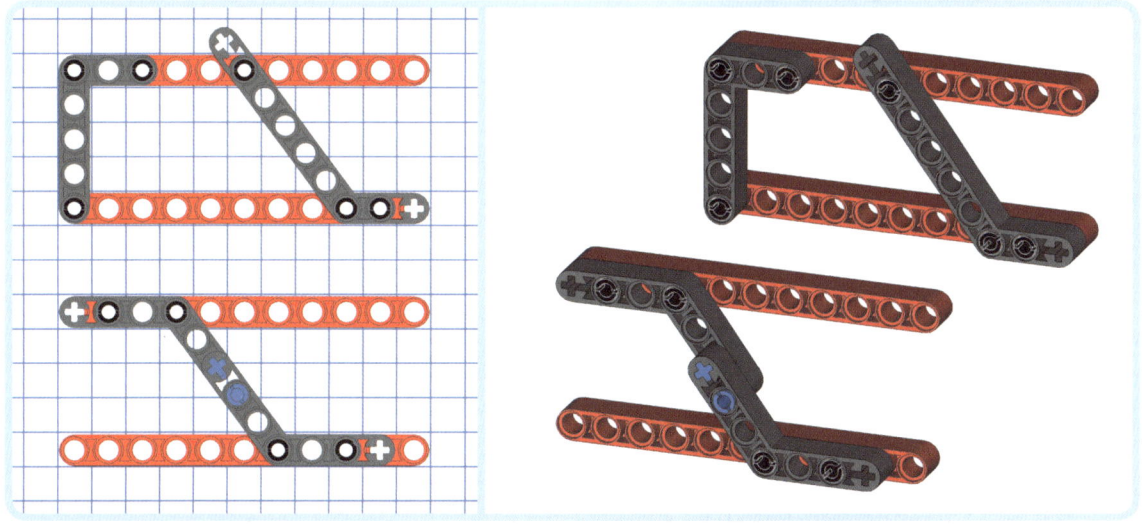

■ **그림 10-10** 53.13도로 기울어진 빔을 격자를 벗어나지 않게 결합에 응용하는 두 가지 방법

탐구과제 55: 경사 결합!

난이도 ☀ 시간 ⏱

그림 10-11과 같이 나란히 배치된 두 개의 11M 빔을 53.13도로 기울어진 경사 빔 두 개를 이용해 결합하는 방법은 무엇이 있을까요?

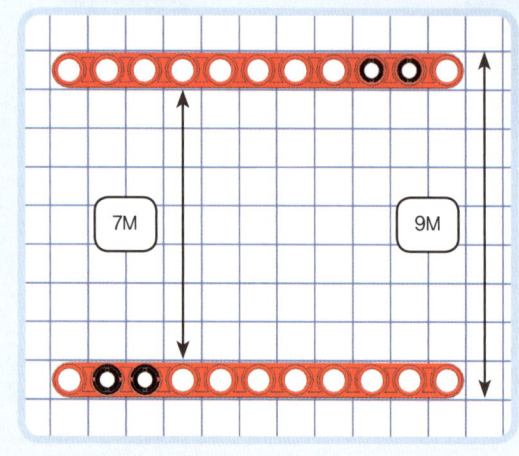

■ 그림 10-11 평행으로 놓인 두 개의 빔

축과 축 구멍을 이용한 결합

레고에서 제공되는 축은 단면이 십자 형태로, 바퀴나 기어 등 회전하는 요소의 중심축으로 사용할 수 있습니다. 레고 부품의 측면에 뚫린 핀 구멍에 축을 끼울 경우, 이 축은 아주 부드럽게 회전할 수 있습니다. 레고 축과 핀 구멍의 결합은 일반적인 기성품 레고 모형의 수준에서는 충분한 구동 안정성을 보여줍니다. 베어링과 같은 부가적인 마찰 억제 요소가 없이도 말입니다.

축은 구동 요소로 주로 사용되지만, 그림 10-12에서 보는 것과 같이, 일종의 못이나 핀의 개념으로 축 구멍을 가진 두 부품을 강하게 결합하는 용도로도 쓸 수 있습니다. EV3 세트에 포함된 가장 짧은 축의 길이는 2M이며 가장 긴 축의 길이는 9M입니다. 실제 레고에서 제공하는 축은 10, 12, 16, 32M까지 다양합니다.

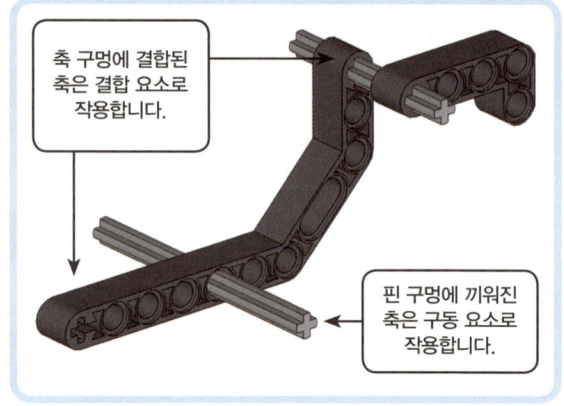

■ 그림 10-12 핀 구멍에 장착된 축은 자유롭게 회전할 수 있어 구동 요소로 쓰입니다. 반면, 축 구멍에 장착된 축은 두 부품을 단단하게 결합해 주기 때문에 구동 요소가 아닌 결합 요소로 볼 수 있습니다.

일반적인 축은 머리가 없이 전체의 단면이 핀 구멍보다 조금 작은 십자 형태이기 때문에, 일반적인 핀 구멍에 끼워진 상태에서 기울어지면 미끄러져 빠질 수 있습니다. 이를 막기 위해 축에 부시를 끼워 미끄럼을 방지하거나, 머리가 있어 핀 구멍을 관통하지 못하는 머리 축을 사용하기도 합니다.

부시의 경우 자체의 마찰력으로 축을 물고 있게 됩니다. 그림 10-13의 맨 왼쪽과 같이 축의 양쪽에 부시를 끼울 경우, 두 부시를 너무 꽉 밀어서 끼우게 되면 부시가 검은색 빔과 마찰력을 일으켜 축의 구동에 영향을 줄 수도 있습니다. 축에 부시를 끼울 때는 너무 꽉 물려 축이 빽빽하게 회전하지는 않는지 손으로 돌려 확인해 보는 것이 좋습니다.

그림 10-14에서는 아주 유용한 부품 중 하나인 마찰 축 핀을 볼 수 있습니다. 한쪽 끝은 마찰력이 있는 핀 형태로 핀 구멍에 끼울 경우 약간 빽빽하게 고정되지만 필요에 따라서는 회전도 가능합니다. 반대쪽은 십자 축 형태로 축 구멍을 가진 모든 부품과 결합할 수 있습니다.

또한, EV3 세트에는 포함되지 않지만 일부 레고 세트에서는 회색 또는 모래색의 마찰력 없는 일반 축 핀이 제

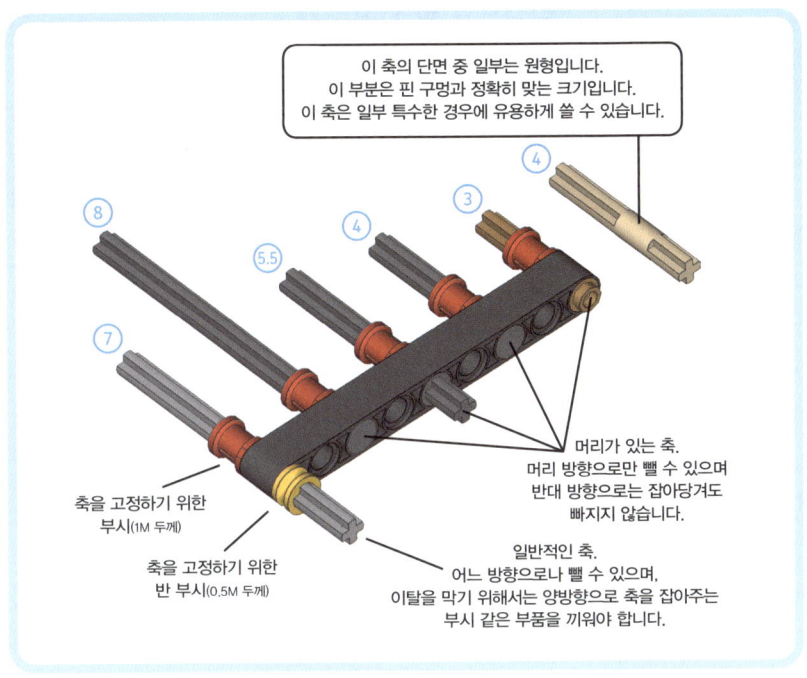

■ 그림 10-13 축이 핀 구멍에서 길이 방향으로 움직이는 것을 막기 위해 축의 두 방향으로 부시를 사용할 수 있습니다. 머리가 있는 축을 사용한다면 부시는 하나만으로도 충분합니다.

공되기도 합니다. 일반 축 핀의 경우 핀 구멍에 끼웠을 때 부드럽게 회전할 수 있습니다.

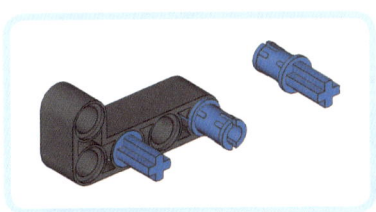

■ 그림 10-14 파란색 마찰 축 핀은 핀 구멍과 축 구멍을 결합시켜 두 부품을 고정할 때 사용합니다.

커넥터 사용하기

커넥터는 빔, 축, 모터와 센서 등 다양한 부품을 임의의 각도로 결합하는 데 활용됩니다. EV3 세트에 포함된 여러 종류의 커넥터는 각각의 결합 방법만으로도 엄청난 활용의 예가 나올 수 있습니다. 이 책에서는 그 중 로봇 조립을 시작하는 분에게 적합한 기본적인 활용 예제만을 다루어 보겠습니다.

축 연장하기

그림 10-15에서는 일부 커넥터를 이용해 두 개의 축을 연결하는 방법을 보여주고 있습니다. 이 그림에 제시된 방법을 이용하면 축의 길이를 연장하거나, 축을 특정한 각도로 꺾을 수 있습니다.

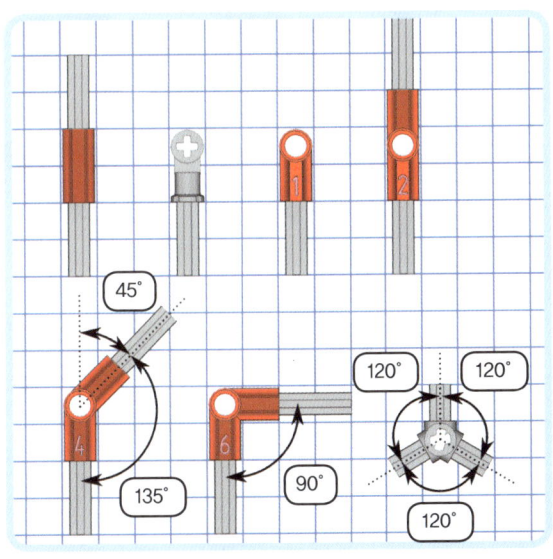

■ 그림 10-15 커넥터와 이를 이용한 축의 변형

두 개의 빔을 연결하기

두 개의 평행한 빔을 연결하기 위해서 프레임이나 다른 빔을 활용하는 방법을 앞서 살펴보았습니다. 하지만, 그림 10-16과 10-17에서 보는 것과 같이 커넥터도 두 개의 평행한 빔을 결합하는 데 아주 유용합니다. 특히 두 빔의 간격을 좁혀야 하거나, 혹은 프레임이나 빔이 부족할 경우 이러한 응용 기법은 빛을 발할 것입니다.

격자 단위를 참고해 여러분의 디자인을 구현하는 데 커넥터를 활용할 수 있는 부분을 고민해 보세요. 예를 들어, 여러분이 평행한 두 개의 빔 사이를 3M 간격만큼으로 결합하고 싶다면, 그림 10-16에 제시된 ⓕ는 좋은 참고가 될 것입니다. 그림 10-16부터 10-18까지는 좌측으로는 결합 요소인 커넥터와 핀 그리고 축의 조합 모듈을, 그리고 우측으로는 이 요소를 활용해서 빔을 결합한 모습을 보여줍니다.

> NOTE 제시된 예제들은 커넥터로 두 개의 빔을 연결하는 방법에 대해서만 보여주고 있습니다. 하지만 이 조립 기법들은 구멍을 가진 빔과 유사한 구조의 다른 부품에도 동일하게 적용할 수 있습니다. 예를 들어 EV3 브릭이나 모터에 센서를 장착하기 위해서도 이 방법들을 그대로 응용할 수 있습니다.

직각으로 빔 연결하기

상당수의 커넥터 부품이 축 구멍과 핀 구멍을 함께 갖고 있으며, 이 두 구멍이 직교되는 형태로 배치된 것도 많습니다. 이런 종류의 부품은 그림 10-18과 같이 두 개의 빔을 직각 혹은 교차 형태로 결합하는 데 매우 유용하게 활용됩니다.

평행으로 놓인 빔을 보강하기

그림 10-5에서 여러분은 빔을 이용해 구조를 보강하는 기법을 살펴보았습니다. 하지만 프레임과 같이 다양한 위치에 핀 구멍이 뚫린 부품이 아니라면 이와 같은 빔 보강을 위한 결합이 여의치 않을 수도 있습니다.

이 경우 그림 10-19와 같이 커넥터 부품을 활용해 평행으로 놓인 빔에 직교하는 방향으로 빔을 결합할 수 있는 핀 구멍을 추가할 수 있습니다. 이렇게 추가된 커넥터의 핀 구멍은 구조를 보강하는 데 매우 유용하게 활용됩니다.

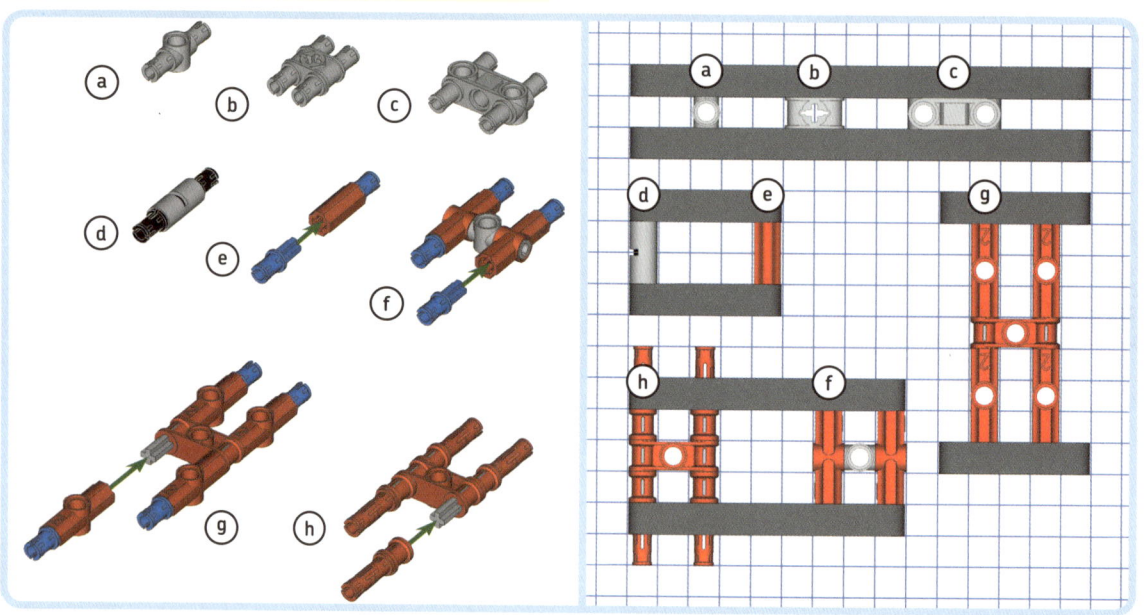

■ 그림 10-16 핀 구멍이 마주보며 평행으로 놓인 두 빔을 커넥터로 연결하는 방법

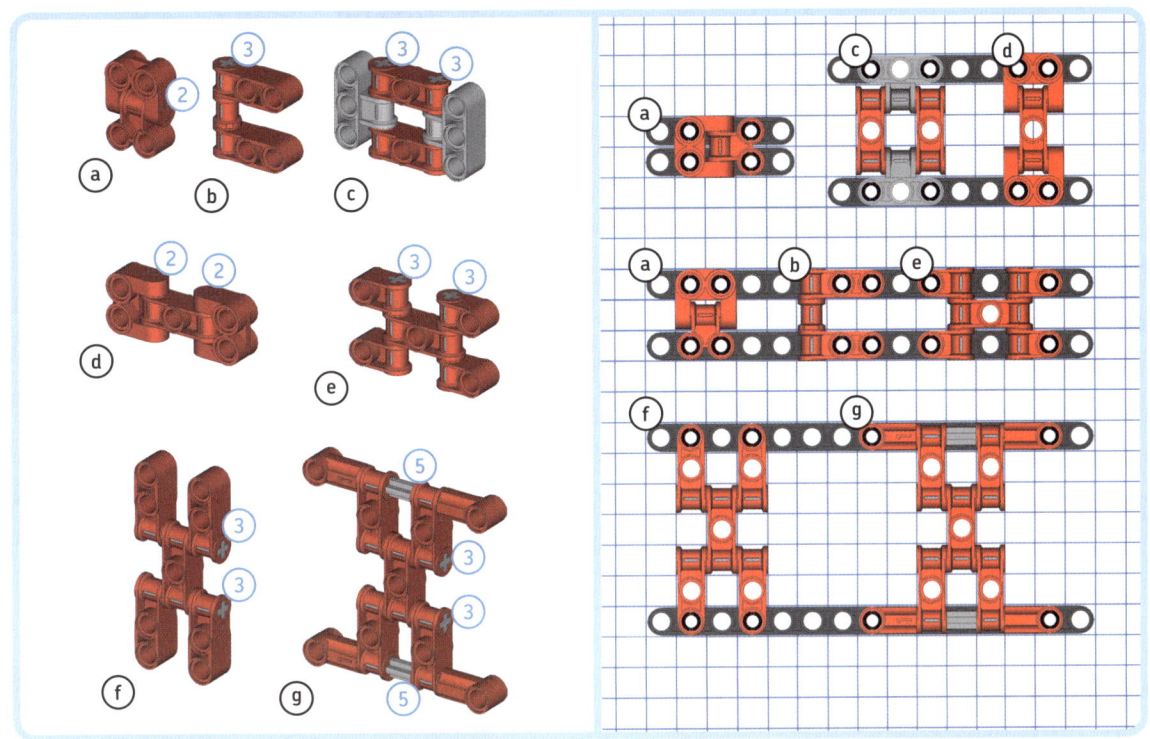

■ 그림 10-17 핀 구멍이 위를 보는 방향으로 평행으로 놓인 두 빔을 커넥터를 활용해 연결하는 방법. (파란색 원 안의 숫자는 축의 길이를 의미합니다.)

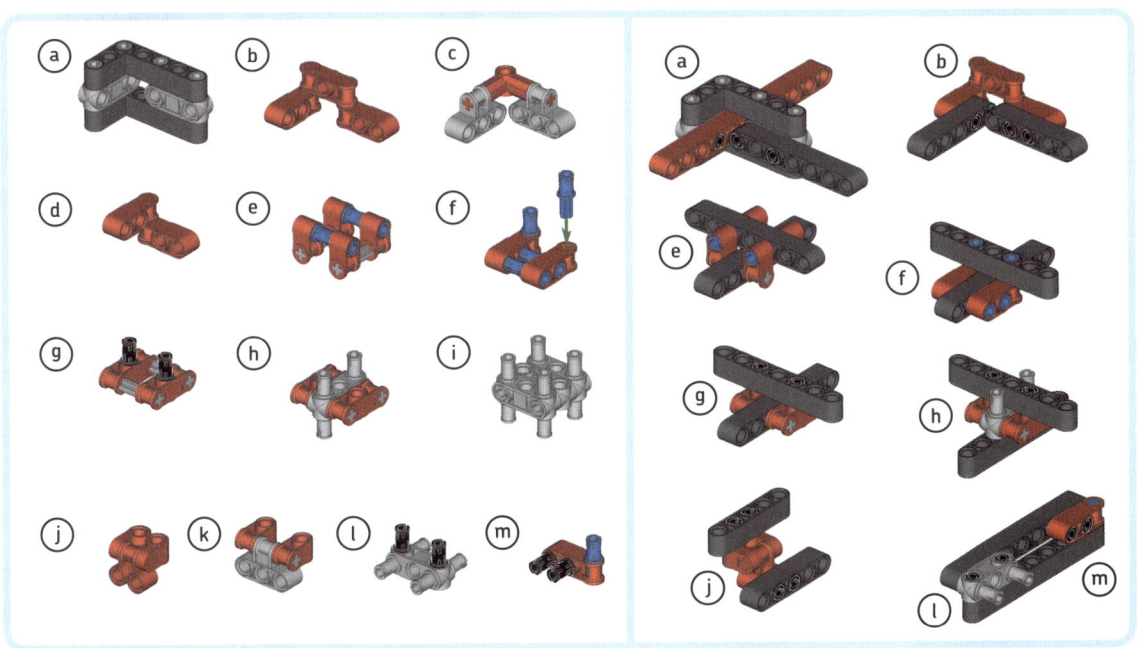

■ 그림 10-18 직각으로 교차하도록 빔을 고정하기 위해 커넥터를 활용하는 방법. (회색 축은 모두 3M입니다.)

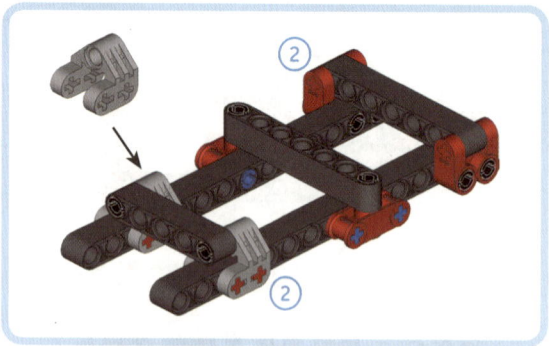

■ 그림 10-19 빔으로 만들어진 구조물을 보강하기 위해 커넥터의 구멍을 활용할 수 있습니다. 위 구조물은 그림 10-16과 같은 구조로, 긴 두 빔을 좌우로 잡아당기면 분리되는 형태입니다. 잡아당기는 힘을 버틸 수 있도록 세 가지 종류의 커넥터가 사용되고, 여기에 5M과 7M 빔으로 보강하였습니다.
(파란색 원 안의 숫자는 축의 길이로 2M 축이 사용되었습니다.)

0.5단위 활용하기

그림 10-21에서 보는 바와 같이, 일부 커넥터들은 0.5단위의 조립이 가능하게 만들어져 있습니다. 0.5단위는 하프 빔, 0.5빔, 반 스터드 단위라고도 합니다. 빔의 절반 두께로 일부 레고 부품에서 사용하는 단위입니다.

이 부품을 적절하게 활용한다면 여러분은 구조물에 무리를 주지 않는 선에서 더 자유로운 조립 기법을 구현해 볼 수 있을 것입니다. 예를 들어, 여러분의 구조물이 7M보다 크고 8M보다 작은 부품이 필요할 경우, 0.5단위를 이용하여 7.5M의 길이를 만들면 됩니다.

한 가지 주의할 점은, 이런 부품이 추가될 경우 빔으로 만든 구조를 강화하기가 한결 더 어려워질 수 있다는 것입니다. 일반적인 레고 구조에서의 보강은 정수 단위로 이루어지기 때문입니다. 바꾸어 말하자면, 이런 결합이 포함된 특정한 구조의 경우, 위와 아래의 빔을 다른 빔으로 직접적으로 연결하지 못할 수도 있습니다(그림 10-21).

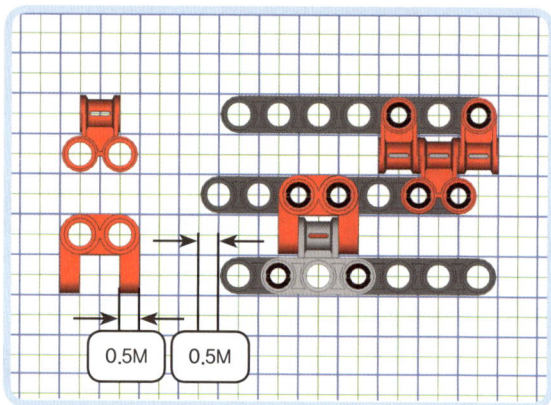

■ 그림 10-21 일부 커넥터의 경우 레고 격자 단위의 0.5에 맞게 결합부가 설계되어 있습니다. 오른쪽 그림의 진회색 빔 세 개 중 가운데 하나는 0.5M만큼 좌측으로 이동되었습니다.

탐구과제 56: 커넥터 응용!

난이도 ✲ 시간 ⏱⏱

그림 10-20과 같이 배치된 두 개의 빔을 커넥터를 활용해 견고하게 결합할 수 있습니까? 그림 10-16부터 10-19까지 제시된 다양한 커넥터 응용 모듈을 적절히 활용해 보시기 바랍니다.

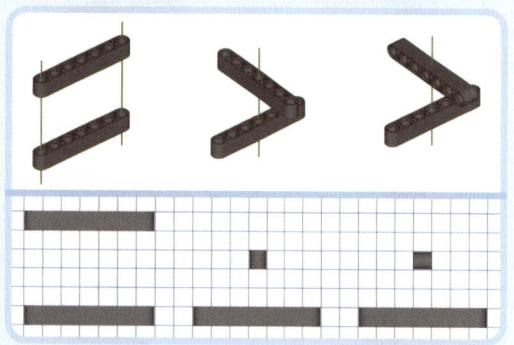

■ 그림 10-20 녹색 선은 두 빔이 교차하는 지점을 보여줍니다.

탐구과제 57: 0.5단위의 빔!

난이도 ☀ 시간 ⏱

커넥터를 이용해 두 개의 빔을 18.5M 길이로 연결할 수 있을까요?

HINT 그림 10-21의 커넥터 결합을 참고하세요.

얇은 부품 사용하기

EV3 세트에 포함된 부품의 폭은 대부분 1M 단위입니다. 하지만 일부 부품은 그림 10-22와 같이 0.5M 폭을 갖고 있습니다. 얇은 부품은 큰 부품 사이의 협소한 공간에 무언가를 구현하려 할 때 유용합니다. (유감스럽게도 EV3 세트에서는 이런 얇은 부품들을 충분히 제공하지는 않습니다. 이 책에서 소개되는 기법들을 충분히 활용하기 위해서는 다양한 레고 테크닉 세트에 포함된 부품들이 추가로 필요합니다.)

아래 그림에서 주목할 부품 중 하나는 캠입니다. 비대칭형 회전 구조를 가진 캠은 1회전당 한 번의 직선운동을 만들어 낼 수 있어, 13장에서 만들어 보게 될 한 바퀴마다 터치 센서를 한 번씩 누르는 등의 장치를 만들 때 유용합니다.

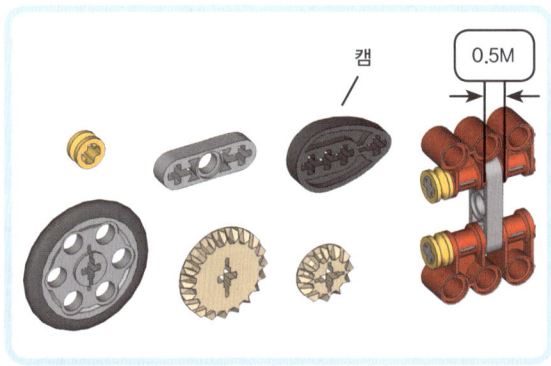

■ 그림 10-22 EV3 세트에 포함된 얇은 부품

가변형 구조 만들기

마찰 없는 일반 핀(회색 또는 모래색)을 이용해 경첩 구조나 움직임이 허용되는 가변형 구조를 만들 수 있습니다. 예를 들어, 그림 10-23의 구조물은 마찰이 없는 모래색 핀과 회색 핀 덕분에 기어를 회전시켰을 때 검은색 구조물이 왕복운동을 할 수 있게 됩니다.

🧑 이 모듈의 움직임은 자동차의 와이퍼와 유사합니다. 실제로 막대의 좌우 왕복을 위해 모터에 막대를 직접 연결하고 모터를 정/역회전 시키는 방법보다, 이와 같이 가변형 링크 구조를 만들어 모터의 단방향 회전으로 왕복하는 구조를 만드는 것이 여러모로 더 효율적입니다.

■ 그림 10-23 이 가변형 구조는 마찰이 없는 핀을 이용해 기어의 회전이 링크에 의해 전달되어 회전운동을 왕복운동으로 바꾸는 구조입니다. 만약 여러분이 두 개의 마찰 없는 핀을 마찰 핀(검은색과 파란색)으로 교체한다면 기어를 돌릴 때 훨씬 더 뻑뻑해진 것을 느낄 수 있습니다.

EV3 세트에는 두 가지 종류의 조향용 링크 부품(6M과 9M)이 포함되어 레고 테크닉 차량의 조향부를 구현할 때 유용하게 쓸 수 있습니다. 이 링크 부품은 빔을 대신해서 사용할 수 있으며, 빔에 비해 상대적으로 느슨하게 결합됩니다. 또한, 볼 조인트 부품과 함께 사용한다면 동일 평면이 아닌, 높낮이가 다른 두 지점을 연결시켜 구동할 수도 있습니다.

이 말은, 그림 10-23과 같은 구동부를 만들면서 만약 세워진 빔이 1M 두께가 아닌 2M 두께로 더 두꺼워져야 하는 10-24와 같은 형태가 될 경우, 기어와 세워진 빔을 바로 연결했던 10-23과 달리 빔의 높이가 더 높아지게 되는데, 이 때 조향용 링크 부품과 볼 조인트를 이용하면 10-24와 같이 높낮이가 다른 두 지점을 연결할 수 있다는 의미입니다.

비해 상당히 크고 결합 지점도 많기 때문입니다. 특히 탱크형 차체나 집게 손과 같은 구조물은 별도로 모터를 배치하는 것보다 모터를 중심으로, 구동부와 모터를 일체형으로 만드는 것이 더 효과적인 경우가 많습니다.

🧑 또한, 구조적으로도 모터를 중심으로 외형을 설계하는 것이 유리한 경우가 많습니다. 반대의 경우로 구동부를 먼저 만들고 모터를 나중에 결합하는 방법도 있지만, 시작 단계에서 모터의 위치를 고려해서 설계한다면 보다 효율적이고 튼튼한 구동부를 만들 수 있습니다.

이와 같은 조립 방법은 각각의 구동 모듈 또는 최소 구동부를 독립적으로 만들고 테스트하기 용이하다는 장점이 있습니다. 각각의 구동 모듈이 제대로 움직이는지 확인한 후 모듈을 합쳐 하나의 크고 복합적인 구동장치를 만드는 방법을 통해 복잡한 로봇도 손쉽게 만들 수 있습니다.

라지 모터를 응용해 조립하기

라지 모터의 외형은 프레임 또는 마찰 핀을 이용해 좌우 대칭형으로 조립하기에 적절한 형태입니다(그림 10-25 참조).

모터를 이용한 기본 구조는 그림 10-26과 같이 차량형 로봇의 차체를 만드는 기초가 됩니다. 이렇게 만들어진 기본 모듈에 여러분이 원하는 대로 바퀴나 무한궤도와 같은 구동장치, 그리고 EV3 브릭을 장착하면 손쉽게 구동형 로봇이 완성됩니다.

바퀴 또는 무한궤도의 조립

그림 10-27에서 보는 것과 같이, 라지 모터는 바퀴를 직접 구동하기에 충분한 파워와 속도를 보여줍니다. 🧑 만약 모터의 힘이 약하다면 바퀴의 구동을 위해 기어 감속 등의 추가적인 기계 구조가 필요할 수 있습니다. 다행히도 마인드스톰에 포함된 모터들은 레고 모터들 중에서도 상당히 힘이 강한 편에 속합니다.

여러분이 원한다면 모터에 바퀴가 아닌, 무한궤도를 직접 장착해서 구동시키는 것도 가능합니다. 그림 10-28은

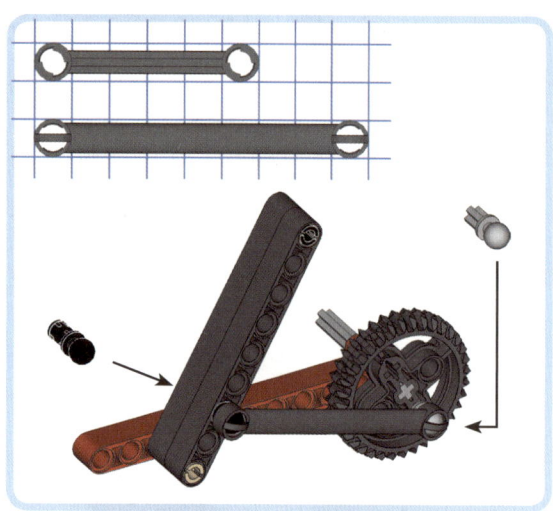

■ 그림 10-24 이 구조는 10-23과 기본적으로 동일하지만, 빔의 두께가 2M로 바뀌고, 이 빔을 연결하기 위해 빔 대신 조향용 링크 부품이 사용되었습니다. 조향용 링크 부품은 일반적인 핀을 이용하지 않고, 볼이 달린 핀 또는 볼이 달린 축 핀을 이용해 결합합니다.

모터와 센서의 활용

이제 우리는 로봇의 몸체를 만들기 위해 모터의 외형을 활용하는 방법을 살펴볼 것입니다. 모터는 다른 부품에

두 개의 13M 빔을 이용해 궤도의 구동축을 보강해 준 무한궤도형 차체의 기본형을 보여줍니다. 18장의 스냇처 SNATCH3R 로봇은 무한궤도형 차체의 또 다른 응용 사례라 할 수 있습니다.

이 책의 다음 장에서는 라지 모터에 기어 구조를 추가해 토크와 속도를 바꾸는 방법도 다룰 예정입니다.

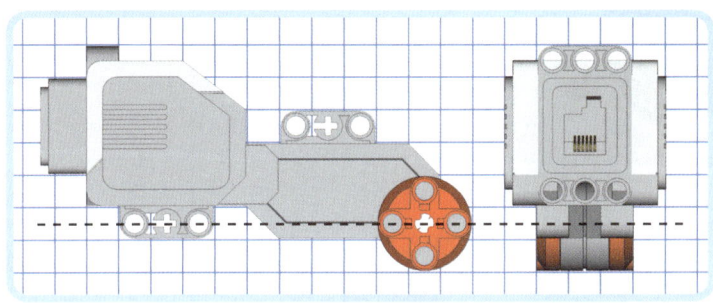

■ **그림 10-25** 라지 모터의 외형적 특징

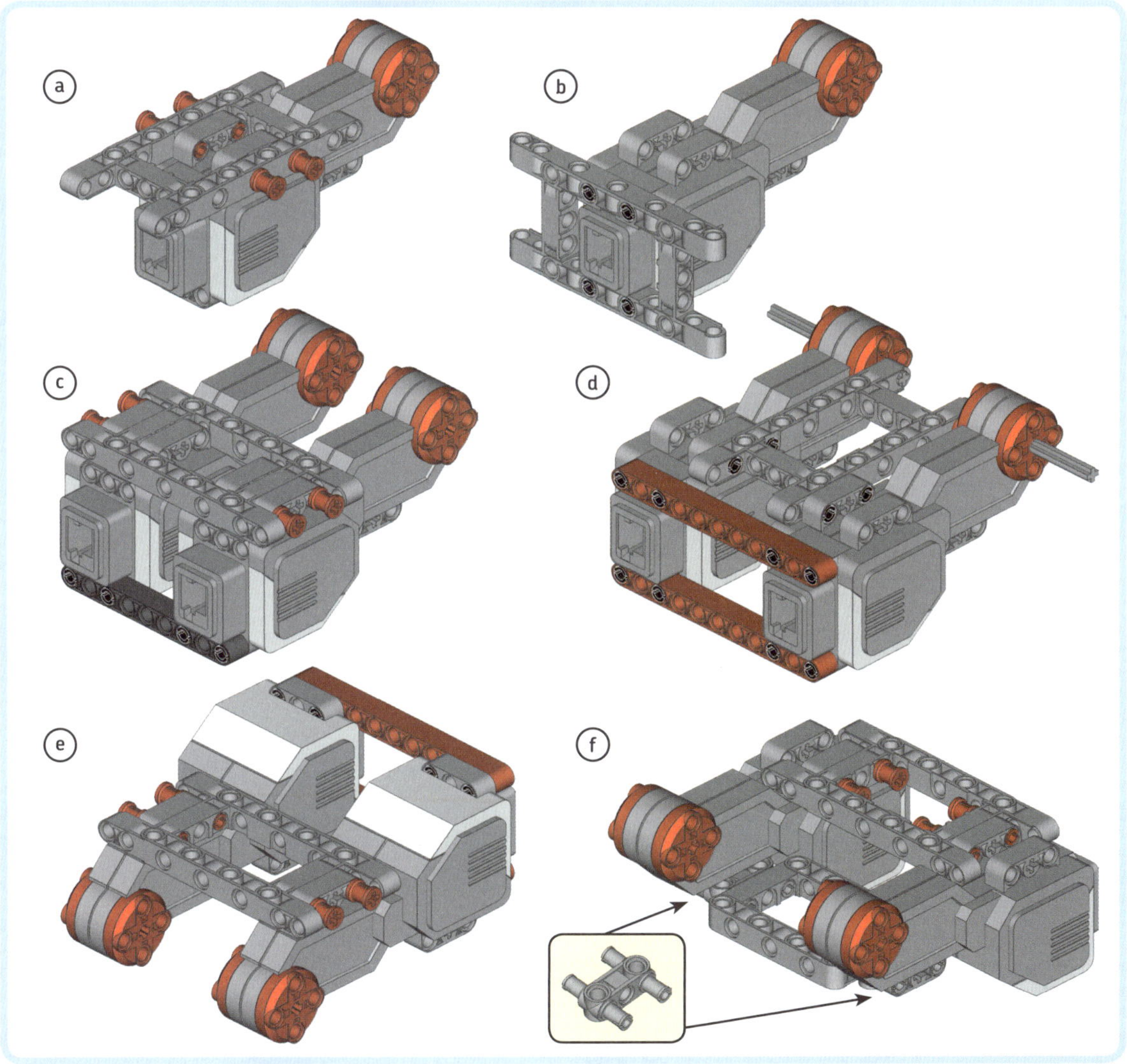

■ **그림 10-26** 모터에 프레임 부품을 결합하면 핀 결합 지점이 늘어나 보다 손쉽게 모터 뭉치를 로봇에 결합할 수 있습니다. 위에 제시된 두 개의 모터와 프레임 및 기타 몇 가지 부품이 결합된 모터 뭉치(ⓒⓓⓔⓕ)는 좌우 대칭형 구동부를 갖는 로봇의 차체를 만드는 데 도움을 줄 것입니다.

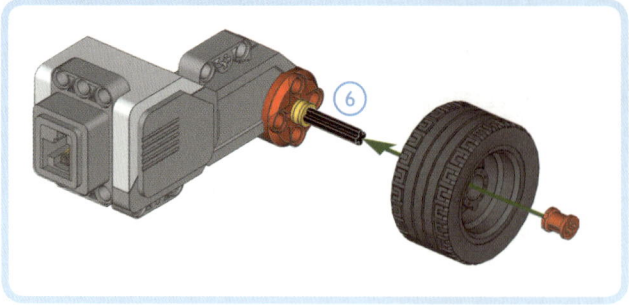

■ **그림 10-27** 6M 이상의 길이를 갖는 축을 이용하면, 모터와 바퀴를 직접 결합하는 것도 가능합니다. 그대로 바퀴를 밀어 끼울 경우, 고무타이어와 모터가 마찰을 일으킬 수 있기 때문에 바퀴와 모터 사이의 간격을 적절하게 유지하기 위해 노란색 반 부시가 사용되었습니다. 또한 빨간색 부시는 바퀴가 축에서 빠지는 것을 막기 위해 사용됩니다.

🧑 노란색 부시는 기계장치의 와셔, 빨간색 부시는 너트의 개념이라 할 수 있습니다.

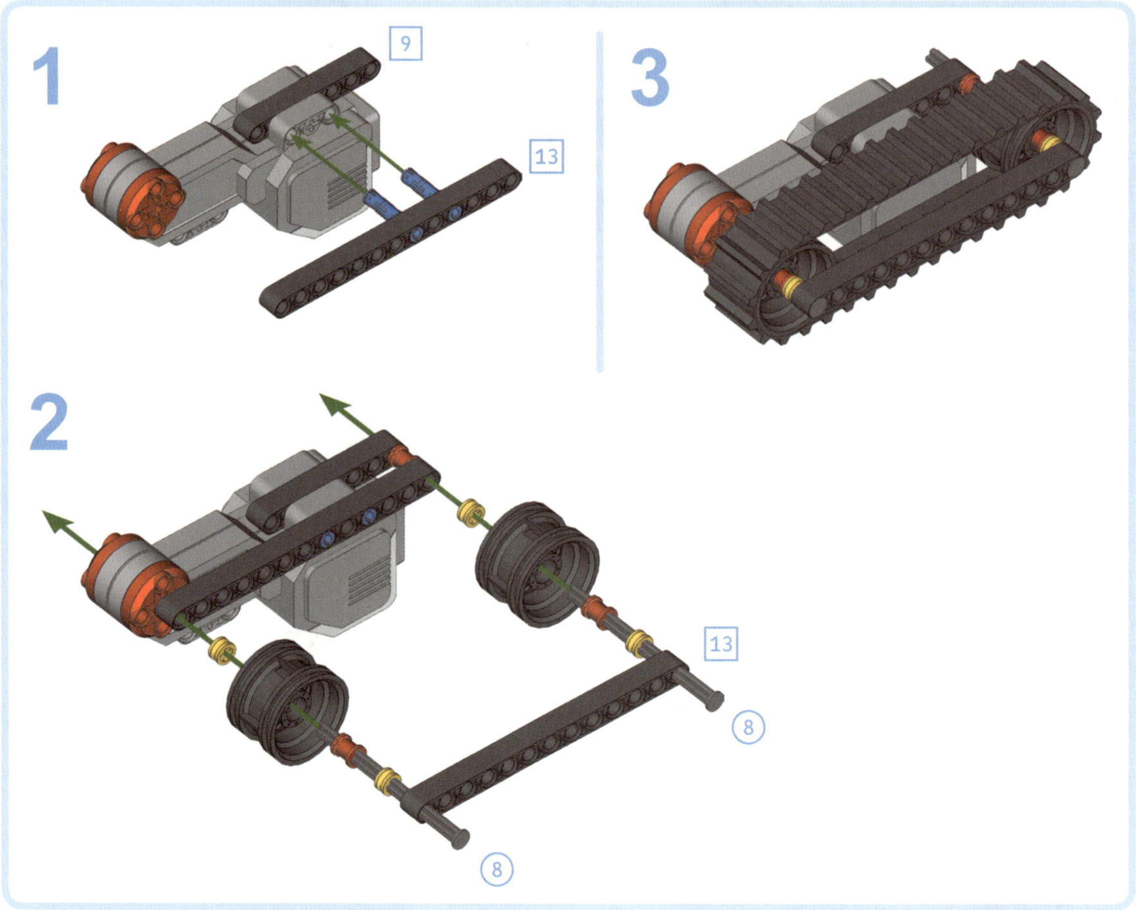

■ **그림 10-28** 모터에 8M 머리 축과 13M 빔을 이용하면 무한궤도를 구동할 수 있는 구동부가 완성됩니다. 바깥의 13M 축은 무한궤도의 탄성에 의해 축이 안쪽으로 휘는 것을 방지하는 용도입니다.

모터 축과 빔 연결하기

라지 모터의 구동축은 빨간색 부분으로 구동축의 축 구멍에 축을 끼운 후 바퀴와 기어를 장착할 수 있습니다. 하지만 모터의 구동축에는 축 구멍 외에도 네 개의 핀 구멍이 있으며, 이 구멍을 이용한다면 빔이나 다른 부품들 역시 구동축에 장착해 회전시킬 수 있습니다.

예를 들어, 그림 10-29에서처럼 구동축에 3M 빔을 고정하고 이 빔을 7M 빔과 연결해 회색 축을 왕복운동 시키는 크랭크장치를 구현해 볼 수 있습니다. 구동축을 단방향(반시계 방향)으로 무한 회전시키면 회색 축도 왕복운동을 합니다.

미디엄 모터를 응용해 조립하기

미디엄 모터(그림 10-30 참조)는 라지 모터보다 작고 단순하게 생겼습니다. 소형화 된 크기 덕분에 이 모터는 레이싱 카의 조향장치 구현과 같은 협소한 공간에 설치될 구동장치에 적합합니다. 모터의 전면에는 빨간색의 구동축이 축 구멍을 가진 상태로 설치되어 있으며, 전면과 하단에는 모터의 장착을 용이하게 하기 위한 핀 구멍들이 여러 방향으로 설치되어 있습니다.

그림 10-31과 같이 프레임과의 결합을 통해 모터를 손쉽게 장착할 수 있습니다. 그림 10-32와 같이 커넥터를 활용해 프레임을 장착한다면 차체의 좌우 라지 모터 사이에 미디엄 모터를 장착하는, 예를 들면 중앙의 지게를 상하로 구동하며 움직이는 지게차와 같은 구조도 가능합니다.

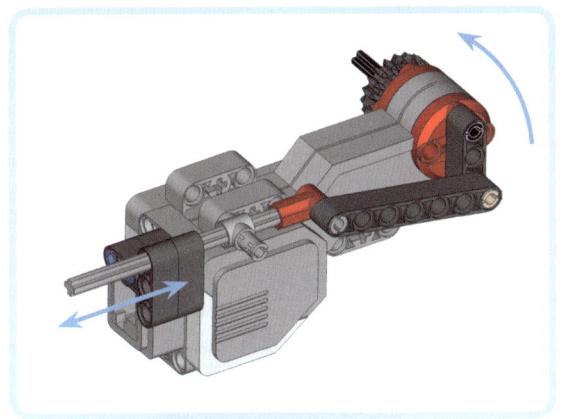

■ 그림 10-29 모터의 구동축에 설치된 축 구멍과 핀 구멍을 이용하면, 바퀴와 기어 외에 다른 핀 구멍을 가진 부품들도 장착해서 회전시킬 수 있습니다. 이 구조는 모터가 1회전하면 회색 9M 축이 좌우로 1번씩 왕복운동을 하는 크랭크 구조입니다.

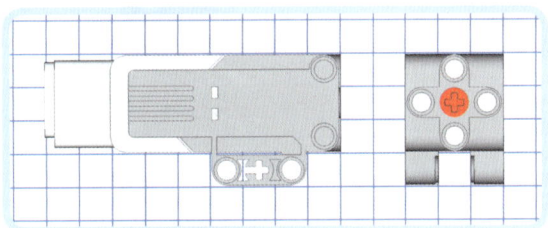

■ 그림 10-30 미디엄 모터의 외형적 특징

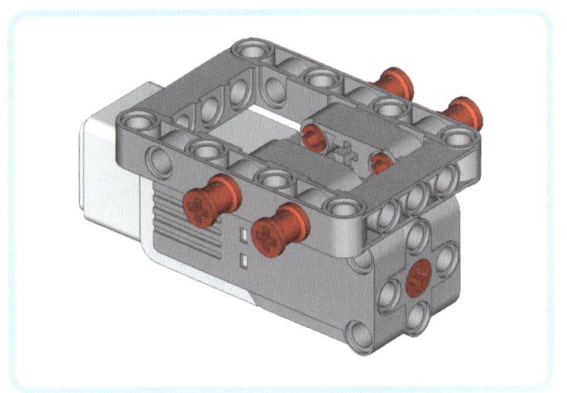

■ 그림 10-31 프레임에 미디엄 모터를 장착하는 방법 중 하나

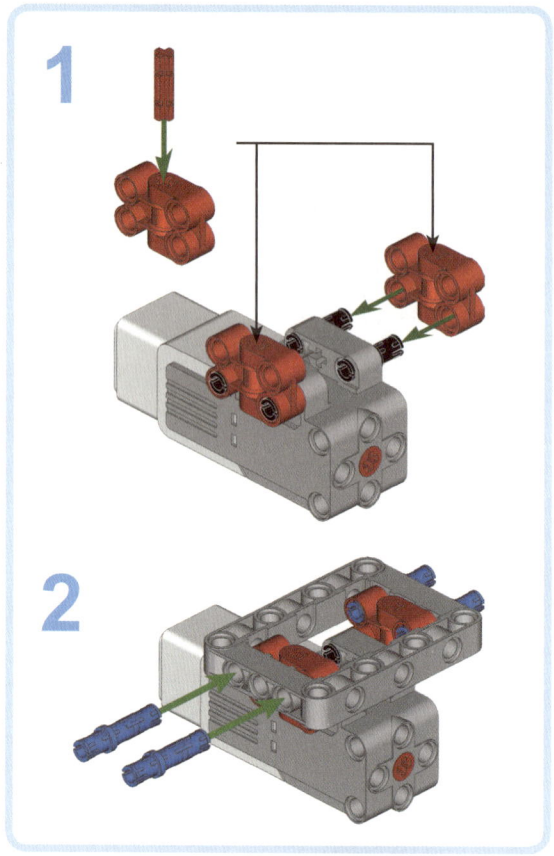

■ **그림 10-32** 미디엄 모터를 프레임에 장착하고, 좌우 대칭형으로 프레임 외부에 라지 모터 두 개를 장착할 수 있습니다. 예를 들면, 그림 10-26의 ⓒ ~ⓘ까지의 라지 모터 모듈의 O형 및 H형 프레임을 이와 같은 미디엄 모터 프레임으로 교체 장착할 수 있습니다.

센서를 응용해 조립하기

그림 10-33에서 보는 바와 같이, EV3 세트에 포함된 모든 센서들은 기본적으로 두 개의 핀 구멍과 하나의 축 구멍으로 구성된 공통된 결합 부위를 갖고 있으며, 크기가 큰 적외선 센서만 예외적으로 뒷면에 두 개의 핀 구멍이 추가로 설치되어 있습니다.

튼튼한 결합을 위해서는 센서에 난 두 개의 핀 구멍과 빔, 또는 하나의 축 구멍과 축 결합이 가능한 부품을 핀으로 연결해야 합니다.

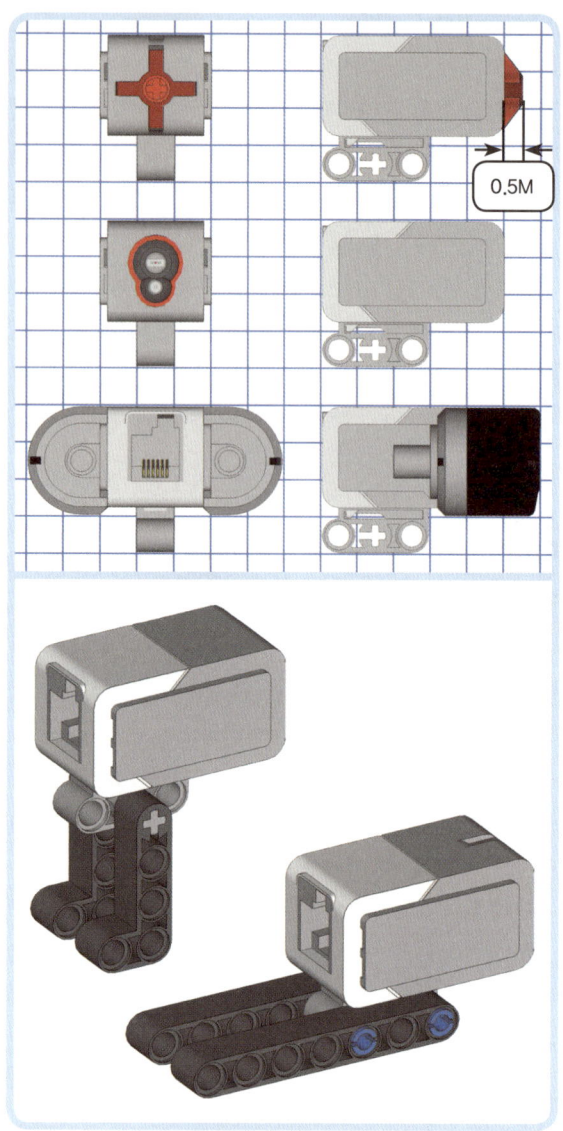

■ **그림 10-33** EV3 세트에 포함된 센서들의 외형적 특징(상단)과 로봇에 장착하는 방법(하단)

기타 부품

이 책에서 살펴본 부품 외에도 EV3 세트에는 다양한 부품들, 예를 들면 긴 칼날이나 괴물 이빨과 같은 장식 요소와 다른 구동 관련 부품들이 들어 있으며, 발사가 가능한 구슬 발사기 모듈도 있습니다.

이러한 추가 부품을 응용한 조립 기법은 EV3 소프트웨어의 에버스톰EV3RSTORM 로봇의 조립 메뉴에서 살펴볼 수 있습니다(28쪽 그림 3-2 참조).

추가적인 탐구

이번 장에서 여러분은 빔, 프레임, 핀, 축, 커넥터와 같은 일반 부품들과 모터 및 센서를 물리적으로 결합하는 방법에 대해 살펴보았습니다. 또한, 몸체를 조립하는 데 있어 레고 격자 단위를 활용하는 방법과 이 때 주의할 점도 살펴보았습니다.

이번 장에서는 완벽한 하나의 로봇을 만드는 조립도는 없었습니다. 하지만, 다양한 부분 조립 기법을 통해 여러분만의 독창적인 로봇을 만들기 위한 기초 경험을 쌓는 과정이라고 생각하시기 바랍니다. 이 책의 뒤에 제시될 로봇 프로젝트들은 하나의 로봇을 물리적으로 완성하는 단계를 포함합니다.

이번 장에서 배운 조립 기법을 응용해 그 로봇들을 자신만의 방식으로 개조해 볼 수 있을 것입니다. 비슷한 방법으로, 여러분이 레고 테크닉 세트를 가지고 있다면 이 장의 조립 기법을 응용해 지게차나 트럭, 굴삭기와 같은 기성품 모델을 프로그램으로 구동시키는 것도 가능할 것입니다.

다음 장에서는 기어의 동작 원리와 EV3 모터에 기어 가감속 구조를 연동하는 방법을 살펴보겠습니다.

디자인 탐구과제 12: 전차의 구동!

조립 난이도 ✺ **프로그래밍 난이도** ▭

익스플로러 로봇은 좌우의 두 개의 바퀴와 뒤쪽의 보조바퀴를 이용해 움직입니다. 이 로봇을 좌우에 무한궤도를 장착한 전차와 같은 형태로 개조해 볼 수 있습니까? 개조가 끝나면 적외선 비콘을 이용해 구동을 테스트해 보시기 바랍니다.

HINT 그림 10-28에서는 무한궤도를 활용하는 조립 기법을 볼 수 있습니다. 무한궤도형 차체를 만든다면 보조바퀴는 제거해야 하는데 이유가 무엇일까요?

디자인 탐구과제 13: 테이블 청소기!

조립 난이도 ✺ ✺ **프로그래밍 난이도** ▭ ▭

테이블 위에 올라가 쓰레기를 치우고, 테이블 밑으로 떨어지지 않고 회피도 가능한 로봇을 만들 수 있을까요?

로봇의 앞쪽에는 미디엄 모터를 이용해 앞의 레고 부품을 청소할 수 있는 장치를 만들어줍니다. 적외선 센서는 로봇의 앞바퀴보다 25cm 정도 앞으로 나오는 위치에 바닥을 향해 설치합니다. 프로그램을 어떻게 작성하면 센서를 이용해 테이블의 경계면을 감지할 수 있을까요?

TIP 여러분이 앞장의 디자인 탐구과제 12의 로봇을 그대로 가지고 있다면, 여기에 청소장치와 센서만 부착해 좀 더 손쉽게 테이블 청소기를 만들 수 있을 것입니다.

디자인 탐구과제 14: 전동 커튼!

조립 난이도 ☀☀ 프로그래밍 난이도 ▯▯▯

아침이 되면 이를 감지하고 커튼을 자동으로 열고, 저녁이 되면 자동으로 커튼을 닫는 로봇을 만들어 봅시다. 컬러 센서를 주변광 밝기 모드로 설정하고, 여러분의 소중한 프라이버시를 지키기 위해 적외선 비콘으로 임의로 커튼을 닫을 수 있는 기능을 추가해 봅시다.

TIP 만약 여러분이 단지 하나의 기준값을 설정할 경우, 우연히 주변광이 기준값의 오차 범위 안에서 변동한다면 커튼은 불필요하게 반복적으로 여닫기를 반복하게 될 것입니다. 이 문제를 방지하려면 두 개의 서로 다른 기준값을 사용해야 합니다. 측정값이 두 개의 기준값 사이에 있을 때 로봇은 어떤 동작을 해야 할까요?

11

기어 활용하기
building with gears

기어를 이용하면 구동축의 회전을 다른 곳으로, 예를 들면 구동형 로봇의 바퀴나 팔과 같은 부분을 효과적으로 구동할 수 있습니다. 모터에 직접 구동부를 연결하는 것과 달리, 기어는 물리적으로 출력축의 속도나 토크, 방향을 바꿀 수도 있습니다.

동력을 전달하기 위해 연결된 일련의 기어 뭉치를 기어열이라고 합니다. 이번 장에서는 기본적인 기어열을 통해 기어의 동작 원리와 그 특성을 살펴볼 것입니다. 또한, 기어열에서 기어비를 바꾸어 효율을 높이는 방법과 함께, EV3 세트에 포함된 기어들과 이를 로봇에 적절하게 활용하는 방법도 살펴볼 것입니다.

🧑 기어 구조에 대해도 좀 더 자세히 알아보고 싶다면 이 부분도 인사이트에서 출간한 『레고 테크닉 창작 가이드』를 추천합니다.

기어의 기본 개념

여러분은 아래의 조립도에서 기어 두 개로 이루어진 간단한 메커니즘을 통해 기어의 사용법을 경험해 볼 것입니다. 이 구조는 기어의 조립과 구동 특징에 대해 잘 보여줍니다. 이 예제를 포함해 이번 장에서 다루어지는 예제들은 눈으로만 보지 말고 꼭 만들고 보고 실제로 돌려 보시기 바랍니다. 직접 느껴보는 것은 기어의 구동 특성을 이해하는 가장 좋은 방법입니다.

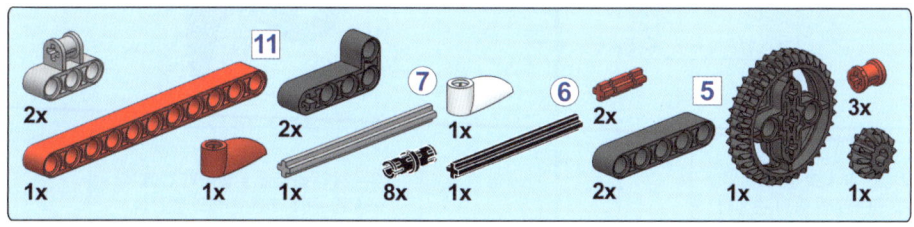

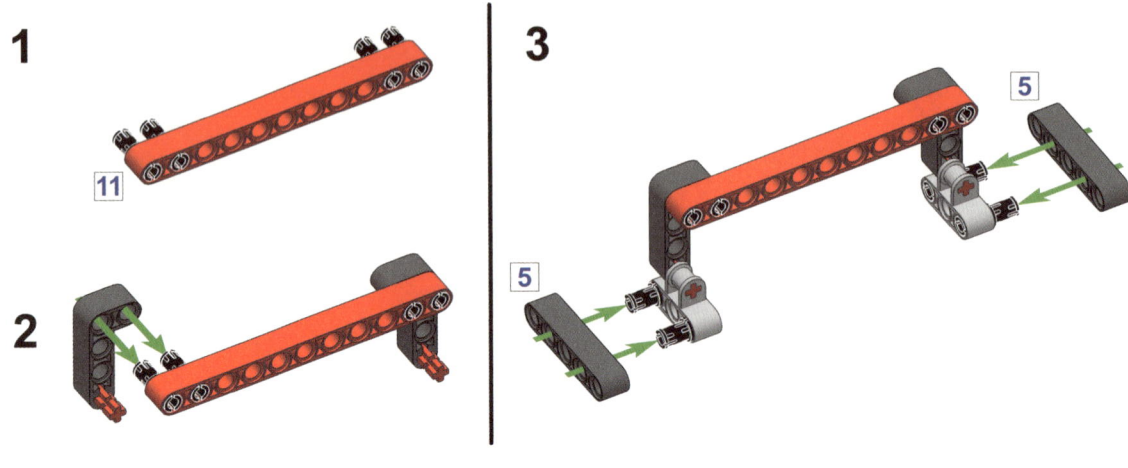

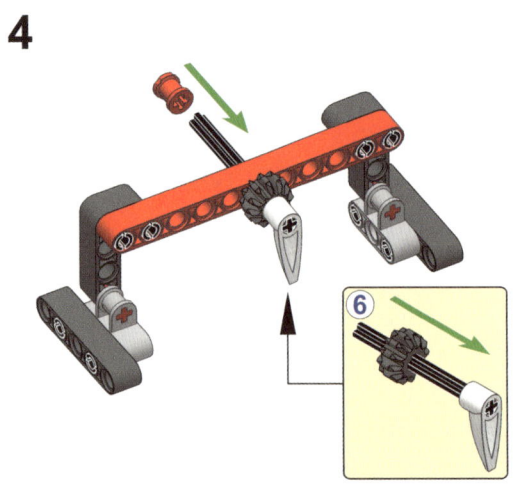

빨간색 부시를 지나치게 꽉 밀어
끼우지 마십시오. 부시와 빔 사이의
마찰력에 의해 구동부의 동력 손실이
발생할 수 있습니다. 축이 빠지지
않도록 끼우되, 축을 손으로 돌렸을 때
자유롭게 회전할 수 있도록
조립되어야 합니다.

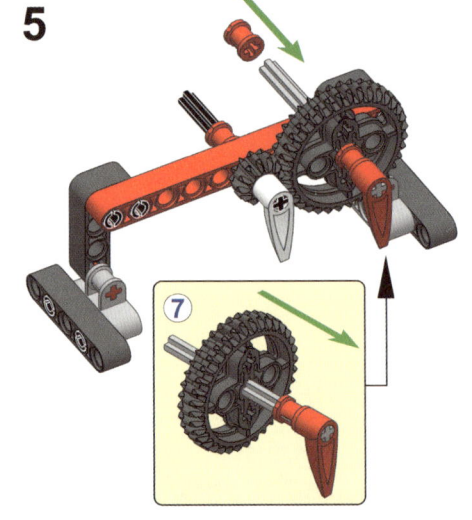

두 개의 톱니를 맞물리기 전에,
표시를 위해 끼운 흰색과 빨간색,
두 개의 바늘 부품을 아래로,
같은 방향을 향하도록 톱니를 맞추어
준 다음 부시를 끼워 줍니다.

이론에 대한 부분을 살펴보기에 앞서, 손으로 흰색과 빨간색으로 표시된 각각의 기어를 돌려보고 어떠한 변화가 일어나는지 관찰해 봅시다.

- 기어를 돌리면 이 기어에 맞물린 다른 기어는 함께 회전합니다. 또한 맞물린 기어는 항상 서로 반대 방향으로 회전합니다.
- 빨간색 바늘 부품이 있는 기어가 1회전할 때마다 흰색 바늘 부품이 있는 기어는 항상 3회전합니다. (정확하게 확인하기 위해 두 기어의 바늘 부품을 바닥으로 향하게 하고 천천히 빨간색 표시된 기어를 회전하면서 흰색 바늘의 회전을 관찰해 보시기 바랍니다.)
- 작은 기어는 항상 큰 기어보다 빠르게 회전합니다. 이 모형에서 작은 기어는 항상 큰 기어보다 세 배 빠릅니다.
- 회색 축(큰 기어)을 회전하지 못하도록 손으로 꽉 누른 상태에서 검은색 축(작은 기어)을 천천히 회전하면, 손가락 사이에서 큰 기어는 천천히 회전할 것입니다. (여러분의 손힘을 이길 것입니다.) 반대로 작은 기어를 손으로 꽉 누르고 회색 축(큰 기어)을 돌린다면 조금 전과는 반대로 기어를 돌리기가 무척 어려울 것입니다.

위의 각각의 상황에 대한 이유는 이번 장의 내용을 통해 자세히 배울 수 있습니다.

기어에 대해 자세히 살펴보기

앞서 만들어 본 기어 구동부를 좀 더 자세히 살펴보면, 작은 기어의 톱니는 12톱니(12T로 지칭), 그리고 큰 기어는 36톱니(36T)인 것을 볼 수 있습니다. 두 기어가 맞물리는 지점의 자세한 모습은 그림 11-1과 같습니다. 만약 여러분이 손으로 12T를 돌린다면, 이 톱니에 36T 기어의 톱니가 맞물려 들어가면서 큰 기어가 반대 방향으로 회전하게 됩니다(그림 11-1).

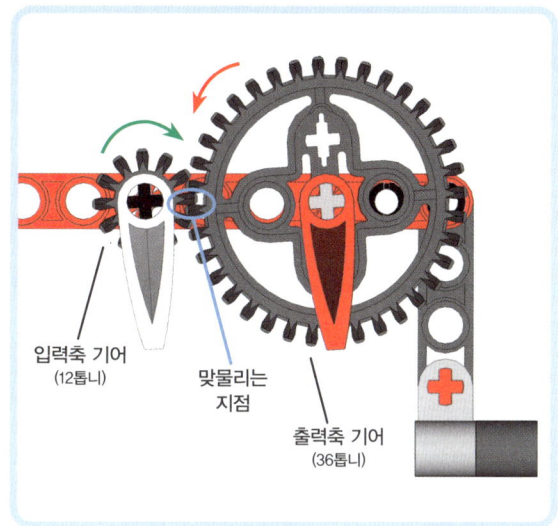

■ 그림 11-1 이 구동부를 자세히 살펴보면, 두 개의 기어의 이빨이 맞물린 것을 볼 수 있습니다. 입력축 기어를 회전시키면 이 기어의 이빨이 출력축 기어의 이빨을 맞물리는 지점에서 아래로 누르게 되며, 결과적으로 두 기어는 녹색과 빨간색 화살표와 같이 서로 반대 방향으로 회전하게 됩니다.

이 때 돌리는(손 또는 모터) 기어를 입력(입력축 기어 또는 입력축), 그리고 맞물려 돌려지는 기어를 출력(출력축 기어 또는 출력축)이라 합니다.

탐구과제 58: 기어 관찰하기!

난이도 ✹   시간 ⏱

천천히 기어를 회전시키면 두 기어의 축에 끼워진 바늘 부품은 서로 다른 속도로 회전하면서 일정한 주기로 같은 방향을 가리키는 것을 볼 수 있습니다. 빨간색 바늘이 1회전할 때 흰색 바늘은 어느 방향으로 몇 회전합니까? 그렇게 움직이는 이유는 무엇일까요?

각각의 기어는 서로 하나씩의 톱니가 맞물려 움직이며, 작은 기어(12T)는 톱니가 열두 개이기 때문에 세 번 회전하면 맞물리는 지점을 통과한 톱니의 개수는 총 36개가 됩니다(3×12 = 36). 그리고 작은 기어의 톱니와 1:1로 맞물리는 큰 기어의 톱니는 36개이므로, 결과적으로 12T 기어가 3회전할 동안 36T 기어는 1회전하게 됩니다.

두 기어의 기어비 계산하기

앞서 살펴본 바와 따르면, 12T 기어(흰색 바늘)를 세 바퀴 회전하면 36T 기어(빨간색 바늘)는 한 바퀴를 회전합니다. 여기에서 두 기어의 기어비를 계산할 수 있습니다. 기어비는 입력축의 속도에 대한 출력축의 속도비라 할 수 있으며, 입력축의 토크비에 대한 출력축의 토크비라고도 할 수 있습니다.

토크가 커질수록 차체는 언덕을 올라가기 쉬워집니다. 토크는 어떤 점을 중심으로 회전하려고 하는 힘이라고도 볼 수 있으며 이를 모멘트라 칭하기도 합니다.

기어비를 계산하는 식은 다음과 같습니다.

$$기어비 = \frac{출력축(종동기어)의\ 기어톱니\ 수}{입력축(구동기어)의\ 기어톱니\ 수}$$

위 그림 11-1에서 출력축은 36톱니 기어이고 입력축은 12톱니 기어입니다. 위의 공식에 적용하면 36 ÷ 12 = 3이므로 이 장치의 기어비는 3이며, 출력축은 입력축이 1회전할 때 1/3회전하게 되므로 속도가 감속되는 구조입니다. 바꾸어 말하면, 입력축이 3바퀴 회전할 때 출력축은 1회전하게 됩니다.

때로는 기어비를 표시할 때 출력축의 톱니 수와 입력축의 톱니 수를 콜론으로 연결해서 36:12와 같이 표시하기도 합니다. 🧑 보다 직관적으로 이해하기 위해서는 공약수를 이용해 더 이상 나누어질 수 없는 숫자가 될 때까지 나누어 주는 것이 좋습니다. 이 기어비는 단순화시키면 3:1이 되며 비율과 같이, 입력축을 3회전시키면 출력축은 1회전하게 됩니다.

출력축의 속도 계산하기

기어비 계산이 완료되고, 입력축의 속도를 알고 있다면, 이를 이용해 여러분은 출력축의 속도를 산출할 수 있습니다.

$$출력축\ 회전\ 속도 = \frac{입력축의\ 회전\ 속도}{기어비}$$

기어비가 3인 이 구동부에서, 입력축을 30rpm(1분당 30회) 회전시킬 경우, 출력축의 회전 속도는 30 ÷ 3 = 10rpm이 됩니다. 이 경우 속도는 3배 감속된 것입니다.

필요한 기어비 계산하기

앞서 살펴보았던 공식을 응용하면, 만들려고 하는 구동부에 적절한 기어비를 역으로 산출할 수 있습니다. 만약 여러분이 입력축의 속도(모터 속도)와 출력축의 속도(원하는 차체의 속도)를 정확하게 알고 있다면, 아래의 공식을 이용해 적절한 기어비를 알아낼 수 있습니다.

$$기어비 = \frac{입력축의\ 회전\ 속도}{출력축의\ 회전\ 속도}$$

예를 들어, 출력축의 바퀴에 장착된 기어가 120rpm으로 회전하기를 원하고, 입력축의 모터는 72rpm의 속도로 회전한다고 가정하면, 입력축과 출력축 사이에 배치될 기어들의 기어비는 72÷120 = 0.6이 됩니다. 레고 기어를 이용해 0.6의 기어비를 맞추기 위해서는 20T 기어를 입력축에, 그리고 12T 기어를 출력축에 장착하면 됩니다 (12 ÷ 20 = 0.6).

🧑 실제 원하는 속도에 정확하게 맞는 기어비가 나오지 않을 경우도 있습니다. 예를 들어, 위의 경우에서 출력축을 115rpm으로 가정한다면 계산식은 0.62609와 같은 소수가 될 것입니다. 이렇게 계산될 경우 소수점 둘째 자리 정도에서 반올림한 값에 맞추어 보고, 그래도 적당

한 레고 기어 쌍이 없다면 가장 가까운 근사치에 맞추는 형태로 해결해야 합니다. 많은 기어를 복합적으로 사용한다면 기어비 자체는 소수점 두세 자리까지도 맞출 수 있겠지만, 기어가 많아지면서 구동 효율도 떨어지고 구조도 복잡해지기 때문에 적정한 선에서 타협하는 방법도 필요합니다.

EV3 세트에는 한정적인 몇 가지 종류의 기어만 제공되기 때문에 모든 기어비를 완벽하게 구현하는 것은 무리가 있습니다. 이 장에서 제시된 몇 가지 기어 조합이 아마도 여러분이 선택할 수 있는 기어비일 것입니다. 여러분은 두 번째 공식을 이용해 출력축의 속도를 중심으로 적절한 기어비와 기어 쌍을 찾아야 할 것입니다.

> **NOTE** 기어비를 계산할 때 주의할 점은 입력축과 출력축에 같은 단위를 사용해야 한다는 것입니다. 만약 여러분이 입력축의 rpm을 공식에 대입한다면 대입해야 할 출력축의 값 역시 rpm으로 대입해야 한다는 의미입니다.

회전 속도 증감하기

이제 몇 가지 예제를 통해 로봇에 기어열을 적용하는 방법을 살펴보겠습니다.

기어를 이용하면 입력축, 이를테면 모터의 회전 속도를 적절하게 바꾸어 출력축, 이를테면 바퀴의 회전 속도를 원하는 대로 구동할 수 있습니다. 기어 감속의 경우 입력축의 기어보다 출력축의 기어 톱니가 더 많기 때문에, 결과적으로 기어비는 그림 11-2에서 보는 바와 같이, 1보다 큰 숫자가 됩니다.

그림 11-2는 바퀴의 속도가 모터의 속도보다 3배 느려집니다. 결과적으로 출력축의 힘은 3배 더 강해집니다. 모터에 바퀴를 바로 연결하고, 모터의 파워를 33%로 출력해도 바퀴의 속도는 3배 느려집니다. 하지만 이렇게 할 경우 속도와 함께 힘도 3배 약해진다는 것을 기억하시기 바랍니다. 기어 감속은 단지 속도를 느리게 만드는 것이 아니라 속도를 버리는 대신 힘을 얻는, 일종의 에너지 변환 작업입니다.

이제 두 기어를 반대로 바꾸면 어떤 변화가 생기는지 그림 11-3에서 살펴보겠습니다. 이제 모터의 구동축(입력축)에는 36T 기어가, 그리고 바퀴가 연결된 출력축에는 12T 기어가 장착됩니다.

입력축 기어 (12T) 출력축 기어 (36T)

■ 그림 11-2 출력축의 회전 속도는 3배 느려지며, 동시에 힘은 3배 증가합니다. 이 기어열의 기어비는 3(3:1)입니다.

입력축 기어 (36T) 출력축 기어 (12T)

■ 그림 11-3 출력축의 회전 속도는 3배 빨라지며, 동시에 힘은 3배 감소합니다. 이 기어열의 기어비는 1/3(1:3)입니다.

이 기어비는 12÷36=1/3 즉 무한소수 0.333333…으로 약 0.33 정도라고 볼 수 있습니다. 결과적으로 힘이 1/3

만큼 감소하며, 속도는 3배 증가합니다. (만약 입력축인 모터를 30rpm으로 회전시킨다면, 앞서 살펴본 2번 공식에 의해 30÷0.333 = 90.090909... 로 약 90rpm이 되며 입력축의 속도보다 3배가량 빨라졌음을 알 수 있습니다.)

출력 속도가 증가하는 기어열을 기어 가속이라고 합니다. 출력축의 속도 증가는 힘의 감소를 가져오기 때문에 이런 구조로 만들어진 차체는 언덕을 올라가기가 훨씬 더 힘들어집니다. 자전거의 높은 기어 단수가 이와 같은 기어 가속 구조입니다. 언덕을 올라갈 때 자전거의 기어를 어떻게 맞추어야 더 편한지 생각해 보기 바랍니다.

만약 입력축과 출력축, 두 개의 기어가 동일하다면 기어비는 1이 되고, 이때 속도와 토크는 변화하지 않습니다. 실제로는 부품 간의 마찰과 유격에 의해 미세한 동력 손실이 발생하며, 이런 동력 손실은 기어열이 복잡해질수록 더 커질 수 있습니다.

토크란 무엇인가?

여러분은 앞서의 테스트를 통해 기어 구성을 바꾸어 토크를 증가시키는 방법을 배웠습니다. 과연, 토크란 정확히 무엇을 의미할까요? 토크가 증가하는 것이 어째서 유용할까요? 보다 사실적으로 토크에 대해 경험해 보기 위해, 앞서 만들어 본 모형을 약간 변형해 보겠습니다.

그림 11-5와 같이 출력축의 빨간색 바늘을 제거하고, 여기에 빔과 타이어를 결합한 묵직한 무게추를 장착합니다. 이제 회색 축을 손으로 돌려 타이어 무게추를 들어올려 봅시다.

이 과정에서 타이어 무게추를 들고 있는 손은 그 상태를 유지하기 위해 토크를 가하게 되며, 동시에 타이어 무게추 역시 자신의 무게로 출력축에 토크를 가하게 됩니다. 이 힘이 균형을 이룰 때 타이어 무게추는 들려진 상태를 유지하게 됩니다.

토크는 힘과 그 힘이 작용하는 지점과의 거리에 관계가 있습니다. 이 경우 타이어 무게추에 가해지는 힘은 중력이 됩니다.

만약 여러분이 타이어 무게추를 추가하거나 또는 빔의 길이를 더 늘여 타이어 무게추와 그 힘이 작용하는 축과의 거리를 더 멀어지게 만든다면 타이어 무게추로부터 회색 축에 가해지는 토크는 증가하게 됩니다. 그리고 이 타이어 무게추를 들어올린 상태로 유지하기 위해서는 여러분의 손 역시 더 큰 토크를 가해야 할 것입니다.

탐구과제 59: 기어비 계산!

난이도 ☼   시간 ⏱

그림 11-4 에 표시된 각각의 기어열의 기어비는 어떻게 될까요? 이 각각의 구조에서 입력축을 10rpm으로 회전시킨다면 출력축의 속도는 어떻게 될지 계산해 봅시다.

> **TIP** 여러분은 계산을 통해 출력축의 속도를 산출할 수도 있지만, 직접 두 축의 구동 속도를 확인해 볼 수도 있습니다. 축에 회전량을 알 수 있도록 바늘 역할을 하는 부품을 끼우고 직접 입력축을 천천히 회전시키면서 출력축의 회전량을 확인해 계산한 결과와 비교해 보시기 바랍니다.

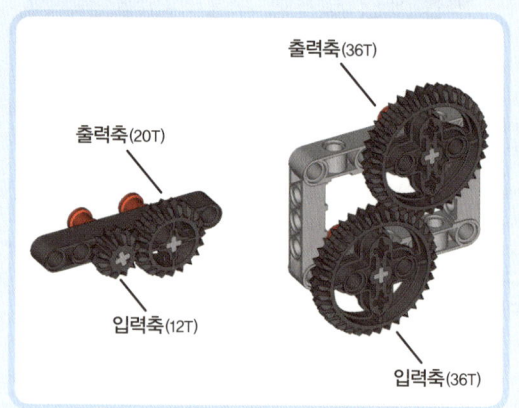

▪ **그림 11-4** 이 기어열 각각의 기어비는 어떻게 될까요?

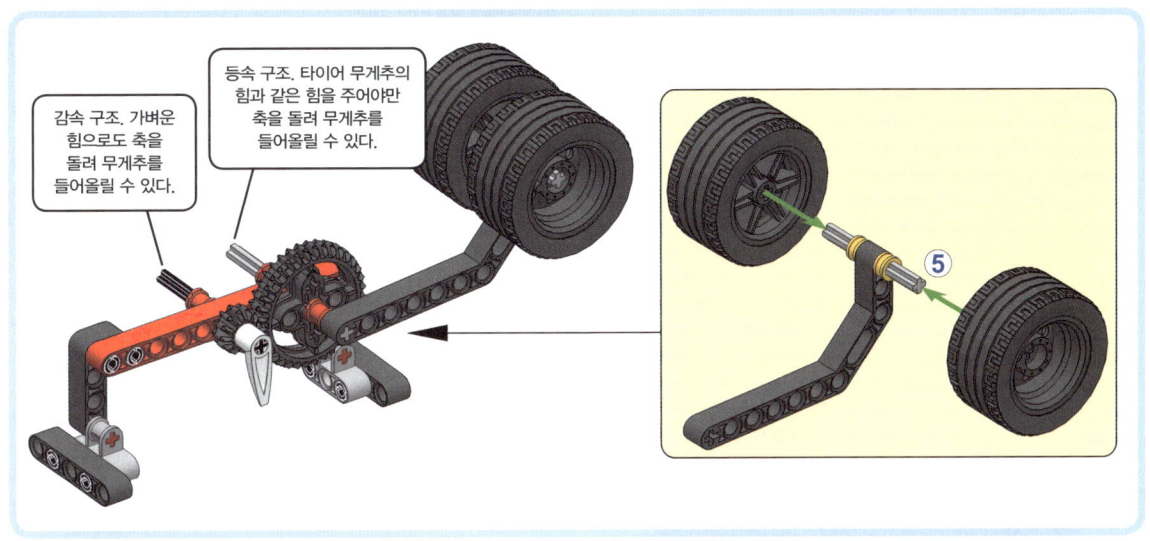

■ 그림 11-5 타이어 무게추를 들어올리기 위해 검은색 축(감속 구조) 또는 회색 축(등속 구조)을 돌릴 수 있습니다. 검은색 축을 돌릴 때, 회색 축을 돌리는 것보다 3배 더 타이어 무게추를 들어올리기 쉽습니다.

이제 검은색 축을 돌려 봅시다. 이 과정에서 기어 감속 구조는 여러분의 손이 가하는 힘을 3배 증가시켜 타이어 무게추를 보다 쉽게 들어올릴 수 있도록 합니다. (그러나 힘이 증가한 만큼 속도가 감소하기 때문에 회색 축을 이용할 때에 비해 3배 더 축을 돌려야 합니다.)

검은색 축을 돌려보았다면 이제 회색 축을 돌려 비교해 봅시다. 검은색 축을 돌릴 때에 비해 더 큰 힘이 필요할 것입니다.

언제 토크를 높여야 합니까?

기어를 이용해 토크를 증가시켜야 할 때는 여러분이 가진 모터로 만들고자 하는 구동부의 힘이 부족할 때, 예를 들면 무거운 물체를 감아올리는 크레인장치와 같은 경우입니다.

만약 여러분이 원하는 움직임을 위해, 프로그램에서 모터를 최고 출력으로 구동시켜도 원하는 성능이 나오지 않을 경우(힘이 약할 경우) 그림 11-2와 같이 기어 감속 구조를 활용해 출력축의 토크를 키우고 모터에 가해지는 부하를 줄일 수 있습니다.

EV3의 라지 모터는 미디엄 모터에 비해 약 3배 정도 더 강한 토크를 낼 수 있습니다. 그런 이유로 라지 모터는 큰 하중이 걸리는 구동부의 동작에 적절합니다. 만약 여러분이 두 개의 라지 모터를 모두 차체의 구동을 위해 이미 사용했다면, 미디엄 모터를 사용하되 토크를 증가시켜 구현해야 할 것입니다.

EV3의 모터 토크와 속도에 관련된 부분은 홈페이지(http://ev3.robotsquare.com)에서 좀 더 자세히 살펴볼 수 있습니다.

토크 줄이기

때로는 여러분이 만든 구동부를 보호하기 위해 의도적으로 토크를 줄여야 할 수도 있습니다. 그림 11-3에서 제시된 방법과 같은 기어 가속 구조를 사용해 토크를 줄일 수 있습니다. 하지만 이런 이유라면 프로그램을 통해 9장에서 살펴본 비조정 모터 블록을 사용하고 파워를 낮게, 이를테면 30% 정도로 구동하는 것이 더 효과적일 수도 있습니다. 이렇게 감속된 출력축은 기어 감속을 통해 속도가 감속된 출력축과 달리 토크가 증가하지 않습니다.

좀 더 복잡한 기어열 만들기

이제까지 이 책에서 선보인 기어열은 두 개의 기어를 사용하는 수준이었습니다. 하지만 부품이 충분하다면 구동부에 더 많은 기어를 사용할 수 있습니다. 그림 11-6은 앞서 만들어 본 구동부에 20T 기어를 추가해 구동축으로 사용하는 모습입니다. 이 구동부의 특징을 좀 더 자세히 살펴봅시다.

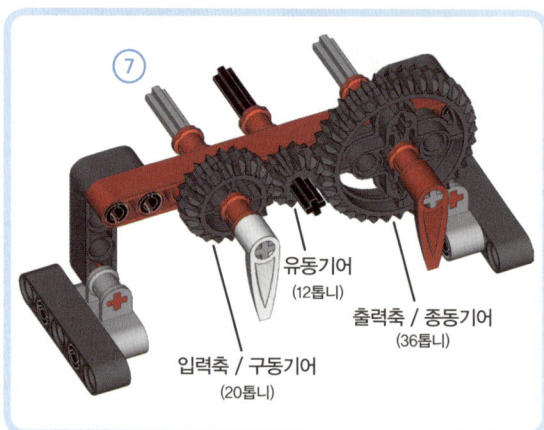

■ 그림 11-6 흰색 바늘을 12톱니 기어가 끼워진 검은색 축에서 빼고, 12톱니 옆으로 7M 축과 20T 기어를 끼운 후 여기에 그림과 같이 흰색 바늘을 끼워 줍니다. 이제 다시 두 개의 바늘의 방향은 아래로 향하도록 맞추어 줍니다.

기어열은 입력축의 기어(20T)와 출력축의 기어(36T), 그리고 그 사이의 유동기어(12T)로 구성됩니다. 유동기어는 기어비의 변환 없이, 단지 입력축의 회전을 출력축에 전달해주는 역할을 담당합니다. 더불어, 맞물리는 기어의 회전 방향이 반전되는 속성 덕분에, 유동기어가 한 개 사용될 경우 입력축과 출력축은 같은 방향으로 회전하게 됩니다(그림 11-7).

> **NOTE** 기어열을 구성하는 기어는 서로 맞물릴 때마다 차례대로 회전 방향이 반대로 바뀝니다. 결과적으로, 전체 기어의 개수가 홀수일 경우 입력축과 출력축은 같은 방향으로 회전하게 되며, 짝수일 경우 두 축은 반대 방향으로 회전합니다.

복합적인 기어비 계산

여러분은 전체 기어들의 기어비 또는 복합 기어비를 통해 기어열에서 입력축의 속도와 출력축의 속도 관계를 확인해 볼 수 있습니다. 계산을 위해서 먼저 각각의 맞물린 기어들의 기어비를 전부 계산하고, 그 다음 이 모든 기어비를 전부 곱해 줍니다.

이 과정은 그림 11-7에서 자세히 볼 수 있습니다.

제시된 예제의 기어열은 총 세 개의 기어가 사용되며, 맞물린 기어 쌍은 두 개가 됩니다. 먼저, 입력축과 여기에 맞물려 구동되는 유동기어의 기어비를 계산합니다. 이 둘의 기어비는 0.6입니다. 그 다음 유동기어와 여기에 맞물려 구동되는 출력축의 기어비를 계산합니다. 이 둘의 기어비는 3입니다. 중간의 유동기어는 입력축에게는 출력의 역할을 하면서 동시에 출력축에는 입력의 역할을 하게 됩니다.

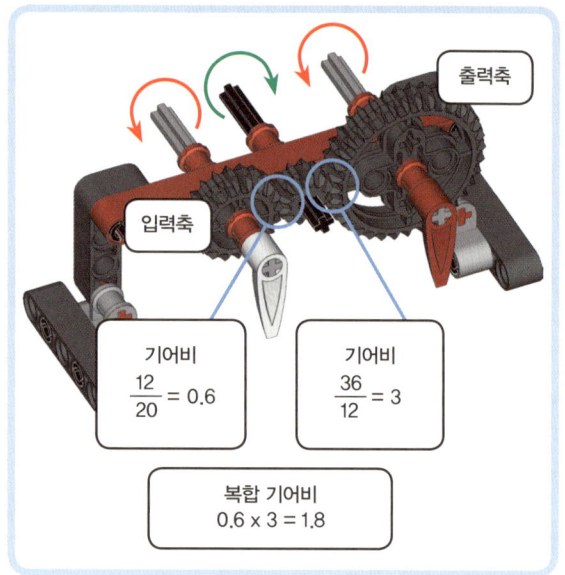

■ 그림 11-7 복합적인 기어비 계산

복합적으로 계산된 최종 기어비는 0.6×3 = 1.8로, 결과적으로 이 기어 장치의 출력축은 입력축 속도에 비해 1.8배 느려지고, 동시에 토크는 1.8배 증가하게 됩니다.

결과적으로, 입력축을 1.8회전할 때마다 출력축은 1회전하게 됩니다. 이 장치의 두 바늘을 모두 아래를 향하게 맞추고 입력축을 회전시키면 흰색 바늘이 아홉 바퀴 회전하는 동안 빨간색 바늘은 다섯 바퀴를 회전하고(9÷1.8 = 5) 두 바늘의 방향이 같아지는 것을 볼 수 있습니다.

눈여겨볼 점은 중앙의 유동기어입니다. 전체의 기어비를 계산하는 과정에서 유동기어의 기어비도 계산식에 포함해서 계산했지만, 사실 유동기어의 존재 자체를 무시하고 바로 입력축과 출력축의 기어만으로 계산해도 이 결과는 동일합니다(36÷20 = 1.8).

이런 결과가 도출되는 이유는 연속된 기어비의 계산에서 앞 기어 조합의 분자로 사용된 유동기어의 치수는 다음 기어 조합의 분모로 사용되어 서로 상쇄되기 때문입니다. 🧑 실질적인 기어 개수의 증가로 인한 마찰력 손실을 고려하지 않고 이론적으로만 본다면, 유동기어가 1개가 아닌, 여러 개가 추가되더라도 이 개념은 바뀌지 않습니다. 뒤에서 살펴볼 복합 가감속 구조가 아닌 경우 유동기어의 치수와 숫자는 전체 기어비에 영향을 주지 않습니다.

$$\frac{\cancel{12}}{20} \times \frac{36}{\cancel{12}} = \frac{36}{20} = 1.8$$

감속과 토크 증가

두 개의 맞물린 기어의 가감속 비율이 때로는 여러분이 원하는 만큼의 토크(또는 속도)를 만들어내지 못할 수도 있습니다. 이 때 기어 가감속 장치를 복합적으로 사용하면 기어비를 더 높이고 토크도 더욱 증가시킬 수 있습니다. 11-7에서 살펴본 유동기어와는 조금 다른, 입력축에 맞물리는 유동기어와 출력축에 맞물리는 유동기어의 크기를 서로 다르게 맞추는 방법입니다.

이 장치의 형태와 동작은 그림 11-8에서 자세히 설명됩니다.

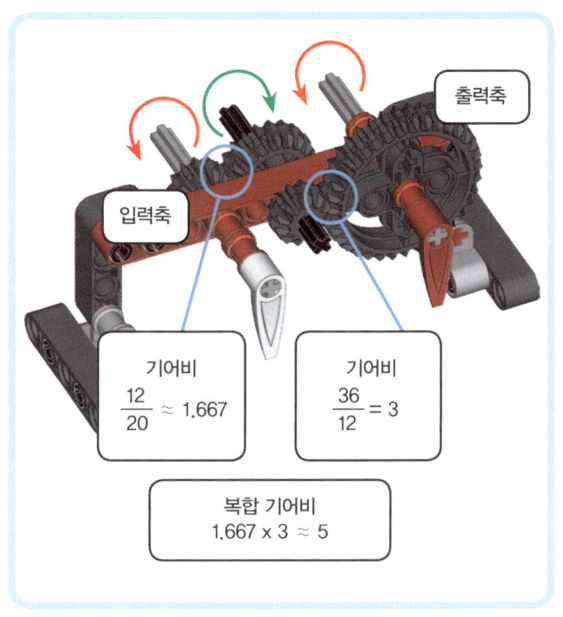

■ 그림 11-8 유동기어 축을 중심으로 두 쌍의 기어 감속 구조가 조합된 형태. 계산식의 소수점을 적당히 반올림해서 최종적으로 계산된 이 장치의 기어비는 약 5입니다.

이 예제에서, 첫 번째 기어의 쌍은 20÷12 ≈ 1.667의 기어비를 갖습니다. 그리고 두 번째 기어의 쌍은 36÷12 = 3의 기어비를 갖습니다. 각각의 기어비를 모두 곱하는 개념은 여기에서도 동일하게 적용되어, 복합 기어비는 1.667×3 ≈ 5.001, 즉 약 5의 기어비가 구성됩니다. 출력축은 입력축에 비해 5배 느리고, 흰색 바늘이 5회전할 때 빨간색 바늘은 1회전하게 됩니다.

그 결과로, 이 장치는 출력축의 토크가 5배 증가하게 됩니다. 이 장치의 빨간색 바늘 위치에 그림 11-5와 같은 무게추 장치를 장착한다 해도, 더 커진 토크 덕분에 흰색 바늘의 구동축을 아주 살짝 돌리는 것만으로도 손쉽게 들어올릴 수 있습니다.

속도와 토크의 균형

만약 그림 11-8의 장치에서 빨간색 바늘의 축을 입력축으로 사용하는 기계장치를 만든다면, 이 장치의 출력축(흰색)은 5배 빨라질 것입니다. 이론적으로는 이런 방식으로 기어를 몇 개 더 추가하면 여러분은 엄청나게 빠른 속도의 출력축을 가질 수 있습니다.

하지만 이러한 속도 증가는 동시에 토크의 감소를 가져온다는 사실을 기억해야 합니다. 지나치게 기어가 많이 가속된 장치라면 어느 순간 출력축의 토크가 기어열의 마찰을 극복하지 못하는 수준에 도달하게 되고 결과적으로 장치는 움직이지 않을 수도 있습니다.

같은 이유로, 레이싱 경주용 자동차의 속도를 빠르게 하기 위해 이러한 무리한 기어 가속 장치를 쓰는 것도 의미 없는 일입니다. 무리한 가속 구조는 자동차가 정지 상태에서 가속하는 데 필요한 충분한 토크를 낼 수 없기 때문입니다.

👦 엔진 자동차에 기어 변속장치가 있는 것은 이런 이유입니다. 정지 상태에서 출발하는 것은 큰 토크가 필요하기 때문에 엔진과 바퀴를 낮은 기어비로 연결해 주고, 그 대신 낮은 기어비는 일정한 속도 이상을 낼 수 없기 때문에 충분한 가속이 이루어진 시점에서 기어 변속을 통해 기어비율을 좀 더 높여서 보다 빠른 속도를 내기 위함입니다.

또한, 적절하게 기어비가 유지된다면 같은 입력축의 속도로도 출력축의 속도를 더 빠르게 만들 수도 있기 때문에 이로 인한 입력축의 에너지 즉 연료 절감도 꾀할 수 있게 됩니다.

일반적으로 만들어지는 대상물의 모양과 구조, 구동 조건 등 여러 가지 변수가 존재하기 때문에 여러분이 만들고자 하는 로봇에 가장 적합한 기어비는 스스로가 경험을 통해 찾아내야 합니다. 이를 위해 고려해야 할 사항은 다음과 같습니다.

- 먼저, 기어를 사용하는 것이 꼭 필요한지 고려하십시오. 토크를 키워야 하는 등의 특수한 경우가 아니라면, 여러분은 프로그래밍 환경에서 모터 블록의 파워 설정을 바꾸는 것으로도 어느 정도 로봇의 속도와 토크를 제어할 수 있습니다.

- 모터에 최대 파워를 인가해도 여러분이 원하는 속도에 미치지 못한다면 기어비를 바꾸어 1보다 작은 비율(가속 구조)로 바꾸어야 합니다. 다행히도 EV3에 포함된 모터들은 기본 토크가 상당히 큰 편이기 때문에 기어 가속으로 인해 토크가 손실되더라도 어느 정도까지는 로봇을 구동할 수 있을 것입니다.
👦 로봇을 들어올린, 무부하 상태에서의 바퀴 속도는 빨라질 수도 있지만, 토크가 약해진 상태이기 때문에 바닥에 내려놓은 상황에서는 하중을 이기지 못하고 오히려 더 느리게 구동될 수도 있음을 기억해야 합니다.

- 만약 아주 큰 하중이 걸리는 구동부를 만들어야 한다면, 기어비를 바꾸어 1보다 큰 비율(감속 구조)로 구조를 바꾸어야 합니다. 단, 이 때 토크를 얻기 위해 속도는 어느 정도 포기해야 합니다.

마찰과 유격

기어열을 구성하는 데 있어서 성능에 영향을 줄 수 있는 주의해야 할 요소가 두 가지 있습니다. 먼저 각각의 기어들은 약간이라도 항상 마찰이 생긴다는 점입니다. 마찰은 여러분의 구동부가 움직이는 에너지(속도와 토크)를 조금씩 손실시킵니다. 👦 기어가 구동될 때의 소음도 일종의 에너지 손실입니다.

앞서 만들어 본 기어장치의 기어와 부시를 서로 빔 쪽으로 세게 밀어 끼우는 것으로, 이 장치의 여러 가지 마찰 요소 중 한 가지를 경험해 볼 수 있습니다. 이러한 마찰을 줄이는 방법의 하나로 구동장치 내의 연결 상태를 조금

탐구과제 60: 예측할 수 있는 구동

난이도 ☀ 시간 ⏱

실제 구동에 앞서, 아래 그림 11-9에 제시된 모형의 기어열이 어떠한 움직임을 보일지 분석해 보시기 바랍니다.

왼쪽 빨간색 바늘을 회전할 때 가운데의 흰색 바늘은 어떤 속도로 회전합니까? 그리고 오른쪽 빨간색 바늘의 속도는 어떻습니까? 각각의 바늘이 회전하는 방향은 어떤가요?

생각을 통해 먼저 답을 구한 뒤 실제로 모형을 만들고 테스트해 보시기 바랍니다.

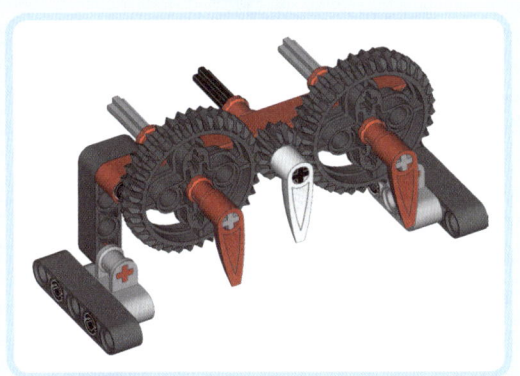

■ **그림11-9** 왼쪽 기어는 36T로, 이를 이용해 12T 기어(가운데)를 통해 다시 36T 기어(오른쪽)를 회전시킵니다.

탐구과제 61: 서로 다른 방향

난이도 ☀ 시간 ⏱

그림 11-10의 복합 기어 구조의 기어비는 얼마일까요? 이 구조가 그림 11-1의 구조와 다른 점은 무엇일까요? 그리고 이 장치에서 24T 기어가 추가된 것은 무슨 의미가 있을까요?

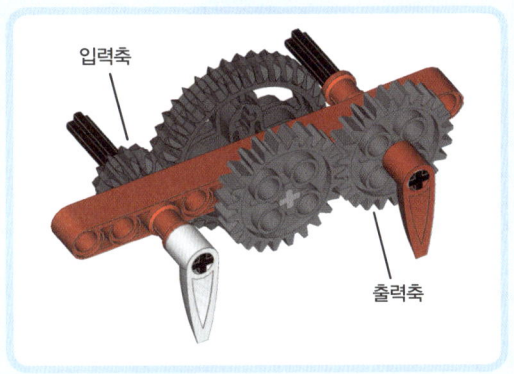

■ **그림 11-10** 이 기어열의 복합 기어비는 얼마일까요?

느슨하게 하는 것입니다.

또한 축이 휘어지면서 발생할 수 있는 마찰을 줄이고 기어열을 튼튼하게 하는 방법도 기억해 둘 필요가 있습니다(175쪽 참조).

두 번째 요소는 그림 11-11과 같이 각각의 맞물리는 기어들이 서로 약간의 여유 공간, 즉 유격을 갖는다는 점입니다. 그림에서 왼쪽의 기어를 움직이지 못하게 잡아 두어도 톱니와 톱니 사이의 틈새(파란색 표시 부분) 덕분에 오른쪽 기어는 약간 움직일 수 있습니다.

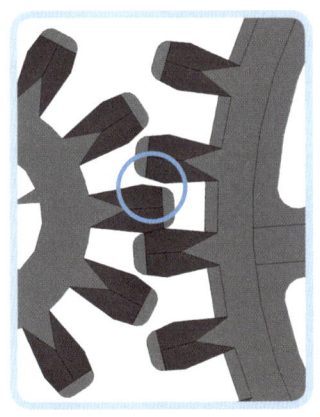

■ **그림 11-11** 유격은 맞물리는 두 개의 기어의 톱니 사이의 간격에 의해 발생합니다.

구분	수량	외형	톱니의 개수	반경
평기어	0*		8	0.5M
	0*		16	1M
	2		24	1.5M
	0*		40	2.5M
단면 베벨 기어	1		12	N/A
	1		20	N/A

구분	수량	외형	톱니의 개수	반경
양면 베벨 기어	2		12	0.75M
	4		20	1.25M
	5		36	2.25M
노브 휠	4		N/A	N/A
웜 기어	2		1	N/A

■ 표 11-1 자주 사용되는 레고 테크닉 기어의 종류

수량이 0인 것은 EV3 세트에 포함되지 않은 기어입니다. 하지만 다른 레고 세트에서 비교적 손쉽게 구할 수 있는 종류이기 때문에 포함시켰습니다.

여기에서의 '반경'은 기어 축이 평행으로, 다른 기어와 조합되는 경우의 간격을 계산하기 위한 것으로, 단면 베벨 기어와 웜 기어는 축을 평행으로 조립할 수가 없다는 이유로, 그리고 노브 휠은 다른 기어들과 조합이 불가능하다는 이유로 이 표에서는 반경을 측정하지 않았습니다. 노브 휠의 속성은 양면 베벨 기어와 같이 평행한 축과 교차하는 축 어느 곳에도 사용 가능하며 구조적 특징으로 인해 유격이 크지만 강한 힘을 전달할 수 있습니다.

이 공간이 갖는 의미는 모터의 각도를 정확히 제어하더라도 이 유격 덕분에 출력축은 약간의 오차를 가질 수밖에 없다는 점입니다. 프로그램을 통해 모터를 정밀하게 제어하더라도 항상 이 유격은 구동부에 오차를 야기하며, 구동부의 기어열이 복잡해질수록 더 큰 오차를 만들어 냅니다.

이러한 유격으로 인한 오차는 EV3 모터 자체에서도 어느 정도 발생하는데, 실제로 EV3 모터 역시 내부에 전동 모터의 회전을 감속시켜 출력축으로 연결하는 일련의 기어 감속 구조가 들어 있기 때문입니다.

EV3 세트의 기어 사용하기

EV3 세트는 표 11-1과 같이, 평 기어, 단면 베벨 기어와 양면 베벨 기어, 노브 휠과 웜 기어가 제공됩니다. 평 기어는 평행하게 놓인 축과 축 사이의 동력을 전달하는 데 사용됩니다. 단면 베벨 기어는 두 축이 90도로 교차되는 구조의 동력을 전달하는 데 사용되며, 양면 베벨 기어는 평 기어와 베벨 기어 모두를 대체해서 사용할 수 있습니다.

레고 기어와 격자 단위

기어열을 만들기 위해 기어를 조합하려면, 먼저 두 기어의 톱니가 정확히 맞물려 회전할 수 있도록, 기어 장착을 정확한 위치에 하는 것이 중요합니다. 만약 두 기어가 잘못된 위치에 장착되어 지나치게 빽빽할 경우, 그 장치는 제대로 회전하지 못할 것입니다.

반대로 두 기어가 지나치게 떨어져 있을 경우 구동 과정에서 톱니가 튕길 수 있으며 이런 이유로 기어가 튀면 정확한 제어가 불가능할 뿐만 아니라, 매우 시끄러운 소음이 발생하게 됩니다.

기본적으로 레고 기어들은 크기와 톱니 수가 신중하게 고려되어 설계되었기 때문에 빔의 구멍 간격에 맞추어 끼우는 것만으로도 대부분의 평 기어끼리의 조합, 또는 양면 베벨 기어끼리의 조합이 가능합니다. 사실 조금만 생각한다면 평 기어와 베벨 기어의 조합도 역시 가능합니다. 기어를 조합하는 데 있어 중요한 점은 각 기어의 중심축으로부터 톱니까지의 반지름입니다(그림 11-12 참조). 평 기어와 양면 베벨 기어의 반지름의 단위는 앞서 살펴보았던 빔과 축의 길이 단위인 M으로 측정이 가능하며, 각 기어의 반지름은 표 11-1에서 볼 수 있습니다.

예를 들어, 12T 기어의 반지름은 0.75M이고, 36T 기어의 반지름은 2.25M이기 때문에 두 기어를 맞물릴 경우 두 기어의 중심축 간 거리는 0.75M + 2.25M = 3M으로 빔의 핀 구멍 간격 단위와 정수배로 일치합니다. 결과적으로 3M 이상의 길이를 갖는 레고 빔이면 조립할 수 있습니다.

기어와 절반 단위

기어와 기어를 조합할 때, 때로는 정수 단위가 아닌 소수 단위로, 예를 들어 1.5M이나 2.5M과 같은 값으로 간격이 벌어지는 경우가 있습니다. 예를 들어, 두 개의 20T 기어를 맞물릴 경우 하나의 20T 기어는 반지름이 1.25M이기 때문에 두 기어의 중심축간 거리는 1.25M + 1.25M = 2.5M이 됩니다. 이 경우 일반적인 빔의 구멍 간격인 정수 단위로는 기어를 조합할 수 없으며, 0.5단위의 조립이 가능한 커넥터 부품을 활용해 그림 11-13과 같은 형태로 기어 장착 부위를 만들어야 합니다. 이러한 조합 방법은 사실상 무한대에 가깝습니다. 적절한 기어비를 만들어내기 위한 효율적인 구조는 많은 레고 모형을 접해보고 만져보는 것으로 익힐 수 있습니다.

> **NOTE** 격자를 이용해 기어와 기어 사이의 거리를 직접 계산하는 것이 어렵다면, 사리엘이 만든 사기어비 계산기를 활용하는 것을 추천합니다.
> (http://gears.sariel.pl/)
> 화면에 나타난 가상의 격자 구간에서 임의로 한 곳을 지정해 출력축을 장착할 수 있습니다. 또한 계산기는 자동으로 해당 위치에 맞는 입력축과 출력축의 기어를 추천해 줄 것입니다.
>
> 위 사이트를 만든 사리엘sariel은 유명한 테크닉 창작가 중 한 명으로, 테크닉 구동 개념과 묘사에 탁월한 능력을 보여주는 아티스트입니다. 테크닉 구동부의 개념을 정리한 『레고 테크닉 창작 가이드』의 저자이기도 합니다.

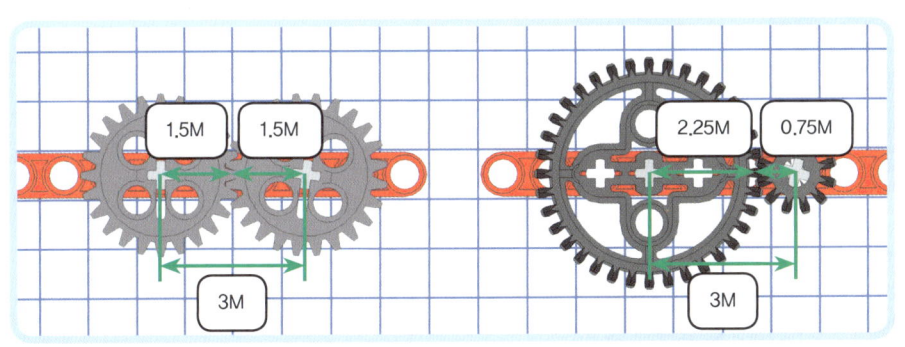

■ 그림 11-12 두 기어를 맞물리기 위해서는 두 기어의 중심축 간 거리를 알아야 합니다. 두 기어의 축 간 거리가 정수로 떨어진다면 이 기어 조합으로 레고 빔에 바로 조립될 수 있습니다.

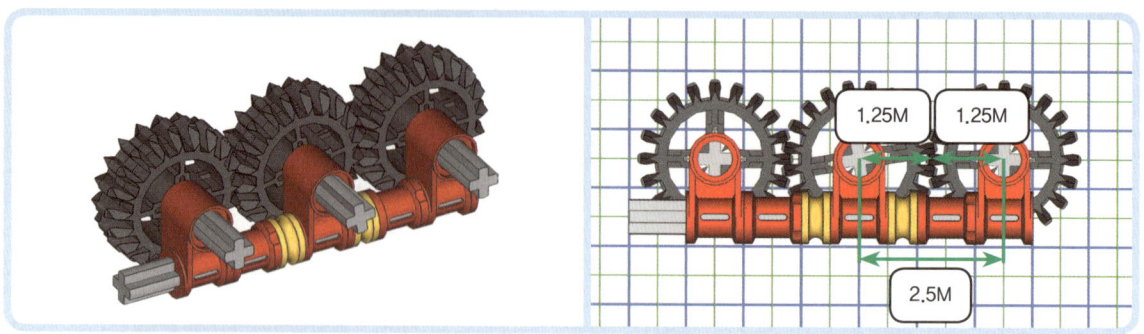

■ 그림 11-13 만약 두 기어의 축간 거리가 정수가 아닌 경우, 간격을 맞추기 위해 0.5M의 두께를 갖는 커넥터 부품을 활용해야 할 수도 있습니다. 이러한 얇은 부품의 활용 기법은 10장에서 자세히 다룬 바 있습니다.

꺾이는 방향에서의 기어열

꺾인 빔을 이용하면 그림 11-14와 같이 모서리를 통해 기어열을 꺾어 배치할 수 있습니다. 이와 같은 구성의 경우 이 장의 뒤쪽에서 볼 수 있는 것과 같이, 두 개의 빔을 이용해 축을 잡아주는 것이 좋습니다.

일반적이지 않은 기어 조합

양면 베벨 기어와 평 기어는 서로 연결되어 동력을 전달할 수 있습니다. 하지만, 이러한 조합 중 일부는 반지름의 합이 일반적인 레고의 단위인 M과 0.5M으로 맞추기 어려운 값으로 떨어지기 때문에, 적절한 위치를 잡기 어려운 경향이 있습니다. (일례로, 12T 양면 베벨 기어와 24T 기어의 조합은 0.75M + 1.5M = 2.25M이 됩니다.)

이 값은 일반적인 레고 격자 단위인 0.5M과 1M의 직선 구간에서 맞추기가 불가능한 거리입니다. 물론 방법이 없는 것은 아닙니다. 그림 11-15는 직각으로 꺾인 빔을 이용해 두 축을 경사지게 배치하는 기법으로 두 기어를 맞물린 모습을 보여줍니다.

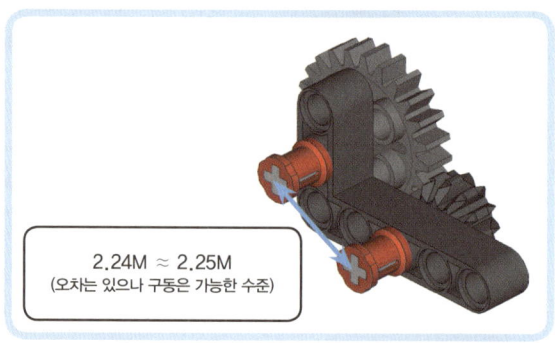

■ 그림 11-15 이 두 기어의 축간 거리는 2.25M로 일반적인 레고 핀 구멍의 간격으로는 맞추기 어려운 거리입니다. 다행히도 그림에 제시된 두 축의 실제 간격은 2.24M로, 축 간격이 0.01M 만큼 가까워지지만 구동은 가능한 수준입니다. 이 조합은 다른 1:2 기어비의 기어 조합과 마찬가지로 2배의 토크 증가와 속도 감속이 이루어집니다.

이 기법의 원리는 삼각형의 빗변의 길이를 구하는 피타고라스의 정리를 이용하는 것입니다. 물론, 구태여 계산식을 이용하지 않고 필요한 거리를 계산해 본 다음 자를 이용해 직접 구멍 사이의 거리를 측정하는 방법을 사용할 수도 있습니다.

■ 그림 11-14 꺾인 빔을 이용해 배치된 기어열의 모습. 두 개의 20T 기어는 같은 속도와 같은 방향으로 회전합니다. 기어열의 중간에 사용된 12T 유동 기어는 전체 기어비와 속도, 토크에 영향을 미치지 않습니다.

👦 1M은 미터법 단위로 8mm입니다. 2.25M이라면 18mm이므로 두 구멍의 간격이 18mm 또는 이와 아주 비슷한 값일 경우 이 구멍에 두 기어가 맞물릴 수 있습니다.

레고에서 보장하는 M의 정수 단위(0.5M 포함)를 벗어나는 거리의 기어열을 구동시켜야 할 경우, 꼭 이 기어열의 구동이 원활한지 충분한 테스트 과정이 필요합니다. 두 축의 실제 거리가 계산한 결과 값보다 작다면 두 기어는 지나치게 빽빽하게 물리게 되는데, 물려는 있지만 원활한 회전이 불가능하게 됩니다.

반대로 두 축의 실제 거리가 계산한 값보다 크다면 두 기어는 지나치게 느슨하게 연결되어 그리 크지 않은 부하에도 맞물리지 않고 벌어지면서 동력 전달에 실패할 수 있습니다. 단언컨대 충분한 확신이 없는 경우라면, 기어열의 배치는 정수(또는 0.5M) 단위로 맞추어 배치하는 것이 가장 무난합니다.

단면, 양면 베벨 기어 사용하기

그림 11-16은 베벨 기어와 양면 베벨 기어를 활용해 90도 방향으로 동력을 전달하는 모습을 보여줍니다.

양면 베벨 기어는 평 기어에 단면 베벨 기어가 붙은 모습입니다. 가운데의 일반 톱니는 평행으로 배치된 축에서 양면 베벨 기어끼리 또는 일반 기어와 맞물리는 용도로 쓸 수 있으며, 베벨 기어 톱니는 90도로 축이 직교되는 구조물에서 양면 베벨 기어끼리 또는 단면 베벨 기어와 맞물리는 용도로 쓸 수 있습니다.

실제로 20T 양면 베벨 기어의 경사면은 20T 단면 베벨 기어와 동일하고, 12T 양면 베벨과 단면 베벨도 마찬가지입니다. 그림 11-16의 세 가지 기어열은 단면과 양면 베벨이 서로 다르게 사용되었으나 결과적으로 기어비는 세 가지 조합이 모두 동일합니다.

위에서 본 격자 단위의 기어 조합

모든 단면과 양면 베벨 기어의 조합은 레고 격자 단위에 맞도록 결합되며, 이 중 일부 자주 사용되는 조합의 구성을 그림 11-17에서 볼 수 있습니다.

만약 여러분이 만들고자 하는 구동부가 이와 같이 축이 직교하는 형태를 포함한다면 여기에 제시된 적절한 조합 중 하나를 선택해 구동부를 조립할 수 있으며, 이 조합들은 전부 레고의 M 단위에 맞는 배치이기 때문에 기본 부품의 조합만으로도 기어열을 지지하는 프레임을 만들 수 있습니다.

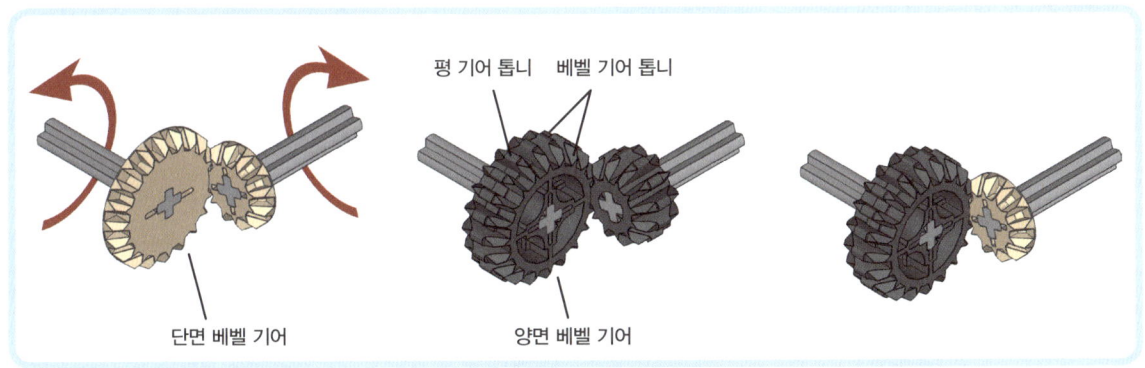

■ **그림 11-16** 단면 베벨 기어와 양면 베벨 기어는 두 축이 직각으로 교차하는 구동장치에 사용됩니다. 서로 다른 모양의 기어가 사용되었지만 톱니의 수는 모두 20T와 12T로 같습니다. 20T를 입력축, 12T를 출력축이라 가정할 때 위의 세 가지 기어열은 모두 12 ÷ 20 = 0.6의 기어비를 가집니다.

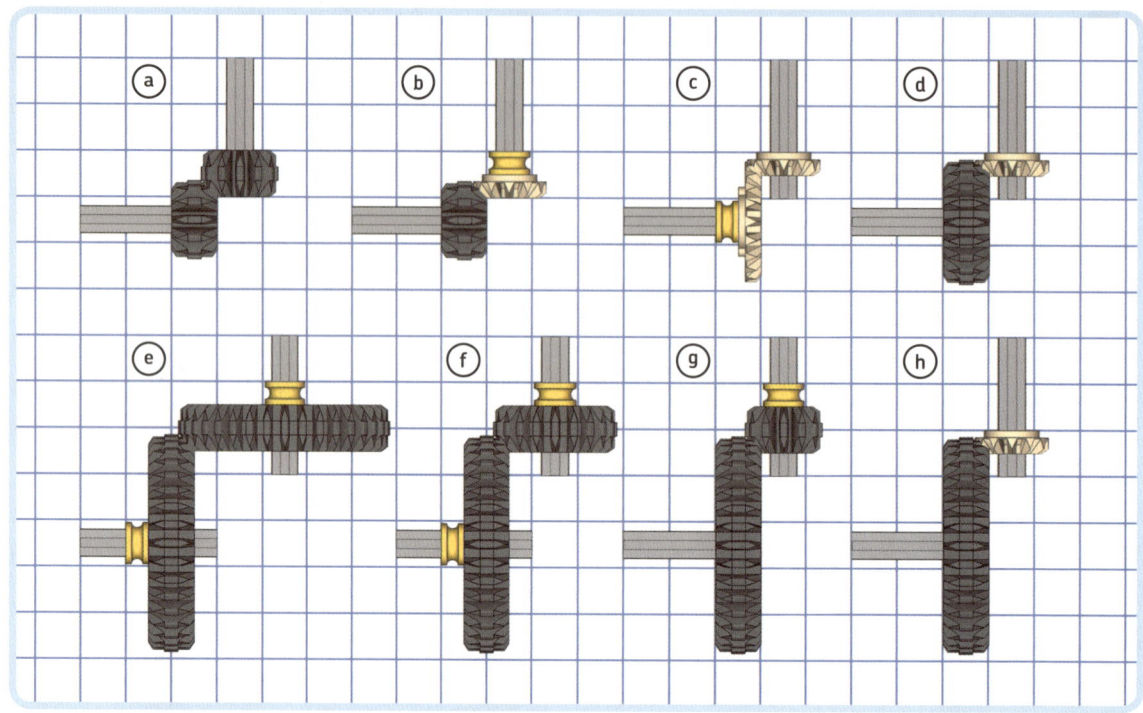

■ **그림 11-17** 단면과 양면, 어느 베벨 기어를 조합하더라도 직교하는 두 축의 동력을 전달할 수 있습니다. 일부 기어 조합의 경우 0.5M 두께인 반 부시를 사용해야 할 수도 있습니다.

단면 베벨 기어의 유일한 단점은 톱니 자체의 내구성이 약해 큰 토크가 걸리는 구조에서 종종 기어의 톱니가 손상된다는 점입니다. 큰 토크를 전달해야 하는 구동부의 경우라면 ⓑ보다는 ⓐ, ⓗ보다는 ⓖ와 같이 단면 베벨 기어를 배제하고 양면 베벨 기어로 구성하는 것이 보다 튼튼한 구동부를 만들 수 있는 방법입니다.

> **NOTE** 그림 11-12에서 제시되는, 기어의 반지름을 이용한 조합 기법은 오직 두 축이 나란히 평행으로 배치되는 기어열을 구성할 때에만 유용합니다. 두 축이 직교하는 구조의 기어열을 구성할 때에는 그림 11-17과 같이, 축은 M 단위 격자에 맞게 배치할 수 있습니다.

수직 축 연결하기

베벨 기어를 활용해야 하는 경우와 같이, 두 축을 직교시켜야 하는 구동부에서 기어가 불필요한 유격 없이 안정적으로, 그리고 자연스럽게 구동될 수 있는 효과적인 프레임은 매우 중요한 부분입니다. 그림 11-18은 꺾인 빔과 커넥터를 이용해 효과적은 베벨 기어용 프레임을 만드는 여러 가지 방법 중 하나를 보여줍니다.

EV3 세트에는 이와 같은 직교하는 축의 동력 전달을 위해 조금 특수하게 설계된 부품들이 몇 종류 있으며, 그 중 하나의 부품이 그림 11-19에 있습니다. 이 부품은 미디엄 모터에 장착할 수 있게 아주 효과적인 형태로 설계 되었습니다(그림 11-28의 ⓑ 참조). 그림 11-20과 같이 O형 및 H형 프레임 부품도 베벨 기어의 설치에 유용하게 쓰일 수 있습니다.

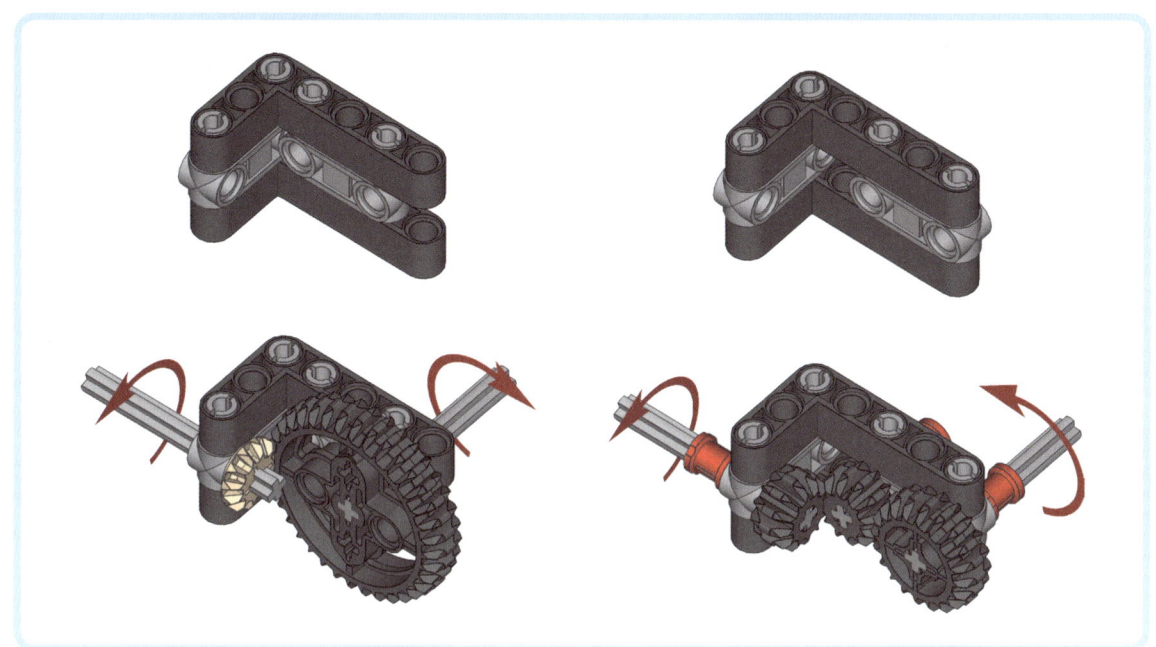

■ **그림 11-18** 두 개의 L형 빔과 두 개의 핀 커넥터를 이용해 만든 두 축이 직교할 수 있는 프레임. 왼쪽 프레임과 기어열은 직교하며 맞물리는 베벨 기어 두 개의 조합, 오른쪽은 중간에 12T 유동기어가 축과 평행하게 결합된 조합입니다. (검은색 프레임에 끼워진 회색 핀 커넥터의 위치와, 빨간색 화살표로 표시된 두 축의 회전 방향을 눈여겨보시기 바랍니다.)

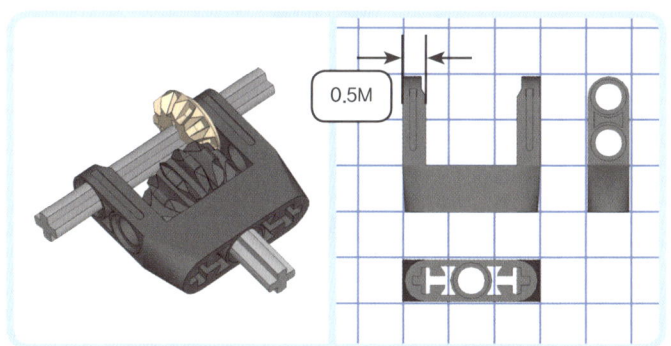

■ **그림 11-19** 특수 부품을 이용해 아주 작은 크기로 구현된 직교축 동력 전달 구조

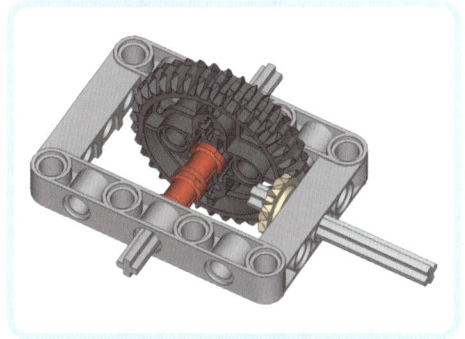

■ **그림 11-20** O형 프레임을 활용한 직교축 동력 전달 구조

탐구과제 62: 수직 교차 옵션

난이도 ☀ 시간 ⏱

그림 11-19의 프레임에 결합될 수 있는 또 다른 베벨 기어의 조합이 있습니다. 여기에 사용한 기어는 무엇일까요? 그리고 기어비는 얼마일까요?

탐구과제 63: 보다 강한 기어열!

난이도 ✦✦ 시간 ⏱⏱

EV3 세트에 포함된 기어만을 사용해 1:15의 기어비를 갖는 복합 기어열을 구성할 수 있습니까? 기어열의 구성방법을 찾았다면 실제로 그림 11-5의 타이어 무게추 장치에 적용시켜 토크의 증가를 확인해보기 바랍니다.

> **HINT** 그림 11-8의 기어열과 그림 11-20의 프레임 구조가 결합된다면 이 기어비는 어떻게 될까요? 이 둘은 구조적으로 어떻게 결합될 수 있을까요?

니다. 웜 기어 구동부는 항상 구동축에 웜 기어가 사용되며, 기어비를 계산할 때 입력축의 톱니는 1이 됩니다.

즉, 출력축에 24T 기어를 사용할 경우, 기어비는 24 ÷ 1 = 24가 됩니다. 즉, 이론적으로 출력축은 24배만큼 느린 속도로 구동되지만 그 힘은 입력축의 24배만큼 증가한다는 의미입니다.

물론, 실제로는 웜 기어 구조 자체가 일반 평 기어 조합에 비해 상당히 큰 마찰력을 발생시키기 때문에 구조적인 문제로 토크 중 일부가 손실되어 정확히 24배만큼의 효율을 보여주지는 못 합니다. 하지만, 다른 기어 조합에 비해 월등히 토크를 증가시킬 수 있다는 점은 웜 기어만의 장점이라 할 수 있습니다.

노브 휠 활용하기

노브 휠은 아주 독특한 기어의 일종으로, 그림 11-21과 같이 평행한 두 축 또는 직교하는 축에 설치되어 동력을 전달할 수 있습니다. 구동 특성 자체는 언뜻 보면 양면 베벨 기어와 같아 보이지만, 노브 휠은 특수한 외형 덕분에 평행축과 직교축, 어느 구조에서도 양면 베벨 기어보다 훨씬 더 큰 토크를 전달할 수 있으며 쉽게 미끄러지지도 않습니다. 👦 베벨 기어에 비해 이빨과 이빨이 훨씬 더 깊게 물리기 때문입니다.

노브 휠은 특수한 모양 덕분에 다른 일반적인 기어들 중 어떤 것과도 맞물리지 않으며, 오직 노브 휠끼리만 맞물려 동작할 수 있습니다. 두 노브 휠이 맞물리는 경우 기어비는 항상 1이 됩니다. 👦 EV3 세트에 포함된 작은 볼 조인트가 들어간, 볼이 달린 핀과 볼이 달린 축 핀을 이용해도 노브 휠을 구동할 수 있습니다.

웜 기어 활용하기

웜 기어는 한 개의 톱니가 나사와 같은 나선 구조로 설치된 특수 기어로, 그림 11-22와 같이 축이 교차된 구조물에 사용되며 놀랄 만한 기어 감속비를 만들어낼 수 있습

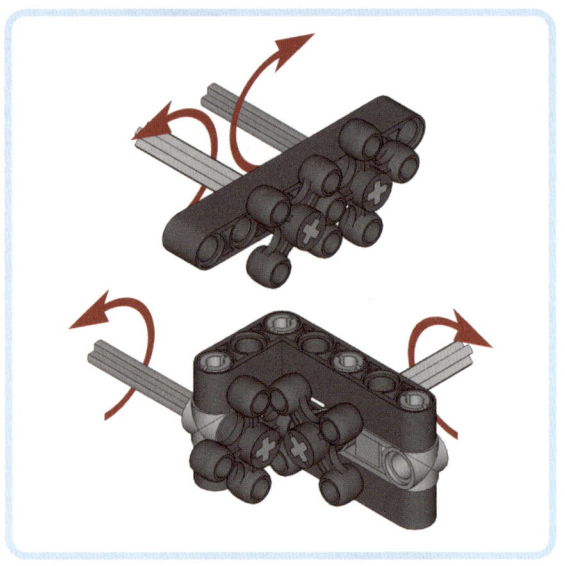

■ 그림 11-21 노브 휠의 활용. 평행한 두 축을 구동할 때(위)와 직교하는 두 축을 구동할 때(아래)

여러분이 이제까지 접해보았던 다른 기어열과 달리, 웜 기어 구조는 동력의 전달이 한 방향으로만 이루어집니다. (입력축과 출력축이 바뀔 수 없습니다.) 구동축으로 웜 기어를 사용하면 여기에 맞물린 평 기어를 회전시킬 수 있지만, 반대로 평 기어를 구동축으로 하여 웜 기어를 움직일 수는 없습니다.

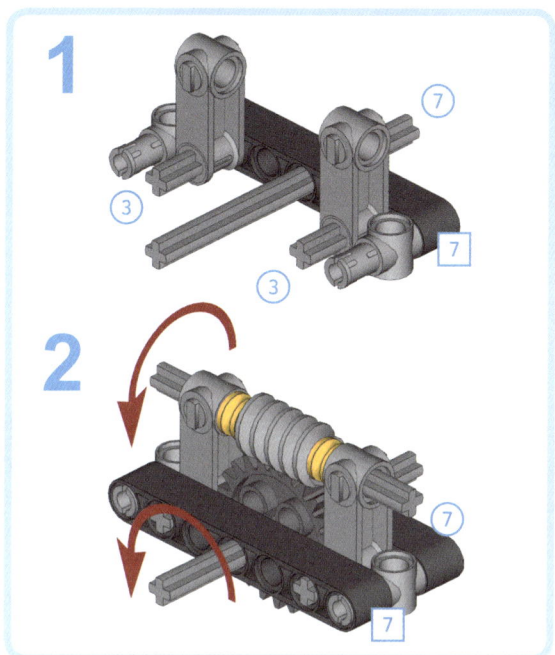

■ 그림 11-22 이 구조물은 웜 기어(연회색)를 이용해 24T 기어(진회색)를 24배만큼 감속시킵니다. 여기에서는 24T 기어의 구동을 방해하지 않으면서 웜 기어를 지지할 수 있도록 특수한 형태의 커넥터(회색)가 사용되었으며, 이 구동부는 여러분이 웜 기어를 사용하는 구동부를 만들 때 기본 프레임으로 활용할 수 있습니다.

물론, 이러한 특징은 경우에 따라서는 매우 유용한 웜 기어 구동부만의 장점이 될 수 있습니다. 예를 들어, 만약 로봇 팔의 구동부를 일반 기어로 만들었다면 전원이 끊기는 순간 중력에 의해 로봇 팔의 자세는 흐트러지게 될 것입니다. 하지만 웜 기어로 만든다면, 전원 공급이 끊기거나 큰 하중이 가해지더라도 로봇 팔은 현재의 자세를 유지토록 할 수 있습니다.

👨 또한, 1:24와 같은 큰 감속비를 만드는 것은 일반 기어를 이용해서도 가능하지만, 웜 기어를 사용하는 경우 일반 기어 여러 개를 조합하는 것에 비해 훨씬 더 적은 공간에서 효율적으로 구성할 수 있고, 불필요한 기어열의 유격도 최대한 줄일 수 있다는 점 역시 장점이라 할 수 있습니다.

탐구과제 64: 느린 구동!

난이도 ✹✹ 시간 ◔◔

출력축이 8배 감속하는 구동부를 만들려면 어떻게 하면 될까요?

HINT 먼저 24배 감속 구조를 만든 다음, 출력축을 가속 구조로 3배 가속시킵니다. 이 구성은 무슨 이유로 8배 감속이 될까요?

기어열을 튼튼하게 보강하기

구동에 적절한 기어열을 결정했다면, 이 구동부를 여러분의 로봇에 장착해야 할 것입니다. 레고는 부품의 조합 가능성이 무궁무진하기 때문에 여러분이 기어와 축을 장착하는 방법도 많습니다. 하지만 가장 중요한 점은 축이 휘거나 이탈하지 않고 안정적으로 지지되며 이로 인해 기어의 튐 현상 없이 효과적으로 동력이 전달되는 구조를 만드는 것입니다.

빔을 이용해 기어열 보강하기

맞물린 기어의 톱니 사이에 힘이 가해진다면, 이 힘은 기어가 장치된 축을 서로 반대 방향으로 밀어낼 수 있습니다. 만약 불필요하게 맞물린 기어와 프레임의 간격이 넓다면 축은 휠 수 있으며, 결과적으로 기어는 정확히 맞물리지 않고 톱니가 튀는 현상이 발생할 수도 있습니다.

그림 11-23은 이와 같은 기어의 튐 현상이 발생하기 쉬운 구조와 이를 막기 위한 방법을 보여줍니다. 맞물린 두 기어는 서로 밀어내는 힘이 작용할 수 있지만, 축이 휠 여지가 없을 만큼 프레임과 기어가 밀착된다면 기어가 튀는 현상은 줄일 수 있습니다.

이때 만약 축의 양쪽을 빔으로 잡아준다면 이 현상은 거의 완벽하게 제어할 수 있습니다. 이와 같이 빔으로 보강하더라도 기어 사이에 힘이 작용하면 두 축은 밖으로

■ 그림 11-23 빔을 이용한 보강 구조는 기어의 튐 현상을 억제하고 효과적으로 동력을 전달할 수 있도록 합니다.

■ 그림 11-24 짧은 빔을 이용해 기어 구조 보강하기

벌어지는 힘을 받게 되겠지만, 바깥에 설치된 보강용 빔에 의해 이 힘은 상쇄되어 기어는 벌어지지 않고 정확히 맞물릴 수 있을 것입니다.

기어가 설치된 프레임에 효과적으로 고정시킬 수 있는 보강 구조가 가장 좋겠지만, 구조적으로 이런 선택이 여의치 않은 경우 그림 11-24와 같이, 단지 축에만 끼우는 형태의 짧은 빔 또는 커넥터를 활용할 수도 있습니다. 그림 11-23만큼 효과적이지는 않지만 이 정도의 보강으로도 두 축이 벌어져 발생하는 기어의 튐 현상은 충분히 예방할 수 있습니다.

축이 꼬이면서 손상되는 현상

기어비를 이용해 토크를 증가시킨다는 것은 출력축에 큰 무리를 줄 수 있으며, 그림 11-25의 왼쪽과 같이, 충분히 보강해주지 않는다면 레고 축이 꽈배기처럼 꼬이면서 손상될 수도 있습니다. 만약 36T 기어처럼 구동축 주변으로 다른 부품을 결합할 수 있는 구멍이 있는 부품을 사용한다면 그림 11-25의 오른쪽과 같이 구동축 부분을 보강해서 축에 가해지는 힘을 분산시키는 형태로 축의 손상을 예방할 수 있습니다.

같은 이유로, 153쪽의 그림 10-29와 같은 모형에서도 라지 모터의 구동부에 설치된 핀 구멍을 활용해 빔을 추가적으로 보강해 준다면 모터의 구동부에 축만 장착하는 것에 비해 더욱 튼튼한 구동부를 구현할 수 있습니다.

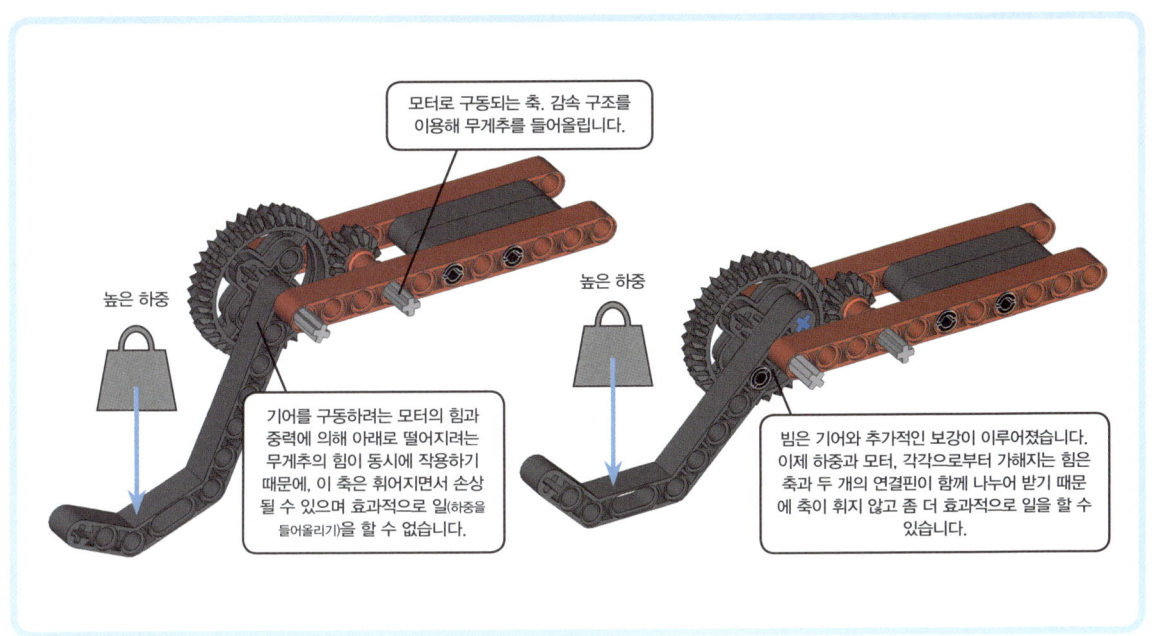

■ 그림 11-25 높은 하중이 가해질 경우, 축 자체가 꼬이면서 손상될 수 있습니다(왼쪽, 검은색 32T 기어와 빔이 어긋나 있음). 검은색 마찰 핀과 파란색 마찰 축 핀을 이용해 32T 기어의 다른 구멍들과 빔을 보강한다면(오른쪽) 높은 하중이 가해지더라도 축이 휘는 현상을 억제할 수 있습니다.

축의 회전 방향 바꾸기

여러분은 앞서 배워 보았던 모터 제어 블록을 이용해 회전축의 방향을 반전시킬 수 있을 것입니다. 하지만 그림 11-26과 같이, 기어 구조를 활용하는 것만으로도 축을 반대 방향으로 회전시킬 수 있습니다. 이와 같은 구조는 한 개의 모터를 이용해 서로 다른 동작을 구현하는 두 개의 구동부를 움직이려 하는 경우 유용하게 쓰일 수 있습니다. 이 경우 두 구동부는 서로 반대로 구동됩니다.

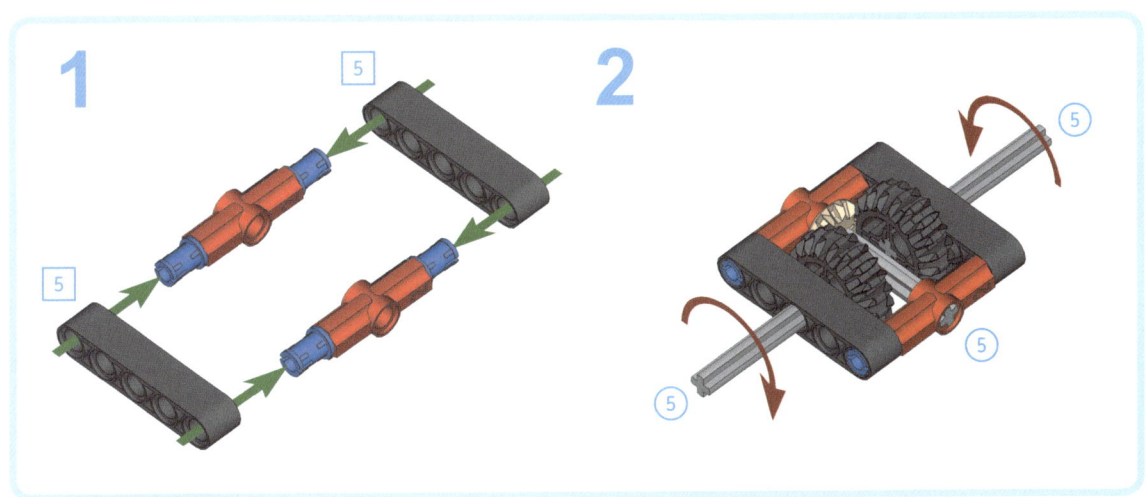

■ 그림 11-26 중간의 모래색 기어를 유동기어로 활용해 두 개의 양면 베벨 기어의 회전 방향은 반대로 바뀌게 됩니다.

EV3의 모터와 기어의 조립

바퀴와 같이 모터의 구동축에 바로 연결되는 구동부도 있지만, 일부 구동부는 로봇팔과 같이 기어 구조가 추가되기도 합니다. 라지 모터는 구동축 근처에 다른 기어열을 설치하기 위한 축 구멍이 충분치 않습니다. 하지만 그림 11-27과 같이 몇 가지 빔과 모터를 조합한다면 좀 더 다양한 기어 배치가 가능하게 됩니다.

그림 11-28은 미디엄 모터를 응용해 축을 평행으로 배치하는 방법과 교차시켜 배치하는 방법을 보여줍니다.

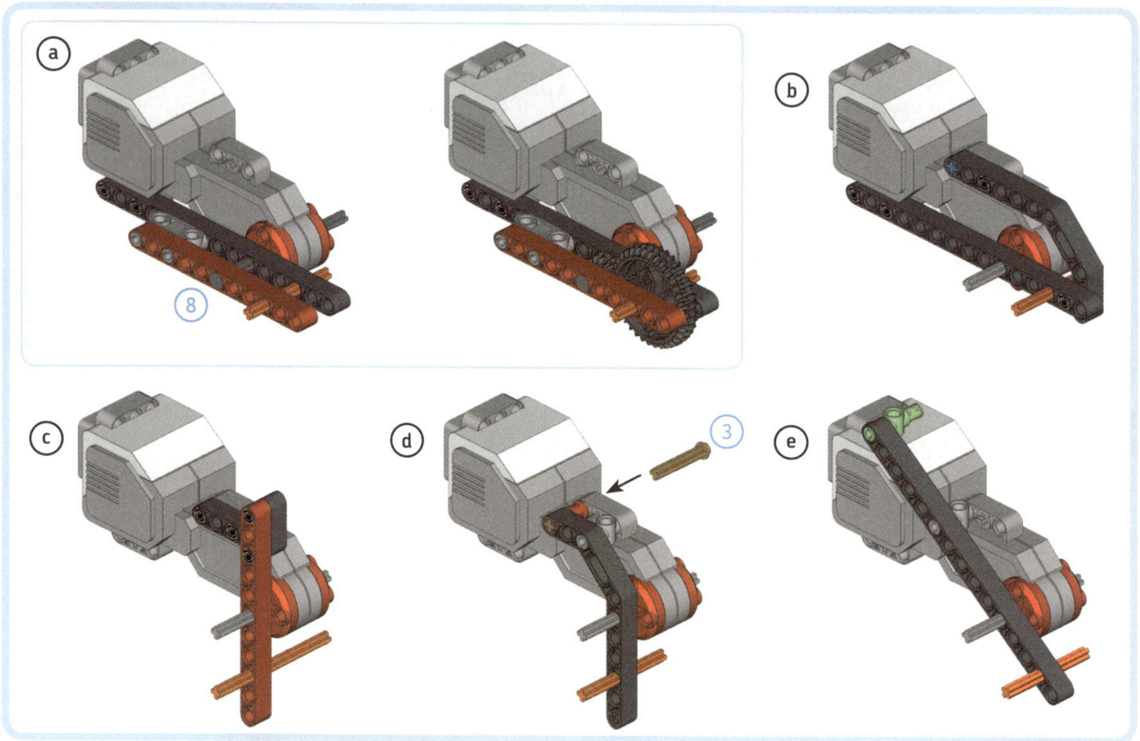

■ **그림 11-27** 라지 모터에 빔을 추가로 장치해 기어가 맞물릴 수 있는 핀 구멍을 추가로 확보할 수 있습니다. 그림에 제시된 회색 축이 모터의 구동축이고, 주황색 축은 모터에 12T 기어를 장착하고 36T 기어를 맞물려 3배의 기어비를 구현할 수 있는 위치를 표시한 것입니다(ⓐ 참조). 그림 ⓔ의 경우 빔은 10장에서 살펴본 격자를 활용하는 기법을 통해, 53.13도로 기울여져 배치되었습니다. 녹색으로 표시된 커넥터의 위치 역시 격자 단위로 맞춘 위치입니다.

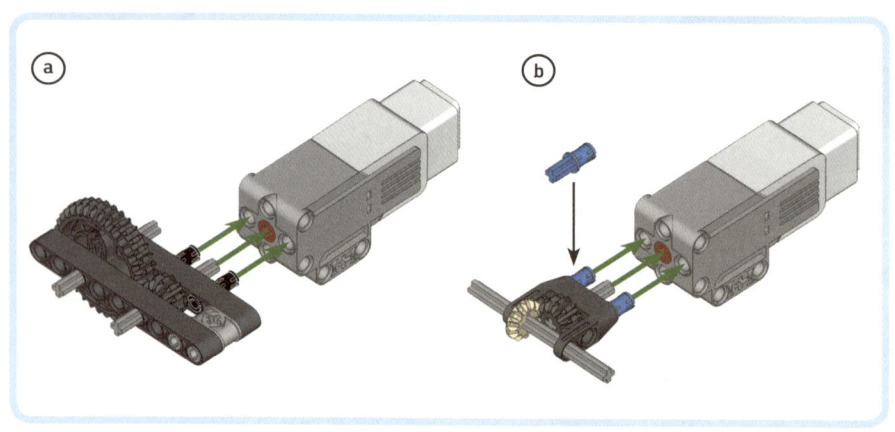

■ **그림 11-28** 미디엄 모터에 기어를 연결하는 기법. ⓐ는 모터의 출력축과 평행인 방향으로의 동력 전달 구조, ⓑ는 직교하는 방향으로의 동력 전달 구조입니다.

추가적인 탐구

이번 장에서는 기어의 동작 원리와 기어를 이용해 EV3 모터의 토크와 속도를 변환하는 방법을 살펴보았습니다. 또한, 기어비를 계산하는 방법과 기어열에서 마찰 및 유격이 주는 영향에 대해서도 살펴보았습니다. 이와 함께, 평 기어, 단면 및 양면 베벨 기어를 이용한 효과적인 기어열을 구성하는 방법도 살펴보았습니다.

다음 장에서는 경주용 자동차와 벌레 로봇을 통해 구조 만들기와 프로그래밍 기법을 좀 더 연습해 볼 것입니다.

이에 앞서 이번 장에서 제시되는 몇 가지 추가적인 탐구 과제를 수행해 보면 기어 구조에 대한 이해도를 더욱 높일 수 있을 것이라 확신합니다.

만약 레고 테크닉의 기본적인 조립 기법과 좀 더 디테일한 응용 사례를 알아보고 싶다면, 사리 엘Sariel이 저술한 『The Unofficial LEGO Technic Builder's Guide』를 추천합니다. 이 책은 레고 테크닉 부품들의 실용적인 활용방법을 아주 자세히 다루고 있습니다. 한국어 번역서로 인사이트에서 출간한 『레고 테크닉 창작 가이드』가 바로 이 책입니다.

디자인 탐구과제 15: 드랙스터!

조립 난이도 ✹ ✹ **프로그래밍 난이도** 🔲

정말 빠른 드랙 레이싱 로봇을 만들 수 있을까요? 드랙스터는 우리나라에서는 일반적이지 않지만 차량 개조가 비교적 대중화된 외국에서는 많이 알려진 일종의 레이싱 경기용 차량입니다. 극단적으로 좁아진 차체와 고출력 엔진으로 빠른 속도를 내는 것이 목표입니다.

네 바퀴를 장착하되, 그 중 두 개의 바퀴는 라지 모터에 연결해 줍니다. (이번 디자인 탐구과제에서 조향장치는 고려하지 않아도 무방합니다.) 기어비를 적절히 바꾸어 가장 빠른 속도를 낼 수 있는 기어비를 찾아봅시다. 기어비와 속도는 항상 정비례하는 것이 아닙니다. 속도가 높아지면 토크가 약해져 결과적으로 힘이 부족할 수도 있다는 것을 기억하며 적절한 기어비를 찾아보기 바랍니다.

HINT 로봇의 차체 전면에 적외선 센서를 추가하면, 이를 이용해 프로그램으로 차량 앞에 장애물이 감지되었을 때 부딪히지 않고 멈추도록 만들 수도 있습니다.

디자인 탐구과제 16: 달팽이 로봇!

조립 난이도 ✹ ✹ **프로그래밍 난이도** 🔲

이번 디자인 탐구과제는 15번과는 정반대입니다. EV3 세트에 포함된 기어를 이용해 구성할 수 있는 가장 느린 기어비는 얼마일까요? 계산이 끝났다면 실제 로봇을 만들고 구동시켜 보세요. (비록 시간이 느려 지루하겠지만 말입니다.)

HINT 기어열의 구성에는 웜 기어도 포함될 수 있습니다.

디자인 탐구과제 17: 암벽 등반!

조립 난이도 ✸✸✸   프로그래밍 난이도 ▭

두 벽 사이를 마치 굴뚝을 타고 올라가듯 수직으로 올라가는 로봇을 만들 수 있나요? 굴뚝은 책장을 벽에서 30cm 정도 떼어 놓는 형태로 임시로 만들 수 있습니다. 보통 책장과 벽 사이에는 거의 평행한 수직의 공간이 생길 것입니다. 물론, 여러분의 로봇이 등반 중 불의의 사고로 떨어질 수도 있기 때문에, 바닥에는 베게 또는 이불과 같은 푹신한 완충요소가 필요할 겁니다.

어떤 방법으로 로봇이 수직으로 세워진 벽을 타고 올라갈 수 있을까요? 바퀴를 사용할 수 있을까요?

HINT 홈페이지 http://robotsquare.com에서 EV3의 바로 이전 세대 마인드스톰 제품인 NXT를 이용한 벽타기 로봇을 볼 수 있습니다. EV3 세트로 이런 형태를 구현해 보는 것도 좋습니다.

디자인 탐구과제 18: 턴테이블!

조립 난이도 ✸✸✸   프로그래밍 난이도 ▭

무거운 물체를 올려놓은 채 회전시킬 수 있는, 자동화된 턴테이블을 만들어 봅시다. 실제로 턴테이블은 기차나 자동차를 회전시키는 곳에도 사용합니다. EV3 로봇에서는 구동장치를 제자리에서 회전시키는 베이스로도 사용할 수 있습니다. 예를 들면 로봇 팔의 바닥 고정 부위나 회전식 브릭 색상 분류장치와 같은 모형에서 말입니다. 턴테이블은 한 개의 모터를 사용하며 시계 방향과 반시계 방향, 어느 방향으로나 부드럽게 회전할 수 있어야 합니다.

HINT 빔을 이용해 기본적인 모형을 만들고 아래에는 그림 11-29와 같이 네 개의 바퀴를 설치합니다. 자동차와 같은, 모두 같은 방향으로 설치되는 것이 아니라 모든 축이 턴테이블의 중심을 향해야 합니다. 각각의 바퀴는 어느 방향으로 회전할까요? 모든 바퀴가 다 회전해야 할 필요가 있나요? 혹시 그림 11-26의 구동부가 이 턴테이블 제작에 도움이 되지는 않을까요?

■ 그림 11-29 디자인 탐구과제 18의 턴테이블 바퀴 배치도

디자인 탐구과제 19: 로봇팔!

조립 난이도 ✺✺✺ 프로그래밍 난이도 ▭ ▭

무언가를 잡아 올리고 옮길 수 있는 로봇팔을 만들어 봅시다. 한 개의 모터는 로봇의 팔이 제자리에서 회전할 수 있도록 합니다. 다른 하나의 모터는 로봇팔을 상하로 움직이는 역할을 하며, 마지막 하나의 모터는 손을 오므리고 펴는 역할을 합니다. 각 팔의 움직임은 리모콘으로 조작하도록 프로그래밍해 봅시다.

HINT 디자인 탐구과제 18의 턴테이블 베이스를 로봇팔의 밑판에 그대로 사용할 수 있습니다.

4

차량과 동물형 로봇
vehicle and animal robots

12
포뮬러 EV3: 레이싱 로봇

Formula EV3: a racing robot

지금까지 여러분은 모터와 센서를 제어하는 기본적인 EV3 프로그램에 대해 배워 보았으며 레고의 구조적인 동작 부위를 만드는 몇 가지 기법도 배워 보았습니다. 이제 조금 더 정교하고 그럴싸한 로봇을 만들어 볼 차례입니다.

이번 내용부터는 새로운 로봇의 모형과 그에 맞는 프로그램을 자동 구동형 차량, 동물형 로봇, 로봇팔, 그리고 흥미로운 형태의 기계장치를 통해 좀 더 다양한 기법을 배워 볼 것입니다. 이번 12장의 내용은 그림 12-1에서 보는 것과 같은 늘씬한 레이싱 로봇입니다.

앞서의 내용에서 우리가 사용했던 익스플로러 로봇과 달리, 이 자동차는 세 개의 모터를 사용합니다. 두 개의

■ 그림 12-1 포뮬러 레이싱 로봇

라지 모터는 뒤쪽에 설치되어 일반 후륜구동 자동차와 같이 뒷바퀴를 구동해 차체를 전후진 시킬 것입니다. 한 개의 미디엄 모터는 자동차의 앞바퀴를 좌우로 조향시켜 차의 방향을 전환하는 데 사용합니다.

뒤쪽의 두 개의 모터는 엔진이라고 볼 수 있으며, 앞바퀴를 조향하는 모터는 핸들, 그리고 그 핸들을 돌리는 운전자의 팔과 같은 개념이라 할 수 있습니다.

이번 장에서는 차체를 먼저 만들고 프로그램에서 구동과 조향을 좀 더 손쉽게 구현하기 위해 몇 가지 마이 블록 블록을 만들 것입니다. 마이 블록으로 각 부분의 테스트가 완료되면 각각의 마이 블록은 메인 프로그램에 통합되고 차체는 무선 조종 또는 장애물을 감지하고 지능적으로 회피하는 등의 응용프로그램에서 함께 사용될 것입니다.

기본 구동 테스트가 완료되면 최종적으로 여러분은 로봇의 외형 디자인을 좀 더 자유롭게 꾸미고 기어비를 바꾸어 좀 더 빠르게 구동하도록 차체를 바꾸어 볼 수도 있습니다.

포뮬러 EV3 레이싱 로봇 만들기

책에서 제시된 조립도를 따라 레이싱 로봇을 만들어 봅시다. 조립을 시작하기에 앞서 아래 12-2의 부품도에서 제시되는 부품을 미리 찾아 둔다면 조립을 좀 더 쉽고 빠르게 완료할 수 있습니다.

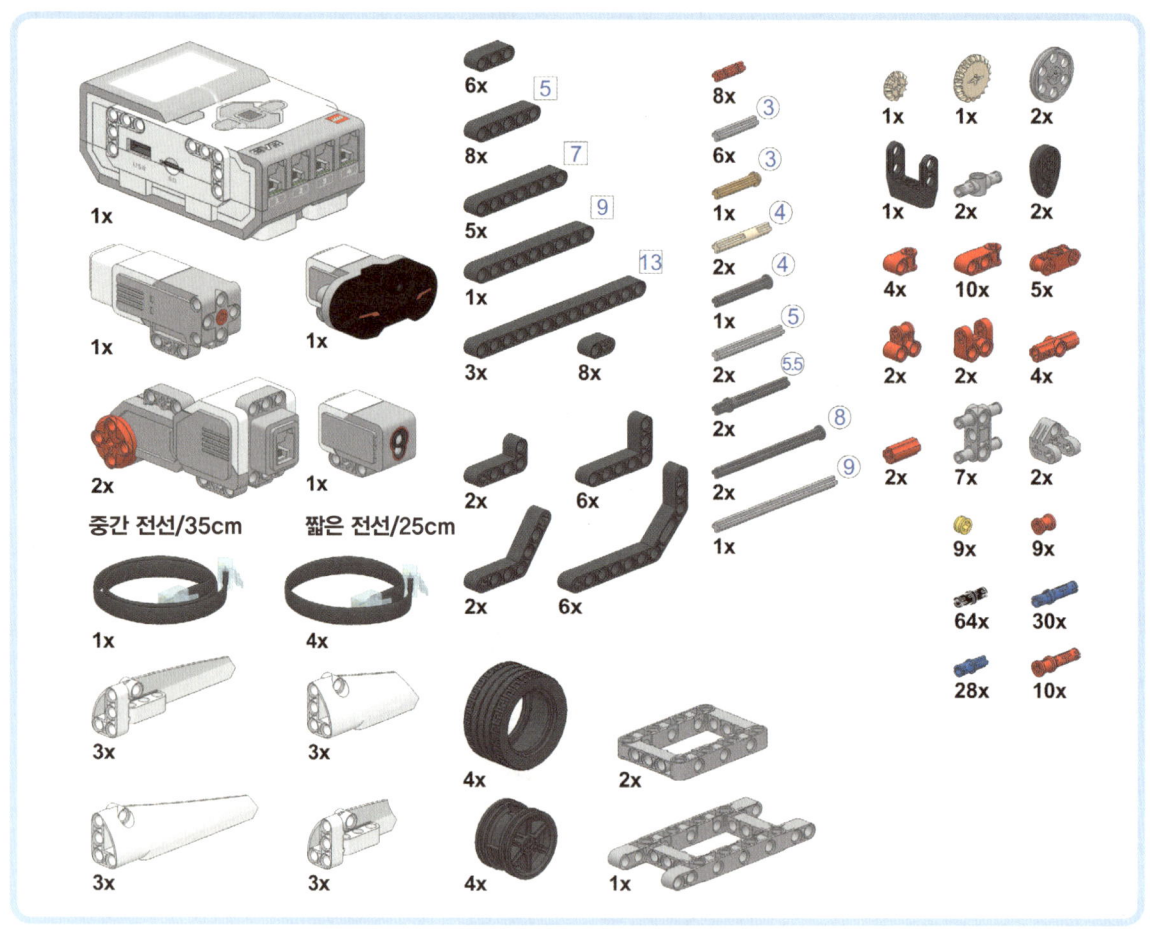

■ 그림 12-2 포뮬러 EV3 레이싱 로봇의 필요 부품

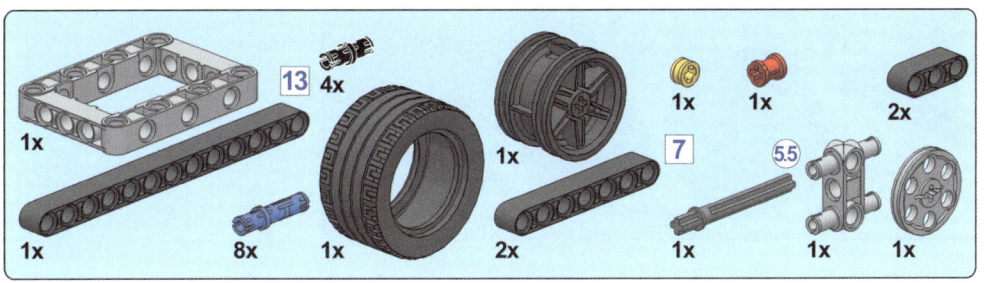
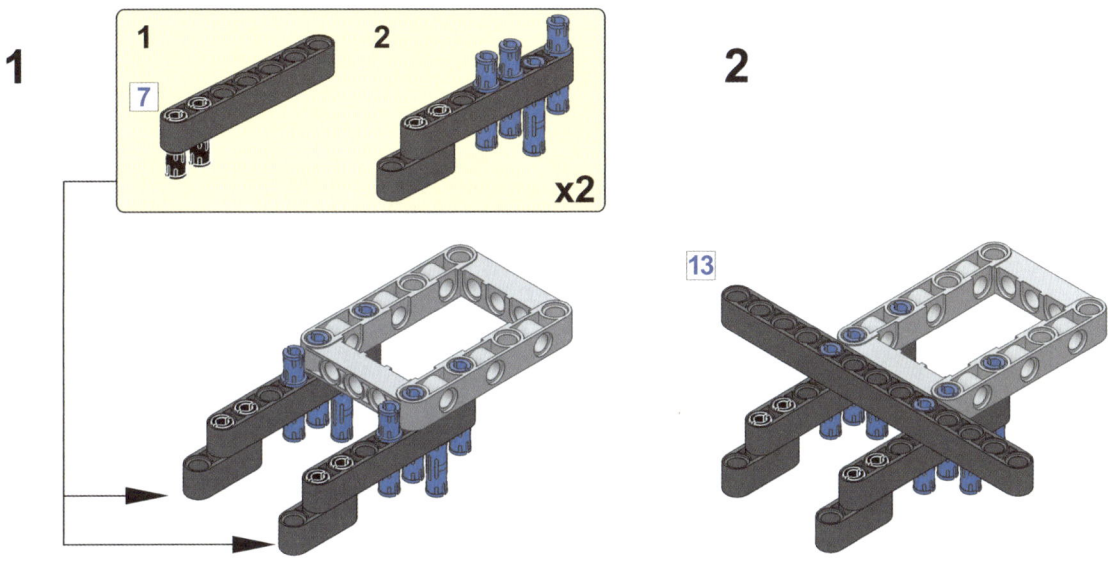
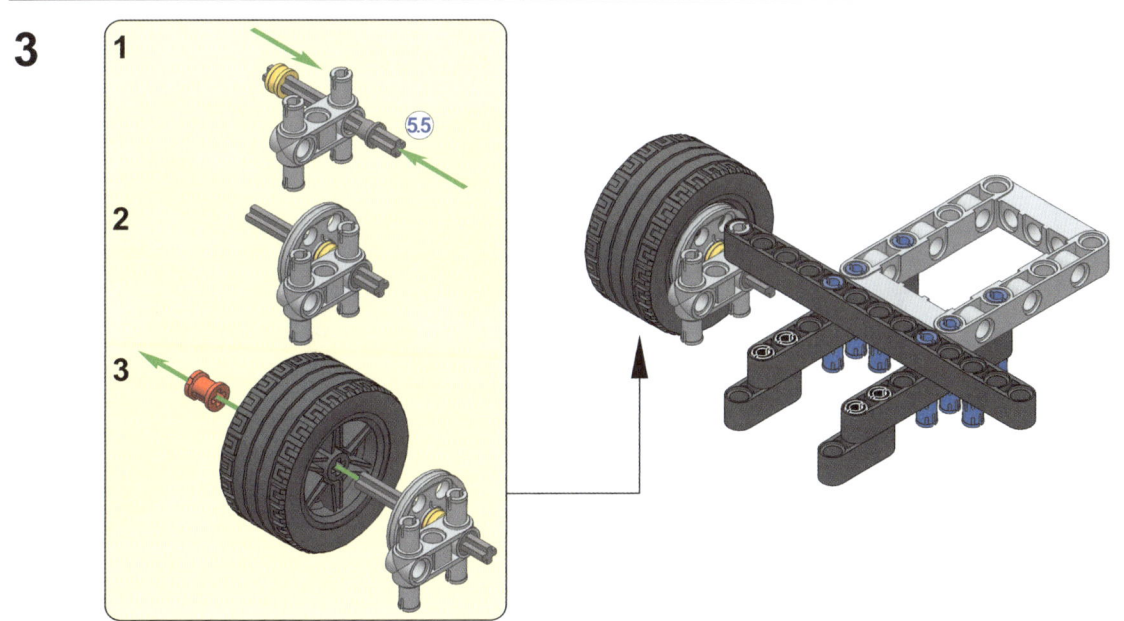

12 포뮬러 EV3: 레이싱 로봇

4

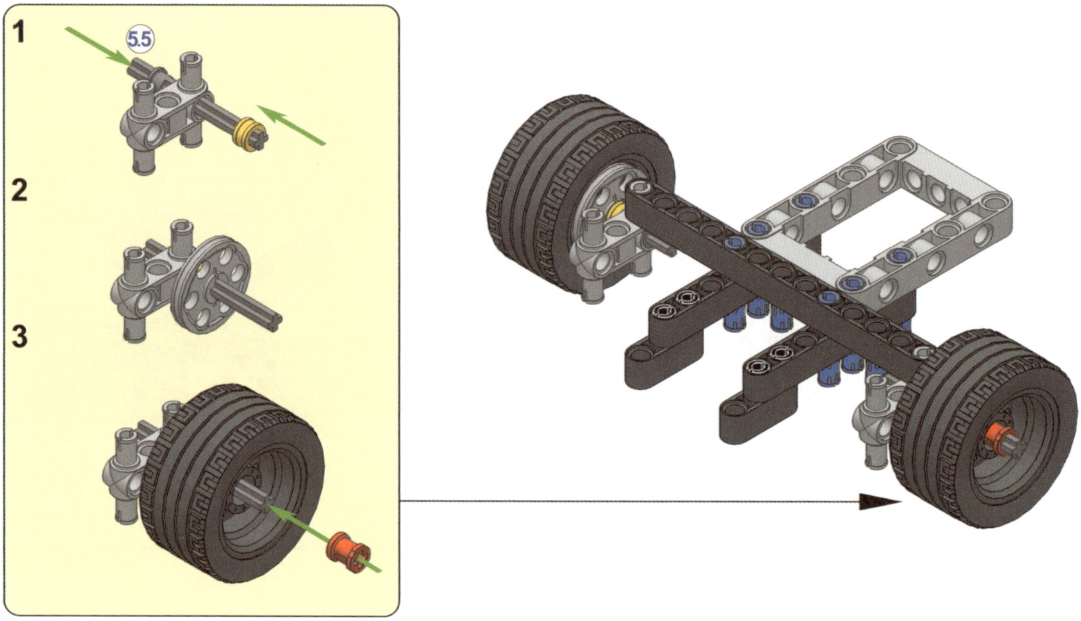

5

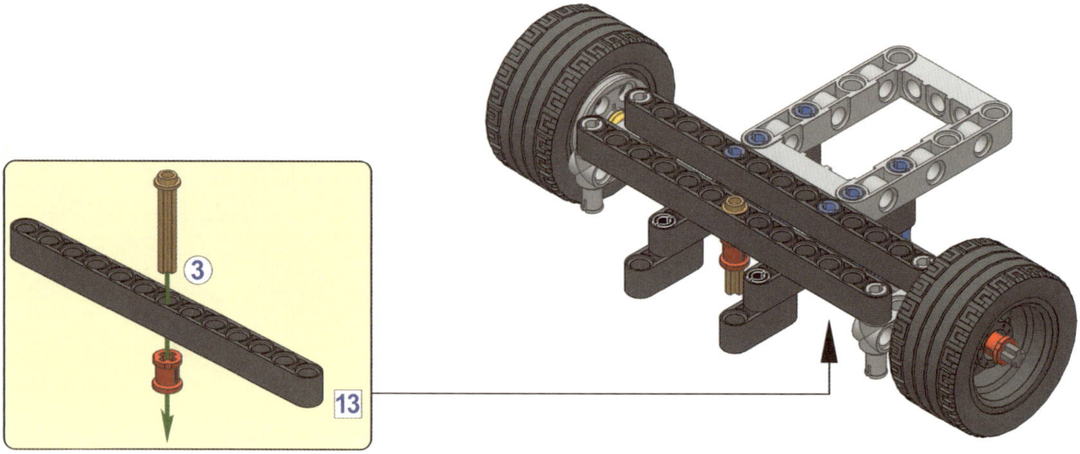

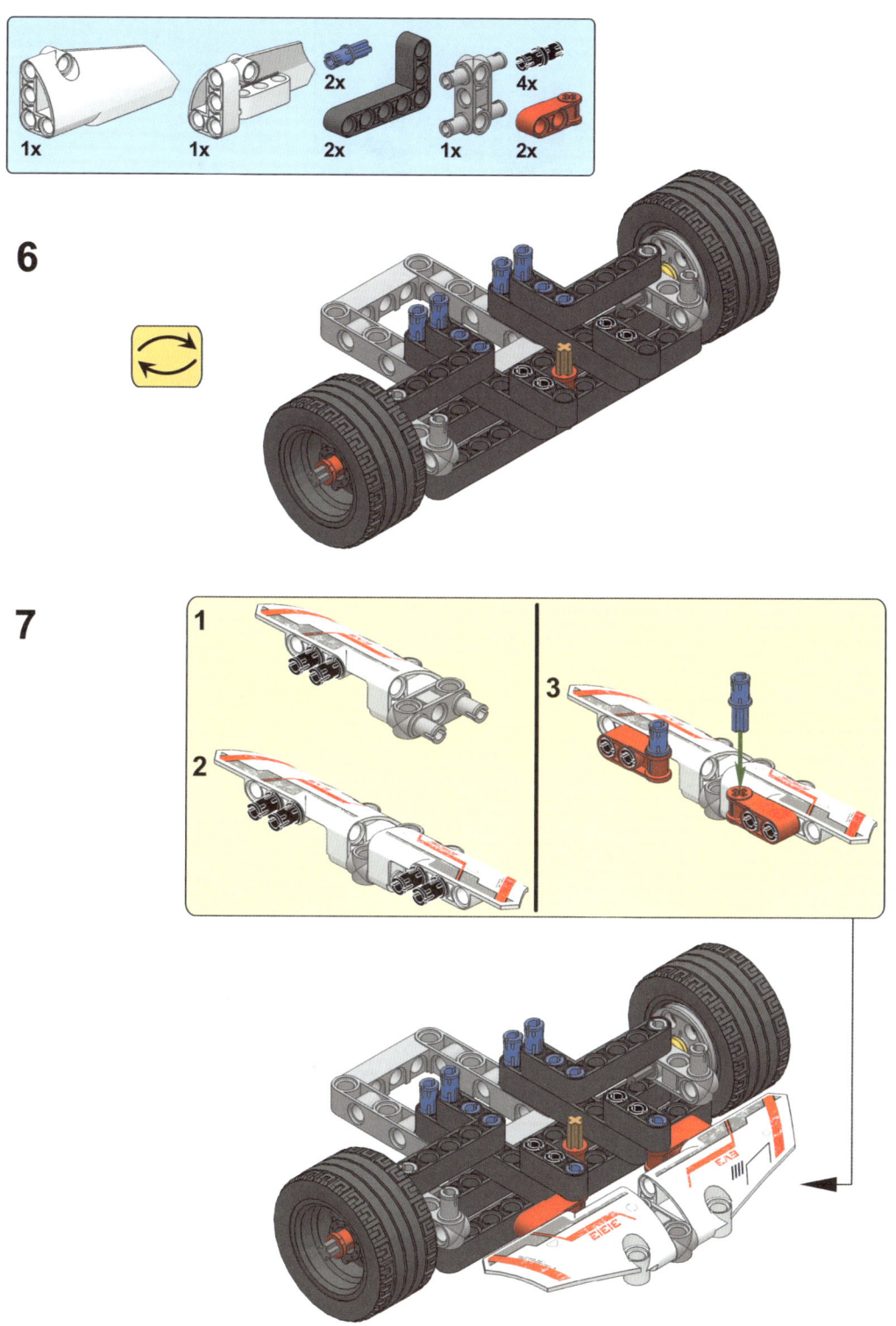

12 포뮬러 EV3: 레이싱 로봇　189

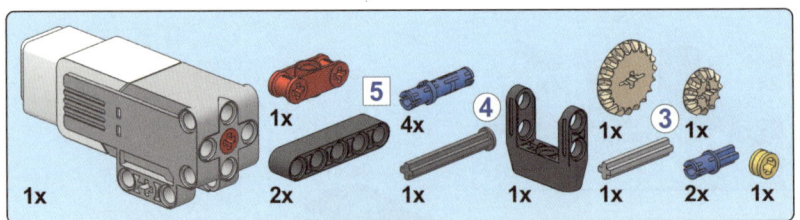

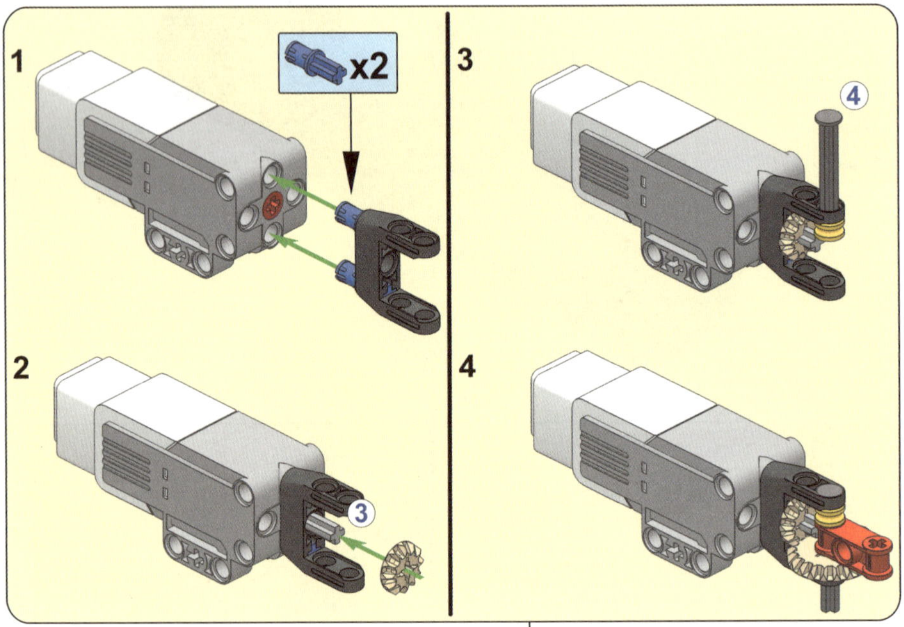

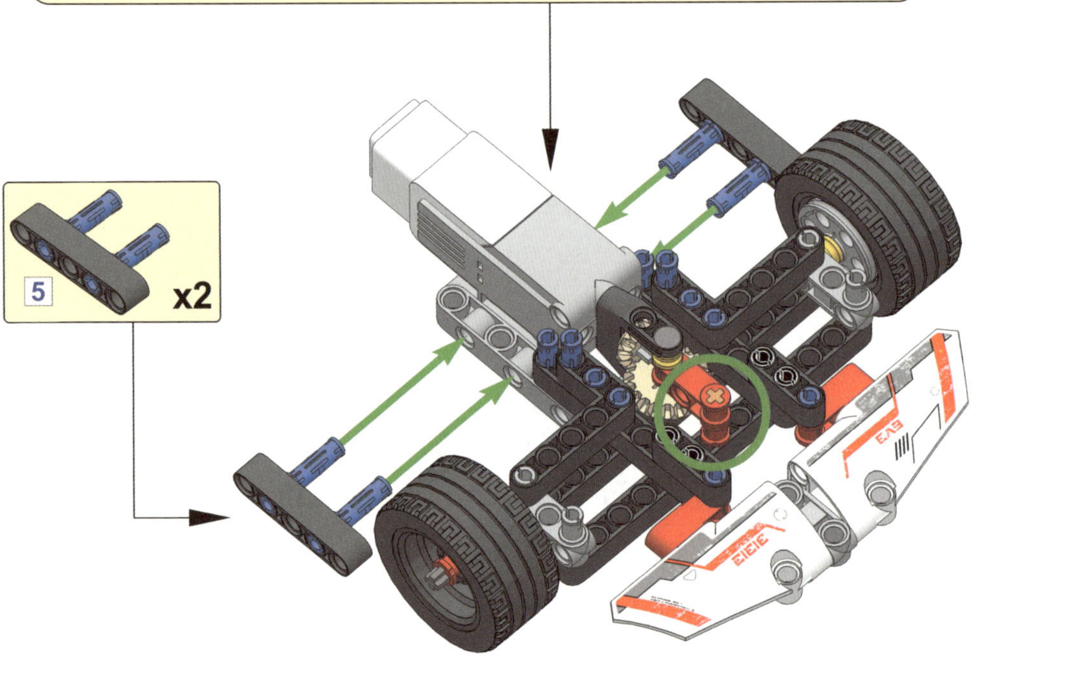

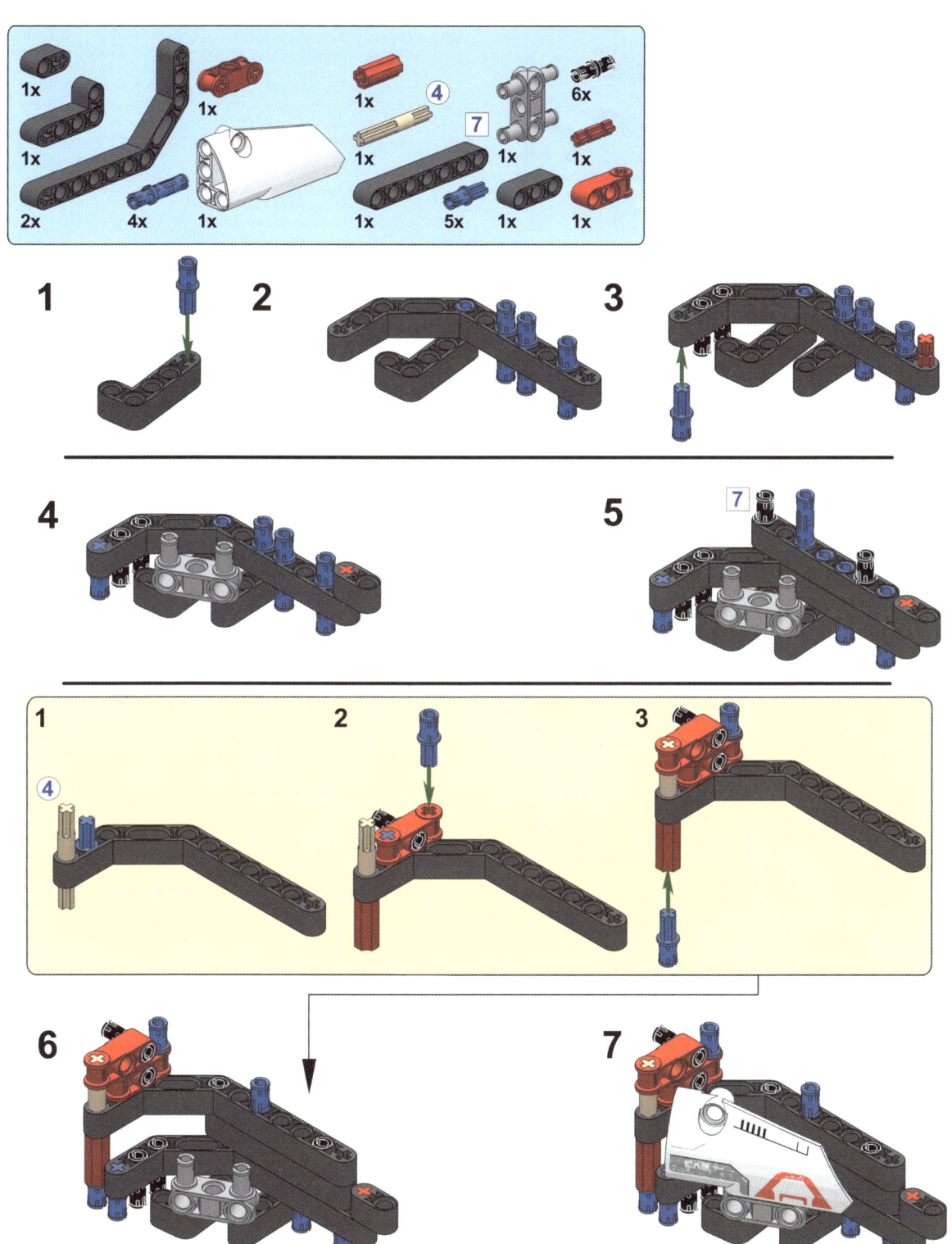

12 포뮬러 EV3: 레이싱 로봇 191

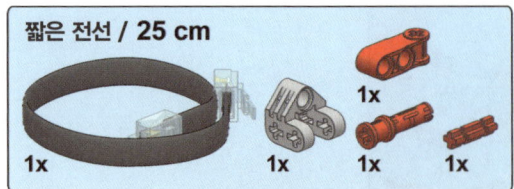

8

9

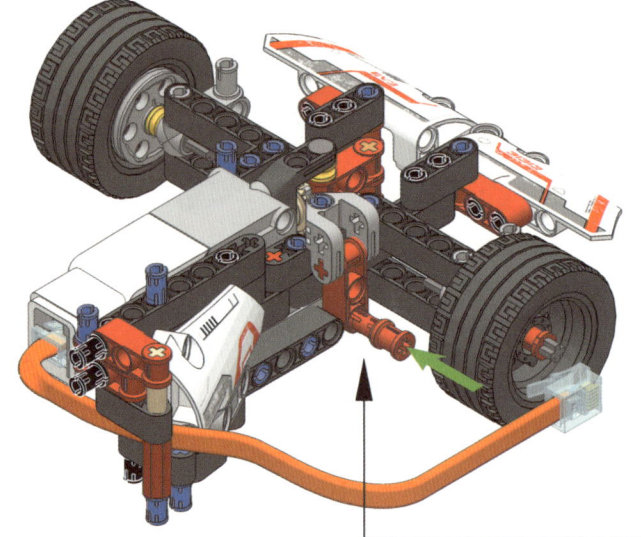
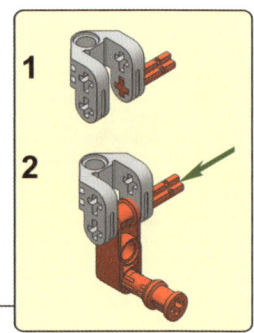

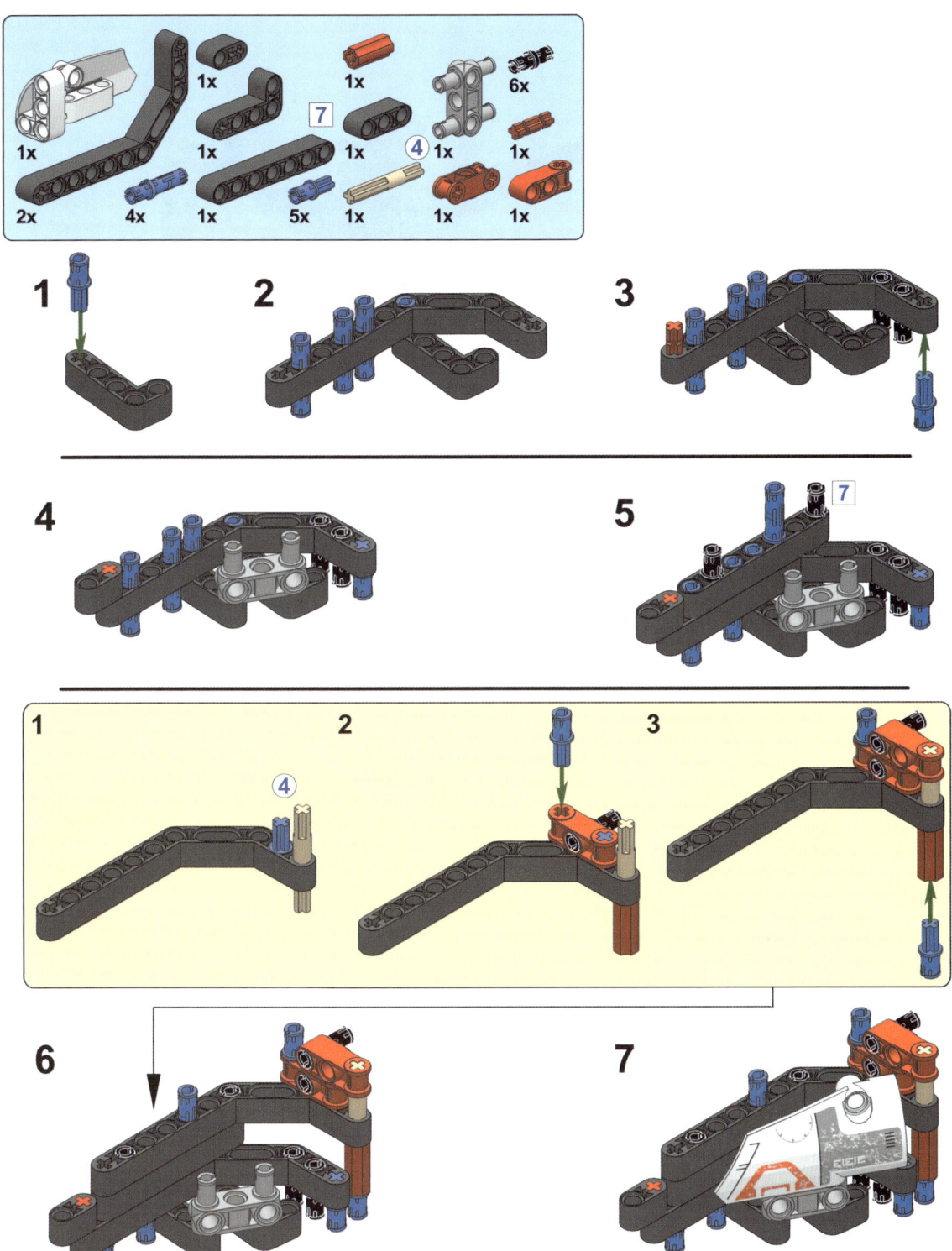

12 포뮬러 EV3: 레이싱 로봇 193

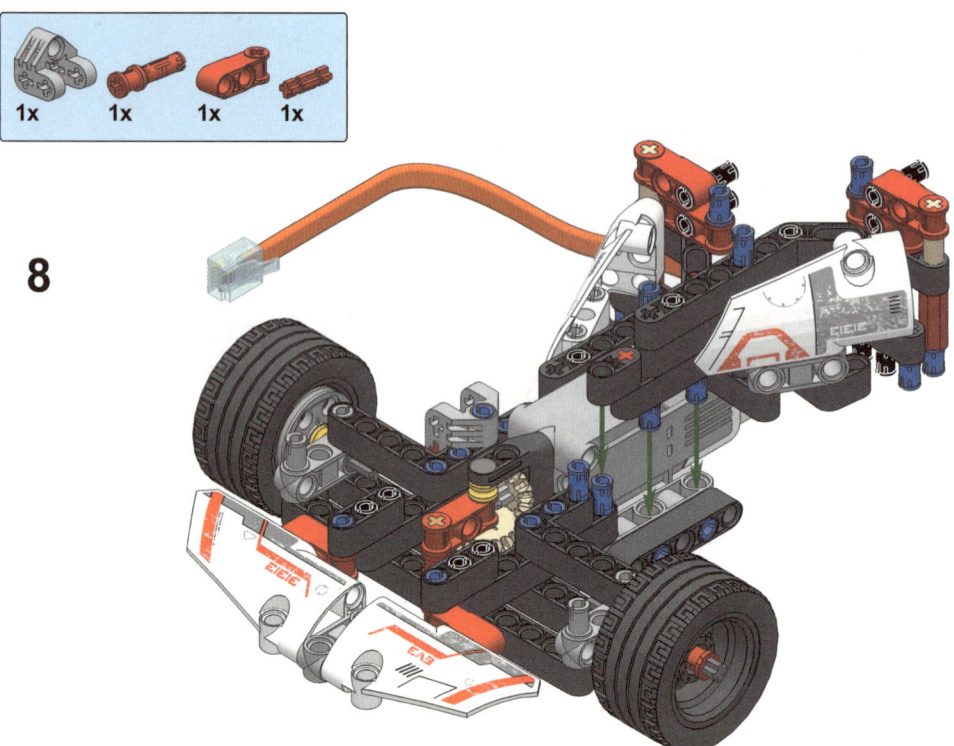
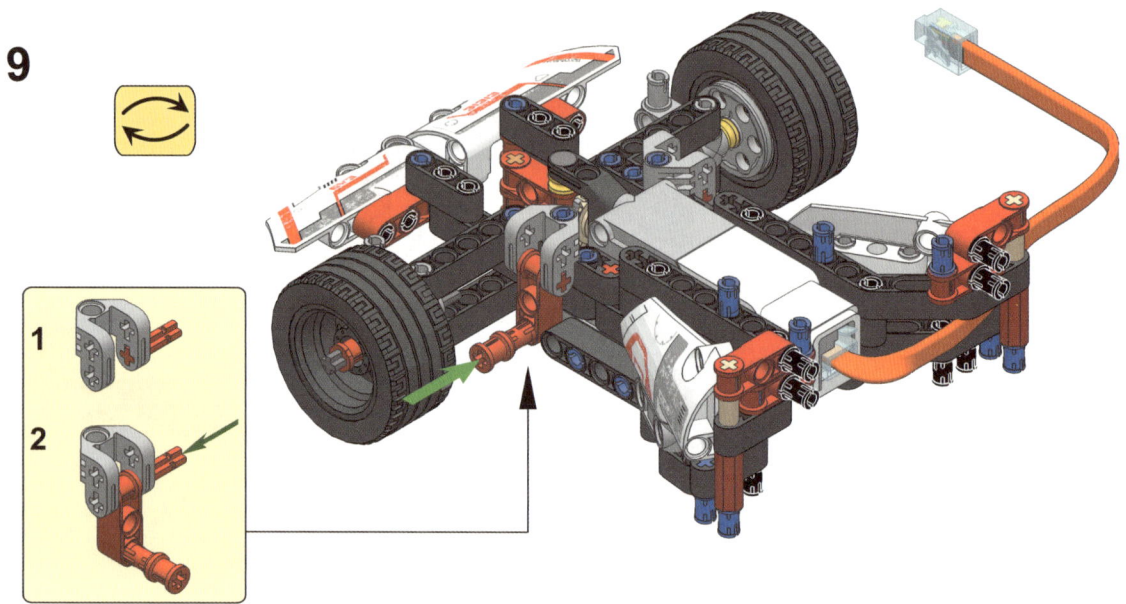

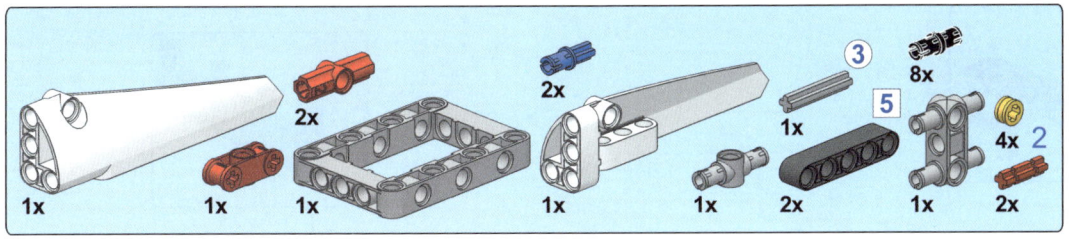

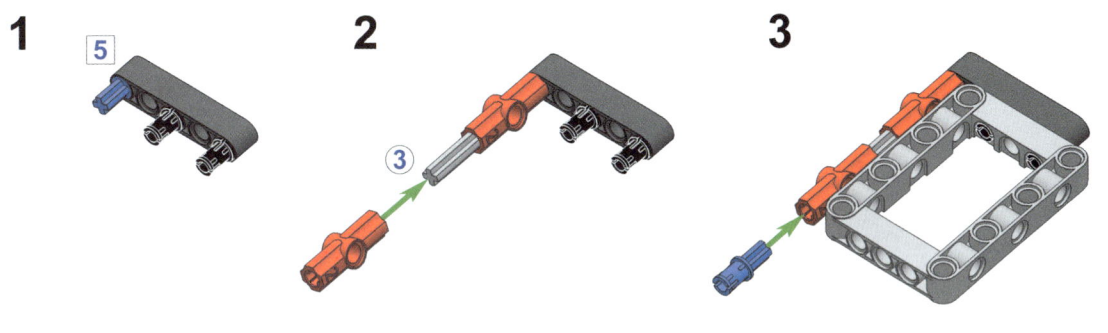

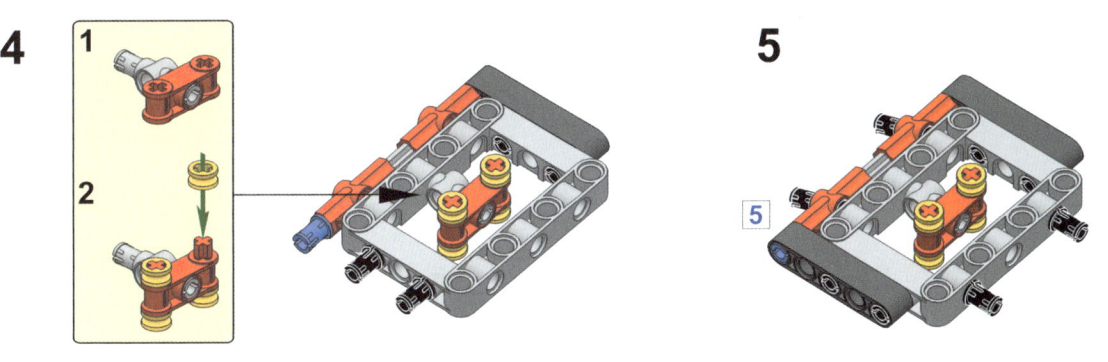

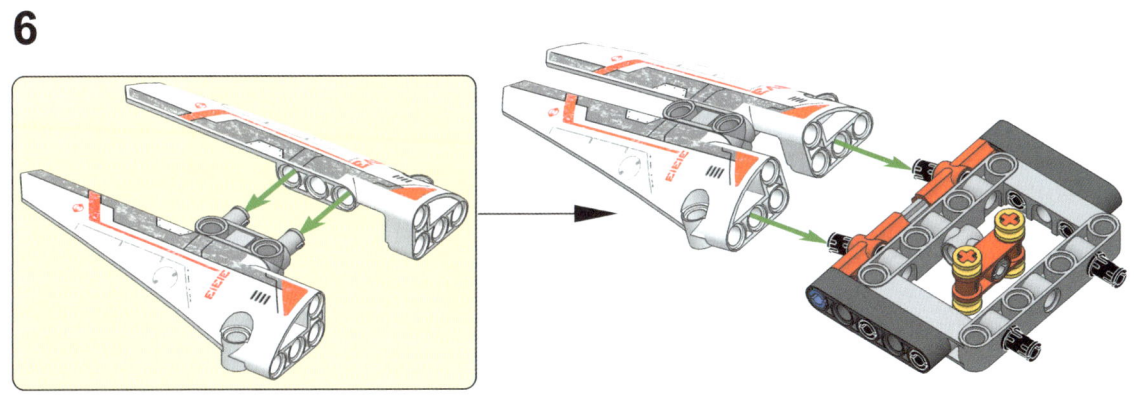

12 포뮬러 EV3: 레이싱 로봇 **195**

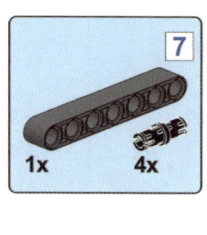
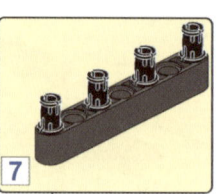

7

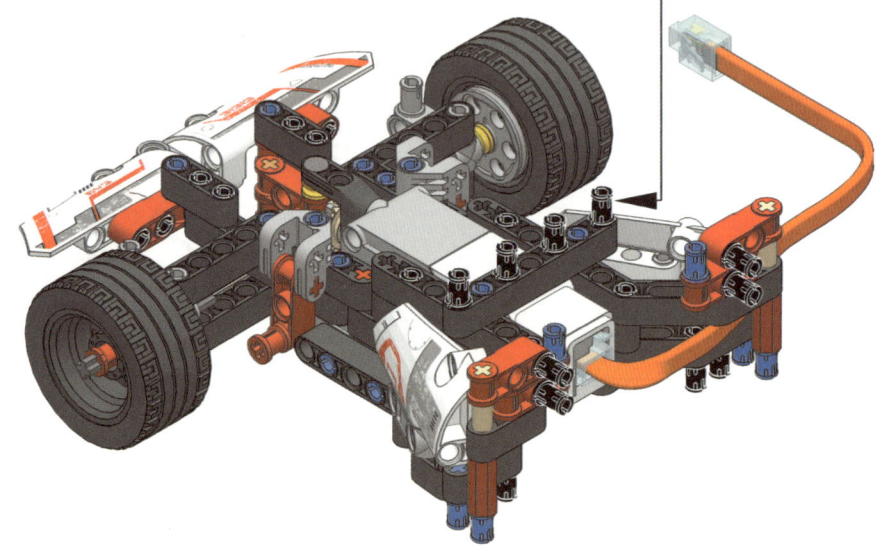

8

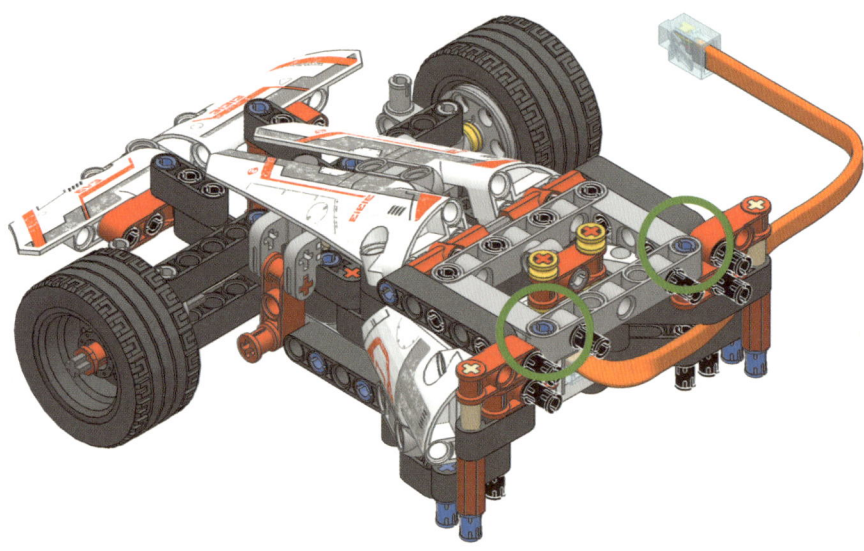

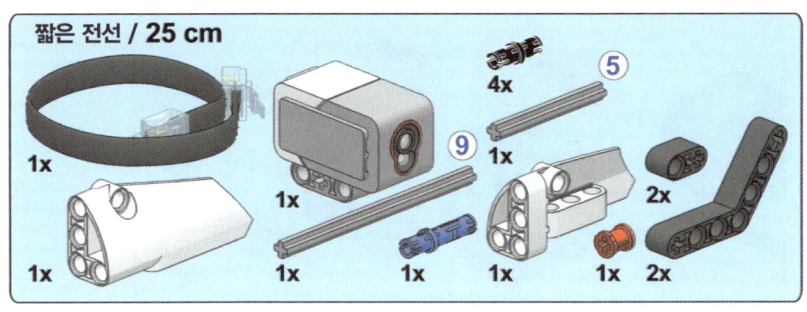

12 포뮬러 EV3: 레이싱 로봇 197

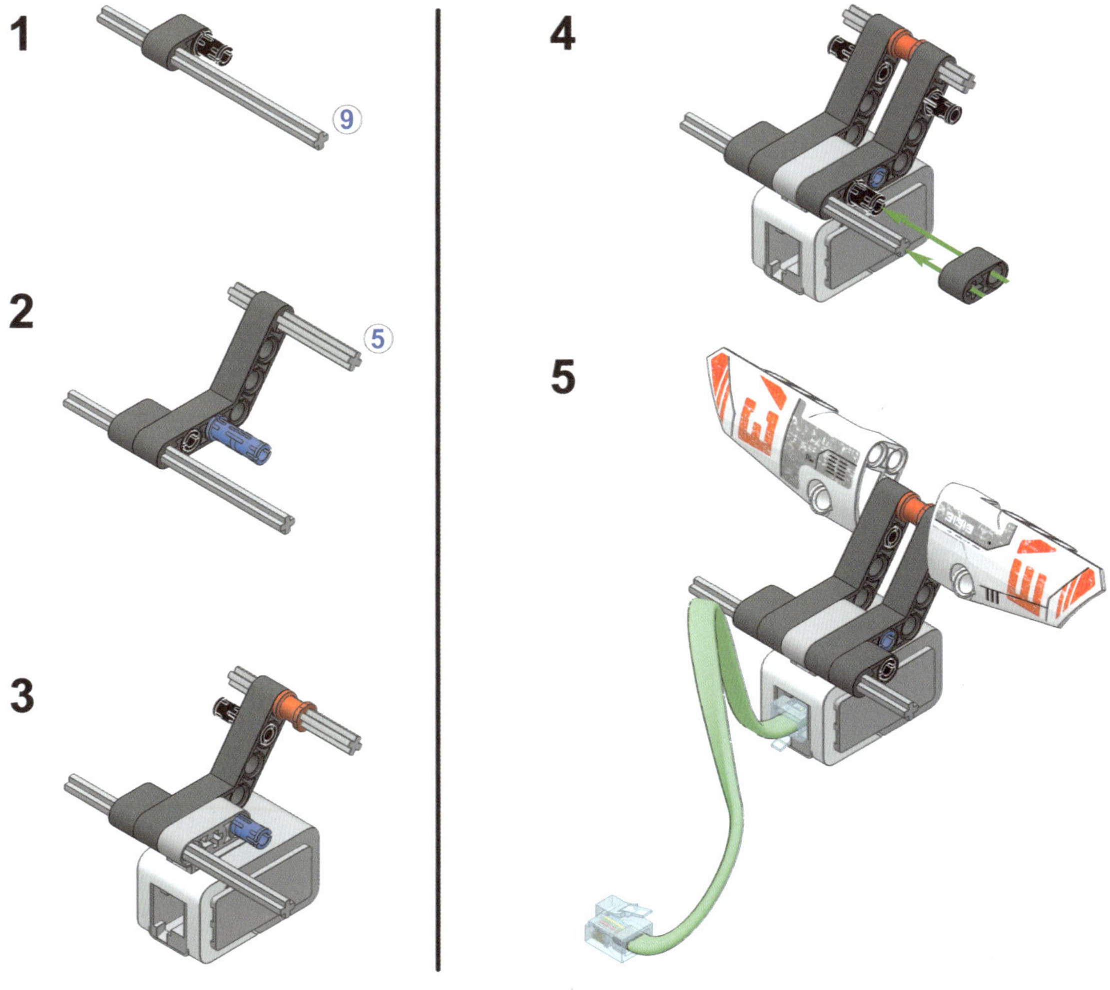

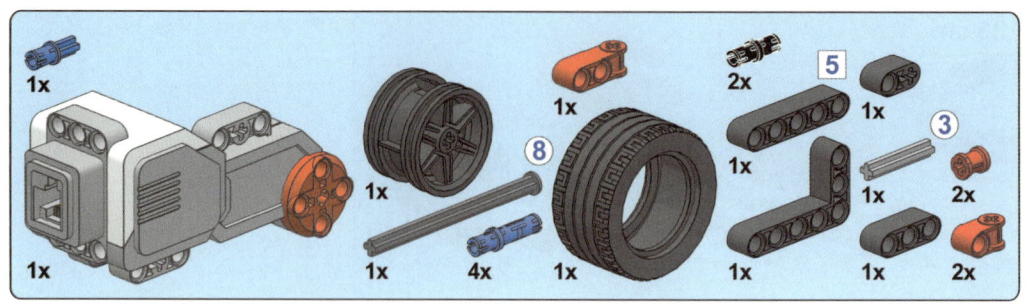

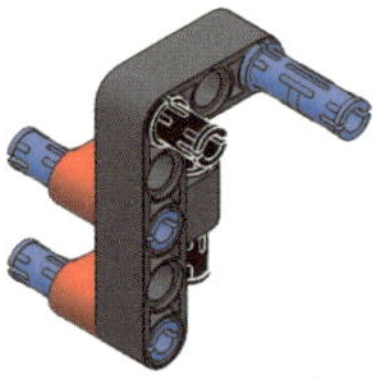

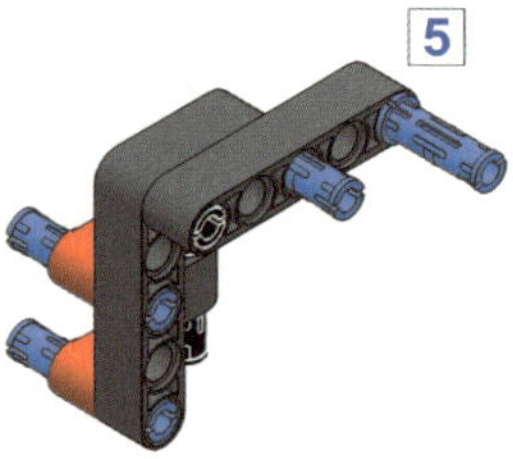

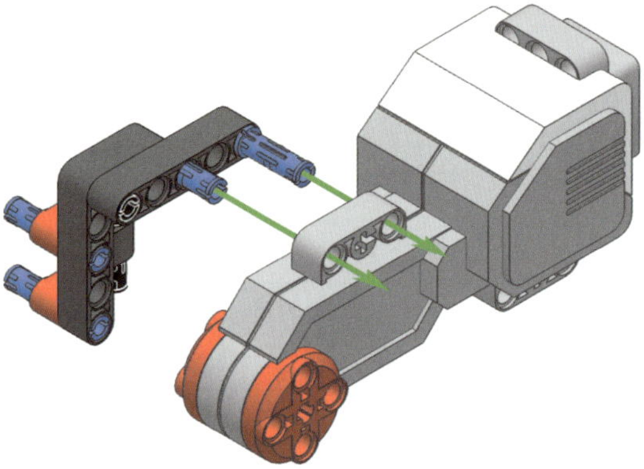

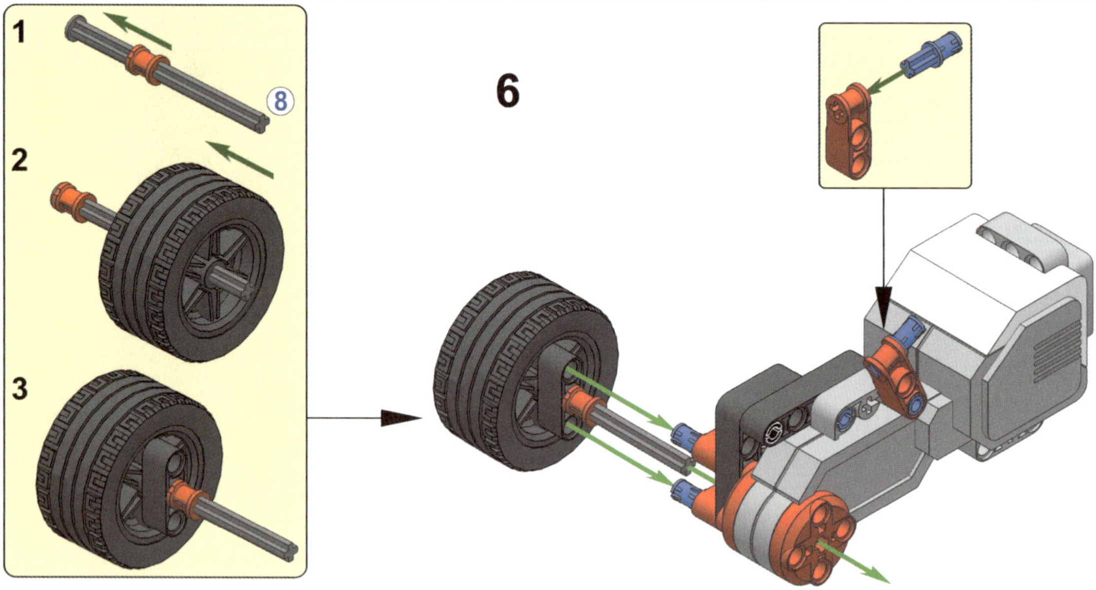

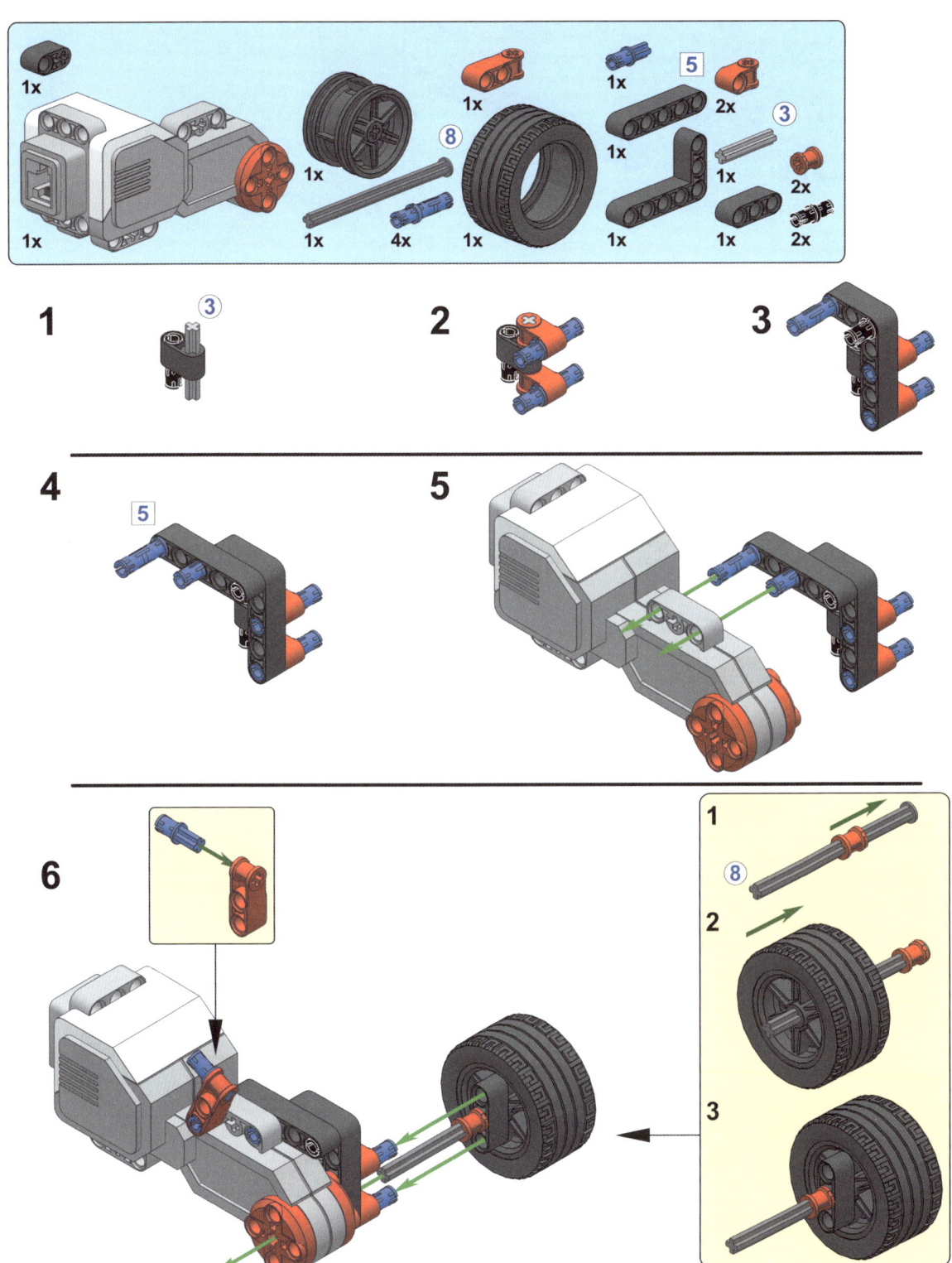

12 포뮬러 EV3: 레이싱 로봇 199

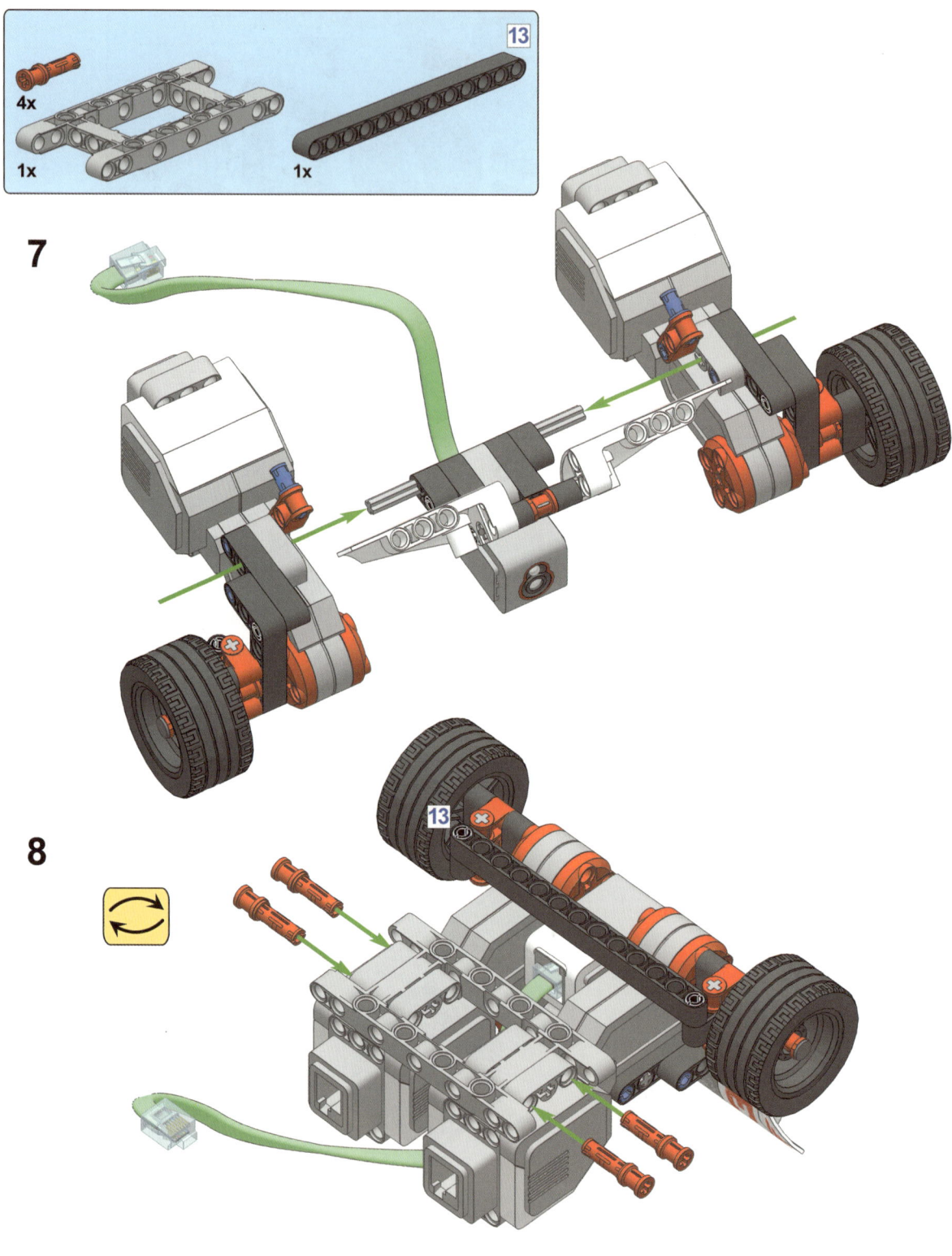

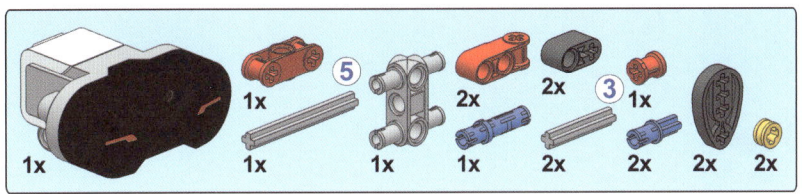

12 포뮬러 EV3: 레이싱 로봇　201

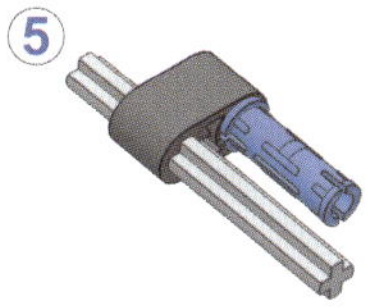

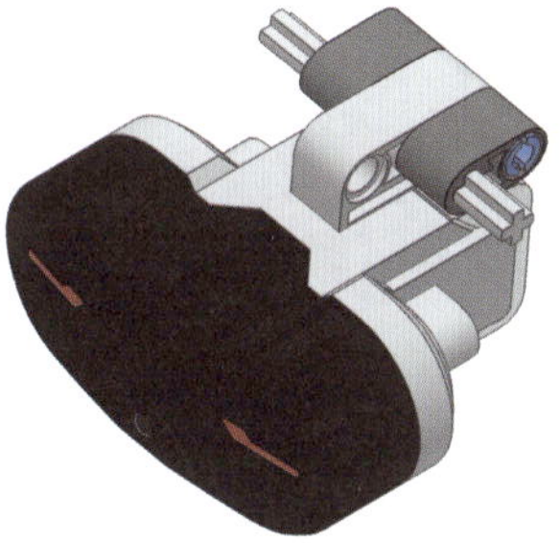

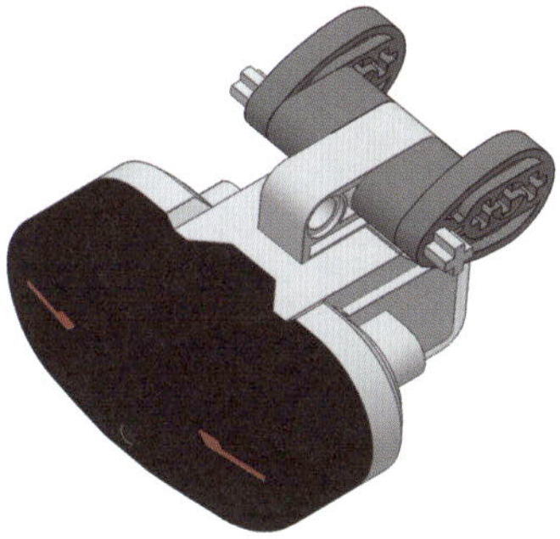

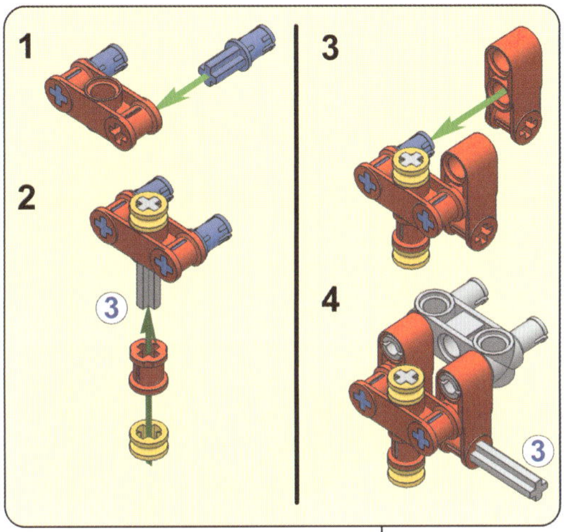

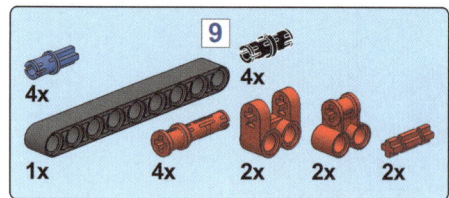

1

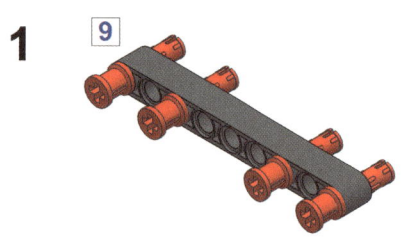

2

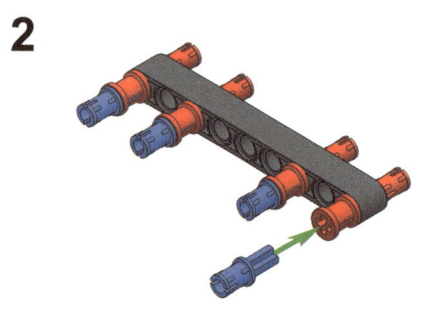

3

4

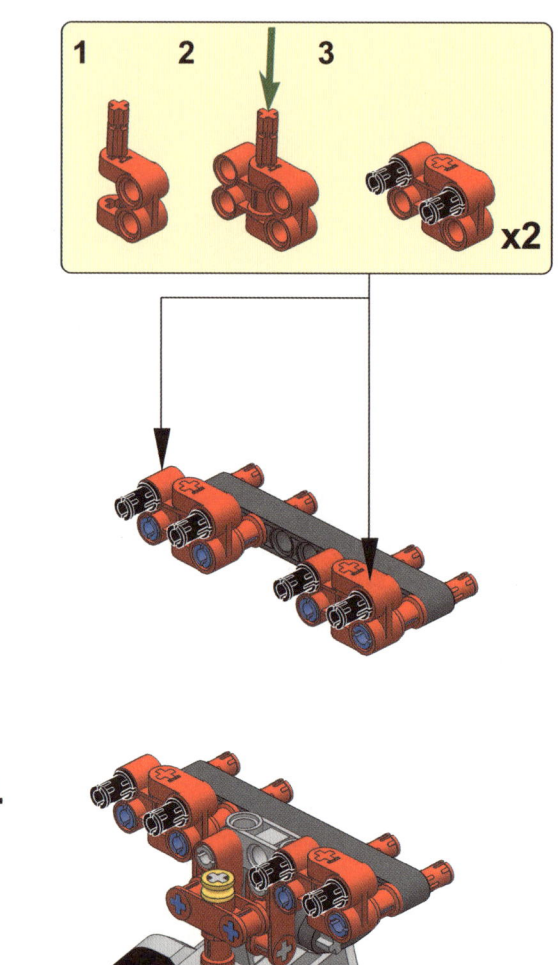

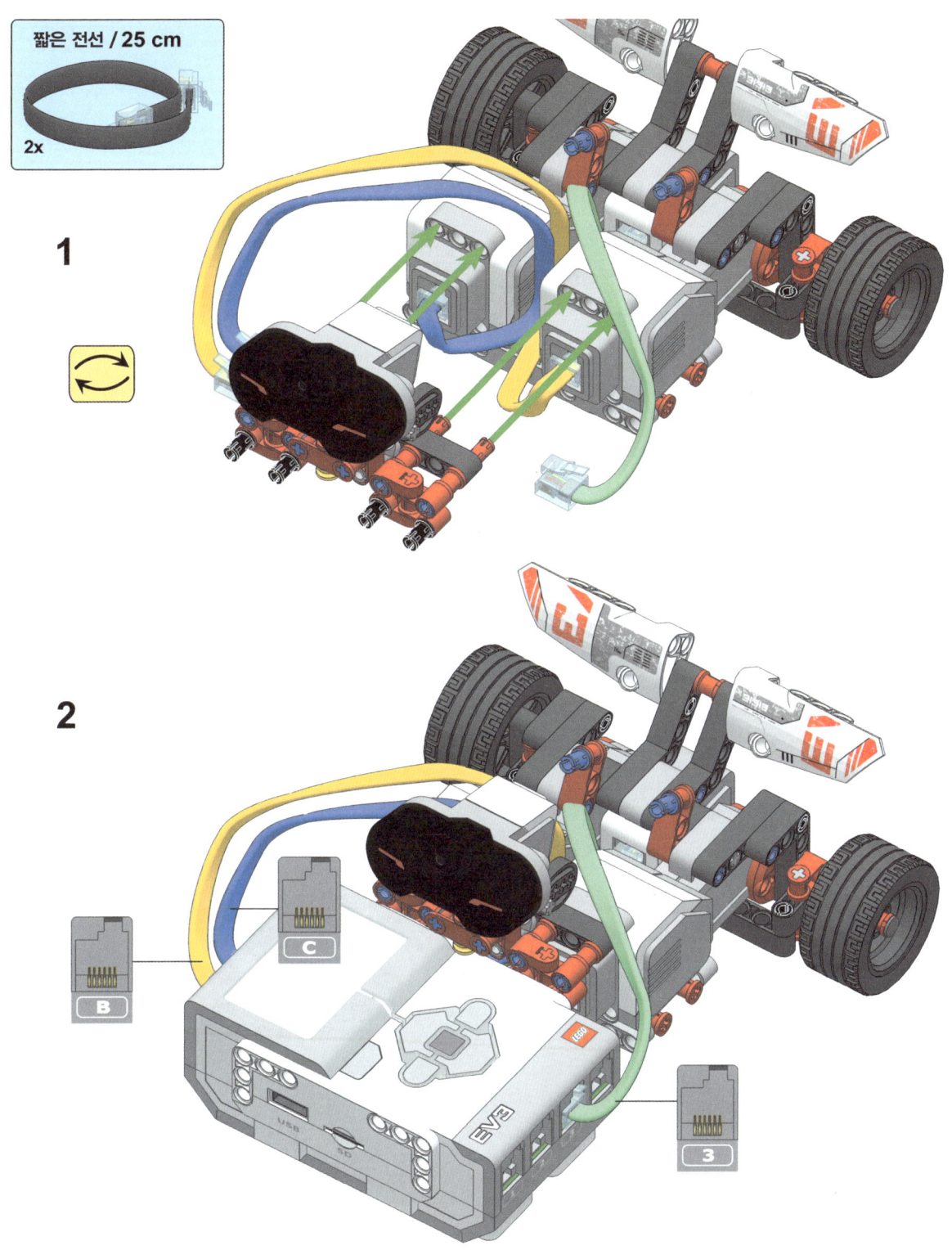

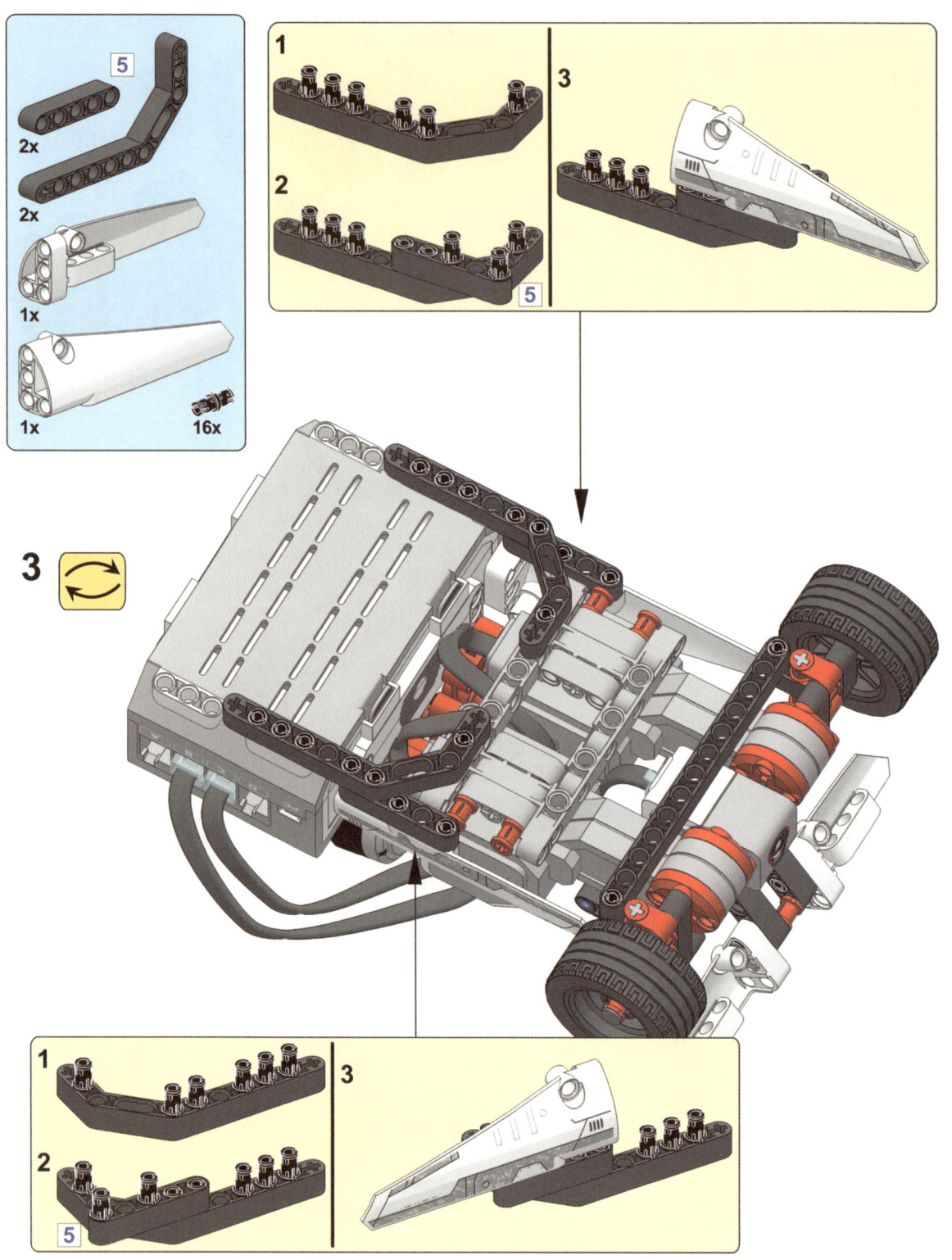

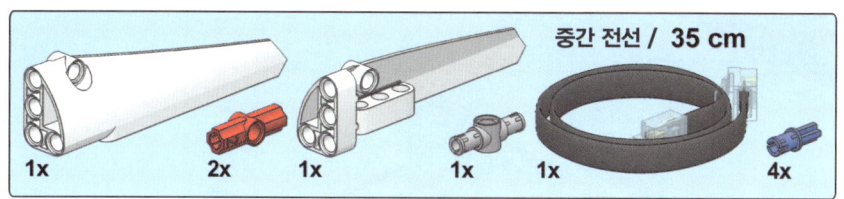

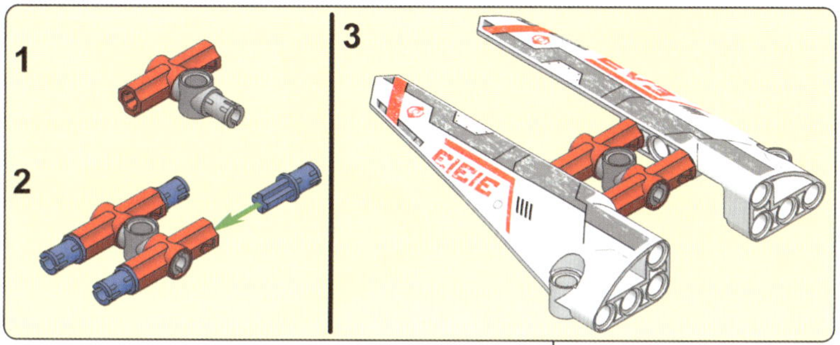

12 포뮬러 EV3: 레이싱 로봇 205

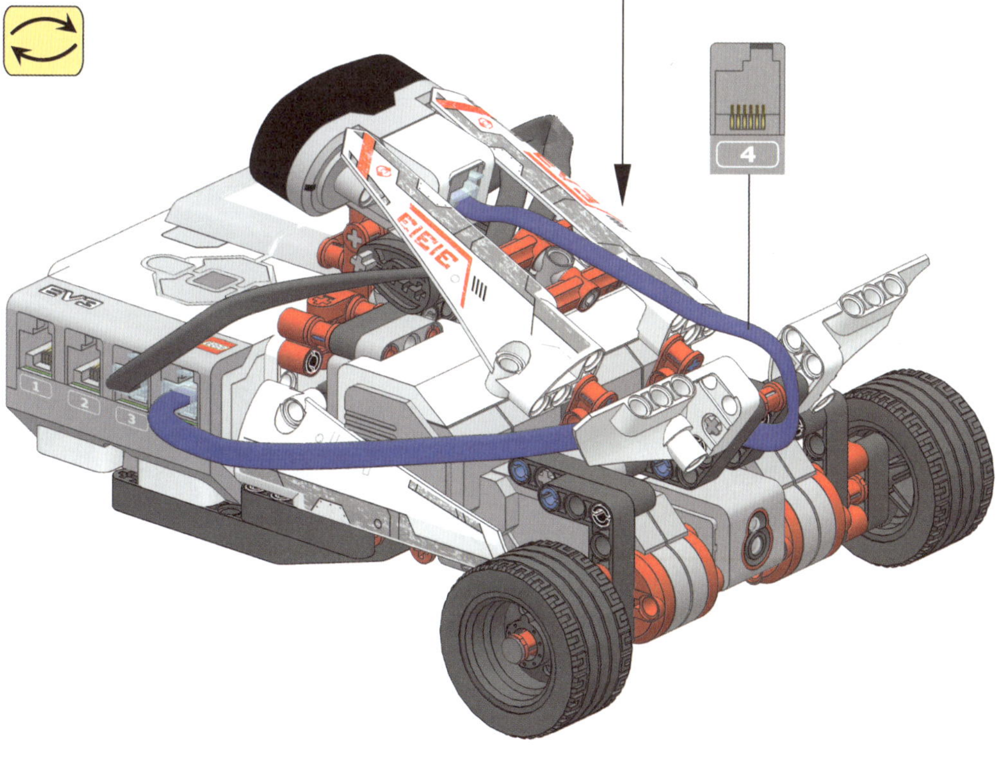

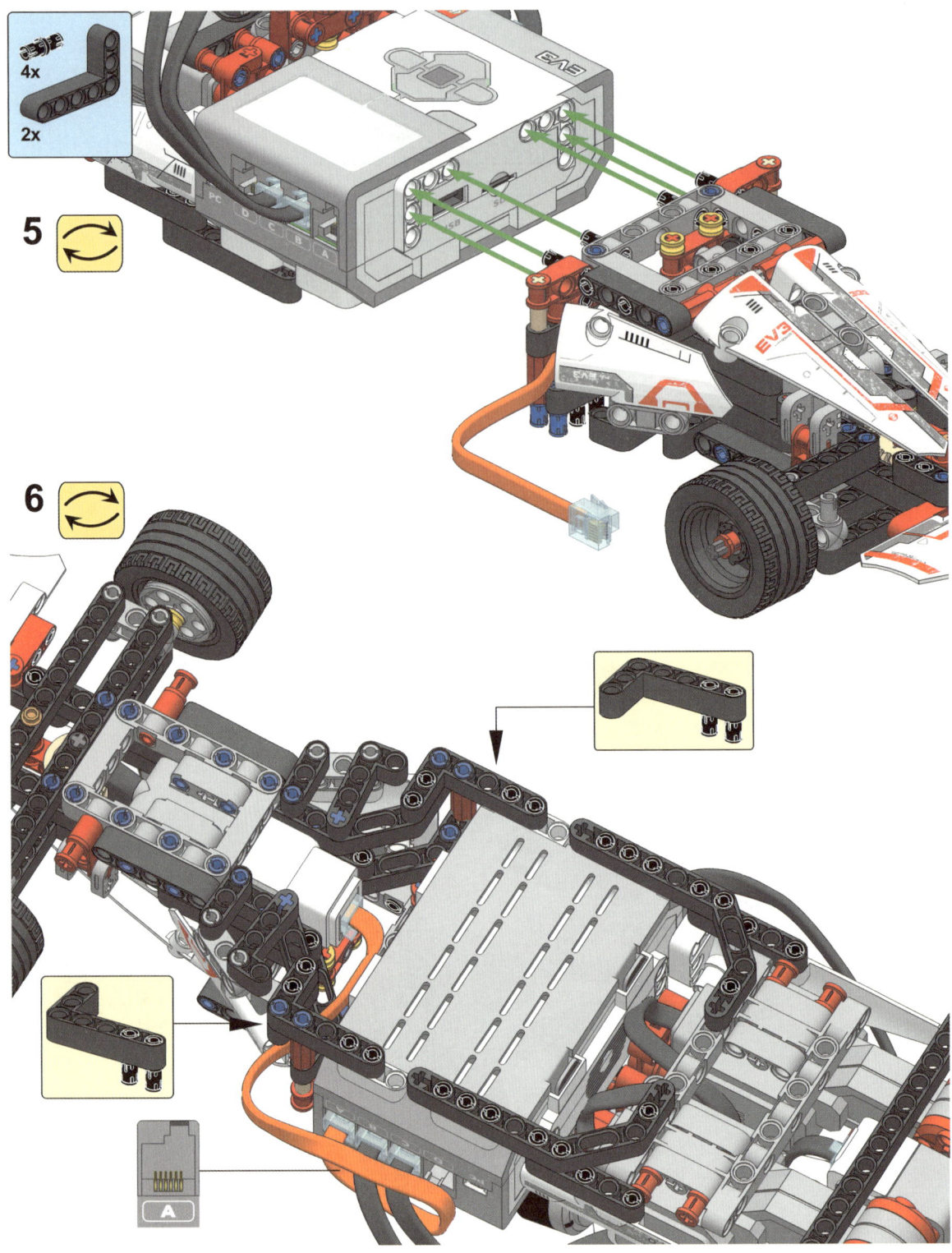

구동 및 조향하기

레이싱 로봇은 구동과 조향을 위해 전혀 다른 두 가지의 기계적 구동부가 필요합니다.

차체를 앞뒤로 움직이기 위해서는 차체 뒷면에 장착된 라지 모터를 구동시키면 됩니다. 방향을 전환하기 위해서는 앞쪽에 설치된 미디엄 모터를 앞바퀴 삼아 좌측 또는 우측으로 조향시키면 됩니다. 이 두 가지 구동 개념이 하드웨어적, 소프트웨어적으로 결합되면 실제 자동차를 운전하는 것과 비슷한 느낌으로 움직일 수 있게 됩니다.

조향을 위한 마이 블록 만들기

우리가 앞서 배워 보았던 마이 블록 기능을 활용하면, 레이싱 로봇의 구동과 조향에 필요한 프로그램 기능을 보다 손쉽게 구현할 수 있습니다. 하지만 마이 블록을 만들기에 앞서, 조향장치의 구동 특징에 대해 좀 더 자세히 살펴보겠습니다.

프로그램에서 우리는 미디엄 모터에 내장된 회전 센서를 사용해, 우리가 원하는 방향으로 차체가 향할 수 있도록 앞바퀴의 조향각을 제어할 것입니다. 이 과정을 좀 더 자세히 살펴보기 위해, 먼저 그림 12-3과 같이 차량의 앞바퀴를 여러분이 손으로 움직여 바퀴가 정면을 향하도록 합니다.

그 다음 EV3 브릭의 내장 메뉴에서 포트 보기를 선택하고 A 포트를 선택해 여기에 연결된 조향용 미디엄 모터의 회전 센서값을 확인합니다. 앞바퀴를 손으로 돌려 좌우로 움직이는 동안 센서값은 왼쪽일 때 60도에서 오른쪽일 때 -60도까지 변화할 것입니다.

물론 앞바퀴가 정면을 향할 경우 센서값은 0에 가까운 값이 되겠지요. 이 각도 값이 모터축이 회전한 양이 되며, 그 각도일 때 앞바퀴가 얼마만큼 회전하는지는 여러분이 육안으로 확인할 수 있습니다. 실제 이 모형에서 앞바퀴의 조향각도는 모터축의 회전각도인 60도보다 작은데, 그 이유는 이 조향장치에 기어 감속 구조가 사용되었기 때문입니다. 🙂 12T 단면 베벨 기어와 20T 단면 베벨 기어의 1:1.67 감속 구조입니다.

그림 12-3에서 보는 바와 같이 차체의 방향을 전환하기 위해 조향되는 앞바퀴와 이를 위한 미디엄 모터의 각도는 각각 좌우로 60도입니다. 왼쪽으로 조향하기 위해서는 정면을 기준으로 60도 만큼, 오른쪽은 -60도 만큼의 회전이 필요합니다.

또한 차체가 전진하기 위해 조향각도를 0으로 맞추기 위한 기능도 필요합니다. 이 세 가지 기능을 우리는 각기 다른 마이 블록으로 만들어 볼 것입니다. 각 마이 블록은 Left, Right, 그리고 Center라는 이름으로 저장될 것이고, 각자 다른 모터 회전각도를 설정해 둘 것입니다.

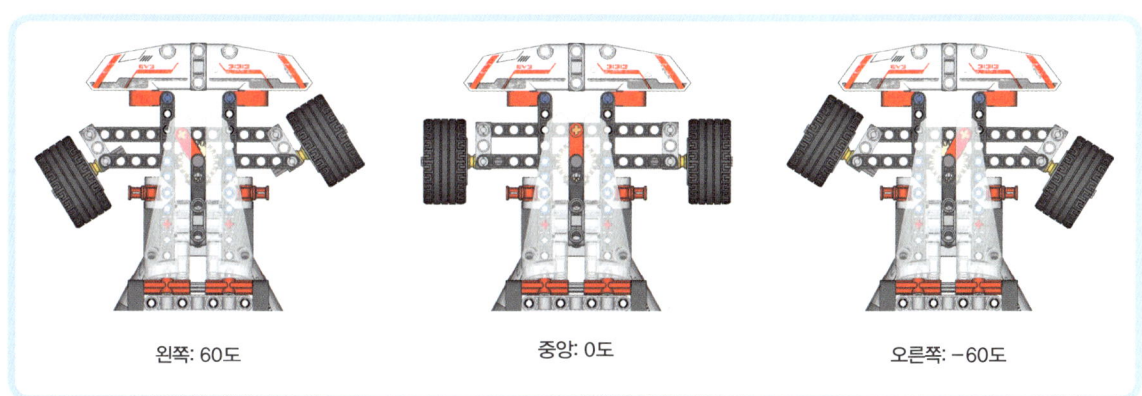

왼쪽: 60도 | 중앙: 0도 | 오른쪽: -60도

■ **그림12-3** 각각의 앞바퀴의 조향각도 변화에 따른 조향용 모터의 회전각도 변화. 정확한 측정을 위해서는 포트 보기 메뉴를 누르기에 앞서 앞바퀴가 전면을 향하도록 미리 세팅해 주어야 합니다.

🧑 EV3 프로그램의 블록은 영문만을 지원합니다. 따라서 여러분이 '왼쪽'이라는 이름과 같이, 한국어로 블록명을 짓는 것은 불가능합니다. 이것은 일본어나 중국어와 같은 다른 아시아권 2바이트 문자에도 공통적으로 해당되는 문제입니다.

이번 장에서 만들어 볼 각각의 조향용 마이 블록들은 차체의 앞바퀴가 정면을 향한 상태에서 프로그램이 실행된 경우에만 의미 있게 작동됩니다. 그 이유는 EV3 모터에 내장된 회전 센서가 호출된 시점을 기준으로 0도를 설정하고 그 이후의 상대적인 각도의 변화량만 측정하는 방식으로 동작하기 때문입니다.

🧑 아날로그 시계의 바늘 방향처럼, 열두 시 방향이라고 하면 무조건 위를 향하는 형태가 아닌, 타이머와 같이 '현재를 기준으로 한 변화량'만을 측정하는 방식입니다.

이 방식은 정확하게 구동되기 위해 항상 여러분이 프로그램 시작 전 앞바퀴가 정면을 향하도록 움직여주어야 하며, 이 과정은 아마도 상당히 번거로울 것입니다. 해결 방법은 프로그래밍을 통해 Reset이라는 마이 블록을 추가로 만드는 것입니다.

Reset 마이 블록은 레이싱 로봇의 프로그램이 시작될 때 호출되어 앞바퀴를 정면으로 향하도록 구동하고 그 다음 회전 센서값을 0으로 만들어 줍니다.

마이 블록 #1: reset(초기화)

프로그램이 시작되는 시점에서 로봇의 앞바퀴 방향은 항상 정면이 아닌, 다른 방향을 향할 수도 있습니다. 이 상태로 구동될 경우 차량의 정상적인 방향 전환이 불가능하기 때문에 조향 프로그램이 기동되기에 앞서 앞바퀴가 차체의 정면을 향하도록 움직여 주는 기능이 필요합니다.

앞바퀴는 살짝 왼쪽을 향하거나 정면을 향해 있을 수도 있고, 혹은 최대한 오른쪽으로 향해 있을 수도 있지만, 여기에서는 조향장치가 한쪽 끝까지 구동되어 조향용 모터가 실속될 때까지 모터를 강제로 정회전 시킨다는 점이 중요합니다.

여러분이 제시된 조립도에 따라 정확하게 차체를 조립했다면, 앞바퀴가 왼쪽으로 치우쳐 실속된 시점에서의 조향용 모터의 각도는 앞바퀴가 정면을 향했을 때를 기준으로 아마도 78도만큼 회전했을 것입니다. 바꾸어 말하자면, 왼쪽으로 치우쳐 실속된 상태를 기준으로, 모터를 -78도 만큼 역회전 시킨다면 앞바퀴는 정면을 향하게 된다는 의미입니다.

이런 과정을 통해 앞바퀴가 정면을 향해 정렬이 완료되면, 이제 조향용 모터의 회전 센서값을 리셋시켜 0으로 만들어줍니다. 이제 모터의 회전각도가 0에 가까운 값으로 인식되면 앞바퀴가 정면을 향해 있다고 판단할 수 있습니다.

레이싱 로봇의 프로그램을 시작하기에 앞서, 새 프로젝트의 이름을 FormulaEV3로 만들어 줍니다. 그 다음 그림 12-4를 참고하여 Reset 마이 블록부터 만들어 봅시다.

■ 그림 12-4 Reset 마이 블록은 앞바퀴를 조향시켜 바퀴가 정면을 향하도록 하고 회전 센서값을 0으로 초기화 시킵니다. 완성된 마이 블록의 외형은 그림의 오른쪽과 같습니다.

마이 블록 #2: left(왼쪽)

다음으로 만들어 볼 마이 블록은 앞바퀴를 왼쪽으로 조향하기 위해 조향용 미디엄 모터를 60도만큼 구동시키는 것입니다. 단, 현재 이미 조향된 상태일 경우 다시 이 블록을 부르더라도 왼쪽으로 조향하지 않아야 합니다.

이를 위해 여러분은 스위치 블록을 이용할 수 있습니다. 만약 앞바퀴가 왼쪽으로 조향되었다면 조향 모터에 구동 명령을 보내지 않고 현재 상태를 유지하도록 합니다. 만약, 조향되지 않았다면 현재 각도를 기준으로 60도가 될 때까지 모터를 구동시킵니다. 이 기능은 현재 조향용 앞바퀴의 방향이 정면 또는 오른쪽을 향해 있더라도 동일하게 작용됩니다.

그 이유는, 이 블록에서 회전 센서의 회전량을 측정할 때 상대적인 회전량만을 측정하는 방식이 아닌, 정면 0도를 기준으로 설정한 절대적인 각도로 회전량을 측정하기 때문입니다.

구동 명령이 끝나면 정지를 위해 모터 블록에 '꺼짐'으로 설정하는데, 이 때 정지 방식은 '참'으로 설정합니다. 그 이유는 여러분이 다른 마이 블록을 이용해 새로운 조향 명령을 내리기 전까지 조향각도를 유지해야 하기 때문입니다.

그림 12-5와 같이 모든 블록의 설정이 완료되었다면 이 프로그램을 Left라는 이름의 마이 블록으로 저장합니다.

> **NOTE** Left, Right, Center 마이 블록은 모두 같은 구조의, 스위치 블록과 대기 블록으로 구성되며 모터 회전 - 비교 - 각도 모드로 설정됩니다.

마이 블록 #3: right(오른쪽)

Right 마이 블록은 Left의 반대라고 생각하면 됩니다.

먼저, 조향각도가 이미 오른쪽은 아닌지 검사하고, 그렇다면 조향 모터를 구동하지 않고 종료됩니다. 그렇지 않다면(왼쪽 또는 정면을 향했다면) 조향 모터를 구동시켜 앞바퀴를 오른쪽으로 조향합니다. 구동 명령은 조향 모터를 30%의 파워로 역회전시키고 대기 블록에서 회전 센서값이 -60도가 될 때까지 기다린 다음 모터를 멈추는 것입니다.

그림 12-6에서 Right 마이 블록을 볼 수 있습니다.

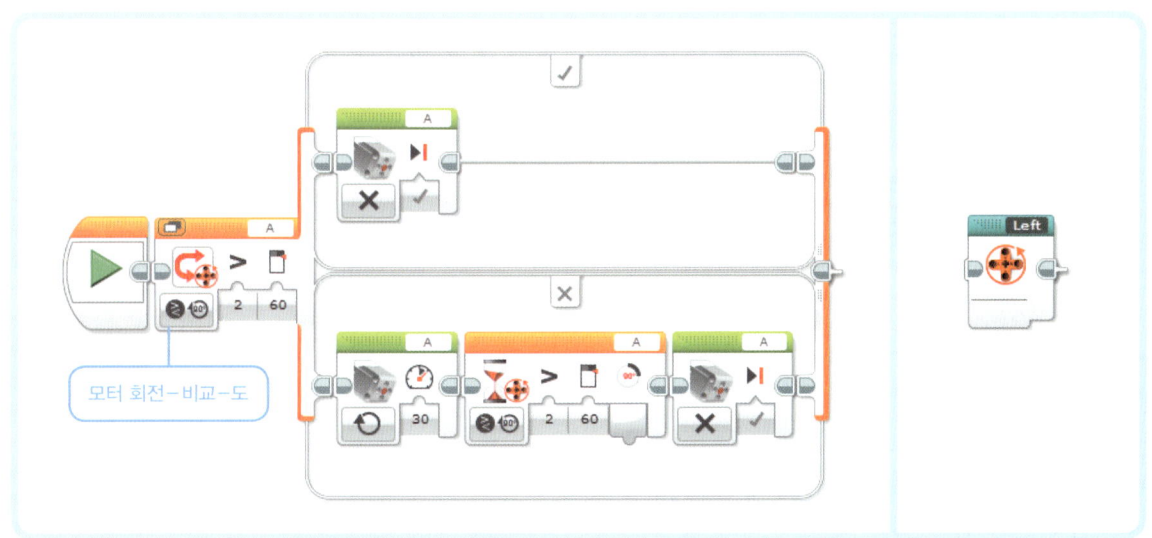

■ 그림12-5 앞바퀴를 왼쪽으로 조향하기 위한 Left 마이 블록의 모습.

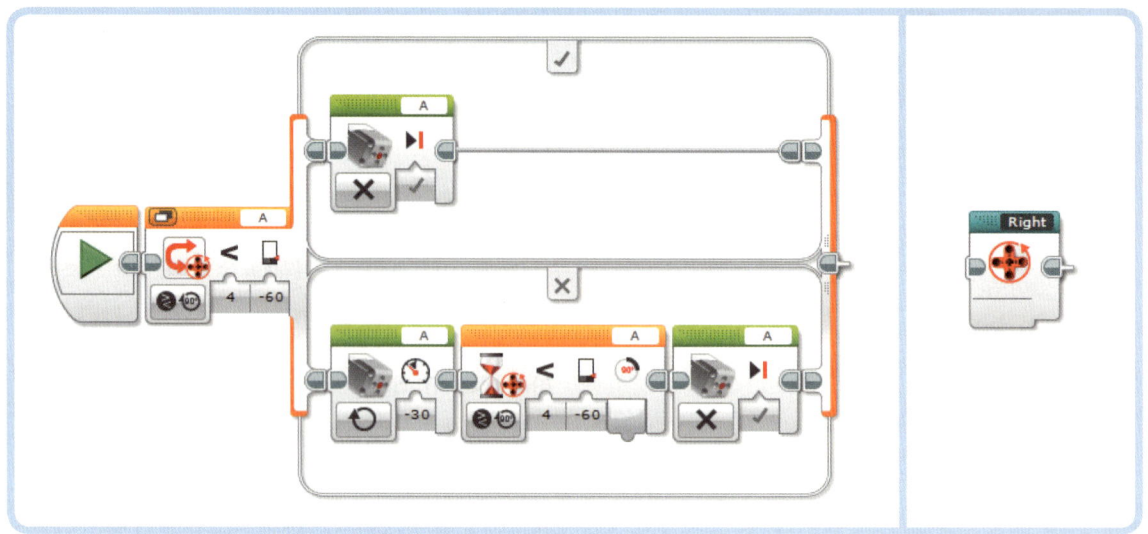

■ 그림12-6 앞바퀴를 오른쪽으로 조향하기 위한 Right 마이 블록의 모습.

마이 블록 #4: center(중앙)

앞바퀴가 정확히 정면을 향하게 된다면, 센서값은 0이 될 것입니다. 하지만, 이 center 마이 블록에서는 좀 더 여유 있게, -5도에서 5도 사이의 범위를 정면으로 정의합니다. (만약 여러분이 이 값을 줄이려고 시도한다면, 조향 모터는 이 좁은 범위 혹은 0의 값에 도달하기 위해 계속 미세한 전진과 후진을 반복하는 불필요한 동작을 계속할 수도 있습니다.)

🧑 결정적으로, 레고 모터는 구동되지 않는 상태에서도 유격으로 인해 각도 오차를 보일 수 있습니다. 즉, 프로그램으로 정확히 0도를 맞추기 위해 들이는 노력보다 중심을 기준으로 5도씩, 10도의 범위를 앞방향이라고 정의하는 것이 훨씬 더 효과적일 수 있다는 의미입니다.

만약 조향용 모터의 회전각이 이미 중앙으로 설정한 각도의 구간(-5도 ~ 5도)에 들어간다면 center 마이 블록은 조향 모터를 구동시키지 않습니다. 중앙이 아니라고 판단될 경우는 왼쪽과 오른쪽, 두 가지입니다. 만약 앞바퀴가 왼쪽을 향해 있다고 가정할 경우(회전 센서값이 5도보다 클 경우) 조향 모터는 중앙 영역에 도달할(5도보다 작아질) 때까지 구동됩니다.

반대로 앞바퀴가 오른쪽을 향해 있을 경우(회전 센서값이 -5도보다 작을 경우) 조향 모터는 중앙 영역에 도달할(-5도보다 커질) 때까지 구동됩니다.

이 기능을 구현하기 위해서는 중첩된 두 개의 스위치 블록이 필요하며, 각 스위치 블록의 '참' 조건에는 모터 구동 명령이 들어가게 됩니다. 그림 12-7은 이와 같은 개념을 구현한 center 마이 블록의 모습입니다

마이 블록 테스트하기

프로그램을 완성하기에 앞서, 여러분은 만들어진 마이 블록이 정확하게 동작하는지 테스트하는 과정이 필요합니다. 그림 12-8과 같이 조향 관련 마이 블록을 테스트하기 위한 SteerTest 프로그램을 만들어 봅시다.

이 프로그램은 앞바퀴의 시작 위치와 관계없이 일단 앞바퀴를 초기화시켜 정면을 향하도록 만든 다음, 왼쪽 조향과 오른쪽 조향, 그리고 정면 조향 상태를 각 2초씩 보여줄 것입니다.

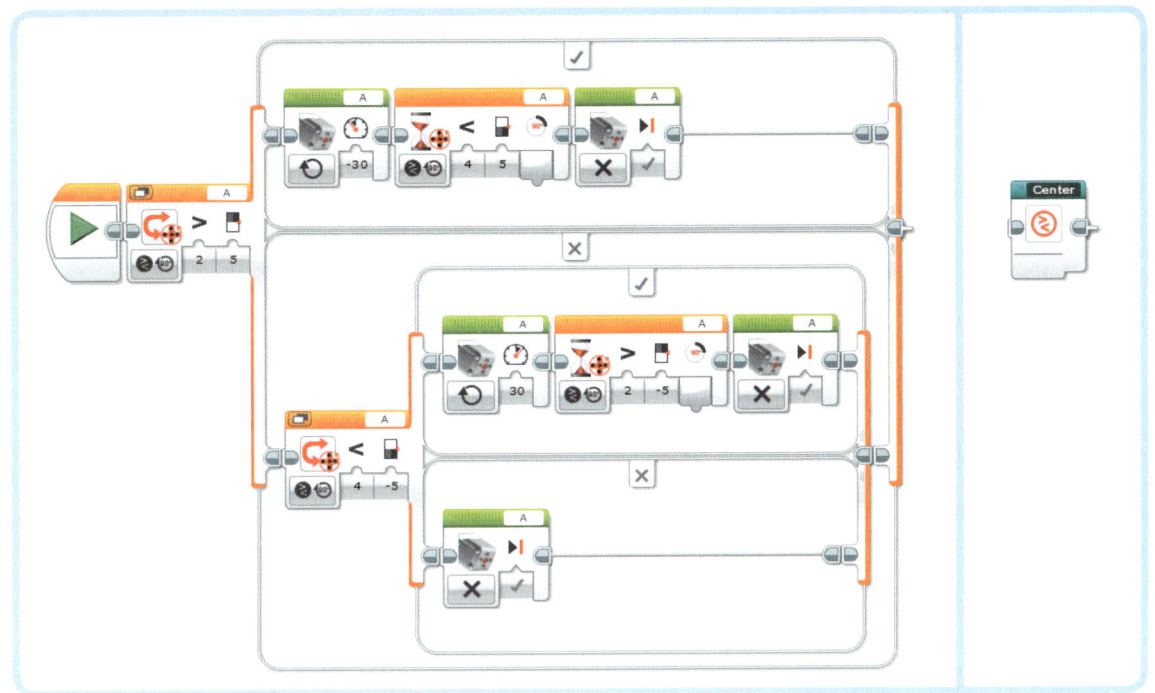

■ **그림12-7** 앞바퀴를 정면으로 조향하기 위한 Center 마이 블록의 모습. left나 right와는 달리, 두 개의 스위치 블록으로 정면을 '범위'로 지정한 것을 볼 수 있습니다.

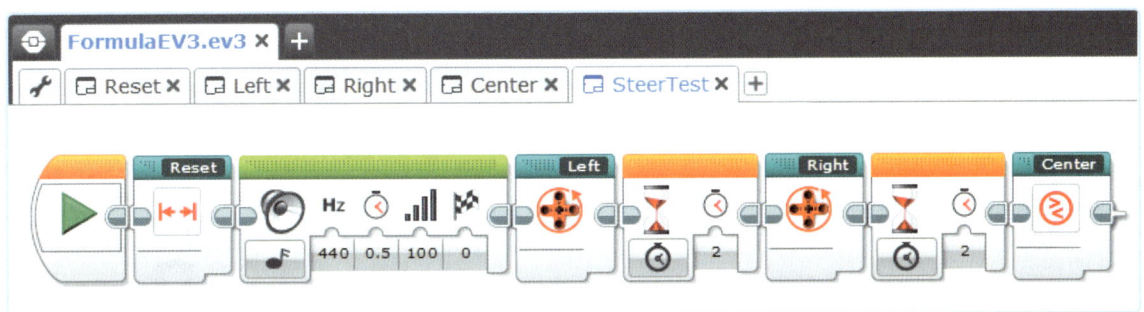

■ **그림12-8** 이제까지 만들어 본 조향 관련 마이 블록을 테스트해보기 위해, SteerTest라는 프로그램을 만들어 봅니다. 이 프로그램은 각 방향으로 앞바퀴가 조향된 모습을 보여줄 것입니다.

12 포뮬러 EV3: 레이싱 로봇 **211**

무선 조종 프로그램 만들어 보기

조향을 위한 마이 블록이 완성되었으니, 이제 8장에서 배워 본 적외선 센서와 비콘을 이용한 무선 조종 프로그램을 만들어 볼 차례입니다. 이번 프로그램의 목표는 그림 12-9와 같이, 실제 자동차처럼 전후진과 조향 기능이 구현된 포뮬러 EV3 로봇에게 비콘의 버튼 네 개로 조합한 명령어를 넣어 구동해 보는 것입니다.

각 비콘의 버튼 조합마다 이에 해당되는 '조향 마이 블록' 중 하나를 삽입하고, 뒷바퀴의 구동은 두 개의 모터를 동시에 전후진 시킬 수 있는 '탱크모드 주행' 블록을 이용합니다.

탱크모드 주행 블록은 좌우 모터의 속도를 각각 제어할 수 있습니다. 로봇이 앞으로 또는 뒤로 직진하는 경우 두 바퀴의 파워는 75% 정도가 적절합니다. 만약 차체의 앞바퀴를 조향해서 커브 주행을 하는 경우라면, 바깥쪽의 바퀴가 안쪽 바퀴보다 조금 더 빨리(많이) 돌아야 합니다.

이 경우 바깥쪽은 파워를 80% 정도로, 안쪽은 70% 정도로 맞추면 적절할 것입니다. 실제 자동차와 일부 라지 레고 테크닉 차량의 경우 이 부분을 '차동기어'라는 특수 기어를 활용해 기계적으로 해결합니다. 하지만 이 책은 차동기어가 포함되지 않은 EV3 세트만으로 만들 수 있는 형태로 예제가 제작되었습니다. 또한, 커브 주행 시 안쪽 바퀴와 바깥쪽 바퀴가 같은 속도로 구동된다면 분명히 둘 중 하나는 미끄러질 수도 있기 때문에 차동기어의 기능을 대신해 두 바퀴의 파워를 인위적으로 조작하는 것임을 참고하기 바랍니다.

이 로봇은 모터의 설치 방향 문제로 구동 모터의 값이 – 로 설정될 경우, 이를테면 –75와 같은 값에서 전진을 하게 되고, 값을 + 로 설정할 경우 후진을 하게 됩니다. 자세한 프로그램의 구성은 그림 12-10에서 살펴볼 수 있습니다.

> **NOTE** 만약 Reset 블록을 구동해도 여러분의 로봇이 정확히 직진하지 못하고 계속 특정한 방향으로 치우친다면 그림 12-4에서 살펴본 reset 마이 블록의 모터 각도 설정 부분을 수정해 보시기 바랍니다. 차체가 왼쪽으로 치우친다면 0점으로 돌아가기 위해 설정한 각도인 78도를 조금 더 큰 값으로 수정하고, 오른쪽으로 치우칠 경우 78도보다 작은 값으로 수정해 봅니다.

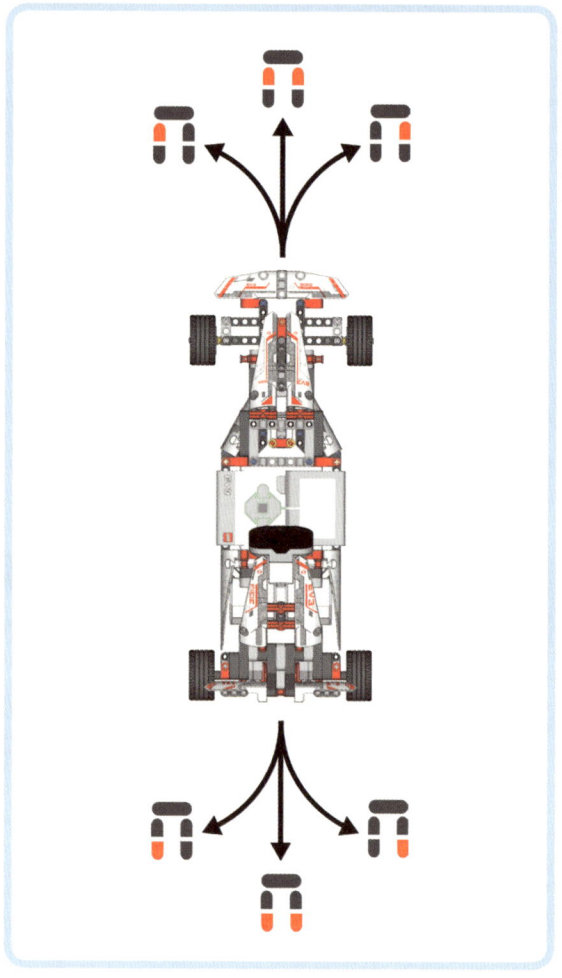

■ 그림12-9 네 가지 버튼의 조합으로 레이싱 로봇의 각 방향으로의 움직임을 조종할 수 있도록 설정합니다.

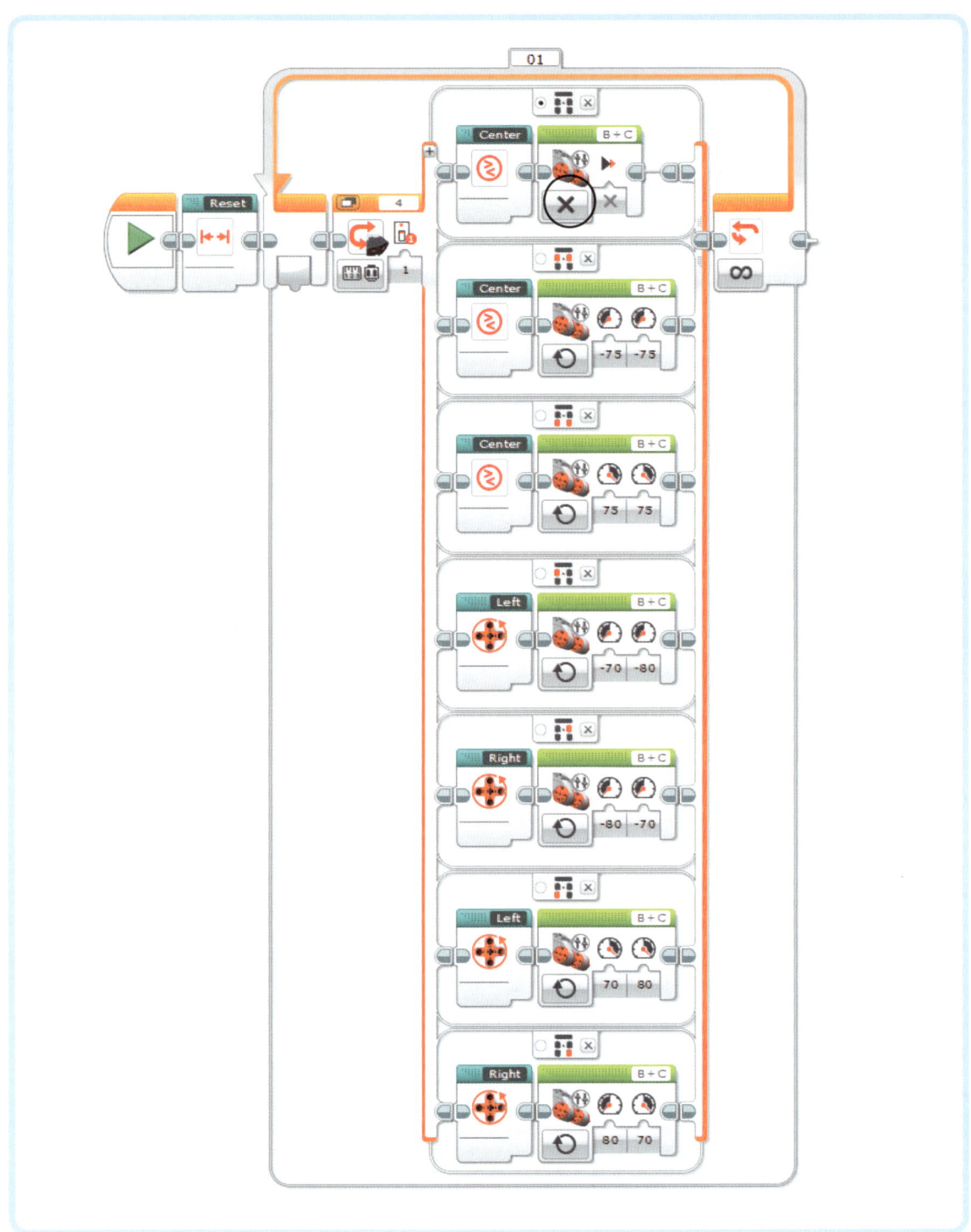

■ 그림12-10 RemoteControl 프로그램. 루프 블록이 시작하기에 앞서 reset 마이 블록을 먼저 실행하는 것을 눈여겨보시기 바랍니다. 루프 안쪽의 적외선 센서의 스위치 블록에서 첫 번째 케이스는 이 스위치의 기본 케이스로, 아무것도 눌리지 않았을 때의 구동 명령인 정지 명령이 설정되어 있습니다.

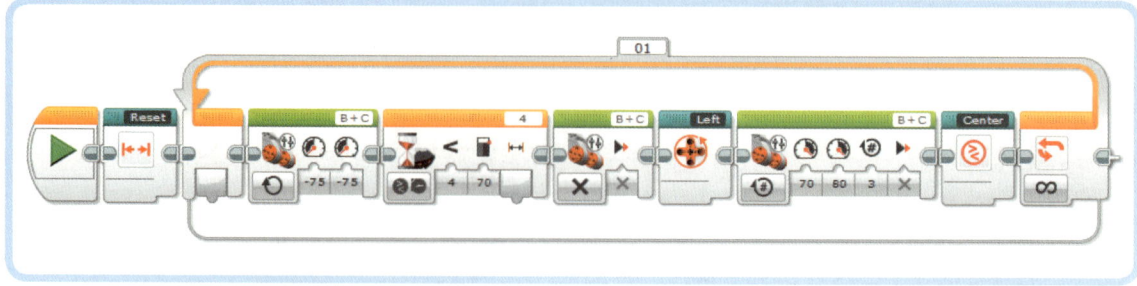

■ 그림12-11 장애물 회피 개념이 적용된 AutonomousDrive 프로그램

무인 자동차 레이싱

이제 우리는 레이싱 로봇이 방 안을 스스로 자유롭게 움직이고, 장애물을 회피할 수 있도록 적외선 센서를 이용하는 프로그램을 만들어 볼 것입니다.

레이싱 로봇은 전방을 보는 적외선 센서에 장애물이 70% 이내로 감지될 때까지 전진합니다. 만약 주행 중 장애물이 감지된다면 로봇은 실제 차량이 장애물을 피하듯 후진한 다음 조향장치를 이용해 방향을 전환하고 다시 새로운 방향으로 전진을 시작합니다.

간단하게나마 무인 자동차의 개념을 접해 볼 수 있는 AutonomousDrive 프로그램은 그림 12-11과 같습니다.

추가적인 탐구

이번 장에서는 제시된 조립도에 따라 로봇을 만들고 프로그래밍해 보았습니다. 창작을 위해 고민할 필요가 없기 때문에 부담 없이 즐겁게 따라할 수 있지만, 사실은 여러분만의 창의성을 표현해 보는 것이 훨씬 더 재미있을 것입니다.

예를 들어 기어 구성을 바꾸거나 바퀴를 바꾸어 로봇을 좀 더 빠르게 움직일 수 있도록 개조하거나, 디자인을 바꾸어 레이싱 카가 아닌 승용차나 오프로드 4륜구동 차량과 같은 형태로 개조해 보는 것도 재미있을 것입니다.

설령 첫 번째 개조 작업이 실패로 돌아간다 하더라도 걱정하지 마십시오. 그 과정은 분명 여러분의 창작 능력 증진에 도움이 될 것이기 때문입니다. 이어지는 디자인 탐구 과제를 시도해 보는 것도 좋은 경험이 될 것입니다. 10장과 11장에서 배운 조립 기법들은 분명 이 탐구 과제들을 풀어나가는 데 도움이 될 것입니다.

> ### 탐구과제 65: 조향 민감성 조절 실험!
>
> 난이도 [ ]   시간 ⏱
>
> Center 마이 블록을 만들 때 우리는 앞바퀴가 정면을 향했는지 판단하는 기준으로 −5도에서 5도 사이의 각도를 지정했습니다. 왜 0이 아닌 5일까요? 대기 블록과 스위치 블록에서 가운데라고 판단할 수 있는 범위를 −5에서 5가 아닌 −1에서 1 사이로 지정하면 무엇이 달라질까요? RemoteControl 프로그램에 이와 같이 바뀐 Center 마이 블록을 적용시킨다면 어떤 변화가 생길까요?

탐구과제 66: 야간 레이싱!

난이도 🗓️ 시간 ⏱️

레이싱 로봇을 만들면서 뒤쪽 라지 모터 사이에 설치된 컬러 센서는 언제 사용할지 궁금하지 않았나요? 이 센서를 이용해 로봇이 오직 방에 불이 꺼진, 어두운 상태일 때만 움직이도록 프로그램을 바꾸어 봅시다. 어둠 속에서 로봇은 장애물을 잘 감지할 수 있을까요?

HINT AutonomousDrive 프로그램을 수정해서 주변광 측정 기능을 추가합니다. 스위치 블록을 이용해 실내 조명이 켜져 있는지 판단할 수 있습니다. 적절한 기준값은 어느 정도인지, 스위치 블록 외에 나머지 블록들은 어떻게 배치하면 될지 생각해 봅시다.

탐구과제 67: 유선 가속 페달!

난이도 🗓️🗓️ 시간 ⏱️⏱️

레이싱 로봇에게 프로그램을 이용한 가감속 기능을 추가해서 조향은 비콘으로, 가속과 감속은 터치 센서를 활용하는 형태로 업그레이드해 봅시다. 이 프로그램은 두 가지의 프로그램이 동시에 운용되는 형태로 구성할 수 있습니다.

하나의 프로그램은 비콘의 버튼 값을 입력받아 앞바퀴를 조향하는 프로그램입니다. 또 다른 프로그램은 터치 센서의 값을 입력받아 뒷바퀴의 속도를 조절하는 프로그램입니다. 🧑 물론 두 개의 프로그램이 아닌, 단일 프로그램 안에서 구성할 수도 있습니다.

프로그램이 완성되었다면, 엔진의 동작 상태를 소리로 들려줄 수 있도록, 사운드 블록을 추가해 봅시다. 가감속 상태에 따라 '스피딩'(가속), '스피드 아이들'(속도 유지), '스피드 다운'(감속)과 같은 소리를 출력하도록 프로그램을 수정합니다. (해당 사운드 파일은 '레고 사운드 파일 – 이동'에서 Speeding, Speed idle, Speed down으로 찾을 수 있습니다.)

HINT 터치 센서는 EV3 케이블 중 가장 긴 케이블을 이용해 1번 포트에 연결합니다. 참고로 터치 센서는 오직 빨간색 스위치의 접촉 유무만을 감지합니다(눌림과 눌리지 않음의 두 가지 상태). 터치 센서의 상태만으로는 제시된 것과 같은 3단계의 가감속 모드를 바로 선택할 수 없으므로, 센서값을 이용해 프로그램에서 세 가지 모드를 구분할 수 있도록 만들어야 합니다.

탐구과제 68: 후면 깜빡이!

난이도 🟦🟦 시간 ⏱️⏱️

실제의 자동차들은 밤이나 안개가 낀 상황과 같은, 전방이 잘 보이지 않는 조건에서 뒤쪽의 운전자가 자신을 인지할 수 있도록 후면의 램프가 깜빡이는 기능 즉, 비상등이 있습니다.

일반적인 사용 방법은 아니지만, 컬러 센서의 경우 각각의 모드에 따라 전면에 켜지는 램프의 색이 달라지게 되므로, 이를 이용해 빨간색과 파란색의 빛이 번갈아 점멸되는 형태로 깜빡이를 구현해 봅니다. 이 기능은 일반적이지 않기 때문에 별도의 마이 블록으로 만들어 프로그램에서 불러내는 형태로 구현하도록 합니다.

HINT 처음에 주변광 모드로 스위치 블록을 설정하겠지만, 이 스위치 블록 안에는 다른 블록을 넣지 않습니다. 여기에서 사용되는 컬러 센서의 스위치 블록은 센서값을 측정해서 무언가를 하려는 것이 목적이 아닌, 단지 센서의 내장 조명 자체를 바꾸는 것이 목적이기 때문입니다. 모드가 바뀌면 컬러 센서의 내장 조명은 파란색으로 바뀔 것입니다.

탐구과제 69: 충돌 감지!

난이도 🟦🟦 시간 ⏱️⏱️⏱️

AutonomousDrive 프로그램을 테스트해 본다면, 아마도 적외선 센서가 전방의 벽이나 큰 물체를 감지하는 데 제법 유용하다는 것을 알 수 있을 것입니다. 하지만, 낮은 물체나 가느다란 물체, 이를테면 바닥에 놓인 책이나 의자 다리와 같은 장애물은 쉽게 감지하지 못할 수도 있습니다. 어떤 방법으로 이러한 종류의 장애물을 감지할 수는 있을까요?

뒷바퀴의 구동에 비조정 모터 블록을 사용하고, 회전 센서의 회전량이 갑자기 감소할 경우 차량이 장애물에 부딪혔다고 판단할 수 있습니다. 적외선 센서에 의해 장애물에 부딪히기 전에 감지하거나, 혹은 구동 중 장애물에 걸려 뒷바퀴의 속도가 감속된 상황을 통해 장애물을 감지한다면, 로봇은 장애물을 스스로 회피할 수 있어야 합니다.

HINT 133쪽의 탐구과제 53에서 배운 감속을 통한 장애물 감지 기법을 응용해 보시기 바랍니다.

디자인 탐구과제 20: 보다 빠른 레이싱!

조립 난이도 ✹✹   프로그래밍 난이도 ▭

레이싱 로봇이 보다 빠르게 움직일 수 있도록 개조해 봅시다. 그림 12-12와 같이, 36T 기어와 12T 기어를 조합해서 3배의 기어 가속 구조를 만들어 줍니다. 필요하다면 다른 레고 테크닉 세트에서 사용되는 좀 더 지름이 큰 바퀴를 이용할 수도 있습니다. 물론, 큰 바퀴를 장착하려면 바퀴가 충분히 움직일 수 있도록 차체의 일부를 개조해야 할 수도 있습니다.

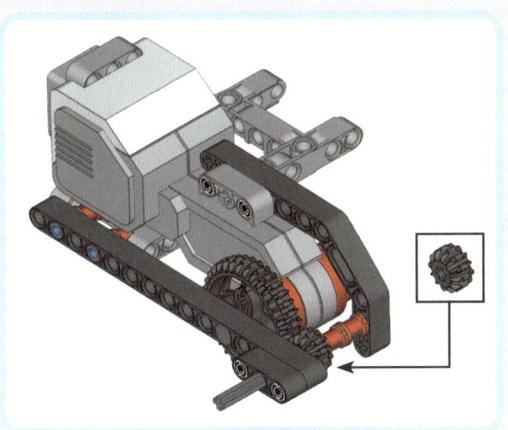

■ **그림12-12** EV3 세트에 포함된 기어만으로도 적절한 가속을 통해 로봇을 보다 빠르게 만들 수 있습니다. (그림에서 바퀴와 나머지 부분은 기어 부분을 좀 더 자세히 보여주기 위해 생략되었습니다.)

디자인 탐구과제 21: 자동차 튜닝!

조립 난이도 ✹✹✹   프로그래밍 난이도 ▭

이번 장에서 만든 자동차의 기본 골격을 응용해, 여러분만의 자동차를 만들어 봅시다. 109쪽에서 만들었던 조향장치의 개념은 그대로 두고, 나머지 레이싱 카의 특징은 완전히 잊어버립시다. EV3 브릭과 후륜 구동을 위한 라지 모터도 새로운 위치에 배치합니다. 레이싱 카의 외형은 전혀 찾아볼 수 없게 말입니다.

예를 들어, 승용차를 만들기 위해 전륜과 후륜 사이를 좀 더 가깝게 배치하고 EV3 브릭은 후륜 모터 위에 장착할 수 있습니다. 오프로드용 차량을 만들기 위해 차체의 지상고가 높은 형태로 배치되도록 모터의 설치 각도를 조절할 수도 있습니다. 차체의 재설계가 완료되면 앞서 만들었던 RemoteControl 프로그램을 사용해 차량의 구동 성능을 테스트해 봅시다.

13

앤티: 로봇 개미

ANTY: the robotic ant

이제까지 우리는 바퀴가 달린 차량형 로봇만을 다루어 보았습니다. 이제 조금 더 색다른 재미를 느껴 볼 차례입니다. 이번 장에서는 바퀴 대신 다리를 이용하는 생체형 로봇을 만들어 볼 것입니다. 많은 동물(곤충)이 있겠지만 이번 장에서 선택한 대상은 개미입니다. 개미(ant, 앤트)를 조금 변형한 앤티라는 이름의 이 로봇은 곤충처럼 여섯 개의 다리로 전후진 및 방향 전환을 할 수 있으며, 센서를 이용해 주변을 나름대로 '볼' 수도 있습니다.

적외선 센서는 앤티의 눈이 됩니다. 주변의 장애물을 인지할 수 있으며, 특수한 조건에서의 '먹이'도 감지할 수 있습니다. 꼬리에 설치된 컬러 센서는 곤충의 홑눈처럼 주변의 밝기 변화와 특수한 조건 변화를 감지할 수 있습니다. 우리는 여기에서 컬러 센서를 통해 앤티가 반응할 수 있는 몇 가지 조건을 추가할 것입니다.

만약 녹색을 감지하면 앤티는 지금 주변이 안전하다고 판단하고 편하게 낮잠을 잘 것이고 빨간색이 감지되면 위험을 느끼고 자기가 적이라고 느낀 상대를 겁주기 위해 위협적인 행동을 할 것입니다. 파란색이 감지되면 두려움을 느끼고 도망갈 것이고, 노란색이 감지되면 배고픔을 느끼고 먹이를 찾아 돌아다닐 것입니다.

🧑 이러한 색상 조건은 실제 곤충의 생태와는 전혀 무관하지만, 아마도 충분히 재미있는 미션이 될 것입니다. 그리고 앤티가 구분할 수 있는 색은 위의 네 가지 색 외에도 흰색, 갈색, 검정의 세 가지가 더 있습니다.

■ 그림 13-1 개미 로봇, 앤티

보행 메커니즘의 이해

앤티는 두 개의 모터를 이용해 보행합니다. 좌측의 모터는 좌측 다리 세 개를, 우측의 모터 역시 우측 다리 세 개를 움직입니다. 한 개의 모터를 회전시켜서 세 개의 다리를 움직이게 하는 구동 원리는 그림 13-2에서 자세히 설명되어 있습니다. 두 개의 대칭으로 설치된 라지 모터를 같은 방향으로 회전시키면, 로봇은 앞으로 걸어갈 수 있습니다.

👦 실제 로봇에서는 각 관절마다 모터를 사용하고 독자적으로 제어합니다. 물론 이렇게 한다면 세 쌍의 다리에 여섯 개 혹은 열두 개나 그 이상의 모터와 훨씬 더 복잡한 프로그램이 필요할 수도 있습니다. 이번 장에서 곤충형 로봇을 만들어 보는 목적은 군사용 로봇이나 구조용으로 상용화된 로봇을 재현해 보거나, 실제 곤충의 보행 패턴을 로봇으로 재현해 보는 것이 아닌, 로봇에 대해 개괄적이고 가벼운 체험을 해보는 것입니다.

이 보행 메커니즘은 다리의 좌우가 반대로 배치되었을 경우에 가장 안정적으로 작동합니다. 예를 들어, 왼쪽 다리가 ②번과 같은 상태라면, 오른쪽 다리는 ④번과 같은 상태로 지면에 적어도 세 개의 다리가 항상 닿아 있는 상태여야 움직이는 데 가장 안정적입니다.

이와 같이 다리가 반대로 배치될 때, 모터의 축 방향은 그림 13-2의 오른쪽에 표시된 녹색 점과 같이, 180도 반대 방향을 향하게 됩니다.

👦 조금 다르게 보이지만, 우리가 걸음을 걸을 때 같은 방향의 팔과 다리가 동시에 앞으로 나가지 않는 것과도 비슷합니다. 팔과 다리가 엇갈려 앞으로 나가면서 서로 균형을 맞추게 되고 만약 같은 방향의 팔과 다리를 동시에 들어올린다면 몸의 균형이 맞지 않는 느낌을 갖게 될 것입니다.

로봇은 다리를 구동하는 각 모터의 기준 각도를 측정하고, 두 다리가 반대 방향으로 위치할 수 있도록 초기화 과정에서 터치 센서를 사용합니다. 그림 13-2의 ①번 자세가 모터에 장착된 캠이 터치 센서를 누르는 기준 위치가 됩니다(오른쪽).

로봇을 완성하고 나면 다리를 구동하기 위한 마이 블록을 만들 것입니다. 기본적인 로봇의 구동은 탱크모드 주행 블록을 사용합니다. 두 모터는 같은 속도로 회전하며 항상 모터축에 설치된 캠의 방향이 180도 간격을 유지할 것입니다.

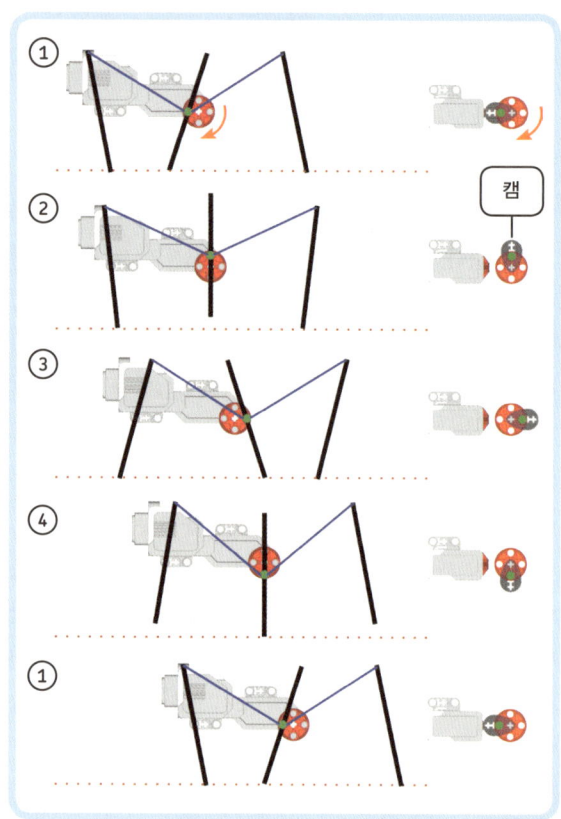

■그림 13-2 모터가 구동되면 모터에 연결된 크랭크 암(파란색 선)과 여기에 연결된 다리(검은색 선)가 함께 움직입니다. 모터축의 회전은 먼저 모터축의 중심에서 조금 벗어난 위치에 설치된(초록색 점) 가운데 다리를 움직이게 되며, 이 다리에 연결된 크랭크 암(파란색 선)이 함께 움직이면서 결과적으로 크랭크 암에 연결된 앞다리와 뒷다리가 직선으로 왕복운동을 하게 됩니다. 모터가 1회전하면 세 개의 다리도 그림에서 보는 바와 같이 각각의 연동운동을 거쳐 다시 처음의 1번 자세로 돌아가게 되며, 이 과정에서 로봇은 다리가 움직인 범위만큼 전진하게 됩니다.

앤티 로봇 만들기

이제 이 로봇의 기구적인 특징을 조금 살펴보았으니 실제로 앤티 로봇을 만들어 볼 차례입니다. 책에서 제시된 조립도를 따라 앤티 로봇을 만들어 봅시다. 조립을 시작하기에 앞서 아래 13-3의 부품도에서 제시되는 부품을 미리 찾아 둔다면 조립을 좀 더 쉽고 빠르게 완료할 수 있습니다.

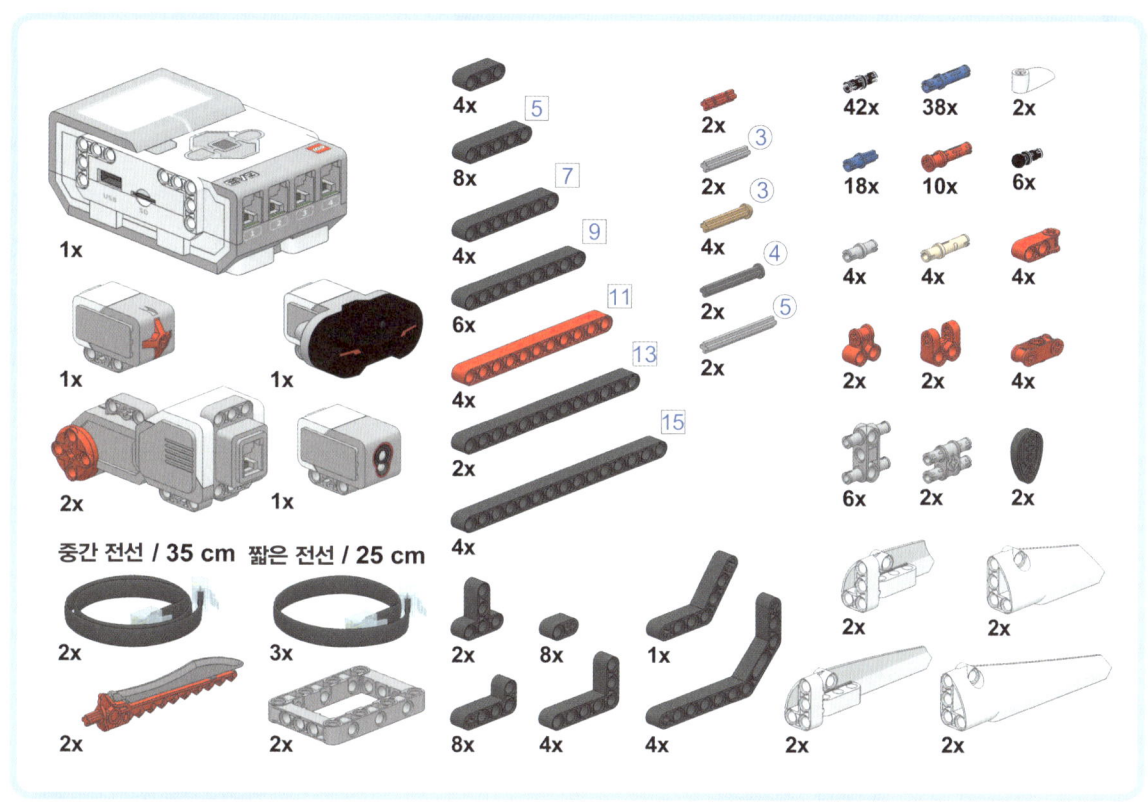

■ 그림 13-3 앤티 로봇의 필요 부품

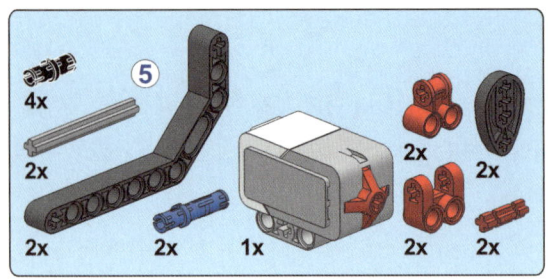

1
2

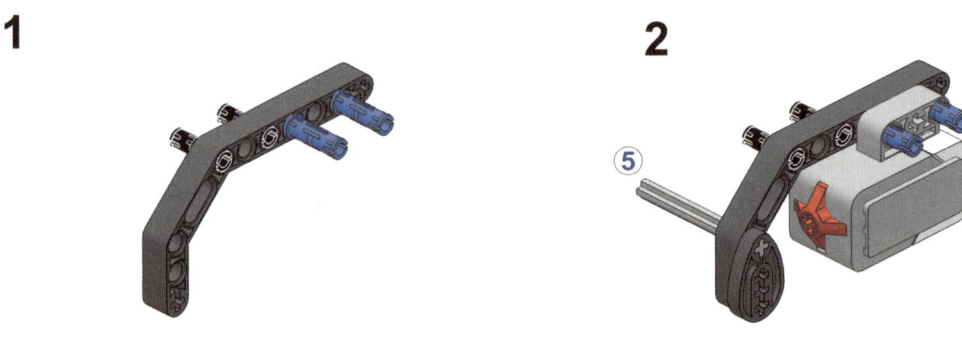

3
4

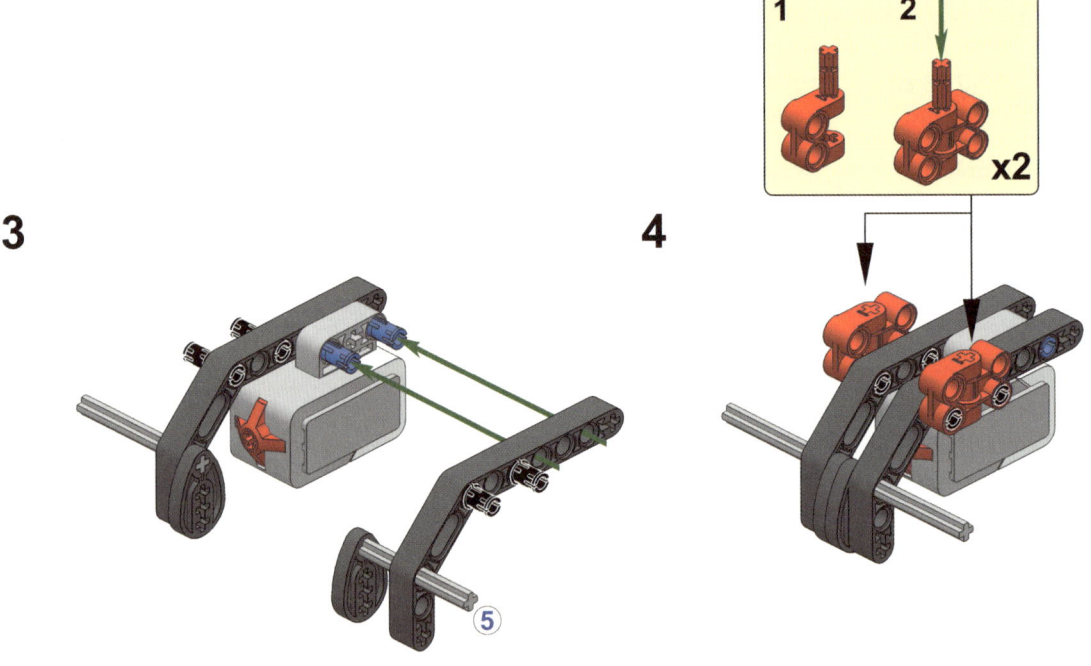

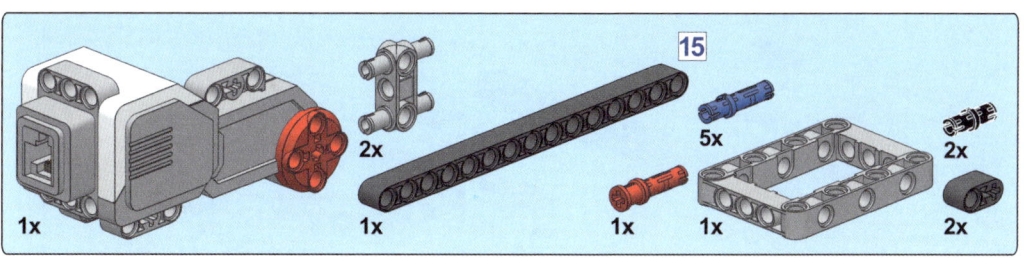
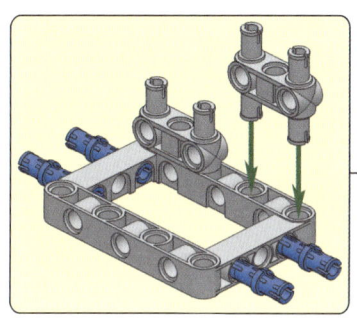
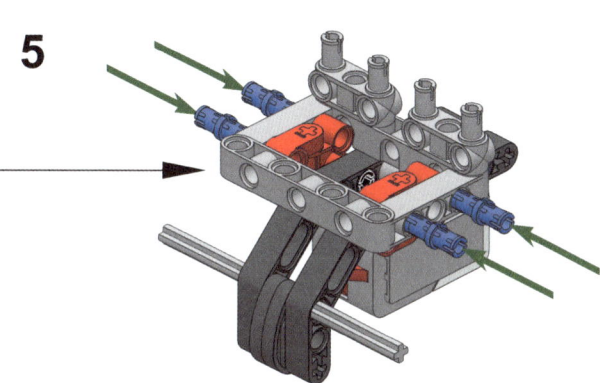
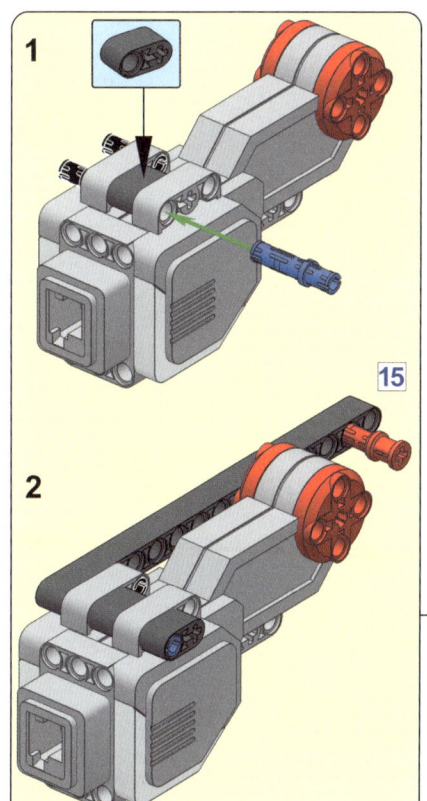
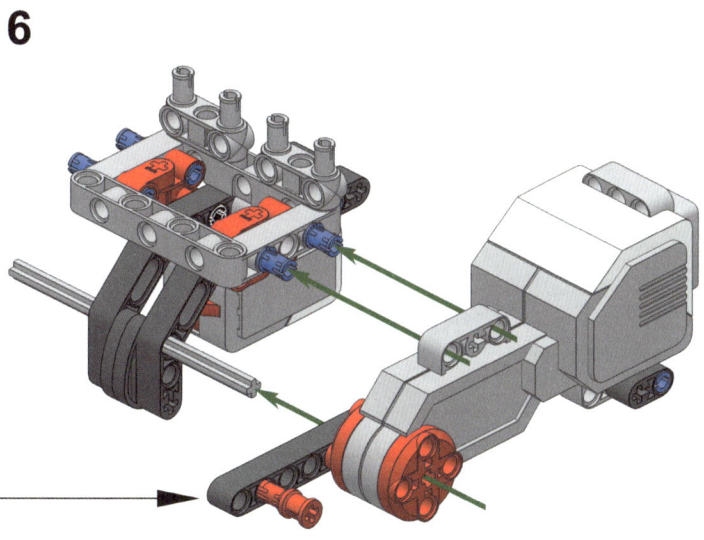

13 앤티: 로봇 개미

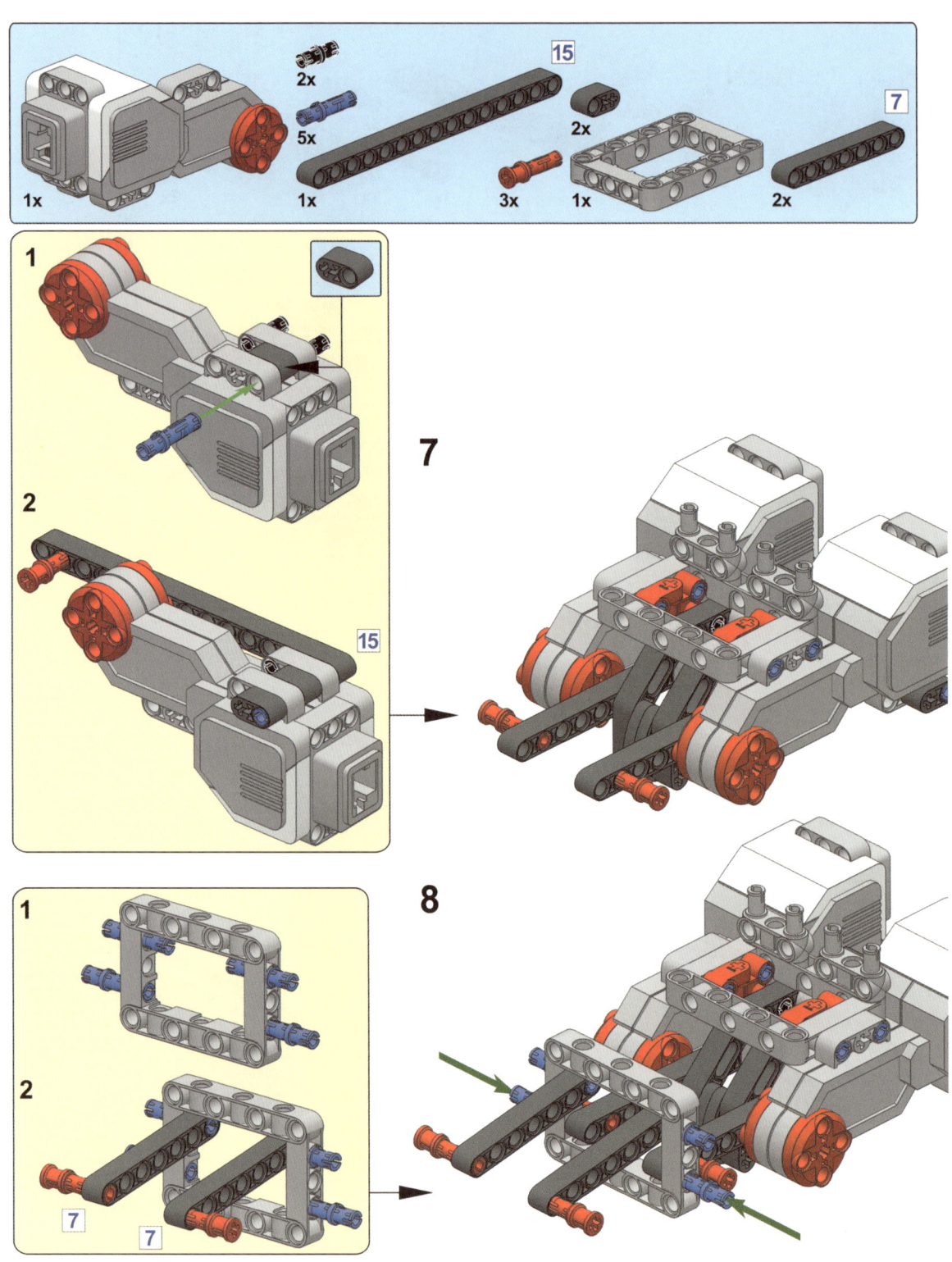

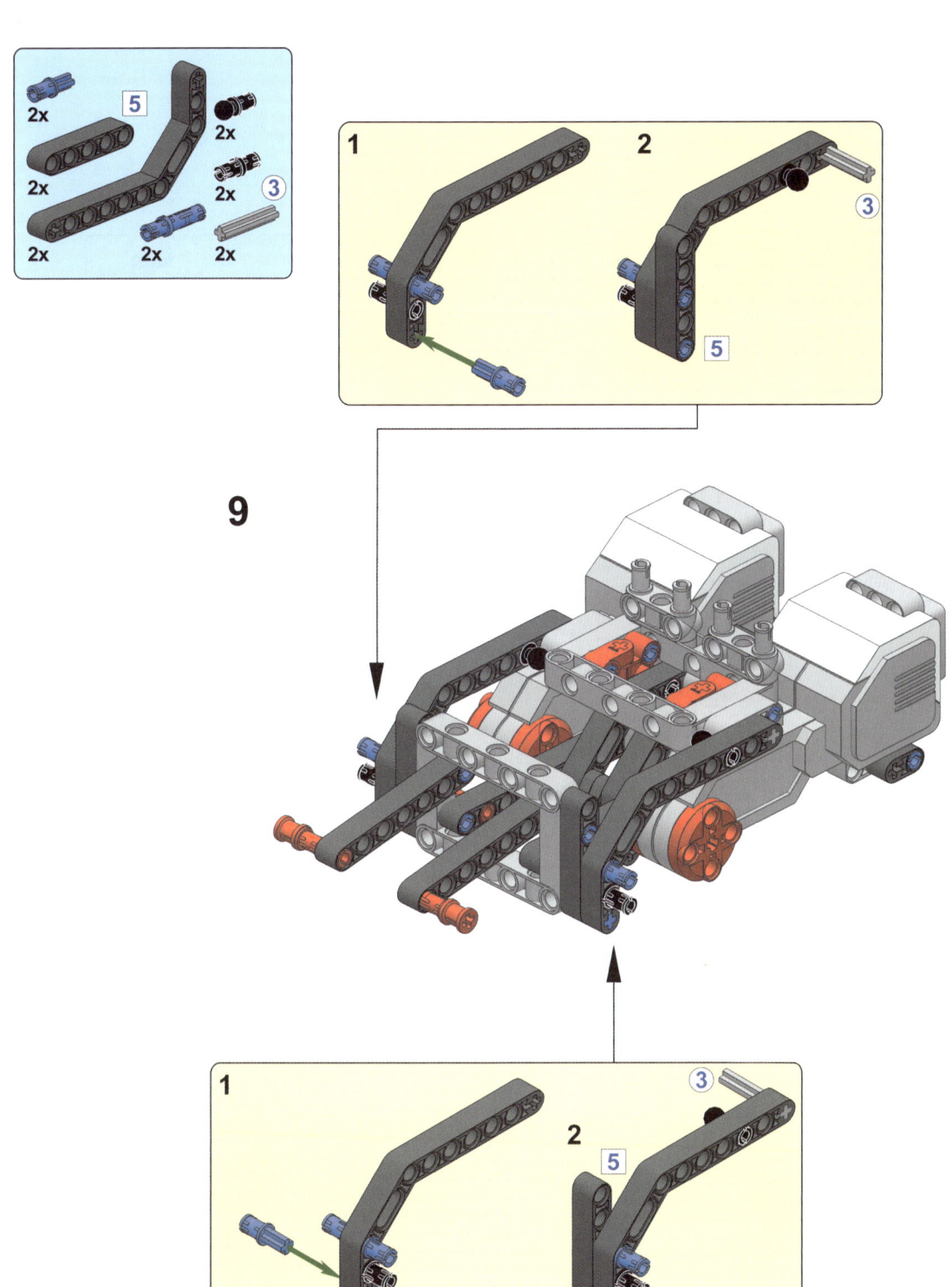

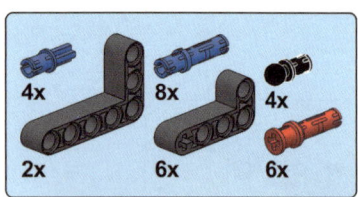

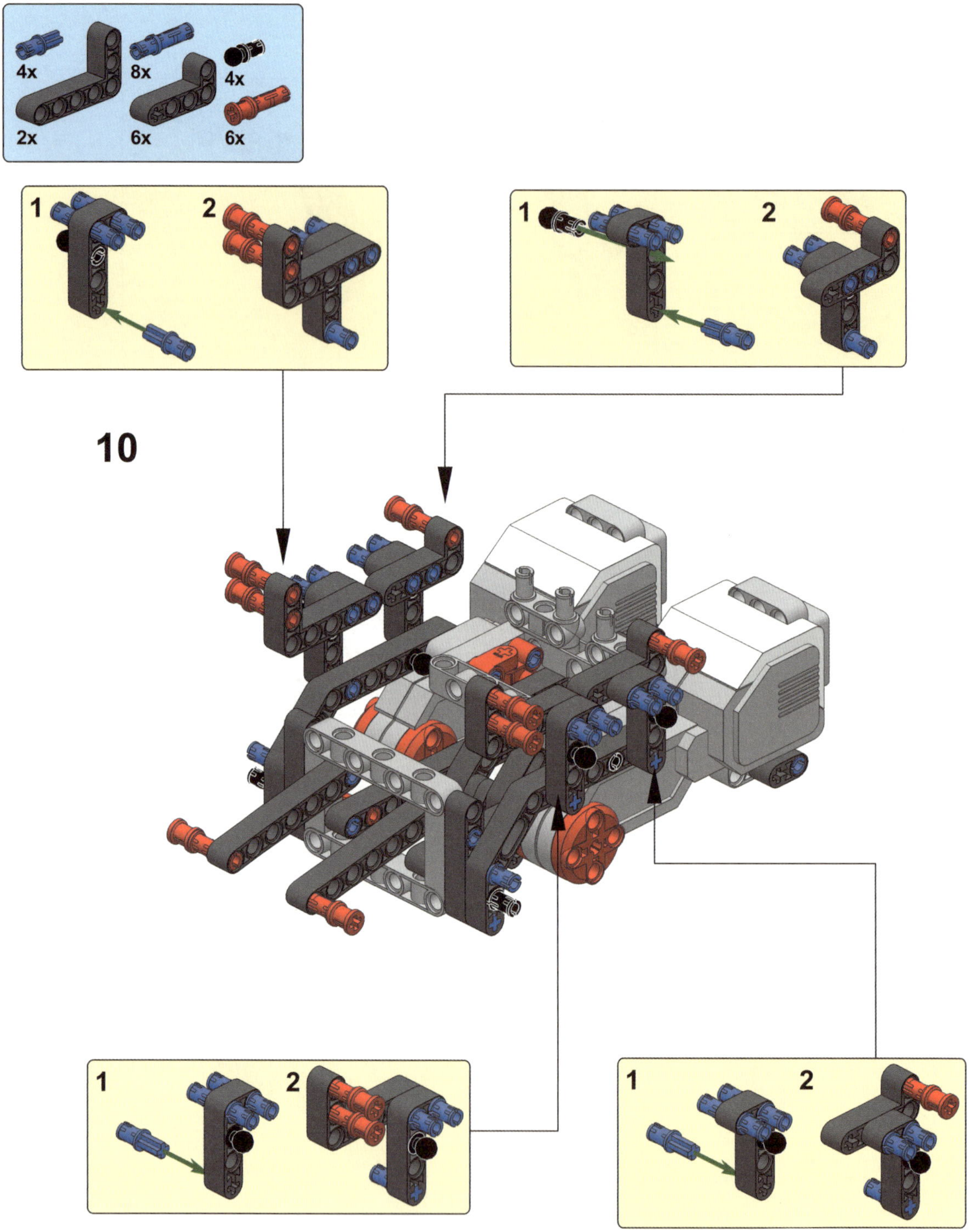
4x
8x
4x
2x
6x
6x
1
2
1
2
10
1
2
1
2

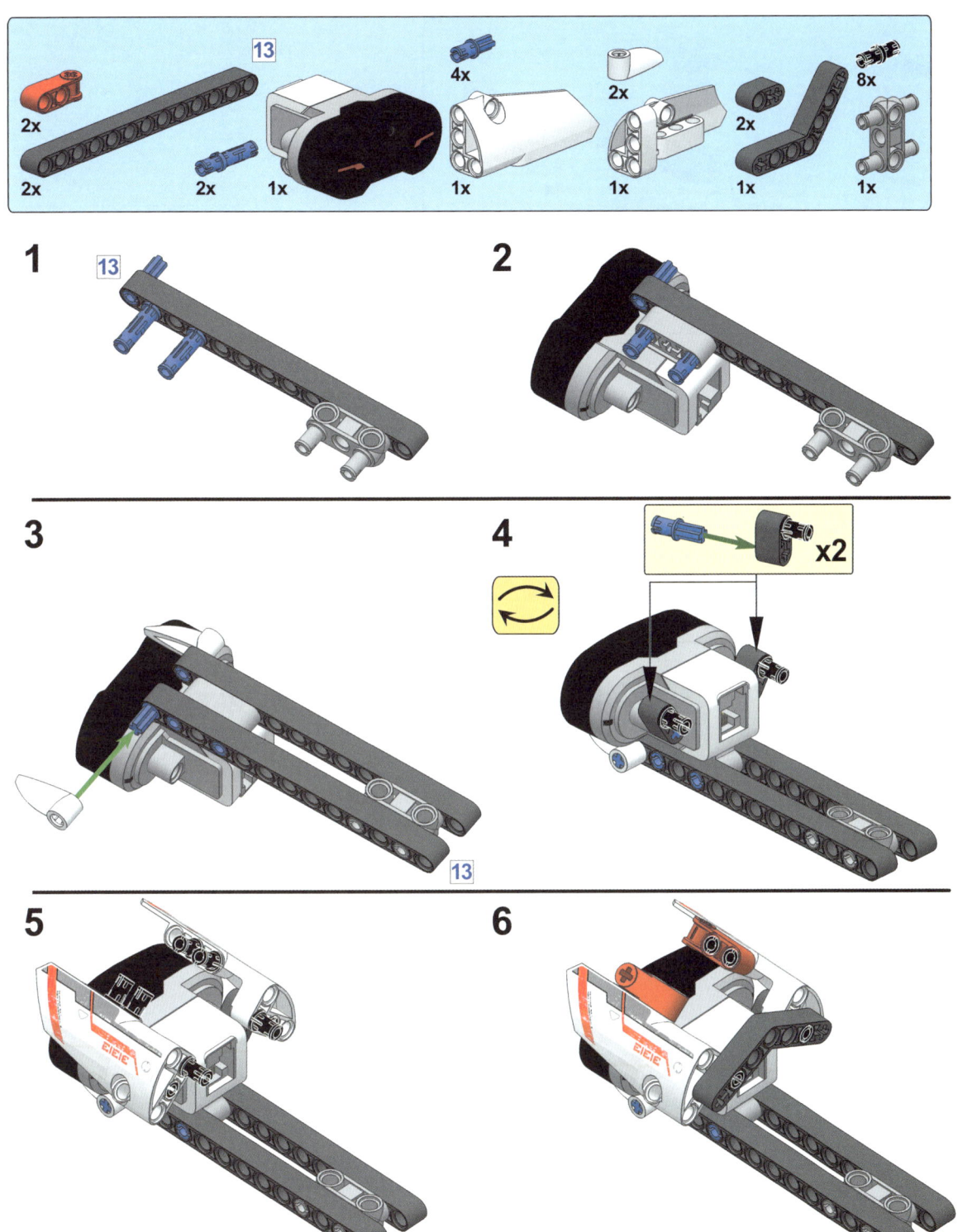

13 앤티: 로봇 개미

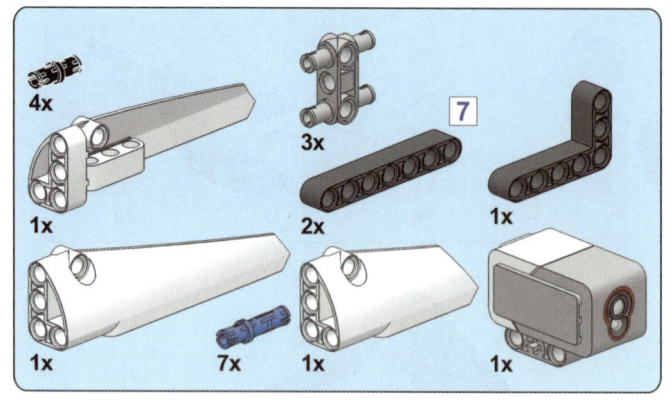

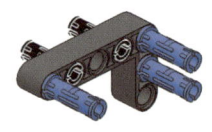
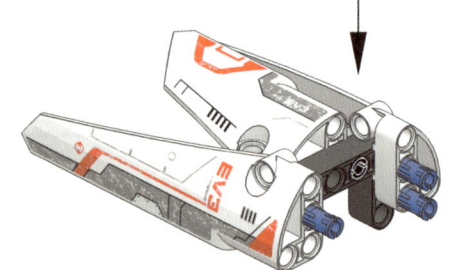
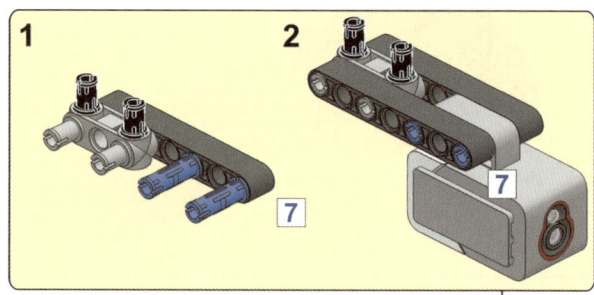

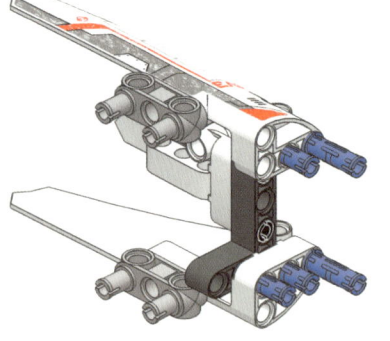
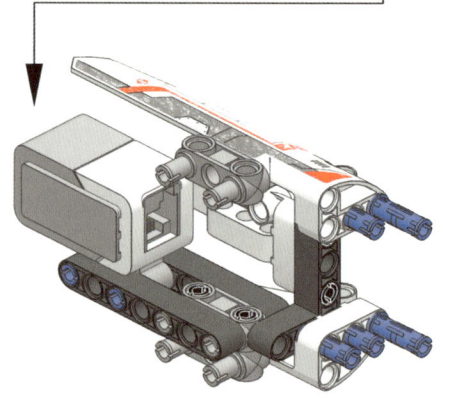

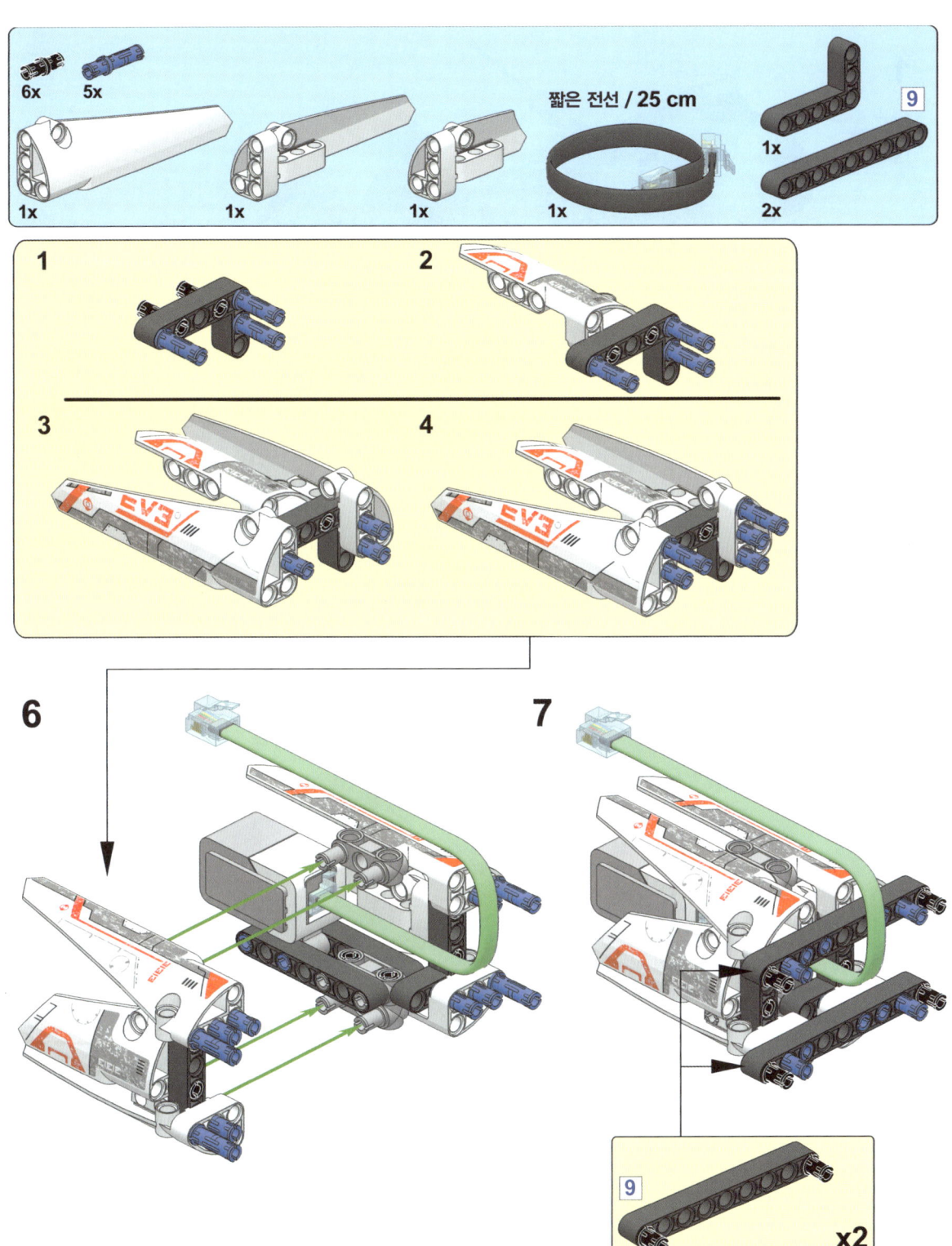

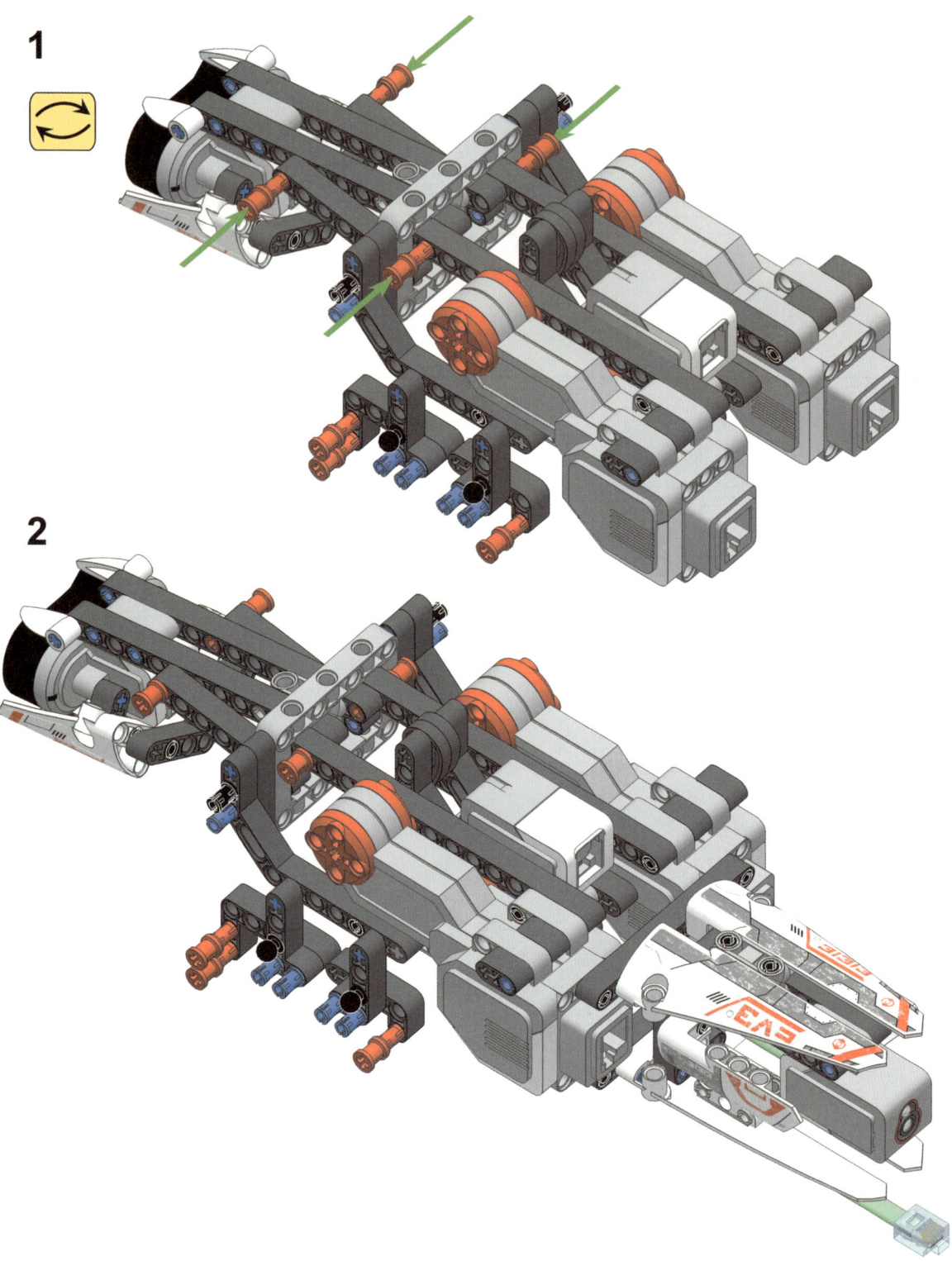

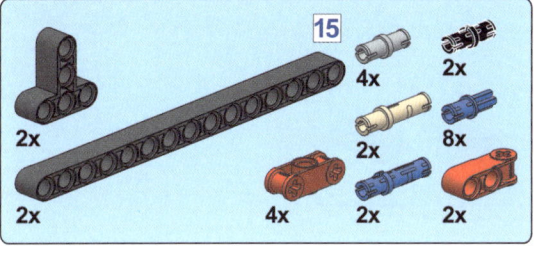

3

주의할 점은 캠(녹색 원 부분)이 그림에서 보는 바와 같이, 같은 방향으로 정렬된 상태에서 다리가 장착되어야 한다는 것입니다. 만약 축이 어긋나 있다면 모터를 손으로 돌려가면서 꼭 두 개의 캠이 같은 방향이 되도록 맞춘 후 조립을 진행하시기 바랍니다.

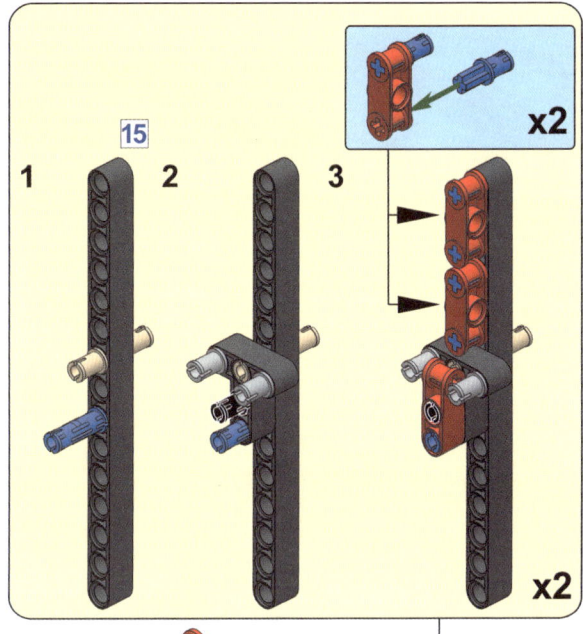

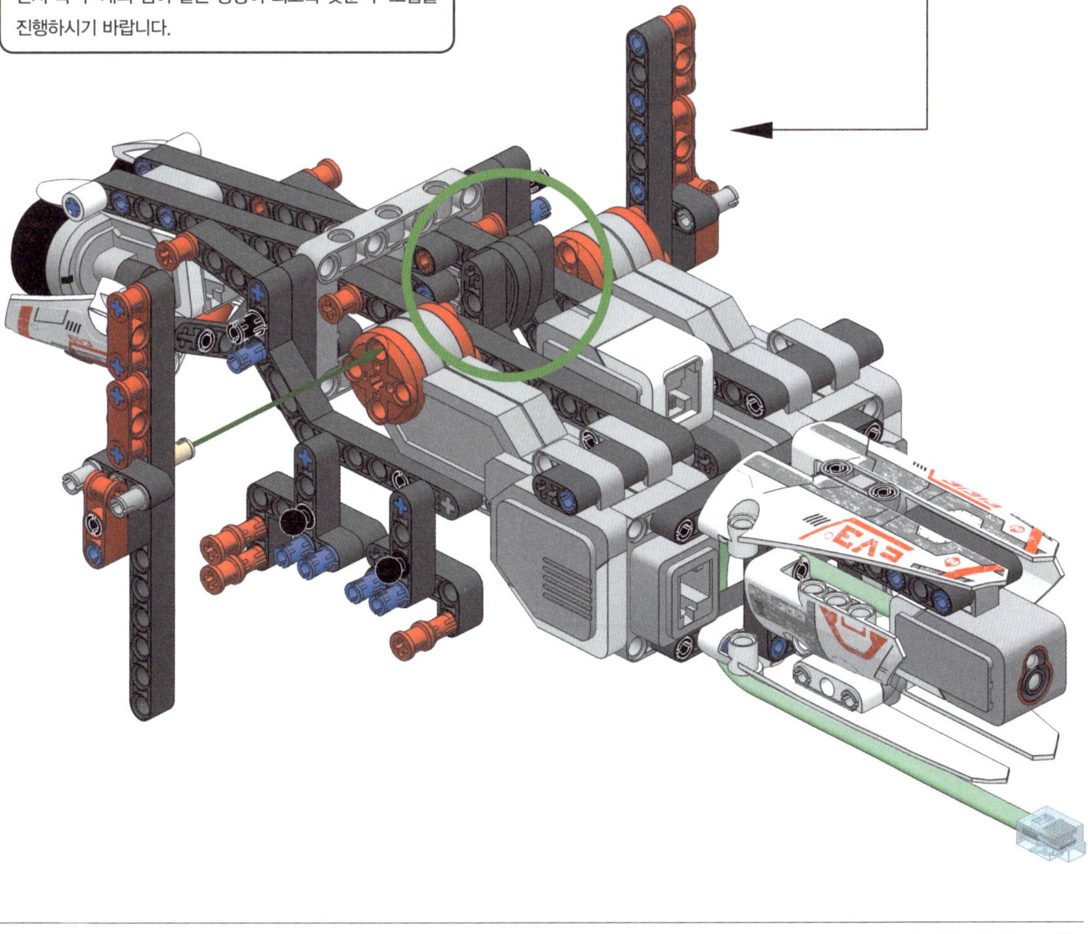

13 앤티: 로봇 개미 231

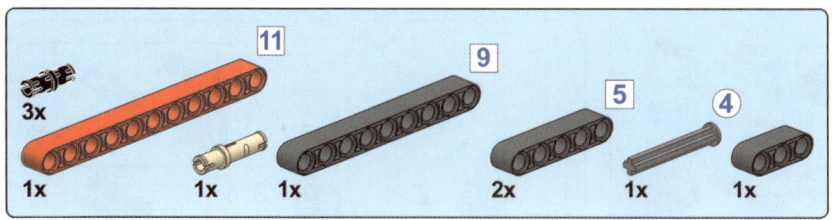

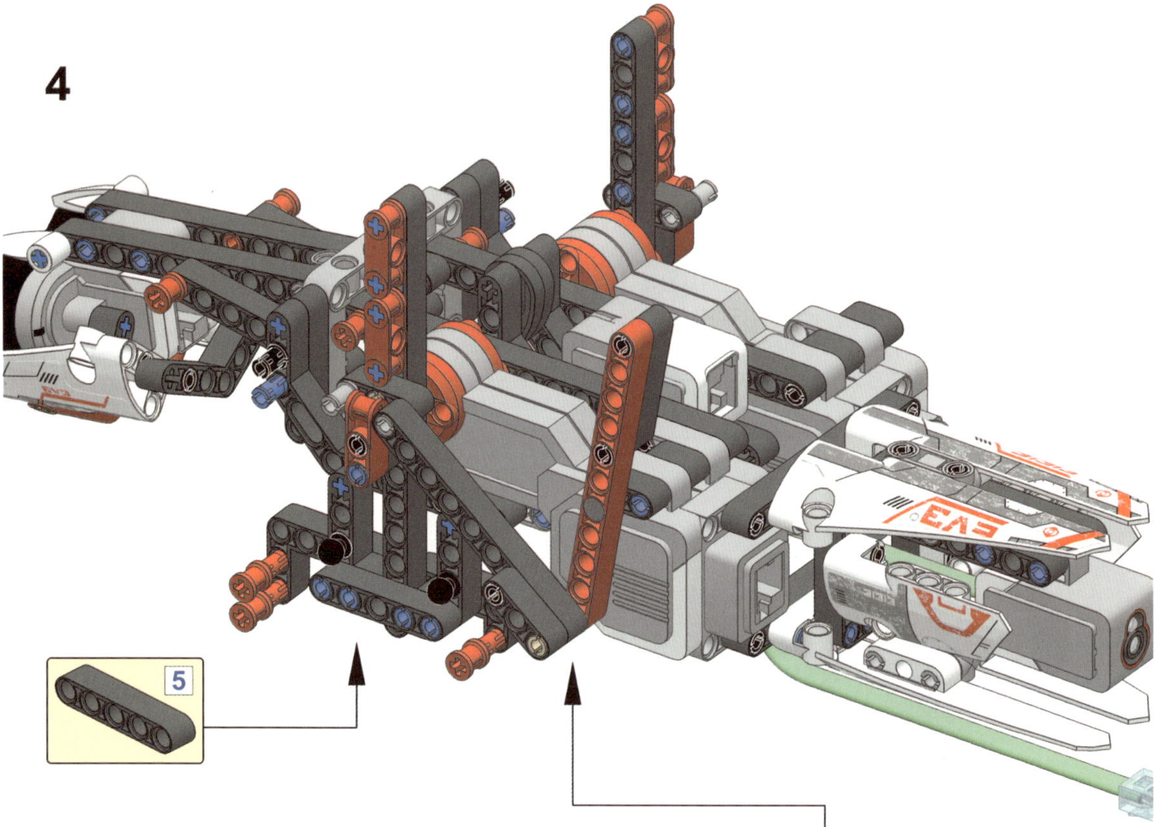

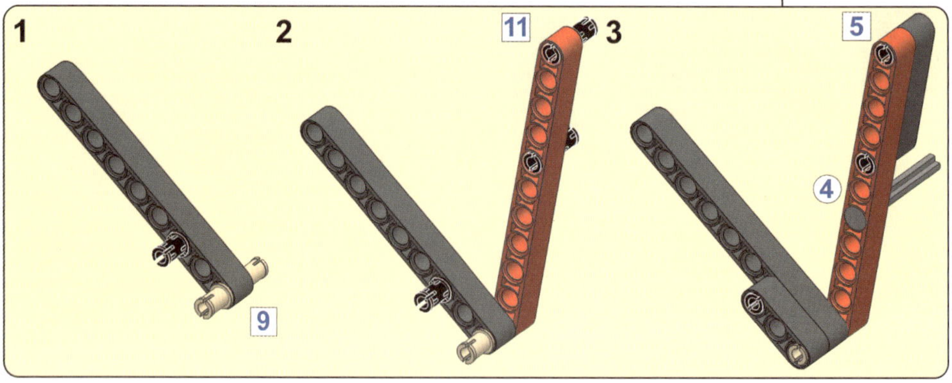

11
9
5
3
1x
1x
1x
1x
3x
1x
1x
1x
2x

5
1
2
11
3
3
5
4
3
9

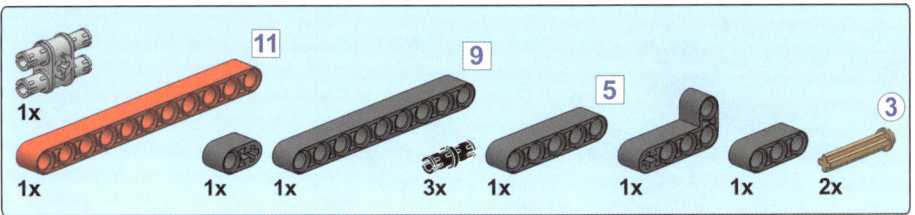

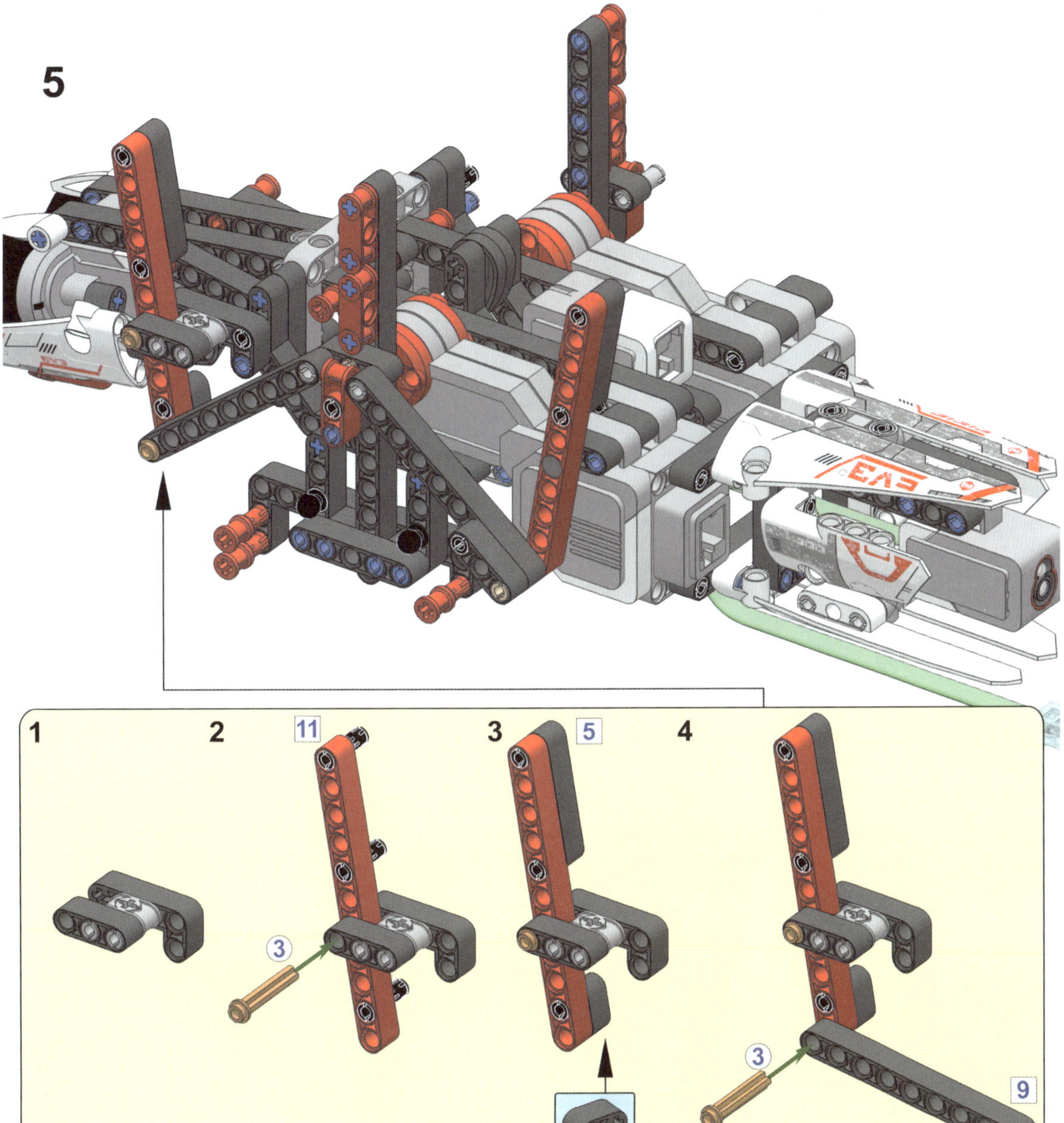

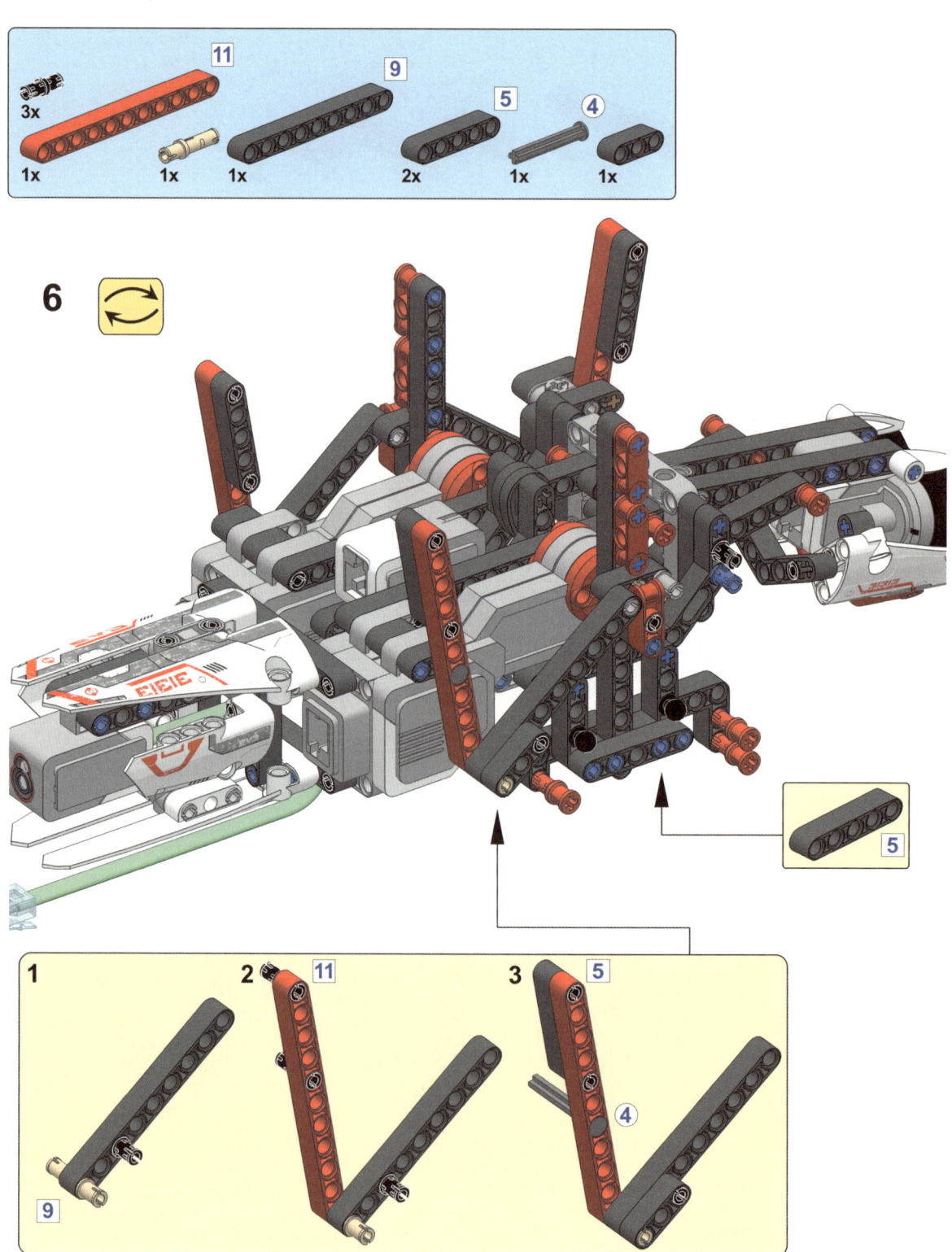

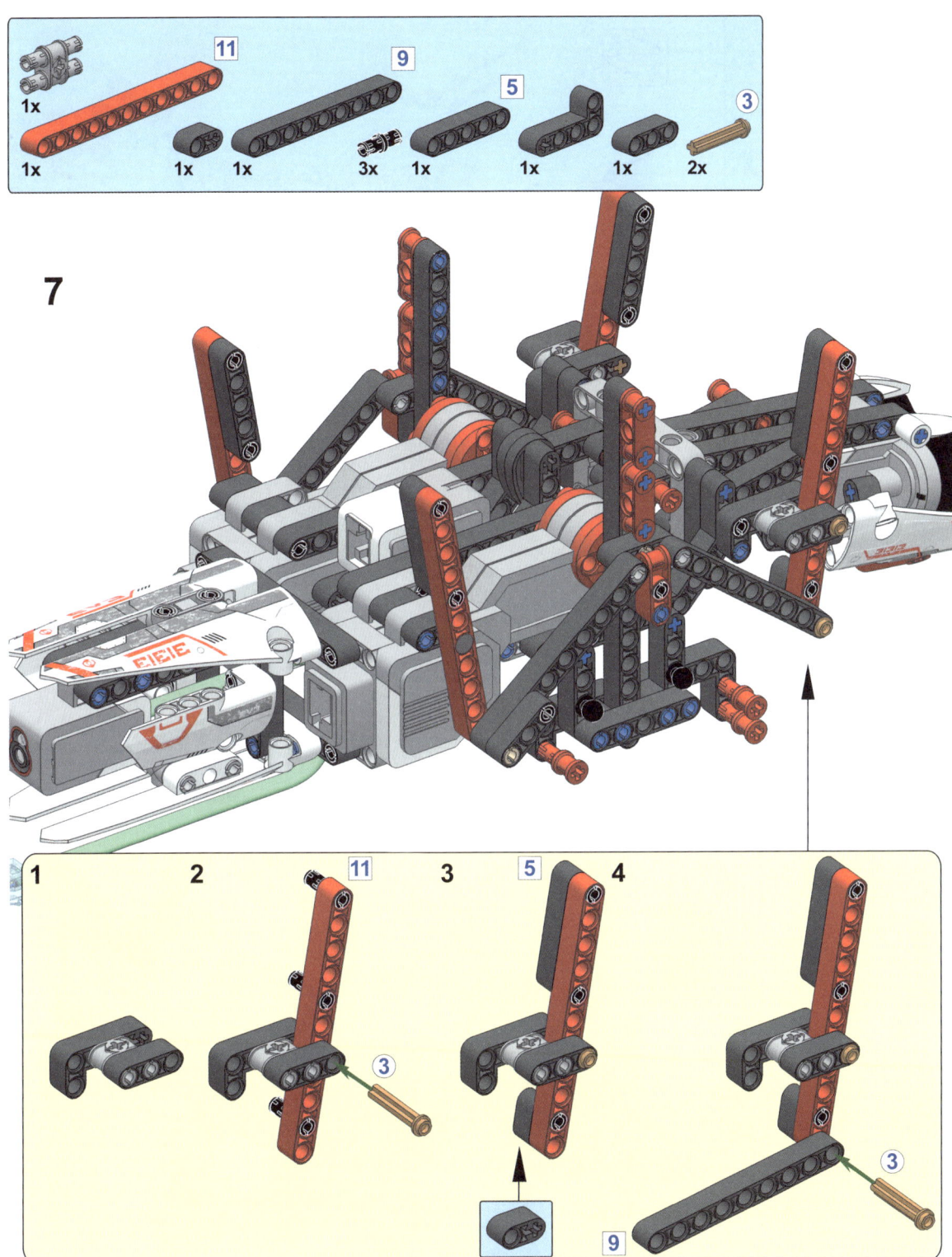

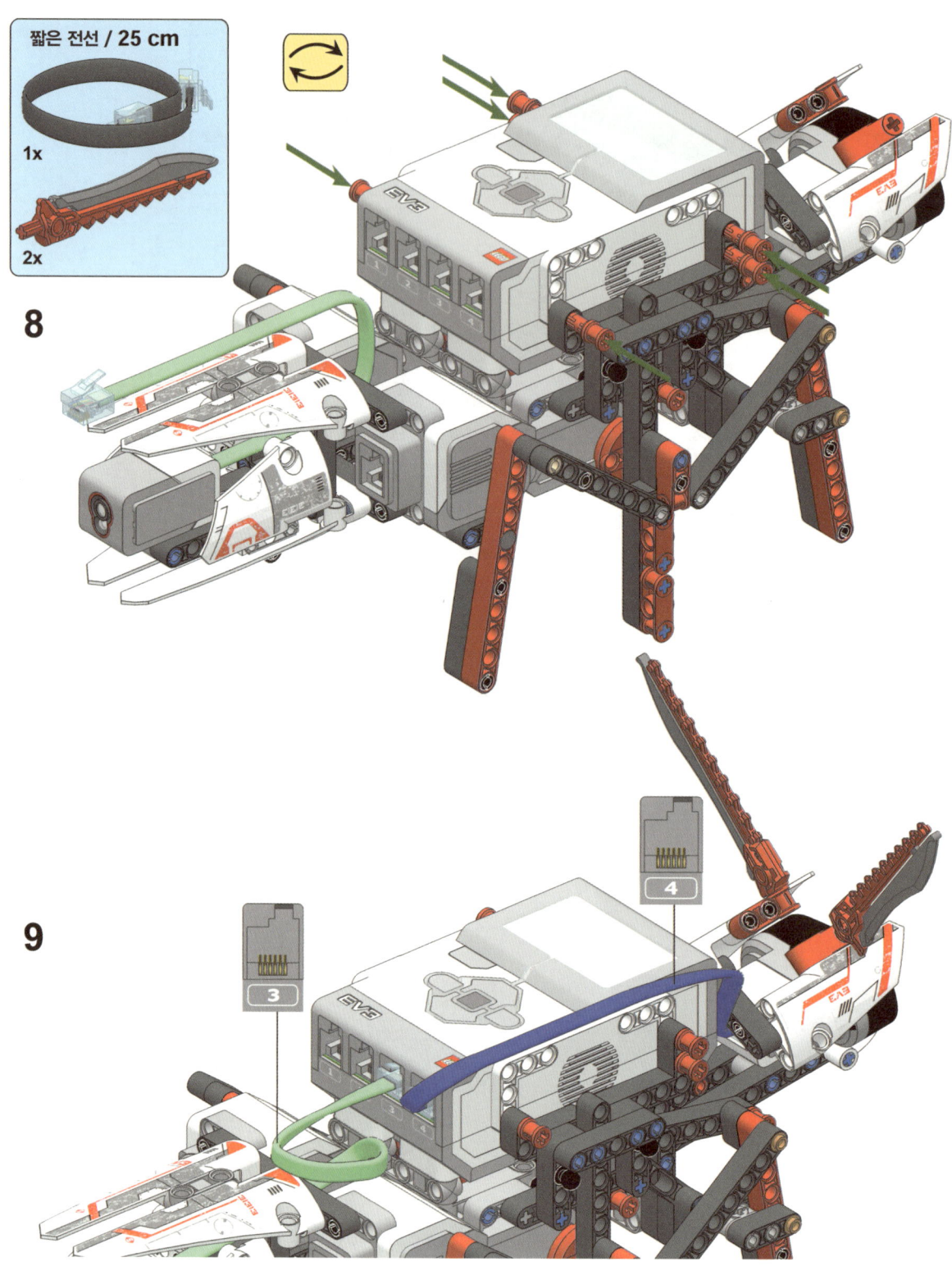

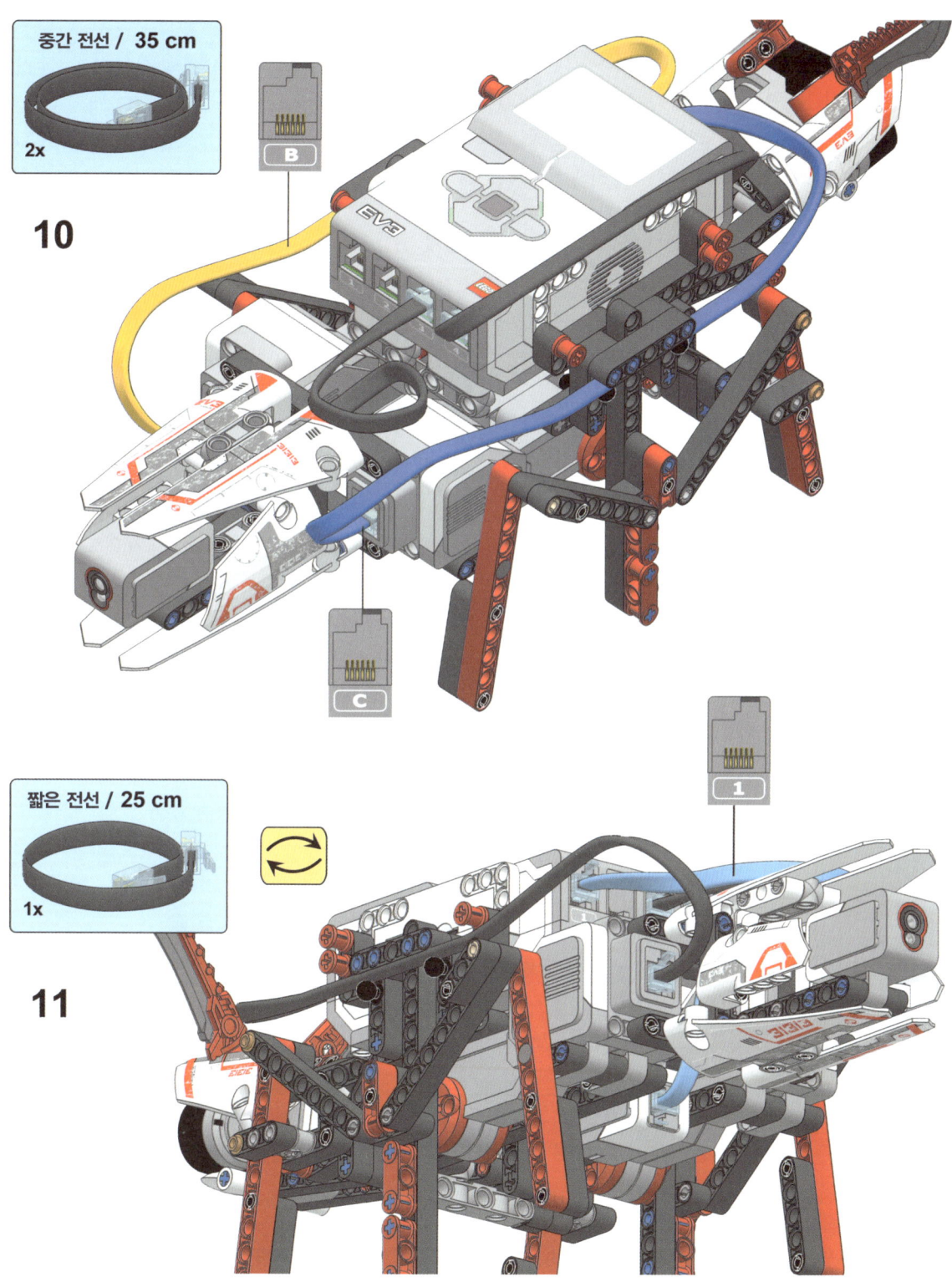

앤티의 걸음마

우리는 앞서 앤티를 앞으로 걷게 하기 위해서 두 개의 모터가 동시에, 하지만 서로 180도 반대 방향을 향한 상태로 구동되어야만 한다는 것을 알았습니다. 이제 모터에 장착된 캠과 터치 센서를 통해 오른쪽 다리가 그림 13-2의 ①번 자세를, 그리고 왼쪽 다리는 ③번 자세를 취할 수 있는 마이 블록을 만들 것입니다.

이 마이 블록은 모든 앤티 구동 프로그램의 시작 부분에 사용될 것입니다. 이 블록이 실행되면 탱크모드 주행 블록이 두 개의 모터를 동시에 같은 속도로 제어해 앤티 로봇을 걷게 할 것입니다.

Opposite 마이 블록 만들기

두 개의 모터가 한 개의 터치를 이용해 각각 자기 자신의 절대 위치를 측정해야 하기 때문에, 센서가 눌렸다는 사실만으로는 왼쪽(B 모터)이 눌렸는지 오른쪽(C 모터)가 눌렸는지, 혹은 두 개가 동시에 눌렸는지 알 수 없습니다. 하지만 아래 제시된 순서에 따라 한 개씩 제어한다면 모터를 모두 완벽하게 제자리로 초기화 시킬 수 있습니다.

1단계

터치 센서가 눌리지 않은 상태가 될 때까지 두 개의 모터를 천천히 돌립니다. (반복 구조를 이용하고 두 개의 모터 포트에 아주 약한 출력과 짧은 시간 주기로 구동시켜 터치 센서가 눌리지 않을 때까지 반복합니다.)

2단계

오른쪽은 멈춘 상태로, 왼쪽 모터만 눌릴 때까지 구동합니다. 터치 센서가 눌리면 왼쪽을 멈추어 줍니다. 이제 왼쪽 모터의 기본 초기화 작업이 완료되고, 그림 13-2를 기준으로, 자세는 ①번이 됩니다.

3단계

왼쪽 모터를 180도 회전합니다. 이제 왼쪽 모터의 자세는 ③번이 되고 이로써 왼쪽 모터 초기화가 완료됩니다.

4단계

왼쪽은 멈춘 상태로, 오른쪽 모터만 터치 센서가 눌릴 때까지 구동합니다. 터치 센서가 눌리면 오른쪽을 멈추어 줍니다. 이제 오른쪽 모터가 ①번 자세가 되고, 좌우의 다

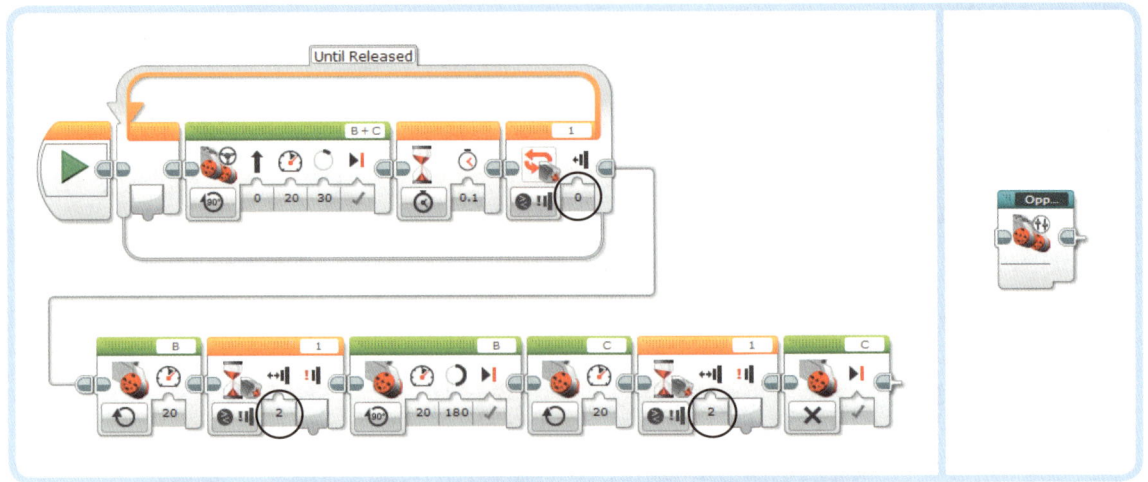

■그림 13-4 두 다리의 위치를 초기화하기 위한 일련의 프로그램(왼쪽)과 이것을 묶은 Opposite 마이 블록(오른쪽). 이 프로그램에서는 단지 페이지 공간을 확보하기 위해 위쪽의 루프 블록과 아래쪽의 모터 블록들을 시퀀스 와이어로 연결했습니다. 여러분은 시퀀스 와이어를 쓰지 않고 루프 블록 뒤에 바로 모터 블록을 연결해도 무방합니다.

리는 대칭 방향으로 완벽하게 초기화가 완료되었습니다.

새 프로젝트의 이름은 'ANTY'로 지정합니다. 그 다음이 단계를 구현한 프로그램(그림 13-4 참조)을 Opposite(반대)라는 이름의 마이 블록으로 만들어 저장하고 프로그램을 테스트해 봅시다.

만약 Opposite 마이 블록을 제대로 만들었고, 실행했는데도 두 다리가 완벽하게 반대 방향으로 초기화 되지 않는다면 하드웨어적인 결함을 의심해 볼 필요가 있습니다. 231쪽의 조립도에서 캠의 방향을 확인하고 만약 잘못 조립되었다면 이 부분을 수정한 뒤 다시 테스트해 보시기 바랍니다.

(캠의 방향을 수정하기 위해 로봇을 전부 해체할 필요는 없습니다. 단지 장착된 캠을 살짝 잡아당겨 분리한 뒤 조립도를 참고하여 방향을 잘 잡고 다시 다리들과 연결해 주는 것만으로 충분히 문제를 해결할 수 있습니다.)

장애물 회피하기

조립이 완료된 앤티 로봇은 탱크모드 주행 블록을 이용해 두 개의 모터를 같은 속도로 구동하는 형태로 전후진 동작을 수행하게 됩니다. 왼쪽이나 오른쪽으로 방향을 바꾸기 위해서는 한 개의 모터를 역회전시키는 형태로 구동합니다. 이러한 주행 기법은 장애물을 회피하는 기능에 쓸 수 있습니다.

이동 블록을 익스플로러 로봇의 구동에 활용할 때와 달리, 이 프로그램에서는 단순히 주행 블록을 '켜짐' 모드로 설정하지 않고 '회전수로 동작' 모드로 설정해 좌우의 모터를 4회전시켜 후진 회피를 구현합니다. 이 동작은 적외선 센서의 근접감지 모드 센서값이 50%보다 작을(장애물이 가까이 있음) 동안 반복됩니다. 장애물이 사라졌다고 판단되면 왼쪽과 오른쪽 모터를 서로 각기 반대 방향으로 3회전시켜 방향을 전환하도록 합니다.

그림 13-5를 참고하여 ObstacleAvoid 프로그램을 만들어 봅시다. 주의할 점은 이 프로그램에서는 모터를 임의의 시간이나 각도로 제어하지 않고, 항상 똑같은 1회전 단위로 함께 구동시킨다는 점입니다. Opposite 마이 블록 덕분에 좌우의 두 다리는 서로 대칭형으로 초기화 되었습니다.

이 프로그램에서는 항상 좌우의 모터를 1회전 단위에 같은 속도로 움직이기 때문에, 결과적으로 각각의 블록이 수행 완료 시점에서 좌우의 다리는 항상 초기화할 때와 같은 각도를 유지합니다. 만약 구동 중 좌우의 다리가 어긋나는 상황이 발생한다면 Opposite 마이 블록을 재실행해 두 다리를 초기화시켜 주기 바랍니다.

> **NOTE** 앤티는 타일이나 나무 마루와 같은 매끄러운 바닥에서 가장 잘 걸을 수 있습니다. 만약 앞으로의 전진이 잘 되지 않는 경우, 탱크모드 주행 블록의 파워 설정을 40에서 75까지 올려 보시기 바랍니다.

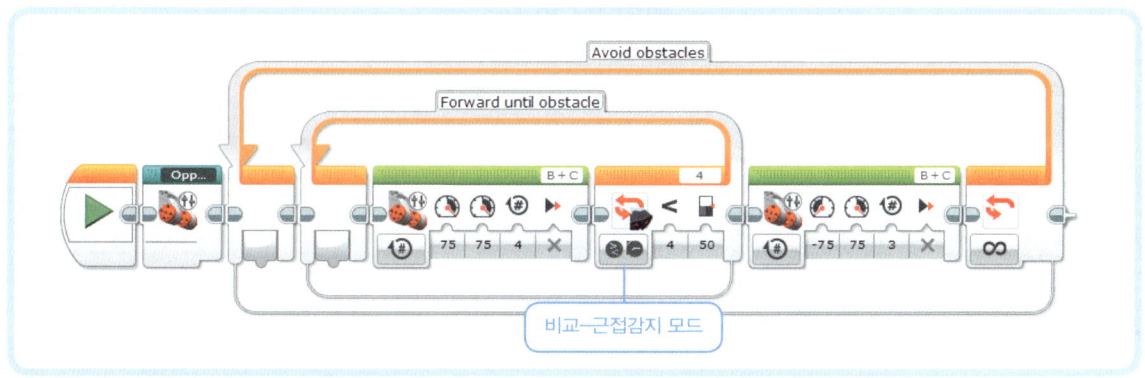

■ 그림 13-5 장애물을 회피하기 위한 ObstacleAvoid 프로그램

프로그래밍하기

기본적인 주행과 회피 기능이 구현되었으니 이제 로봇이 주변 환경을 감지하고 각각의 조건에 따라 반응할 동작에 대한 프로그램을 만들어 보겠습니다. 가장 먼저 만들어 볼 기능은 먹이를 찾는 행동입니다. 우리는 먹이 찾기를 포함한 각각의 행동을 독립된 프로그램으로 작성하고, 모든 프로그램들이 완료되면 전부 통합된 하나의 프로그램으로 완성시킬 것입니다.

먹이 찾기

어떤 곤충은 후각을 이용해 먹이를 찾습니다. 하지만 EV3의 센서는 냄새를 맡는 기능이 없기 때문에, 이를 대체하기 위한 수단으로 냄새 대신 적외선을 풍기는 비콘 먹이와, 이 먹이에서 나오는 적외선을 느낄 수 있는 적외선 센서가 사용될 것입니다.

이 프로그래밍 기법은 우리가 8장에서 다루어 본 것과 유사합니다. 앤티는 비콘 먹이를 찾고, 먹이가 감지되면 먹이를 향해 움직이며 먹이 앞에 오면 멈춥니다. 이 과정을 수행하기 위해, 먼저 먹이가 왼쪽에 있는지 오른쪽에 있는지부터 판단합니다. 그 다음 먹이가 있는 방향을 향해 전진을 시작해서 먹이의 바로 앞까지 움직입니다.

먹이를 찾기 위한, FindingFood 프로그램의 전체적인 모습은 그림 13-6과 같습니다. 프로그램의 동작 테스트가 완료되면 루프 블록과 일련의 블록들을 함께 선택해 Find라는 이름의 마이 블록으로 만들어 줍니다. 이 마이 블록은 뒤에서 다시 사용될 것입니다. (주의할 점은 Find 마이 블록 안에 Opposite 마이 블록을 넣지 않는다는 것입니다. Opposite 마이 블록은 최종 프로그램에서 별도로 호출될 것입니다.

> **NOTE** 적외선 비콘 먹이가 적외선 냄새를 풍기기 위해서는 항상 켜진 상태를 유지해야 합니다. 비콘의 검은색 창 바로 아래, 좌우로 긴 버튼(버튼 ID 9번)은 한 번 누르면 지속적으로 신호를 발신하며 계속 상태를 유지합니다. 동작 상태는 비콘의 녹색 불빛이 켜져 있는 것으로 알 수 있으며, 로봇 개미 앤티의 눈이 될 적외선 센서와 비슷한 높이에 비콘 먹이가 놓여야 합니다.

주변 환경 감지

로봇 개미 앤티에게 마지막으로 추가할 기능은 꼬리에 컬러 센서를 설치해 각기 다른 색상을 감지하고 색상에 해당되는 동작을 수행하는 것입니다. 예를 들어, 컬러 센서에 녹색 물체가 감지되면 앤티는 평화로운 잔디밭이라

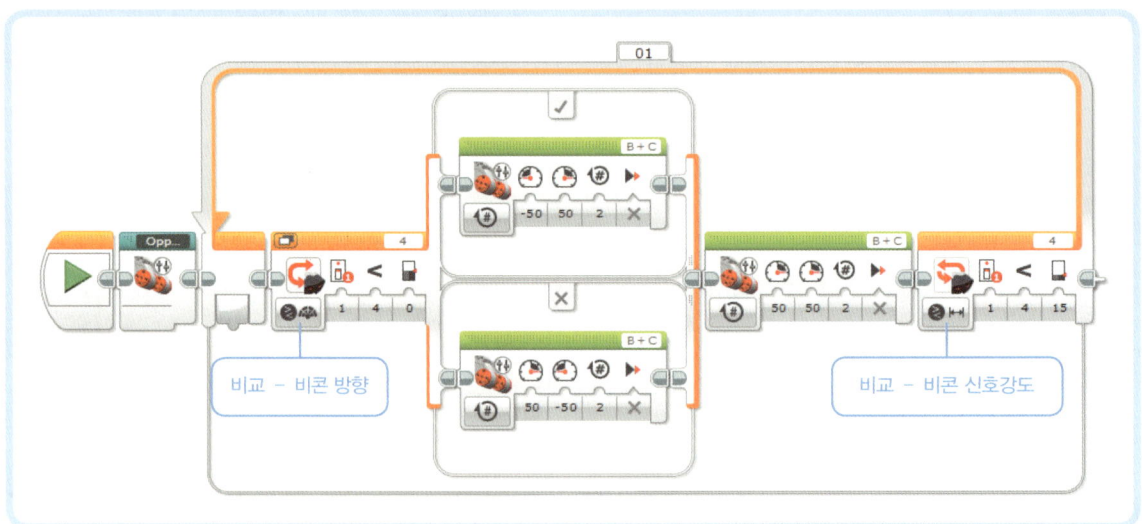

■ 그림13-6 FindingFood 프로그램. 루프 블록으로 감싸진 프로그램 구간을 Find라는 이름의 마이 블록으로 저장합니다.

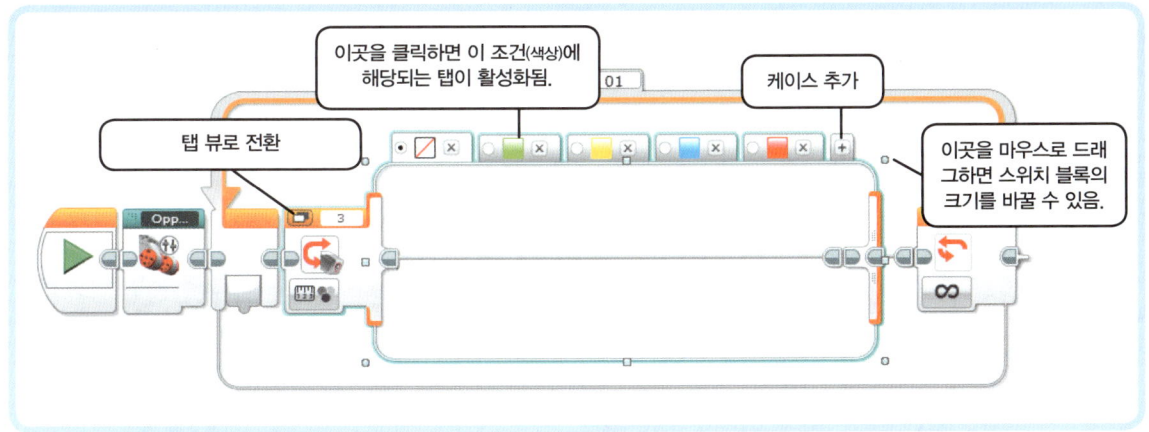

■ 그림 13-7 ColorBehavior 프로그램의 기본 구조. 각각의 탭에 해당되는 동작의 블록을 추가해야 합니다.

고 생각하고 즉시 수면에 들어가는 것입니다.

이 기능은 반복적인 색상 검사와, 색상이 감지되었을 때 각 색상에 따른 동작을 수행하는 프로그램으로 구성됩니다. 이 작업을 위해 스위치 블록을 **컬러 센서 – 측정 – 색상** 모드로 설정하고 그림 13-7과 같이 루프 블록 안에 스위치 블록을 배치한 후 ColorBehavior라는 이름으로 저장합니다.

스위치 블록은 총 다섯 가지 케이스를 가집니다. 색상 없음, 녹색, 노란색, 파란색, 그리고 빨간색으로 다섯 가지 케이스 중 기본 케이스는 '색상 없음'입니다. 이 케이스는 별도로 지정되지 않은 색상인 검은색과 흰색, 그리고 갈색을 감지했을 때도 수행될 것입니다.

스위치 블록의 지정된 네 종류의 색상에 따른 각각의 상황 설정과 동작에 대해서는 다음 단계에서 살펴보겠습니다.

색상 없음: 현재 상태 유지

녹색, 노란색, 파란색, 그리고 빨간색 중 어느 것도 감지되지 않을 경우, 앤티는 느긋하게 앉아 울음소리를 냅니다. 개미가 우는 소리는 들어본 적이 없지만, 귀를 기울여 울음소리가 어떨지 상상해 봅니다. 울음소리를 내기 위해 그림 13-8과 같이, 스위치 블록의 '색상 없음' 탭

에 사운드 블록을 넣어 줍니다.

동물 폴더의 Insect chirp 사운드 파일을 선택하면 앤티는 귀뚜라미 울음소리와 비슷한 소리를 낼 것입니다. 컬러 센서가 매번 색을 감지하고 정해진 네 가지 색상을 감지하지 못했을 때 앤티는 이 울음소리를 낼 것입니다.

녹색: 안전함

앤티가 녹색을 감지하면 안전한 풀밭이라고 판단합니다. 풀밭은 앤티가 평화롭게 쉴 수 있는 유일한 공간으로, 앤티는 이곳에서 바로 낮잠을 자게 됩니다. 그림 13-9는 낮잠을 자는 앤티를 구현하기 위한 프로그램을 보여줍니다.

노란색: 굶주림

앤티가 노란색을 감지하면 허기를 느끼게 됩니다. 허기를 느낀 앤티는 적외선 냄새를 풍기는 비콘 먹이를 찾아 두리번거립니다. 그림 13-10은 여러분이 앞서 테스트한 FindingFood 프로그램을 이용해 만든 Find 마이 블록을 사용하고 있습니다.

파란색: 공포

파란색은 앤티의 천적이 지닌 색입니다. 파란색을 감지하면 앤티는 생명의 위협을 느끼고 도망가기 시작합니

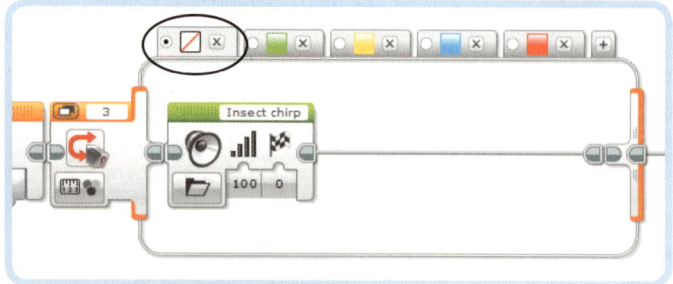

■ 그림 13-8 앤티는 녹색, 노란색, 파란색, 빨간색 중 어느 하나도 감지하지 못하면 제자리에서 귀뚜라미 울음소리를 냅니다.

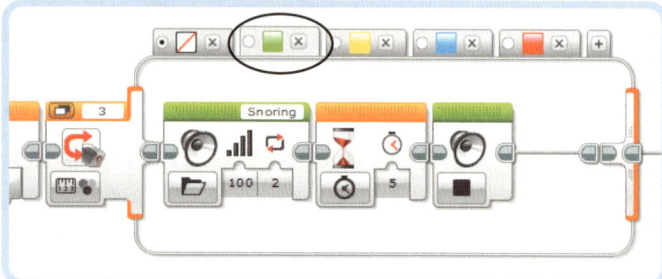

■ 그림 13-9 녹색을 감지한 앤티는 평온함을 느끼고 낮잠을 청합니다.

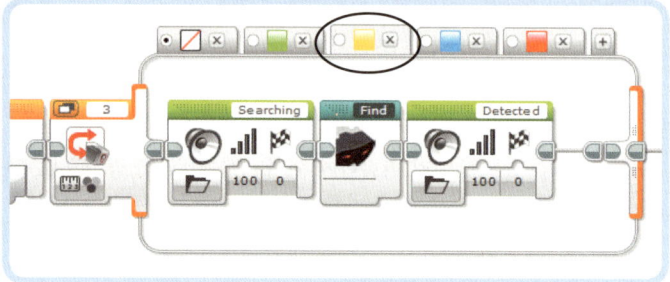

■ 그림 13-10 노란색을 감지한 앤티는 굶주림을 느끼고 리모콘 먹이를 찾아 움직입니다.

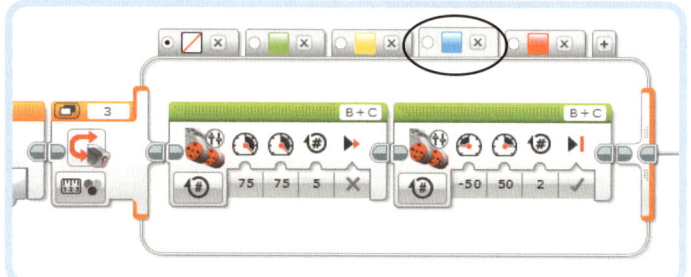

■ 그림 13-11 파란색을 감지한 앤티는 공포를 느끼고 도망칩니다. 각각의 다리를 움직이는 바퀴는 1회전 단위로 움직이기 때문에 뒷걸음질 후 방향을 바꾸어도 두 다리는 서로 반대 방향을 유지할 것입니다.

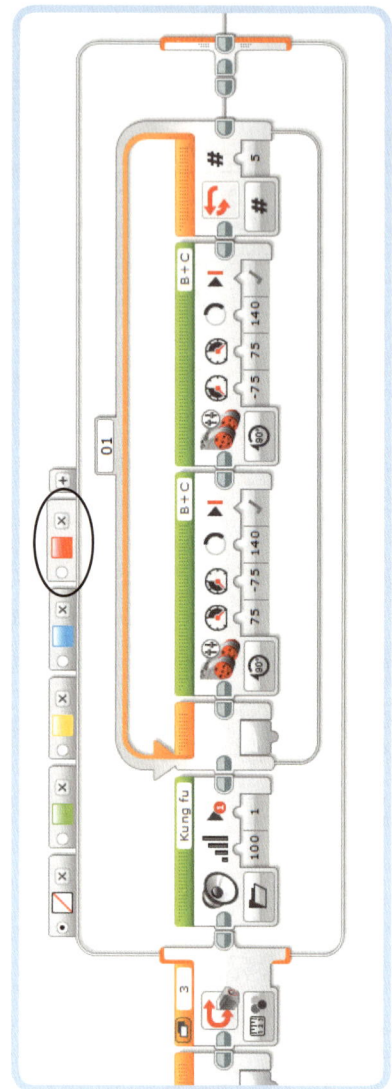

■ 그림 13-12 빨간색을 감지한 앤티는 분노에 휩싸여 격하게 몸을 흔들며 상대를 위협합니다.

앤티에 필요한 모든 기능이 완료되었습니다. 앤티의 프로그램을 실행하고, 꼬리의 컬러 센서에 다른 색상을 감지하도록 만들어 각각의 조건에 따라 적절하게 행동하는지 관찰해 보십시오.

다. 그림 13-11은 탱크모드 주행을 이용해 도망가는 앤티의 프로그램을 보여줍니다. 앤티는 도망가기 위해 다섯 바퀴만큼 뒷걸음질치고, 그 다음 왼쪽으로 두 바퀴만큼 방향을 바꿉니다.

빨간색: 분노

빨간색은 앤티를 분노하게 만듭니다. 그림 13-12의 프로그램과 같이 빨간색을 본 앤티는 격렬하게 온몸을 흔들며 적을 위협합니다.

추가적인 탐구

여러분은 EV3 세트를 이용해 차량이나 기계만 만들 수 있는 것이 아닙니다. 곤충이나 동물의 행동 패턴을 따르는 로봇도 당연히 만들 수 있습니다.

이번 장에서는 여섯 개의 다리로 움직이는 곤충형 로봇 앤티를 통해 두 개의 라지 모터로 구동되는 다리와 이를 초기화하기 위해 사용된 터치 센서 및 이를 통한 초기화 방법에 대해서 살펴보았습니다.

단순히 걷고 방향을 바꾸는 동작뿐만 아니라, 특정한 조건에 따라 각기 다른 반응을 보이는 형태로, 앤티는 보다 사실적인 동물의 행동 습성을 모방한 프로그램을 갖게 되었습니다.

이제 탐구과제를 통해 기능을 추가해 보고, 새로운 디자인도 시도해 봅시다. 어떤 형태로 로봇의 외형을 멋지게 바꿀 계획인가요?

탐구과제 70: 무선 조종!

난이도 ▫ 시간 ◔◔

앤티를 위한 무선 조종 프로그램을 만들어 봅시다. 8장에서 배워 본 기법을 활용해 앤티를 원하는 방향으로 무선 조종을 통해 움직일 수 있어야 합니다.

TIP 비콘을 이용해 방향을 임의로 전환할 경우 다리의 방향이 어긋날 수 있습니다. 비콘의 맨위 버튼에 Opposite 마이 블록을 할당해 원하는 시점에서 다리를 초기화시킬 수 있다면 무선 조종이 좀 더 수월해 질 것입니다.

탐구과제 71: 야행성 동물!

난이도 ▫▫ 시간 ◔◔

ObstacleAvoid 프로그램을 수정해 앤티가 주간과 야간에 각기 다른 패턴으로 움직이도록 합니다. 밤이라고 판단되면 정상적인 움직임을 보이고, 일출이나 일몰 조건에서는 속도를 낮추어 천천히 움직입니다. 밝은 조건에서는 조용히 앉아서 어둠을 기다립니다. 주변의 광량을 측정하기 위해 컬러 센서를 주변광 강도 모드로 설정합니다.

TIP 실제 밤이 될 때까지 기다릴 필요 없이, 방의 전등을 끈 상태를 밤으로, 작은 스탠드만 켠 상태를 일출과 일몰, 그리고 켠 상태를 낮으로 할당하고 프로그램을 테스트해 봅시다. 각각의 조건을 판단하기 위해 기준값은 어떻게 설정해야 할까요?

탐구과제 72: 배고픈 로봇!

난이도 ▫▫▫ 시간 ◐◐

로봇이 '배고픔을 느낄 때까지' 장애물을 회피하는 동작을 반복하고, 배고픔을 느끼면 적외선 비콘 먹이로 향하도록 프로그래밍합니다. 주위 산책과 먹이 찾기 동작은 세 번 반복하고, 반복이 완료되면 로봇은 잠을 청해야 합니다.

HINT ANTY가 배고픔을 느끼는 상황을 가상으로 구현하기 위해, ANTY가 먹이를 먹은(적외선 비콘을 감지한) 이후 움직인(모터가 회전한) 양을 측정합니다. ANTY가 먹이를 먹으면 회전 센서값을 초기화해서 0으로 설정하고, 이는 배고픔 정도가 0인, 즉 배가 고프지 않음을 의미합니다. ANTY가 움직이기 시작하면 회전 센서값은 증가하고, 이번 탐구과제에서는 회전 센서값이 50을 넘길 경우 ANTY가 충분히 움직여 배가 고파졌다고 가정합니다.

디자인 탐구과제 22: 로봇 거미!

조립 난이도 ✱✱ 프로그래밍 난이도 ▫

로봇 거미를 만들어 봅시다. 우선 앤티의 꼬리를 제거하고 적외선 센서와 EV3 브릭의 위치를 바꿔 거미의 특징적인 외형에 보다 가깝게 로봇의 외형을 수정합니다. 거미는 다른 곤충들과 달리 다리가 네 쌍, 여덟 개이므로 기존의 다리 여섯 개에 다리 두 개를 더 추가해야 합니다.

 마지막으로 거미 특유의 징그러운 외형을 살릴 수 있는 장식을 추가해 귀여운 로봇 개미 앤티를 거미 로봇으로 탈바꿈시켜 보기 바랍니다.

TIP 여덟 개의 다리가 모두 링크로 연결되어 함께 움직인다면 완벽한 거미 로봇이 완성되겠지만, 만약 추가로 설치한 다리 두 개를 움직이기가 어렵다면 기존의 여섯 개 다리를 그대로 두고 새롭게 더해지는 다리는 움직이지 않고 고정된 상태로 두어도 무방합니다. 단지 새롭게 고정형으로 설치되는 다리가 지면이나 나머지 여섯 개의 다리와 닿지 않아야 합니다.

디자인 탐구과제 23: 무서운 발톱!

조립 난이도 ✱✱✱ 프로그래밍 난이도 ▫▫

앤티에게 무서운 발톱(이빨)을 주고, 이를 이용해 물체를 물거나 자신의 둥지로 물건을 끌고 오는 등의 기능을 구현할 수 있을까요? 미디엄 모터를 이용해 발톱(이빨)을 여닫도록 만듭니다. 먼저 물기 기능을 구현해 보고, 그 다음 단계로 적외선 비콘을 탐색하고 찾았다면 비콘을 물어 올 수 있는 기능까지 도전해 보기 바랍니다.

TIP 로봇의 머리를 제거하거나, 혹은 개조를 통해 머리 공간에 미디엄 모터를 장착합니다.

디자인 탐구과제 24: 더듬이!

조립 난이도 ☀︎☀︎ 프로그래밍 난이도 ▭▭

곤충은 보통 머리의 더듬이를 통해 주변 환경을 감지합니다. 우리의 앤티에게 더듬이를 만들어 주변의 물체에 부딪히면 물체의 방향에 따라 반응하도록 업그레이드해 봅시다. 문제는 EV3 세트에 포함된 한 개의 터치 센서를 이미 다리의 움직임을 위해 사용했다는 점입니다. 물체와의 접촉을 감지하는 기능을 어떻게 구현할 수 있을까요?

HINT 무선 조종에 사용되었던 적외선 비콘은 버튼의 눌림을 신호로 보내기 때문에, 그림 13-13처럼 일종의 터치 센서로 활용할 수 있습니다. 이 경우 더듬이가 물체에 부딪히면 비콘의 버튼이 눌리며 해당 방향에 대한 신호가 송출되고, 이 신호를 적외선 센서가 감지하는 형태로 장애물의 유무를 판단할 수 있습니다.

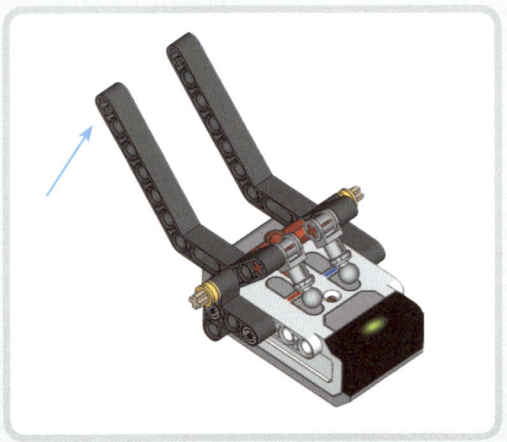

■ **그림 13-13** 적외선 비콘에 몇 가지 부품을 조합해서 장애물이 부딪힌 방향을 감지할 수 있는 터치 센서를 만들 수 있습니다. 더듬이(파란색 화살표)가 물체에 부딪히면 비콘의 버튼이 눌리게 되고 비콘은 신호를 보냅니다. 이 신호는 적외선 센서를 이용해 감지되며 결과적으로 비콘은 무선 터치 센서 더듬이 모듈처럼 사용됩니다.

5

고급 프로그래밍 기법
creating advanced programs

14

데이터 와이어 사용하기

using data wires

5부에서는 일반적인 프로그래밍 언어에서 구현되는 기능과 유사한 고급 기법을 배워 볼 것입니다.

먼저 이번 장에서는 데이터 와이어의 사용법을 다루고, 15장에서 데이터 연산 블록을, 16장에서는 변수를 이용한 보다 다양한 프로그래밍 기법을 경험해 볼 수 있습니다. 17장에서는 이 기법들을 모두 통합한 아주 재미있는 예제로 그림 14-1과 같은 그림 그리는 로봇을 만들 것입니다.

이 로봇은 어릴 적 한 번쯤 만져 보았을, 롤러 두 개를 돌려 그림을 그리는, 에치어스케치Etch-A-Sketch 장난감과 비슷하게 그림을 그릴 수 있는 스케치봇SK3TCHBOT입니다.

이제까지의 내용들은 각각의 프로그래밍 블록에 원하는 값을 직접 입력했습니다. 이번 장에서 배워 볼 내용 중 가장 특징적인 부분은 프로그래밍 블록에 개별적으로 값을 입력하는 것이 아닌, 한 프로그래밍 블록이 자신의 값을 다른 프로그래밍 블록에 전달해 준다는 개념인 데이터 와이어입니다.

예를 들어, 적외선 센서와 관련된 블록이 실행되고 이를 통해 장애물의 거리를 감지한 다음 이 값을 라지 모터를 구동하는 함수 블록에 전달합니다. 모터 구동 블록은 전달받은 값으로 모터의 속도를 설정합니다. 결과적으로 장애물이 가까이 있어서 센서값이 낮은 경우 전진 속도가 느려지고(장애물이 27% 앞에 있다면 모터 속도는 최고 속도의 27%인 느린 속도), 반대로 장애물이 멀리 있어서 센서값이 높은 경우 전진 속도는 빨라집니다(장애물이 85% 거리에 있다면 모터 속도도 85%로 최고 속도에 가까운 속도입니다.).

■ 그림 14-1 5부에서는 다양한 고급 프로그래밍 기법을 다룰 것이며, 이 기법들을 제대로 활용할 수 있는 로봇으로 에치어스케치 장난감에서 콘셉트를 가져온 스케치봇을 사용할 것입니다.

이번 장에서 배워 볼 데이터 와이어 사용 방법은 새로운 개념이고 익숙지 않아 처음에는 조금 어렵게 느껴질 수도 있습니다. 하지만 이 책에 제시된 예제와 탐구과제를 통해 충분히 연습해 본다면 이 새로운 기법들을 모두 여러분의 지식으로 만들 수 있을 것입니다.

스케치봇 만들기

우리는 데이터 와이어 프로그래밍 기법과 변수를 함께 배우기 위해 스케치봇SK3TCHBOT을 사용할 것입니다. 이 로봇의 구성은 EV3 브릭과 세 개의 센서, 그리고 두 개의 라지 모터이며, 이 장치들의 함수를 데이터 와이어로 연결해 서로 값을 주고받을 것입니다.

17장에서는 실제의 에치어스케치 장난감과 비슷한 형태로 프로그램이 작동하도록 두 개의 라지 모터를 다이얼 삼아 회전시키고 이것으로 EV3의 화면에 그림을 그리기 위해 모든 프로그래밍 기법을 총동원할 것입니다.

이 로봇은 EV3 브릭과 세 개의 센서, 두 개의 라지 모터로 구성되며, 입력과 출력에 데이터 와이어를 활용합니다. 그림을 그리는 에치어스케치 장난감과 비슷하게, 스케치봇의 모터로 다이얼을 돌려 화면에 그림을 그릴 수 있도록 프로그래밍하는 방법을 배워 볼 것입니다.

책에서 제시된 조립도를 따라 스케치봇을 만들어 봅시다. 조립을 시작하기에 앞서 아래 14-2의 부품도에서 제시되는 부품을 미리 찾아 둔다면 조립을 좀 더 쉽고 빠르게 완료할 수 있습니다.

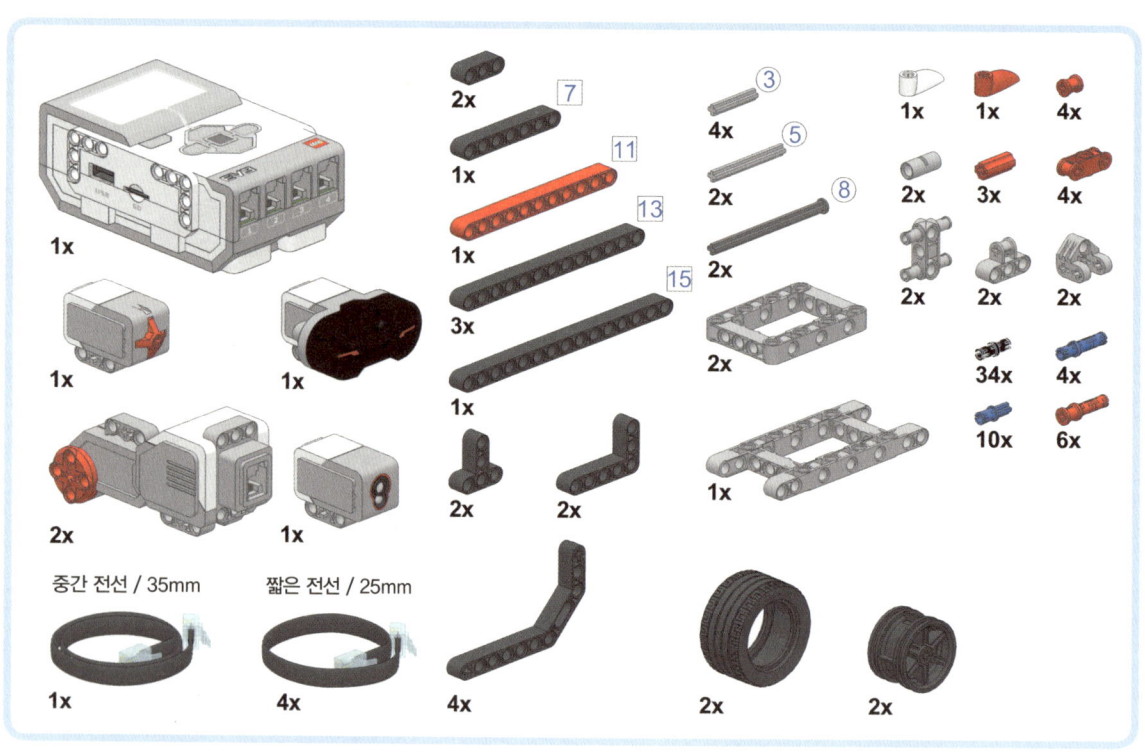

■ 그림 14-2 스케치봇의 필요 부품

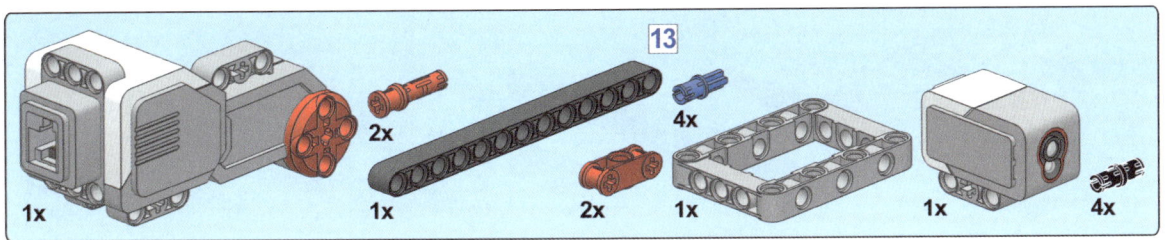

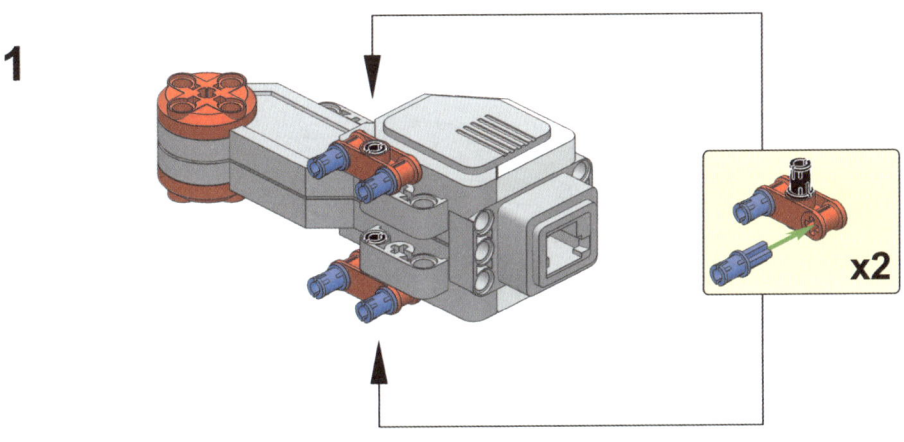

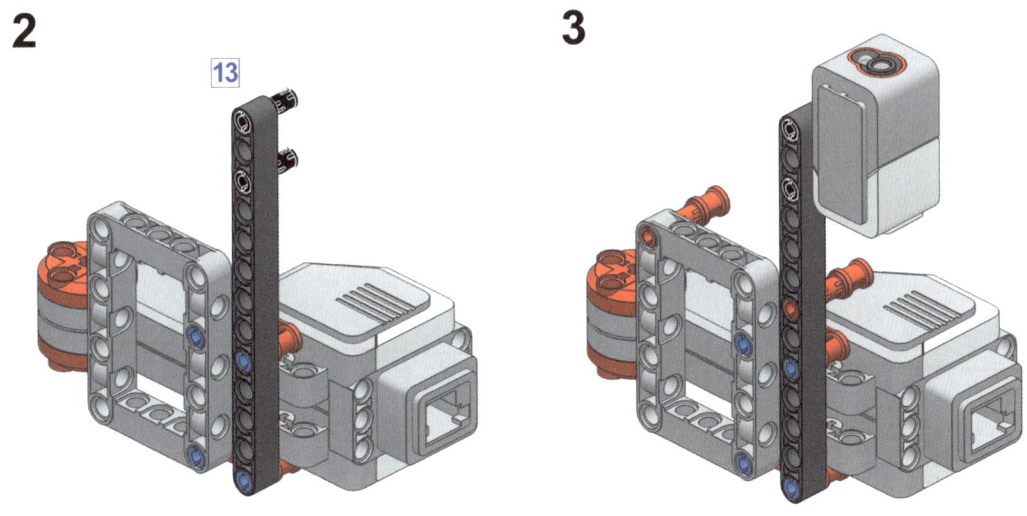

14 데이터 와이어 사용하기

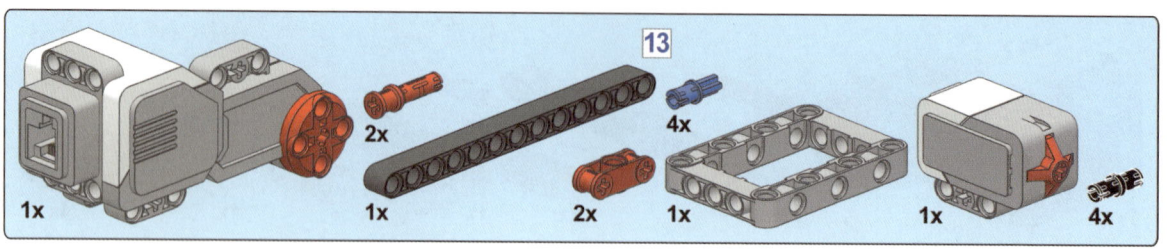

1

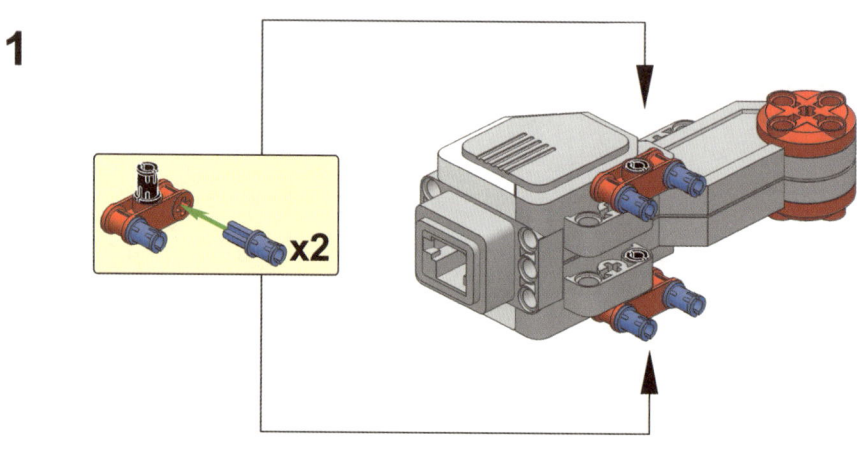

2 **3**

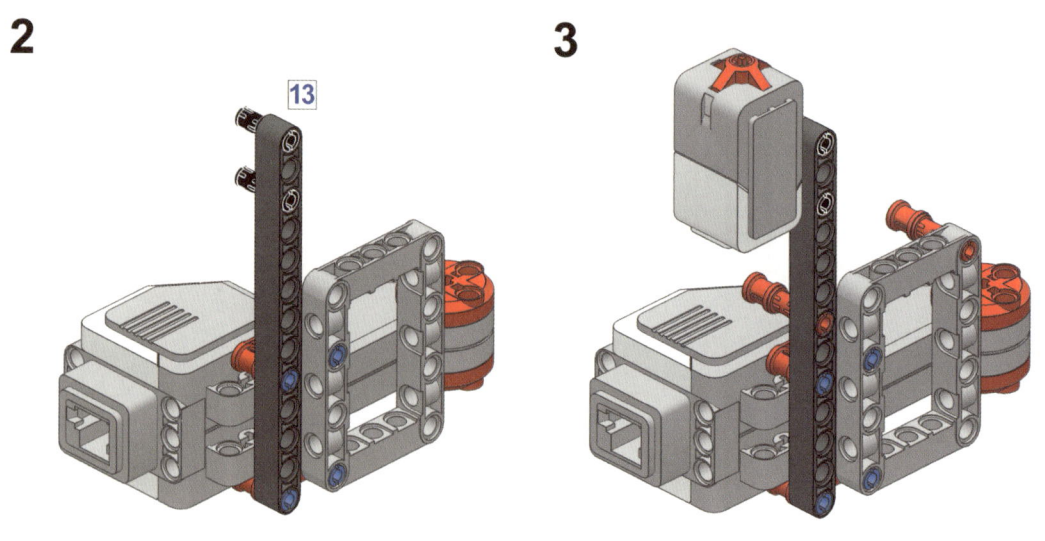

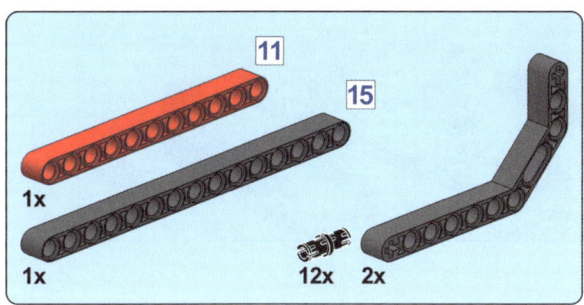
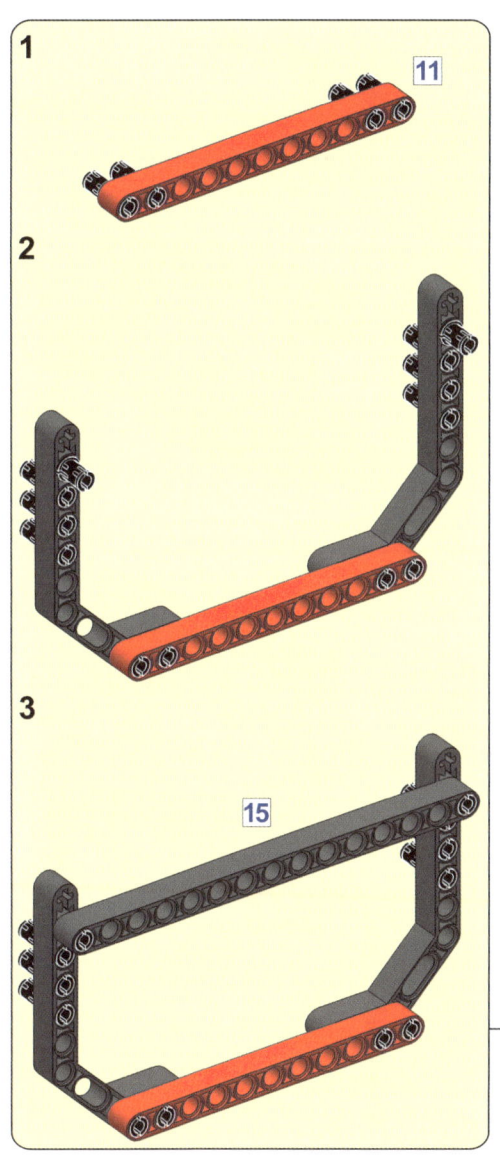
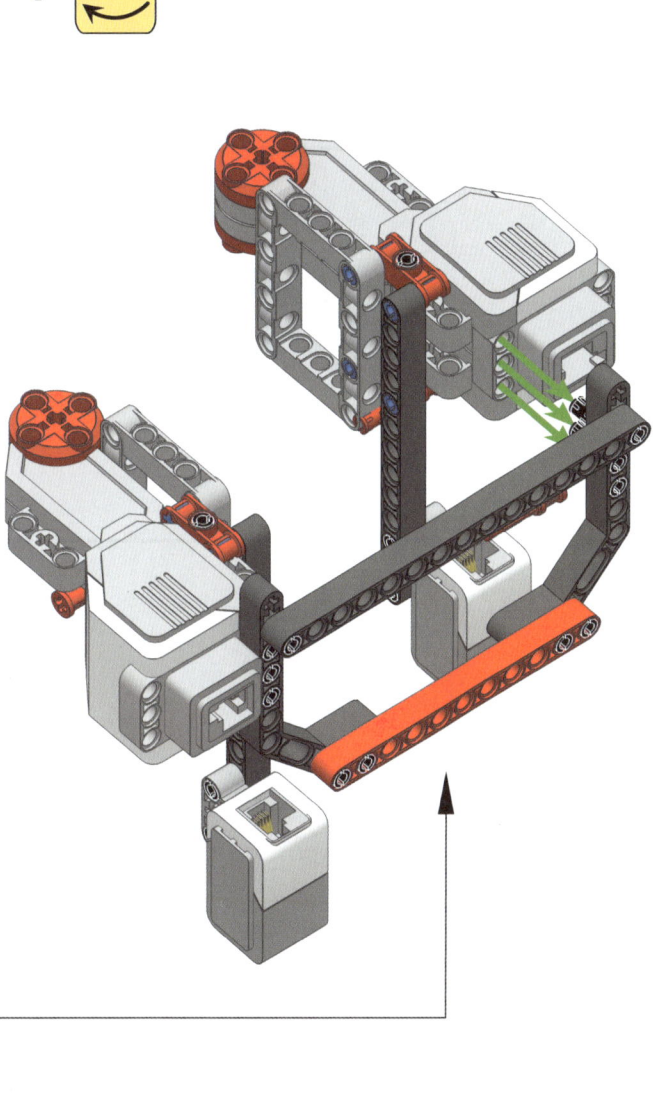

14 데이터 와이어 사용하기 253

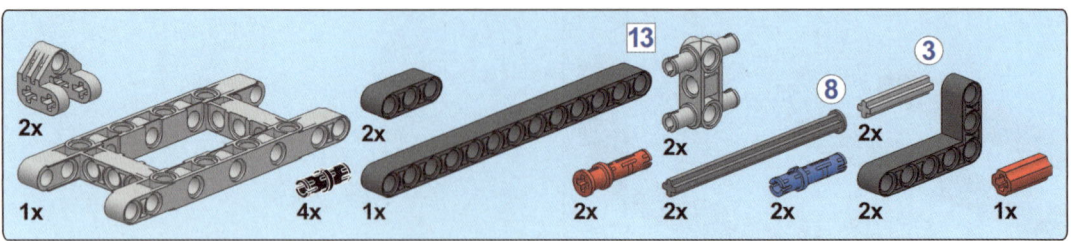

1

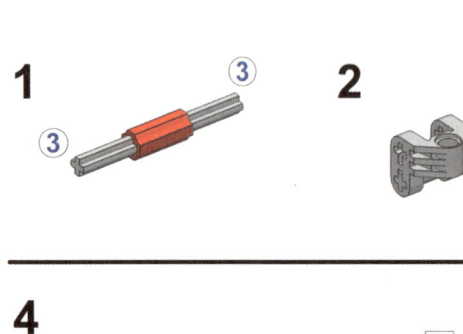

2

3

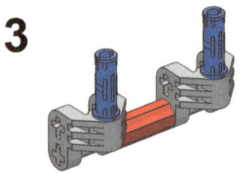

4

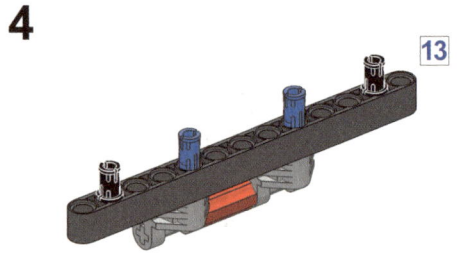

5

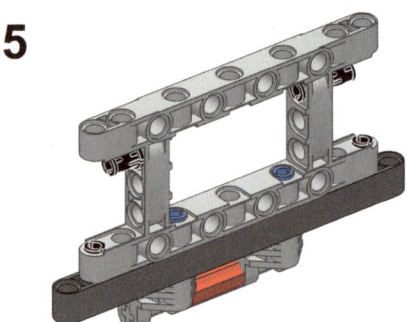

6

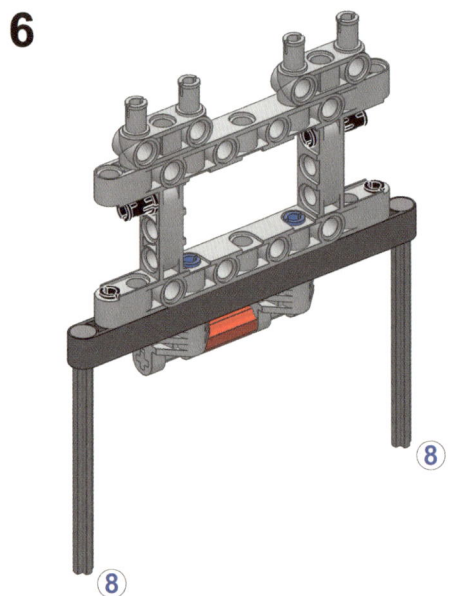

7

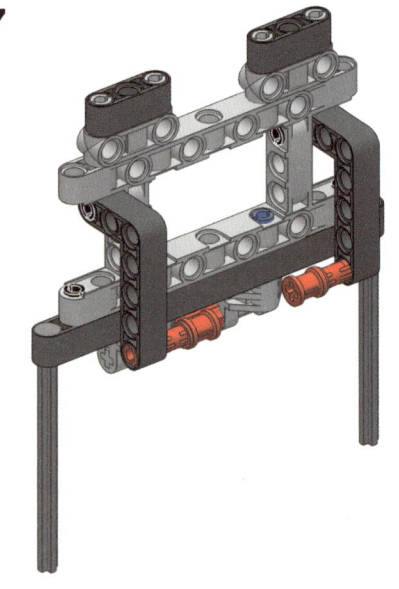

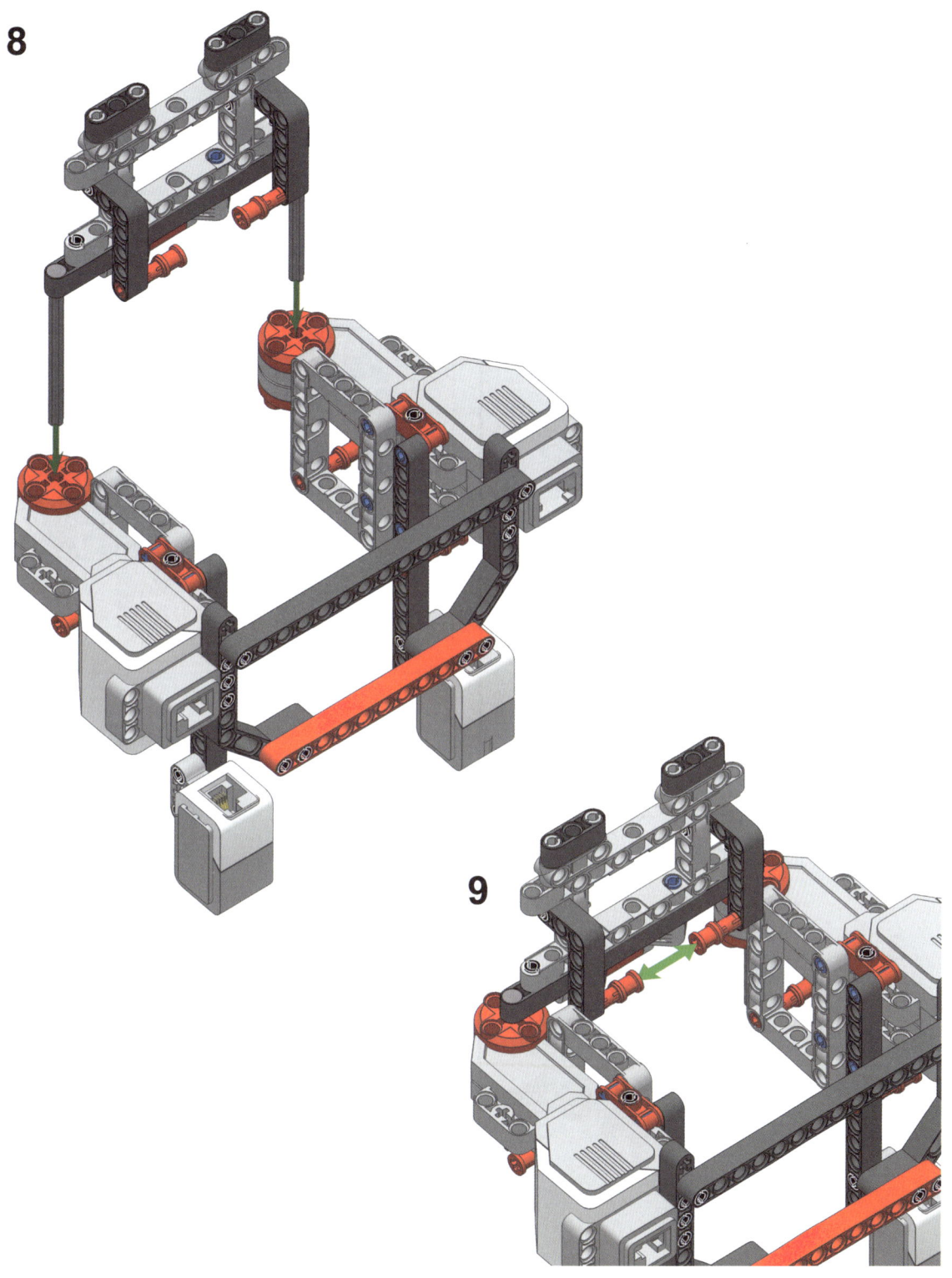

14 데이터 와이어 사용하기

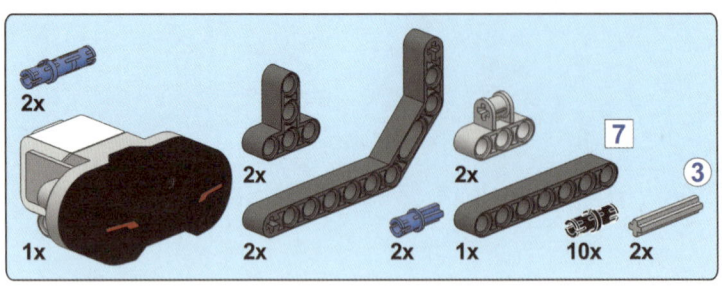

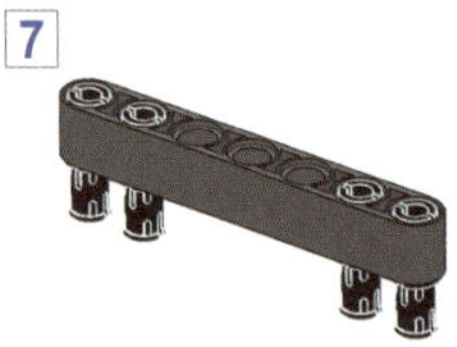

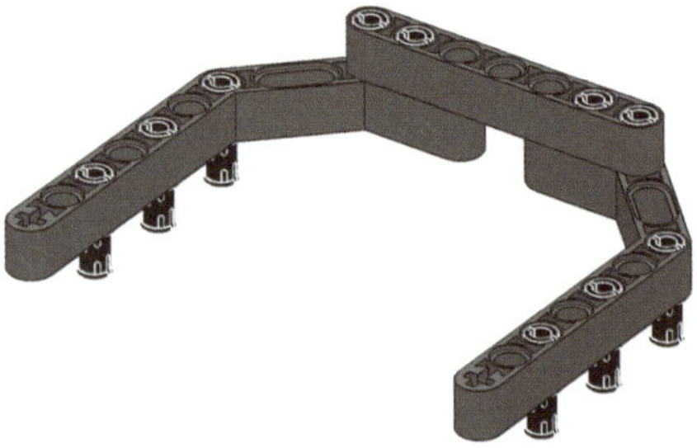

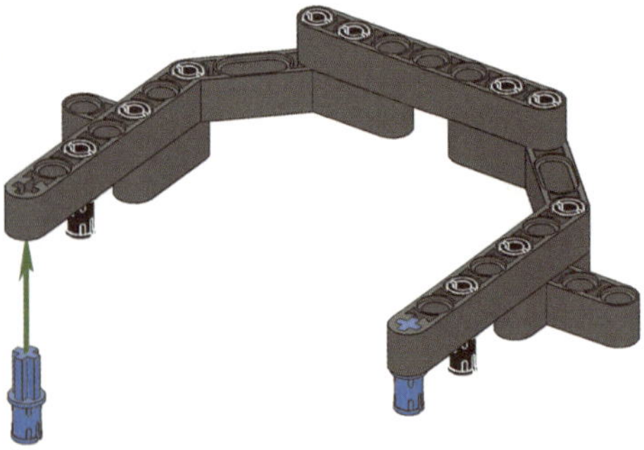

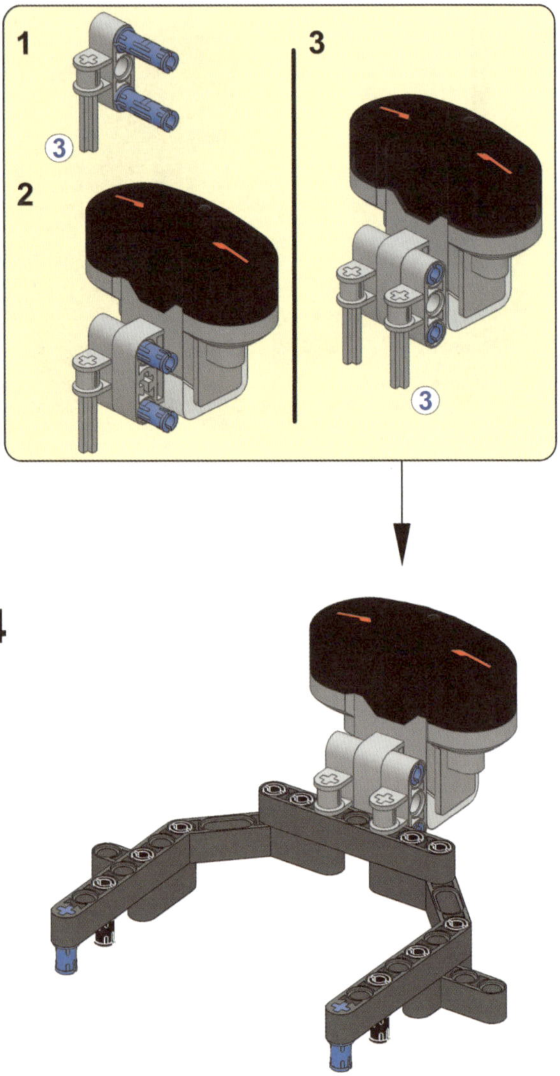

5

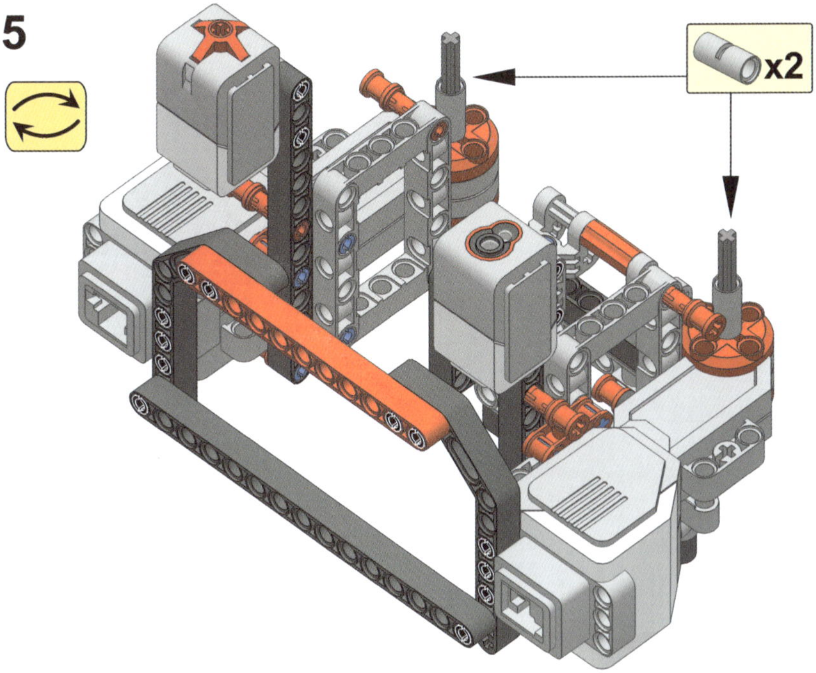

6

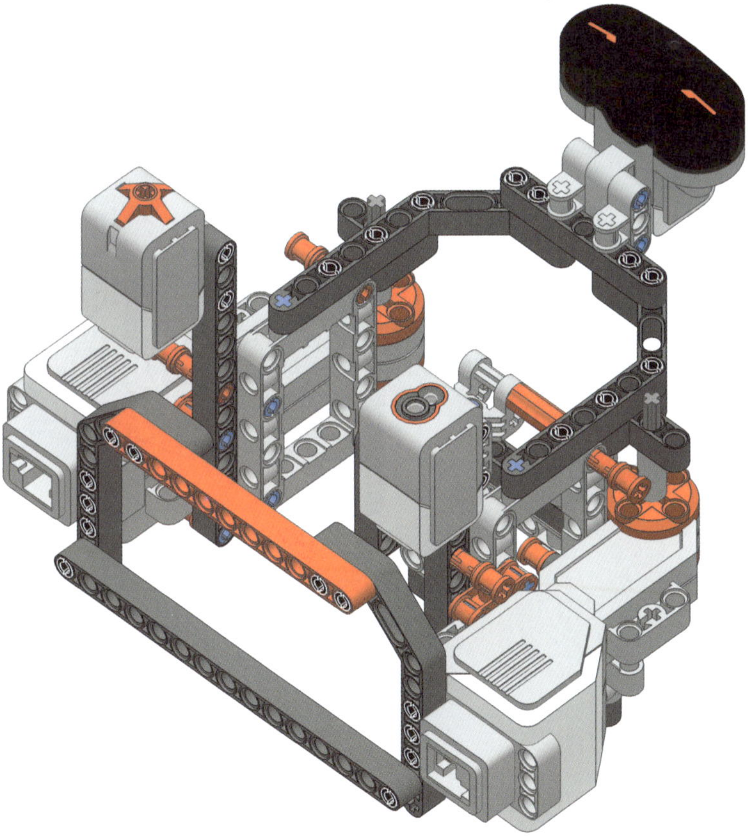

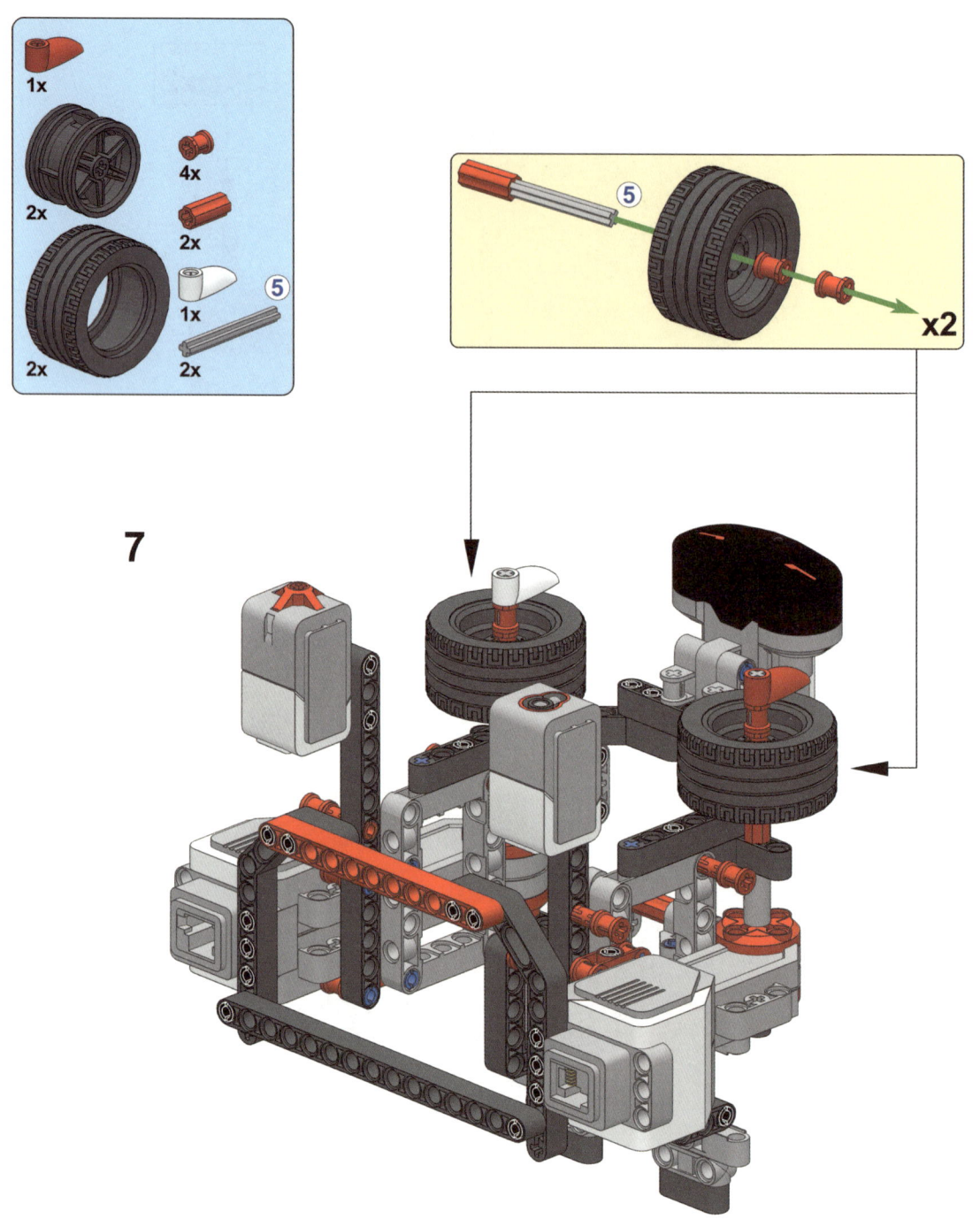

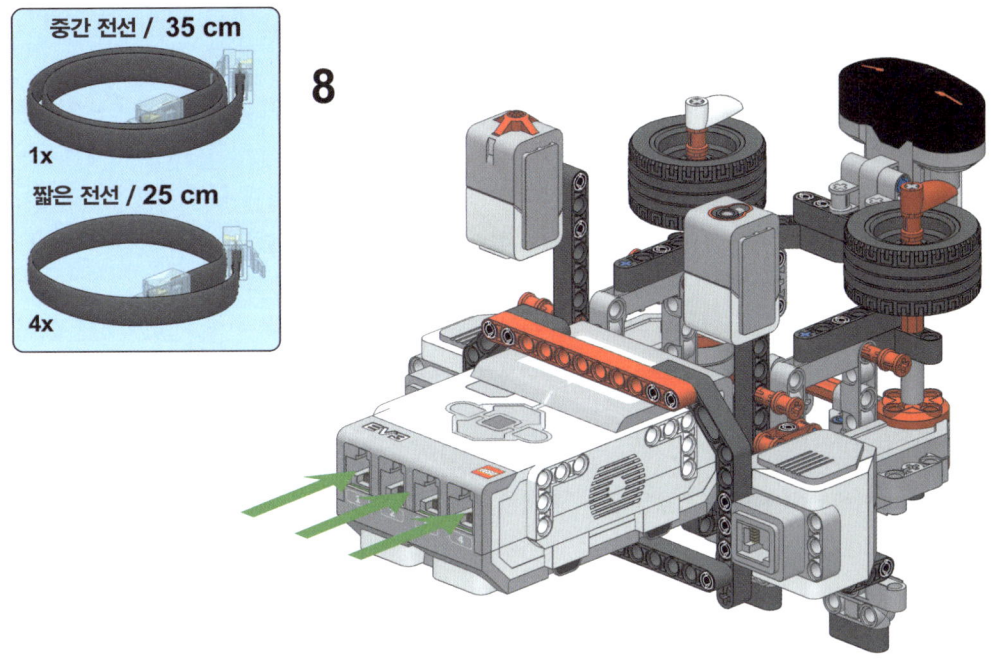

9

먼저 완성된 구조물에 EV3 컨트롤러를 위 8번과 같이 밀어 넣습니다. 그 다음 아래와 같이 빨간색 핀을 눌러 구조물과 EV3를 결합시키고 마지막으로 각각의 모터와 센서에 연결된 전선을 해당 포트에 연결합니다.

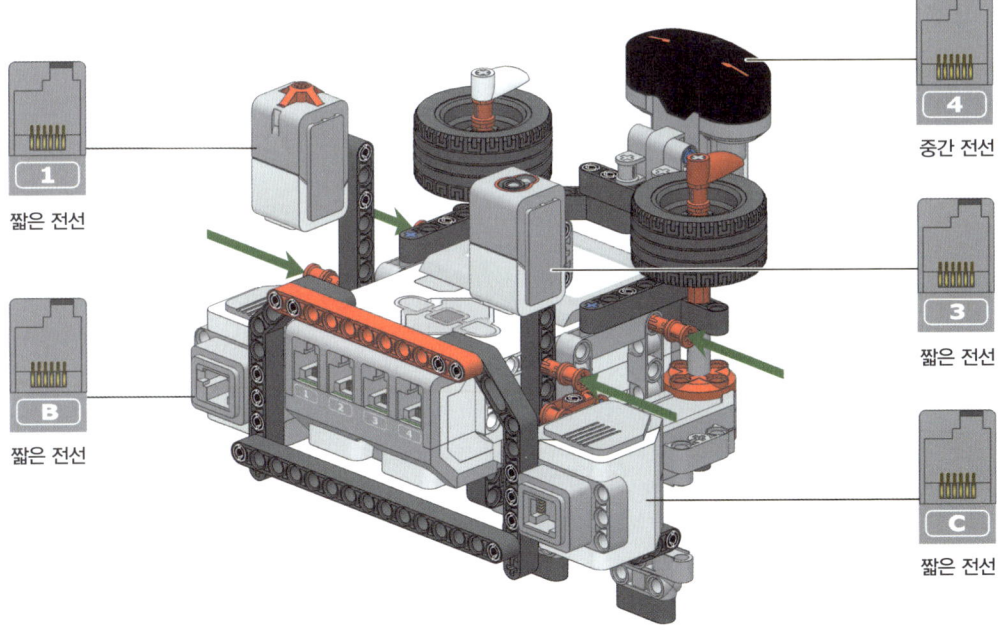

14 데이터 와이어 사용하기 259

데이터 와이어 배워보기

데이터 와이어가 어떻게 동작하는지 보기 위해, 우리는 스케치봇이 소리를 낸 뒤 3초간 모터가 돌아가는 간단한 프로그램을 만들어 볼 것입니다. 모터의 파워 값, 즉 속도는 적외선 센서가 측정한 거리 값에 의해 바뀝니다. 만약 센서와 아주 가까운 거리에 여러분이 손을 댄다면 센서 값이 27% 정도로 측정되고 모터의 파워도 27%가 되는 것입니다. 물론 손을 멀리 한다면 센서값은 85% 또는 그 이상이 되고 모터의 파워도 85% 이상으로 더 빨라질 것입니다.

우리가 사용할 센서 블록은 센서 탭에 있는 적외선 센서 블록입니다. (그림14-3의 탭 중 세 번째 노란색 탭이 센서 탭입니다. 마우스 커서를 탭에 대면 '센서'라고 보입니다. 이 블록에 대해서는 뒤에 좀 더 자세히 살펴볼 것입니다.)

먼저 SK3TCHBOT-Wire라는 이름으로 새 프로젝트를 만들고 그 안에 FirstWire라는 이름으로 새 프로그램을 만들어 줍니다. 그림 14-3과 14-4는 각각 FirstWire 프로그램의 구성을 보여줍니다. 프로그램이 완성되면 다운로드해 봅시다.

이 프로그램을 다운로드 후 실행하면 흰색 다이얼은 프로그램이 시작되는 시점에서 적외선 센서와 장애물의 거리에 따라 속도가 바뀌게 됩니다. 예를 들어 여러분이 손을 멀리 움직이면 모터는 빠르게 회전하고, 센서에 손을 가까이 대면 모터는 천천히 회전합니다.

아마도 여러분은 데이터 와이어의 첫 번째 활용을 성공적으로 마쳤을 것이라 생각합니다. 이제 각 블록들이 어떻게 동작하는지 살펴봅시다. 맨 처음의 사운드 블록은 단지 프로그램이 시작한다는 것을 알리기 위해 사용됩니다. 소리가 나는 시점이 적외선 센서가 거리를 측정하는 순간이라고 생각하면 됩니다.

소리가 그친 후 적외선 센서는 전방의 장애물과의 거리를 측정합니다(27%라고 가정). 측정된 센서값을 노란색 데이터 와이어를 통해, 3초간 라지 모터를 구동시키는 라지 모터 블록에 전달합니다. 라지 모터 블록의 파워 설정 부분은 이전까지는 직접 파워 값을 입력했으나, 지금은 노란색 데이터 와이어가 연결되어 있고, 이곳을 통해 숫자 값(27)을 입력받게 됩니다.

그림 14-5는 이 일련의 과정을 다시 한 번 정리해서 보여줍니다.

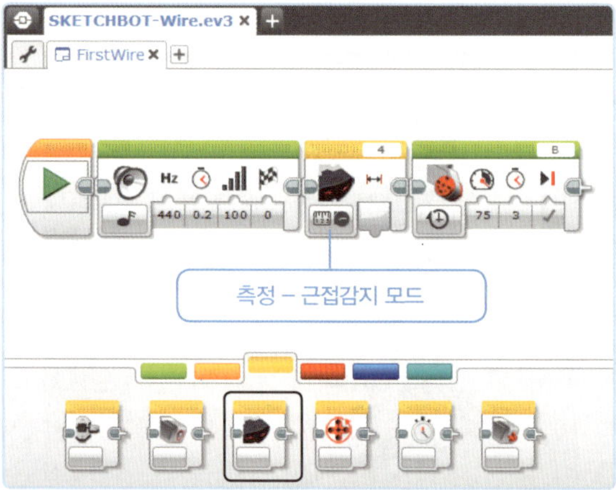

■**그림 14-3** 1단계: 프로그래밍 캔버스에 각각의 함수 블록을 순서대로 배치합니다. 노란색 적외선 센서 블록은 여섯 종류의 팔레트 중 노란색의 '센서' 팔레트에서 찾을 수 있습니다. 적외선 센서 블록은 **측정 – 근접감지** 모드로 설정합니다.

■**그림 14-4** 2단계: 그림의 표시된 부분에 마우스 커서를 대고 왼쪽 버튼을 누르면 마우스 커서에 데이터 와이어가 끌려 나옵니다. 표시된 부분에 데이터 와이어의 커넥터를 연결하면 프로그램이 완료됩니다.

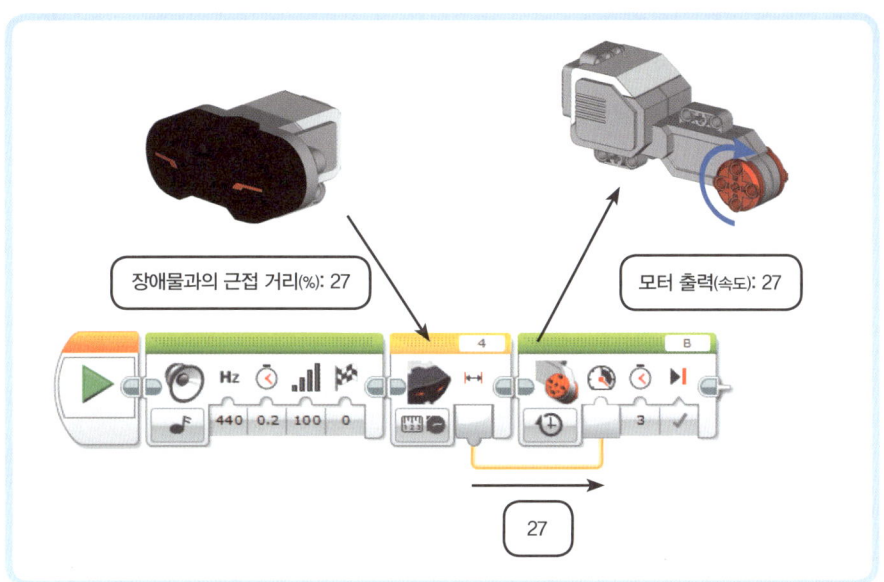

■ 그림 14-5 적외선 센서 블록은 전방 장애물과의 거리를 측정하고 이 값을 데이터 와이어를 통해 모터 구동 블록으로 보냅니다. 이 값은 모터의 파워 값으로 사용됩니다.

탐구과제 73: 먼 곳에 이야기하기!

난이도 ▭ 시간 ◷

FirstWire 프로그램에서 라지 모터 블록을 없애고 사운드 블록을 넣어 '헬로우'라는 인사말을 출력하도록 설정합니다. 적외선 센서 블록으로부터 나온 데이터 와이어를 사운드 블록의 음량에 연결합니다. 이 프로그램은 여러분이 적외선 센서에 가까이 있다면 속삭이듯 작은 소리로, 멀리 있다면 외치듯 큰 소리로 인사할 것입니다.

데이터 와이어의 활용

앞서 살펴본 것과 같이, 데이터 와이어는 블록과 블록 사이에서 정보를 전달하는 통로 역할을 담당합니다. 이 정보는 그림 14-6에서 보는 바와 같이 '블록 출력'으로부터 '블록 입력'으로 연결되는 구조를 가집니다. 예제 프로그램에서 데이터 와이어는 센서 블록의 거리 값을 블록 출력으로 내보내고, 모터 블록은 블록 입력으로부터 그 값을 입력받습니다.

■ 그림 14-6 데이터 와이어는 '블록 출력'으로부터 값을 전달받아 다음 블록의 '블록 입력'으로 값을 넘겨줍니다.

주지할 점은 데이터 와이어가 원래의 모터 블록에 할당되어 있던 파워 값의 숫자(75)를 없앤다는 점입니다. 데이터 와이어가 연결되면 그 전까지 해당 입력 블록에 쓰였던 숫자 값은 무시되며 이 입력 블록은 오직 데이터 와이어로부터 전달받은 값만을 사용하게 됩니다.

한편, 모터 블록의 다른 부분(구동 시간을 설정하는 '초'와 정지 상태를 설정하는 '정지 방식')은 데이터 와이어를 연결하지 않았기 때문에 원래 내장된 입력값으로 설정됩니다. 이 그림에서는 '초' 설정에 3이 입력되어 있으므로 파워는 센서의 측정값에 따라 바뀌지만 구동 시간은 항상 3초가 됩니다.

이제 데이터 와이어의 또 다른 특징을 살펴보겠습니다.

데이터 와이어의 값 보기

컴퓨터에 연결된 EV3의 프로그램이 실행되는 동안, 마우스 커서를 데이터 와이어에 가져가면 그림 14-7과 같이 현재 데이터 와이어를 통해 전달되는 값을 볼 수 있습니다. 이를 통해 여러분은 좀 더 직관적으로 현재 로봇이 인식하는 데이터를 확인할 수 있습니다.

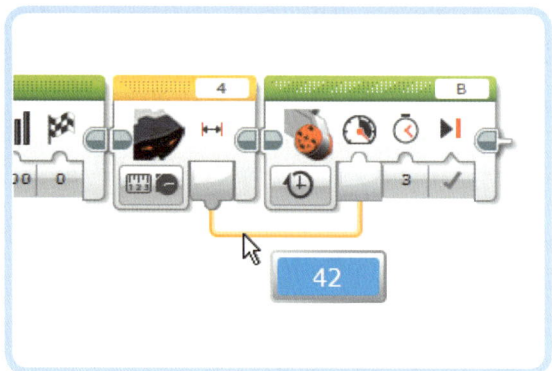

■그림 14-7 데이터 와이어에서 전달되는 값을 보기 위해서는 마우스 커서를 와이어 위로 가져갑니다.

이 과정은 실제의 EV3 컨트롤러를 통해서 얻어지는 것이기 때문에, 반드시 EV3와 컴퓨터가 연결되어 있어야 합니다. 또한 프로그램의 실행 방법 역시 EV3 소프트웨어의 '다운로드 및 실행'을 통해야 합니다. 만약 여러분이 EV3 LCD 창의 버튼 메뉴로 프로그램을 실행한다면 데이터 와이어 값은 볼 수 없습니다.

데이터 와이어 지우기

연결된 데이터 와이어를 제거하기 위해서는 그림 14-8과 같이 클릭해서 데이터 와이어 블록을 분리합니다.

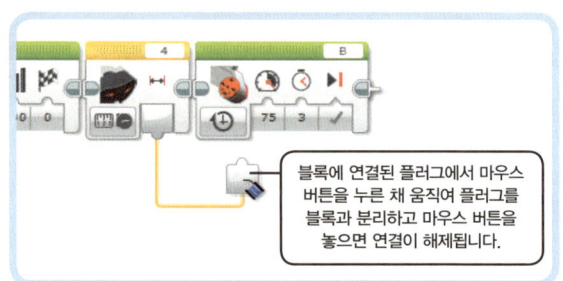

■그림 14-8 데이터 와이어 지우기

프로그램에서의 데이터 와이어

프로그램에서 데이터 와이어를 활용할 때 연결할 블록 입력과 블록 출력은 붙어 있지 않아도 무방합니다. 그림 14-9와 같이 두 개의 블록 사이에 다른 블록이 들어가 있어도 데이터 와이어는 아무 문제없이 작동합니다. 그림의 WirePause 프로그램은 실행되면 센서를 읽어 데이터 와이어로 값을 전달하고 5초간 기다립니다. 5초 전에 읽은 센서값은 모터 블록으로 전달되어 파워로 설정됩니다.

■그림 14-9 WirePause 프로그램은 센서 블록이 측정한 하나의 센서값(예를 들어 34%)을 전달합니다. 5초 대기 블록 때문에 모터 구동 블록은 센서값을 읽은 5초 뒤에 실행되지만 모터 블록으로 데이터 와이어를 통해 전달되는 값은 5초 전의 34%가 됩니다. (5초 동안 바뀐 센서값은 무시됩니다.)

그림 14-10에서 보는 바와 같이, 데이터 와이어는 역방향으로 연결할 수 없습니다. 모터 블록에 파워 값을 설정하기 위해서는 센서에서 측정한 값이 있어야 하는데, 순차적으로 블록이 실행되는 프로그램의 특성상 적외선 센서를 이용한 측정이 모터의 구동보다 더 미래에 이루어지기 때문입니다.

정리하자면, 데이터 와이어 입력을 받는 블록(이 그림의 경우 모터 블록)은 데이터를 출력하는 블록(이 그림의 경우 센서 블록)보다 뒤에 위치해야 합니다.

하나의 블록 출력에서 여러 개의 블록 입력으로 값을 전달할 수 있는 것과 달리, 여러 개의 블록 출력에서 하나의 블록 입력으로 값을 전달하는 것은 불가능합니다.

블록 입력이 데이터 와이어에 연결된 경우(그림 14-6 참조) 이 입력에 다른 데이터 와이어를 연결하는 것이 불가능합니다.(만약 이와 같은 연결이 허용된다면 하나의 블록 입력에 두 개 이상의 와이어가 연결되고 와이어를 통해 서로 다른 값이 동시에 입력될 것입니다. 이 중 어떤 값을 선택해야 할지 블록이 판단할 수 있을까요?)

👦 이 역시 '방송' 개념과 비슷하게 생각할 수 있습니다. 동시에 두 개 이상의 채널을 열어 두 방송을 동시 시청하거나, 두 명과 동시에 통화하는 상황에서 두 명의 상대방이 동시에 이야기한다면 머릿속은 그만큼 혼란스러워지겠죠.

■그림 14-10 데이터 와이어는 오직 왼쪽에서 오른쪽으로, 즉 프로그램이 진행되는 방향으로만 연결할 수 있습니다. 블록 출력을 블록 입력보다 앞으로 연결하는 것은 EV3 소프트웨어 자체에서 허용되지 않습니다.

복수의 데이터 와이어 사용하기

그림 14-11은 하나의 블록 출력에서 두 개의 블록 입력으로 나뉘어 연결되는 구성을 보여줍니다. MultiWire라는 이름의 이 테스트 프로그램은 측정한 적외선 센서의 거리 값을 두 개의 모터 제어 블록에 각각 전달합니다. 이 중 하나는 모터 B(흰색 다이얼)의 파워로 설정되고, 다른 하나는 모터 C(빨간색 다이얼)의 각도로 설정됩니다.

예를 들어 적외선 센서의 측정값이 34%라면, 모터 B는 34%의 파워로 3초간 회전하고, 모터 C는 75%의 파워로 34도 회전하게 됩니다. 👦 이론적으로 이렇게 연결될 수 있는 블록 입력의 개수는 제한이 없습니다. 센서는 센서값을 '방송'하고, 다른 블록들 중 데이터 와이어가 연결된 블록은 '채널'을 맞추어 그 '방송'을 수신한다는 개념으로 생각하면 쉬울 것입니다.

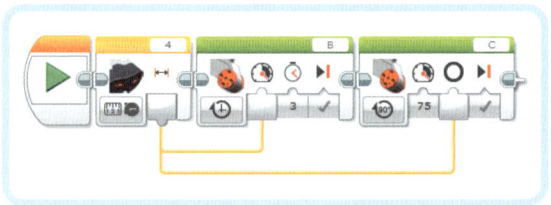

■그림 14-11 MultiWire 프로그램에서는 하나의 센서 블록이 읽은 값을 두 곳의 블록 입력으로 전달합니다. 센서가 읽은 값은 하나지만, 이 값은 각각 다른 블록이 다른 용도로 사용하게 됩니다(B는 파워, C는 각도).

반복 구조와 데이터 와이어

앞서 만들어 본 FirstWire 프로그램에서 3초간 회전하는 모터의 구동 속도는 프로그램이 시작되는 시점에서 센서와 손 사이의 거리를 측정한 값으로 설정되었습니다. 이제 이 프로그램을 반복 구조가 추가되는 형태로 그 사이의 거리에 따라 실시간으로 모터 속도가 바뀌도록 업그레이드해 보겠습니다.

FirstWire 프로그램에 루프 블록을 추가하고 이 안에 센서 블록과 모터 구동 블록을 넣어 줍니다. 그리고 그림 14-12와 같이 모터 블록의 구동 모드를 **켜짐**으로 바꾸어 RepeatWire라는 이름으로 저장합니다. RepeatWire 프로그램을 실행하면, 모터 속도는 여러분의 손과 적외선

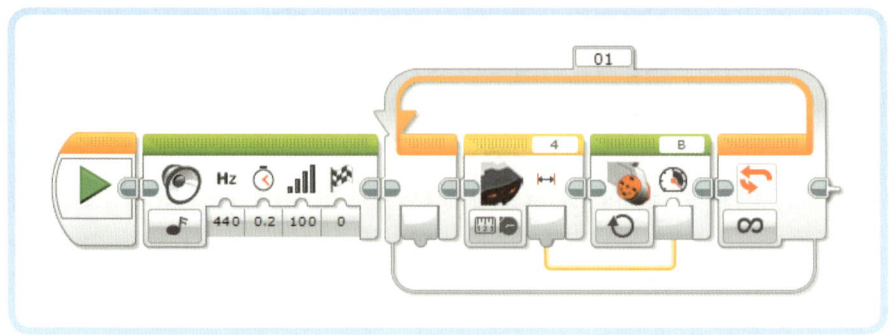

■ 그림 14-12 RepeatWire 프로그램은 실시간으로 적외선 센서가 읽은 거리 값에 반응해 모터 속도를 지속적으로 변화시킵니다.

센서의 거리에 따라 자연스럽게 변화합니다. 손을 천천히 움직이지 않고 갑자기 센서 앞에 가까이 댄다면 센서값은 아주 낮은 값이 측정되고 모터는 급정지할 것입니다.

이 프로그램은 센서값에 따라 모터에 구동 명령을 내리고 나면 루프 블록에 의해 다시 처음으로 돌아가 센서값을 다시 읽는 동작을 반복합니다. 루프 블록 안에 배치된 두 블록이 수행되는데 걸리는 시간은 아주 짧기 때문에 적외선 센서의 거리 변화에 따라 모터는 실시간으로 속도가 바뀔 것입니다.

탐구과제 74: 막대 그래프!

난이도 ▢▢ 시간 ◔

그림 14-13은 완성되지 않은 그래프 그리기 프로그램입니다. 이 프로그램은 EV3의 화면에 적외선 센서가 측정한 거리를 막대그래프 형태로 보여주는 프로그램인데 데이터 와이어가 아직 연결되지 않았습니다. 적외선 센서 블록으로부터 디스플레이 블록의 어느 플러그에 데이터 와이어를 연결하면 거리에 따라 막대그래프의 길이가 변화할 수 있을까요?

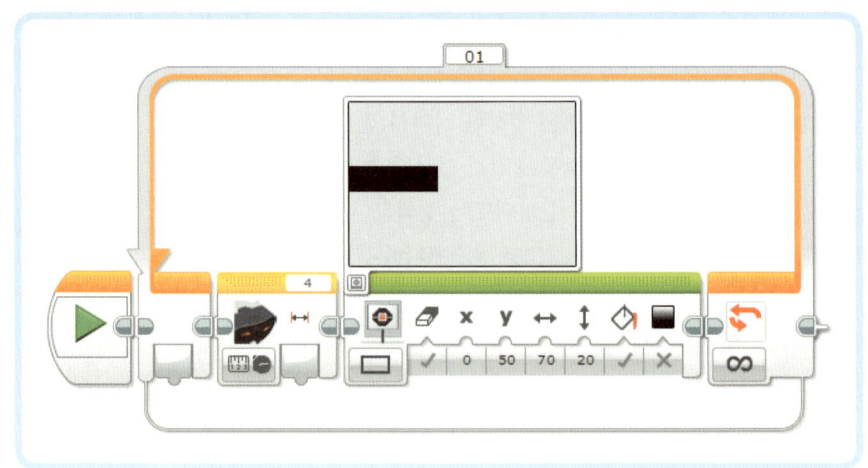

■ 그림 14-13 탐구과제 74의 미완성 프로그램

탐구과제 75: 그래프 업그레이드!

난이도 ▢▢▢ 시간 ⏱⏱

탐구과제 74에서 만든 프로그램을 확장해 봅시다. 컬러 센서를 이용해 반사광 강도와 주변광 강도를 동시에 측정하고, 이 측정값을 먼저 만든 적외선 센서의 거리 값 그래프 아래에 나란히 배치해서 총 세 개의 그래프가 실시간으로 출력되도록 프로그램을 수정합니다.

> **HINT** 이 프로그램은 두 개의 컬러 센서 블록을 사용합니다. 화면의 잔상 효과를 예방하기 위해 루프 안쪽 마지막에는 0.2초간 대기하는 기능을 추가합니다. 그래프를 갱신하기 위해 화면을 지우는 기능은 세 개의 디스플레이 블록 중 어디에 위치해야 할까요?

데이터 와이어의 유형

이번 장의 앞부분에서 사용해 본 데이터 와이어는 모두 숫자 형태의 데이터만을 전달했습니다. 하지만 EV3 프로그램에는 기본적으로 세 가지 유형의 데이터 와이어가 있습니다. 우리가 사용했던 숫자형 외에도 논리형과 텍스트형 데이터 와이어가 사용 가능합니다. 각 데이터 유형은 서로 다른 색깔과 블록 입출력의 모양으로 구분이 가능합니다.

자세한 내용은 표 14-1에서 볼 수 있습니다. 숫자형은 원형에 노란색, 논리형은 삼각형에 녹색, 그리고 텍스트형은 사각형에 주황색입니다. 블록 입력과 블록 출력의 모양은 직소퍼즐과 비슷한 모양으로 끼워 맞추는 돌기와 홈으로 구분되며 이 모양을 통해 적절한 데이터 유형을 필요한 곳에 연결할 수 있습니다.

👦 일반적인 프로그래밍 언어에서도 이와 비슷하게 '숫자형'과 '텍스트형' 그리고 '논리형' 데이터를 구분해서 처리합니다. 이렇게 구분되는 이유는 저장할 정보량과 메모리 필요량에 의한 것입니다.

논리형은 두 가지 상태만을 저장하기 때문에 가장 작은 1비트로 0과 1만을 저장하는 것으로 충분합니다. 숫자형은 8비트(1바이트) 단위를 기준으로, 부호가 없이 0부터 255 또는 -128부터 127까지를 최소 단위로 사용하며, 이 범위를 넘는 숫자는 데이터 형이 바뀌어 16비트/32비트로 늘어나며 표현할 수 있는 숫자도 늘어나게 됩니다. 수식 연산이 적용되어야 하는 숫자형과 달리, 글자는 조금 다른 방식으로 처리되는데, ASCII 또는 UNICODE 등으로 정의된 별도의 문자 테이블을 이용해, 특정한 16진수 코드에 맞는 글자를 출력하는 식으로 문자를 처리합니다.

개념적으로 숫자형 변수가 가장 복잡한데, 다행히도 EV3의 프로그래밍 환경에서는 이런 부분을 다 숨겨두고

표 14-1 기본 데이터 와이어의 유형

👦 EV3의 텍스트 테이블은 2바이트 특수문자가 지원되지 않습니다. 현재로서는 한국어, 일어, 중국어 등의 비영어권 문자는 EV3의 순정 펌웨어에서 텍스트형으로 입력 및 처리가 불가능합니다.

유형		데이터의 형태
숫자형		-5 0 3.75 75
논리형		참 거짓
텍스트형		Hello I'm a robot 5 apples

단순히 숫자형 데이터 와이어를 통해 음수와 양수, 소숫점 및 숫자의 크기에 크게 구애받지 않고 쓸 수 있습니다. 이렇게 프로그래밍의 복잡도를 상당히 줄인 것이 이 프로그램의 특징입니다.

숫자형 데이터 와이어

숫자형 데이터 와이어(노란색)는 숫자로 표기할 수 있는 값을 전달합니다. 전달될 수 있는 값은 일반적인 정수(0, 15, 1,427과 같은 양수), 소숫점 단위의 실수(0.1이나 73.14와 같은 수), 그리고 음수(-14 또는 -31.47과 같은 0보다 작은 수)를 사용할 수 있습니다.

적외선 센서의 거리 값인 경우 0부터 100 사이의 값이 측정되므로 숫자형 데이터 와이어로 값을 보내기에 적합합니다.

논리형 데이터 와이어

논리형 데이터 와이어(녹색)는 오직 두 개의 값, 참과 거짓만을 전달합니다. 이 와이어는 주로 두 개의 값으로 충분히 의사 전달이 가능한 블록, 이를테면 디스플레이 블록의 화면 지우기나 눌림과 눌리지 않음을 판단하는 터치 센서와 같은 곳에 사용할 수 있습니다.

터치 센서의 경우 센서값이 두 가지(눌림과 눌리지 않음)이므로 논리형 데이터로 센서의 상태를 전달할 수 있습니다. 터치 센서 블록을 '측정-상태' 모드로 설정하면 센서가 눌릴 경우 참의 값을, 눌리지 않을 경우 거짓의 값을 데이터 와이어를 통해 다른 블록에 전달합니다.

그림 14-14의 LogicClear 프로그램은 논리형 데이터 와이어의 동작을 보여주는 예제입니다. 이 프로그램이 실행되면 화난 눈 표정을 한 그림을 출력하고 2초간 기다립니다. 그 사이에 터치 센서가 눌렸다면(참) 논리형 데이터 와이어를 통해 참의 값이 전달되고, 디스플레이 블록은 화면을 지운 뒤 깨끗한 화면에 MINDSTORMS 단어를 출력합니다.

만약 터치 센서가 눌리지 않았다면(거짓) 데이터 와이어는 거짓을 전달하고, 디스플레이 블록은 화난 눈 표정을 지우지 않은 채 그 위에 MINDSTORMS 단어를 출력하게 됩니다.

텍스트형 데이터 와이어

텍스트형 데이터 와이어(주황색)는 문자열을 주고받을 때 사용합니다. 예를 들어, EV3의 화면에 메시지를 출력하는 디스플레이 블록이 이 데이터 와이어를 통해 문자열을 입력받을 수 있습니다. 문자열은 단어 또는 문장으로 'Hello, I'm a robot' 또는 '5 apples'와 같이 알파벳과 숫자, 특수기호가 포함될 수 있습니다.

이 데이터 와이어에 대해서는 15장에서 좀 더 자세히 다루어 볼 것입니다. 아쉽게도 현재의 펌웨어에서 텍스트형 데이터 와이어로 한글 데이터를 전달하는 것은 불가능합니다.

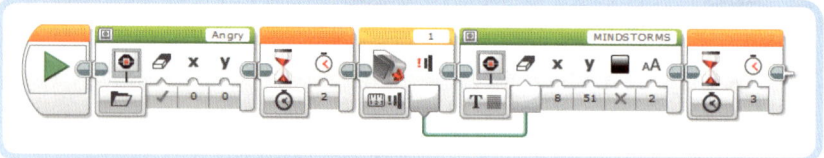

■ 그림 14-14 LogicClear 프로그램. 노란색의 센서 팔레트에서 꺼낸 터치 센서 블록이 측정한 센서 상태에 따라 데이터 와이어를 통해 참 또는 거짓의 값이 전달됩니다.

탐구과제 76: 부드럽게 멈추기!

난이도 ▫▫ 시간 ⏱

적외선 센서가 가까운 곳에서 물체를 인식할 때까지 모터 B를 최고 속도로 회전시킵니다. 논리형 데이터 와이어를 이용해 만약 터치 센서가 눌리면 모터를 급정지시키고, 터치 센서가 눌리지 않았다면 모터를 부드럽게 멈추도록 프로그래밍해 봅시다.

> **HINT** 모터 구동 블록의 정지 방식은 모터를 급정지시킬지, 완만하게 천천히 정지시킬지를 결정합니다.

숫자형 배열과 논리형 배열

EV3 소프트웨어에서도 다른 프로그래밍 언어에서 흔히 사용되는 배열의 개념이 적용되고 있습니다. 숫자형과 논리형 데이터의 경우 배열 형태의 값을 전달할 수 있습니다. 숫자형 배열의 경우 연속된 숫자 값들이 저장된 목록으로, 하나의 데이터 와이어를 통해 여러 개의 숫자를 함께 전달하는 데 사용됩니다.

예를 들어, 가장 최근에 측정된 다섯 개의 센서값을 EV3 화면에 동시에 출력하는 마이 블록을 만들고 여기에 숫자형 배열 데이터 와이어를 통해 일련의 센서값 배열을 전달할 수 있습니다. 👦 하나의 값을 여러 번 보내는 것과는 다릅니다. 배열은 그 자체가 여러 개의 값을 갖게 되며, 각각의 값은 저장된 위치를 통해 접근할 수도 있고 한 배열의 구성 값 중 특정한 조건에 부합하는 값만을 선택적으로 취하는 것도 가능합니다.

논리형 배열도 마찬가지로 논리형 데이터가 연속적으로 모인 배열 구조입니다. 배열에 대한 부분까지 다루다면 너무 내용이 복잡해질 수 있어 여기에서는 배열을 다루지 않습니다. 여러분은 이 책을 전부 다 읽어본 후 http://ev3.robotsquare.com/에서 추가적인 배열을 활용한 예제를 경험해 볼 수 있을 것입니다.

👦 일반적인 프로그래밍에 대한 경험이 없다는 가정하에, 지금 14장까지를 막 이해한 시점에서는 배열에 대한 개념은 조금 어려울 수 있습니다. 만약 여러분이 다른 프로그래밍 언어를 이미 경험했고 변수형과 배열의 개념에 대해 충분히 이해하고 있다면 지금 바로 저자의 홈페이지를 방문하는 것도 좋습니다.

형 변환

보통 데이터 와이어는 같은 형의 데이터 와이어에 연결해서 사용하며 각 데이터 와이어의 결합 부위 역시 같은 것끼리 결합해서 사용합니다. (숫자형은 원형, 논리형은 삼각형, 텍스트형은 사각형) 하지만 EV3 소프트웨어에서는 조금 예외적인 세 가지의 추가 결합 방식을 지원합니다.

표 14-2에서 이러한 예외를 볼 수 있는데, 결합 부위의 모양 차이가 각 속성에 따라 세심하게 고려된 것을 알 수 있습니다. 기본적으로 블록 출력과 블록 입력은 같은 모양이어야 합니다.

하지만, 모양이 다르더라도 블록 입력의 단자 모양에 블록 출력의 단자 모양이 돌출되지 않고 들어갈 수 있다면 이 연결은 EV3에서 허용되는 연결입니다. 예를 들어, 원형의 숫자형 블록 입력 단자에는 삼각형의 논리형 블록 출력을 연결할 수 있습니다.

👦 입력은 모든 숫자를 받을 수 있으며, 출력은 참과 거짓으로 숫자 0과 1의 값이기 때문입니다.

다른 예로, 삼각형의 논리형 블록 입력 단자에는 원형의 숫자형 블록 출력 단자를 연결할 수 없습니다. 👦 입력은 참과 거짓으로 두 가지의 값만 받지만 출력은 모든 숫자가 나올 수 있기에, 결과적으로 입력의 범위를 넘어서기 때문입니다.

표 14-2 는 세 가지의 형 변환 사례와 이때 바뀌는 데이터를 보여줍니다. 표에서 제시된 블록 출력과 블록 입력의 조합이라면 데이터 와이어는 블록 출력에서 나오는 데이터를 블록 입력에 맞게 변환해 전달합니다. 이 내용을 좀 더 자세히 이해하기 위해 두 가지 프로그램을 만들어 보겠습니다.

바꾸기 전의 데이터 형		바꾸게 될 데이터 형	바뀐 데이터
논리형		숫자형	논리 참은 숫자 1로 변환 논리 거짓은 숫자 0으로 변환
논리형		텍스트형	논리 참은 문자 1로 변환 논리 거짓은 문자 0으로 변환
숫자형		텍스트형	숫자는 텍스트형 데이터를 처리하는 블록에 맞게 문자로 변환

표 14-2 데이터 와이어의 형 변환   이렇게 텍스트형으로 변환된 숫자는 직접적인 수식 계산이 불가능합니다.

논리형 데이터를 숫자형으로 바꾸기

ConvertWire 프로그램(그림 14-15)은 논리형 데이터가 숫자로 바뀌어 적용되는 형태를 보여줍니다. 대기 블록의 초 입력은 숫자형 값을 요구합니다. 터치 센서의 상태 출력은 논리형 값을 출력합니다. 이 프로그램은 논리형 값인 거짓을 0으로, 참을 1로 바꾸어 전달합니다.

결과적으로 여러분이 터치 센서를 누른 채 프로그램을 실행하면 참의 값이 1초로 입력되어 두 비프음은 1초라는 간격을 두고 '띠~띠'라고 울릴 것이고, 센서를 누르지 않는다면 0초의 간격이기 때문에 두 소리는 아주 빠르게 연속적으로 '띠띠' 하고 울릴 것입니다.

EV3의 화면에 숫자 출력하기

디스플레이 블록을 이용해 EV3의 화면에 출력할 수 있는 데이터는 텍스트형입니다. 그림 14-16에서 보는 것과 같이, 디스플레이 블록에는 직접 텍스트를 입력하거나, 또는 유선 옵션을 선택해 데이터 와이어로 전달받은 텍스트를 출력할 수 있습니다. 유선 옵션을 선택하면 텍스트 블록 입력이 추가되며 텍스트형 데이터 와이어를 여기에 연결할 수 있습니다.

텍스트 블록 입력에는 텍스트 블록 출력에서부터 나온 데이터 와이어를 연결할 수 있지만, 숫자형 데이터 와이어도 연결할 수 있습니다. EV3는 개념적으로는 CPU와

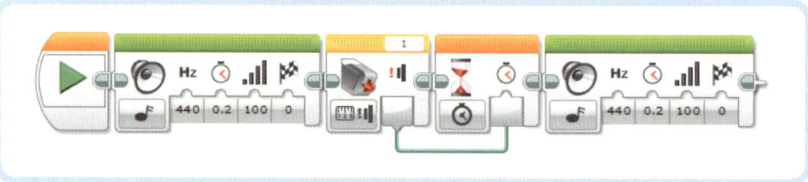

■ 그림 14-15 논리형 데이터를 숫자형 데이터로 바꾸는 ConvertWire 프로그램

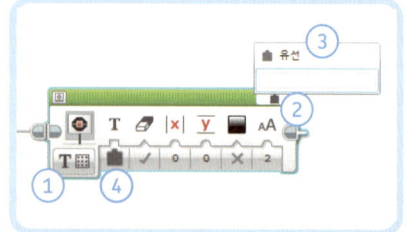

■ 그림 14-16 프로그래밍 팔레트에서 디스플레이 블록을 꺼내고 먼저 ①번을 클릭해서 '텍스트 – 눈금' 모드로 설정합니다. 그 다음 ②번 위치인, 텍스트 박스를 클릭하면 텍스트 입력 박스가 열리게 되고, 여기에서 위쪽의 유선 메뉴를 선택③하면 텍스트 블록 입력이 활성화됩니다④.

  ④번 플러그는 ③번의 '유선' 부분을 클릭해야만 생성되는 플러그이기 때문에 사용자가 디스플레이 블록을 바로 꺼냈을 때는 보이지 않습니다.

메모리 구조 및 기본적인 연산 개념이 컴퓨터와 유사하기 때문에, 일반적인 컴퓨터의 프로그래밍 언어에서 텍스트형 데이터와 숫자형 데이터를 구분해서 처리하는 것과 비슷하게 데이터를 처리합니다.

일반적으로 초창기의 컴퓨터에서 사용되던 ASCII라고 하는 표준 문자열에서는 2진수 7비트로 128개의 기호를 할당해 숫자와 알파벳 대소문자 및 특수기호를 저장하며, 이 경우 비 영어문화권의 문자를 표기하는 데는 어려움이 있었습니다.

현재의 컴퓨터는 다국적 언어들을 모두 표현하기 위해 유니코드라는 확장된 체계를 사용하지만 역시 2바이트 (65,535개) 또는 3바이트의 한정적인 구간 안에 모든 문자를 테이블 형태로 할당해서 사용합니다. 중요한 점은 문자열 데이터의 경우 한정된 테이블의 용량으로 모든 글자 정보를 담을 수 있다는 점입니다.

반면 숫자형 데이터의 경우 표현할 수 있는 범위에 따라 필요로 하는 용량이 늘어나는 개념으로, 8비트 1바이트의 경우 0부터 255 또는 -128부터 127의 범위를, 32비트의 경우 0부터 4,294,967,295 또는 -2,147,483,648부터 2,147,483,647까지의 범위를 가집니다.

숫자의 범위에 따라 메모리의 필요량이 달라지기 때문에 일반적인 프로그래밍 언어에서 숫자형 데이터는 범위에 따라 다른 메모리 용량을 할당합니다. 예를 들어 적외선 센서의 거리 값은 0부터 100이므로 1바이트의 숫자형으로 충분합니다.

만약 이 데이터를 위해 4바이트 메모리를 할당한다면 프로그램의 모든 부분에서 네 배의 메모리를 더 사용하는 낭비가 발생합니다. 반면 전체 인구분포도나 은행의 고객 잔고 이자관리와 같은 경우는 수백 만에서 수십 억 이상의 숫자 값이 입력되므로 1바이트의 숫자형 메모리에는 담을 수 없는 값이 됩니다.

실제로 일반적인 프로그래밍 언어 및 운영체제나 시스템 설계 관련 책에서도 이와 같은 변수의 용량과 메모리 및 데이터 형의 관계는 무척 중요하게 다루어지는 부분입니다. 물론 다행스럽게도 예전 마인드스톰 제품군인 RCX와 NXT부터 지금의 EV3에 이르기까지, 레고의 프로그래밍 언어들은 이와 같은 복잡한 개념이 주는 프로그램에 대한 거부감을 희석시키고 좀 더 쉽게 프로그램의 개념을 이해할 수 있도록 복잡한 개념을 많이 숨겨서 단순화시킨 것이 특징입니다.

언뜻 보면, 연산이 가능한 숫자와 기호로 인식되는 글자는 개념이 다르기 때문에 숫자형 데이터 와이어를 텍스트형 블록 입력에 연결하는 것이 불가능할 것이라고 생각할 수도 있지만, EV3의 프로그램은 자체적으로 텍스트형 블록 입력에 연결된 숫자형 데이터 와이어의 값을 텍스트로 바꾸어 디스플레이 블록과 같은 블록들이 숫자를 글자로 인식할 수 있게 처리합니다.

그림 14-17은 이와 같은 과정을 통해 숫자형 데이터가 글자로 출력되는 DisplayNumeric 프로그램의 모습입니다.

프로그램이 실행되면 지속적으로 센서값이 갱신되며 이 값들은 실시간으로 EV3의 화면에 출력됩니다. 이 프로그램은 여러분이 앞으로 만들게 될 프로그램에서 센서값을 모니터링하는 용도로 유용하게 사용될 것입니다.

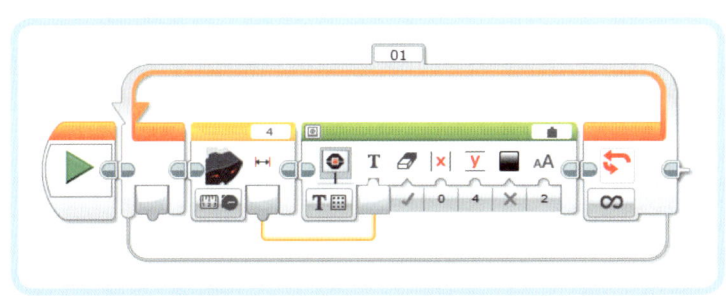

■ 그림 14-17 숫자형 데이터를 문자형 데이터로 바꾸는 DisplayNumeric 프로그램

물론 센서값 측정이야 EV3의 내장 프로그램인 포트 보기 앱으로도 충분히 가능하지만, 데이터 와이어를 활용한 이 프로그램은 단순한 수치로서의 센서값뿐만 아니라, 이 값에 특정한 수식을 적용시켜 가공한 여러분만의 데이터를 출력하는 것도 가능합니다.

무엇보다도 실제 로봇이 구동되는 동안 측정되는 센서값을 실시간으로 확인할 수 있다는 것이 가장 큰 차이점이라 할 수 있습니다. 다음 장에서 이 부분은 좀 더 자세히 다루어 볼 것입니다. 텍스트형 블록 입력은 숫자형 블록 출력뿐만 아니라, 논리형 블록 출력에도 연결될 수 있습니다. 이것은 논리형 블록 출력이 숫자형 블록 입력에 대응되도록 설계되었기 때문입니다.

다시 한 번 정리하자면, EV3 브릭은 컴퓨터와 마찬가지로 숫자형, 텍스트형 그리고 논리형 데이터를 서로 다른 형태로 처리합니다. 하지만 EV3 프로그램은 논리형 데이터를 텍스트형으로 변환할 수 있습니다. 참은 텍스트 1로, 거짓은 텍스트 0으로 표시됩니다. DisplayNumeric 프로그램의 적외선 센서 블록을 터치 센서 블록으로 바꾸어 실행해 보면 이를 확인할 수 있습니다.

센서 블록 활용하기

2부에서 우리는 대기, 반복, 그리고 스위치 블록을 통해 센서의 활용 방법을 배워 보았습니다. 마지막으로 우리가 다루게 될 센서 블록은 앞서 배워 보았던 것과 같이 센서값에 따라 논리적인 흐름에 영향을 주는 블록이 아닌, 순수하게 센서값을 얻기만 하는 블록입니다. 여기에서 얻은 센서값은 FirstWire 프로그램에서와 같이 다른 블록에 전달되어 다양하게 이용할 수 있습니다.

앞서 배워 본 대기, 반복, 스위치 블록 역시 각각 블록 입력과 블록 출력을 갖고 있으며 데이터 와이어를 연결할 수 있습니다. 하지만 센서값을 얻고 블록 스스로가 그 결과에 따라 프로그램의 흐름을 바꾸는 이전의 블록과 달리, 지금 다루게 될 센서 블록은 순수하게 값을 얻는 것 외의 다른 논리적 동작은 하지 않습니다. 이 블록들은 데이터 와이어와 함께 사용되어야 무언가 의미 있는 결과를 만들어낼 수 있는 블록입니다.

각각의 센서에 따른 센서 블록들은 그림 14-18과 같이 프로그래밍 팔레트의 센서 탭(노란색)에서 확인할 수 있습니다. 각 센서 블록은 비교 모드와 변경 모드를 지원합니다.

측정 모드

센서 블록은 측정 모드로 설정할 때 실행된 시점에서 측정한 하나의 센서값을 블록 출력으로 내보냅니다. 여러분은 센서에 따라 동작 모드 중 하나를 선택해야 합니다. 예를 들어 거리에 따라 모터의 구동 속도를 변환시키고 싶다면 적외선 센서 블록을 선택하고 '측정 – 근접감지' 모드를 선택해야 합니다.

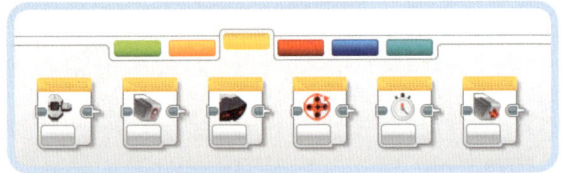

■ 그림 14-18 왼쪽부터 순서대로 브릭 버튼, 컬러 센서, 적외선 센서, 모터 회전, 타이머, 터치 센서 블록입니다.

센서 블록에서도 각 센서의 동작 모드와 이에 따른 측정값은 앞서 알아보았던 대기, 반복, 스위치 블록의 모드 설정과 같습니다. 표 14-3은 각각의 센서의 동작 모드와 이에 따른 측정값을 다시 한 번 정리한 내용입니다. 이 표의 내용은 여러분이 앞으로 프로그램에서 사용할 대기, 반복, 스위치 블록의 센서 모드에서도 동일하게 적용되는 개념입니다.

■ 표 14-3 각 센서의 동작 모드와 센서값

동작 모드	센서 블록	최솟값	최댓값	값의 의미	비고
타이머					
측정-시간	타이머 경과 ID 시간	0	N/A (의미 없음)	프로그램이 시작된 시점부터 초 단위로 시간이 증가함.	이 값은 읽기 모드에서는 정수 단위로 처리됨. 소수, 이를테면 1.9초의 경우 버림 처리되어 1초로 처리됨. 단, 시간을 쓰기 모드로 사용할 경우 소수 단위 적용 가능. (1.5를 입력하면 1.5초로 적용). 초기화 모드를 이용해 누적된 시간을 0으로 만들 수 있음.
비교-시간	타이머 비교 경계값 비교 경과 ID 유형 결과 시간				
브릭 버튼					
측정	버튼 ID	0	5	0 = 아무것도 누르지 않음. 1 = 왼쪽 버튼 2 = 가운데 버튼 3 = 오른쪽 버튼 4 = 위 버튼 5 = 아래 버튼	동시 입력 감지 불가. 한 번에 한 개의 버튼만 인식 가능함.
비교	브릭 버튼 상태 비교 버튼 ID 모음 결과 ID				
터치 센서					
측정-상태	상태	거짓	참	거짓 = 눌리지 않음. 참 = 눌림.	논리형 데이터 와이어로 센서값이 출력됨.
비교-상태	상태 비교 측정값 결과				

원서의 표 내용에 빈약한 곳이 있어 독자의 이해를 돕고자 관련 내용을 추가하였습니다.

동작 모드	센서 블록	최솟값	최댓값	값의 의미	비고
컬러 센서					
측정 – 색상	색상	0	7	0 = 식별 불가 1 = 검정색 2 = 파란색 3 = 녹색 4 = 노란색 5 = 빨간색 6 = 흰색 7 = 갈색	
비교 – 색상	색상 비교 색상 모음 결과				
측정 – 반사광 강도	광량	0	100	0 = 높은 반사율 (밝은 색)의 물체 100 = 낮은 반사율 (어두운 색)의 물체	
비교 – 반사광 강도	비교 경계값 비교 광량 유형 결과				
측정 – 주변광 강도	광량	0	100	0 = 어두운 환경 100 = 밝은 환경	
비교 – 주변광 강도	비교 경계값 비교 광량 유형 결과				

동작 모드	센서 블록	최솟값	최댓값	값의 의미	비고
적외선 센서					
측정- 근접감지 모드	근접감지 모드	0	100	0 = 아주 가까운 거리 100 = 아주 먼 거리	아무것도 감지되지 않았을 경우에도 100.
비교- 근접감지 모드	비교 유형, 경계값, 비교 결과, 근접감지 모드 (4, 50)				
측정- IR 비콘 (표식장치)	채널, 범위, 근접감지, 감지 모드 (1)	-25 1	25 100	-25 = 센서의 정면을 기준으로 왼쪽에서 비콘 감지 0 = 센서의 정면에 가까운 방향에서 비콘 감지 25 = 센서의 정면을 기준으로 오른쪽에서 비콘 감지 0 = 아주 가까운 거리 100 = 아주 먼 거리	측정 모드에서는 비교-비콘 방향과 비교-비콘 신호강도의 값이 함께 데이터 와이어로 출력되며, 적외선 비콘이 감지되지 않는다면 논리 거짓 데이터가 출력됨(그림 14-26 참조).
비교- 비콘 방향	채널, 비교 유형, 경계값, 비교 결과, 범위 (1, 4, 0)	-25	25	-25 = 센서의 정면을 기준으로 왼쪽에서 비콘 감지 0 = 센서의 정면에 가까운 방향에서 비콘 감지 25 = 센서의 정면을 기준으로 오른쪽에서 비콘 감지	적외선 비콘이 감지되지 않거나 방향을 판단할 수 없을 경우에도 측정값은 0 이 될 수 있음.
비교- 비콘 신호강도	채널, 비교 유형, 경계값, 비교 결과, 근접감지 모드 (1, 4, 50)	1	100	0 = 아주 가까운 거리 100 = 아주 먼 거리	
측정-원격	채널, 버튼 ID (1)	0	11	숫자 형태의 값으로, 리모컨의 낱개 버튼 또는 버튼의 조합에 따라 다른 값이 측정됨.	
비교-원격	채널, 원격 버튼 ID, 비교 결과, 버튼 ID (1, [1])				

동작 모드	센서 블록	최솟값	최댓값	값의 의미	비고
회전 센서					
측정-도	도	N/A	N/A	각도는 프로그램이 시작되고 모터가 회전을 시작한 순간부터 측정한 시점까지의 회전각도	초기화 모드를 이용해 누적된 회전 각도를 0으로 만들 수 있음.
비교-도	비교 경계값 비교 도 유형 결과				
측정-회전	회전	N/A	N/A	회전수는 프로그램이 시작되고 모터가 회전을 시작한 순간부터 측정한 시점까지의 1회전 단위의 회전량	이 값은 읽기 모드에서는 정수 단위로 처리됨. 소수, 이를테면 1.9 회전의 경우 버림 처리되어 1회전으로 처리됨. 단, 회전량을 쓰기 모드로 사용할 경우 소수 단위 적용 가능. (1.5를 입력하면 한 바퀴 반 회전). 초기화 모드를 이용해 누적된 회전량을 0으로 만들 수 있음.
비교-회전	비교 경계값 비교 회전 유형 결과				
측정- 현재 모터 파워	현재 모터 파워	-100	100	미디엄 모터와 라지 모터는 각각 속도가 다르기 때문에 다른 값이 적용됨. 100% 속도는 라지 모터에서는 170rpm을 의미하며, 미디엄 모터에서는 267rpm을 의미함.	이 모드는 회전 속도를 측정하는 것으로, 전류량이나 전력 소비량은 측정할 수 없다. 또한 EV3의 배터리 전압에 영향을 받지 않는다.
비교- 현재 모터 파워	비교 경계값 비교 현재 유형 결과 모터 파워				

일반적인 레고 배터리 박스의 경우 배터리의 전원을 그대로 출력 포트에 공급하기 때문에 배터리의 전압 강하에 영향을 받아 점점 속도가 느려지는 경향이 있습니다. 반면 EV3의 출력 포트는 프로세서에 의해 출력 포트를 제어하기 때문에 배터리 전압에 크게 영향을 받지 않습니다.

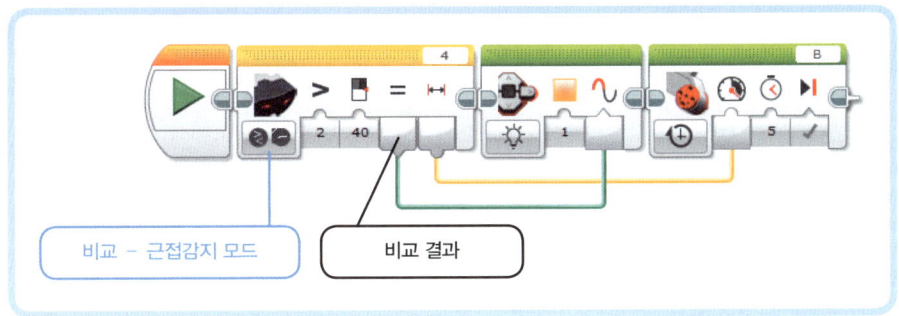

■ 그림 14-19 SensorCompare 프로그램

비교 모드

센서 블록의 비교 모드는 기본적으로는 측정 모드와 같이, 블록이 수행된 순간 측정한 하나의 센서값을 블록 출력을 통해 데이터 와이어로 전달합니다. 하지만 비교 모드는 추가 기능으로, 입력된 기준값과 현재 측정된 센서값을 비교하고, 그 결과를 논리형 데이터로 출력하는 기능을 갖고 있습니다.

비교 결과 출력은 그림 14-19를 기준으로 거리 값이 40%보다 큰 경우 참을, 40%보다 작을 경우 거짓을 출력합니다. 그리고 대기, 반복 그리고 스위치 블록에서 설정했던 것과 비슷하게 기준값을 입력하고 비교 유형을 선택해주면 됩니다.

이제 비교 모드의 동작을 SensorCompare 프로그램을 통해 익혀 보겠습니다.

그림 14-19는 적외선 센서를 '비교 – 근접감지' 모드로 설정하고 비교 기준으로 40%를 설정해 현재의 측정 값이 40%보다 큰 값인지 비교합니다. 측정된 거리 값은 5초간 회전할 모터 B의 속도로 적용됩니다. 비교 결과 값의 논리형 데이터 와이어는 브릭 상태 표시등 블록의 점멸 블록 입력에 연결됩니다.

만약 비교 값이 참인 경우(센서의 측정값이 40%보다 큰 경우) 점멸 상태는 참이 설정되고 상태 표시등은 깜빡일 것입니다. 반대로 장애물이 적외선 센서와 가깝고, 이로 인해 측정값이 40%보다 작다면 거짓이 출력되어 상태 표시등은 점멸되지 않고 켜진 상태를 유지할 것입니다.

비교 모드와 비콘의 버튼 값

비콘 신호강도 모드와 비콘 신호방향 모드는 측정 모드로 사용할 경우 통합되어 IR 비콘(표식장치)로 사용됩니다(그림 14-23). 만약 여러분이 비교 모드로 사용한다면 두 개의 모드를 각각 선택할 수 있지만, 사실상 동작에는 차이가 없습니다. 비콘 모드의 활용 예제에 대해서는 이 장의 뒷부분에서 좀 더 자세히 다룰 것입니다.

비교 모드와 터치 센서

터치 센서 블록의 비교 모드는 센서의 클릭(눌린 뒤 떨어진 상태)을 감지할 수 있습니다. 이 블록은 터치 센서를 체크한 가장 마지막 블록이 수행된 이후의 터치 센서 상태 변화를 기억합니다. 즉, 센서가 클릭되고 나중에 센서의 상태를 체크한다면 센서 블록은 센서가 클릭되었음을 알려 줄 것입니다.

측정값은 숫자형 데이터로 눌리지 않았을 때와 눌렸을 때가 각각 0과 1, 그리고 클릭되었을 때는 2의 값이 출력됩니다. 하지만 이 기능은 개념적으로 애매한 부분이 있습니다. 만약 여러분이 터치 센서를 클릭하고 떨어진 상태에서 센서 상태를 점검한다면 센서는 이미 클릭이 완료되고 떨어진 상태이기 때문에 상태 값은 실제로 클릭되었지만 거짓이 출력될 수 있습니다.

일반적으로 여러분이 터치 센서를 사용하는 상황은 블록이 실행되는 시점에서 터치 센서가 눌렸는지의 여부일 것입니다. 당연히 이런 용도에는 보다 단순하게 반응하는 측정 모드가 더 적합합니다. 측정 모드는 단순히 센서가 눌리면 참을, 그렇지 않으면 거짓을 반환하며 프로그램이 수행되는 동안 터치 센서의 상태 변화는 중요치 않기 때문입니다.

탐구과제 77: 휠을 돌려서 속도 조절하기!

난이도 ▢▢ 시간 ⏱

프로그램을 통해 빨간색 다이얼(모터 C)의 회전각도로 흰색 다이얼(모터 B)의 회전 속도를 조절해 봅시다. 빨간색 다이얼은 여러분이 손으로 직접 돌려줍니다.

> **HINT** 그림 14-12의 RepeatWire 프로그램을 활용하고 모터 회전 블록을 '측정 – 도' 모드로 설정합니다.

탐구과제 78: 내 포트 보기!

난이도 ▢▢ 시간 ⏱⏱

그림 14-17의 DisplayNumeric 프로그램을 업그레이드해서 적외선 센서의 거리 값과 함께, 컬러 센서의 반사광 강도 모드 값과 터치 센서의 값, 그리고 회전 센서 두 개의 값을 모두 EV3 화면에 함께 출력해 봅시다. 모든 센서값은 1초에 네 번(0.25초 주기) 갱신되어야 합니다.

프로그램이 완료되면 루프 블록 안의 프로그램을 MyPortView라는 이름의 마이 블록으로 저장합니다. 이제 여러분은 스케치봇에 프로그램을 만드는 과정에서 언제라도 이 마이 블록을 활용해 각각의 센서값을 확인할 수 있습니다.

> **HINT** 반복 구조 안에 놓인 대기 블록은 정해진 시간 단위로 루프 블록의 반복을 지연시킵니다.

탐구과제 79: 크기 비교!

난이도 ▢▢ 시간 ⏱

EV3의 화면 중앙에 적외선 센서의 거리 측정값에 따라 크기와 색이 변하는 원을 표시해 봅시다. 디스플레이 블록을 '모양 – 원형'으로 설정하고, 측정된 적외선 센서의 거리 값은 원의 반지름에 연결합니다. 원의 채우기 속성은 거리 값이 30% 이상일 경우 검은색으로 채우고, 30% 미만일 경우 채우지 않습니다. 루프 블록의 반복 구조 안에 이 블록들을 배치해 프로그램이 실행되고 적외선 센서의 거리 변화에 따라 원의 모양이 실시간으로 바뀌도록 프로그래밍해 봅시다.

> **HINT** 적외선 센서 블록을 '비교 – 근접감지' 모드로 설정합니다.

데이터 와이어 값의 범위

데이터 와이어를 활용해 프로그램을 작성할 때 데이터 와이어를 통해 전달되는 값이 블록 입력에서 요구하는 범위를 넘어가지 않는지 확인하는 것은 중요합니다.

예를 들어, 브릭 상태 표시등 블록은 세 가지의 값(0 = 녹색, 1 = 주황색, 2 = 빨간색)만을 입력받을 수 있는데, 데이터 와이어를 통해 여기에 4를 입력한다면 어떤 일이 벌어질까요? 궁금하다면 먼저 표 14-3에서 브릭 버튼의 값을 참고하고 그림 14-20의 ColorRange 프로그램을 만들어 실험해 보시기 바랍니다.

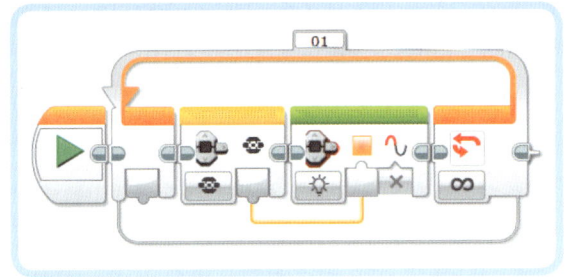

■ 그림 14-20 ColorRange 프로그램

브릭 상태 표시등은 아무 버튼도 눌리지 않았을 때(0) 녹색을 유지하고, 왼쪽 버튼(1)이 눌리면 주황색으로, 그리고 가운데 버튼(2)이 눌리면 빨간색으로 바뀝니다. 나머지 버튼(오른쪽, 위 아래, 각각 3, 4, 5의 값)의 경우 브릭 상태 표시등은 빨간색을 유지합니다.

여러분이 블록 입력의 특성을 좀 더 자세히 보고 싶다면, EV3 프로그램의 '도움말 – EV3 도움말 표시' 기능을 추천합니다. 물론, 이 도움말이 여러분이 값을 잘못 입력하는 예외 상황에 대해서도 해법을 모두 알려주지는 않습니다.

일반적으로 EV3 소프트웨어는 허용되지 않는 값이 입력될 경우, 허용되는 가장 가까운 값에 해당하는 동작을 수행합니다. 물론, 가장 좋은 방법은 ColorRange 프로그램과 같은 간단한 프로그램을 만들어 직접 실험해 보면서 경험을 쌓는 것입니다. (브릭 상태 표시등의 경우 3, 4, 5의 입력값에 가장 가까운 값은 2이기 때문에 나머지 버튼의 입력에 대해 빨간색 상태 표시등이 켜진 것입니다.)

🧑 허용되는 범위를 초과하는 값이 입력되는 경우 프로그램은 종종 예기지 않은 형태로 동작하곤 합니다. 범위 초과에 관한 유명한 사건은 밀레니엄 버그입니다. 생년월일의 년도를 두 자리 수로 기록하면서 1900년은 00으로, 1999년은 99로 저장되었기 때문에 1900년에 태어난 100살의 노인과 2000년에 태어난 1살 아기가 모두 00년생으로 기록되어 2008년에는 2000년생과 1900년생에게 모두 취학통지서가 발급될 수도 있다는 가설이었습니다.

실제 컴퓨터가 처리하는 시간의 개념은 이와 다르고 언론에서 확대해석한 부분도 있지만, 어쨌든 일부 전산망의 경우 실제로 1999년에서 1을 더한, 2000년으로 넘어간 시점에서 2000년을 1900년으로 인식하고 오작동하는 사례가 발생하기도 했습니다.

흐름 제어 블록의 고급 기능

이제 여러분은 데이터 와이어의 개념과 그 사용 방법을 배웠습니다. 앞서 배워 보았던 대기, 루프, 그리고 스위치 블록과 같은 프로그램의 흐름에 관여하는 흐름 제어 블록들 역시 데이터 와이어를 통해 값을 주고받을 수 있습니다. 여기에서 그 기능을 알아볼 것이며 루프 블록을 제어할 수 있는 루프 인터럽트 블록의 사용법도 배워볼 것입니다.

데이터 와이어와 대기 블록

대기 블록은 프로그램의 흐름을 센서의 측정값이 특정 조건이 될 때까지 지연시키는 역할을 합니다. 측정값 블록 출력은 대기 블록이 대기를 마치는 시점에서의 측정값을 출력합니다. 예를 들어, 그림 14-21의 WireWait 프로그램에서 컬러 센서의 대기 블록은 파란색(2), 녹색

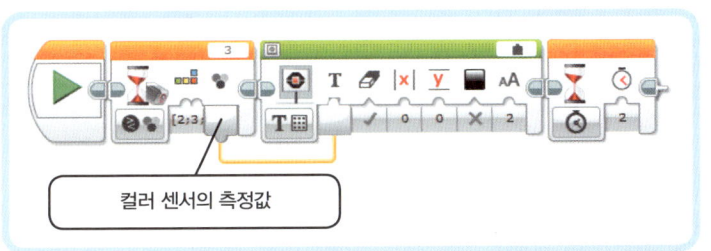

■ 그림14-21 WireWait 프로그램

(3), 노란색(4), 또는 빨간색(5) 중 하나의 색을 감지할 때까지 기다립니다. 넷 중 하나의 색이 감지되면 화면에는 마지막으로 감지된 색상이 출력될 것입니다.

데이터 와이어와 루프 블록

루프 블록은 두 종류의 데이터 와이어를 연결할 수 있습니다. 반복 횟수와 논리 모드입니다. 각각의 기능은 예제 프로그램을 통해 배워 볼 것입니다.

루프 인덱스 사용하기

루프 인덱스 블록 출력(그림 14-22)은 루프 안에서 루프가 완료된 횟수를 확인할 때 사용됩니다. 반복 횟수는 0에서부터 시작하며 루프 안의 블록이 한 번 끝까지 수행되고 다시 처음으로 돌아갈 때 1씩 증가합니다.

지금부터 만들어 볼 Accelerate 프로그램은 루프 인덱스의 블록 출력을 모터 속도에 연결한 프로그램입니다. 이 프로그램을 실행하면 루프 인덱스는 0으로 시작하며 모터 속도 역시 0으로 정지 상태일 것입니다. 루프는 대기 블록을 통해 0.2초 주기로 반복되며, 첫 0.2초 후 루프는 다시 처음으로 돌아가고 반복 횟수는 1이 증가합니다.

이 때 모터의 파워는 1로 갱신됩니다. 루프가 두 번째 반복되면 모터의 파워는 2로, 서른 번째 반복되면 모터의 파워는 30이 될 것입니다.

이 프로그램은 루프의 반복 횟수를 101회 실행되도록 했기 때문에 마지막 루프가 실행될 때 모터의 속도는 100이 될 것입니다. 반복 횟수가 101인 이유는 루프 인덱스가 1이 아닌 0에서 시작하기 때문입니다. 루프가 종료되면 프로그램은 '삐' 소리를 출력하고 끝나게 됩니다. 여러분이 원한다면 루프의 반복 횟수를 150으로 바꿀 수도 있습니다.

하지만 모터 구동용 함수 블록이 받을 수 있는 최대의 파워 값은 −100에서 100 사이의 값이므로 150이 입력된다 해도 허용되는 최대치인 100이 모터 파워의 값이 될 것입니다. 0.2초 주기의 루프를 101번째부터 150번째까지 총 50번 수행하면서 10초 동안 모터는 최고 속도를 그대로 유지할 것입니다.

논리 모드를 이용한 루프의 종료

여러분은 이미 루프 블록의 설정에서 특정한 반복 횟수의 지정이나 시간 지정, 또는 센서의 측정값과 기준값을 비교한 결과에 따라 루프를 정지하는 방법을 배워 보았습니다. 논리 모드에서 여러분은 논리형 데이터 와이어를 이용해 루프 블록의 반복을 멈출 수 있습니다.

루프 블록은 루프 안의 블록들을 순차적으로 끝까지 실행한 다음 데이터 와이어의 값을 검사합니다. 만약 데이터 와이어의 값이 거짓이라면 루프는 반복 실행되고, 참이라면 루프는 종료됩니다. 즉, 데이터 와이어가 참이 될 때까지 루프는 반복 실행됩니다.

그림 14-23의 LogicLoop 프로그램은 내부에서 논리

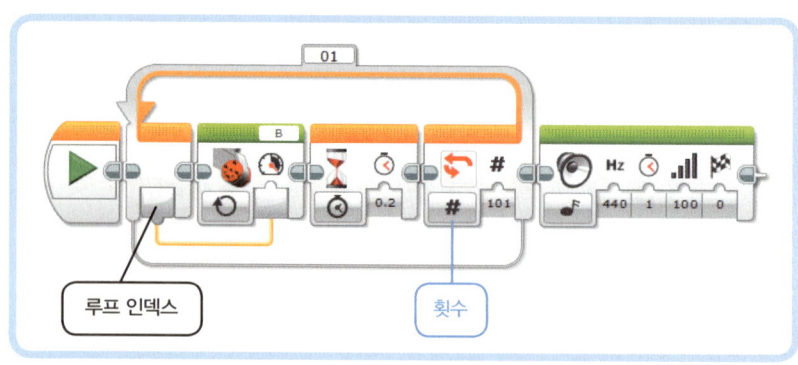

■ **그림 14-22** Accelerate 프로그램

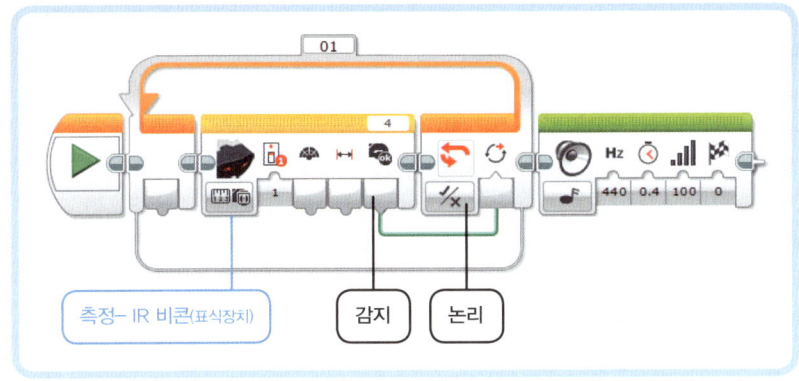

■ 그림 14-23 LogicLoop 프로그램은 비콘으로부터 신호를 감지하는 순간 소리를 내게 됩니다.

데이터 와이어를 이용해 루프를 종료하는 방법을 보여줍니다.

루프는 논리 모드로, 적외선 센서 블록은 '측정 – 비콘' 모드로 설정되어 있습니다. 이 프로그램에서 센서 블록은 비콘 신호의 방향과 거리를 측정하지만, 우리는 센서의 방향이나 거리가 아닌, 비콘 신호를 감지했는지의 여부만을 사용할 것입니다.

비콘 신호가 감지되면 데이터 와이어는 참을 보내고 루프는 종료되며, 신호를 감지하지 못한다면 데이터 와이어는 거짓을 보내고 루프는 반복 수행됩니다. 결과적으로 이 프로그램은 비콘이 작동할 때까지 대기하다가 신호를 감지하는 순간 루프가 종료되며 소리를 낼 것입니다.

이 프로그램을 실행하고 여러분이 센서로부터 3미터 이내의 거리에서 적외선 비콘을 조작하면 로봇은 신호에 반응하게 됩니다. 적외선 신호는 적외선을 발산할 수 있는 다른 광원, 이를테면 백열전구나 태양광에 포함된 적외선 성분에 의해 신호 왜곡이 발생할 수 있습니다. 이 경우 센서는 비콘 신호를 식별하지 못할 수도 있으며, 결과적으로 3미터보다 더 가까운 거리, 즉 신호가 덜 오염된 조건에서 반응할 것입니다.

탐구과제 80: 적외선 가속페달!

난이도 □   시간 ◯

적외선 신호가 수신되는 동안, 가속페달을 밟는 것처럼 점점 모터 B의 속도가 빨라지도록 프로그램을 만들어 봅시다.

HINT 그림 14-22의 Accelerate 프로그램과 그림 14-23의 LogicLoop 프로그램의 결합을 고려해 보세요.

데이터 와이어와 스위치 블록

6장에서 이미 살펴본 바와 같이, 스위치 블록은 로봇이 간단한 의사 결정을 하게 하는 데 사용합니다. 로봇은 주어진 조건과 현재 측정된 센서값을 이용해 참과 거짓(이를테면, 현재 측정된 센서값이 30%보다 크다면 참)을 판단합니다.

만약 판단한 결과가 참이라면 스위치 블록은 위쪽 분기(✓)의 블록 다이어그램을 수행하고, 거짓이라면 아래쪽 분기(✗)를 수행합니다. 그림 14-24의 SwitchReminder 프로그램은 이와 같은 기본 스위치 프로그램의 모습을 보여줍니다.

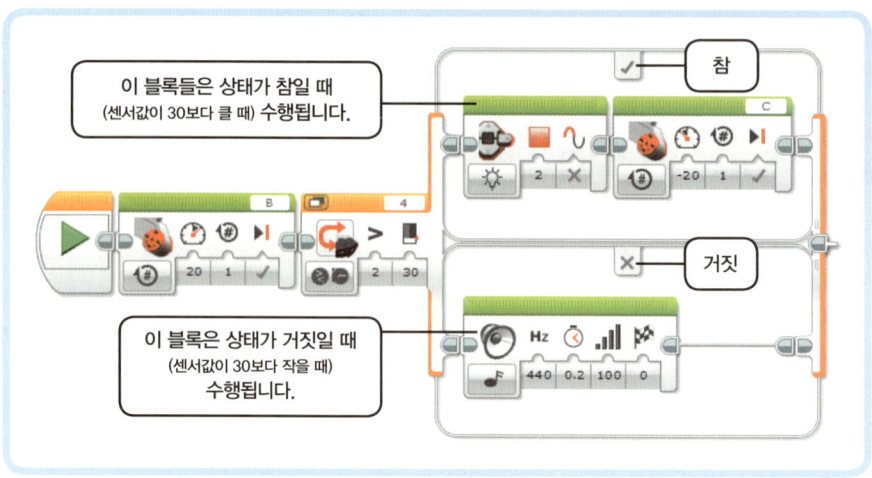

■ 그림 14-24 SwitchReminder 프로그램

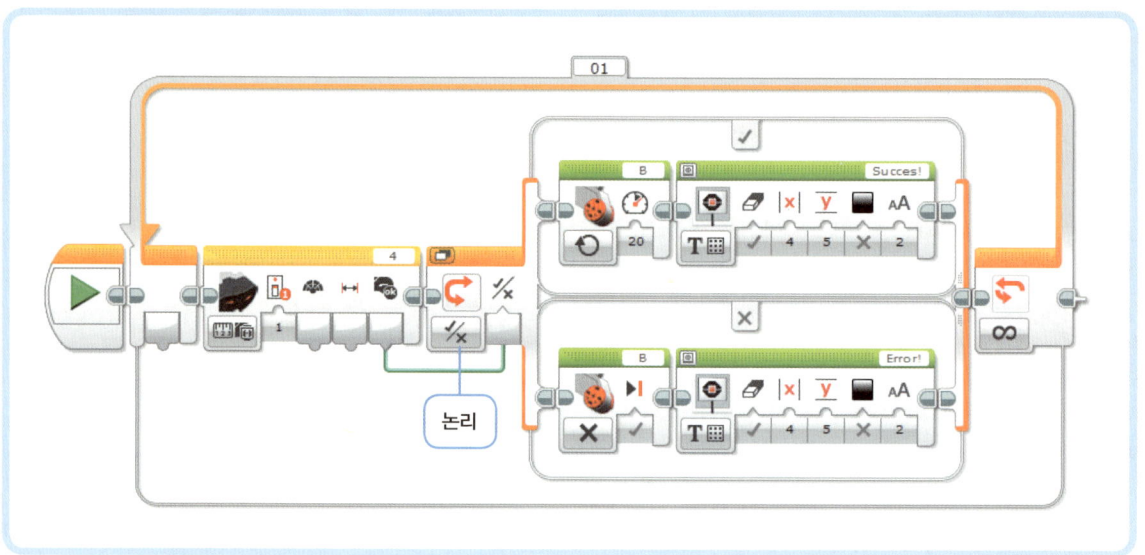

■ 그림 14-25 LogicSwitch1 프로그램

논리 모드

그림 14-25에서는 분기를 위해 별도의 비교 조건이 필요한 일반 센서값과 달리, 논리 데이터 와이어를 통해 둘 중 하나의 로직을 실행하는 **논리** 모드 스위치 블록을 보여줍니다. 만약 데이터 와이어의 값이 참이라면 스위치 블록은 위쪽의 블록 다이어그램을, 거짓이라면 아래쪽 블록 다이어그램을 수행할 것입니다.

그림 14-25의 LogicSwitch1 프로그램은 지속적으로 적외선 센서가 비콘 신호를 감지했는지 체크합니다. 만약 신호가 감지되었다면(값이 참이라면) 로봇은 화면에 'Success!'라는 메시지를 출력하고 모터 B를 회전시킵니다. 신호가 감지되지 않았다면(거짓이라면) 화면에는 'Error!'라는 메시지가 출력되고 모터는 회전하지 않습니다. (적외선 센서는 여러분이 비콘에서 손을 떼고 1초 정도 뒤에 반응할 것입니다.)

숫자 모드

여러분이 만약 스위치 블록을 숫자 모드로 설정하고, 숫자형 데이터 와이어를 연결했다면 여러분은 단순히 참과 거짓의 두 가지 케이스가 아닌, 각각의 정수에 해당하는 케이스를 7장(그림 7-10)에서 배운 것과 같이, 여러분이 원하는 만큼 추가할 수 있습니다.

예를 들어, 숫자형 데이터 와이어를 통해 3이 전달되면 '헬로우', 10이 전달되면 '굿모닝', 그 외의 숫자(기본값)가 전달되면 '노'라고 대답하도록 프로그래밍할 수도 있습니다. 이에 대한 좀 더 자세한 실습은 다음 장에서 다루어 볼 것입니다.

스위치 블록 안으로 데이터 와이어 연결

프로그램을 만들다 보면 스위치 블록 밖에서 생성된 데이터를 스위치 블록 안의 블록에 전달해야 할 경우가 있습니다.

예를 들어, 우리가 앞서 만들어 보았던 LogicSwitch1 프로그램에서 모터의 구동 속도를 비콘의 거리로 제어할 수도 있습니다. 물론, 스위치 블록 안에서 또 다른 센서 블록을 사용하지 않고 말입니다.

이를 위해 먼저 그림 14-26과 같이 스위치 블록을 탭 뷰로 전환해야 합니다. 탭 뷰로 전환된 스위치 블록은 데이터 와이어가 내부로 연결될 수 있습니다.

완성된 LogicSwitch2 프로그램은 비콘 신호가 수신되는 동안, 비콘과 센서의 거리에 따라 모터의 속도가 바뀌며 비콘 신호가 사라지면 모터가 정지합니다.

표 14-3에서 본 바와 같이, 비콘 신호의 거리 측정 모드에서는 숫자 형태로 값이 출력되지만 비콘 신호가 감지되지 않을 경우에 대한 숫자 값은 정의되어 있지 않습니다.

만약 단순히 비콘 신호의 거리 측정값을 모터의 파워에 연결한다면, 비콘 신호가 감지되는 동안에는 모터의 속도가 잘 바뀌며 반응하겠지만 신호가 끊어지고 숫자 값이 전달되지 않는다면 모터는 여러분이 예측한 것과 다르게 반응할 것입니다.

이와 같은 잠재적인 문제는 비콘 신호 강도의 숫자 값을 모터 파워에 전달하는 조건에 앞서, 비콘 신호가 수신되는지의 여부를 먼저 판단하고, 비콘 신호 강도의 값은 오직 비콘 신호가 수신될 때만 모터에 전달되도록 구조를 설계하는 것으로 예방할 수 있습니다.

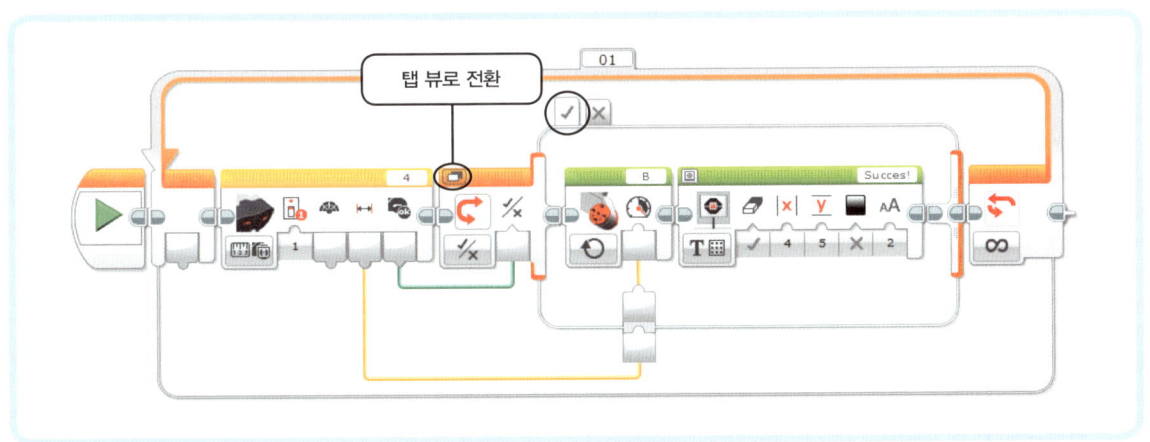

■ 그림 14-26 LogicSwitch2 프로그램. 이 프로그램은 LogicSwitch1 프로그램을 기반으로 만들어졌습니다. 먼저 스위치를 탭 뷰로 전환하고 참일 경우의 탭을 선택합니다. 그 다음 적외선 센서의 근접감지 모드 거리 값 데이터 와이어를 끌어 스위치 블록 안의 모터 블록에 연결합니다. (여러분이 데이터 와이어를 끌고 탭 뷰 모드의 스위치 블록 아래쪽 경계면에 마우스를 대면 경계면에는 자동으로 블록 입력과 블록 출력이 생성되고 데이터 와이어는 여기에서부터 스위치 안에서 연결 가능한 블록 입력 중 어느 곳이라도 연결할 수 있습니다.) 이 프로그램에서 거짓일 경우의 탭에서는 내부적으로 데이터 와이어가 연결되지 않습니다.

🧑 프로그래머가 데이터를 처리하는 과정에서 발생할 수 있는 돌발적인 상황(예를 들어, 당연히 감지될 것으로 생각한 값이 전혀 감지되지 않는 등)에 대해 충분히 고려하지 않는다면, 프로그램은 자체 또는 해당 프로그램이 작동하는 운영체제의 메모리 관리 특성에 따라 일반적으로 프로그래머가 예측하는 범위를 넘어가는 값으로 바뀌어 함수에 전달되기도 합니다.

이렇게 자체적으로 처리하는 과정에서 의도치 않은 결과를 보여주거나 계산에 과부하가 걸려 수행 중 종료되는 경우도 있습니다. 특정한 상황에서 게임이 종료되는 경우 등 대부분 이와 같은, 돌발적인 상황에 대한 처리 미숙으로 인한 경우라 할 수 있습니다.

이와 같은 오류는 설계 단계에서 예상되고 미리 대비하여 원천 봉쇄되는 경우도 있지만, 프로그래머가 전혀 예상치 못한 상태에서 프로그램이 동작 중 문제를 일으키면서 발견되는 경우도 있습니다.

일반적인 프로그램에서 기능 업그레이드가 아닌 '버그 픽스'라 불리는 것들 중 일부는 이러한 데이터 처리 오류로 인한 문제를 해결하기 위해 배포되곤 합니다.

이와 같은 문제 때문에 LogicSwitch2 프로그램에는 스위치 블록이 필요합니다. 적외선 센서의 거리 값은 오직 적외선 신호가 감지되었을 때만 모터로 전달됩니다. 만약 센서 신호가 감지되지 않을 경우(거리 값이 모터의 파워 설정 값의 범위를 벗어나는 경우) 스위치 블록은 거짓 케이스로 전환되고 이때는 모터 블록에 적외선 센서의 거리 값 대신 모터 정지 명령이 실행됩니다.

비슷한 예로, 적외선 센서의 비콘 방향 모드에서도 이 기법은 유용하게 쓸 수 있습니다. 적외선 센서의 비콘 방향 모드에서 비콘이 감지되지 않았을 때와 정면을 향할 때, 각각 적외선 센서는 동일한 0의 값을 출력하게 됩니다. 여러분은 0이라는 센서값만으로는 비콘이 정면인지 혹은 없는지 구분할 수 없습니다.

LogicSwitch2 프로그램에서와 마찬가지로 여기에 적외선 센서의 신호 감지 여부를 검사하는 기능을 추가해 신호가 감지되면 비콘 신호의 방향 값을 LCD 화면에 출력하고, 신호가 감지되지 않는다면 화면에 'Error' 메시지를 출력하도록 만들 수도 있습니다.

> **NOTE** 데이터 와이어는 루프 블록과 탭 뷰 모드로 설정된 스위치 블록 내부의 함수 블록에 연결할 수 있습니다. 스위치 블록의 경우 플랫 뷰로 전환되면 연결된 데이터 와이어가 모두 사라지게 되므로 주의하시기 바랍니다.

루프 인터럽트 블록

루프 블록을 종료시키기 위해 마지막으로 살펴볼 방법은 루프 인터럽트 블록을 사용하는 것입니다. 보통 루프 블록은 내부의 블록들을 모두 다 수행한 다음, 마지막으로 센서 상태나 논리 조건 검사를 수행하고 처음으로 돌아갑니다. 하지만 루프 인터럽트 블록을 사용한다면 이와 같은 한 주기의 루프를 끝내지 않은 상태에서도 임의로 루프 종료가 가능해집니다.

루프 인터럽트 블록을 사용하기 위해서는, 먼저 루프 블록이 하나 이상 블록 다이어그램에 놓여 있어야 하며, 그림 14-27과 같이 멈추고자 하는 루프의 고유한 이름을 루프 인터럽트 블록에서 지정해 주어야 합니다.

루프 인터럽트 블록은 루프 안에서 특정 조건이 만족할 때 호출될 수도 있고, 루프가 포함된 프로그램과 함께 동시에 실행되는 또 다른 시퀀스에서 호출될 수도 있습니다.

🧑 시퀀스는 하나의 시작 블록으로 이어진 프로그램을 의미하며, 시퀀스가 여러 개인 경우 이 프로그램은 개념적으로 동시에 처리되는 멀티태스크 프로그램이 됩니다.

루프 인터럽트 블록이 작동되면, 해당 루프와 그 안에서 실행되던 블록은 그 즉시 종료되고 프로그램은 루프 블록 뒤에 이어지는 블록을 실행합니다.

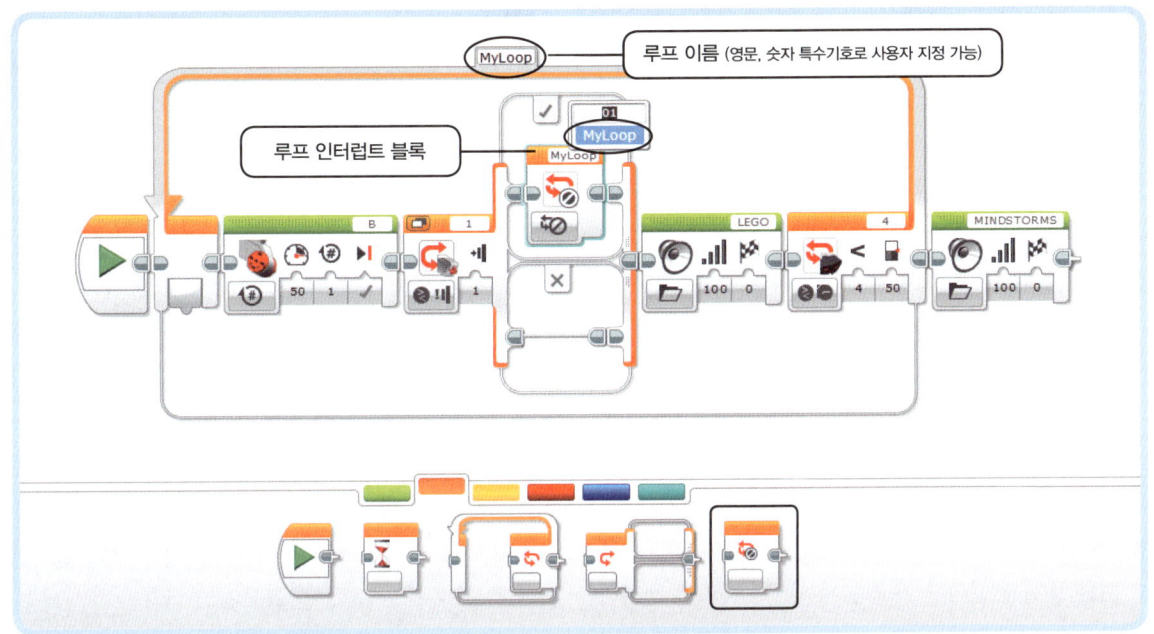

■ 그림 14-27 BreakFromInside 프로그램은 루프 안에서 스위치 블록의 조건 검사를 통해 루프 인터럽트 블록을 수행합니다. 루프 인터럽트 블록에 의해 종료될 루프는 'MyLoop'라는 이름입니다. 루프는 적외선 센서의 거리 값 변화 또는, 모터가 회전을 완료한 직후 검사한 터치 센서의 상태에 따라 종료될 수 있습니다. 프로그램은 적외선 센서의 반응에 의한 정상적인 종료 조건일 경우 '레고'라는 소리와 '마인드스톰'이라는 소리를 함께 출력하고, 터치 센서의 반응에 의한 루프 인터럽트로 종료될 경우 '마인드스톰'이라는 소리만 출력합니다.

루프 안에서 루프 종료하기

루프 인터럽트 블록의 존재 의의는 루프 블록을 내부의 프로그램이 전부 수행될 때까지 기다린 후 종료하는 것이 아니라 중간 수행 단계에서 임의로 멈출 수 있다는 것입니다.

그림 14-27의 BreakFromInside 프로그램은 모터를 1회전시키고 '레고'라고 말하는 동작을 반복 수행합니다. 만약 이 로봇이 적외선 센서를 통해 50% 이하의 적외선 거리 값을 감지했다면, 루프는 정상 종료되고 여러분은 '레고'라는 소리에 뒤이어 '마인드스톰'이라는 단어를 들을 것입니다.

이 프로그램은 적외선 센서의 비콘 거리 값을 통해서 반복을 종료할 수 있지만, 루프 인터럽트 블록을 활용한 덕분에 터치 센서의 상태 변화를 통해서도 반복을 종료할 수 있습니다. 모터가 회전을 마치는 시점에서 터치 센서가 눌려 있다면 스위치 블록에 의해 프로그램은 루프 인터럽트 블록을 수행하게 됩니다.

그리고 루프 구조는 '레고'라는 소리를 출력하는 블록이 남아 있지만, 이를 수행하지 않고 바로 종료됩니다. 결국 프로그램은 터치 센서가 눌리고 바로 루프가 종료된 후 '마인드스톰'이라는 단어만 출력하기 때문에 여러분은 '레고 - 마인드스톰'이 아닌, '마인드스톰'이라는 단어만 듣게 됩니다.

그림 14-27을 보고 BreakFromInside 프로그램을 만들어 실행해 봅시다. 일반적인 루프 종료 조건은 적외선 센서와 비콘의 거리 변화 외에도 터치 센서를 누르는 조건도 만들어 프로그램의 반복 동작 변화를 주의 깊게 살펴봅시다.

루프 밖에서 루프 종료하기

루프가 포함된 프로그램과 함께 동시에 실행되는 또 다른 프로그램에 의해서도 루프는 종료될 수 있습니다. 외부의 다른 시퀀스에서 루프 인터럽트 블록이 실행되면, 루프는 종료되고 프로그램은 루프 다음의 프로그램을 실행할 것입니다. 동시에 루프 인터럽트 블록을 실행한 시퀀스 역시 루프 인터럽트 블록 다음의 프로그램을 실행할 것입니다.

그림 14-28의 BreakFromOutside 프로그램은 이와 같은 예를 보여줍니다. 각기 다른 시작 블록을 가진 두 개의 시퀀스가 동시에 EV3에서 실행되며, 위쪽의 루프를 가진 시퀀스는 모터 B를 1회전 단위로 반복 구동시킵니다.

이와 동시에 실행된 아래쪽 시퀀스는 적외선 센서의 비콘 거리 값이 작아질 때까지 기다린 후, 센서값이 조건을 만족하는 순간 실행되어 위쪽의 시퀀스의 'Move' 루프를 종료시킵니다. 위쪽 시퀀스는 루프가 종료되고 루프 뒤의 소리 출력 블록을 실행합니다.

프로그램이 실행되면 모터는 회전을 시작하고 적외선 센서는 비콘 신호 감지를 시작합니다. 모터가 회전하는 동안 적외선 센서에 손을 대면 '근접감지' 모드이기 때문에 대기 블록이 종료되면서 루프 인터럽트 블록이 실행됩니다. 이와 동시에 모터를 한 바퀴씩, 1초 주기로 회전하는 루프 'Move'가 종료됩니다.

👦 루프 인터럽트 블록은 루프의 내부 블록이 수행 중이라도 루프를 강제 종료시킵니다. 'Move' 루프 블록 안에서 모터 블록이 '한 바퀴'를 회전시키고 나서 대기-1초 블록이 실행되지만, 루프 인터럽트 블록이 루프를 종료시키면 모터 블록이 '반 바퀴' 회전하거나, 대기 시간이 0.2밖에 지나지 않았다 하더라도 그 즉시 루프는 종료되고 루프 뒤의 프로그램이 실행된다는 의미입니다.)

이때는 모터의 구동이 완료되고 브레이크를 걸어 강제 정지시키는 명령이 미처 수행되지 않은 상태로 모터의 공급 전원만 차단되기 때문에, 결과적으로 루프가 종료되고 '삐' 소리가 나는 시점에서도 모터는 아직 회전하고 있을 것입니다. 👦 만약 여러분이 루프 밖으로 사운드 블록 앞에 모터 정지 블록을 추가한다면 루프가 임의의 순간 종료되는 즉시 모터는 멈추고 그 다음 소리가 날 수도 있습니다.

이제 프로그램을 조금 수정해 봅시다. 사운드 블록의 수행 시간을 0.1초로 바꾸고 프로그램을 다시 실행합니다. 모터가 절반쯤 회전했을 때 적외선 센서를 반응시키면 프로그램이 보다 빠르게 종료되면서 모터도 소리가 끝날 때까지 회전하지 않고 바로 멈추는 것을 볼 수 있습니다.

언뜻 이와 같은 임의 정지 기능은 많은 곳에서 유용하게 쓰일 것 같지만, 사실 이 기능은 매우 신중하게 사용해야 합니다. 하나의 루프가 완결되지 않은 임의의 중간 단

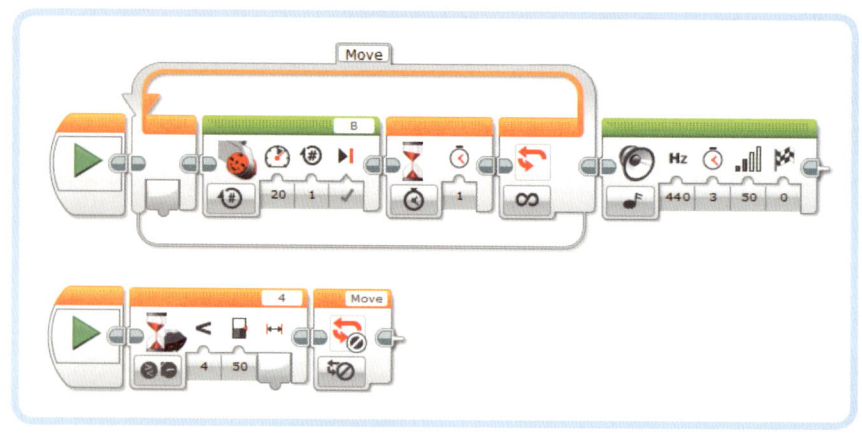

■ 그림 14-28 BreakFromOutside 프로그램은 동시에 실행되는 두 번째 시퀀스의 적외선 센서의 거리 값 변화에 의해 루프 인터럽트 블록이 실행됩니다. 두 번째 시퀀스의 루프 인터럽트 블록은 첫 번째 시퀀스의 'Move' 루프를 종료시키게 됩니다.

계에서 루프가 강제 종료되고 그 뒤에 이어지는 프로그램이 실행된다는 것은 프로그램과 로봇이 예측하지 못한 형태로 작동될 수도 있음을 의미하기 때문입니다.

(예를 들어, 만약 여러분이 루프 안에 모터 B의 동작을 넣고, 루프가 종료된 후에도 모터 B가 무언가 다른 행동을 하도록 프로그래밍 했다면, 루프가 중간에 강제 종료된 후 모터는 어떻게 동작할까요? 이런 상황에 대한 정확한 대비책이 없다면 여러분의 프로그램은 여러분이 생각한 것과 다르게 앞 또는 뒤의 다른 블록으로 순서가 넘어가거나, 혹은 잘못된 위치에서 동작을 시작하는 등의 문제를 일으킬 수도 있습니다.)

참고로, 루프 안에서 루프 인터럽트 블록이 실행되어 자신의 루프를 종료시키는 BreakFromInside 프로그램의 경우에는 수행 중인 블록을 중간에서 강제 종료하는 상황은 발생하지 않기 때문에 예측할 수 없는 상황이 발생할 위험이 줄어들게 됩니다. 반면 루프 밖에서 루프를 종료시키는 BreakFromOutside 프로그램에서는 루프 안에서의 상황을 모른 채 종료하기 때문에 오동작의 위험이 존재합니다.

만약 10초 대기 블록이 루프 안에서 사용된다면, BreakFromInside 프로그램은 10초 대기 블록을 수행하고 종료하거나 수행하지 않고 종료할 수는 있지만, 10초 대기 블록을 중간 단계에서 임의로 종료하지는 못합니다. 이것은 BreakFromOutside 프로그램이 10초 대기 블록의 1초나 3초, 7.4초 등 임의의 순간에 강제 종료시킬 수 있는 것과는 분명히 다른 소프트웨어적 특성입니다.

추가적인 탐구

이번 장에서 우리는 데이터 와이어를 통해 한 블록에서 다른 블록으로 특정한 정보를 전달하는 방법을 배워 보았습니다. 또한, 센서 블록으로부터 값을 읽어오고 대기, 루프, 그리고 스위치 블록에 데이터 와이어를 활용하는 방법도 배워 보았습니다.

이제까지 여러분이 만들어 본 작은 규모의 프로그램에서는 데이터 와이어의 존재가 그다지 쓸모 있게 느껴지지 않을 수도 있습니다. 하지만, 데이터 와이어의 개념과 이를 활용한 프로그래밍 기법들은 고급 프로그래밍 기법으로, 6부에서 만들어 볼 로봇뿐만 아니라 훨씬 복잡한 프로그램으로 운용되는 고급 로봇을 위해서는 꼭 알아야 할 기능입니다.

뒤에 이어지는 탐구과제들은 여러분이 이번 장의 데이터 와이어 활용 기법을 좀 더 연마하는 데 도움이 될 것입니다.

탐구과제 81: 인터럽트를 인터럽트하기!

난이도 ▢▢   시간 ⏱

BreakFromInside 프로그램과 비슷한, 그러나 약간 더 복잡한 프로그램을 만들어 봅시다. 모터는 연속 회전하고 소리도 반복적으로 내야 합니다. 이 동작들은 터치 센서가 눌리고 컬러 센서도 녹색을 감지하는 조건이 될 때까지 지속되어야 합니다.

이 두 가지 센서가 조건을 만족하는 순간 루프는 종료되어야 합니다. (다음 장에서 복수의 센서 조건을 입력 받아 루프를 종료시키는 또 다른 방법을 배워 볼 것입니다. 하지만 이번 탐구과제에서는 오직 루프 인터럽트 블록만으로 이 조건을 구현해야 합니다.)

HINT 그림 14-27 의 BreakFromInside 프로그램에 스위치 블록을 추가해 봅시다.

탐구과제 82: 센서 활용!

난이도 ◼︎◼︎ 시간 ⏱⏱

적외선 센서와 장애물의 거리에 따라 흰색 다이얼의 속도가 바뀌도록 프로그래밍합니다. 단, 모터의 반응은 오직 터치 센서의 눌림 조건과 컬러 센서의 손가락 감지 조건이 동시에 만족되어야 합니다. 만약 둘 중 어느 한 조건이라도 성립되지 않는다면 모터는 구동하지 않아야 합니다.

HINT 이번 장에서 우리는 센서 블록과 데이터 와이어에 대해 다양한 경험을 해 보았습니다. 하지만 때로는 데이터 와이어로 모든 것을 해결하지 않고 기존에 사용해 보았던 대기, 루프, 스위치 블록만으로 원하는 동작을 구현할 수도 있음을 기억해야 합니다.

탐구과제 83: 힘이냐 속도냐!

난이도 ◼︎◼︎ 시간 ⏱

모터 B와 모터 C를 동시에 회전하되, 모터 B는 라지 모터 블록을 이용해 30%의 속도(51rpm)로 구동시키고, 모터 C는 비조정 모터 블록을 이용해 30%의 속도로 구동시킵니다. 그리고 두 모터의 속도를 센서 블록 중 하나인, 모터 회전 블록의 현재 모터 파워 모드를 이용해 측정하고 LCD 화면에 출력시킵니다. (9장에서 우리는 이 기능으로 모터의 속도를 측정할 수 있다는 것을 배웠습니다.)

이제 프로그램을 다운로드받아 실행하고 손으로 직접 두 모터의 회전하는 바퀴를 잡아 모터 구동에 저항을 발생시켜 봅시다. 사실, EV3의 라지 모터에서 30%라는 전력은 여러분의 손의 악력에 의한 마찰을 무시하고 제 속도를 유지할 만큼 충분한 힘이 아닙니다. 그런 이유로 아마도 비조정 모터 블록을 이용한 모터 C의 경우 손쉽게 감속이 발생하고 LCD 화면에서도 눈에 뜨이게 줄어드는 속도를 볼 수 있을 것입니다.

반면, 모터 B는 거의 일관되게 30% 전후의 속도를 유지할 것입니다. 이는 모터 블록(라지 모터 블록과 미디엄 모터 블록)이 구동축의 저항에 의해 입력된 전력에 해당되는 속도를 내지 못할 경우 전력을 추가로 공급해서라도 속도를 맞추려는 속성을 갖고 있기 때문입니다.

탐구과제 84: 실제 방향은 어디?

난이도 ▯▯ 시간 ⏱

적외선 센서의 비콘 방향 모드를 이용해 비콘 신호가 감지되는 동안 비콘의 방향을 LCD에 출력하는 프로그램을 만들어 봅시다. 만약 신호가 감지되지 않는다면 화면에 'Error!'라는 메시지를 출력해야 합니다.

HINT 그림 14-26의 LogicSwitch2 프로그램을 응용할 수 있습니다.

디자인 탐구과제 25: 인공 로봇손!

조립 난이도 ✱✱✱ 프로그래밍 난이도 ▯▯

여러분의 팔에 장착할 수 있는 로봇손을 만들어 봅시다. 센서와 EV3의 버튼을 이용해 집게손의 동작을 제어할 수 있어야 합니다. 만약 여러분의 로봇손이 벽에 너무 가까이 다가간다면, 적외선 센서에 의해 벽을 감지하고 여러분에게 부딪힐 수도 있음을 경고하도록 프로그래밍합니다.

여러분은 이번 장에서 배운 여러 가지 프로그래밍 기법을 이용해 센서의 측정값을 EV3의 화면에 출력하고 센서의 측정값에 따라 소리를 내는 등의 동작을 추가할 수 있습니다.

탐구과제 85: 지켜보는 스케치봇!

난이도 ▯▯ 시간 ⏱

로봇이 지나가는 사람의 수를 자동으로 측정하도록 만들어 봅시다. 로봇을 사람이 많이 지나는 곳에 설치하고, 적외선 센서의 설치 방향을 통해 지나는 사람을 감지할 수 있어야 합니다.

두 개의 대기 블록을 루프 블록 안에 넣어, 첫 번째 대기 블록은 누군가가 로봇의 앞으로 다가오는 순간을 감지하고, 두 번째 대기 블록은 앞의 사람이 센서의 시야에서 사라지는 순간을 감지하도록 합니다. 결과적으로 루프는 사람이 센서 앞을 한 번 지날 때마다 한 번씩 수행이 완료됩니다. 🧑 무등을 태운 어린이나 팔짱을 낀 연인도 한 명으로 인식될 것입니다.

이제 루프의 반복 횟수가 저장된 루프 인덱스 데이터 와이어를 EV3의 디스플레이 블록을 통해 화면에 보여줍니다. 이 프로그램은 실행되면 여러분의 로봇 앞을 지나간 사람이 몇 명인지 보여줄 것입니다.

만약 여러분이 누군가를 감지하는 순간을 좀 더 정확하게 확인하고 싶다면 사운드 블록을 루프 안에 넣어 누군가가 지나가고 루프가 종료될 때마다 소리가 나도록 만들 수도 있습니다.

탐구과제 86: 오실로스코프(계측기)!

난이도 ☐☐☐ 시간 ⏱⏱⏱

그림 14-29는 전자기기 작업에서 회로의 전기적 신호를 측정하는 오실로스코프와 비슷한 형태로 센서의 측정값을 EV3 브릭의 화면에 출력한 모습입니다. 이와 같은 프로그램을 만들어 봅시다.

적외선 센서가 측정한 거리 값은 작은 검은색 원 형태로 화면에 출력되며, 이 원의 x축, 즉 가로(좌우) 위치는 루프 인덱스에 의해, y축 즉 세로(상하) 위치는 적외선 센서가 측정한 거리 값에 의해 결정됩니다.

프로그램이 실행되면 그림 14-29와 같이 센서가 측정한 값들이 EV3의 화면에 연속적인 점의 형태로 나타나며, 이 점들은 값의 변화가 크지 않을 때는 이어진 선처럼, 큰 변화가 생기는 경우 x축의 거리에 따라 끊어진 선처럼 보입니다.

EV3의 화면 좌우 폭은 178픽셀이므로, 루프가 178번 실행되면 점은 좌측 끝으로부터 우측 끝까지 한 번 이동을 마치게 됩니다. 수행 시간이 너무 짧을 경우 사람의 눈으로 그래프의 식별이 어려울 수 있으므로, 각 루프의 수행 주기는 0.05초 단위로 합니다. 🙂 그래프가 한 번 완료되고 화면이 지워지기까지는 0.05 × 178 = 8.9초가 됩니다.

그래프의 점을 찍는 루프가 한 주기를 완료하면 프로그램은 화면을 지우고 다시 처음으로 돌아가 그래프를 그리는 루프를 재시작합니다(두 개의 루프가 사용됩니다).

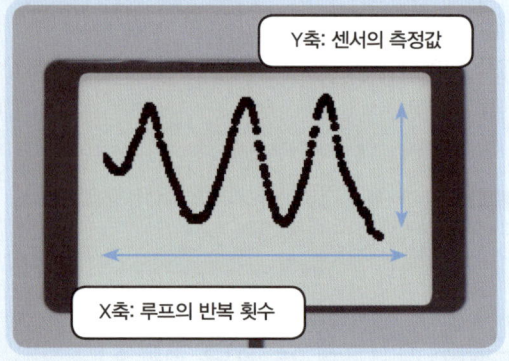

■ 그림 14-29 탐구과제 86의 화면 실행 예시(실제 화면은 센서와 장애물의 거리 변화에 따라 이와 다른 그래프가 그려질 수도 있습니다.)

장애물을 센서에 가까이 가져갈수록 그래프는 위를 향하고, 멀리 떨어뜨릴수록 그래프는 아래를 향하게 됩니다.

HINT 그래프를 한 번 그린 후 다시 처음으로 돌아갈 때 화면을 지우기 위해서 디스플레이 블록을 '모양 – 사각형' 모드로 설정하고 채우기 및 색상 속성을 '참'으로 설정하는 방법을 사용할 수 있습니다. 🙂 참고로 EV3의 화면 해상도는 178×128 픽셀입니다.

15

데이터 연산 블록, 그리고 데이터 와이어를 활용한 마이 블록

using data operations blocks and my blocks with data wires

여러분은 데이터 와이어의 동작 방법과 특징을 배웠습니다. 이제는 단순한 프로그래밍 블록과는 다른, 프로그래밍 기법 면에서 좀 더 흥미로운 기능을 경험해 볼 차례입니다. 예를 들어, EV3 컨트롤러가 두 개 이상의 센서 값을 여러분이 원하는 방식대로 결합 또는 연산하고, 이 결과 값을 통해 무언가 다른 행동을 취하도록 만들 수 있습니다.

이번 장에서 소개될 기법을 통해 이미 엄정하게 규격화된 프로그램과는 다른 실행 방법을 알아볼 수 있습니다. 로봇이 임의의 동작을 수행하도록 매번 실행할 때마다 똑같은 조건에서도 다른 동작을 수행하도록 만들 수 있고, 동시에 두 개 이상의 특정 센서 조건이 만족하는 경우에만 원하는 동작을 수행하도록 프로그램에서 추가 조건을 만들 수도 있습니다.

또한 수학 블록을 이용해 로봇이 간단한 수식 계산을 하도록 만들 수 있습니다. 예를 들어, 입력된 바퀴 지름과 이동하면서 변화한 회전 센서값을 이용해 로봇의 이동 거리를 계산할 수 있습니다. 또한, 랜덤(난수 발생), 비교, 논리 연산과 같은 흥미로운 함수 블록을 알아볼 것이며 마이 블록에 데이터 입출력을 활용하는 방법도 살펴볼 것입니다.

이런 종류의 블록과 프로그래밍 기법은 6부에서 만들어볼 고급 기능의 로봇뿐만 아니라, 여러분의 창작 로봇에서도 필수적인 요소가 될 것입니다. 우리는 14장에서 이미 만들고 간단한 테스트에 사용했던 스케치봇을 이번 장에서도 계속 사용할 것입니다.

이번 장의 탐구과제들은 분명 이제까지의 탐구과제들보다 한층 더 어려울 것이라 생각됩니다. 하지만, 이 탐구과제들은 분명히 여러분이 프로그래밍 기법을 익히고, 보다 지능적이고 흥미로운 로봇을 만드는 데 큰 도움이 될 것입니다.

데이터 연산 블록 사용하기

여러분이 아직까지 사용해 보지 않은 프로그래밍 팔레트의 블록 중 빨간색 탭의 블록(그림 15-1)은 '데이터 연산'이라는 그룹입니다. 데이터 연산 그룹에는 수학, 랜덤, 비교, 논리 연산 등의 다양한 기능이 들어 있습니다.

각 블록은 고유의 연산 방식을 갖고 있지만, 기본적인 개념은 모두 데이터 와이어를 통해 특정한 데이터를 전달받고, 자신만의 연산 방식으로 새로운 결과 값을 만들어내 동작한다는 것입니다. 이번 장에서는 데이터 연산

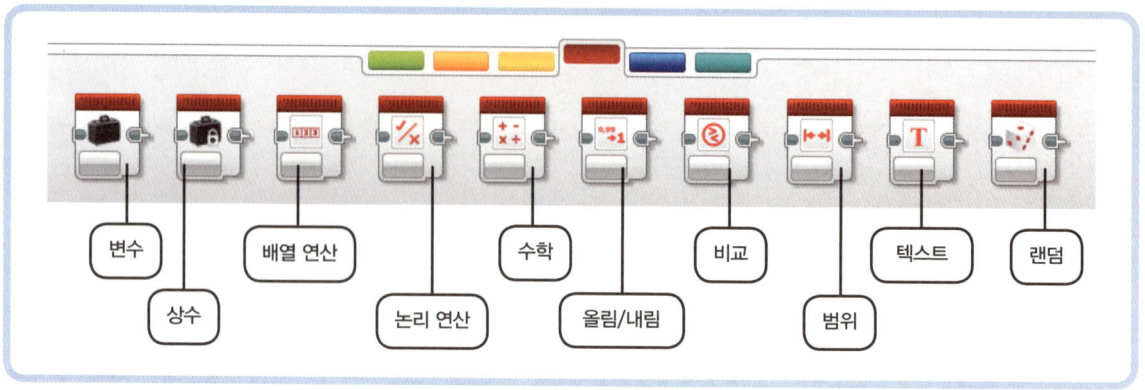

■ 그림 15-1 데이터 처리 블록들

그룹에 속한 각 블록들의 특징과 사용법에 대해 배워 볼 것입니다.

수학 블록

수학 블록은 EV3가 산술 연산, 이를테면 더하기, 빼기, 곱하기, 나누기 등의 사칙연산과 같은 작업을 수행할 수 있게 합니다(그림 15-2). 수학 블록 두 개의 입력에 각각 연산할 값 a와 b를 입력하고, '모드 선택'에서 원하는 연산, 이를테면 '나누기'를 선택합니다.

이렇게 연산을 선택하면 수학 블록은 입력된 a를 b로 나누는 연산을 수행한 뒤 결과 값을 출력 데이터 와이어를 통해 내보내게 됩니다. 입력값인 a와 b는 수학 블록에 직접 입력할 수도 있고, 데이터 와이어를 통해 다른 블록에서 받은 값을 사용할 수도 있습니다.

수학 블록의 동작

그림 15-3은 수학 블록을 이용한 곱셈 연산의 활용 예를 보여줍니다. 이 프로그램은 컬러 센서의 색상 측정값(0부터 7 사이의 값)을 이용해 모터의 파워를 설정, 모터를 구동시킵니다. 센서값은 최댓값이 7이기 때문에, 1부터 100까지의 값을 설정할 수 있는 모터 파워를 기준으로 볼 때 컬러 센서의 측정값은 턱없이 작은 값입니다.

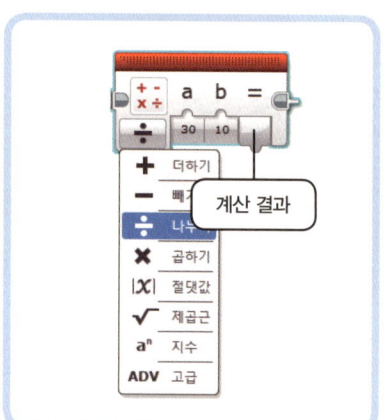

■ 그림 15-2 수학 블록. 이 블록은 나누기 연산 모드가 선택되었으며, 출력값은 30 ÷ 10 = 3이다.

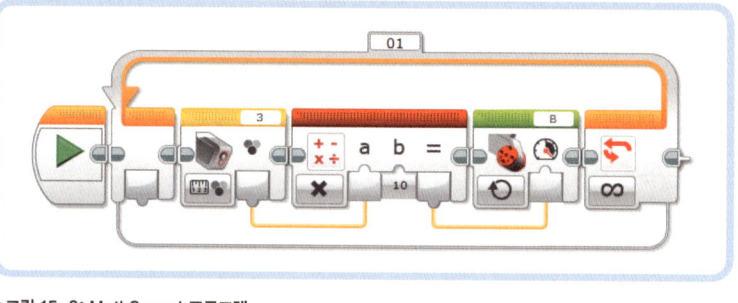

■ 그림 15-3: MathSpeed 프로그램

수학 블록은 측정된 컬러 센서의 값에 10을 곱해서(증폭) 그 결과 값을 모터의 파워 설정에 전달합니다(0부터 70 사이의 값으로 10단위로 크기가 바뀜). 결과적으로 컬러 센서가 검은색을 볼 경우 1이 출력되므로 모터의 파워는 10%, 파란색을 볼 경우 2가 출력되므로 파워는 20%, 갈색을 볼 경우 70%까지 모터의 속도는 변화하게 됩니다.

SK3TCHBOT-Data라는 이름의 프로젝트를 새로 만들고 여기에 MathSpeed라는 이름으로 그림 15-3의 프로그램을 만들어 테스트해 봅시다.

고급 모드 사용하기

경우에 따라서는 단순한 두 개의 숫자를 이용한 연산이 아닌, 세 개 이상의 숫자를 이용해 두 개 이상의 수학 연산을 복합적으로 수행해야 하는 경우도 있습니다.

예를 들어, 두 숫자의 차를 구한 후 또 다른 숫자와 곱셈을 해야 한다면 우리가 앞서 살펴본 수학 블록 활용법으로는 두 개의 수학 블록이 필요합니다. (한 개의 수학 블록으로 먼저 차를 구하는 연산을 하고, 그 결과 값과 세 번째 숫자로 곱을 구하는 두 번째 수학 블록이 필요합니다.)

탐구과제 87: 수학으로 최댓값을!

난이도 🗓 시간 ⏱

MathSpeed 프로그램에서 수학 블록은 컬러 센서의 인식 값을 이용해 모터의 속도를 가변합니다. 하지만 컬러 센서의 최대 측정값이 7이기 때문에 이 프로그램은 모터 파워를 70% 이상 올릴 수 없습니다. 프로그램을 수정해서 모터의 파워를 최대치까지 끌어 올릴 수 있나요? 디스플레이 블록을 추가해서 여러분의 컬러 센서가 갈색을 볼 경우(측정값 7) 수학 블록의 출력값이 100%가 될 수 있도록 프로그램을 수정해 봅시다.

HINT 수학 블록의 입력 a와 b에는 10진수 숫자를 임의로 입력할 수 있습니다.

> 단순한 사칙 연산으로는 소수인 7을 이용하면 100보다 조금 큰 값이나 조금 작은 값이 아닌 정확히 100이라는 정수의 값이 나오지 않습니다. 하지만 모터 제어 블록에 100보다 조금 큰 값이 입력된다면 모터 파워의 설정 범위 중 최댓값인 100으로 인식할 것입니다.

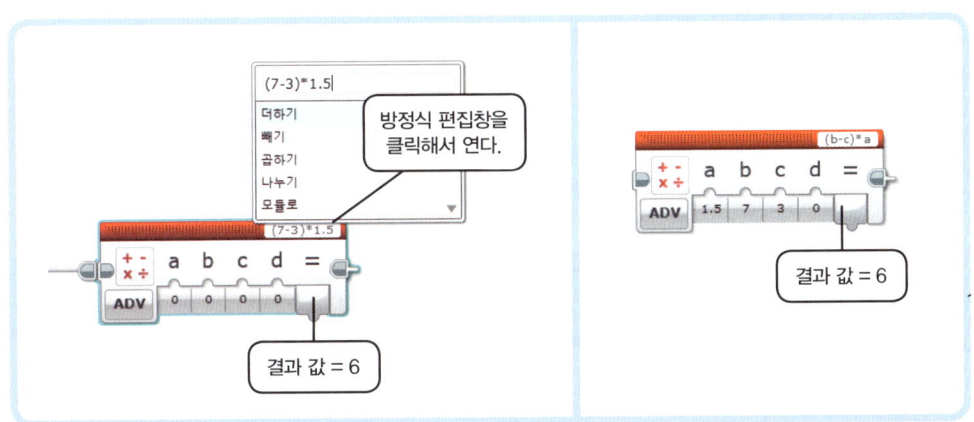

■ 그림 15-4 수학 블록의 고급 모드. 여러분은 방정식 입력란에 숫자를 기입하거나(왼쪽) 심볼을 활용(오른쪽) 또는 이 두 가지 방법을 혼용해 수식을 완성할 수 있습니다. 수식은 여러분이 직접 수식 기호(곱하기는 *, 나누기는 / 등)를 입력하거나 혹은 방정식 칸의 수식 입력 리스트에서 제시되는 수식을 선택(곱하기, 제곱근 등)해서 입력합니다.

하지만, 그림 15-4와 같이 수학 블록에 포함된 기능 중 고급 연산 기능을 활용한다면, 이와 같은 복합 수식을 간단하게 하나의 수학 블록으로 구현할 수 있습니다.

수학 블록 우측 상단의 방정식 박스는 수식을 입력하는 곳으로, 여러분은 여기에 필요한 수식을 입력하면 됩니다. 예를 들어, 그림 15-4처럼 '(7-3) × 1.5'라는 수식을 실행하면 결과 값으로 6이 출력될 것입니다. (계산 시 우선 수행해야 할 연산이 있다면 괄호를 이용해 수식의 일부를 묶어줘야 합니다. 제시된 예의 수식에서는 일반적인 우선순위인 곱셈보다 괄호로 묶인 수식이 먼저 연산됩니다.)

수식을 입력할 때 필요하다면 a, b, c, d의 네 개의 심벌을 사용할 수 있습니다. 이 심벌은 수학 블록의 데이터 와이어 연결에 직접 값을 입력하거나, 와이어를 연결해서 값을 입력받을 수 있습니다. 방정식에 (b-c)*a를 입력하고 b는 7, c는 3, a에 1.5를 입력한다면, 수식은 '(7-3) × 1.5'가 되어 결과 값은 6이 될 것입니다.

숫자를 직접 입력하는 방식과 데이터 와이어를 통해 숫자를 입력하는 방식을 혼용할 수 있습니다. 고급 모드의 동작을 좀 더 자세히 살펴보기 위해서, 여러분이 손으로 돌리는 모터 B(흰색 다이얼)에 따라 모터 C(빨간색 다이얼)가 회전하는 프로그램을 만들어 볼 것입니다.

스케치봇에서 모터 C는 상하가 반대로(모터 B와 대칭으로) 설치되어 있기 때문에 모터 C는 모터 B를 돌리는 방향과는 반대로 회전하겠지만, 회전량 자체는 변하지 않습니다. 이를 위한 모터 C의 속도를 결정하는 식은 아래와 같습니다.

모터 C의 속도 = (모터 B의 각도 − 모터 C의 각도) × 1.5

이 공식은 어떤 원리로 작동할까요? 먼저 모터 B를 70도 정회전시킨다고 가정하고, 모터 C가 60도라고 가정했을 때 수식에 의해 '(70-60) × 1.5 = 15'의 값이 모터 C의 파워로 설정됩니다. 모터 C는 정회전을 시작하고 조금씩 모터 B의 현재 각도에 근접하게 됩니다.

만약 모터 C의 각도가 모터 B의 회전각도를 넘어가게 된다면, 예를 들어 모터 C가 72도가 되는 순간 수식에 의해 '(70-72) × 1.5 = -3'과 같이 결과는 음수가 되고 모터 C는 역회전할 것입니다. B와 C의 각도 차이가 클수록 결과 값은 큰 값이 되어 C는 B를 따라가기 위해 빠른 속도로 회전할 것이고, 각도 차이가 작아질수록 결과 값 역시 작아져 C는 천천히 조심스럽게 B를 따라가게 됩니다.

모터 C가 모터 B의 회전량을 따라잡는 순간, 두 모터의 회전량은 같아지기 때문에 계산식은 0이 되고 모터 C는 멈추게 됩니다.

그림 15-5는 PositionControl 프로그램의 모습입니다. 흰색 다이얼을 손으로 회전하면서 빨간색 다이얼의 회전량을 눈으로 확인해 보시기 바랍니다. 빨간색 다이얼은 흰색과 대칭되는 반대 방향으로 같은 회전량을 유지할 것입니다.

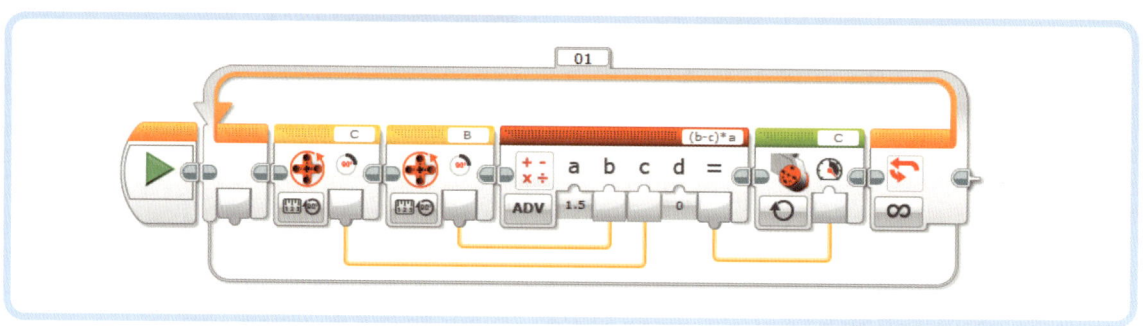

■ **그림 15-5** PositionControl 프로그램. 모터 B의 각도는 수학 블록의 입력 b에 연결되고 모터 C의 각도는 입력 c에 연결됩니다. 수식에 의해 계산된 모터 c의 파워는 모터 구동 블록에 전달됩니다.

수학 블록 익히기

수학 블록은 데이터 와이어를 사용해서 프로그램에 다양한 기능을 구현하기 위한 필수 요소라 할 수 있습니다. 제시된 탐구과제들은 수학 블록과 데이터 와이어의 활용법을 연습하기에 충분할 것입니다.

탐구과제 88: 값 더하기!

난이도 🔲 시간 ⏱

지속적으로 EV3의 화면에 적외선 센서의 거리 측정값과 컬러 센서의 반사광 측정값을 화면에 출력하는 프로그램을 만들어 봅시다. 센서값 외에도 화면에는 두 센서를 더한 값 역시 함께 출력되어야 합니다.

탐구과제 89: 적외선으로 속도 제어!

난이도 🔲🔲 시간 ⏱⏱

MathSpeed 프로그램과 비슷한, 모터 B의 속도와 방향을 적외선 센서의 거리 측정값을 이용해 제어하는 프로그램을 만들어 봅시다. 모터는 적외선 센서의 측정값이 100%일 때 50%의 속도로 회전하고, 측정값이 50%일 때 멈추어야 합니다. 거리 측정값이 0일 경우 모터의 속도는 –50%로 역회전해야 합니다.

> **HINT** '속도 = 거리 – 50'이라는 수식을 참고하시기 바랍니다. 이 수식을 설정하기 위해서 수학 블록을 어떻게 구성해야 할까요?

탐구과제 90: 적외선으로 속도 제어 2!

난이도 🔲 시간 ⏱

탐구과제 89의 프로그램을 확장해 모터 속도의 범위를 –100부터 100까지로 바꾸어 봅시다.

> **HINT** '속도 = (거리 – 50) x 2'라는 수식을 참고하시기 바랍니다.

탐구과제 91: 이득 제어!

난이도 🔲🔲 시간 ⏱

PositionControl 프로그램에서 수학 블록에 입력한 1.5의 의미는 무엇일까요? 작은 값(0.1) 또는 큰 값(5)으로 설정을 바꾸고 모터 C가 어떻게 움직이는지 관찰해 봅시다.

탐구과제 92: 직접 제어!

난이도 🔲🔲🔲 시간 ⏱⏱

PositionControl 프로그램을 수정해 빨간색 다이얼이 흰색 다이얼과 같은 방향으로 회전하도록 만들어 봅시다.

> **HINT** 모터의 회전각도는 정방향으로 회전할 때 양수가 되고 역방향으로 회전할 때 음수가 됩니다. 마찬가지로 구동 속도 역시 –1을 곱해 준다면 현재와 반대 방향으로 회전 방향만 바꿀 수 있습니다. 물론 이 작업은 파워 값이 모터 구동 블록으로 전달되기 전에 이루어져야 합니다.

랜덤 블록

랜덤 블록은 프로그램 안에서 난수(임의로 생성된 숫자)를 사용할 수 있게 해 줍니다. 함수 블록에 주사위 그림이 그려져 있는 것은 이 때문입니다. 논리 모드로 설정할 경우 참이든 거짓이든 출력값은 데이터 와이어로 출력됩니다.

랜덤 블록을 논리 모드로 설정하는 것은 동전 던지기와 비슷합니다. 동전을 던져 앞면(참)이 나오거나 뒷면(거짓)이 나오는 형태이기 때문입니다. 물론 이는 실제의 동전 던지기와는 조금 다릅니다. 실제의 동전 던지기는 매번 시도마다 참이 나올 확률은 50%이지만, 랜덤 블록에서는 여러분이 참이 나올 확률을 임의로 정할 수 있습니다.

예를 들어, 여러분이 참일 확률을 33%로 설정한다면, 이는 랜덤 블록에서 확률적으로 세 번 실행되었을 때 참이 나올 확률이 한 번, 그리고 거짓이 나올 확률이 두 번이라는 의미입니다.

랜덤, 즉 난수는 전적으로 임의의 숫자가 생성되는 구조이고, 본질적으로 재실행될 때 앞서 실행되었던 결과를 참고하지 않기 때문에 설정된 참의 확률은 실행될 때마다 동일합니다. 물론, 어디까지나 확률이기 때문에 참일 확률을 10%로 설정해도 세 번 연속 참이 나올 수도 있고, 반대로 확률을 80%로 설정해도 다섯 번 연속으로 거짓이 나올 수도 있습니다.

하지만 반복적인 실험을 통해서 본다면 결과적으로 랜덤 블록이 생성하는 참의 비율은 여러분이 설정한 참일 확률의 값과 유사한 결과가 나올 것입니다.

숫자 모드로 설정된 랜덤 블록은 범위 최솟값에서 범위 최댓값 사이에 있는 임의의 숫자 하나가 숫자형 데이터 와이어로 출력됩니다. 예를 들어, 범위 최솟값에 1을 설정하고 범위 최댓값에 6을 설정하는 경우, 출력값은 1에서 6 사이의 정수가 출력될 것입니다.

이는 육면체 주사위를 던지는 것과 비슷하다고 볼 수 있습니다. 실제의 주사위는 대부분 기하학적 정다면체 형태로 만들어집니다. 하지만 여러분이 랜덤 블록으로 설정하는 주사위는 5면체나 17면체와 같은 홀수로 설정할 수도 있음을 참고하시기 바랍니다.

랜덤 블록은 여러분의 로봇이 돌발 행동을 해야 할 경우 유용합니다. 예를 들어 랜덤 블록을 사용하면 로봇이 임의로 '레프트(왼쪽)' 또는 '라이트(오른쪽)'를 매번 바꾸어 말할 수 있습니다. 또는 모터의 구동 속도를 매번 임의로 바꾸어 실행할 수도 있습니다. 이와 같은 랜덤 블록의 실행 예제는 그림 15-6의 RandomMotor 프로그램에서 볼 수 있습니다.

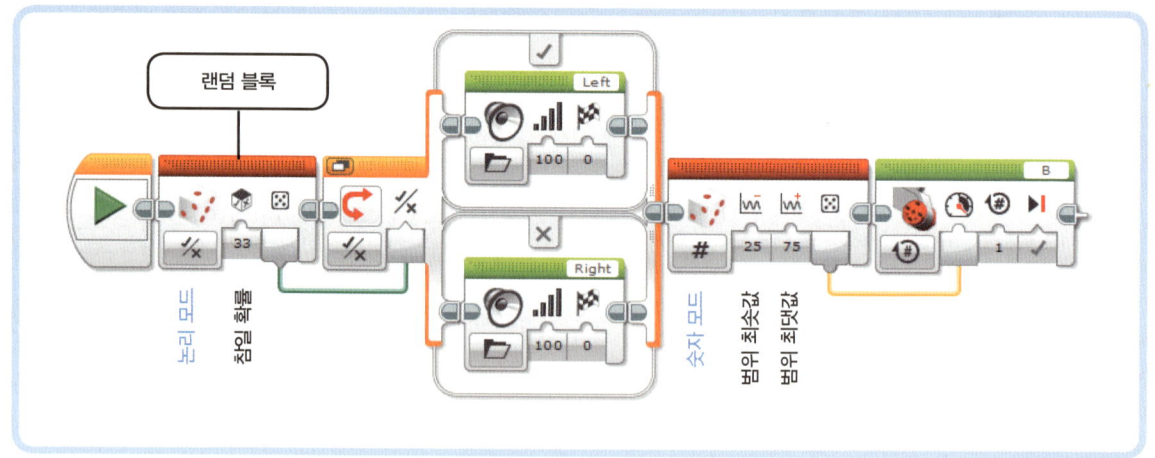

■ **그림 15-6** RandomMotor 프로그램. 이 프로그램을 여러 번 실행해 본다면 상대적으로 '라이트'가 '레프트'보다 좀 더 자주 들리는 것을 경험할 것입니다. 이 프로그램은 소리를 출력한 후 모터 B를 최소 25%에서 최대 75% 사이의 속도로 1회전시킵니다.

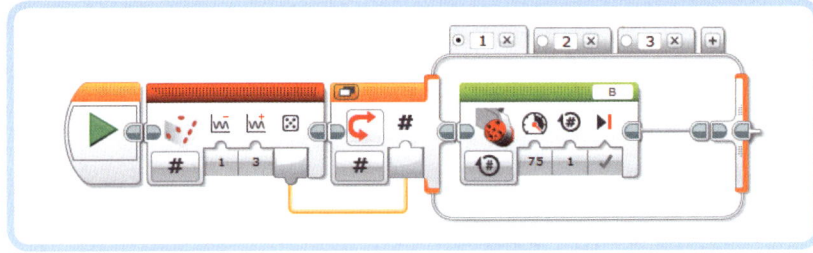

■ 그림 15-7 RandomCase 프로그램. 이 프로그램은 실행될 때마다 1, 2, 3 중 하나의 숫자가 임의로 생성되고 이에 따라 스위치 블록의 1, 2, 3번 탭 중 하나를 실행합니다. (그림에서는 1번 탭의 프로그램만 보입니다. 2, 3번 탭은 여러분이 임의의 프로그램을 넣어도 무방합니다.)

RandomMotor 프로그램의 스위치 블록은 랜덤 블록이 만들어낸 결과에 따라 참일 경우 위, 거짓일 경우 아래의 블록 다이어그램을 실행합니다. 만약 여러분이 랜덤 블록을 숫자 모드로 설정하고 케이스 역시 숫자로 구분해 준다면, 프로그램은 두 개 이상의 더 많은 동작 중 하나를 임의 선택해서 수행할 수도 있습니다.

그림 15-7의 RandomCase 프로그램은 이와 같은 형태로 각 랜덤 숫자 값에 따라 다른 동작을 할당한 프로그램의 모습을 보여줍니다.

탐구과제 93: 임의의 음높이!

난이도 🗓 시간 ⏱

EV3가 터치 센서를 누를 때마다 다른 높이의 음을 0.5초간 재생하는 프로그램을 만들어 봅시다. 랜덤 블록에 의해 생성된 임의의 숫자 값은 사운드 블록의 주파수에 연결됩니다. 현재 출력되는 음의 주파수 값을 확인하기 위해 EV3의 화면에 주파수를 출력하는 기능도 추가합니다.

HINT 사운드 블록의 주파수 입력에서 허용되는 값의 범위는 얼마일까요? 가장 작은 값과 가장 큰 값을 먼저 확인해 보시기 바랍니다.

비교 블록

비교 블록은 입력된 두 개의 숫자 a와 b를 비교해서 같다(=), 같지 않다(≠), 크다/초과(>), 크거나 같다/이상(≥), 작다/미만(<), 작거나 같다/이하(≤)를 판단합니다.

검사는 위의 여섯 가지 모드 중 하나를 선택하면 입력된 a와 b를 선택된 모드로 검사하고, 그 조건이 참인지 거짓인지 판별하는 형태로 진행됩니다. 또한 다른 블록들과 마찬가지로 블록에 직접 입력하거나 데이터 와이어를 통해 숫자 값을 입력합니다.

검사한 결과의 출력값은 논리 데이터 와이어로 출력되며 제시된 조건, 예를 들어 '같다'라는 조건이 설정되고 입력된 a와 b가 같다면 출력값은 참이 됩니다.

그림 15-8의 CompareValues 프로그램은 비교 블록의 동작 방식을 보여줍니다. 이 프로그램은 적외선 센서와 장애물의 거리가 80 이하가 될 때까지 우선 대기합니다. 80 이하가 되는 순간 비교 블록이 동작되고 측정된 센서값이 40보다 작을 경우(참) '다운'을, 센서값이 80보다 작지만 40보다 같거나 클 경우(거짓) '업'을 출력합니다.

결과적으로 프로그램이 실행되고 여러분이 재빨리 센서 앞까지 손을 가져가면 로봇은 '다운'이라 말하고, 센서의 한참 위에서 천천히 손을 내리거나 40 이상의 거리에서 손이 감지된다면 로봇은 '업'이라고 말할 것입니다.

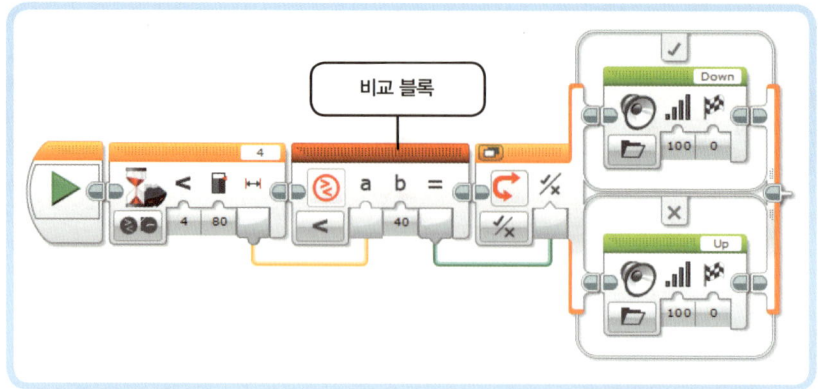

■ 그림 15-8 CompareValues 프로그램

탐구과제 94: 모터와 속도 모두 임의로!

난이도 ☐☐☐ 시간 ⏱

10부터 100 사이의 난수를 생성하는 프로그램을 만들고, 이 값을 이용해 모터 B 또는 모터 C를 제어합니다. 생성된 값이 50보다 작으면 모터 B가 생성된 값을 파워로 설정해 1회전합니다. 50보다 큰 값이 설정되면 모터 C가 생성된 값을 파워로 설정해 1회전하도록 프로그램을 구현해 봅시다.

HINT 여러분은 랜덤 블록, 비교 블록, 스위치 블록(탭 뷰 모드)와 두 개의 라지 모터 블록이 필요할 것입니다.

논리 연산 블록

논리 연산 블록은 두 개의 논리 데이터를 입력받아 비교하고, 그 결과를 논리 데이터로 출력합니다. 'And(조건)' 모드에서는 두 개의 입력이 참일 경우 출력값은 참이 됩니다. 한 개 또는 두 개의 값이 거짓일 경우 출력값은 거짓이 됩니다.

그림 15-9의 LogicAnd 프로그램은 논리 And 연산의 동작 방식을 보여줍니다.

이 프로그램은 EV3의 화면에 원을 하나 그립니다. 원을 그리는 블록의 채우기 옵션은 논리 연산 블록의 출력값이 참일 경우에만 원을 채우도록 설정되어 있으며, 논리 연산 블록은 터치 센서의 눌림(참)과 적외선 센서의 거리 값이 50% 이하(참)일 경우에만 참이 출력됩니다.

만약 둘 중 하나의 조건이라도 참이 아니라면(적외선 센서와 장애물의 거리가 멀거나 터치 센서가 눌리지 않았거나) 원은 채워지지 않고, 오직 터치 센서가 눌린 상태에서 적외선 센서도 가까이 있는 장애물을 인식했을 경우에만 원은 안이 검게 채워질 것입니다.

논리 연산

논리 연산 블록을 사용하기 위해서는, 블록에서 제공되는 네 가지 모드의 특성을 이해해야 합니다. 여러분은 And(조건), Or(논리 합), XOR(배타적 논리합), Not(논리 부정)의 네 가지 모드를 설정할 수 있습니다. 각각의 모드는 같은 입력값이라도 다른 결과를 출력합니다. 표 15-1은 선택할 수 있는 각각의 모드에 대한 특징을 보여줍니다.

'Or(논리 합)' 모드에서 논리 연산 블록은 입력값 두 개 중 하나 또는 모두가 참인 경우 참을 출력합니다.

그림 15-10의 LogicOr 프로그램은 논리 연산 블록의 Or 모드 활용 예를 보여줍니다. 이 프로그램은 터치 센서의 눌림(참)과 적외선 센서의 거리 값이 50% 이하(참) 중

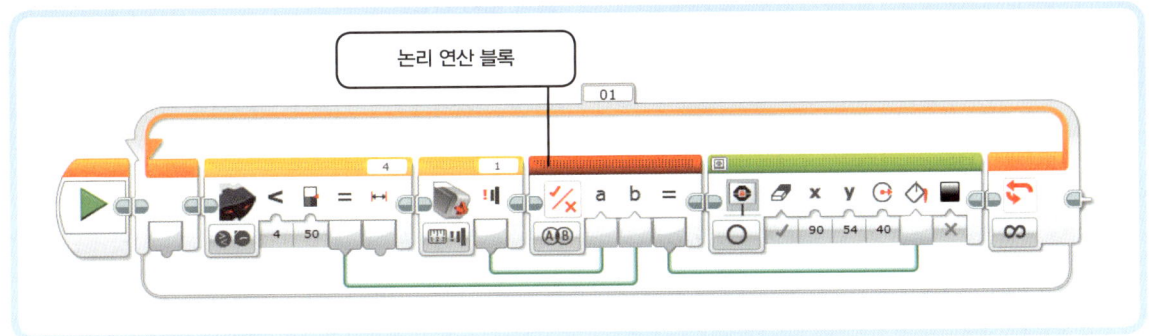

■ 그림 15-9 LogicAnd 프로그램

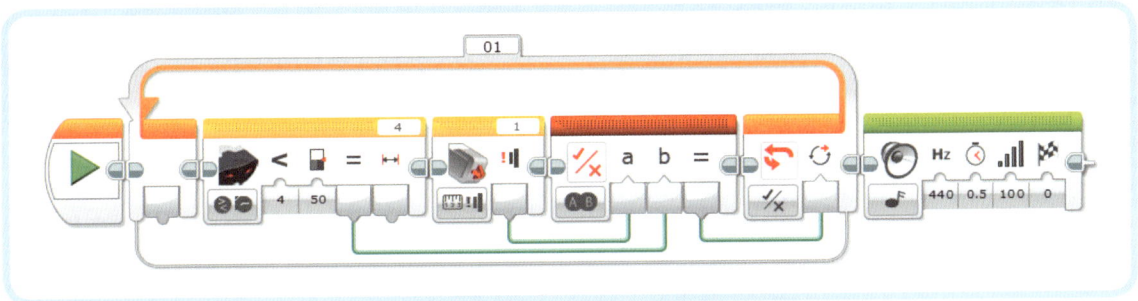

■ 그림 15-10 LogicOr 프로그램

어느 한 조건이라도 참일 경우, Or 연산에 의해 결과 값 참이 출력되며, 이때 루프가 종료되고 사운드가 출력됩니다.

이 기법은 여러 가지 센서 중 순서에 관계없이 하나라도 인식되면 작동하는 형태이기 때문에 유용하게 쓸 수 있습니다. 🧑 버스의 하차벨이 이와 비슷한 시스템입니다. 버튼이 여러 개가 달려 있지만, 이 중 어느 것을 눌러도 모든 하차등이 켜지기 때문입니다.

이제 논리 연산 블록의 모드를 XOR로 바꾸어 봅시다. 이제 프로그램을 실행하면 여러분은 터치 센서를 누르거나 혹은 적외선 센서의 거리 값을 작게 만들 경우 루프가 종료되는 것을 볼 수 있습니다. 하지만 둘 다 인식(참)이 되어도 참이 출력되는 Or(논리합)과 달리, XOR(배타적 논리합)은 둘 다 인식될 경우 거짓이 출력되어 루프는 종료되지 않을 것입니다.

모드		참이 출력될 수 있는 경우
And (조건)	A·B	두 개의 입력이 모두 참일 경우
Or (논리합)	A·B	한 개 이상의 입력이 참일 경우
XOR (배타적 논리합)	A·B	한 개의 입력이 참이고 다른 하나는 거짓일 경우
Not (논리 부정)	A	입력이 거짓일 경우

■ 표 15-1 논리 연산 블록의 모드와 각 출력값

탐구과제 95: 논리 센서!

난이도 ☐☐ **시간** ⏱

LogicOr 프로그램은 터치 센서나 적외선 센서, 둘 중 하나가 반응하면 루프가 종료되고 소리를 출력합니다. 하지만 소리만 듣는다면 우리는 어떤 센서가 반응했는지 알 수 없습니다. LogicOr 프로그램을 만약 터치 센서가 눌려서 종료되었다면 '터치', 적외선 센서가 장애물에 반응해서 종료되었다면 '디텍티드'라고 음성을 출력할 수 있도록 업그레이드해 봅시다.

HINT 논리 연산 블록 뒤에 스위치 블록을 추가하고 터치 센서 블록을 이용해 스위치 블록을 제어해 보시기 바랍니다.

탐구과제 96: 세 개의 센서를 이용한 대기!

난이도 ☐☐ **시간** ⏱

세 개의 센서 중 어느 하나라도 반응하면 소리를 내는 프로그램을 만들어 봅시다. 터치 센서가 눌리는 경우, 적외선 센서가 50% 이하로 가까운 물체를 인식하는 경우, 그리고 컬러 센서의 반사광이 15%이상이 될 경우, 이상의 세 가지 조건 중 하나 이상이 만족될 경우 프로그램은 소리를 낼 수 있어야 합니다.

HINT LogicOr 프로그램을 이용하고, 여기에 컬러 센서 블록과 적외선 센서 블록을 추가합니다. 논리 연산 블록은 어디에, 그리고 데이터 와이어는 어떻게 연결해야 할까요?

논리 부정 모드

논리 연산 블록에서 논리 부정 모드는 하나의 입력만을 받습니다. 이 모드는 단지 입력된 값을 반대로, 만약 입력 a가 참일 경우 출력은 거짓이 되고, 반대로 거짓이 입력되면 출력은 참이 됩니다.

논리 부정 모드를 테스트해 보기 위해 앞에서 만든 LogicOr 프로그램을 조금 수정해 보겠습니다. 먼저 적외선 센서 블록을 제거하고 논리 연산 블록을 Or(논리 합)에서 Not(논리 부정)으로 바꾸어 줍니다. 이제 논리 연산 블록은 터치 센서가 눌리면(참) 거짓을 내보내고, 터치 센서가 떨어지면(거짓) 참을 내보낼 것입니다.

결국 이 프로그램은 여러분이 터치 센서를 누르고 있는 동안에만 실행되고 센서에서 손을 떼는 순간 종료될 것입니다.

범위 블록

범위 블록은 입력된 숫자 값이 지정된 범위에 속하는지의 여부를 판단하기 위해 범위 최솟값과 범위 최댓값을 설정합니다. 여러분이 설정할 최솟값과 최댓값은 여러분이 필요로 하는 값의 범위 안에 있어야 합니다.

🧑 터치 센서나 컬러 센서의 컬러 모드와 같은 센서값은 내가 원하는 조건에서 정확한 하나의 값을 출력합니다. 하지만 컬러 센서의 반사광 모드나 적외선 센서의 근접감지 모드의 경우 동일한 조건 하에서도 오차범위가 2~3 이상입니다.

범위 블록은 이와 같이 대략적인 범위는 예상할 수 있으나 정확한 값을 추출하는 것이 의미 없는 경우에 활용할 수 있습니다. 센서값이 21에서 23 사이로 출력된다면 '21과 같다 또는 22와 같다 또는 23과 같다'로 비교하는 것보다 '21부터 23 사이에 속한다'로 비교하는 것이 훨씬 더 효율적입니다.

범위 블록은 두 가지 모드가 있습니다. 만약 여러분이 내부 모드를 선택한다면, 입력된 값이 여러분이 정한 최솟값과 최댓값 범위 안에 있을 경우 결과는 참이 되고, 최

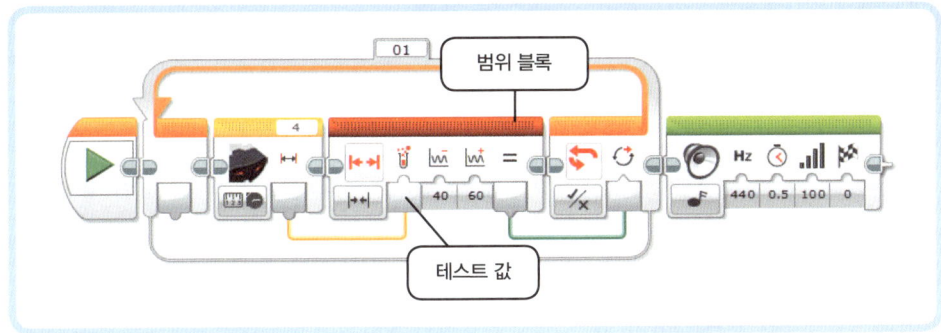

■ **그림 15-11** SensorRange 프로그램

솟값보다 작거나 최댓값보다 큰, 즉 범위를 벗어나는 경우 결과는 거짓이 됩니다.

외부 모드를 선택할 경우 동작은 반대로 이루어집니다. 범위를 벗어나는 값일 경우 참이 되고 범위 안에 들어가는 값일 경우 거짓이 됩니다.

그림 15-11은 SensorRange 프로그램의 모습입니다. 범위 블록은 내부 모드로 설정되고 루프 블록은 논리 모드로 설정되었습니다. 적외선 센서의 거리 값이 40에서 60 사이일 경우 이 프로그램의 루프는 종료되고 소리가 출력됩니다.

올림/내림 블록

올림/내림 블록은 소수점을 갖는 숫자 값을 반올림, 올림, 내림 및 버림 연산해 정수로 만들 수 있습니다.

개념을 다시 정리하자면, 올림 모드의 경우 입력값의 소수점 범위를 무조건 정수로 올려 1.2나 1.8을 2로 만들어 줍니다. 내림 모드에서는 소수점 범위를 내려 정수로 만들기 때문에 1.2와 1.8은 모두 1이 됩니다. 반올림에서는 1.2와 같이 1에 가까운 값은 1이 되고, 1.5나 1.8의 경우 2가 됩니다.

이와 함께 소수점 자리를 단순히 자릿수로 잘라내는 버림/자릿수 맞춤이 있습니다. 버림은 설정된 자릿수만큼 남겨두고 나머지 숫자를 버리는 것으로 만약 1.877을 입력하고 정수형 자릿수를 1로 선택할 경우 결과 값은 1.8이 됩니다.

그림 15-12의 RoundTime 프로그램은 실행되면 EV3의 내장 타이머를 이용해 시작 후 경과된 시간을 보여주는 프로그램입니다. EV3의 타이머 값은 0.001초 단위로 증가하며, 이 값은 내림을 통해 정수 단위의 초 값만 전달되어, 3.508초의 경우 3이 화면에 출력됩니다.

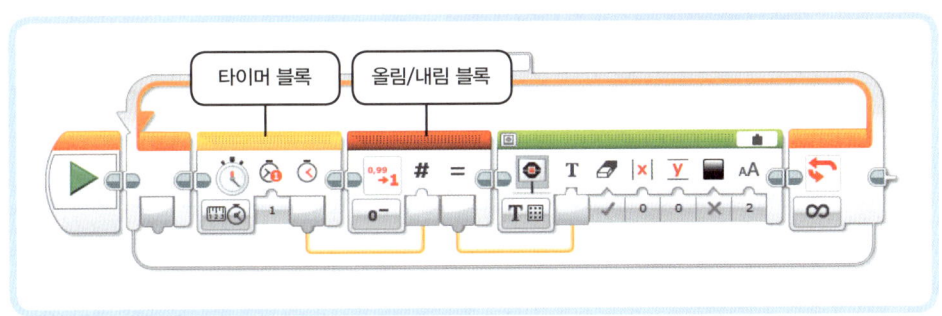

■ **그림 15-12** RoundTime 프로그램

15 데이터 연산 블록, 그리고 데이터 와이어를 활용한 마이 블록　**299**

타이머 블록은 우리가 이제까지 사용해보지 않은 블록이지만, 사용 방법은 그다지 어렵지 않습니다. 이 블록은 스톱워치와 비슷하게 동작합니다. 0초부터 시작되며 0.001초 단위로 동작하기 때문에 1.5초의 경우 1,500이라는 값이 출력됩니다. 스톱워치를 임의로 리셋할 수 있는 것과 같이, 타이머 블록도 리셋 모드를 통해 시간을 초기화할 수 있습니다.

타이머는 프로그램 안에서 총 8개를 각각 사용할 수 있습니다. 예를 들어, 여러분은 1번 타이머를 프로그램의 실행 후 경과 시간 체크에, 2번 타이머는 터치 센서를 누를 때마다 리셋시키며 터치 센서가 눌린 상태로 지속된 시간을 체크하는 데 사용할 수도 있습니다.

8개의 타이머 중 원하는 타이머를 읽거나 리셋하기 위해서는 타이머 ID를 설정해야 합니다. 그림 15-12의 RoundTime 프로그램에서는 타이머 ID를 1로 설정했습니다.

텍스트 블록

텍스트 블록은 세 가지의 문자열을 합쳐 한 줄의 문장을 만들어냅니다. 예를 들어, 세 개의 입력 중 A에는 'EV3 '를, B에는 'is '를, 그리고 C에는 'fun'을 입력하면 결과 값은 'EV3 is fun'이 됩니다. 'EV3'와 'is'의 경우 단어 뒤에 공백 문자, 스페이스가 들어간 것을 주의하시기 바랍니다.

만약 공백 문자를 넣지 않는다면 결과 값은 'EV3isfun'이 될 것입니다. 텍스트 블록은 입력란이 비어 있을 경우 빈칸을 무시하고 뒤의 단어를 앞으로 붙입니다. 텍스트 블록을 이용해 문자와 숫자를 결합한 문장을 EV3의 화면에 출력할 수 있습니다.

예를 들어, 앞서 만들어 보았던 시간을 출력하는 RoundTime 프로그램에서 단순히 숫자로 초만 보여주던 것을 'Time: 41 s'와 같은 형태로 숫자와 함께 적절한 문자 정보를 보여줄 수 있다는 의미입니다. 이를 위해 필요한 문장은 'Time: '과 숫자로 전달되는 시간 값, 그리고 마지막에 붙을 's'입니다.

그림 15-13은 이렇게 추가된 문자열을 통해 좀 더 시계와 가까워진 TextTime 프로그램의 모습입니다.

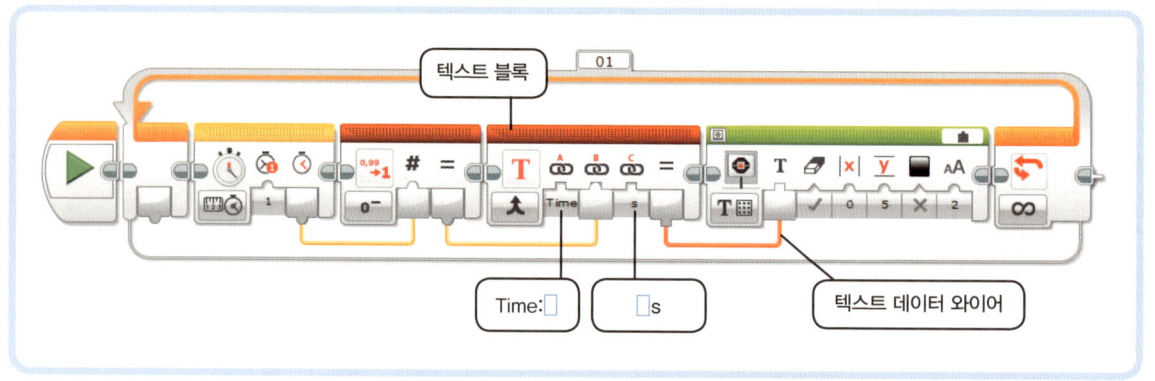

■ **그림 15-13** TextTime 프로그램. 자연스러운 메시지 출력을 위해 'Time: '과 ' s' 두 문장의 공백 문자를 잊지 마시기 바랍니다. 그림에서는 네모 박스로 표시된 부분입니다. 키보드로 입력 시에는 스페이스 바입니다. 공백 문자가 들어간 단어들과 결합되는 덕분에, 41초라면 이 프로그램은 화면에 'Time: 41 s'라는 문장을 출력할 수 있습니다.

탐구과제 97: 카운트다운!

난이도 ▢▢▢ 시간 ⏱⏱

EV3 화면에 숫자가 거꾸로 줄어드는 카운트다운 타이머를 출력해 봅시다. 카운트다운 프로그램은 60부터 시작하며 0이 될 때까지 동작합니다. 화면에서는 '46 s to go!'와 같이 남은 시간과 ' s to go!' 문장을 출력합니다. 시간이 5초 남았을 때 알람을 울리고 시간이 0이 되면 화면에 'Game over'를 출력합니다.

HINT TextTime 프로그램을 이용해 만들어 봅시다. 타이머의 시간을 그대로 출력하는 것이 아닌, 60에서 타이머의 시간을 뺀 값을 출력하는 것이 좋습니다. 비교 블록을 사용해 5초 이하로 남았을 때의 경고 알람과 시간이 0초가 되었을 때, 게임 오버 메시지 출력을 구현할 수 있습니다.

마이 블록에 데이터 와이어 활용하기

지금까지 우리는 프로그래밍 블록 사이에서 데이터 와이어를 활용해 동작 블록, 센서 블록, 그리고 데이터 연산 블록이 서로 값을 주고받는 방법에 대해 배워 보았습니다.

기존의 함수 블록끼리 값을 주고받는 것과 같이, 여러분이 만든 마이 블록에서도 데이터를 주고받을 수 있습니다. 이를 위해서는 마이 블록을 만들 때 데이터 와이어의 입력과 출력 파라미터를 추가하면 됩니다.

이미 5장에서 입력과 출력 기능을 사용하지 않는 기본 마이 블록 제작법을 배워 보았습니다. 이번 장에서는 마이 블록에 입력과 출력 플러그를 넣는 방법, 그리고 그외 몇 가지 마이 블록을 제작하는 데 유용한 기법을 배울 것입니다.

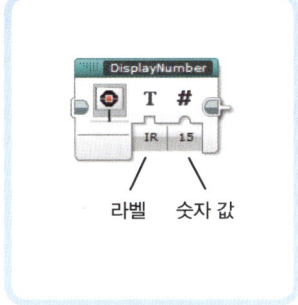

■ 그림 15-14 DisplayNumber 마이 블록. 이 마이 블록은 화면에 'IR: 15'라는 메시지를 출력합니다.

마이 블록과 입력

그림 15-14와 같이 DisplayNumber라는 이름으로 두 개의 입력을 가진 마이 블록을 만들어 봅시다. 이 블록은 라벨 플러그에 연결되는 문자열과 숫자 값 플러그에 연결되는 숫자 값을 결합해 EV3의 화면에 출력하는 블록입니다.

이 블록은 손쉽게 숫자 값과 그 값을 설명하는 단어를 결합해 출력할 수 있습니다. 예를 들어 라벨 플러그에 IR이라는 단어를, 그리고 숫자 값 플러그에 15라는 숫자 값을 전달하면 이 마이 블록은 EV3의 화면에 'IR: 15'라는 메시지를 출력할 것입니다.

마이 블록을 만드는 과정은 다음과 같습니다.

1단계

먼저 새 프로그램을 만듭니다. 여기에서는 NumberTest라는 이름을 사용할 것입니다. 마이 블록을 완성하기 전에 하나의 프로그램으로서 제대로 동작하는지 테스트하는 과정이 필요합니다.

2단계

그림 15-15와 같이 텍스트 블록과 디스플레이 블록을 꺼내어 값을 설정합니다. 텍스트 블록은 라벨 입력과 콜론 및 공백 문자, 그리고 입력된 센서값을 결합해 하나의 문장을 만들 것입니다. 만들어진 문장은 디스플레이 블록을 이용해 화면에 출력됩니다.

데이터 와이어의 연결이 끝나면 시작 블록을 제외한

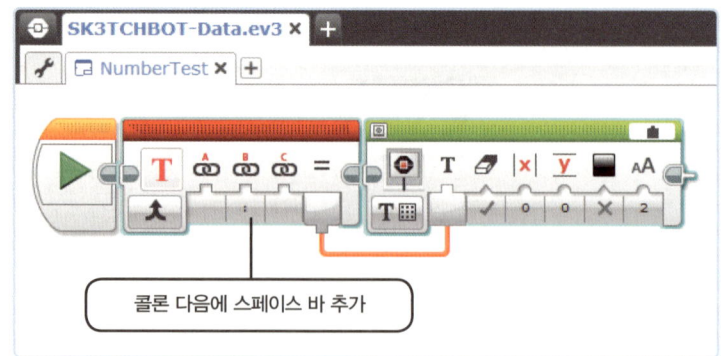

■그림 15-15 마이 블록을 만드는 과정. 먼저 마이 블록으로 묶을 블록, 여기에서는 텍스트 블록과 디스플레이 블록을 마우스 드래그 또는 키보드의 Ctrl 키를 누른 상태로 각각 클릭해 전부 선택합니다.

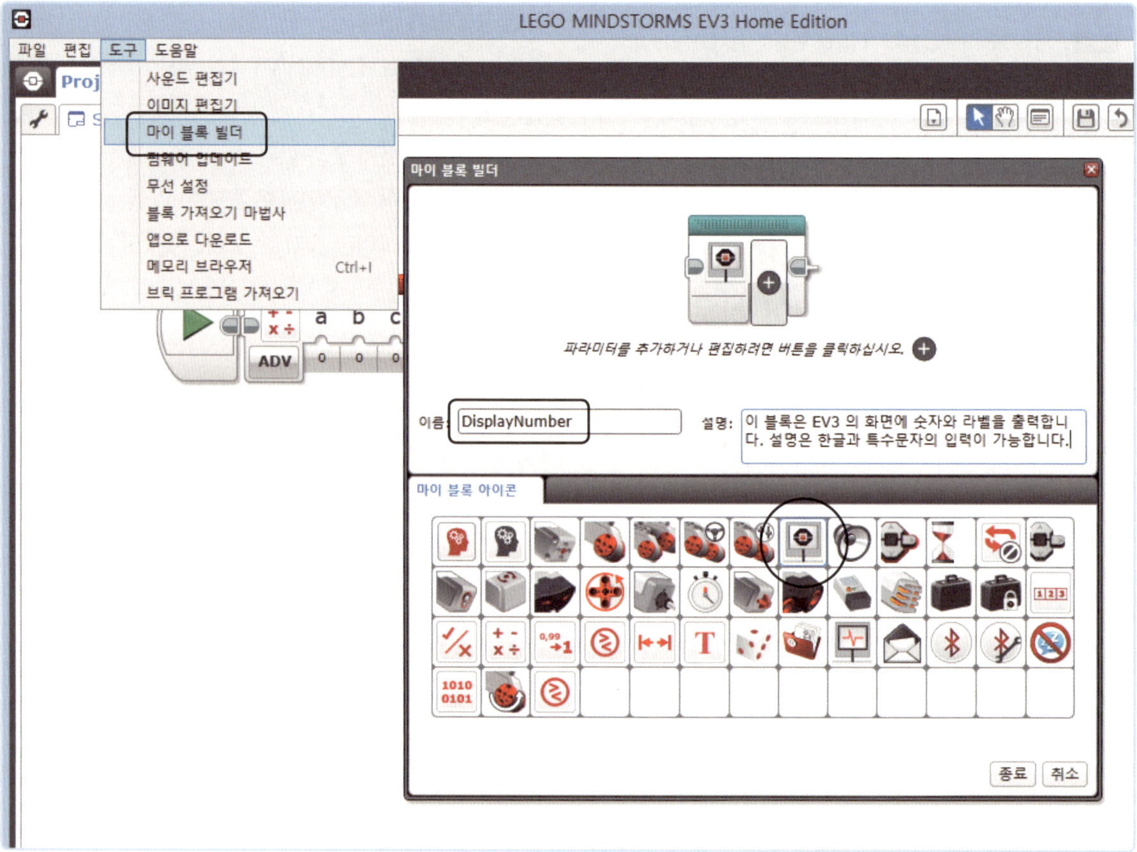

■그림 15-16 마이 블록 빌더를 실행하고 이름과 설명을 입력합니다. 설명은 한글을 지원합니다. 입력이 완료되면 마이 블록에 사용할 아이콘을 선택합니다. 가능하면 마이 블록의 동작 특성과 맞는 아이콘을 선택하는 것이 좋습니다. 이 마이 블록은 디스플레이에 관련된 기능이므로 EV3 화면에서 아이콘을 선택합니다.

여러분이 원하는 특징과 적절하게 어울리는 아이콘이 없을 수도 있습니다. 하지만 마이 블록에 이름과 설명을 제대로 넣는다면 여러 개의 마이 블록이 생기더라도 사용하는 데 큰 어려움은 없을 것입니다.

나머지 두 개의 블록을 마우스로 드래그해서 전부 선택합니다.

3단계

풀다운 메뉴의 **도구 ▶ 마이 블록 빌더** 메뉴를 실행합니다.

4단계

그림 15-16은 마이 블록 빌더의 모습입니다. 여기에서 여러분은 마이 블록의 이름으로 DisplayNumber를, 그리고 설명에는 마이 블록의 동작 특징에 대한 간단한 설명을 입력합니다.

이름은 한글을 지원하지 않습니다. 하지만 설명은 한글을 입력할 수 있으며, 이렇게 입력된 설명은 메뉴의 '도움말 – 컨텍스트 도움말 표시'를 통해 확인할 수 있습니다.

5단계

이제 마이 블록의 파라미터를 설정할 차례입니다. **파라미터 추가** 버튼을 눌러 두 번 클릭해서 그림 15-17과 같이 두 개의 파라미터를 추가합니다.

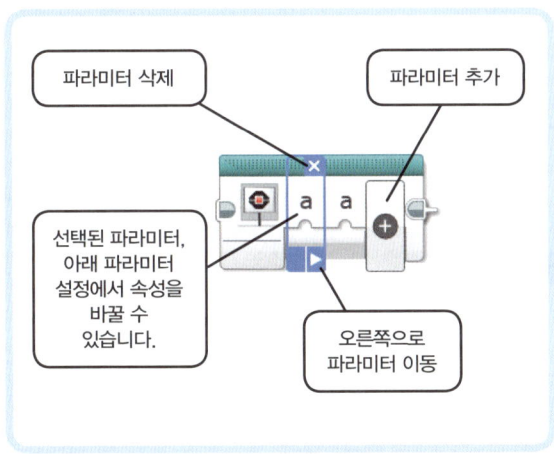

■ 그림 15-17 파라미터 추가, 삭제, 이동하기

6단계

그림 15-18과 같이, 파라미터 설정 탭으로 가서 첫 번째 파라미터를 선택하고 이름을 Label로 입력한 뒤, 데이터 유형을 텍스트로 선택합니다. 그 다음 파라미터 아이콘 탭에서 이 파라미터에 적절한 아이콘, 이를테면 텍스트를 의미하는 'T' 아이콘을 선택합니다.

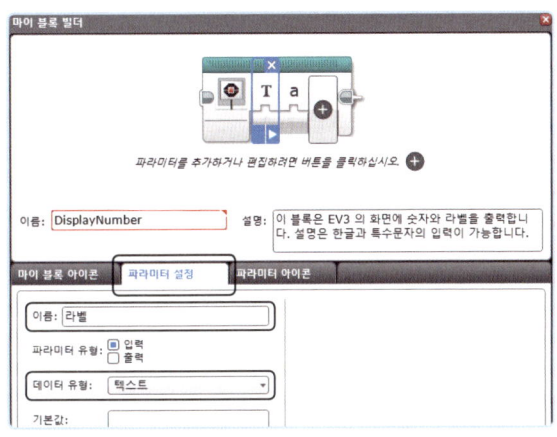

■ 그림 15-18 파라미터의 세부 설정

7단계

이제 그림 15-19와 같이 두 번째 파라미터를 선택하고 이름은 넘버, 데이터 유형은 숫자로 설정합니다. 기본값은 0으로 설정되어 있습니다. 이는 프로그램에서 다른 값이 입력되지 않을 경우 기본적으로 0이 입력된다는 의미입니다. 파라미터 스타일은 가장 기본적인 텍스트 입력을 선택합니다. 이 입력은 일반적인 숫자형 데이터 와이어를 연결할 수 있으며 입력값의 범위는 제한이 없어 수학 블록 등을 활용한 큰 값의 처리에 적절합니다.

한편, 수평 또는 수직 슬라이더를 선택하면 입력값의 최소 범위와 최대 범위를 설정하게 되고, 이것은 파워나 조향 등 일정한 범위를 필요로 하는 함수 블록에 적절합니다.

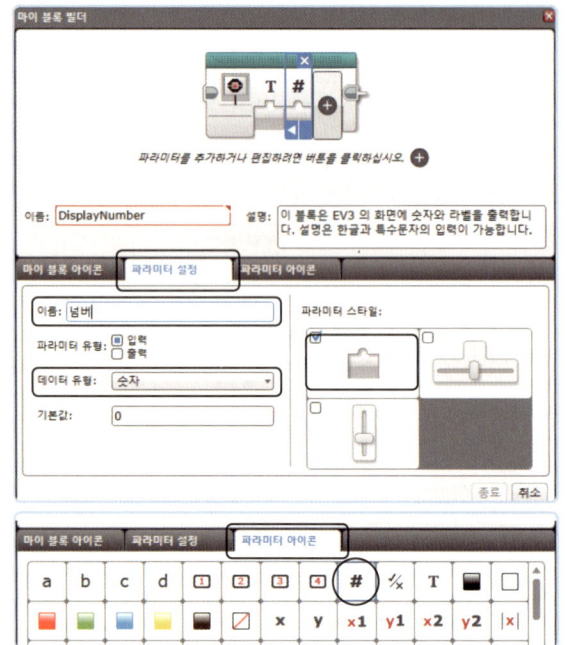

■ 그림 15-19 숫자 입력 파라미터의 설정

8단계

종료 버튼을 클릭하면 마이 블록의 생성 작업이 완료됩니다. 이제 여러분이 앞서 만들었던 DisplayNumber 프로그램은 같은 이름으로 마이 블록이 되었습니다. 이렇게 만들어진 마이 블록은 그림 15-20에서와 같이 프로젝트에 독립된 파일 형태로 열리게 됩니다.

그림 15-20은 마이 블록의 내부를 열어 본 모습으로, 이제 막 마이 블록 빌더를 종료했다면 왼쪽의 회색 블록과 여러분이 만든 마이 블록 안의 프로그램 사이에는 서로 데이터 와이어 연결이 되지 않았을 것입니다. 왼쪽의 회색 블록은, 하늘색으로 표시되는 마이 블록 아이콘의 안쪽 모습을 본 것으로, 여기에서 데이터 와이어를 회색 블록에 연결하면 메인 프로그램에서 마이 블록으로 값을 주거나, 혹은 마이 블록이 메인 프로그램으로 값을 보낼 수 있게 됩니다.

즉, 회색 블록과 프로그램 블록이 데이터 와이어로 연결되어 있어야 그림 15-14에서와 같이 프로그램에서 마이 블록으로 IR과 15라는 값을 전달했을 때 마이 블록의 Label 데이터 와이어로는 IR이라는 텍스트가, Number 데이터 와이어로는 15라는 숫자가 전달된다는 뜻입니다.

9단계

그림 15-20과 같이 데이터 와이어로 양쪽을 연결해 주면 비로소 마이 블록과 내 프로그램이 서로 데이터를 주고받을 수 있게 됩니다. 작업이 완료되었다면 프로젝트를 저장하는 것을 잊지 마십시오. (이 프로그램은 Label과 Number 데이터 와이어로 받은 텍스트와 숫자를 결합해 한 줄의 문장을 만들고 이를 EV3의 화면에 출력할 것입니다.)

■ 그림 15-20 마이 블록 빌더의 종료 버튼을 클릭하면 여러분의 SK3TCHBOT-Data 프로젝트에 새롭게 DisplayNumber 마이 블록의 탭이 추가될 것입니다. 프로그램에서 연결이 필요한 데이터 와이어를 연결해 주면 마이 블록이 완성됩니다.

축하합니다. 여러분은 이제 EV3 프로그램에서 입력이 가능한 마이 블록을 만들어 보았습니다. 여러분이 만든 마이 블록은 EV3의 프로그래밍 팔레트에서 하늘색 탭을 선택하면 볼 수 있습니다.

이제 DisplayNumber 마이 블록을 테스트해 봅시다. 그림 15-21은 이 마이 블록을 사용한 NumberTest 프로그램으로서, 적외선 센서의 거리를 측정한 후 센서값과 IR이라는 텍스트를 DisplayNumber 마이 블록에 전달합니다. 마이 블록은 전달받은 두 개의 값을 EV3 화면에 보여주고 종료되며 NumberTest 프로그램은 루프에 의해 다시 적외선 센서의 거리를 측정하고 DisplayNumber 마이 블록을 호출하는 동작을 반복합니다.

이 글을 쓰고 있는 현재, LEGO MINDSTORMS EV3 소프트웨어의 버전은 1.10이어서 마이 블록 빌더로 이미 만들어진 마이 블록의 입출력 파라미터를 수정하는 기능은 지원되지 않습니다. 번역을 하는 시점에서도 이 기능은 아직 업데이트되지 않았습니다.

만약 여러분이 이미 만들었던 마이 블록에 데이터 와이어를 추가 또는 삭제해야 한다면 현재로서는 마이 블록 안의 블록 다이어그램을 선택해 새로운 마이 블록을 만드는 방법뿐입니다. 물론 이미 만들었던 마이 블록의 블록 다이어그램을 선택해서 새로 만들기 때문에 처음부터 만드는 것에 비해 시간은 조금 절약할 수 있습니다.

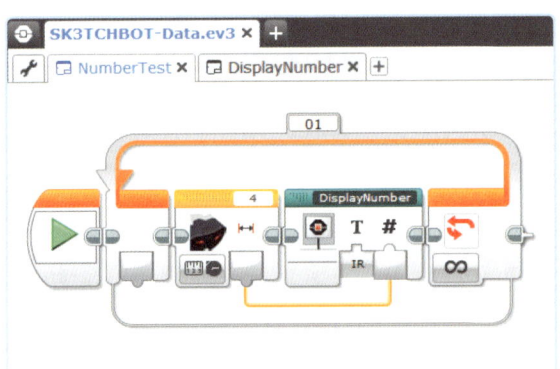

■ 그림 15-21 NumberTest 프로그램. 적외선 센서가 측정한 거리 값을 숫자형 데이터 와이어를 통해 DisplayNumber 마이 블록으로 보냅니다. 마이 블록은 여러분이 입력한 Label의 값(IR)과 센서값을 결합해 EV3의 화면에 출력합니다. 만약 측정값이 65라면 EV3의 화면에는 IR: 65라는 메시지가 출력됩니다.

마이 블록 수정하기

이미 만들어진 마이 블록을 수정하는 방법은 간단합니다. 단지 수정하고자 하는 마이 블록을 마우스로 더블클릭하면 마이 블록의 블록 다이어그램이 열리고 프로그램을 수정할 수 있습니다. 예를 들어, DisplayNumber 마이 블록을 열고, 여기에 사운드 블록을 추가하는 것만으로 NumberTest 프로그램을 실행해 적외선 센서값이 출력될 때마다 '삐' 소리를 내도록 만들 수 있습니다.

탐구과제 98: 측정 단위!

난이도 ▨▨   시간 ◷◷

DisplayNumber 마이 블록을 이용해 Unit(단위)라는 추가 텍스트 입력을 가진 새 마이 블록을 만들어 봅시다. 추가되는 기능은 숫자 뒤로 붙는 측정 단위입니다. 예를 들어 모터 B의 각도라는 것을 알 수 있도록 앞에는 MB라는 텍스트를, 그리고 숫자 뒤로는 각도 단위라는 것을 알 수 있도록 Deg(Degree/각도)라는 텍스트를 넣어줍니다. (출력값은 MB: 375Deg로 출력되며 이것은 모터 B가 375도 회전했다는 의미입니다.)

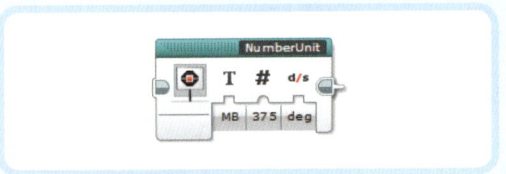

■ 그림 15-22 탐구과제 98의 마이 블록

HINT 프로그램을 완성하기 위해서는 텍스트 블록을 한 개 더 추가해야 합니다.

탐구과제 99: 고급 디스플레이

난이도 ▢▢▢ 시간 ⏱⏱

앞서 만든 DisplayNumber 마이 블록은 EV3의 화면 상단에 하나의 값을 출력하는 용도로 적합합니다. 조금 더 활용성을 넓히기 위해, 화면에서 출력될 라인 번호line number를 선택하는 기능과, 화면 갱신을 위한 초기화 기능을 그림 15-23과 같이 구현해 봅시다.

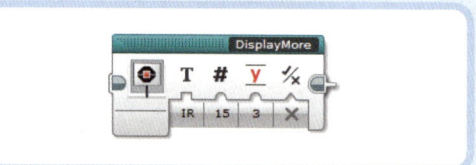

■ 그림 15-23 탐구과제 99의 마이 블록

HINT EV3의 화면상에서 출력될 글자의 크기를 가장 크게 설정하면 사용 가능한 라인 번호는 전부 여섯 개가 됩니다. 마이 블록 안에서 'Line 번호 입력'을 처리하기 위해 수학 블록을 사용하고, 입력된 Line 번호에 2를 곱한 결과 값을 데이터 와이어로 디스플레이 블록의 행 입력에 연결합니다.

마이 블록과 출력

마이 블록이 입력만 받을 수 있는 것은 아닙니다. 여러분은 마이 블록에 데이터 와이어 입력을 만든 것처럼 출력도 만들 수 있습니다. 이를 위해 적외선 센서를 이용한 물체의 움직임을 감지하는 기능의 마이 블록을 만들어 보겠습니다. Direction이라는 이름의 마이 블록은 하나의 논리 데이터 출력을 갖게 되며, 출력 데이터 와이어는 그림 15-24와 15-26에서 보는 것과 같이 '접근'이라는 이름으로 설정합니다.

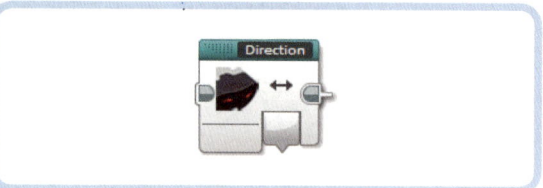

■ 그림 15-24 Direction 마이 블록

마이 블록의 출력은, 만약 물체가 센서 쪽으로 점점 다가오는 것이 감지된다면(센서값이 점점 작아진다면) 참이 됩니다. 반대로 물체가 점점 멀어진다면(점점 커진다면) 거짓이 됩니다. 아래의 단계를 따라 물체가 다가오는 것을 감지하는 마이 블록, Direction을 만들고 이를 응용한 테스트 프로그램을 DirectionSound라는 이름으로 만들어 테스트해 봅시다.

1단계

먼저 DirectionSound라는 이름으로 새 프로그램을 만들고, 여기에 두 개의 적외선 센서 블록과 한 개의 대기 블록, 그리고 비교 블록을 그림 15-25와 같이 배치합니다. 이 프로그램은 적외선 센서를 이용해 전방의 장애물을 검사하는 행동을 0.2초 간격으로 한 번씩, 두 번 수행한 다음, 두 번째 측정값(a)와 첫 번째 측정값(b)을 비교합니다.

만약 a가 b보다 작다면, 장애물은 0.2초 사이에 센서에 좀 더 가까워졌다는 의미이므로 장애물에 접근하고 있다고 판단할 수 있습니다. 이 때 비교 블록은 데이터 와이어를 통해 참을 출력합니다.

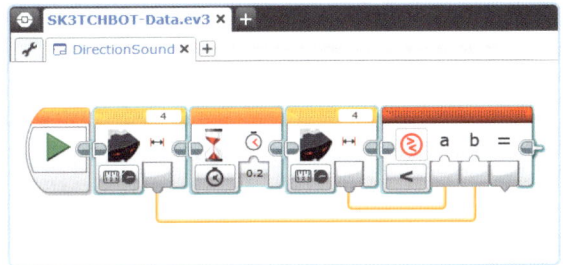

■ 그림 15-25 Direction 마이 블록의 블록 다이어그램. 마이 블록을 생성할 준비가 되면 네 개의 블록이 모두 선택되도록 마우스를 드래그한 뒤 메뉴에서 마이 블록 빌더를 실행합니다.

2단계

네 개의 블록을 선택하고 **도구 – 마이 블록 빌더**를 실행합니다. 그림 15-26과 같이, 이름은 Direction이라고 입력하고 아이콘은 적외선 센서 아이콘을 선택합니다.

3단계

그림 15-26과 같이 파라미터를 추가하고 파라미터 설정에서 이름은 접근, 유형은 출력, 데이터 유형은 논리를 선택합니다. 파라미터 아이콘 탭에서 거리 변화를 연상할 수 있는 아이콘을 선택하고 **종료**를 클릭합니다.

4단계

그림 15-27과 같이, 추가된 데이터 와이어 출력 포트에 비교 블록이 판단한 결과의 데이터 와이어를 연결해 주면 마이 블록 만들기가 완료됩니다. 이제 이 마이 블록이 측정한 센서값에 따른, 장애물의 접근 여부를 판단한 값은 데이터 와이어를 통해 Direction 마이 블록을 호출한 원래의 프로그램으로 전달될 것입니다.

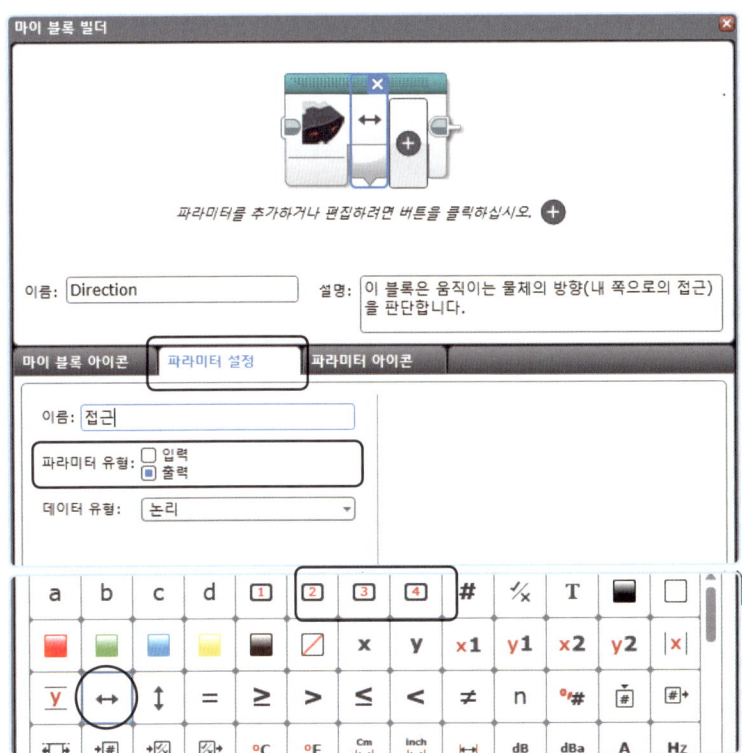

■ 그림 15-26 마이 블록의 각종 설정. 논리 데이터 와이어 출력과 파라미터를 설정합니다.

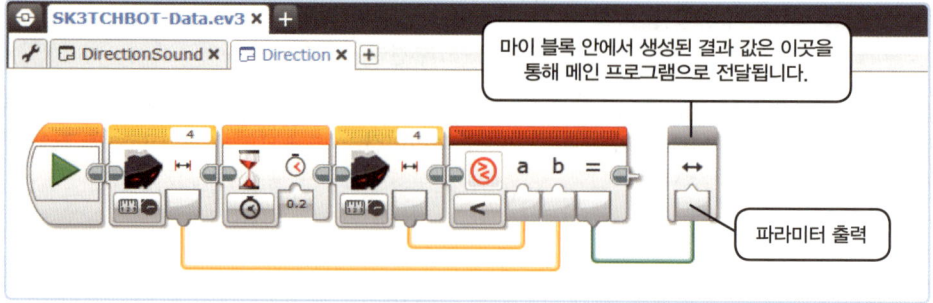

■ 그림 15-27 비교 블록의 결과를 마이 블록의 '접근' 출력에 연결합니다.

이제, DirectionSound 프로그램으로 돌아가 보겠습니다. 그림 15-28은 Detection 마이 블록을 이용해 물체가 다가오는 것이 감지될 경우(참) 800Hz의 높은 음을 내고, 반대로 물체가 정지 또는 멀어지는 경우 250Hz의 낮은 음을 냅니다.

이 예제에서 Direction 마이 블록은 적외선 센서를 이용해 장애물의 거리 및 이동 방향을 측정하고 수학 블록을 이용해 값을 계산, 장애물의 접근 여부를 판단합니다. 판단된 결과는 플러그를 통해 논리형 데이터 형태로 메인 프로그램(DiretSound)에 전달됩니다.

> **탐구과제 100: 근접 평균치!**
>
> 난이도 ▫▫ 시간 ⏱⏱
>
> 두 번 측정한 적외선 센서값의 평균을 계산하는 마이 블록을 만듭니다. 출력 데이터 와이어는 숫자형으로 설정하고, Direction 마이 블록과 같이 각각의 측정 결과는 0.2초의 간격을 두도록 합니다.

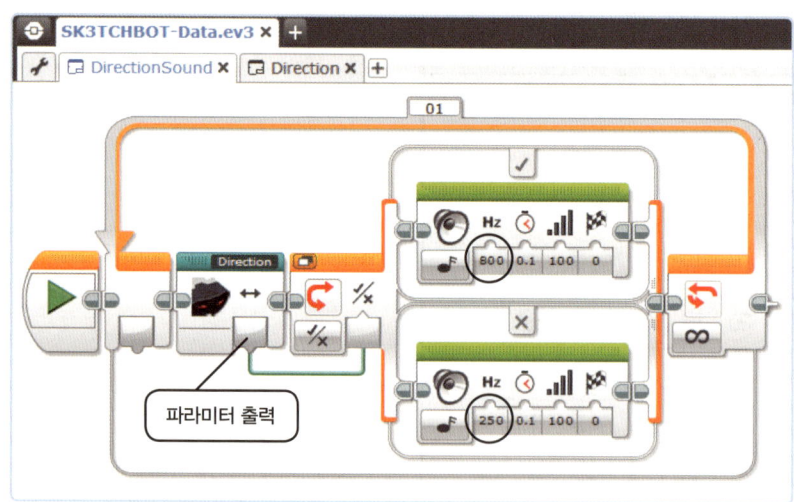

■ 그림 15-28 DirectionSound 프로그램은 '접근' 마이 블록의 논리 출력을 이용해 물체가 다가올 경우 높은 음을, 멀어질 경우 낮은 음을 출력합니다.

탐구과제 101: 이동 속도!

난이도 🟦🟦 시간 ⏱️⏱️

앞서 만들어 본 Direction 블록과 비슷하게, 두 번의 연속된 적외선 센서 거리 측정을 통해, 센서에 접근하는 물체의 이동 속도를 감지하고 숫자형 데이터 와이어로 이동 속도를 출력하는 마이 블록을 만들어 봅시다. 이를 위해 마이 블록에서는 일정 시간 간격으로 적외선 센서를 두 번 측정한 뒤 수학 블록을 이용해 아래와 같은 계산식을 수행해야 합니다.

$$속도 = \frac{두\ 번째\ 센서\ 측정값 - 첫\ 번째\ 센서\ 측정값}{두\ 측정\ 사이에\ 소요된\ 시간}$$

측정을 위해 속도 값을 화면에 출력하고 브릭 상태 표시등을 설정합니다. 장애물이 다가올 때 녹색, 멈춘 상태일 때 주황색, 그리고 멀어질 때 빨간색이 되도록 합니다. 마이 블록에서 받은 속도 값을 이용해 장애물의 이동 방향(센서에 가깝게 혹은 멀게)을 판단할 수 있을까요?

마이 블록과 입출력

마지막 예제에서는 그림 15-29와 같이, 마이 블록에 입력과 출력을 함께 구현해 볼 것입니다. IsEven이라는 이름의 마이 블록은 Number라는 데이터 와이어로 입력되는 숫자를 검사해, 짝수일 경우 Even이라는 논리 데이터 와이어로 참을 출력하고, 홀수일 경우 거짓을 출력합니다.

아래의 단계를 따라 IsEven 마이 블록을 만들어 테스트해 봅시다.

1단계

먼저 EvenSound라는 프로그램을 만들고, 수학 블록과 비교 블록을 꺼내어 둡니다. 아직 각 블록의 세부 설정은 그대로 둡니다.

2단계

두 개의 블록을 선택한 다음 마이 블록 빌더를 실행합니다. 이 블록의 이름은 IsEven으로 하고 아이콘은 그림 15-29를 참고합니다.

3단계

Number라는 이름의 숫자 입력 파라미터와 Even이라는 이름의 논리 출력 파라미터를 추가합니다. 작업이 완료된 마이 블록의 외형은 그림 15-29와 같은 형태가 될 것입니다. **종료**를 클릭합니다.

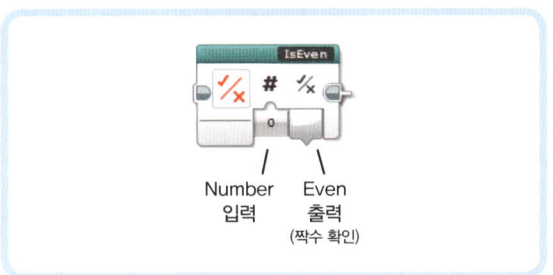

■ 그림 15-29 IsEven 마이 블록

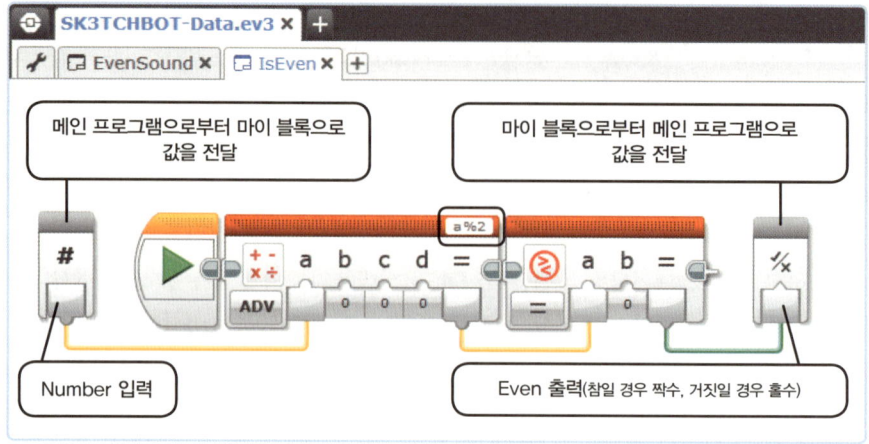

■ 그림 15-30 IsEven 마이 블록의 구성

4단계

이제 그림 15-30과 같이, 마이 블록 내부의 블록 다이어그램 설정과 데이터 와이어 연결을 마무리합니다. 먼저 수학 블록은 나머지를 구하는 연산자인 %를 활용합니다. 이 연산자는 두 개의 숫자를 입력받아 나누고 그 나머지를 출력합니다. 7 ÷ 4라면 몫은 1이 되고 나머지는 3이 됩니다. 여기에서 얻을 수 있는 결과 값은 3입니다.

이 마이 블록에서는 짝수와 홀수를 구분하기 위해 입력된 숫자를 2로 나눈 나머지를 확인합니다. 짝수가 입력될 경우 2로 나눈 나머지는 무조건 0이 될 것이므로

비교 블록을 이용해 나머지가 0인지 검사하고 0이라면 참을 출력합니다.

만약 홀수가 입력된다면 나머지는 여러 가지 숫자가 될 수 있지만 분명히 0은 아닐 것이므로 비교 블록에서는 거짓을 출력하게 됩니다. (예를 들어, 7 ÷ 2라면 나머지는 1이 되고 결과는 거짓이 됩니다. 이를 통해 우리는 입력값 7이 홀수임을 알 수 있습니다.)

이제 그림 15-31을 참고해서 완성된 마이 블록을 테스트할 프로그램을 만들고 EvenSound라는 이름으로 저장합니다. 이 프로그램은 스스로 -100부터 100 사이

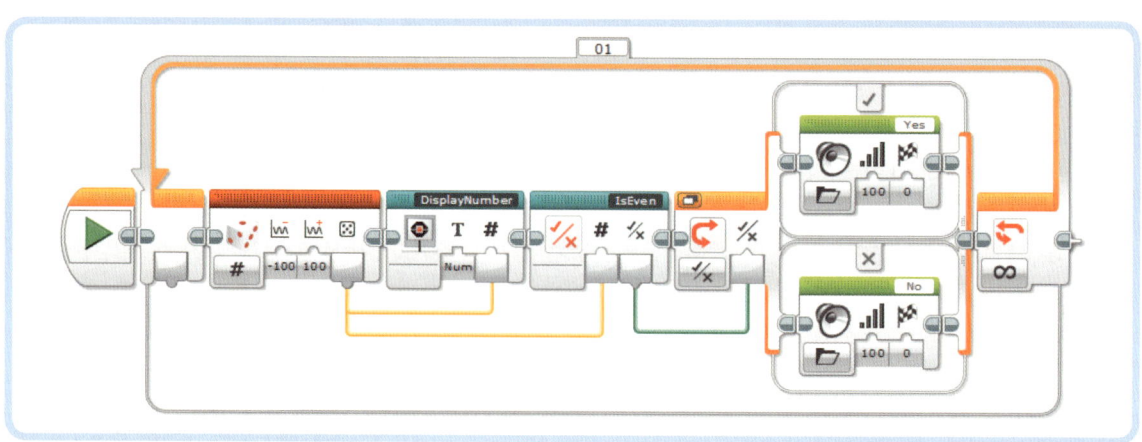

■ 그림 15-31 EvenSound 프로그램

의 임의의 숫자를 만들고 EV3의 화면에 출력할 것입니다. 그리고 이 숫자가 짝수인지 아닌지 판별해서 짝수일 경우 '예스'라는 음성을, 홀수일 경우 '노'라는 음성을 출력할 것입니다.

탐구과제 102: 원 계산!

난이도 ▨▨ 시간 ⏱⏱

원의 반지름을 입력받아 원의 둘레와 면적을 구하는 마이 블록을 만들어 봅시다. Radius라는 이름으로 숫자 입력 파라미터를 만들어 반지름을 입력받고, Circumference라는 출력 파라미터로 원의 둘레를, 그리고 Area라는 출력 파라미터로 원의 면적을 출력합니다.

> **HINT** 필요한 공식은 아래와 같습니다. 원주율(π)은 3.14를 적용합니다.
> 원의 둘레 = $2 \times \pi \times$ 반지름
> 원의 넓이 = $\pi \times$ 반지름 제곱

마이 블록을 활용하기 위해 생각해야 할 것

입력과 출력을 가진 마이 블록은 보다 다양한 기능을 손쉽게 구현할 수 있으며 다음과 같은 경우 유용하게 활용될 수 있습니다.

반복 작업

여러분이 프로그래밍을 하면서 자주 쓸 수 있는 몇 가지 기능, 이를테면 특정한 값을 화면에 출력하는 기능은 한 번 신경 써서 마이 블록으로 구현해 둔다면 장기적으로는 재사용을 통해 프로그래밍의 시간을 크게 줄일 수 있습니다.

👦 이러한 개념은 프로그래밍 언어에서 '라이브러리'라는 형태로 구현되어 있습니다. 사실 우리가 사용했던 모든 프로그래밍 블록 역시 이미 이런 개념으로 구현된 것들입니다. 마이 블록과 프로그래밍 블록의 차이점이라면 프로그래밍 블록들은 레고 사에서 기본 함수 블록 또는 이를 이용해 만든 프로그래밍 블록으로 미리 구현해 제공하는 것이고, 마이 블록은 이미 제공된 프로그래밍 블록 및 마이 블록을 이용해 여러분 스스로 만든 것이라는 차이 뿐입니다.

프로그램의 구조화

크고 복잡한 기능을 가진 프로그램은 그 자체의 복잡성으로 인해 전체 구성을 이해하거나 일부분만 테스트하기 어렵습니다. 이 때 마이 블록을 적절히 활용해 큰 프로그램을 작은 프로그램 단위로 분해하고, 분해된 부분 단위로 개별적인 테스트를 시도해 볼 수 있습니다.

예를 들어, 자동화된 로봇팔을 만들 경우 프로그램을 각 부분별로 나누어 물체를 향해 이동하는 기능과 각 관절별로 움직임을 구현하는 기능을 테스트해 볼 수 있습니다.

정보 처리

데이터를 입력받아 값을 처리하는 프로그램의 경우, 처리된 결과 값은 중요한 반면 처리 과정을 보는 것은 더 이상 의미가 없을 수 있습니다. 오히려 처리 과정의 복잡함 때문에 전체 프로그램의 흐름을 이해하기가 더 어려워질 수도 있습니다.

이 문제를 해결하기 위해서도 마이 블록을 이용해 중간 과정을 그룹화하고 숨길 수 있습니다. 예를 들어 짝수를 검출하는 그림 15-31의 EvenSound 프로그램에서 나머지를 연산하는 중간 과정은 IsEven 마이 블록 안으로 숨겨졌고, 이 덕분에 프로그램의 전체적인 흐름을 이해하기가 조금 쉬워졌다고 할 수 있습니다.

마이 블록을 시작하는 방법

프로그램의 일부를 선택해 마이 블록으로 만들기

만약 여러분이 이미 테스트를 마친 프로그램이 있다면, 이 프로그램의 일부를 마이 블록으로 만들 수 있습니다. 이 기법은 큰 프로그램 하나에서 저마다의 기능을 가진 일부 프로그램을 모듈 형태로 변환하는 것입니다.

만약 마이 블록을 만들기 위해 선택한 블록들이 다른 블록들과 데이터 와이어로 연결되어 있다면, 마이 블록 빌더는 이 와이어들을 마이 블록의 입출력 파라미터로 만들어 줄 것입니다. 물론 이렇게 자동 입력되는 파라미터는 미리 설정되는 입출력 유형과는 달리 이름이나 설명, 아이콘 등의 세부 설정은 직접 수정해야 합니다.

처음부터 마이 블록을 만들기

이 방법은 여러분이 프로그램 설계 단계에서 마이 블록으로 만들 부분을 결정한 경우를 의미합니다. 하지만 이렇게 작업할 경우 마이 블록 안의 블록 다이어그램 구성을 어떻게 해야 할지 고민해야 합니다.

예를 들어, 만약 홀수와 짝수를 구분하는 마이 블록을 만든다고 할 때, 여러분은 아직 프로그램을 완성한 상태가 아니므로 정확히 이 프로그램이 내부적으로 어떻게 동작하는지 모를 수 있습니다.

이런 경우는 일단 한 개의 숫자 입력과 한 개의 논리 출력을 가진 마이 블록을 먼저 만들고 그 다음 이 안에서 마이 블록이 수행해야 할 작업을 만드는 형태로 작업을 진행해야 합니다.

(참고할 점은 마이 블록 빌더를 만들기 위해서는 무언가 하나 이상의 프로그래밍 블록이 필요하기 때문에, 임의의 블록, 이를테면 대기 블록과 같은 것을 꺼내어 여기에서부터 작업을 시작해야 한다는 것입니다. 물론 작업이 시작되면 임시로 꺼낸 블록은 삭제해도 무방합니다.)

내가 만든 마이 블록을 다른 프로젝트에서 공유하기

여러분이 만든 마이 블록은 기본적으로 마이 블록을 만든 프로젝트 안에서만 사용할 수 있습니다. 만약 다른 프로젝트에서 앞서 만들었던 마이 블록을 사용하기 위해서는 마이 블록을 프로젝트 속성의 마이 블록 메뉴에서 원하는 마이 블록을 선택해 내보내고, 새로운 프로젝트의 속성에서 마이 블록을 선택해 가져오기 메뉴로 프로젝트 안에 넣어 주어야 합니다. (이 부분은 67쪽의 '프로젝트에서 마이 블록 관리하기' 내용에서도 볼 수 있습니다.)

추가적인 탐구

이번 장에서는 데이터 연산에 관련된 블록과 마이 블록에 입출력 파라미터를 설정하는 방법을 배워 보았습니다.

이 기법들은 로봇 제작에서 센서값을 모으고 데이터를 처리하는 여러 가지 형태로 활용될 수 있으며, 실제 활용 사례는 이 책의 남은 장에서 충분히 경험해 볼 수 있을 것입니다.

좀 더 복잡한 기법을 익히기에 앞서, 지금은 우선 제시된 탐구과제를 통해 이번 장에서 익힌 기법을 좀 더 연습해 보시기 바랍니다.

탐구과제 103: 이 숫자는 정수인가요?

난이도 🔲🔲   시간 ⏱⏱

입력된 숫자가 정수인지 소수인지 판단할 수 있는 마이 블록을 만들어 봅시다. 마이 블록은 앞서 만들어 본 짝수를 구분하는 IsEven과 비슷한 구조로, 이름은 IsInteger로 지어 줍니다. 물론, 실제 IsInteger의 내부는 IsEven과는 조금 다를 것입니다.

HINT 입력값을 반올림해 원래의 입력값과 비교해 봅시다. 만약 입력값과 반올림한 값이 같다면 이것은 무엇을 의미할까요?

탐구과제 104: 이중 브레이크 감지!

난이도 🔲🔲   시간 ⏱⏱

모터 B와 C 두 개를 사용하고, 둘 중 하나가 과부하로 멈추게 되면 둘 다 정지하는 프로그램을 만들어 봅시다. 준비가 되면 두 모터를 구동시키고 나서 WaitForStall이라는 이름의 마이 블록을 호출합니다. 이 기능은 여러분의 프로젝트 중 익스플로러 로봇이나 EV3 레이싱 카와 같은 좌우 대칭형으로 모터를 장착한 로봇의 구동에 유용하게 쓸 수 있을 것입니다.

HINT 프로그램의 일부는 그림 15-10의 LogicOr 프로그램과 비슷한 형태가 될 것입니다. 두 개의 모터의 회전량을 '비교 – 현재 모터 파워' 모드로 비교해 보시기 바랍니다.

NOTE 이 책을 실습하면서 프로그램에서 막히거나 어려운 부분이 있을 때 다양한 해법을 http://ev3.robotsquare.com/에서 찾기 바랍니다.

탐구과제 105: 반사 신경 테스트!

난이도 🔲🔲   시간 ⏱⏱⏱

여러분의 반사 신경을 테스트할 수 있는 프로그램을 만들어 봅시다. 브릭 상태 표시등을 빨간색 상태에서 임의의 순간에 녹색으로 바뀌도록 만들고 빨간색을 본 순간 터치 센서를 누르도록 프로그래밍합니다. 그리고 여러분이 빨간색에 반응하는 데 걸린 시간을 측정해 EV3 화면에 표시해 줍니다. 전체 프로그램을 루프로 묶어 여러분의 반응 속도를 측정해 봅시다. 만약 프로그램이 제대로 동작한다면, 반응 속도의 시간을 줄이기 위해 터치 센서를 미리 누르게 하는 등의 반칙을 못하게 하는 기능도 추가해 봅시다.

HINT 프로그램의 동작을 정리해 본다면 다음과 같습니다. 먼저 브릭 상태 표시등을 녹색으로 점등하고 대기 블록과 랜덤 블록을 이용해 임의의 시간 동안 대기합니다. 그 다음 브릭 상태 표시등을 빨간색으로 바꾸고 타이머를 초기화합니다. 이제 터치 센서의 눌림을 기다린 후 센서가 눌리면 타이머의 값을 화면에 디스플레이합니다. 결과를 볼 수 있도록 결과 디스플레이는 최소 3초 이상 유지하도록 합니다.

디자인 탐구과제 26: 로봇 시계!

조립 난이도 ✳✳✳
프로그래밍 난이도 🔲🔲🔲

EV3를 이용한 여러분만의 시계를 만들 수 있나요? 세 개의 모터를 이용해 시침, 분침, 그리고 초침을 구동시킵니다. 타이머 블록과 시계 바늘의 각도 값을 이용해 초와 분, 그리고 시간의 움직임을 재현해 봅시다.

HINT 수학 블록으로 초 타이머의 값에 적절한 값을 곱해 간단하게 초침과 분침, 그리고 시침의 위치를 생성해 낼 수 있습니다.

16
상수와 변수

using constants and variables

앞에서 다양한 프로그래밍 블록의 활용과 데이터 와이어 같은 고급 프로그래밍 기법의 필수적인 요소를 경험해 보았습니다.

지금까지 여러분이 큰 문제없이 이 책의 내용을 잘 따라왔다면, 이제 마인드스톰을 이용한 프로그래밍 기법의 거의 대부분을 배운 것입니다.

이번 장에서는 이 책이 경험시켜 줄 마지막 프로그래밍 기법이라 할 수 있는, EV3의 메모리에 상수와 변수를 기록하고 활용하는 방법을 다루어 볼 것입니다.

상수의 활용

상수란 프로그램의 설계 단계에서 입력된 값으로서 프로그램은 상수로 저장된 값을 읽어 작업을 수행합니다. 상수 블록은 데이터 와이어를 통해 값을 다른 함수 블록으로 전달할 수 있습니다. 상수 블록을 이용해 저장할 수 있는 데이터는 논리, 텍스트, 숫자이며, 그림 16-1과 같이 상수 블록의 유형을 결정한 다음 해당 상숫값을 입력해 둡니다.

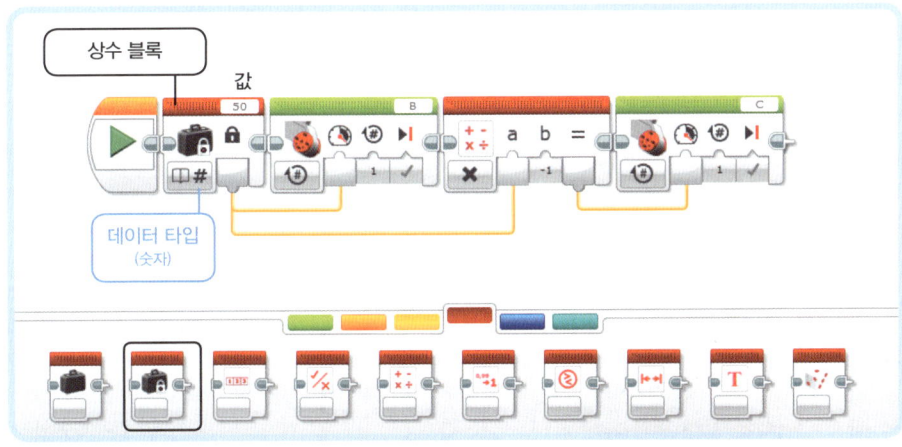

■ **그림 16-1** ConstantDemo 프로그램. (이번 장의 프로그램은 SK3TCHBOT-Variable이라는 별도의 프로젝트를 만들어 저장하기 바랍니다.)

상수 블록은 여러 개의 프로그래밍 블록에 동일한 값을 전달해야 하는 경우 유용하게 쓸 수 있습니다. 예를 들어, 그림 16-1의 ConstantDemo 프로그램은 스케치봇의 모터 두 개를 같은 속도지만 서로 반대 방향으로 차례차례 회전시킵니다.

이를 위해 이 프로그램은 상수 블록에 50이라는 숫자 값을 저장하고, 이를 이용해 첫 번째 라지 모터 블록과 수학 블록에 값 50을 전달합니다. 첫 번째 라지 모터 블록이 모터를 회전시키고 나면 수학 블록이 50과 -1을 곱해 -50이라는 값을 만들고 두 번째 모터 블록에 전달해 모터를 반대 방향으로 회전시킵니다.

만약 이 프로그램에서 여러분이 속도를 50이 아닌 좀 더 빠른 속도로 바꾸고 싶다면 단지 상수 블록에 입력된 값을 한 번 수정하는 것으로 충분합니다. (상수 블록이 없다면 여러분은 값을 두 번 수정해야 합니다.)

두 번 정도라면 상수를 쓰지 않고 직접 입력하는 것이 더 효율적일 수도 있습니다. 하지만 이렇게 값을 직접 입력받는 함수 블록이 많아질수록 프로그램을 수정할 때 더 번거로워지게 됩니다. 단 한 번만 쓰게 될 값까지 전부 상수로 선언하는 것은 오히려 메모리의 낭비가 될 수도 있으니까요. 하지만 공통된 입력값의 적절한 상수화는 분명 여러분이 프로그램을 이해하고 수정하는 데 조금이나마 편리함을 가져다 줄 것입니다.

변수의 활용

변수의 개념이 어렵다면, 서류를 담아 가지고 다니는 가방을 생각하면 됩니다. 가방에는 여러분이 나중에 다시 읽어야 하는 중요한 서류(예를 들면 센서가 읽은 값)를 보관합니다. 일단 지금 당장은 필요가 없으니 서류를 보관한 가방은 한 쪽에 치워 둡니다. 나중에 그 값이 필요하게 되면 가방을 가져와 열고 서류를 꺼내어 내용(센서값)을 확인합니다.

확인만이 아니라 필요에 따라서 서류를 수정해서 다시 보관할 수도 있습니다. 변수는 이와 같이 프로그램이 동작하는 동안 발생하는 데이터를 보관하기 위한 것으로, EV3의 메모리에 저장됩니다.

정보가 변수에 저장되고 나면, 프로그램의 어느 곳에서나 변수 읽기를 통해 이 값을 가져올 수 있습니다. 예를 들어, 적외선 센서의 거리 측정값을 저장하고, 5초 뒤에 변수 읽기로 읽어온 센서 측정값을 이용해 모터를 구동시킬 수 있습니다.

프로그램은 동작되는 동안에는 언제라도 변수에 접근해 데이터를 읽을 수 있습니다. 하지만 이 데이터는 어디까지나 프로그램이 동작되는 동안에만 유효하며, 프로그램이 종료되는 순간 데이터는 손실됩니다. 컴퓨터에서 저장하지 않은 데이터가 전원이 꺼질 때 손실되는 것과 같습니다.

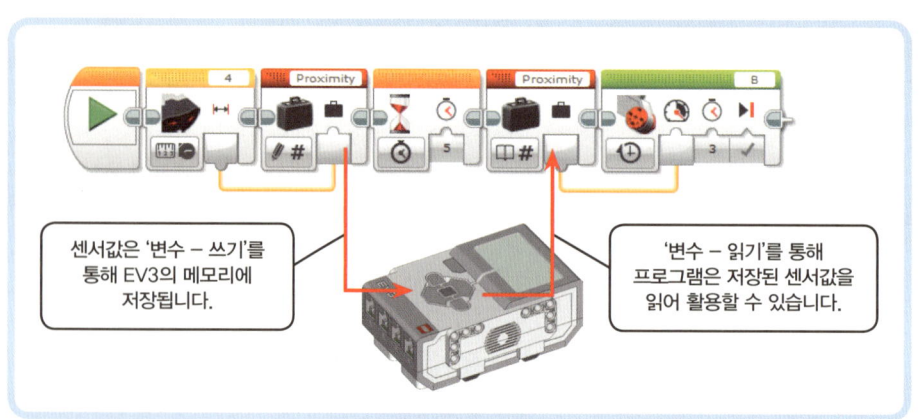

■ 그림 16-2 저장할 데이터, 여기에서는 적외선 센서가 측정한 거리 값은 EV3의 메모리 공간 안에 변수 형태로 저장됩니다. (이 프로그램을 만드는 방법과 프로그램의 동작에 대해서는 이번 장의 뒤쪽에서 다시 다루어 볼 것입니다.)

변수 블록에 데이터를 저장하고 읽기 위해서는 가방 모양의 변수 블록 모드를 읽기 또는 쓰기로 바꾸어 주어야 합니다. 그림 16-2는 이와 같은 과정을 통해 데이터를 쓰고 읽는 모습을 보여줍니다.

변수 정의하기

각각의 변수는 자신이 저장하는 값 외에도 이름과 데이터 형태에 대한 정보를 가집니다. 예를 들어 Proximity(거리)라는 이름의 변수는 숫자형의 데이터를 저장할 것이고 값은 56과 같은 정수가 될 것입니다. 숫자 외에도 변수는 논리형(참과 거짓)과 텍스트형(문자열, 이를테면 Hello와 같은 영문)이 될 수 있습니다. 여러분이 프로그램에서 변수를 사용하기 위해서는, 먼저 변수의 이름과 데이터 형태를 정의해야 합니다. 이를 위해 그림 16-3과 같이, 프로젝트 속성 탭에서 '새 변수 추가'를 통해 변수를 추가할 수 있습니다. 또는, 변수 블록을 직접 꺼내어 설정하는 것도 가능합니다. 프로젝트 안에서 변수를 선언하면, 이 변수는 프로젝트 안의 어떤 프로그램에서도 같이 사용할 수 있습니다.

변수를 삭제하기 위해서는 프로젝트 속성 탭의 아래, 변수 탭에서 삭제하고자 하는 변수를 선택하고 **삭제** 버튼을 누릅니다.

변수 블록 활용하기

변수를 정의하고 나면, 여러분은 프로그래밍 캔버스에서 변수 블록을 통해 정의된 변수를 사용할 수 있습니다. 변수 블록은 그림 16-4와 같이, 값을 EV3의 메모리에서 읽거나 메모리에 쓸 수 있습니다. 변수 블록을 설정하기 위해서는, 먼저 모드 선택기 버튼을 통해 읽기(책 모양 아이콘) 또는 쓰기(연필 모양 아이콘)를 선택해야 합니다. 그 다음 여러분이 다루고자 하는 데이터의 유형(숫자, 논리, 텍스트)을 선택하고, 마지막으로 이 변수를 다른 변수와 구분할 수 있도록 변수 이름을 목록에서 선택합니다.

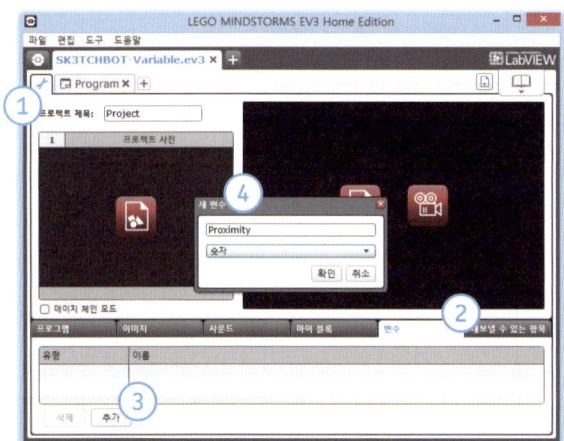

■그림 16-3 프로젝트 속성 탭에서 변수를 정의하는 순서. ① 프로젝트 속성 탭을 클릭합니다. ② 변수 탭을 클릭합니다. ③ 추가 버튼을 클릭해 새 변수를 추가합니다. ④ 변수의 이름(여기서는 Proximity)과 데이터 속성(여기서는 숫자)을 선택하고 확인 버튼을 클릭합니다.

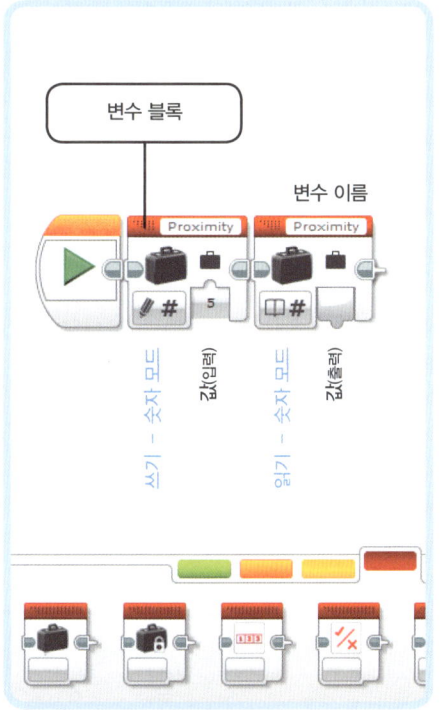

■그림 16-4 변수 블록을 이용해 값을 쓰고 읽기

> **NOTE** 변수의 이름 목록은 오직 변수 블록의 모드 선택기에서 선택된 데이터 유형과 일치하는 변수만 보여주게 됩니다. 예를 들어 여러분이 정의한 숫자형 변수 'Proximity'라는 이름은 오직 변수 블록을 읽기 - 숫자 모드 또는 쓰기 - 숫자 모드로 선택했을 경우에만 변수 이름 목록에 나타납니다.
>
> 🧑 텍스트 모드로 설정한 변수의 이름은 숫자 모드로 선택한 변수 블록의 이름 목록에서는 보이지 않는다는 의미입니다.

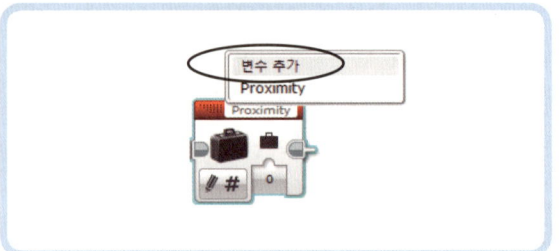

■ 16-5 변수 블록에서 직접 변수를 정의하려면 모드를 확인한 후 변수 이름 창을 클릭한 다음, 메뉴의 **변수 추가**를 클릭합니다. 그 다음 새 변수 다이얼로그 창에서 변수 이름을 입력하고 확인 버튼을 클릭합니다. 🧑 변수 이름에는 한글을 사용할 수 없습니다.

변수 블록은 '값Value'이라는 하나의 파라미터를 가집니다. 쓰기 모드로 설정하면 여기에는 저장해야 할 값을 직접 기입하거나 데이터 와이어를 통해 연결해 주어야 합니다. 만약 여러분이 먼저 변수 블록의 입력 파라미터에 값을 직접 입력했다 하더라도 데이터 와이어를 연결한다면 여러분이 앞서 입력했던 데이터는 무시되고 프로그램은 데이터 와이어를 통해 전달된 값을 저장할 것입니다.

읽기 모드에서 변수 블록은 EV3의 메모리로부터 값을 읽고 출력 파라미터를 통해 값을 내보냄으로써 다른 함수 블록이 데이터 와이어를 통해 이 값을 사용할 수 있게 합니다. 변숫값은 읽는 동안에는 변경되지 않기 때문에 만약 두 개 이상의 다른 변수 블록이 동시에 같은 변수를 읽으려 한다면 모두 같은 값을 얻게 됩니다.

변수 블록과 변수 이름 정의

변수를 정의하는 두 번째 방법은 그림 16-5와 같이 변수 블록을 꺼내어 변수 이름 창을 클릭하여 **변수 추가** 기능을 이용하는 것입니다. 이렇게 추가된 변수는 모드 설정에서 정해진 유형(텍스트, 숫자, 논리)에 따라 정의됩니다. 예를 들어, 그림 16-5의 변수 블록은 읽기 - 숫자 모드로 설정되어 있기 때문에 만들어지는 변수의 속성은 숫자형이 될 것입니다. (이 방법으로 논리형 변수를 만들기 위해서는 먼저 변수 블록을 읽기 - 논리 또는 쓰기 - 논리 모드로 바꾸어야 합니다.)

변수를 활용한 프로그램

이제 변수를 정의하는 방법과 기본 사용법을 알아보았으니 그림 16-6의 VariableDemo 프로그램을 만들어 봅시다. 이 프로그램은 적외선 센서의 거리 값을 저장하기 위해 Proximity라는 변수를 사용합니다. 값을 저장하고 5초를 기다린 후 변수에 저장된 값을 읽어 모터 B의 속도를 이 값으로 설정합니다.

정리하자면 모터가 회전하는 속도는 5초 전에 적외선 센서가 인식한 물체와의 거리 값이라는 의미입니다. (만약 이 프로그램을 만들기 전에 변수를 아직 만들지 않았다면, 그림 16-3을 참고하여 Proximity 변수부터 만들어 줍니다.)

VariableDemo 프로그램은 변수의 개념을 보여주는 아주 기본적인 프로그램입니다. 이 프로그램을 마치면 탐구과제 106과 107을 통해 변수의 활용을 조금 더 연습해 보기 바랍니다.

> **NOTE** 비슷하게 생겼다고 해서 상수 블록과 변수 블록을 혼동하지 않도록 주의합니다. 두 블록 모두 아이콘에 서류가방 모양이 그려져 있지만, 서류가방 옆에 자물쇠가 그려져 있는 상수 블록은 프로그램이 실행되는 동안 바뀔 수 없음을 보여주기 위함입니다.

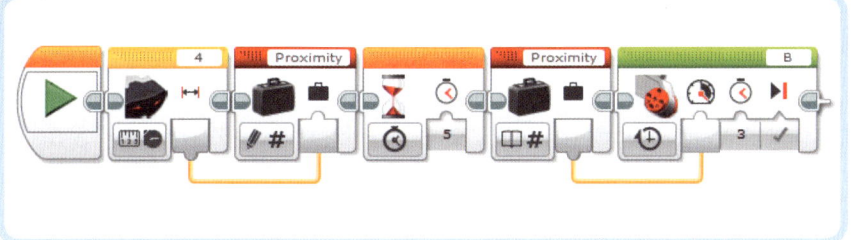

■ 그림 16-6 VariableDemo 프로그램

탐구과제 106: 처음과 비교!

난이도 🟦   시간 ⏱

프로그램이 시작되면 먼저 센서값을 저장하고 이후로는 센서값을 측정해 처음의 센서값보다 작다면 '예스'를, 크다면 '노'를 출력하도록 프로그래밍해 봅시다. 프로그램의 구성은 그림 16-7을 참고합니다.

HINT 변수를 이용하는 프로그램을 만들기 위해 가장 먼저 할 일은 무엇일까요? 어떤 변수에서 값을 읽고, 어떤 변수에 값을 써야 할까요? 데이터 와이어는 어떻게 연결될까요?

탐구과제 107: 직전과 비교!

난이도 🟦🟦   시간 ⏱⏱

탐구과제 106의 프로그램은 프로그램이 시작되면 센서값을 측정한 후 다시 반복 측정하고, 매번 새로 측정한 값과 처음의 값을 비교합니다. 이 프로그램을 응용해 바로 직전의 센서값과 현재의 센서값을 비교하는 프로그램을 만들어 봅시다.

직전의 센서값보다 지금의 센서값이 작다면 '예스'를, 크다면 '노'를 출력하도록 합니다. 결과적으로 이 프로그램을 탑재한 로봇은 전면의 적외선 센서에 물체가 근접하면 '예스'를, 물체가 멀어지면 '노'를 말할 것입니다.

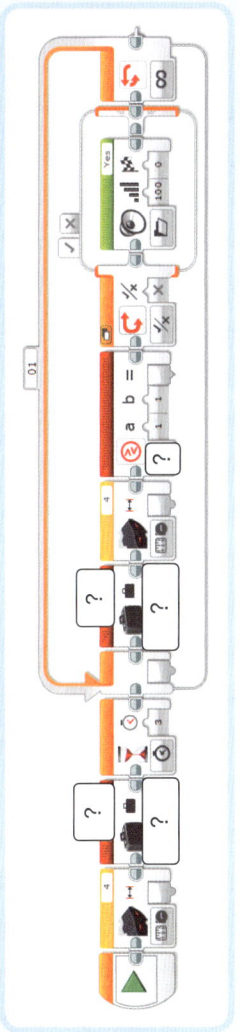

HINT 이번 프로그램은 16-7의 탐구과제 106과 유사합니다. 변수 중 하나의 이름은 'Previous'이고 프로그램은 루프를 반복할 때마다 저장된 센서값과 현재의 센서값을 비교합니다. 루프의 마지막 단계에서는 변수 블록이 추가되어야 하며, 이 변수에는 마지막으로 측정한 센서값을 덮어씌우게 됩니다.
이런 과정을 통해 Previous 변수에는 직전에 측정한 센서값이 저장되는데, 이 상태로 다시 루프가 실행되면 다시 센서 측정값과 Previous 값을 비교/반복하면 프로그램이 완성됩니다.

■ 그림 16-7 탐구과제 106의 프로그램의 일부분

변숫값 바꾸기

프로그램에서는 저장된 변수의 값을 바꾸어야 할 경우가 생깁니다. 이를테면 변수에 가장 높은 점수, 또는 터치 센서가 눌린 횟수의 합을 기록해야 하는 경우 프로그램은 변숫값을 자주 바꾸어야 할 것입니다. 그 중 일부는 1단위로 값이 커지는 기능이 필요할 것이고, 이를 '증가'라고 합니다.

증가incrementing의 사전적 의미는 단순히 숫자가 커지는 것을 의미합니다. 특히 프로그래밍 분야에서는 1단위의 숫자 변화를 필요로 하는 작업이 생각보다 많습니다. 실제로 일반적인 프로그래밍 언어에서는 단순한 값의 증가를 위한 덧셈 연산자(+)와 함께 1단위의 증가를 위한 연산자(++)가 별도로 제공되기도 합니다.

그림 16-8의 TouchCount 프로그램은 이러한 증가 기능을 이용해 터치 센서가 클릭된(눌렀다가 떨어진) 횟수를 보여줍니다. 프로그램이 정해진 조건 동안 몇 번 클릭되는지 체크하기 위해 루프 블록이 사용되었습니다.

여기에서는 터치 센서의 클릭 수를 저장하는 새로운 숫자형 변수 Count를 만들었습니다. 프로그램은 터치 센서가 클릭될 때까지 기다리고, 클릭이 끝난 순간 Count 변수의 값을 읽어 여기에 1을 더한 후 다시 Count 변수에 저장합니다.

변숫값을 1 증가시키기 위해 어떤 방법을 사용했을까요? 그림 16-8을 보면 먼저 Count 변수의 값을 읽는 것을 알 수 있습니다. 그 다음 수학 블록에 값을 전달하고 이 값에 1을 더해 줍니다. 이 결과는 다시 변수 블록으로 전달되는데, 이 변수의 이름은 앞서 값을 읽었던 Count입니다. 결과적으로 Count에 쓰는(저장하는) 값은 처음에 Count에서 읽은(불러온) 값에 1을 더한 값이 됩니다.

이 프로그램은 루프 블록에 의해 묶여 있으며, 루프는 이 동작을 5초간 반복합니다. 루프가 끝나면 프로그램은 소리를 내고 Count에 누적되어 저장된 값을 화면에 보여주고 종료됩니다. (루프는 마지막에 적어도 한 번 이상 수행되므로, 출력되는 값은 무조건 1 이상이 됩니다.)

이 방법을 응용하면 여러분은 손쉽게 변숫값을 변경할 수 있을 것입니다. 여기에서는 1을 더하는 방법을 보여주었지만, 응용하기에 따라서는 값이 감소하는 프로그램도 손쉽게 만들 수 있을 것입니다.

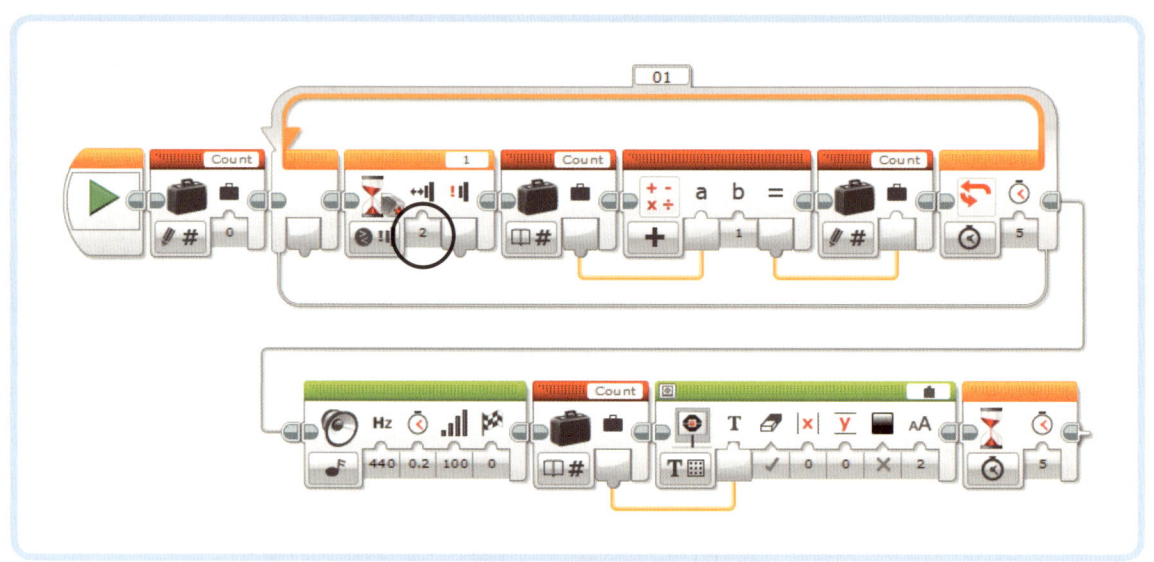

■ **그림 16-8** TouchCount 프로그램은 5초간 터치 센서가 클릭된 수를 기록해 화면에 보여줍니다. 이 책 레이아웃의 한계 때문에 사운드 블록을 시퀀스 와이어를 이용해 루프 블록과 연결했습니다. 물론 여러분은 루프 블록 뒤에 바로 사운드 블록을 연결해도 됩니다.

변수의 초기화

변수를 이용해 프로그램을 만들 경우, 각각의 변수를 초기화시켜 특정한 값으로 시작하도록 만드는 일은 매우 중요합니다. 이 개념은 그림 16-8의 TouchCount 프로그램에서 시작 블록 바로 다음의 변수 블록에서 구현되었습니다.

여기에서는 변수 Count의 초기 시작 값을 0으로 설정해주고 프로그램이 진행됩니다. 값을 초기화시키는 것은 프로그램의 동작 신뢰성과 항상성을 높여줍니다.

🧑 프로그램이 작업 시간의 단축을 위해 저장 공간을 삭제할 때 늘 공간의 주소 정보만을 지우곤 합니다. 이것은 단지 메모리의 방 번호만을 지우는 것으로 실제 방 안에는 조금 전에 저장한 값이 남아있기도 합니다. 이를 '쓰레기 값'이라고 합니다.

이 값은 프로그램에서 의미 있는 값일 수도 있고, 의미 없는 값일 수도 있습니다. 만약 조금 전 실행된 프로그램에서 메모리의 특정 위치에 10이라는 값을 저장하고 종료되었다고 가정해 봅시다.

새로 시작되는 프로그램에서 카운트가 3보다 크면 종료하는 기능을 넣고 실행했을 때 카운트의 위치가 우연히 조금 전의 10이 저장된 메모리 번지라면, 이 프로그램은 카운트의 값을 3보다 큰 10으로 읽을 수 있습니다.

그러면 실제로는 아무런 작업도 하지 못하고 종료하는 경우가 생깁니다. 물론 이런 어처구니없는 현상은 단지 프로그램의 시작 부분에서 '카운트 값은 0'이라고 초기화해주는 것만으로 충분히 피할 수 있습니다. 이것이 초기화가 중요한 이유입니다.

초기화시킬 값이 항상 0일 필요는 없습니다. 예를 들어 5로 초기화를 시킨다면, 이 프로그램은 '카운트 횟수 + 5'의 값을 결과로 출력할 것입니다. 🧑 단지 여러분이 초기 값을 어떻게 설정했다는 사실을 기억하는 것이 중요합니다.

사실 EV3 프로그램은 여러분의 생각보다 친절해서 여러분이 미처 초기화시키지 않은 변수라 할지라도 기본적으로 0으로 초기화시켜 주고 프로그램을 수행합니다. 하지만 프로그래머의 입장에서 본다면, 설령 여러분이 원하는 초기 값이 자동으로 설정된 0이라 하더라도, 개념적으로 명확하게 초기 시작 값을 선언해 주는 것이 좋은 프로그래머의 습관이라 할 수 있습니다.

평균 산출하기

센서의 측정값 50개를 모아 평균을 구하는 방법을 살펴봅시다. 평균을 계산하기 위해 모든 측정값을 더한 총합을 측정 횟수(이 프로그램에서는 50)로 나눌 것입니다.

그림 16-9의 Average 프로그램은 0으로 초기화시킨 숫자형 변수 'Sum'에 반복적으로 센서의 측정값을 누적시킵니다.

프로그램은 총 50회 동안 앞의 sum 값에 지금의 센서값을 더한 결과를 sum에 저장하는 동작을 반복합니다. 반복이 끝나면 sum에 저장된 누적 센서값의 합을 50으로 나누고 그 결과를 화면에 출력합니다.

센서값을 측정해 평균을 구하는 기능은 센서값을 응용하여 좀 더 정확한 값을 얻는 데 활용할 수 있습니다. 예를 들어, 전방에 센서를 장착하고 장애물을 회피하는 로봇을 구동한다고 가정해 봅시다. 여러분은 경험을 통해 적외선 거리 감지 센서가 가끔 잘못된 값을 측정하는 '노이즈 현상'을 보았을 것입니다.

프로그램을 통해 장애물과의 거리가 50 이하일 경우 회피하도록 만들었다면, 이 로봇은 장애물이 50보다 가까울 때 회피하지만, 가끔 센서의 오동작으로 인해 순간적으로 50보다 작은, 이를테면 40이 인식되는 순간에도 장애물을 보았다고 착각하고 회피는 일이 발생할 수도 있습니다. (물론 실제로는 장애물이 없는 상황입니다.)

단순히 센서값을 그대로 비교 조건으로 넣는다면 이와 같은 센서의 노이즈를 걸러낼 방법은 없습니다. 하지만 만약 평균을 내는 기능을 이용한다면, 노이즈 때문에 갑자기 비정상적인 값이 인식되더라도 (100 + 100 + 40) / 3 = 80과 같이, 노이즈 값이 정상적인 값과의 평균을 통

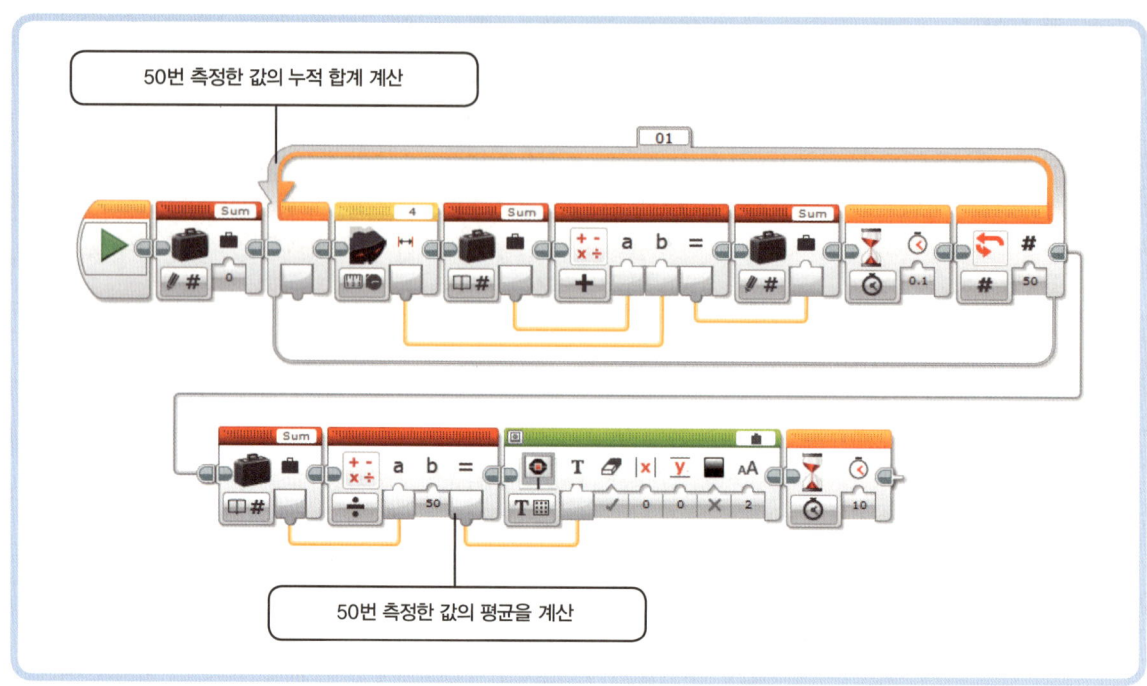

■ 그림 16-9 Average 프로그램. 루프 안의 대기 블록은 루프를 0.1초 주기로 일시 정지시키는 역할을 합니다. 나머지 요소들은 거의 지연 시간이 없기 때문에 이 프로그램은 50번 반복 x 0.1초 = 5초의 시간 동안 센서의 평균값을 계산합니다.

해 희석되기 때문에 프로그램은 노이즈의 영향을 받아 오동작할 확률이 줄어들 것입니다.

추가적인 탐구

축하합니다! 드디어 여러분은 이 책의 이론적인 부분을 모두 경험했습니다. 이제 다음 장으로 넘어가면 여러분은 이제까지의 프로그램 기법을 총동원한 복잡한 프로그램으로 운용되는, 에치어스케치 장난감과 비슷한 그림 그리기 로봇, 스케치봇을 만들어 볼 것입니다.

실전에 들어가기에 앞서, 이번 장에서 배워 본 내용들을 다시 한 번 복습하는 기분으로 탐구과제를 풀어보기 바랍니다. 이번 장의 탐구과제들은 이제까지의 탐구과제에 비해 조금 더 어렵게 느껴질 수도 있습니다.

한 가지 기억해야 할 점은 답은 하나가 아니라는 것입니다. 꼭 여러분이 먼저 풀어보기를 권하며, 필요하다면 http://ev3.robotsquare.com/에서 추가적인 해결 방법을 살펴볼 수 있습니다.

탐구과제 108: 숫자 증가와 감소!

난이도 ■■ 시간 ⏱⏱

TouchCount 프로그램과 변수를 응용해 EV3의 왼쪽 버튼과 오른쪽 버튼의 눌린 횟수를 기억하고 보여주는 프로그램을 만들어 봅시다. 오른쪽 버튼을 누르면 변숫값은 1씩 증가하고, 왼쪽 버튼을 누르면 값은 1씩 감소해야 합니다. 변숫값은 EV3의 화면에 출력합니다.

HINT 대기 블록을 이용해 왼쪽 또는 오른쪽 버튼이 눌릴 때까지 기다립니다. 둘 중 하나의 버튼이 눌린다면 스위치 블록을 이용해 어떤 버튼이 눌렸는지 확인하고 스위치 내부의 두 개의 프로그램 중 하나를 수행합니다. 값을 변화시킨 후 (무한반복을 막기 위해) 눌린 버튼이 떨어질 때까지 기다린 뒤 스위치 구문을 종료하고 값을 출력한 다음 다시 처음으로 돌아갑니다.

탐구과제 109: 일정 구간의 평균값!

난이도 ■■ 시간 ⏱⏱

그림 16-9에서 살펴본 Average 프로그램의 기능을 확장해 봅시다. 센서의 거리 측정값에 대한 평균을 측정하되, 프로그램이 시작되고 터치 센서를 누르는 동안에만 측정을 반복합니다.

HINT 터치 센서가 눌린 동안 반복하도록 루프를 구성합니다. Measurements라는 이름으로 변수를 정의하고 Sum이라는 변수에 센서값을 누적시킬 동안 반복 횟수를 기록합니다. 루프가 끝나면 Sum에 저장된 센서값의 누적 합계를 Measurements에 저장된 횟수로 나누어 평균을 구합니다.

탐구과제 110: 임의의 숫자 뽑기!

난이도 ■■ 시간 ⏱⏱

이번 탐구과제는 랜덤 블록과 논리 연산에 대한 이해도를 살펴보는 과제입니다. 이 프로그램은 참과 거짓을 결정하는 주사위를 10,000번 던질 것이며, 프로그램을 통해 이 값 중 참과 거짓이 각각 얼마나 출현했는지 그 빈도를 변수에 기록할 것입니다. 주사위의 확률을 여러분이 임의로 조작하고 확률의 결과가 예측한 값과 비슷한지 비교해 보시기 바랍니다.

HINT 참과 거짓의 출현 빈도를 기록하기 위한 숫자형 변수 TrueCount와 FalseCount를 선언합니다. 랜덤 블록으로 임의의 논리값을 생성합니다. 참일 경우 TrueCount의 값이, 거짓일 경우 FalseCount의 값이 1씩 증가합니다. 루프가 10,000번 반복 후 종료될 때 두 변수의 값을 출력합니다.

탐구과제 111: 가장 가까운 값!

난이도 ■■■ 시간 ⏱⏱⏱

거리 측정을 총 50회 실시하고, 이 중 가장 가까운 값을 출력하는 프로그램을 만들어 봅시다. 프로그램은 매 측정 때마다 0.1초 대기 기능을 포함해야 하며, 종료되기 전 측정했던 값 중 가장 가까운(작은) 값을 화면에 출력할 수 있어야 합니다.

HINT 가장 가까운(작은) 값을 기록하기 위해 Lowest라는 이름의 변수를 만들고, 반복적으로 새로 측정한 값과 Lowest에 저장된 값을 비교합니다. 만약 측정값이 저장된 값보다 클 경우, 측정값을 기존의 저장된 곳에 덮어씌웁니다. Lowest 변수를 초기화하기 위해 어떤 값을 넣어야 할까요?

디자인 탐구과제 27: 숫자 세기!

조립 난이도 ✺✺✺   프로그래밍 난이도 ▭ ▭

방에 있는 사람의 수를 카운트하는 로봇을 만들 수 있을까요? 손님이 방에 들어가기 위해 설치된 터치 센서를 누르면 방문이 열려야 합니다. 만약 손님이 방을 나가고자 한다면, 적외선 센서에 손을 가까이 인식시켜야 문이 열리고 나갈 수 있습니다.

출입을 체크하는 기능이 구현되면 이제 탐구과제 108의 프로그램을 응용해 사람들의 인원수를 계산하는 기능을 추가합니다. 터치 센서를 누르면 변수에 저장된 인원수가 증가하고 적외선 센서가 인식되면 인원수가 감소되도록 합니다.

HINT 실제로 문손잡이를 돌려 여는 로봇을 만드는 것보다는 전진하며 밀어서 문을 열고, 후진하며 당겨서 문을 닫도록 하는 구동형 로봇을 만드는 것이 훨씬 더 쉬울 수도 있습니다. 문을 꽉 닫으려 노력할 필요는 없습니다. 테이프나 줄을 이용해 문손잡이가 완전히 닫히지 않도록 만듭니다.

17

EV3 그림 그리기 게임

playing games on the EV3

이제 우리는 지금까지 배운 다양한 프로그래밍 기법을 집대성한 프로그램을 만들어 볼 것입니다. 지금까지는 간단한 기능 구현을 위한 짧은 프로그램을 독립적으로 만들었지만, 이번 장에서는 이러한 작은 프로그램들을 모듈로 사용해 보다 크고 복잡하며 정교한 프로그램을 구현해 볼 것입니다. 이제까지 많은 예제를 실습하면서 사용했던 스케치봇의 그림그리기 기능을 완벽하게 프로그래밍해 봅시다.

EV3의 화면을 캔버스 삼고, 라지 모터를 돌려 점의 위치를 이동시키며 그림을 그리게 될 것입니다. 터치 센서와 컬러 센서, 그리고 EV3의 버튼은 그림 그리기에 필요한 추가적인 도구로 활용하게 됩니다.

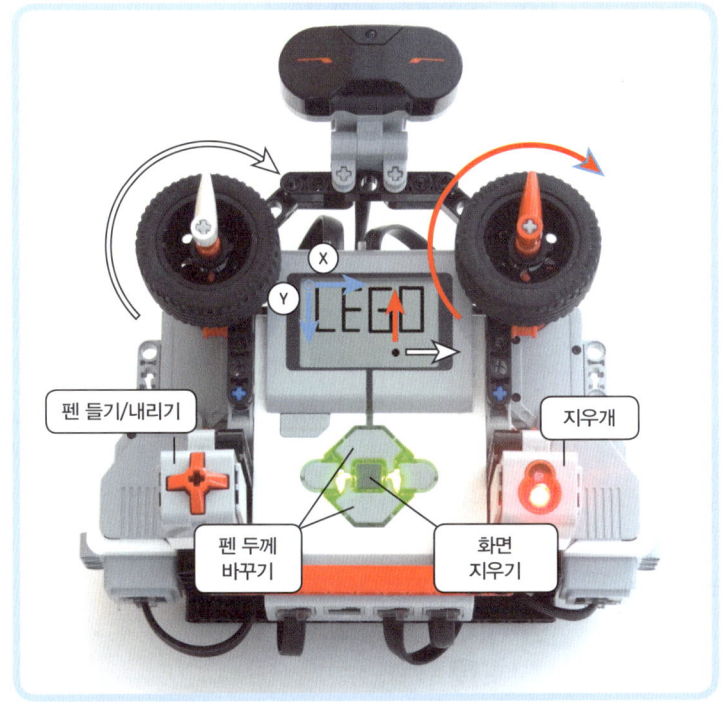

■**그림 17-1** 에치어스케치 장난감처럼 바퀴를 돌려 그림을 그리는 스케치봇

1단계: 기본적인 그리기 기능

실제의 에치어스케치 장난감은 바퀴를 움직이면 캔버스 중앙의 점이 움직이며 선으로 그림을 그립니다. 왼쪽의 바퀴는 점을 수평(X축 – 좌우)으로 이동하고, 오른쪽의 바퀴는 점을 수직(Y축 – 상하)로 이동합니다. 언뜻 복잡해 보이지만, 사실 이 기능은 EV3 프로그램으로 구성하기 쉽습니다. 프로그램의 흐름은 그림 17-2와 같습니다.

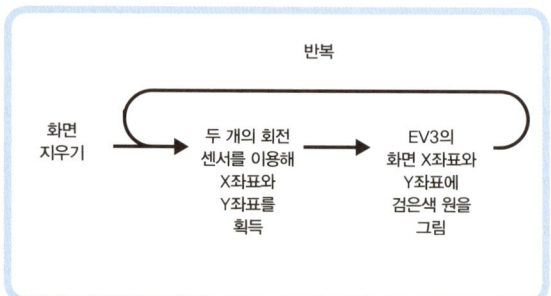

■ 그림 17-2 기본적인 에치어스케치 프로그램의 구성

프로그램은 X좌표와 Y좌표가 만나는 특정 지점에 점(작은 원)을 반복적으로 그립니다. 좌표는 두 개의 라지 모터에 내장된 회전 센서의 각도 값을 통해 얻습니다. 흰색 다이얼(모터 B)의 값은 X좌표로, 빨간색 다이얼(모터 C)의 값은 Y좌표로 사용됩니다. 반복적으로 좌표를 읽어 점을 찍기 때문에 결과적으로 스케치봇의 다이얼을 돌리는 것만으로 화면 속에서 '가상의 연필을 움직이며' 간단한 그림을 그릴 수 있게 됩니다. 프로그램을 만들어 보기 위해, 먼저 SK3TCHBOT-Games라는 새로운 프로젝트를 만들고, 새 프로그램을 추가해 'Etch-A-Sketch'라는 이름으로 저장합니다. 화면에 점을 찍기 위해서는 간단하게는 디스플레이 블록의 모드를 '모양 - 원형' 모드로 설정하는 것으로도 가능하지만, 우리는 전체적인 프로그램의 기능 구현을 위해 두 개의 마이 블록을 만들어야 합니다.

디스플레이 블록을 이용한 마이 블록 중 하나는 화면을 지우는 기능을 구현하고, 다른 하나는 점을 표시하기 위한 좌표를 입력받는 기능을 구현해야 합니다.

마이 블록 #1: 화면 지우기

디스플레이 블록은 무언가 새로운 것을 출력하지 않고 화면을 지우는 기능이 없습니다. 🙂 화면 초기화 기능은 화면의 모든 것을 지우는 기능과는 다르게 동작합니다. 이 기능은 EV3를 실행할 때 동작을 알려주는 기본 화면이 출력됩니다.

비록 모드 상에서 화면을 지우는 기능이 없긴 하지만, 작은 흰색 점을 찍는 형태로 화면 전체를 비워진 것처럼 보이게 만들 수 있습니다. 그림 17-3과 같이 설정된 화면 지우기 프로그램을 'Clear'라는 이름의 마이 블록으로 저장합니다.

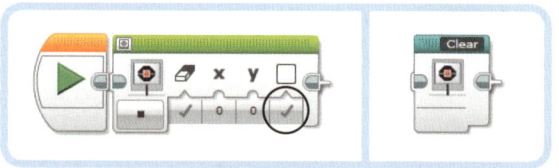

■ 그림 17-3 Clear라는 이름의 마이 블록은 EV3의 화면을 지워진 것처럼 만들어 줍니다. 오른쪽은 완성된 마이 블록의 모습입니다.

마이 블록 #2: 좌표 처리

이제 그림 17-4를 참고하여 좌표를 처리할 수 있는 Coordinates라는 마이 블록을 만들어 봅시다. 이 블록은 새로운 점을 찍기 위한 좌표를 얻기 위해, 두 개의 숫자 값(X좌표와 Y좌표)을 출력해야 합니다. 이제 이 블록이 어떤 방식으로 좌표를 얻는지 X축의 좌표부터 살펴봅시다.

모터에 내장된 회전 센서는 프로그램이 시작되는 순간부터 현재의 각도를 반복적으로 알려줍니다. 개념적으로 본다면 모터 B에 내장된 회전 센서에서 읽은 값을 바로 X축의 좌표로 1:1 대응시킬 수 있습니다. 하지만, 이렇게 만들 경우 여러분의 연필은 너무 빨리 움직여 쉽게 제어하기 어려울 것입니다.

그 이유는 EV3의 화면 폭이 178개의 화소로 구성되기 때문에 단지 흰색 다이얼을 180도 회전하는 것만으로도 화면의 왼쪽 끝에서 오른쪽 끝까지 움직이게 되기 때문입니다. 🙂 EV3의 화면 해상도는 그다지 높지 않습니다.

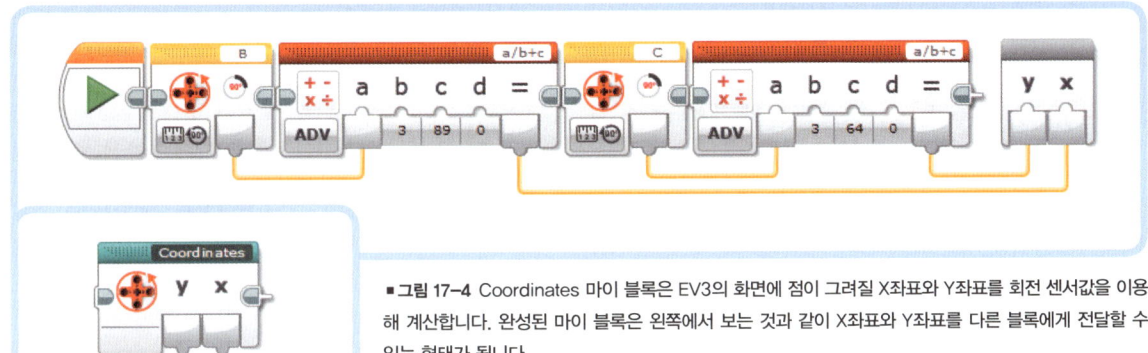

■ 그림 17-4 Coordinates 마이 블록은 EV3의 화면에 점이 그려질 X좌표와 Y좌표를 회전 센서값을 이용해 계산합니다. 완성된 마이 블록은 왼쪽에서 보는 것과 같이 X좌표와 Y좌표를 다른 블록에게 전달할 수 있는 형태가 됩니다.

일반적인 PC 모니터의 해상도가 1600*1200 픽셀 이상, 스마트폰들 역시 600*1000 이상의 해상도를 보여주는 반면, EV3의 화면은 178*128 픽셀의 해상도를 갖고 있습니다.

보다 정확하고 섬세한 움직임을 구현하기 위해 우리는 모터 B의 회전 센서로부터 얻은 값을 그대로 사용하지 않고 나눌 것입니다. 필자는 센서값을 3으로 나누었고 결과적으로 흰색 다이얼을 180도 돌릴 때 점은 맨 끝에서 화면의 1/3 지점까지만 움직일 것입니다.

그리고 화면 좌표는 좌측이 0이기 때문에 프로그램이 시작될 때 회전 센서값인 0을 인식하고 점은 화면 맨 끝 구석에서 시작될 것입니다. 이 점을 화면 중앙에서 시작할 수 있도록, EV3 화면 전체 폭인 178을 반으로 나눈 89를 회전 센서값에 더해 X축의 정 중앙에서 점이 시작하도록 좌표를 보정해 줍니다.

세로 방향인 Y축 역시 개념은 X축과 크게 다르지 않습니다. Y축의 좌표를 얻기 위해 모터 C의 회전 센서를 이용하고, 센서값을 3으로 나눈 후 상하 좌표를 화면의 중앙으로 맞추기 위해 64를 더할 것입니다. (화면의 세로 높이가 128픽셀입니다.)

그리고, 모터 C의 경우 반대로 장착되어 있기 때문에 그림 17-1에서 보는 방향과 같이 빨간색 다이얼을 시계 방향으로 돌리면, 회전 센서값은 흰색 다이얼과 반대인 음수 값을 얻게 될 것입니다.

결과적으로 흰색 다이얼을 시계 방향으로 돌리면 점은 왼쪽에서 오른쪽(그림 17-1의 EV3 화면 LEGO 글자의 G 아래 점의 흰색 화살표)으로 움직이고, 빨간색 다이얼을 시계 방향으로 돌리면 점은 아래에서 위로 움직일 것입니다.

마이 블록으로 만들기 위해 두 개의 모터 회전 블록과 두 개의 수학 블록을 연결하고 그림 17-4와 같이 두 개의 숫자 값 출력을 연결해 Coordinates라는 이름으로 저장합니다.

기본 프로그램 마무리

이제 그림 17-2의 기본 개념을 구현한 가장 중요한 프로그램의 요소를 구현해 보았습니다. 이 두 가지 마이 블록을 활용한 기본적인 프로그램의 형태는 그림 17-5를 참고하십시오. 이 프로그램에는 두 개의 마이 블록 외에도 작은 원을 그리는 디스플레이 블록이 추가되었습니다.

루프 블록은 Coordinates 마이 블록으로부터 얻은 좌표로 디스플레이 블록이 특정한 위치에 점을 그리는 동작을 반복시킵니다. 다음에 제시될 추가 기능을 넣어 프로그램을 업그레이드하기에 앞서 지금까지 만든 프로그램을 다운로드하고 테스트해 봅시다.

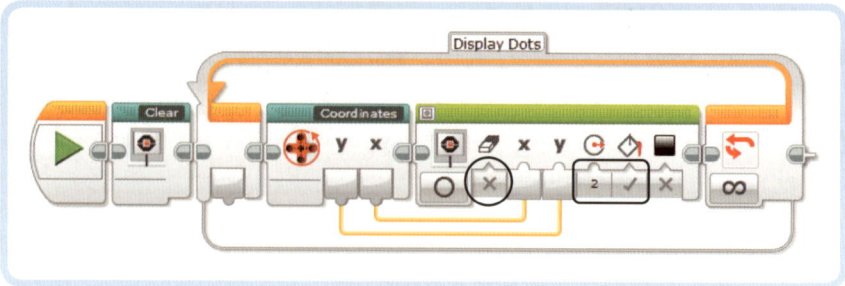

■ 그림 17-5 가장 기본적인 에치어스케치 프로그램의 모습. 이 프로그램은 시작될 때 한 번만 화면을 지우고 그 이후로 프로그램이 수행되는 동안은 화면을 지울 수 없습니다. 좌표를 움직이는 동안 기존에 그려진 점(으로 이어진 선)은 그대로 화면에 유지될 것입니다.

NOTE 만약 여러분이 만든 프로그램이 의도한 것과 다르게 움직이거나 무언가 문제가 있을 경우, http://ev3.robotsquare.com/에서 완성된 프로그램을 다운받아 여러분이 만든 프로그램과 비교해 보기 바랍니다.

2단계: 연필 부가 기능 추가

앞서 만들어 본 에치어스케치 기본 프로그램도 충분히 재미있다고 생각합니다. 하지만 몇 가지 기능이 추가된다면 아마도 그리는 재미를 좀 더 느낄 수 있을 것입니다. 그림 17-6에서는 에치어스케치 프로그램에 추가될 수 있는 몇 가지 재미있는 기능의 흐름도를 그려 보았습니다.

이를테면 터치 센서를 이용해 일시적으로 연필을 들어 올리는(그리지 않고 좌표만 이동하는) 기능, 컬러 센서를 이용해 연필의 색을 검정이 아닌 흰색으로 바꾸어 지우개처럼 사용하는 기능, EV3의 내장 버튼을 이용해 화면 전체를 지우거나 연필의 두께를 조절하는 기능 등을 생각해 볼 수 있습니다.

많은 기능들이 상호 작용하게 되면 그만큼 문제가 발생했을 때 찾기도 어려워지게 될 수 있으므로, 이 책에서는 새로운 기능을 추가할 때마다 테스트를 진행할 것입니다. 물론 여러분이 모든 추가 기능을 성공적으로 구현한다면, 탐구과제를 통해 추가적인 기능에 대해 도전해 볼 수 있습니다.

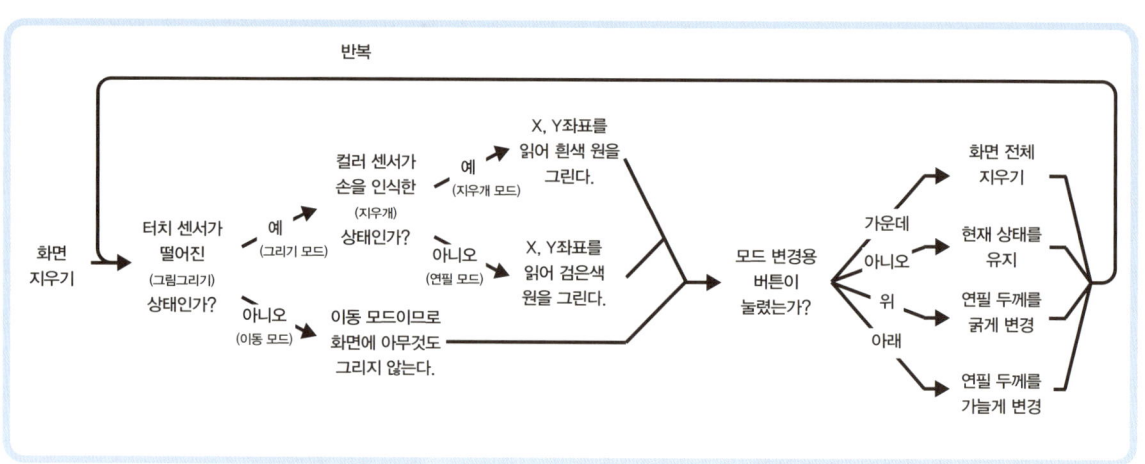

■ 그림 17-6 에치어스케치 프로그램의 확장된 흐름도

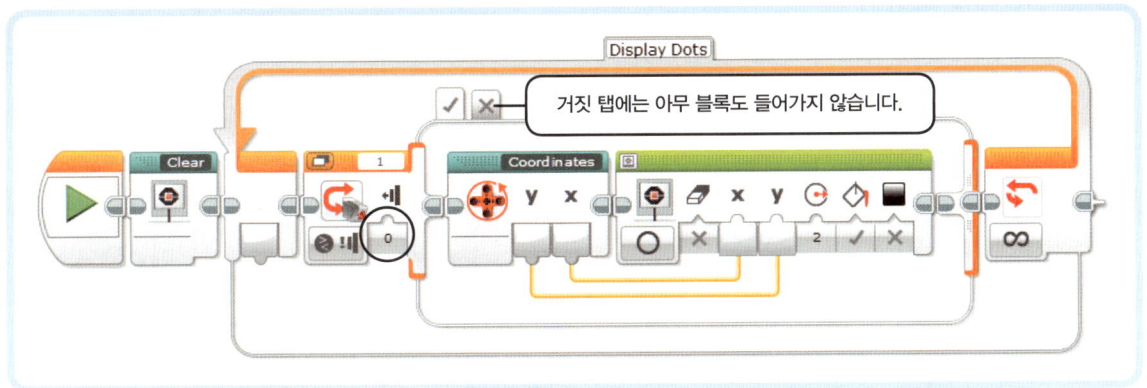

■ 그림 17-7 이 프로그램은 터치 센서가 눌리지 않았을 경우에만 점을 그립니다. 새 위치로 연필을 이동하기 위해서는 터치 센서를 누른 채 입력 다이얼을 돌려줍니다. 연필의 위치가 옮겨지고 나면 터치 센서를 누른 손을 뗍니다. 그러면 다시 연필은 그리기 모드로 동작됩니다.

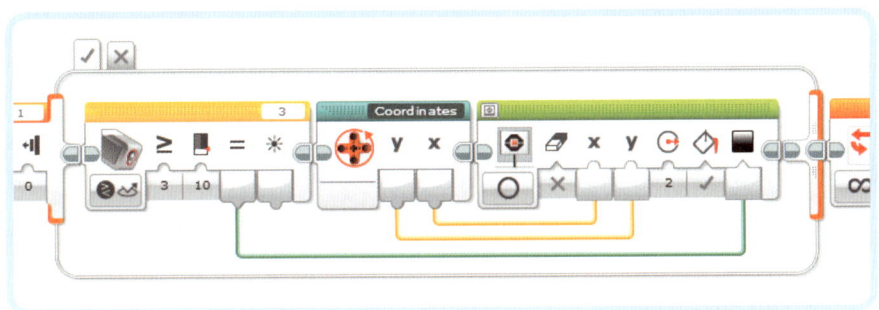

■ 그림 17-8 컬러 센서 블록을 추가하고 그림과 같이 설정합니다. 비교 결과에서 데이터 와이어를 연결해 디스플레이 블록의 색상에 연결해 줍니다. 이제 여러분의 연필은 컬러 센서를 손으로 가렸는지의 여부에 따라 연필과 지우개, 두 가지 모드로 변경될 수 있습니다.

연필을 들고 이동

그림을 그릴 때 한붓그리기처럼 연필을 떼지 않고 그림을 그릴 수도 있지만, 아마도 많은 경우 좀 더 자연스러운 그림을 위해 연필을 들어 다른 위치에서 새롭게 그리는 기능이 필요할 수 있습니다. 이를 위해 터치 센서가 눌리지 않았을 때에만 점을 찍고 터치 센서를 누르면 좌표가 이동되더라도 점을 찍지 않게 만들 수 있습니다. (스위치 블록의 거짓 탭에는 아무 블록도 넣지 않습니다.)

🧒 눌리지 않았을 때 그림을 그리도록 만든 이유는, 이 프로그램의 목적이 그림을 그리는 것이기 때문입니다. 연필을 움직여 그림을 그리는 행동이 연필을 들어 위치를 옮기는 행동보다 더 많이 발생하기에 터치 센서를 누르는 동작은 사용자에게 불편한 동작입니다. 이 프로그램은 누르지 않을 때 그리도록 만들었기 때문에 여러분은 단지 연필을 들고 싶을 때만 터치를 누르면 됩니다.

만약 반대로 누를 때만 그림을 그리도록 프로그램을 만든다면, 여러분은 그림을 그리는 내내 터치 센서를 힘주어 누르고 있는 불편함을 감수해야 할 것입니다.

이와 같이, 사용자와 교감되는 프로그램을 만들 때에는, 프로그램이나 장치의 기능이 사용자의 작업 편의성에 어떠한 영향을 주는지도 생각하는 것이 좋습니다.

연필을 지우개로 바꾸기

그림을 잘못 그리게 될 경우, 그림 전체를 지우기보다는 일부분만 수정할 때가 많습니다. 새로운 추가 기능은 지우개로서, 사실은 연필의 색을 흰색으로 바꾸었을 뿐입니다. 🤖 EV3의 기본 화면색은 일반적인 단색 LCD 창의 색상인 녹색과 검은색이 섞인 어두운 색입니다. 정확한 검은색은 아닙니다. 하지만 프로그램 상에서는 개념적으로 검은색의 반대라는 의미로 흰색이라고 칭했습니다. EV3의 화면상에 검은색과 LCD의 배경색 외에 우윳빛 흰색이 나온다는 의미가 아님을 참고하시기 바랍니다.

그림 17-8과 같은 형태로, 지우개 기능은 컬러 센서의 값에 따라 연필의 색을 바꾸는 형태로 동작될 것입니다. EV3의 화면색과 같은 색으로 그림을 그린다면 결과적으로 연필이 지나간 자리는 검은색이 사라지게 되므로, 이 연필은 지우개처럼 동작되고 이를 이용해 여러분은 그림을 그리는 과정에서의 실수를 만회할 수 있습니다.

지우개 기능을 사용하기 위해 우리는 반사광 모드로 설정된 컬러 센서를 손가락으로 가렸을 때의 값을 이용합니다. 센서를 손가락으로 가리게 되면 '비교 - 반사광 강도' 모드의 측정값은 10% 이상 증가하고, 이때 설정된 값과 비교한 컬러 센서 블록은 '참'을 반환합니다.

이 값은 데이터 와이어를 통해 디스플레이 블록의 색상 설정에 연결되어, 값이 참일 경우 연필의 색은 흰색이 됩니다. 컬러 센서에서 손가락을 떼면 출력값은 거짓이 되고, 디스플레이 블록의 색상 설정에 전달되어 연필의 색은 검정이 됩니다.

화면 지우기

그림 17-9를 참고하여 EV3의 내장 버튼을 이용해 화면을 지우는 기능을 추가합니다. 가운데 버튼이 눌릴 경우 화면을 지우는 Clear 마이 블록을 호출하고, 아무 버튼도 눌리지 않을 경우 아무것도 수행하지 않도록 합니다. (스위치 블록의 설정에서 아무것도 누르지 않은 상태를 기본 케이스로 설정합니다.)

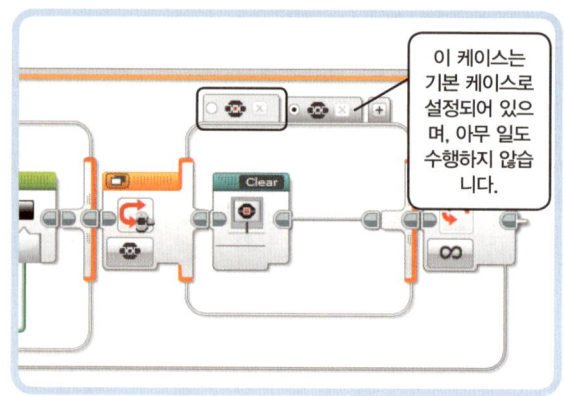

■ 그림 17-9 EV3의 가운데 버튼을 누르면 화면 전체를 지우는 Clear 마이 블록이 실행됩니다.

연필 두께 설정

마지막으로 추가할 기능은 연필의 두께를 바꾸는 것입니다. 이를 위해 EV3의 내장 버튼 중 위와 아래 버튼을 사용할 것입니다. 버튼을 이용해 연필의 두께를 바꾸기 위해, 연필 두께를 저장하는 변수인 Size도 사용합니다. 숫자형 변수인 Size는 디스플레이 블록의 '모양 - 원형' 모드에서 반지름 설정에 연결됩니다.

마지막으로 EV3의 버튼을 이용해 Size 변숫값을 바꾸는 기능을 추가하면 연필 두께 설정 기능이 완료됩니다. 이를 위해, 우선 Size라는 이름의 숫자형 변수를 정의하고, 그림 17-10과 같이 변수 블록도 꺼내어 연결해 줍니다.

첫 번째 변수 블록은 시작 위치에 넣고 값을 1로 초기화시킵니다. 두 번째 변수 블록은 루프 안에 들어가 Size의 값을 데이터 와이어로 디스플레이 블록의 반지름 설정에 전달합니다. 여러분이 연필의 두께를 바꾸는 조작을 하지 않을 경우, 연필은 초기에 설정된 두께인 1을 유지할 것입니다.

다음으로, 앞서 만든 화면 지우기 기능이 들어간 브릭 버튼 스위치 블록에 두 개의 케이스(탭)를 추가합니다. 첫 번째 케이스는 위 버튼, 그리고 두 번째 케이스는 아래 버튼에 해당됩니다. 만약 위 버튼을 누를 경우, 그림 17-11

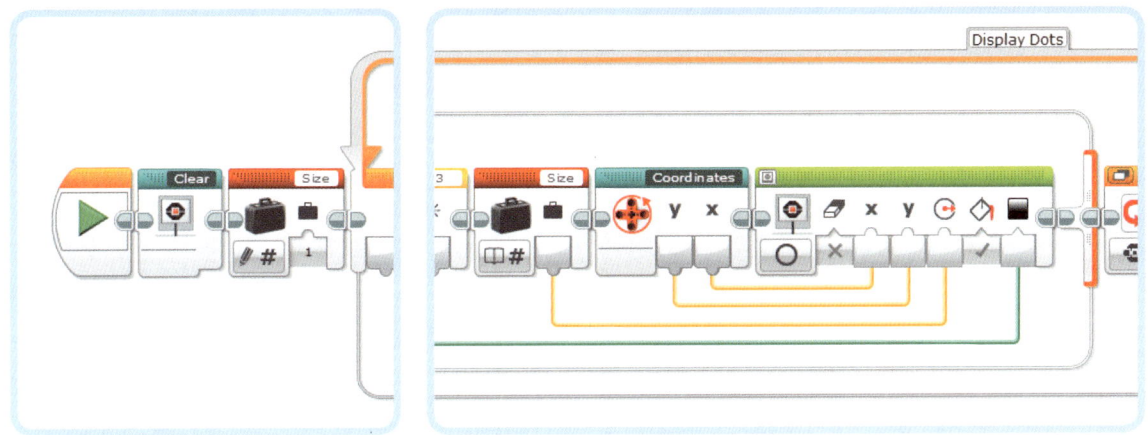

■ 그림 17-10 그림과 같이 프로그램에 두 개의 변수 블록을 추가합니다.

과 같이 Size 변숫값은 증가하게 됩니다. 하지만 무한정 증가하는 것은 아닙니다.

EV3의 화면은 아주 작기 때문에, 사실상 연필의 두께는 일정한 값 이상으로 두꺼워서는 곤란합니다. 이 프로그램에서는 연필의 최대 두께를 25로 제한하고, 비교 블록을 활용해 연필의 두께 증가 기능은 오로지 두께가 25를 넘지 않을 때까지만 동작하도록 했습니다.

만약 연필의 두께가 25인데도 계속 두껍게 하려고 시도한다면, 비교 블록은 거짓을 반환하고 스위치 블록은 연필의 두께 증가 대신 경고음을 출력할 것입니다. 경고음이 울리는 상황이라면 당연히 연필의 두께는 더 이상 두꺼워지지 않고 현재 두께를 유지할 것입니다.

마지막으로 대기 블록이 사용되어 눌린 버튼이 풀릴 때까지 일시적으로 프로그램을 중지시킵니다.

(만약 이 기능이 없다면 프로그램은 여러분이 버튼을 누르는 순간 연필의 두께를 증가시키고 곧바로 루프를 반복해 다시 연필의 두께를 증가시켜 여러분이 버튼을 누르는 동안 순식간에 최대의 연필 두께를 만들고야 말 것입니다.)

아래 버튼을 누르는 경우도 비슷합니다. 버튼을 누르면 Size 변숫값은 1단위로 감소하고, 이 동작은 Size의 값이 1보다 클 동안 반복될 수 있습니다. 연필의 두께가 0 또는 음수의 값이 될 수는 없으므로, 만약 여러분이 연필의 두께가 1인 상태에서 아래 버튼을 누른다면, 이번에도 비교 블록에 의해 프로그램은 연필의 두께 감소 대신 경고음을 출력하고 더 이상 연필이 가늘어지지 않을 것입니다. 이 일련의 프로그램은 그림 17-12에서 확인할 수 있습니다.

축하합니다. 이로써 여러분은 14장부터 진행한 에치 어 스케치 로봇의 프로그램을 드디어 완료했습니다. 프로그램의 동작을 확인해 보고 충분히 즐겼다면 이제 탐구과제 112부터 114까지 도전해보고 프로그램을 한층 더 업그레이드해 보기 바랍니다.

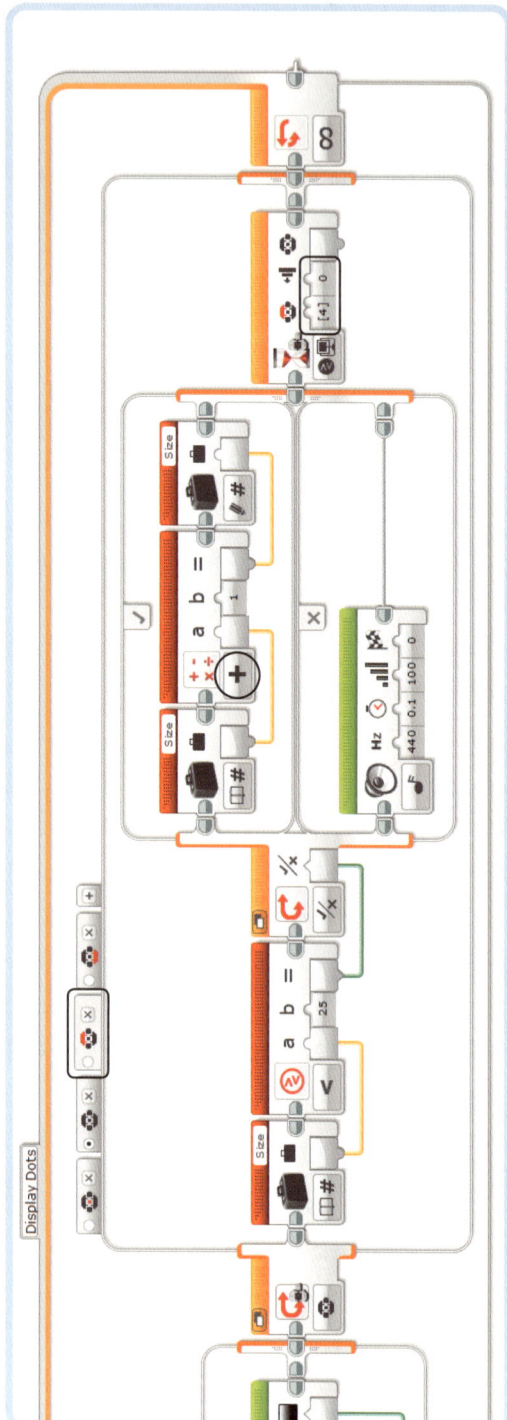

■ 그림 17-11 위 버튼을 누르고, 현재 Size의 값이 25보다 작다면 연필의 두께는 1씩 증가합니다. 네 개의 케이스 중 두 번째(눌린 버튼 없음) 케이스의 동그란 라디오 버튼이 체크되어 기본 케이스로 설정되어 있음을 참고하시기 바랍니다.

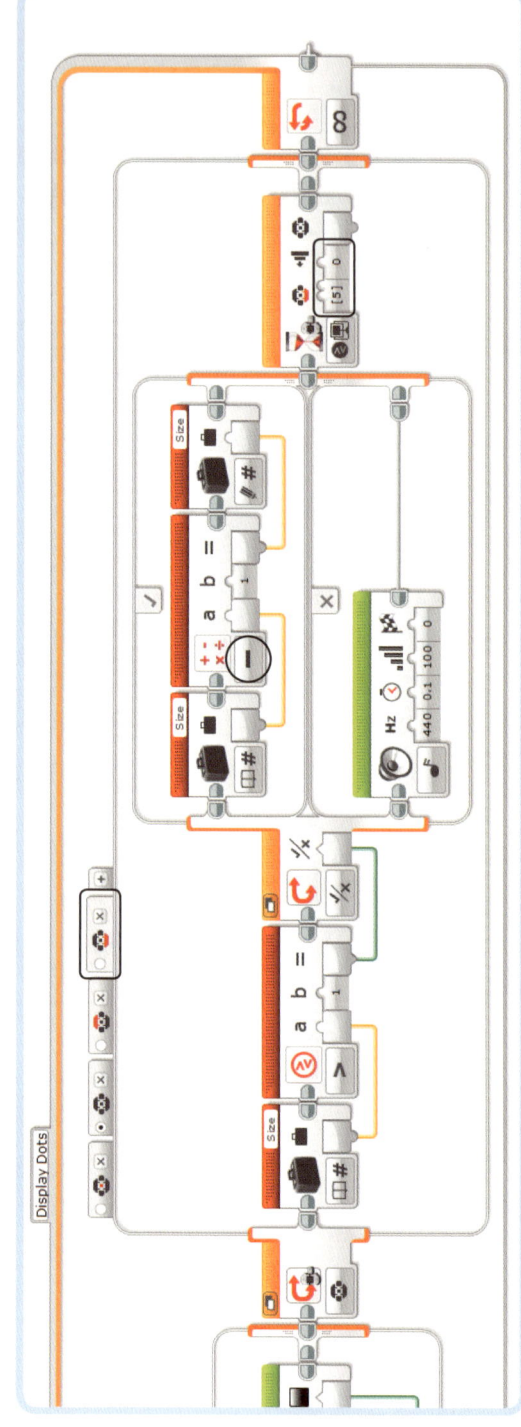

■ 그림 17-12 아래 버튼을 누르고, 현재 Size의 값이 1보다 크다면 연필의 두께는 1씩 감소합니다. 만약 범위를 벗어날 경우 연필의 두께는 바뀌지 않고 경고음만 울릴 것입니다.

탐구과제 112: 로봇 예술가!

난이도 ▢   시간 ◷◷

사실, 에치어스케치 프로그램을 이용해 멋진 그림을 그리는 것은 쉽지 않습니다. 하지만, 여러분은 약간의 트릭을 구사할 수 있습니다. 프로그램을 이용해 모터 B와 모터 C를 구동시켜 완벽하게 직선을 그릴 수 있을 것입니다.

사전에 미리 프로그래밍해서 에치어스케치 프로그램이 완벽한 집(사각형의 건물과 삼각형의 지붕을 갖는 일반적인 가정집) 모양을 그리도록 만들어 봅시다. 지붕을 그리기 위한 대각선은 어떻게 그리면 될까요?

HINT 에치어스케치 프로그램의 동작과 동시에, 그림을 그리기 위한 모터 구동 프로그램이 함께 실행되도록 멀티태스킹 기능을 활용합니다. (멀티태스킹 기능은 68쪽을 참고하세요.)

탐구과제 113: 포스 피드백!

난이도 ▢ ▢   시간 ◷◷

포스 피드백이란 구동부를 제어해 사용자에게 역으로 반발을 느끼게 해주는 기능입니다. 🧑 콘솔 게임기에서 캐릭터의 움직임에 따라 조이패드에 진동을 전달하는 개념이 포스 피드백의 응용 사례 중 하나입니다. 이런 개념을 응용해 제한된 EV3 화면을 벗어나는 좌표로 다이얼이 회전하지 않도록 모터를 제어하는 기능을 구현해 봅시다.

모터의 회전 센서를 이용해 연필의 좌표를 구하는 Coordinates 마이 블록을 수정해 사용자가 너무 멀리 다이얼을 회전시킬 경우 연필이 자동으로 화면 안쪽으로 돌아오도록 프로그래밍합니다.

HINT 축의 값이 0보다 크고 178보다 작은 (화면 범위인) 경우, 모터의 브레이크 기능을 '거짓'으로 설정해 다이얼을 자유롭게 돌릴 수 있도록 합니다. 만약 X축의 값이 178보다 크다면 −5%의 속도로 역회전을 시키고, 0보다 작다면 5%의 속도로 정회전을 시킵니다. Y축 역시 비슷한 개념으로 화면을 벗어나지 않는 구간에서는 자유롭게 회전이 가능하고, 위로 또는 아래로 벗어나는 경우 정회전 또는 역회전으로 화면 범위 안으로 돌아오도록 프로그래밍합니다.

탐구과제 114: 아주 뾰족한 연필!

난이도 ▢ ▢ ▢   시간 ◷◷

우리가 만든 에치어스케치 프로그램은 1픽셀의 반지름, 또는 2픽셀의 직경을 갖는 점으로 그림을 그릴 수 있습니다. 프로그램에 기능을 추가해 직경이 1픽셀인 아주 가는 두께로 그림을 그릴 수 있도록 수정해 봅시다. 이 기능이 추가된다면 여러분의 그림은 한층 더 정교하고 섬세한 연출이 가능해질 것입니다!

HINT 디스플레이 함수 블록을 '모양 − 점' 모드로 설정하면, 원하는 좌표(X, Y)에 픽셀 하나 크기의 가장 작은 점을 찍을 수 있습니다.

추가적인 탐구

이번 장에서, 여러분은 이제까지 배운 다양한 프로그래밍 기술을 접목한 아주 복잡한 프로그램을 구현해 보았습니다. 만약 여러분이 이 과정을 즐겁게 완수했다면, 탐구과제 115와 116 역시 충분히 즐길 수 있을 것이라 생각합니다. 이번 장이 끝나면 우리는 좀 더 멋지고 신선한 두 가지 로봇을 만들고 프로그래밍해 보면서 한층 더 놀라운 경험을 하게 될 것입니다.

탐구과제 115: 도둑을 잡아라!

난이도 ▢▢▢ 시간 ⏱⏱⏱

이 프로그램은 조금 어렵기 때문에 홈페이지 http://ev3.robotsquare.com/에서 프로그램을 다운로드 받아 테스트해 보는 것을 권장합니다.

이 프로그램은 스케치봇의 구조를 활용한 간단한 아케이드 게임입니다. 프로그램을 실행하면 임의의 위치에 도둑(큰 점)과 스케치봇의 두 다이얼을 이용해 조종할 수 있는 여러분의 플레이어가 나타날 것입니다.

그림 17-13을 보면 게임의 형태를 이해할 수 있습니다.

스케치봇의 다이얼을 돌려 약 4초 안에 플레이어를 도둑과 만나게 한다면 1점을 득점하고, 4초 이상 걸릴 경우 1점을 잃습니다. 도둑을 잡을 때마다 새로운 도둑이 다른 위치에 등장하며 전부 열 명의 도둑을 잡게 되면 게임이 끝나고 점수를 알려줄 것입니다.

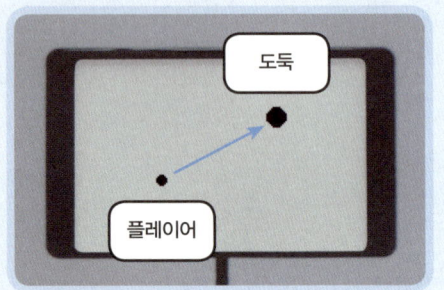

■ 그림 17-13 도둑 잡기 게임

그림 17-14는 이 프로그램의 흐름도입니다. 흐름도를 보고 이 프로그램의 구성을 이해해 여러분만의 형태로 프로그램을 수정해 보기를 권장합니다.

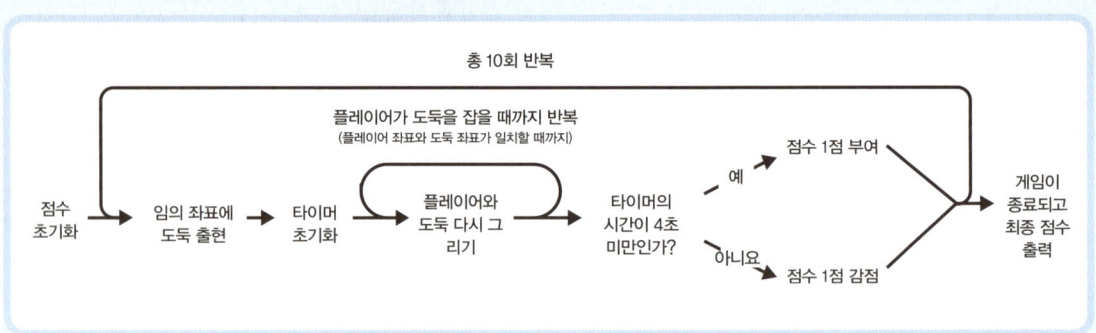

■ 그림 17-14 탐구과제 # 115 도둑 잡기 게임의 프로그램 흐름

탐구과제 116: 수학 게임!

난이도 ▢▢▢▢ **시간** ◔◔◔

이 프로그램도 http://ev3.robotsquare.com/에서 프로그램을 다운로드 받아 테스트해 보는 것을 권장합니다. 프로그램은 더하기, 빼기, 곱하기 또는 나누기 등 임의의 수식을 만들어 문제를 출력합니다(이를테면 7 x 3과 같은 간단한 문제).

여러분은 문제를 보고 EV3가 제시한 답이 맞는지 판단하고 정답이라면 오른쪽 버튼(화면에 V 표시)을, 오답이라면 왼쪽 버튼(화면에 X 표시)을 누릅니다. 화면의 구성은 그림 17-15와 같은 형태로, 답은 대략 절반 정도의 확률로 오답이 섞여 있습니다.

이 프로그램은 이 책에서 다룬 프로그래밍 블록의 기능만을 사용해 만들어졌지만, 복잡한 개념이 조금 섞여 있어 프로그램만 보면 이해가 어려울 수도 있습니다.

예제 전반에 걸쳐 각각의 기능에 대한 주석도 있으니 참고하시기 바랍니다. 프로그램의 구조에 대해 이해한 뒤 30초 동안 맞춘 정답의 횟수를 세는 등의 프로그램 업그레이드도 가능할 것입니다. 연습을 통해 점수를 향상시킬 수도 있겠지요.

디자인 탐구과제 28: 플로터!

조립 난이도 ✻✻✻
프로그래밍 난이도 ▢▢▢

가상의 EV3 화면이 아닌, 실제 A4 용지 또는 공책에 그림을 그리는 로봇을 만들어 봅시다. 라지 모터 두 개 중 한 개는 연필을 좌우(X축)로 움직이는 데에, 그리고 나머지 한 개는 연필을 상하(Y축)로 움직이는 데 사용합니다.

마지막으로, 미디엄 모터를 이용해 연필을 종이에 대거나 들어올리는 기능을 구현합니다. 에치어스케치에서 사용한 Coordinates 마이 블록과 비슷한 형태로 좌표를 지정할 수 있는 마이 블록을 추가해 연필을 원하는 위치로 움직입니다.

> **HINT** 구조에 대해 가장 쉽게 이해할 수 있는 대상은 잉크젯 프린터입니다. 잉크젯 프린터는 고정된 레일 위에서 잉크 카트리지를 좌우로 이동시키며(횡으로 선을 긋는 방법입니다.) 롤러를 이용해 종이를 앞으로 밀어냅니다. (종으로 선을 긋는 방법입니다.)
>
> 👤 고정된 프린터의 바퀴가 종이를 밀어내는 형태이지만, 역으로 생각하면 종이가 고정되고 그 위를 바퀴 달린 프린터가 앞뒤로 움직이는 형태도 생각해 볼 수 있습니다.

■ 그림 17-15 수학 게임의 모습. 이 문제는 오답을 보여주었기 때문에 X 버튼을 눌러야 1점을 얻을 수 있습니다.

6

기계 그리고 인간형 로봇
machine and humanoid robots

18

스냇처:
로봇팔을 장착한 자율 이동형 로봇

the SNATCH3R: the autonomous robotic arm

이제까지의 내용을 통해, EV3 로봇의 프로그래밍에 대한 많은 부분을 배웠습니다. 좀 더 정교하고 특별한 로봇을 경험할 차례가 되었다고 생각합니다. 이번 장에서 그림 18-1과 같은 모양으로, 물건을 찾고 들어올릴 수 있는 로봇팔을 가진, 자율 이동형 로봇 스냇처SNATCH3R를 만들고 프로그래밍해 볼 것입니다.

우리는 먼저 이 로봇의 기계적인 구동부를 직접 테스트할 수 있도록 무선 조종이 가능한 프로그램부터 만들 것입니다. 그 다음 적외선 신호를 방출하는 비콘 모듈을 감지하고 스스로 그것을 들어올리는 기능을 구현해 볼 것입니다.

로봇은 데이터 와이어와 변수를 이용하여 반경 2미터 이내의 비콘을 탐지하고 찾아갈 수 있습니다. 설령 로봇의 뒤에 위치하고 있더라도 말입니다.

이번 장의 탐구과제들은 여러분이 이 동작을 완성하고 기능을 확장시키는 데 큰 도움을 줄 것입니다. 예를 들어, 기본 기능이 구현된 로봇을 이용해 컬러 센서로 길을 따라가고, 길 가운데에 놓인 물체를 들어올리도록 업그레이드를 할 수 있습니다.

■ 그림 18-1 스냇처는 빈 물통과 같은 가벼운 물체를 잡고 들어올릴 수 있으며, 이 상태로 움직일 수도 있습니다.

로봇팔의 동작에 대한 이해

스냇처는 좌우에 두 개의 궤도를 장착한 전차형 차대를 이용해 움직입니다. 이 로봇의 구조에서 참신하다고 볼 수 있는 부분은 다기능 로봇팔입니다. 일반적으로 단순하게 설계되는 기계 구조에서는 움직임 하나당 한 개의 모터가 필요합니다.

이를테면 물건을 잡아 들어올리기 위해 하나의 모터는 잡기 기능에, 다른 하나의 모터는 팔을 들어올리는 기능에 사용하는 것이지요. 하지만 스냇처는 다릅니다. 스냇처의 로봇팔은 레고 부품들 중 빔과 기어 등을 적절히 활용해 단지 한 개의 중형 모터만으로도 물체를 잡고 들어올리는 두 가지 동작을 동시에 구현할 수 있습니다.

이를 위해 약간의 복잡한 기계적 구조가 활용되는데 실제 모형을 만들기에 앞서 이 책에서는 로봇팔의 동작 원리를 간단한 모형을 통해 먼저 체험해 볼 것입니다.

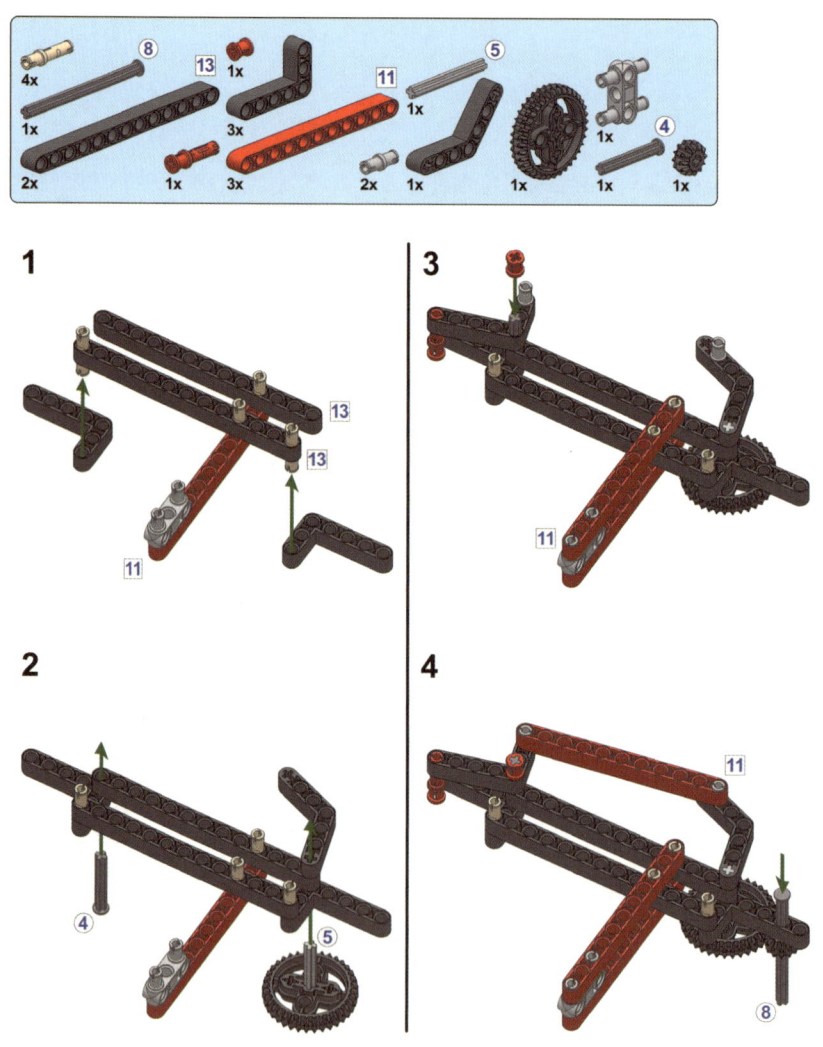

340

로봇손의 동작 원리

로봇팔에서 손이 움직이는 원리를 이해하기 위해 만든 모형에서 오른쪽 빨간색 빔을 한 손으로 잡아 고정합니다(그림 18-2). 이 상태에서 다른 손으로 12톱니 기어를 천천히 돌려봅니다. 이 과정에서 로봇팔의 다른 구성부, 이를테면 팔이나 끝단의 로봇손 부분을 만지지 마세요. 로봇손은 기어의 동작에 연동되어 여러분이 기어를 돌릴 때 자동으로 닫히게 될 것입니다.

빨간색 빔을 잡고 작은 기어를 돌리기 시작하면, 여기에 맞물린 36T의 큰 기어가 함께 회전합니다. 그리고 36T 기어에 연결된 또 다른 빨간 빔이 들어올려지면서 여기에 연결된 '발톱claw'이 닫히게 됩니다. 이 과정이 바로 스냇처의 로봇팔이 동작하는 기본 원리입니다.

스냇처에서 중형 모터는 웜 기어를 이용해 24T 기어를 회전시키고, 여기에 연결된 빔의 연쇄적인 운동으로 팔 끝의 손이 오므리게 되어 손 안에 있는 물체를 잡게 됩니다. 모터를 역회전시키면 이 동작은 반대로 손이 벌어지고 물체를 놓게 됩니다.

팔을 들어올리는 원리

기어의 회전에 의해 손이 끝까지 오므려지면, 회전하는 힘은 더 이상 손과 나머지 연결된 구동 부위를 동작시키지 못합니다. 이 상태에서 기어가 계속 회전할 경우, 기어의 힘은 다른 곳으로 전달됩니다.

👦 일반적으로 이렇게 움직일 수 있는 범위의 끝까지 도달한 장치에 지속적으로 동력을 가할 경우, 기어 또는 몸체를 구성하는 빔이 파손되거나 모터에 무리가 갈 수 있습니다. 하지만 스냇처의 로봇팔은 동력이 로봇팔의 손과 함께 어깨 부분에 함께 전달되도록 영리하게 설계되었습니다.

이 과정을 알기 쉽게 설명한 것이 그림 18-3의 위 그림입니다. 36T 기어ⓐ가 손ⓓ을 끝까지 움직이고 나면 결과적으로 이 기어는 하늘색 빔ⓑ을 들어올리게 됩니다. 그리고 여기에 연결된 로봇팔 구조물 전체가 빨간색 빔으로 고정된 중심점을 기준으로 시이소처럼 기어 구동부가 내려가면서 로봇의 손 부분이 들어올려지는 운동을 하게 됩니다.

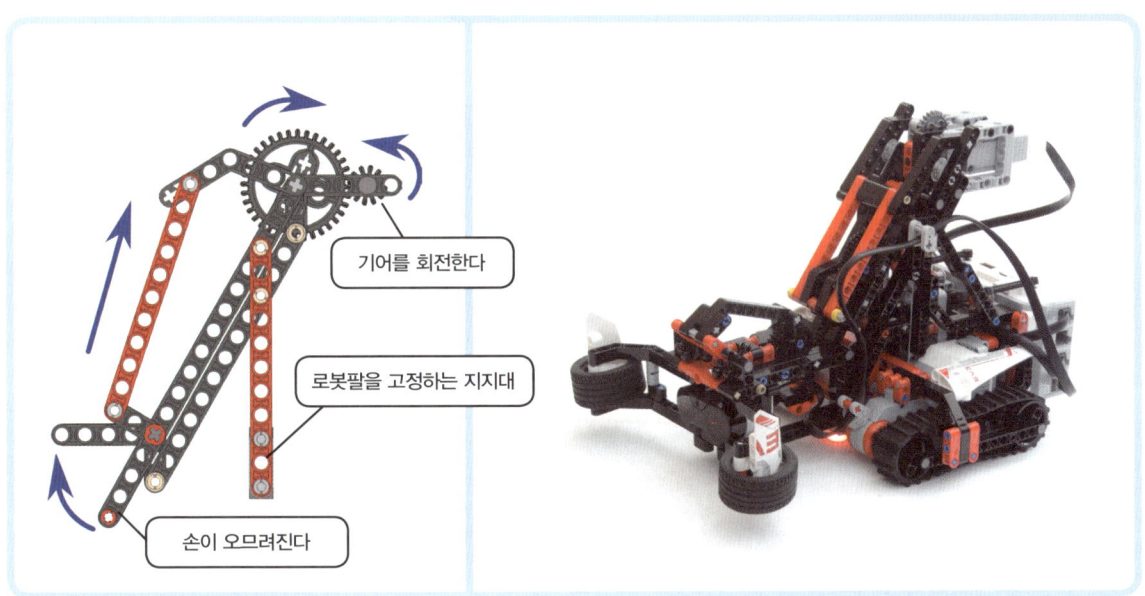

■ 그림 18-2 이 모형에서 축에 연결된 작은 기어를 돌리면 '손'이 오므려지게 됩니다(왼쪽). 실제의 스냇처 로봇에서는 중형 모터를 구동시켜 양 손 사이의 물체를 잡고 들어올릴 수 있습니다(오른쪽).

이 과정에서 링크 구조 덕분에 기어가 회전하는 녹색 부분ⓒ과 손이 장착된 녹색 부분ⓓ은 평행을 이룬 채 상하 위치만 바뀌게 됩니다.

그림 18-3의 아래쪽 사진은 실제 스냇처에 구현된 로봇팔이 움직이는 과정을 보여줍니다. 스냇처에 장착된 중형 모터에 의해 24T 기어가 회전을 시작하고 ⓐ 이로 인해 먼저 손을 닫기 위한 관절의 움직임이 시작됩니다 ⓑ.

손이 닫히고 나면 기어의 회전운동은 팔을 들어올리

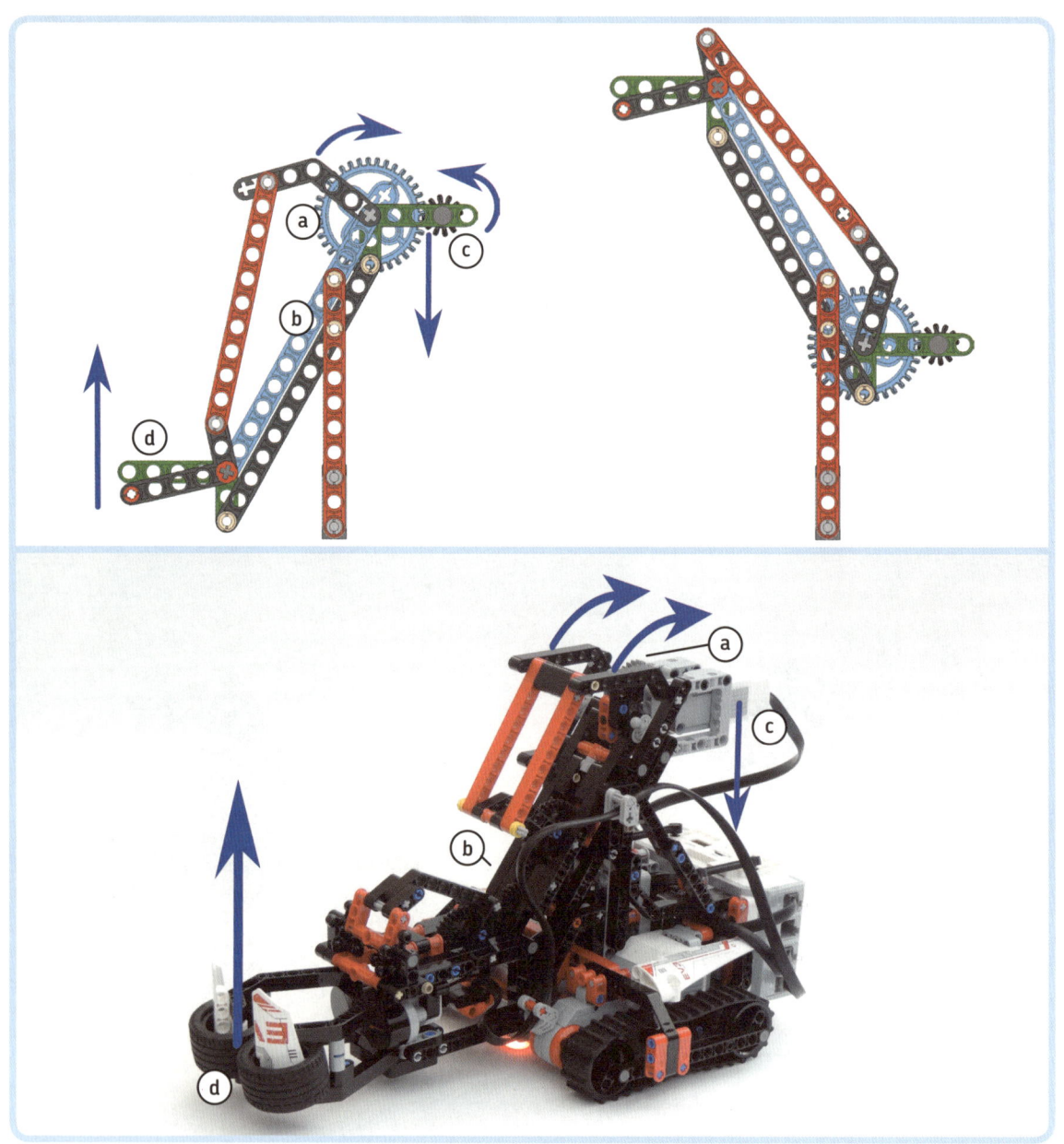

■ 그림 18-3 위쪽 그림에서 12T 기어ⓒ를 끝까지 회전시키면 여기에 맞물린 36T 기어ⓐ와 하늘색 빔ⓑ에 의해 녹색 빔으로 만든 손ⓓ이 오므려진 후 팔을 들어올리게 됩니다. 실제 스냇처의 로봇팔에서도 중형 모터의 회전을 이용해 앞의 로봇팔을 오므린 후 들어올리는 동작이 구현됩니다.

는 링크 구조로 전달되어 지지대 뒤쪽의 모터 구동부가 낮아지면서 ⓒ 반대 방향의 로봇손은 위로 들려 올라갑니다 ⓓ. 모터를 역회전시키면 이 일련의 동작은 반대로 수행됩니다.

만들어 본 모형에서 두 개의 녹색 빔(ⓒ와 ⓓ)은 로봇팔의 각도와 관계없이 언제나 수평 상태로 평행을 유지하는 것에 주목하십시오. 실제로 스냇처의 로봇팔에서도 모터 구동부와 로봇손은 항상 수평 상태로 평행을 유지합니다.

로봇팔의 상태를 정확히 판단하기 위해 스냇처의 몸쪽으로는 터치 센서가 한 개 사용됩니다. 로봇팔은 물체를 인식하고 잡은 후 적절한 위치까지 들어올리기 위해 터치 센서의 눌림 여부를 감지합니다.

손이 맨 아래로 내려지고 열린 상태에서 구동이 시작된다고 가정할 때, 모터가 총 14.2바퀴 회전하면 로봇팔은 손을 움켜쥔 상태로 끝까지 들어올리게 됩니다.

즉, 프로그램에서 터치 센서가 눌린 상태일 경우, 팔이 최대한 올라갔다는 의미이므로 모터를 14.2바퀴 역회전시켜 팔을 내리고 손을 열린 상태로 만들 수 있습니다. 하지만 여기에서 여러분은 한 가지 의문을 가질 수 있습니다.

이 로봇팔은 어떻게 팔을 들어올리기 전에 먼저 손을 잡는 동작을 수행하고, 팔을 끝까지 내린 다음에 손을 벌리도록 순서가 정해지는 것일까요?

결론부터 말하자면 이 로봇팔은 이러한 순서에 대해 '알고 생각하며 행동'하는 것이 아닙니다. 하지만 이 로봇팔이 구동할 때 항상 먼저 손을 움켜쥐고 그 다음 들어올리며, 팔을 내린 후 손을 열게 되는 것은 바로 지구상에 존재하는 '중력' 때문입니다. 손을 움켜쥐는 동작은 팔 전체를 들어올리는 동작보다는 작은 에너지를 씁니다.

따라서 동력이 전달되면 중력을 이기며 팔을 들어올리는 동작보다 먼저 가볍게 움직일 수 있는 손을 쥐는 동작을 수행하는 것입니다. 손을 더 이상 움직일 수 없게 되었을 때 비로소 중력을 거스르며 로봇팔을 들어올리는 동작이 수행되는 것이지요.

이것은 모터를 반대로 돌릴 때도 마찬가지입니다. 로봇팔에는 아무런 힘도 가해지지 않는 손과 중력이 가해지는 팔이 함께 있기 때문에 모터의 회전력은 먼저 팔에 전달되어 중력과 함께 팔을 아래로 내리고, 더 이상 내릴 수 없을 만큼 팔이 내려가면 그때 비로소 손을 벌리게 됩니다.

좀 더 자세한 내용을 다룬다면 이 책의 범위를 벗어나게 될 것 같아 더 이상의 설명은 생략하지만 여러분은 앞서 만들어 본 구동부 모형을 통해 충분히 이 실험의 결과를 눈으로 확인할 수 있습니다. 만약 이 로봇팔 장치에 중력이 가해지지 않는다면, 이 로봇팔은 '잡고 들기' 동작을 정상적으로 수행하지 못할 것입니다.

🧑 간단하게 실험해 볼 수 있는 방법으로 로봇팔을 180도 뒤집고 실험해 보시기 바랍니다. 중력이 작용하는 방향이 정반대가 되기 때문에 뒤집는 것만으로도 로봇팔의 동작은 책에서 제시된 것과 전혀 다른 모양으로 움직일 것입니다.

스냇처 로봇 만들기

이제 스냇처의 로봇팔 동작 원리를 살펴보았으니 본격적인 로봇 조립에 들어가 보겠습니다. 책에서 제시된 조립도를 따라 조립을 시작하기에 앞서, 그림 18-4의 부품도에서 제시되는 부품을 미리 찾아 둔다면 조립을 좀 더 쉽고 빠르게 완료할 수 있습니다.

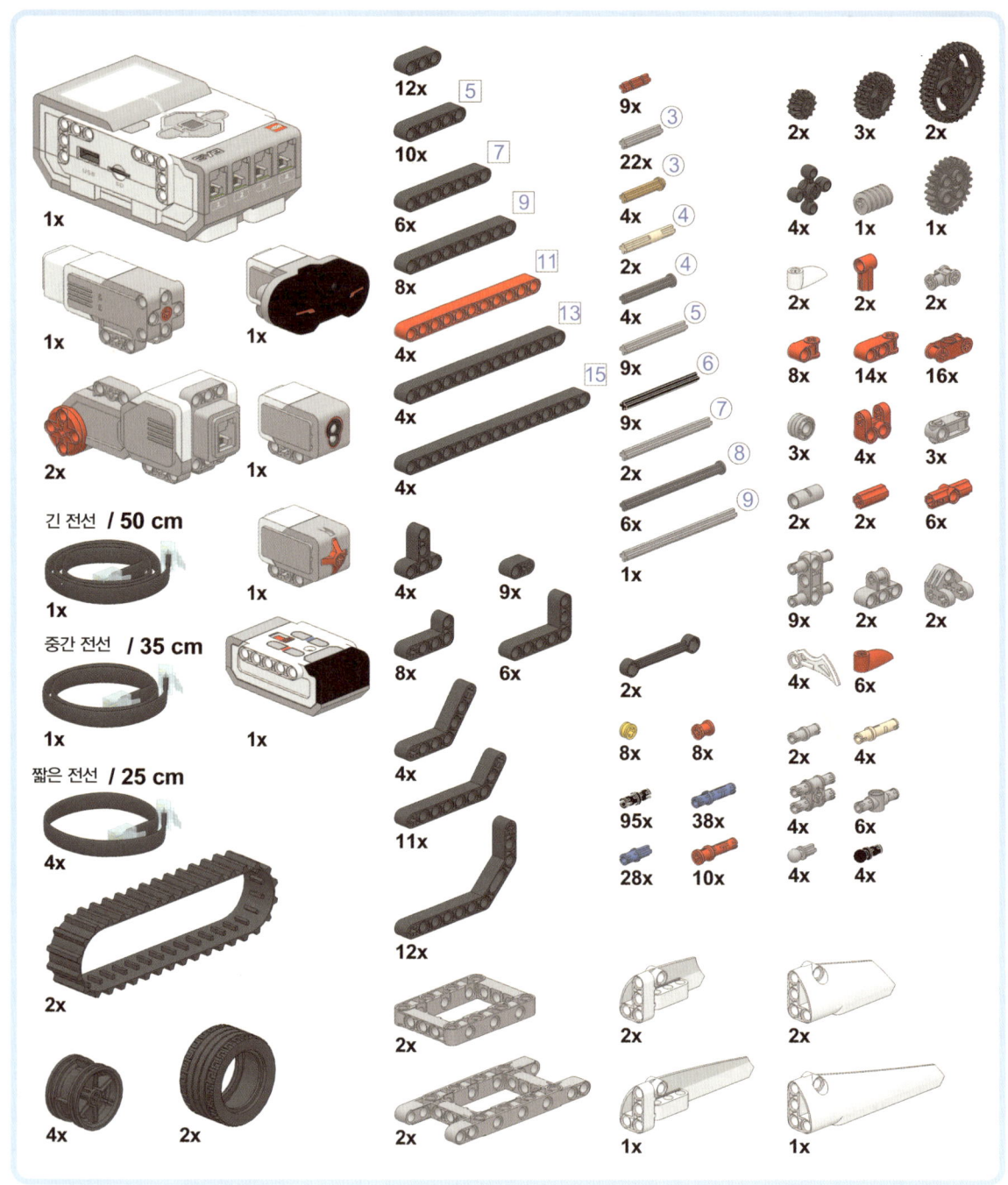

■ 그림 18-4 스냇처 로봇의 필요 부품. 로봇의 조립이 완료되고 남는 부품은 조금 뒤에 다시 사용할 것입니다.

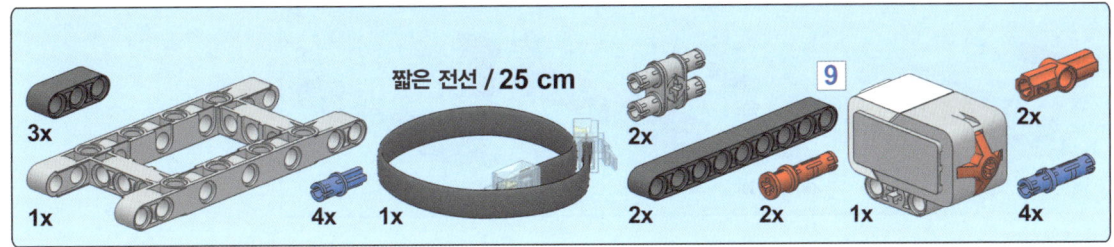

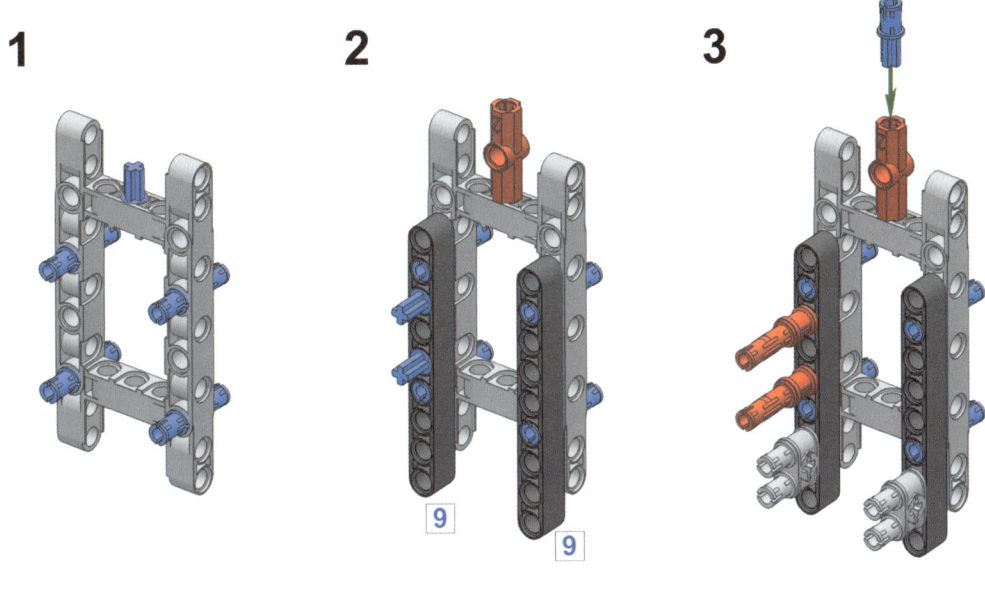

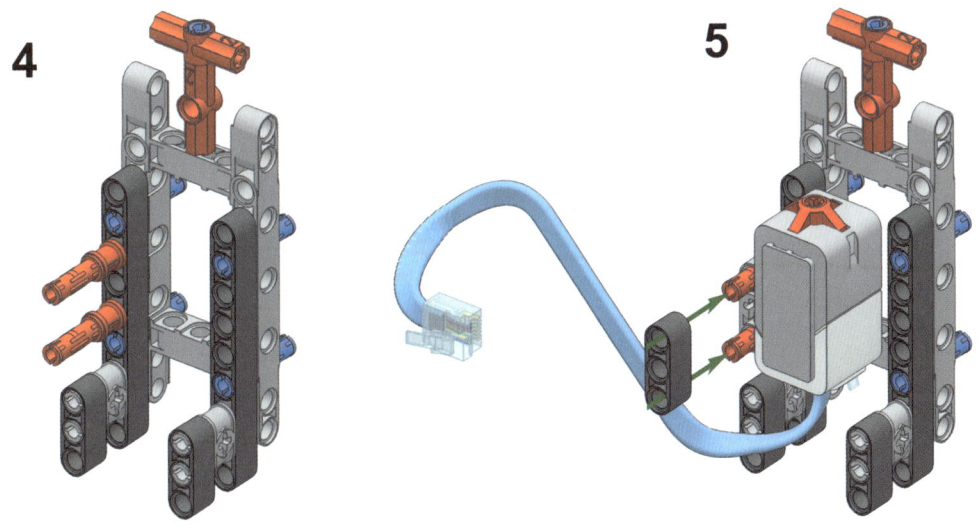

18 스냅처: 로봇팔을 장착한 자율 이동형 로봇 345

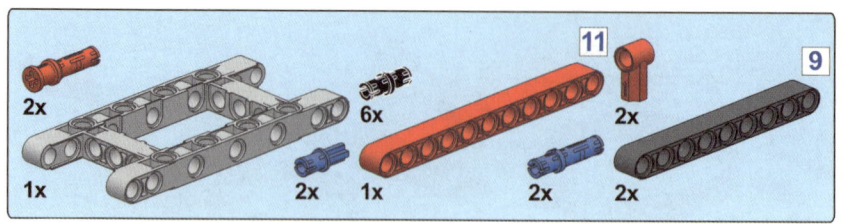
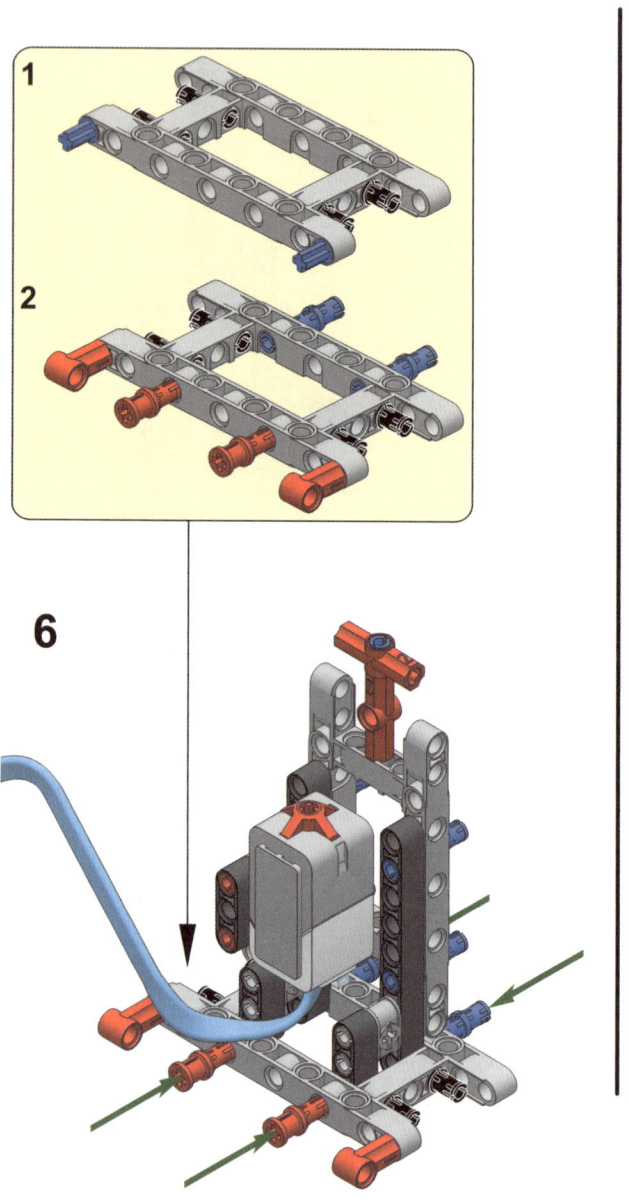
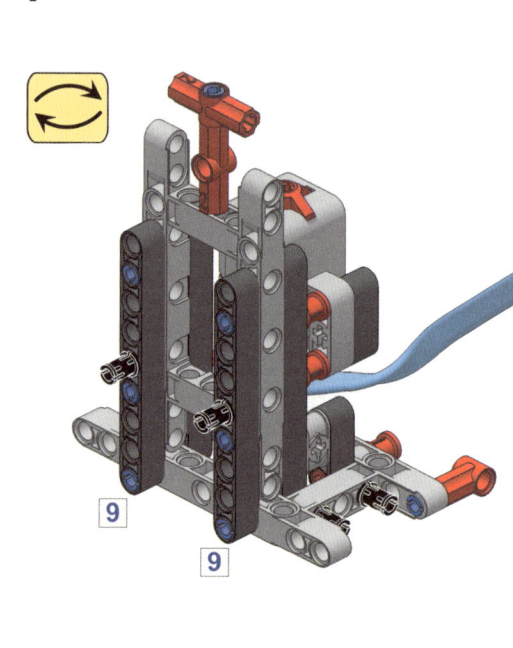
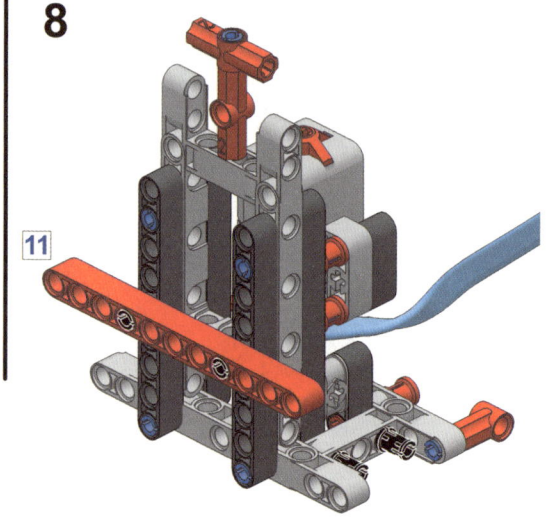

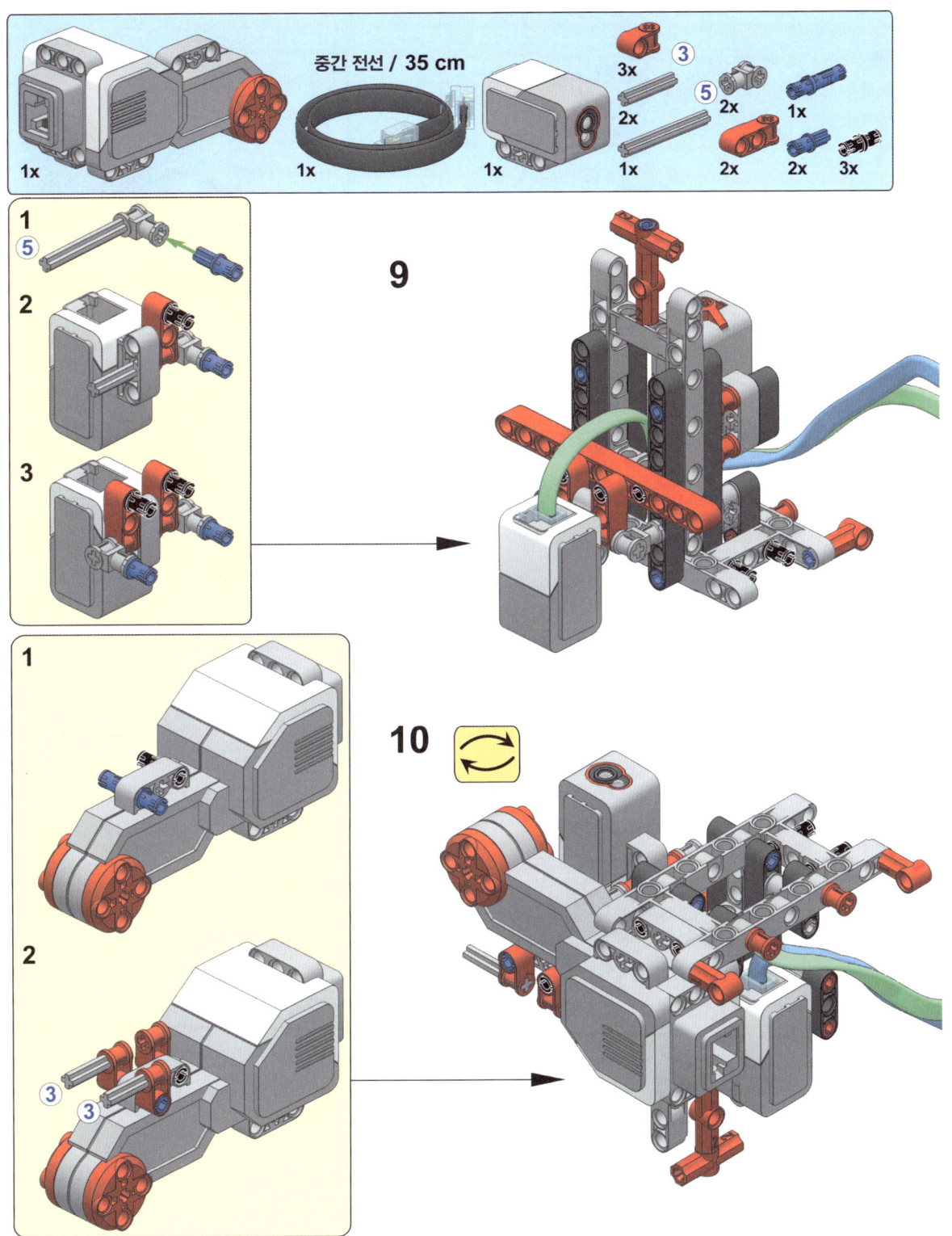

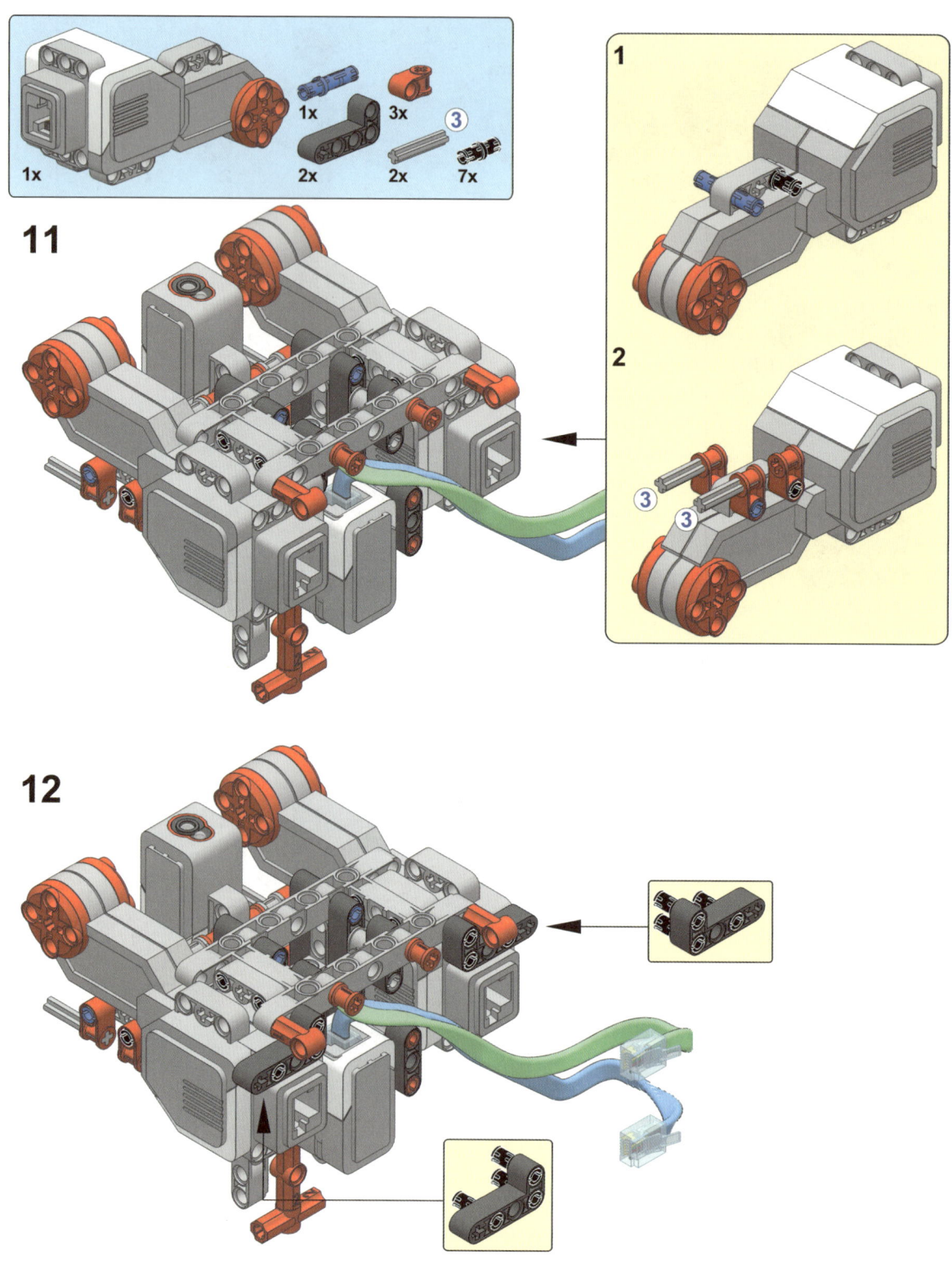

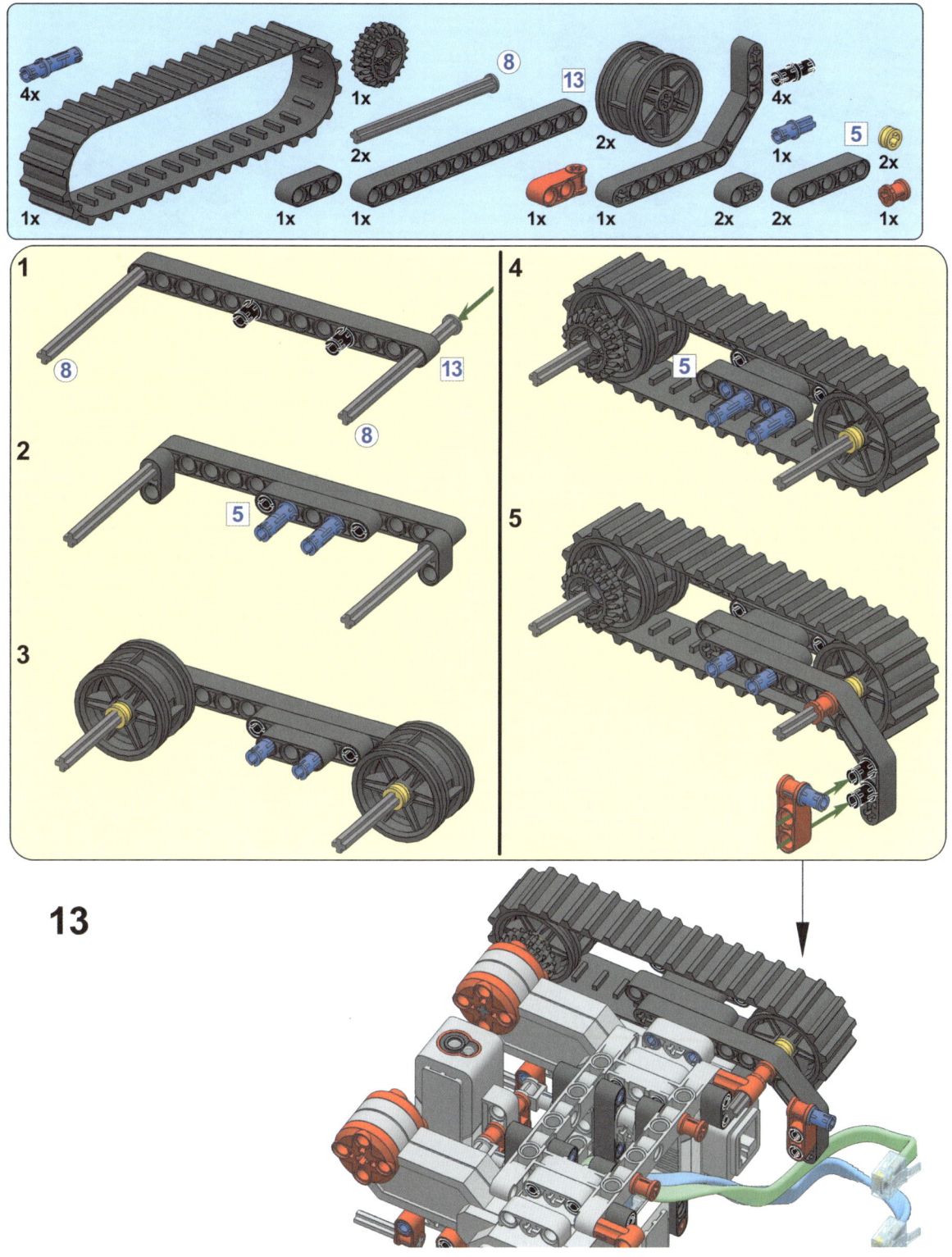

18 스냅처: 로봇팔을 장착한 자율 이동형 로봇 349

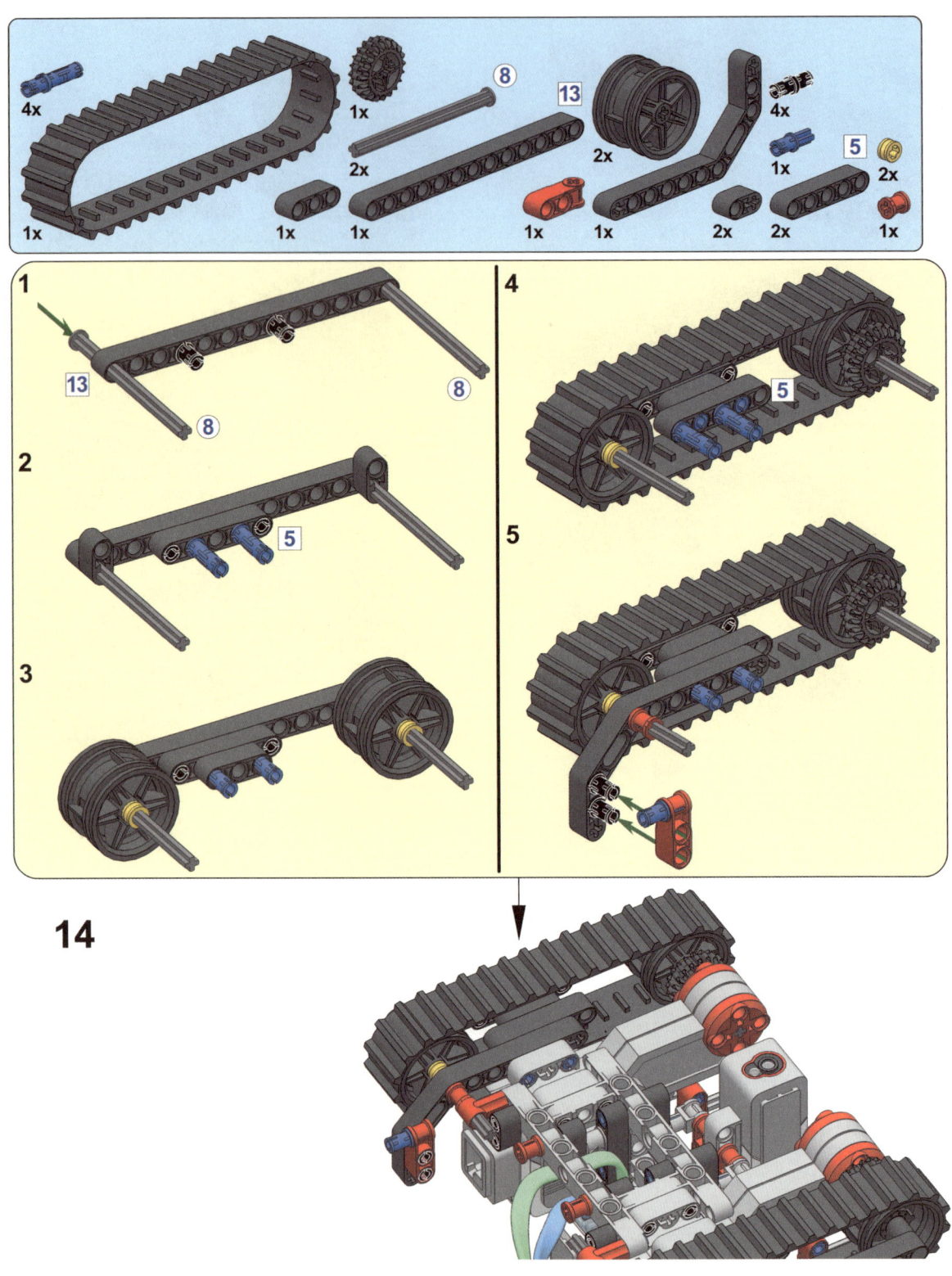

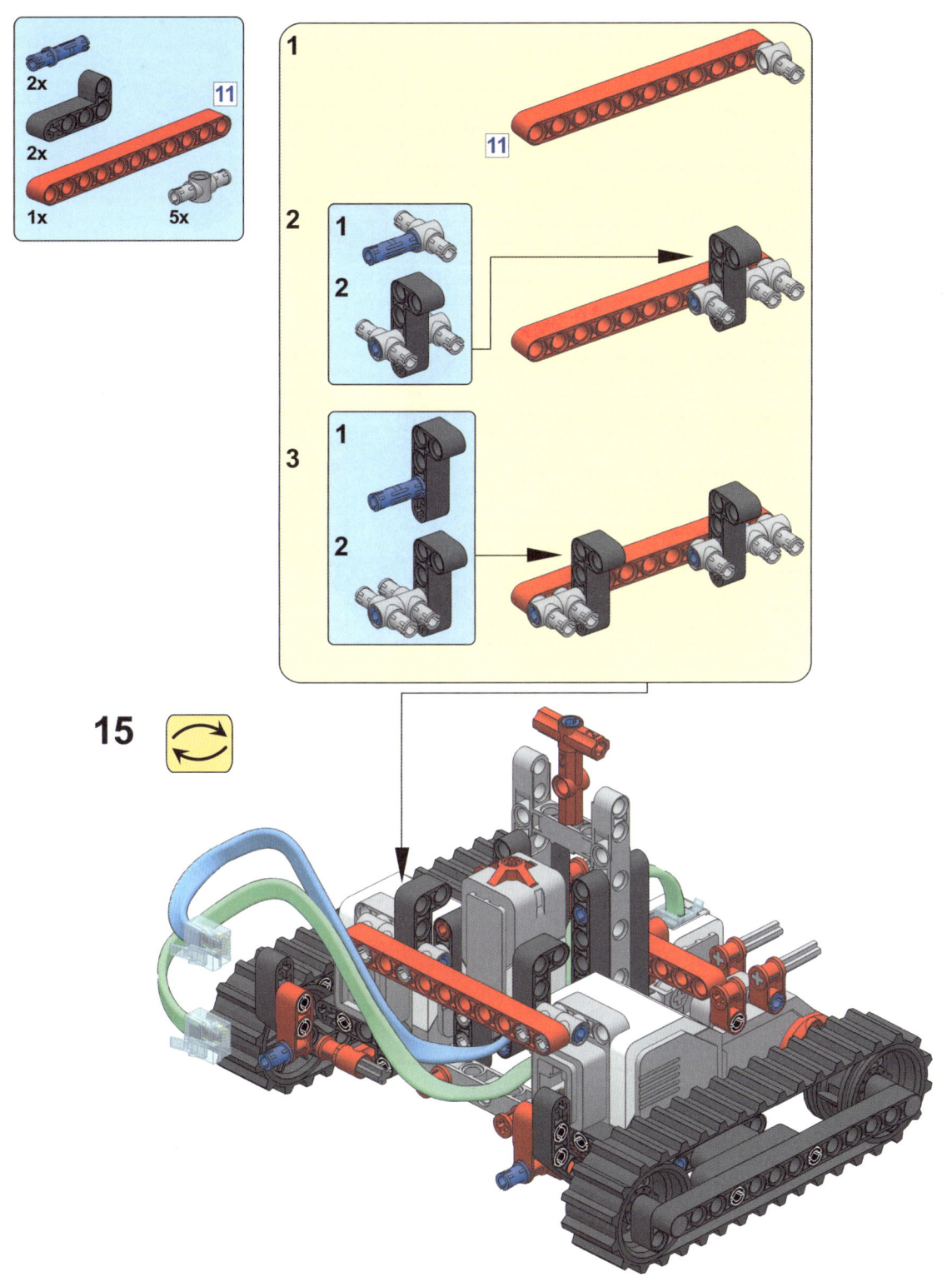

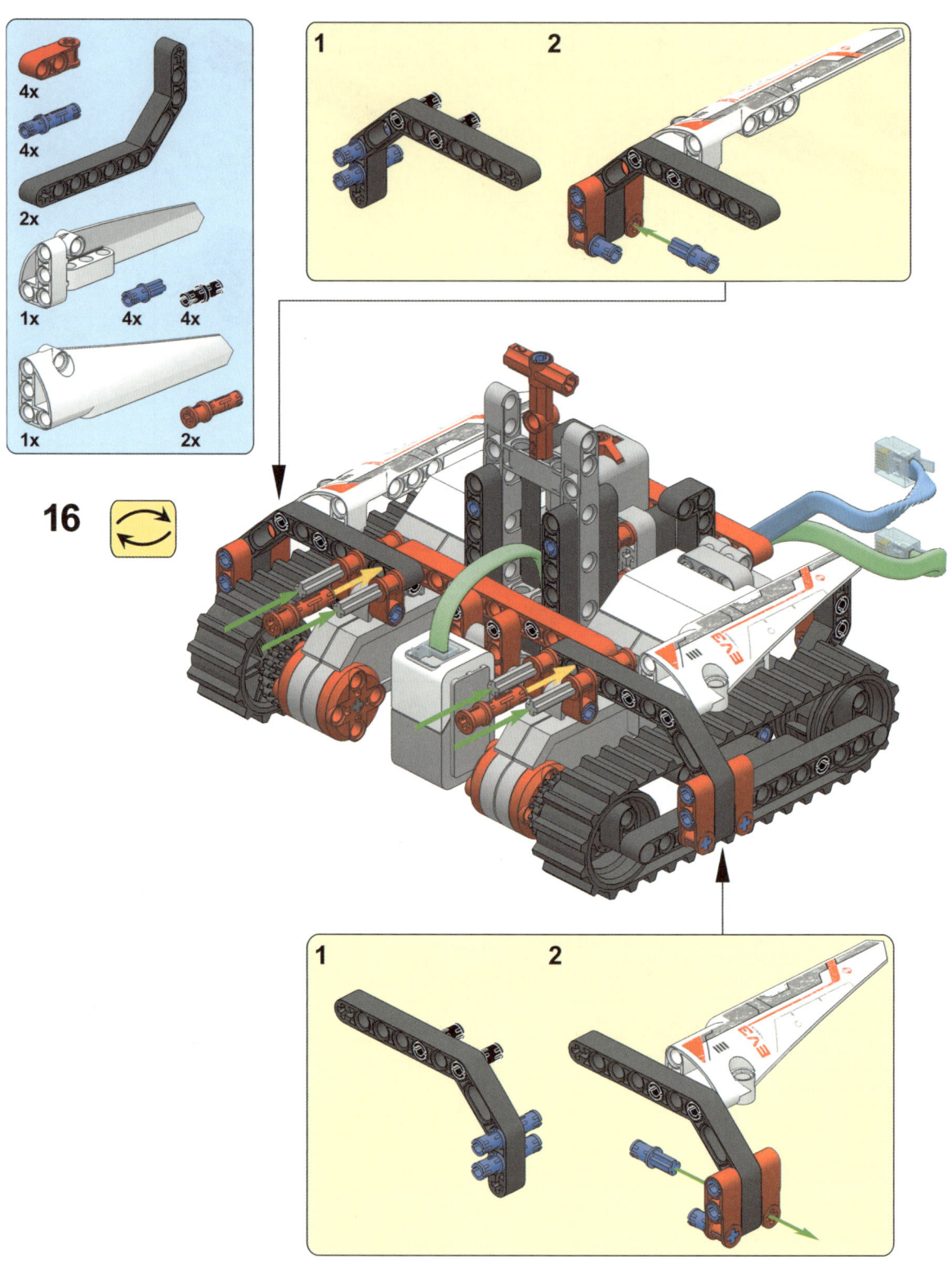

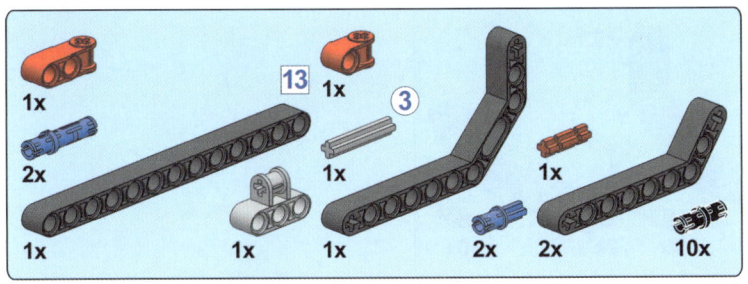

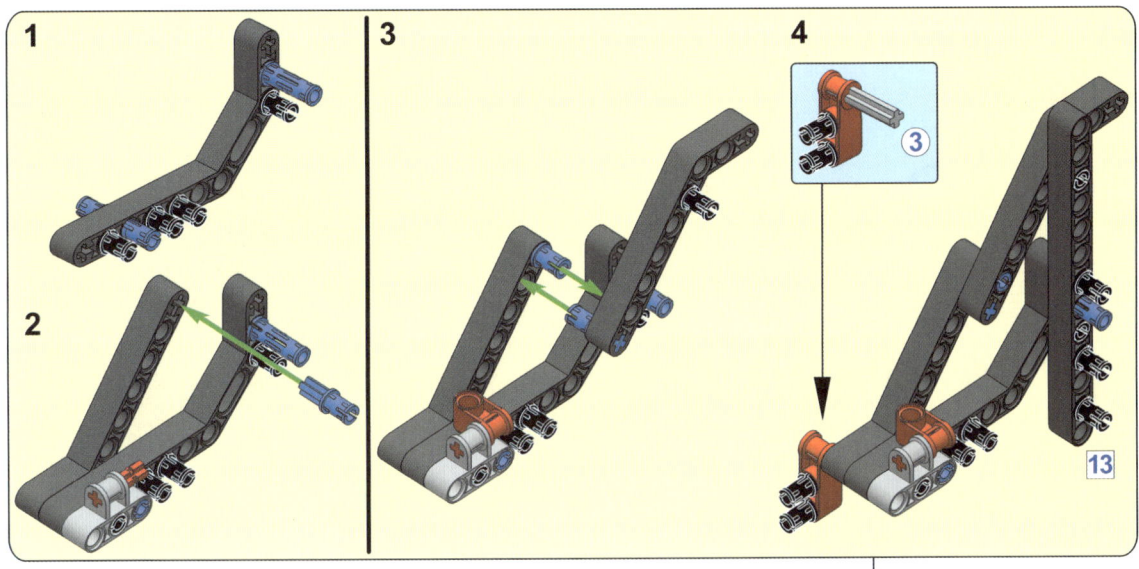

17

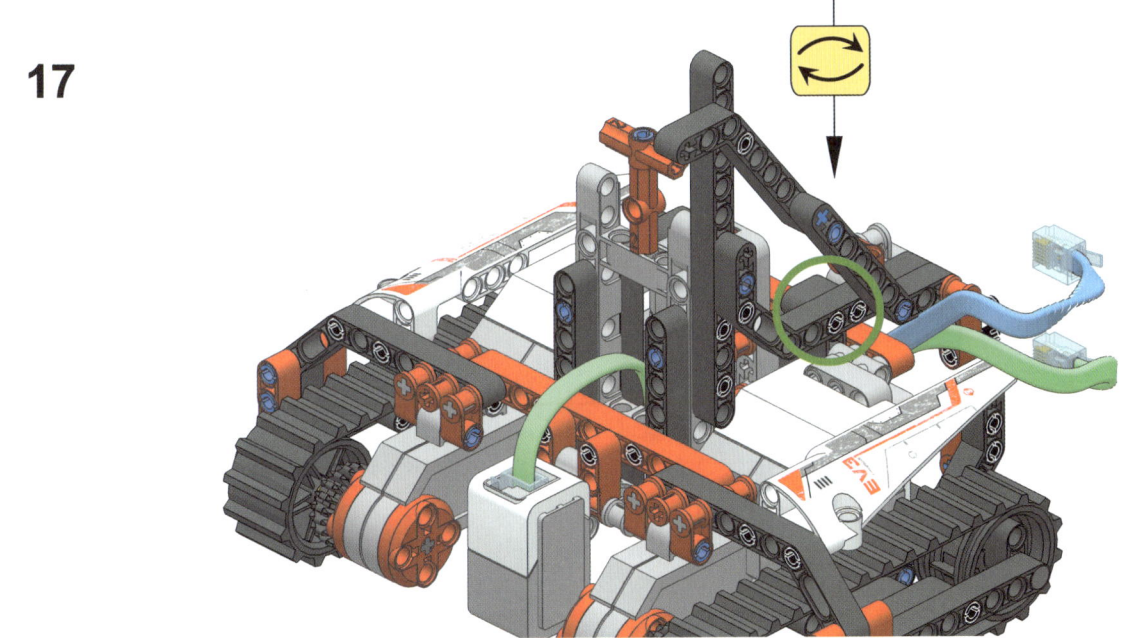

18 스냅처: 로봇팔을 장착한 자율 이동형 로봇 353

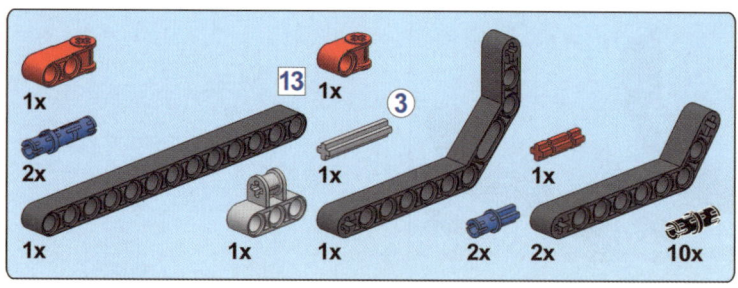
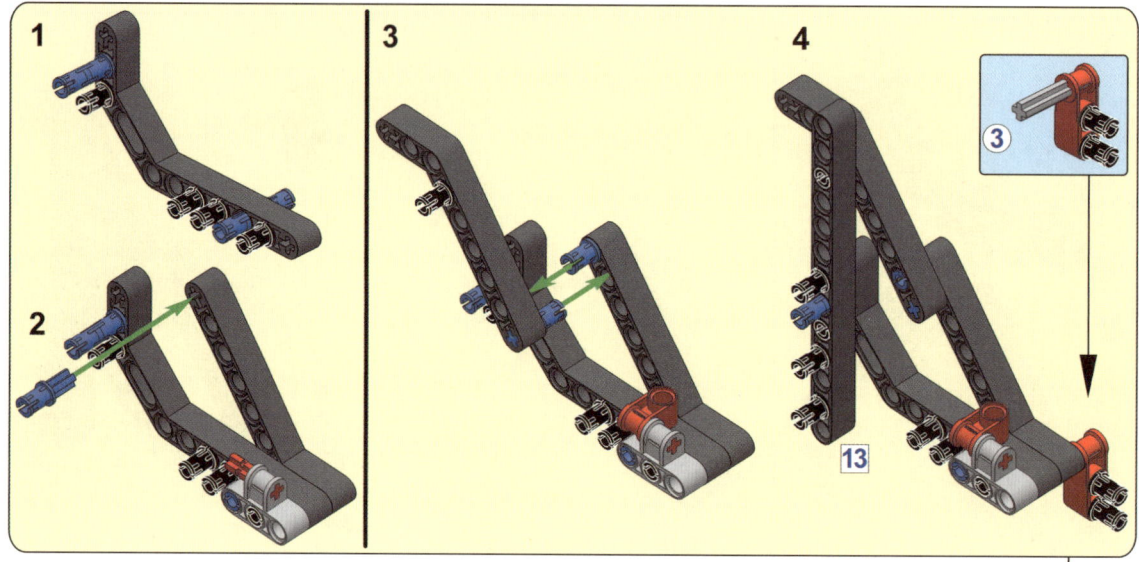

18

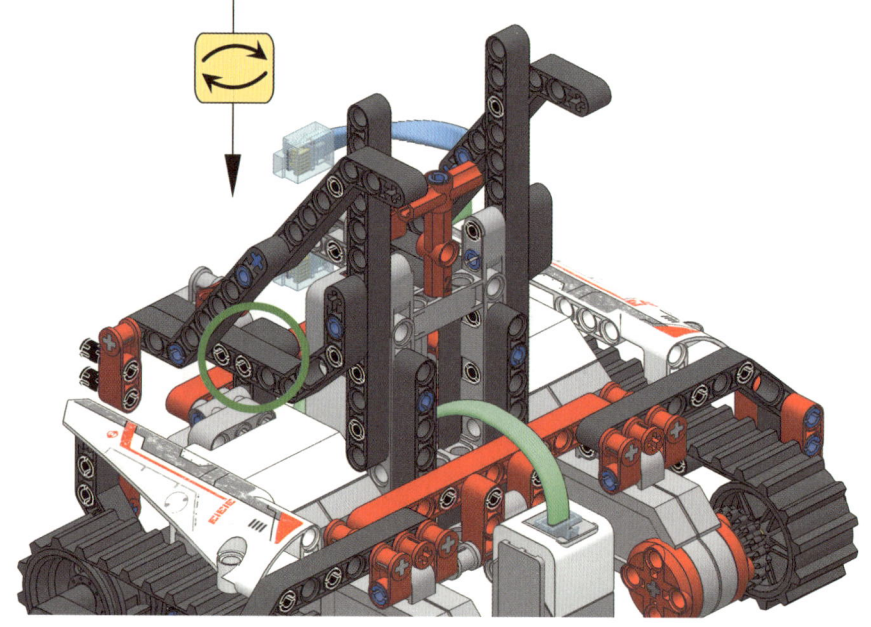

19

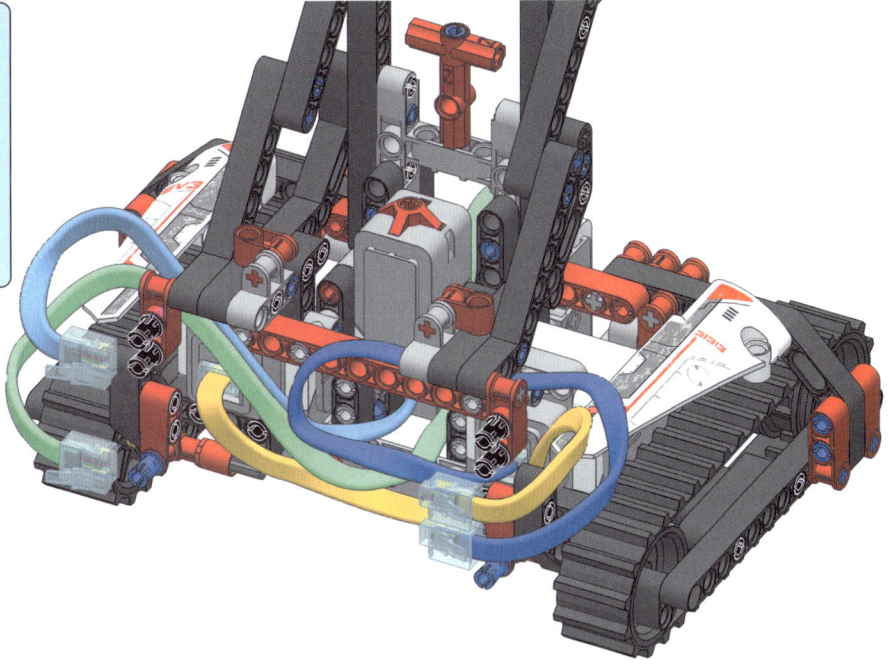

20

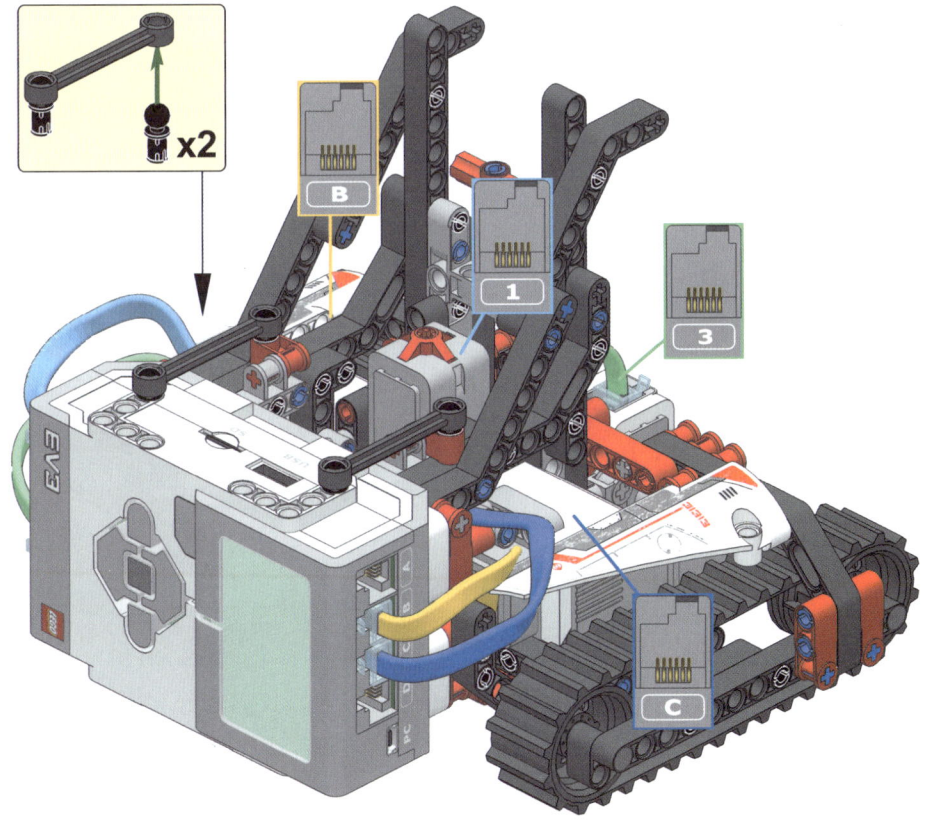

18 스냅처: 로봇팔을 장착한 자율 이동형 로봇 355

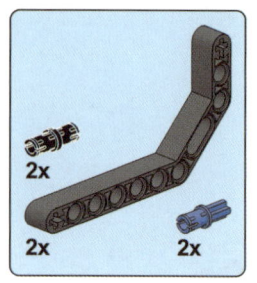

21

EV3 브릭과 로봇 몸체의 결합 부위를 확인합니다.

22

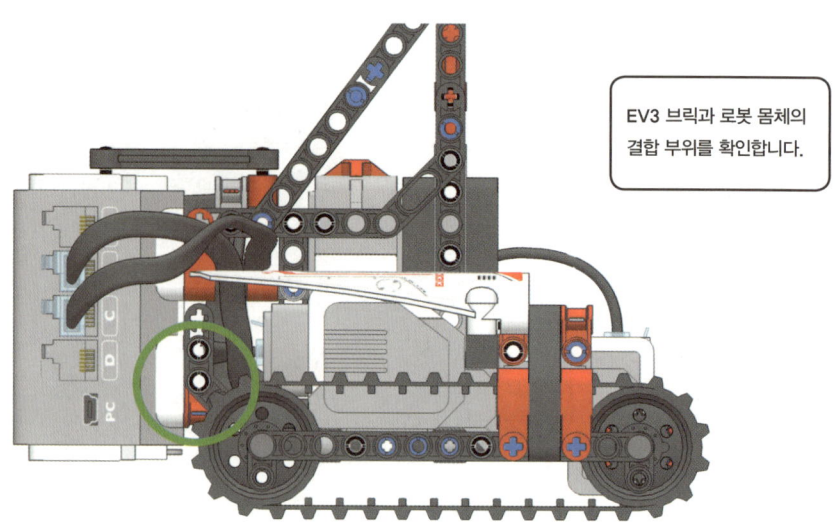

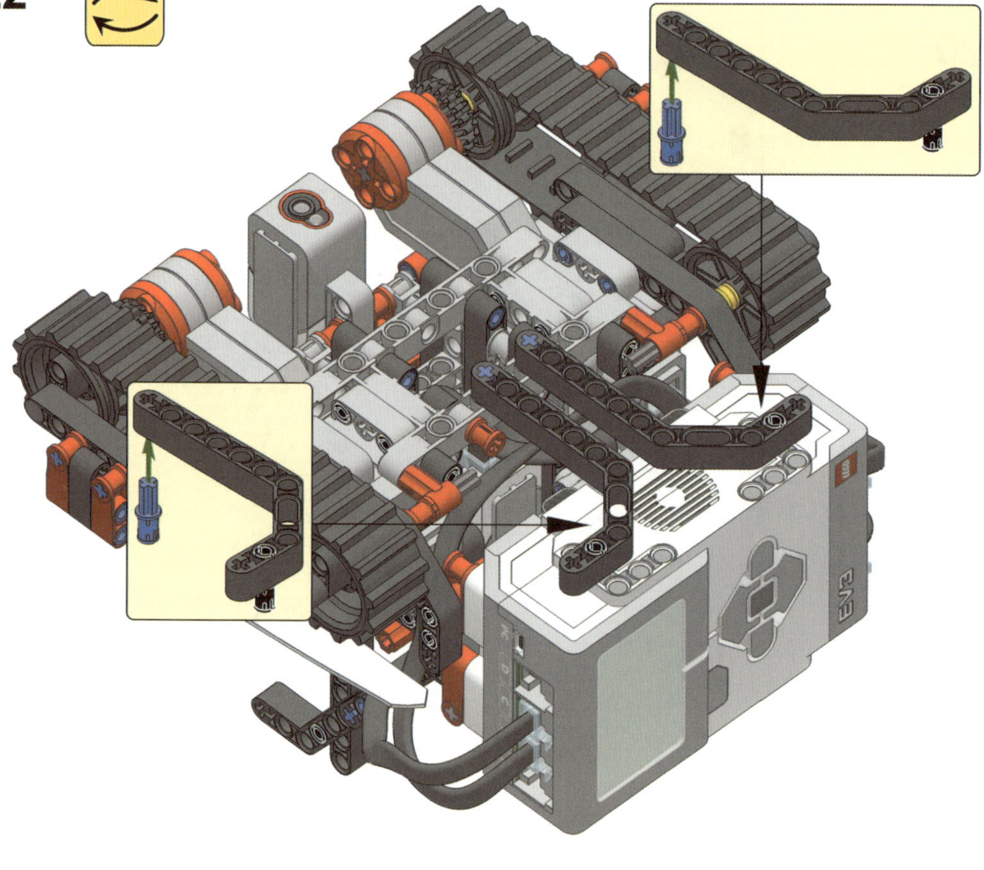

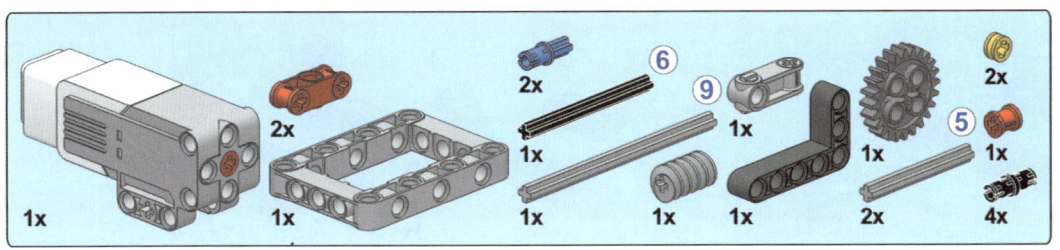

18 스냅처: 로봇팔을 장착한 자율 이동형 로봇

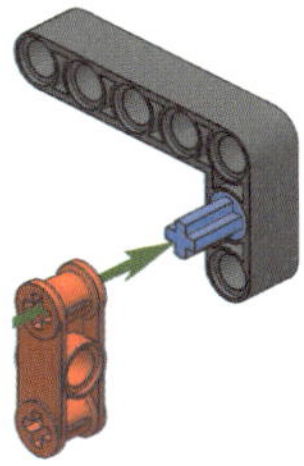

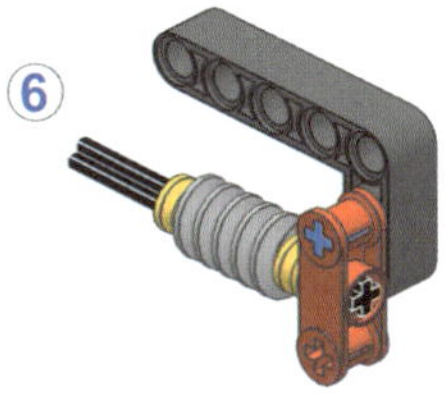

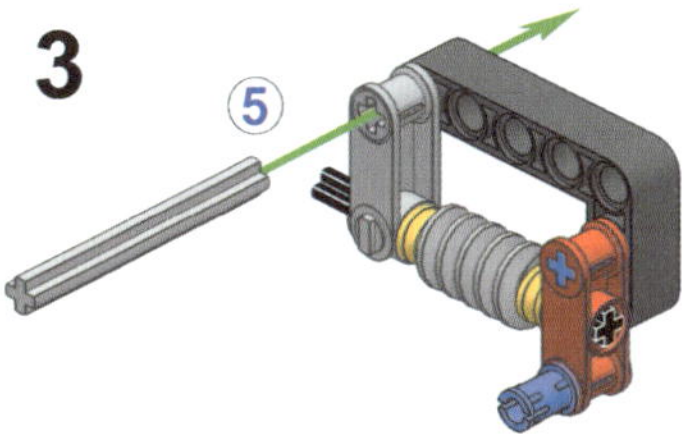

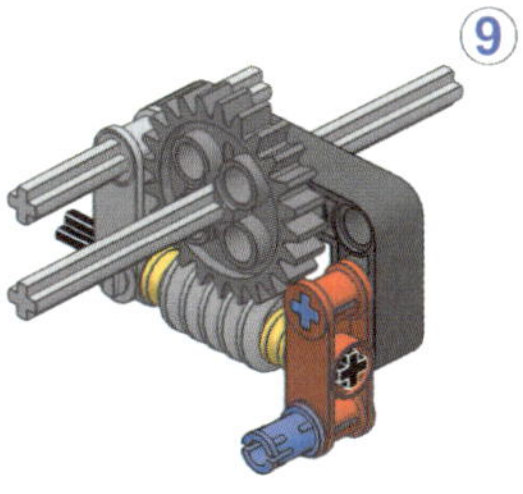

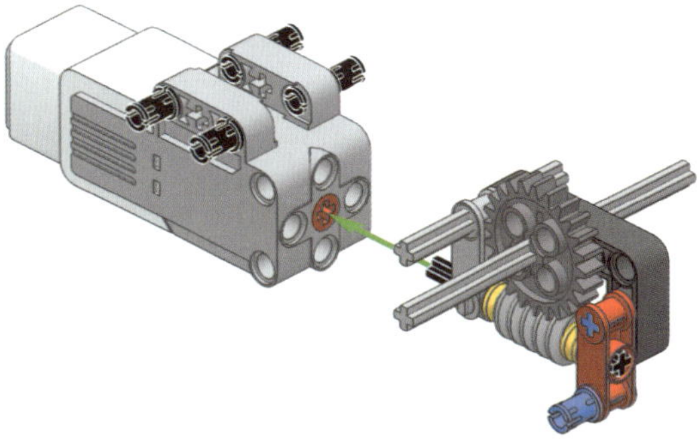

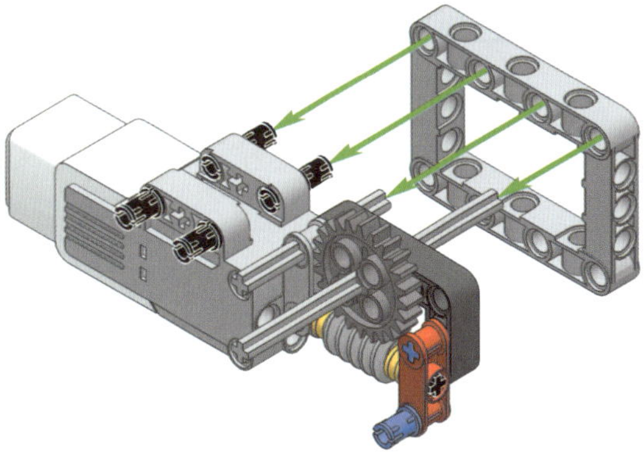

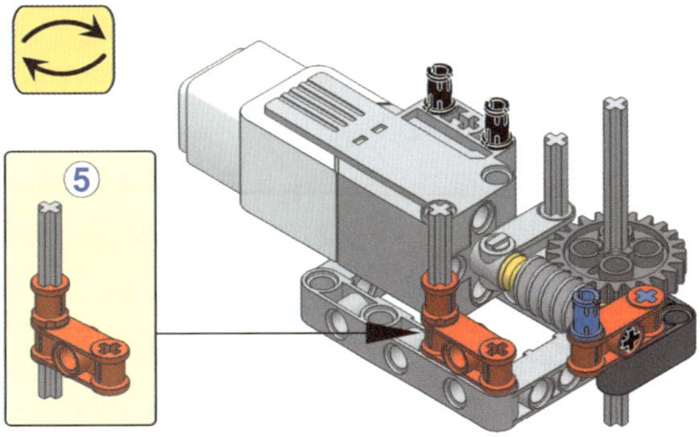

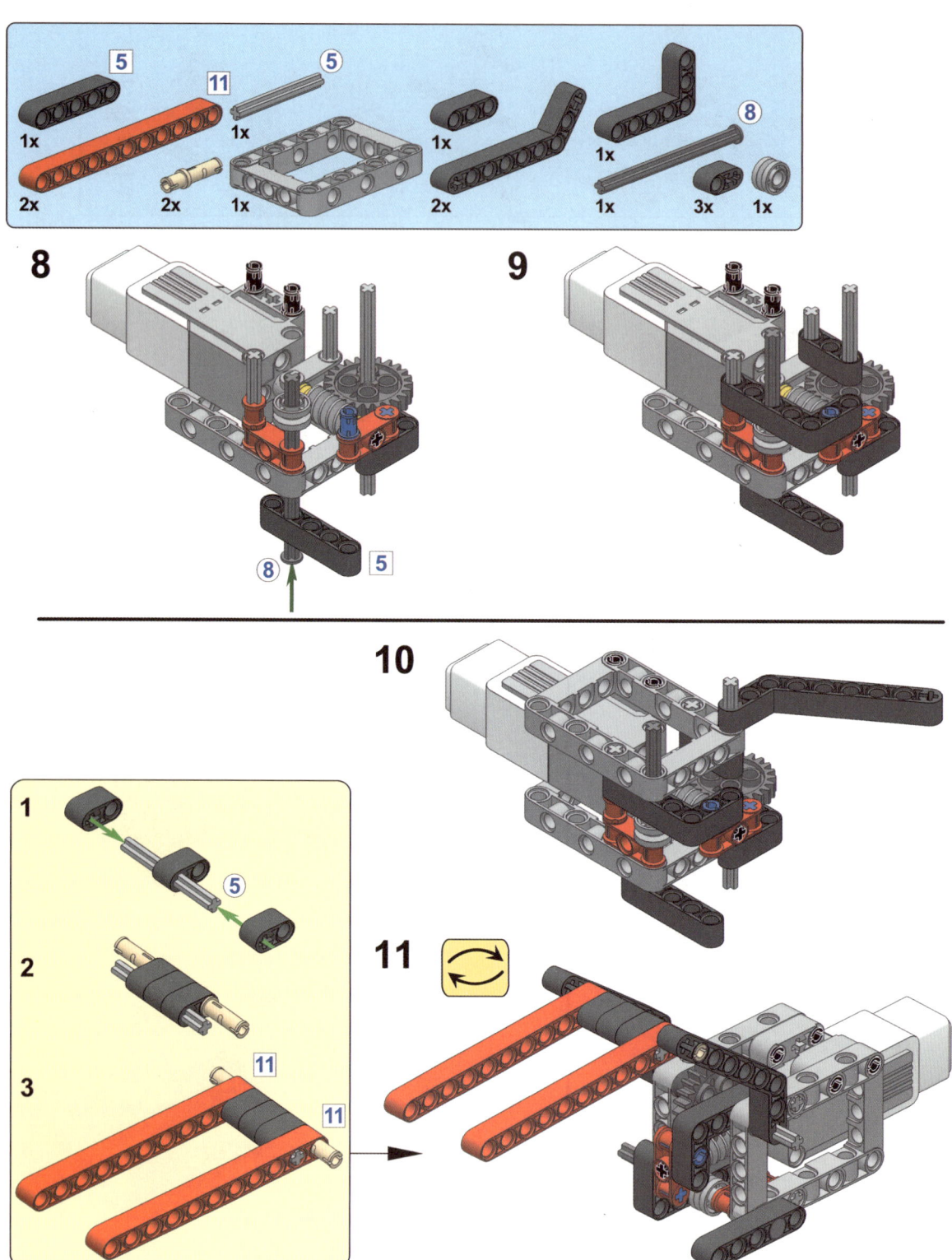

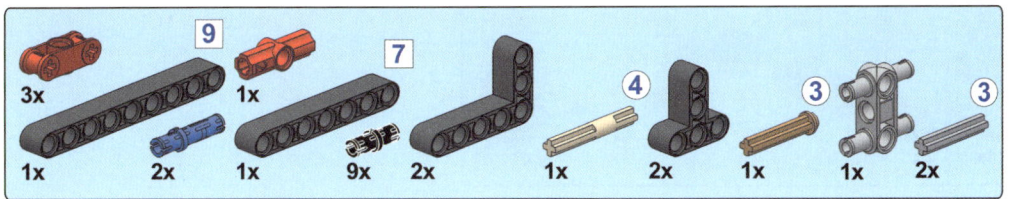

18 스냅처: 로봇팔을 장착한 자율 이동형 로봇 359

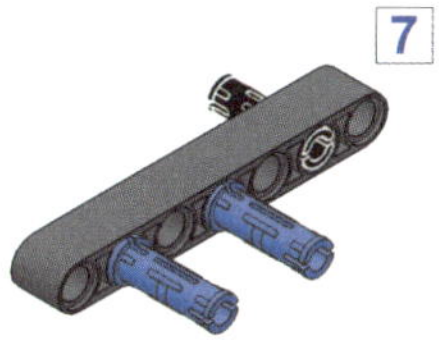

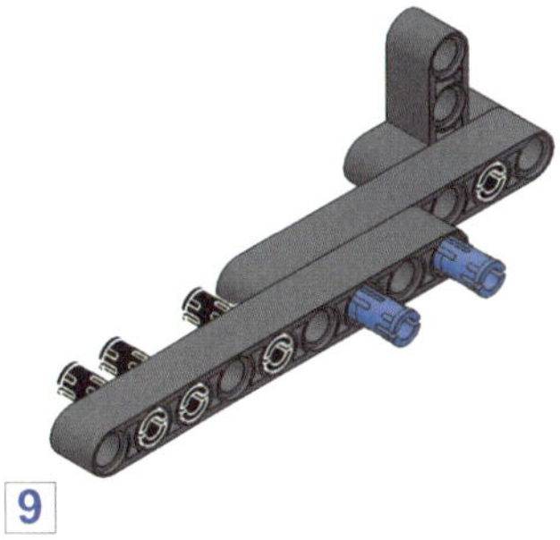

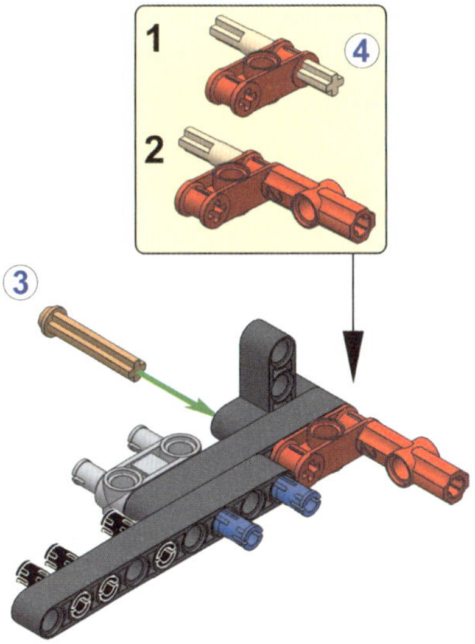

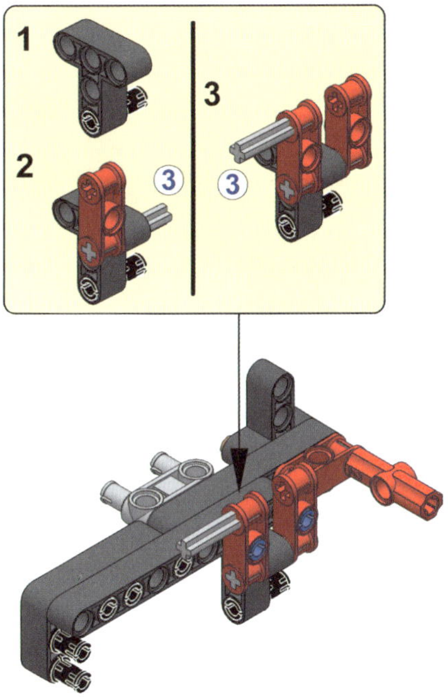

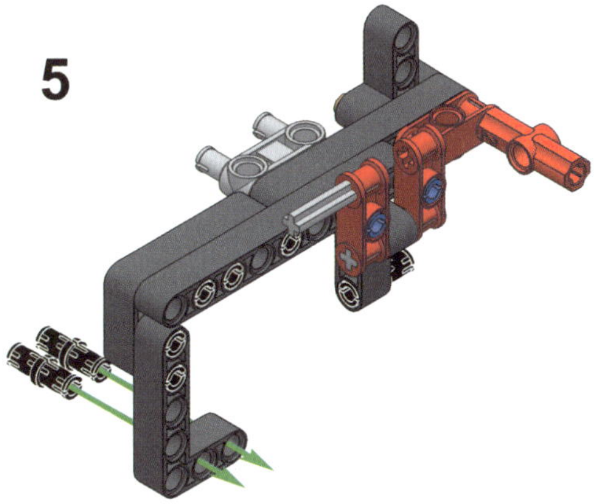

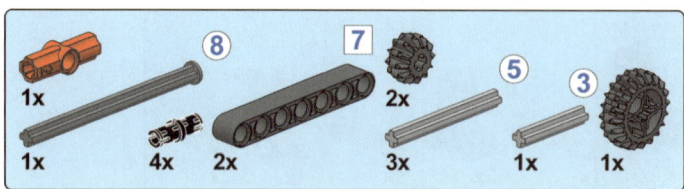

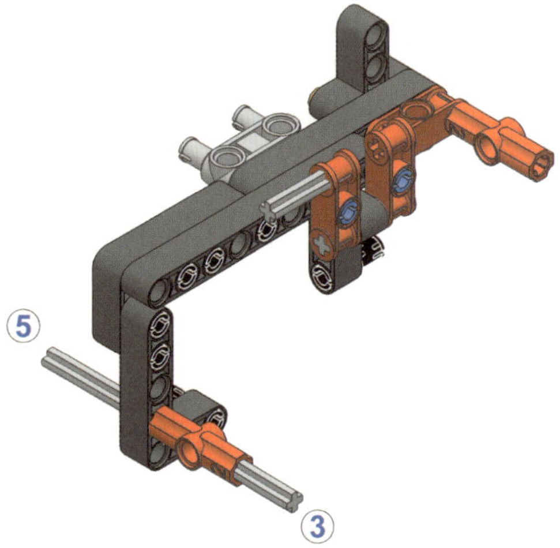

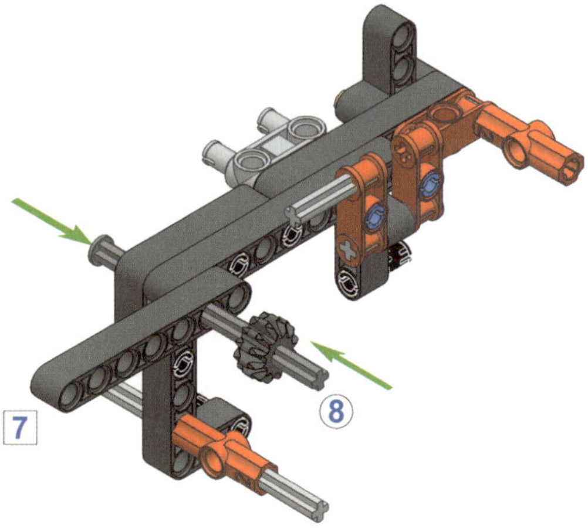

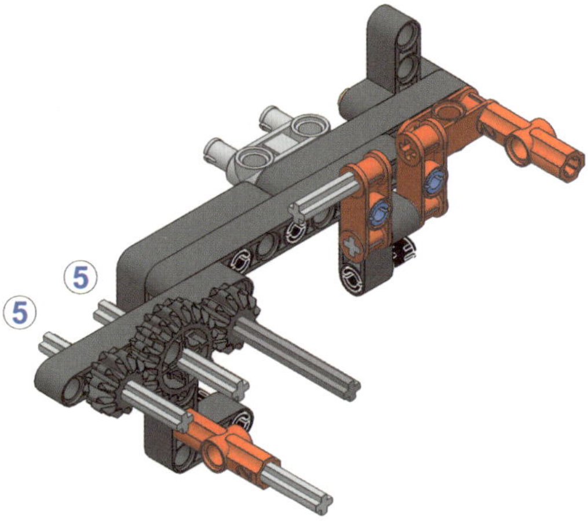

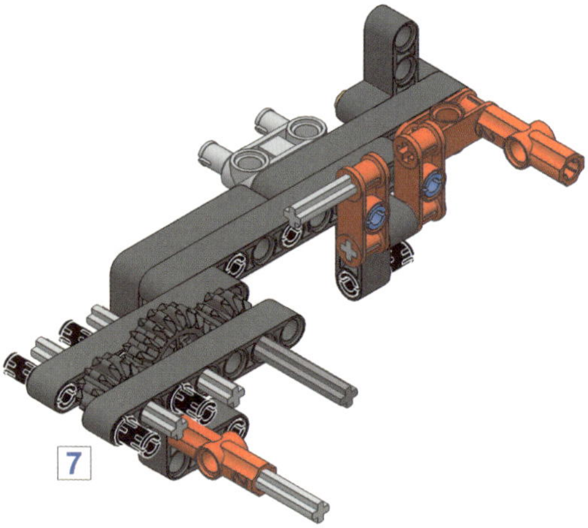

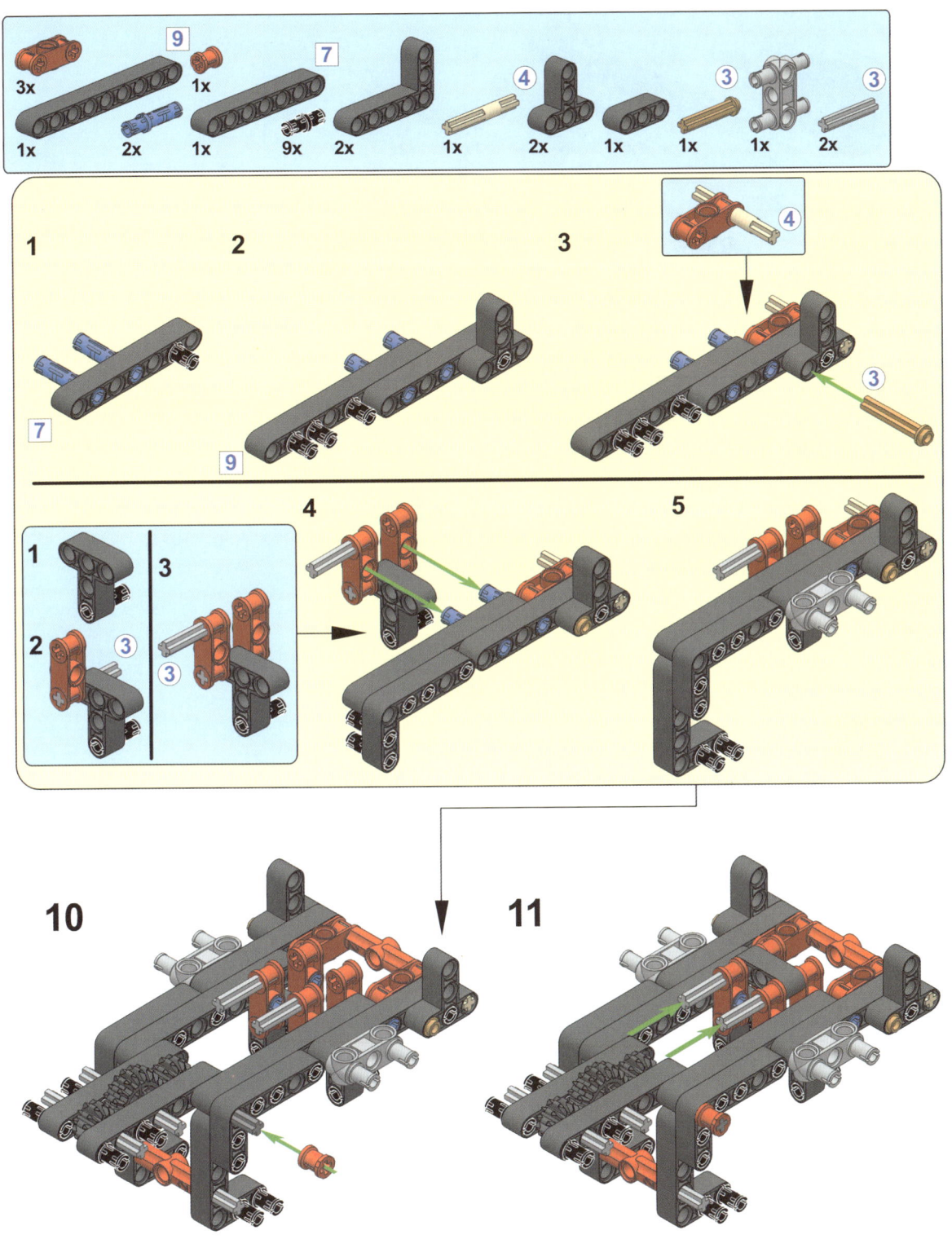

18 스냅처: 로봇팔을 장착한 자율 이동형 로봇 361

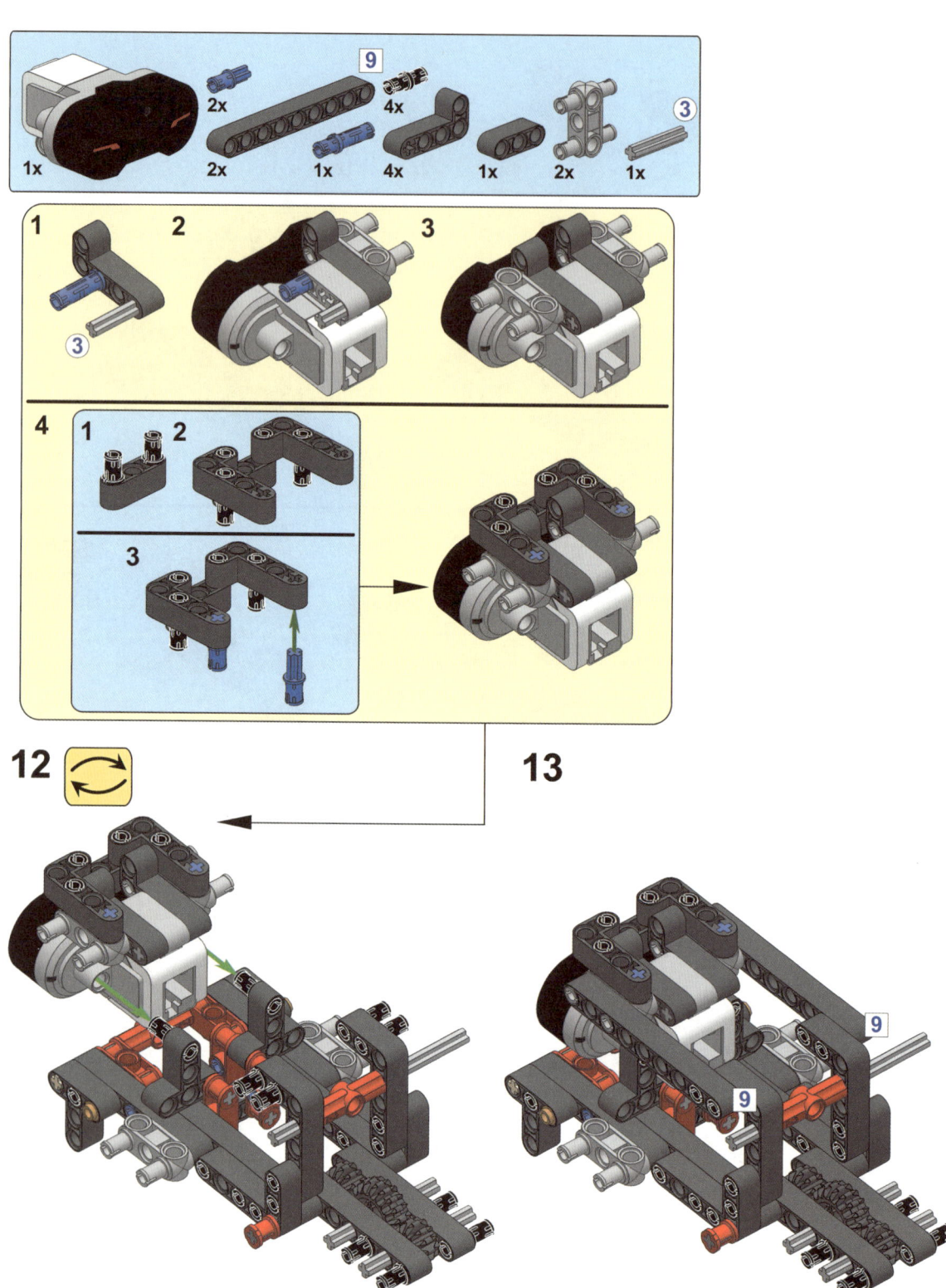

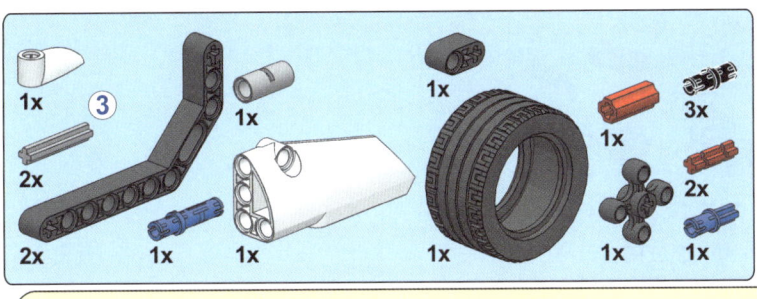

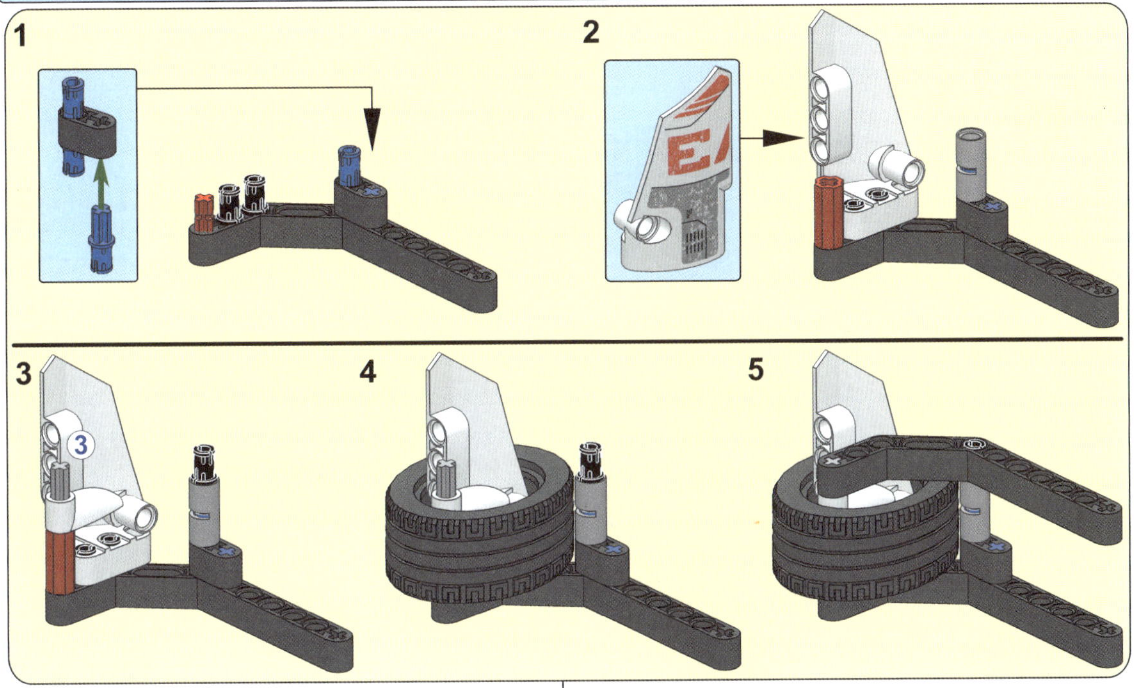

18 스냅처: 로봇팔을 장착한 자율 이동형 로봇 363

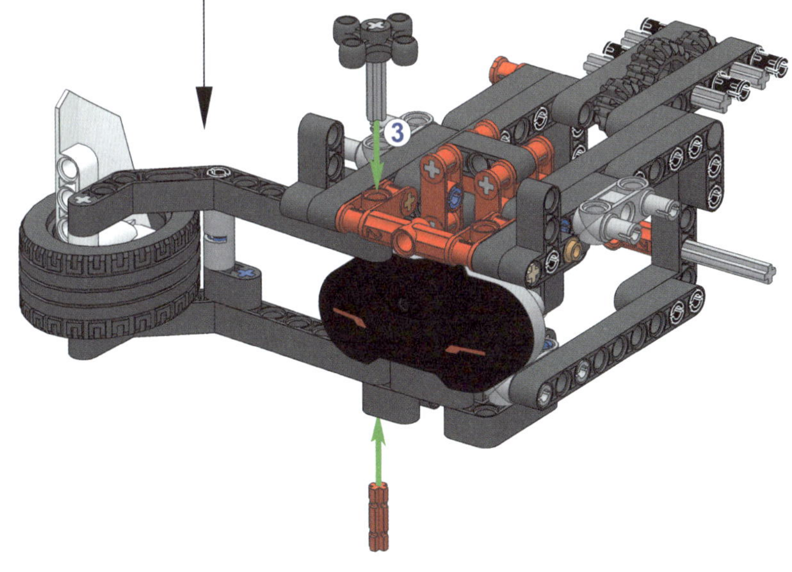

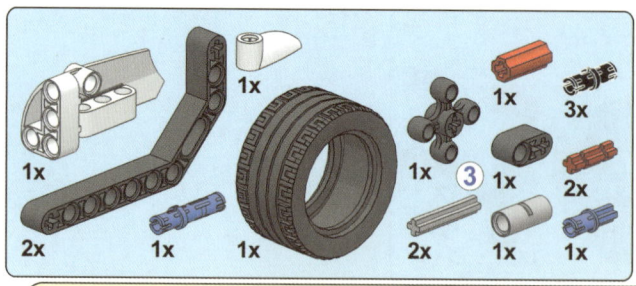

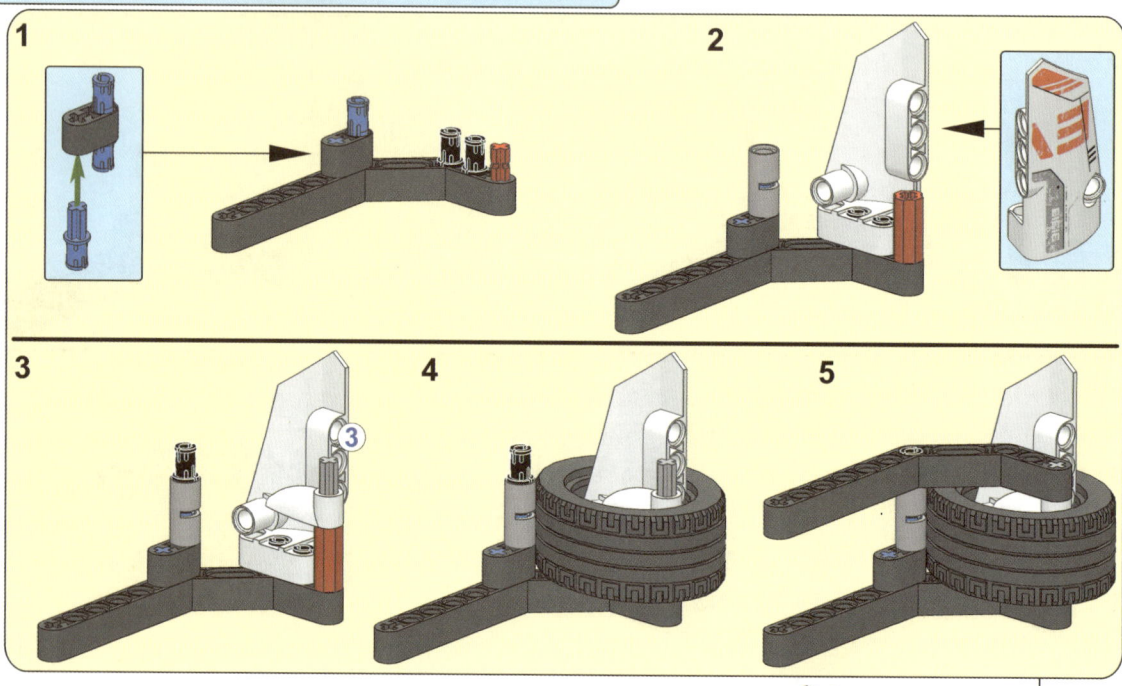

15

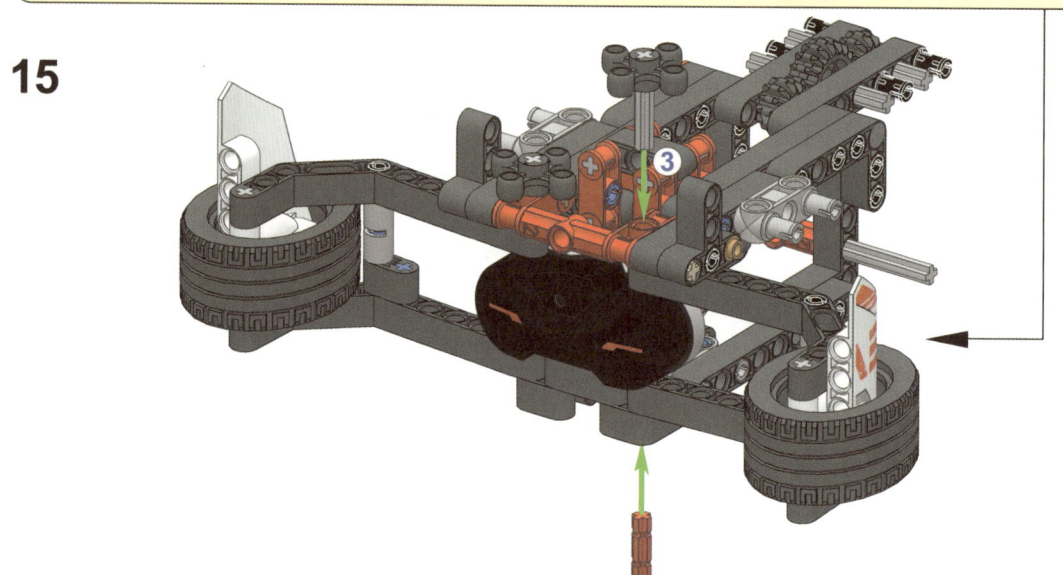

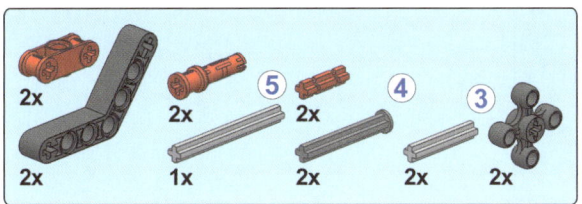

16

이 부품들은 로봇의 몸체에 사용되는 부품이 아닌, 손의 조립 과정에서만 보조용으로 사용되는 부품입니다. 이 부분은 조립이 완료된 후 제거합니다.

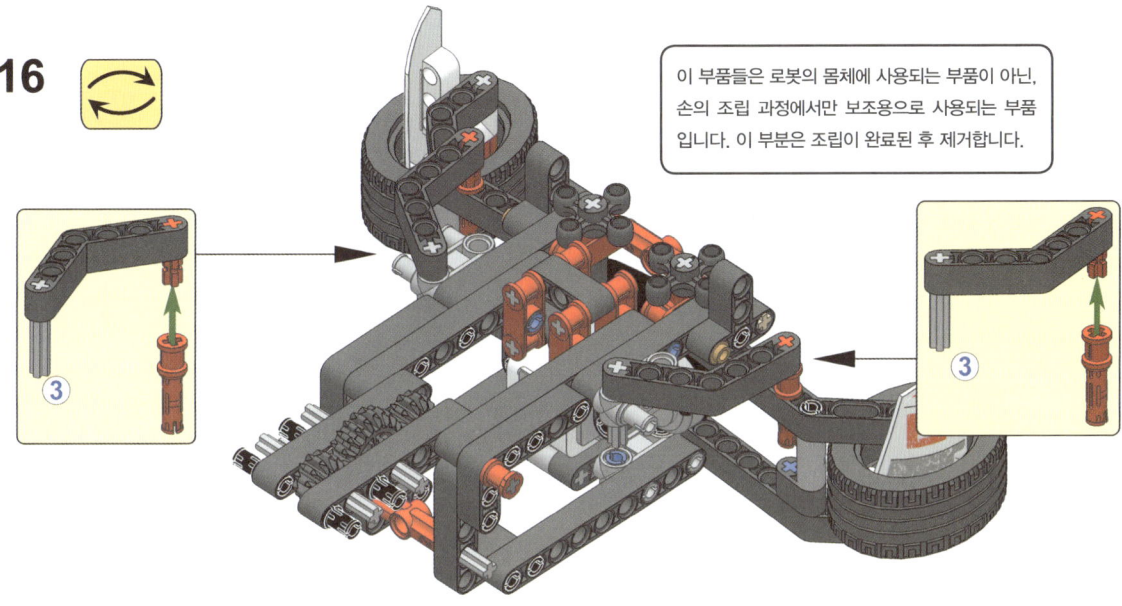

17

18

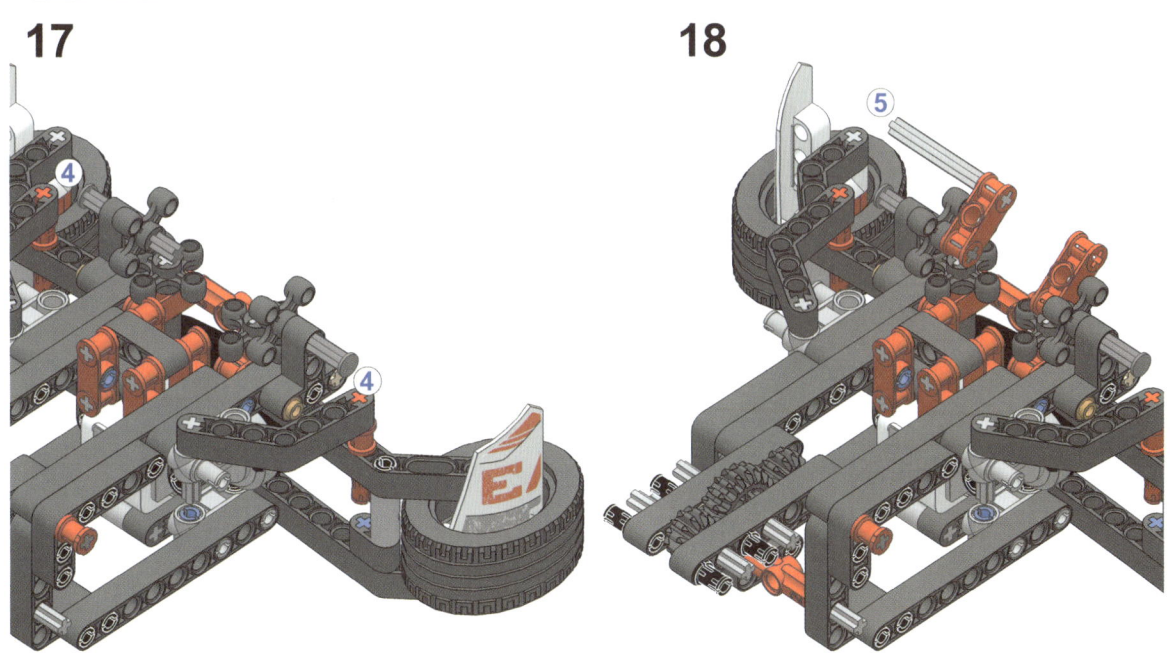

18 스냅처: 로봇팔을 장착한 자율 이동형 로봇　365

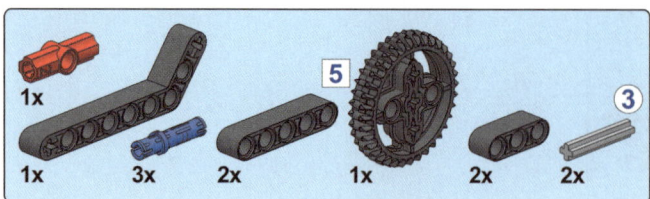

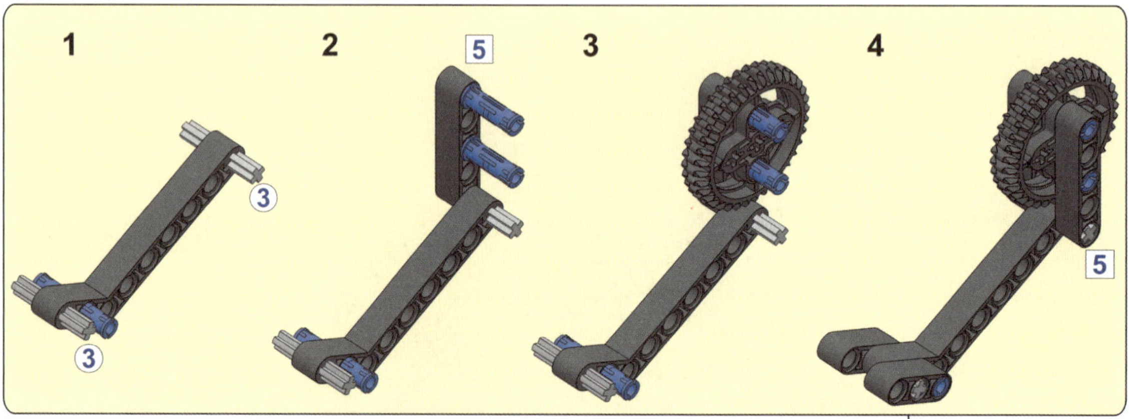

19

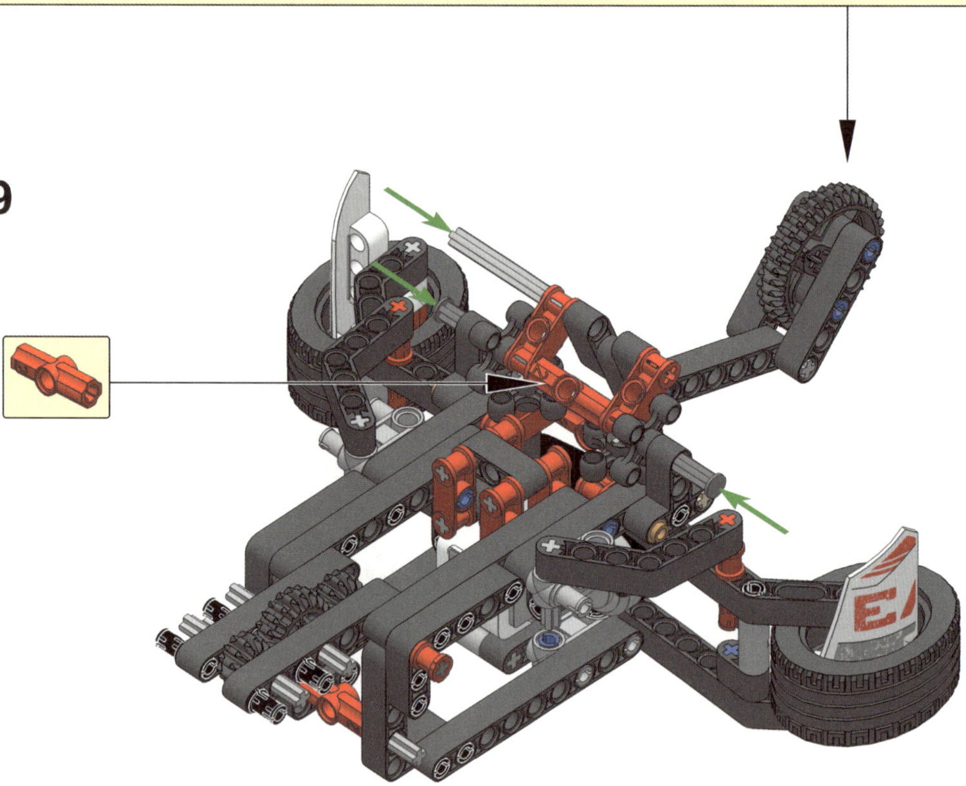

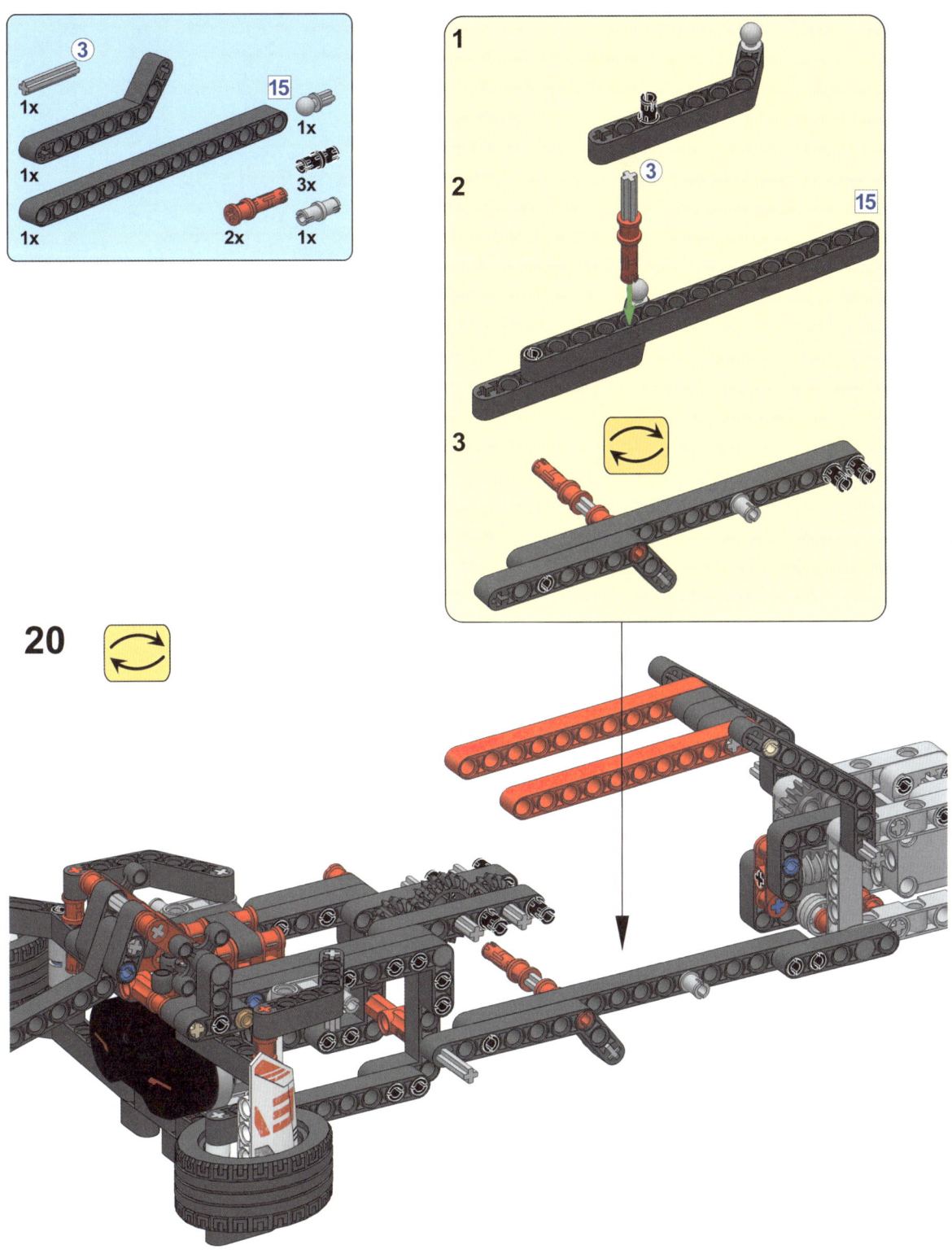

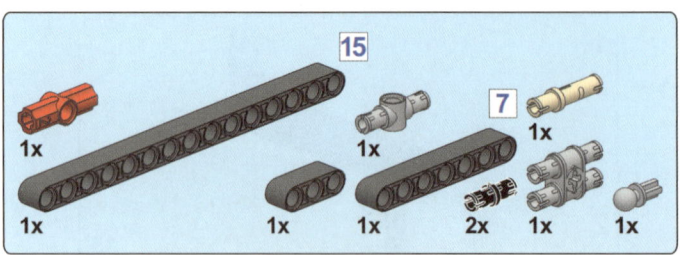

21

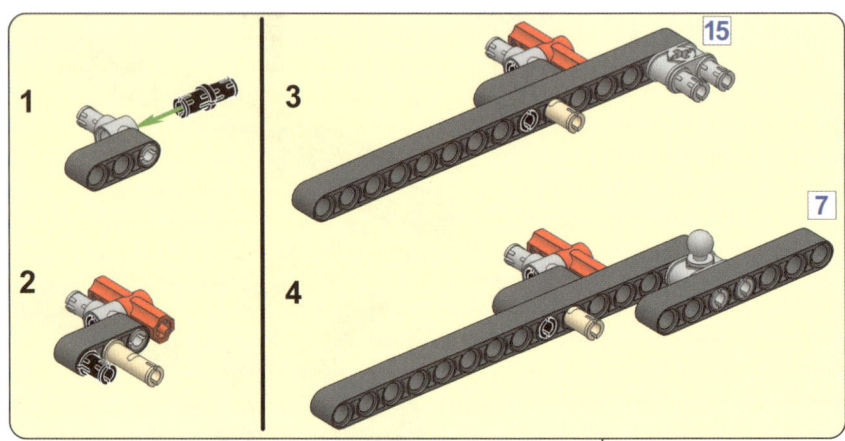

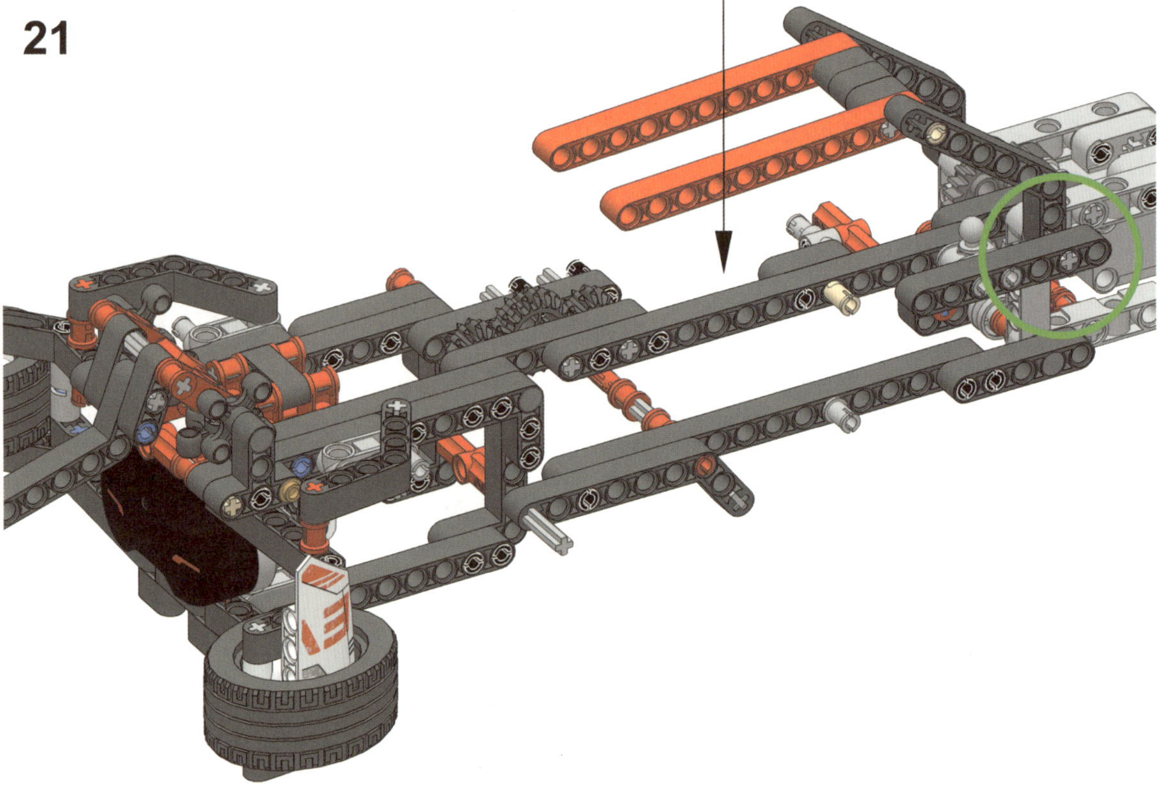

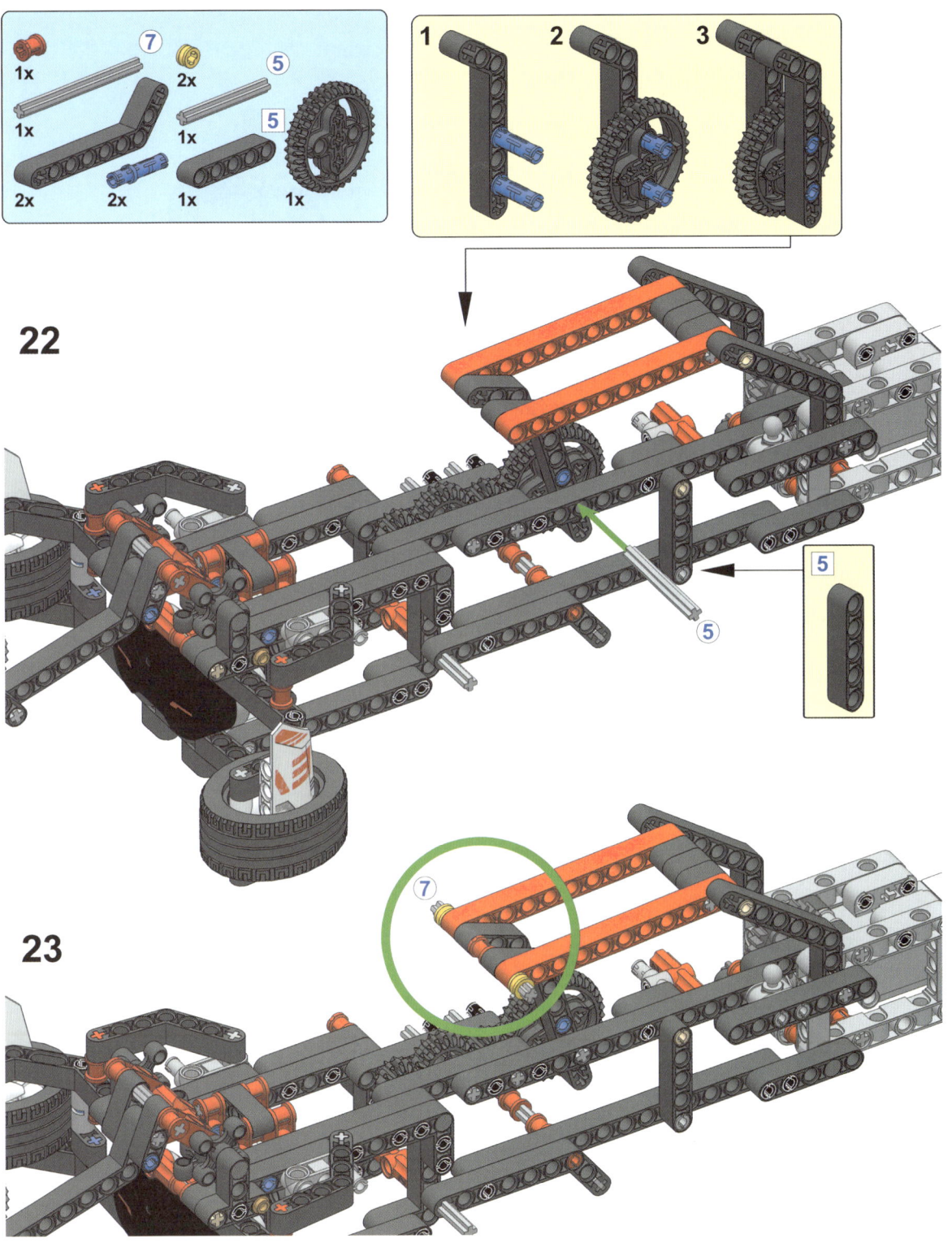

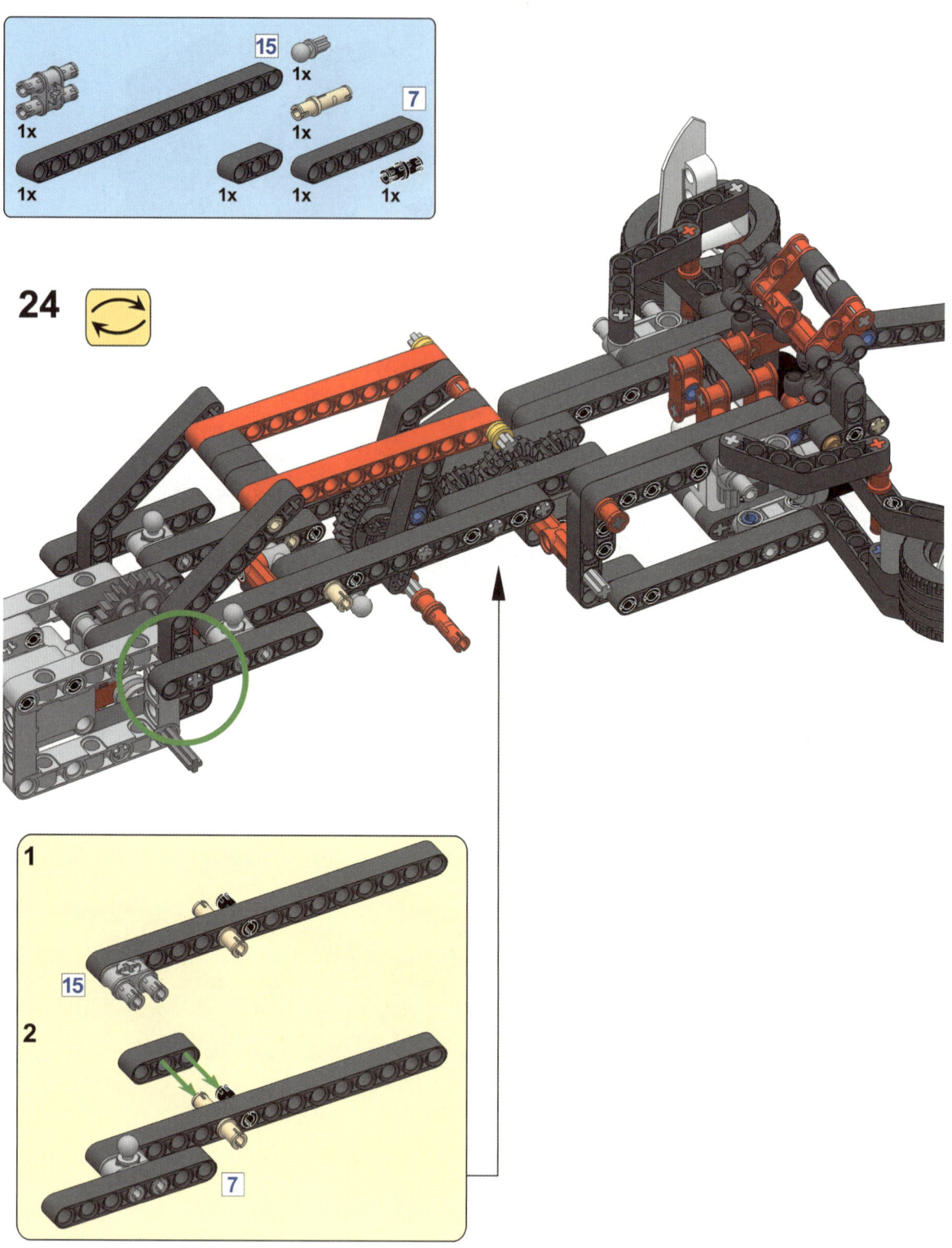

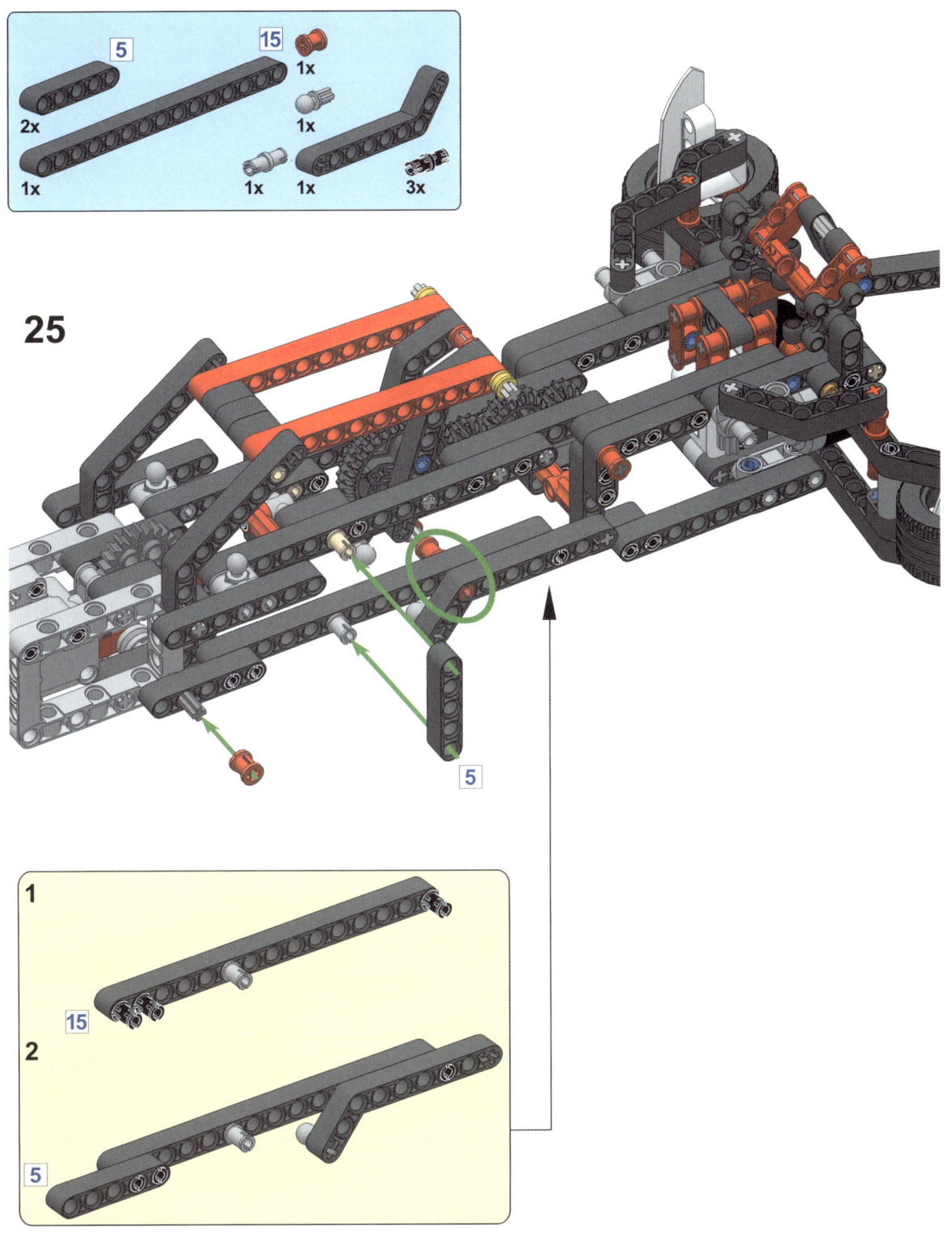

18 스냅처: 로봇팔을 장착한 자율 이동형 로봇

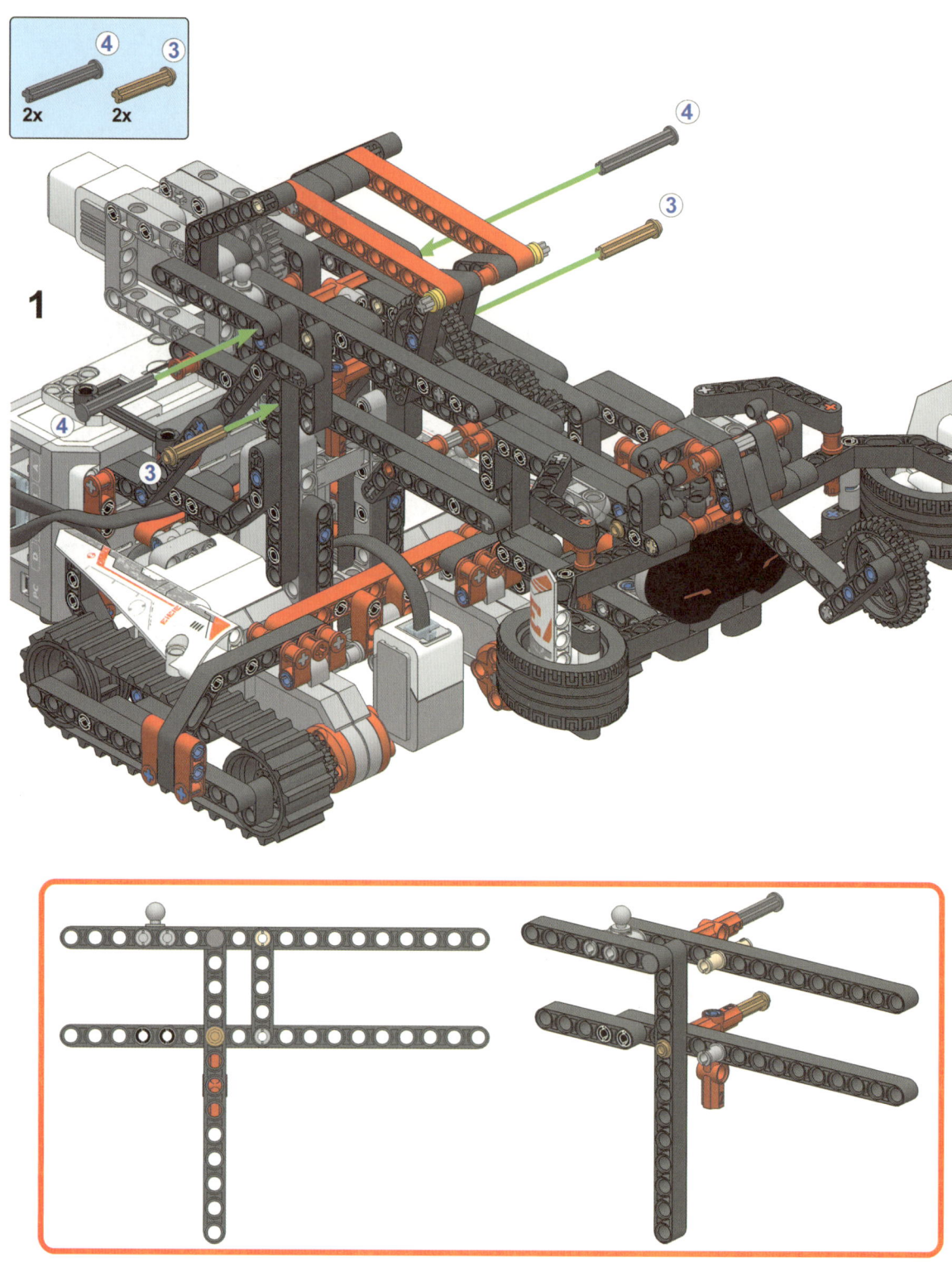

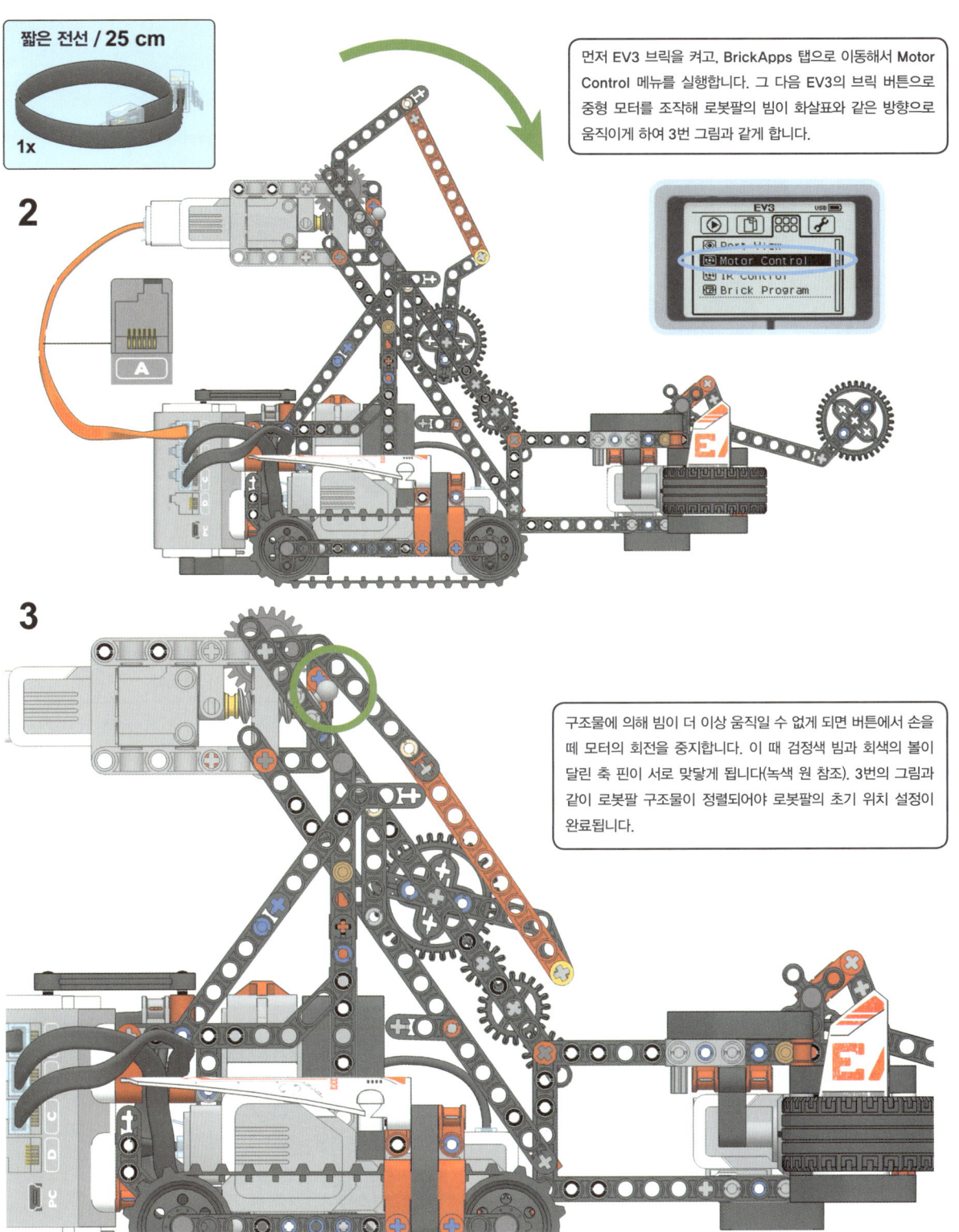

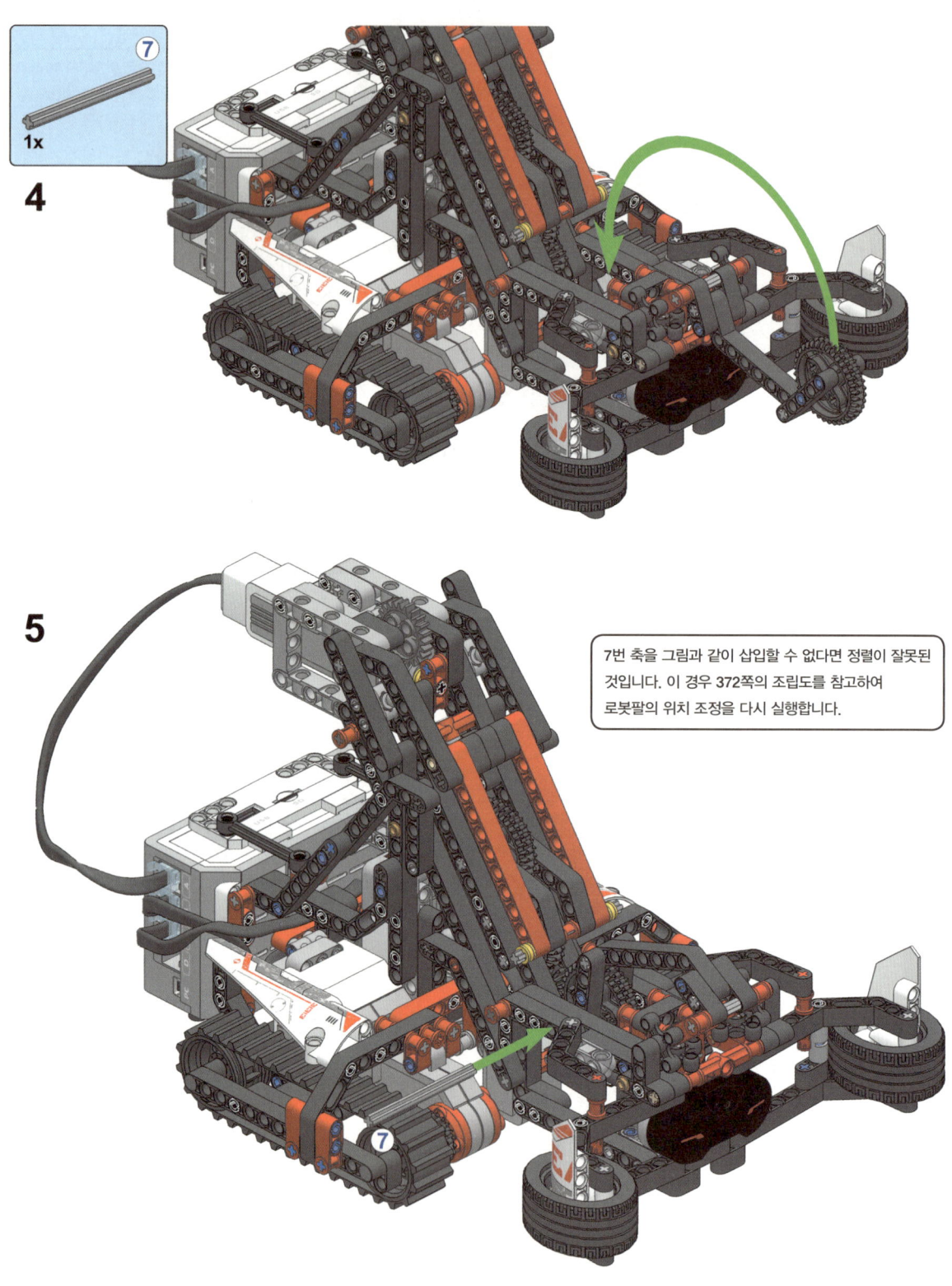

7번 축을 그림과 같이 삽입할 수 없다면 정렬이 잘못된 것입니다. 이 경우 372쪽의 조립도를 참고하여 로봇팔의 위치 조정을 다시 실행합니다.

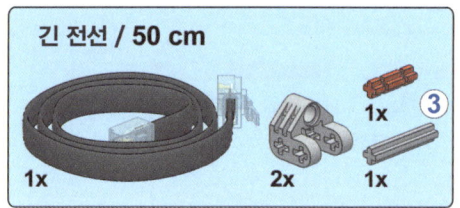

긴 전선 / 50 cm

로봇손에서 조립 보조용으로 사용된
이 부품들을 제거합니다.

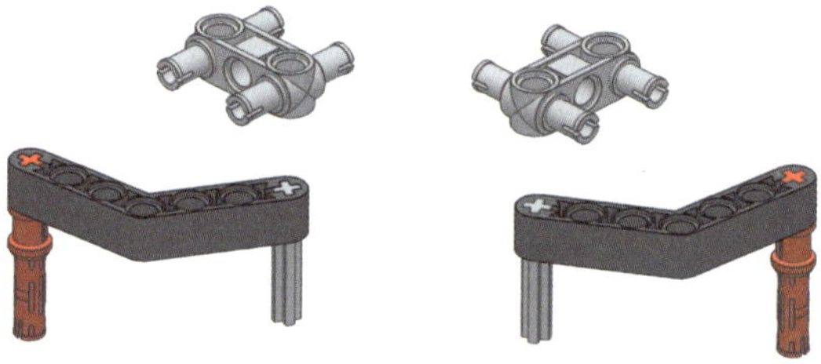

6

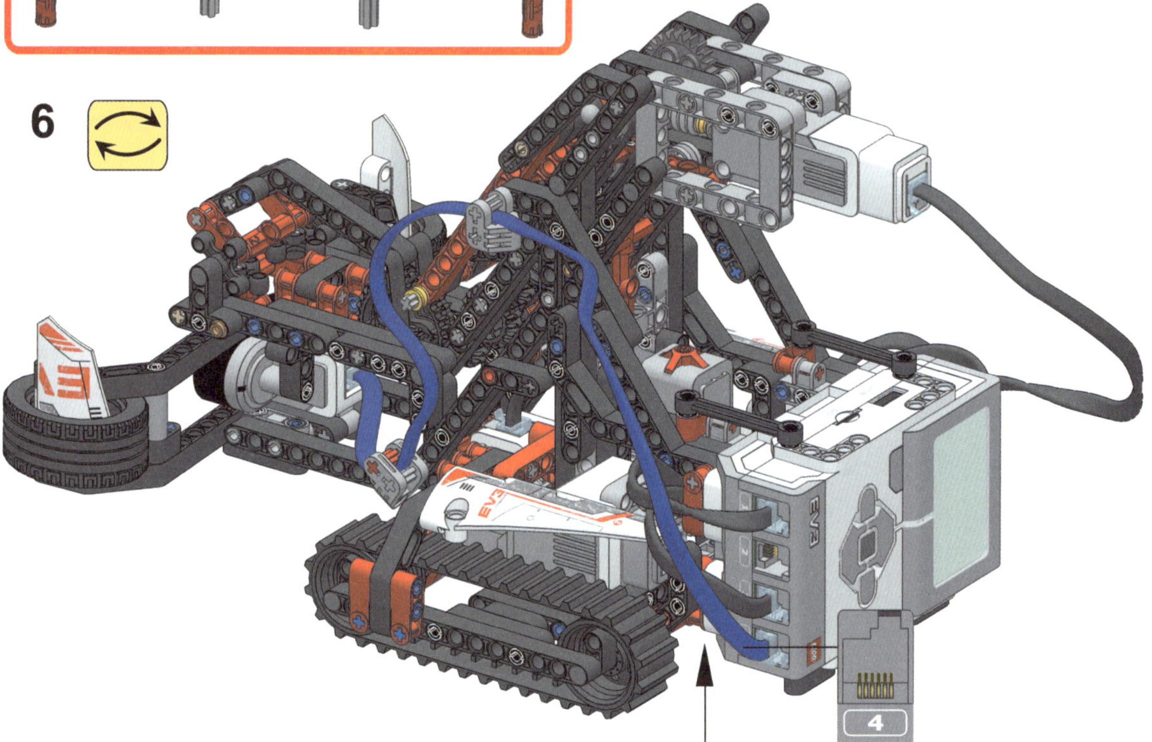

18 스냇처: 로봇팔을 장착한 자율 이동형 로봇

로봇손 제어

이제 로봇 조립이 완료되었으니 각 부분을 무선 조종으로 테스트하기 위한 기본 프로그램을 만들어 보겠습니다. 차체의 이동은 조향모드 주행 블록을 이용하며, 로봇 팔의 동작은 세 개의 마이 블록으로 제어될 것입니다.

마이블록 #1: grab(잡기)

손이 물체를 잡고 들어올리기 위해서는, 중형 모터를 로봇의 몸체에 설치된 터치 센서가 눌릴 때까지 정회전시켜야 합니다. 구동부의 무리한 충격을 막기 위해 모터의 속도는 40% 정도로 제한합니다.

새로운 프로젝트를 'SNATCH3R'라는 이름으로 저장하고 그림 18-5와 같이 세 개의 블록을 꺼내어 간단한 프로그램을 작성합니다. 이 프로그램을 'Grab'이라는 이름의 마이 블록으로 변환합니다.

로봇팔의 구조물에 웜 기어가 사용되었으며, 웜 기어의 기계적 특성은 전원이 차단된 상태에서도 역회전을 거부하기 때문에 센서가 눌리고 모터를 정지할 때 전원을 공급해 강제 정지하는 '참' 방식이 아닌, 단지 전원을 차단해 자연스럽게 멈추는 '거짓' 방식으로 모터를 정지시켜도 충분합니다.

이와 같은 정지 방식은 기계적으로 구동부의 역회전이 문제가 되지 않도록 설계해야 하는 단점이 있지만, 불필요하게 정지를 위해 전류 공급을 할 필요가 없어 약간이나마 배터리 절약 효과를 볼 수 있습니다.

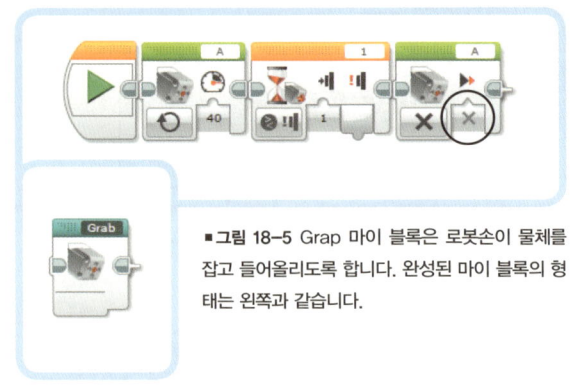

■ 그림 18-5 Grap 마이 블록은 로봇손이 물체를 잡고 들어올리도록 합니다. 완성된 마이 블록의 형태는 왼쪽과 같습니다.

마이블록 #2: reset(초기화)

프로그램이 실행되면 로봇팔은 물건을 잡을 준비를 하기 위해 손을 아래로 내리고 활짝 펴야 합니다. 실제로 로봇팔은 물건을 잡고 최대한 들어올린 상태로 있을 수도 있지만, 어중간한 위치에 들어올려진 채 대기 상태일 수도 있습니다.

로봇팔을 초기화시키는 작업을 할 때, 로봇팔의 현재 상태를 정확히 알 수 없기 때문에 단순히 시간 구동으로 제어할 경우 로봇팔의 기구와 모터에 손상을 줄 수도 있습니다. 이를 막으려면 로봇팔의 동작 범위를 적절히 제한하고 위치를 확인할 수 있는 기능이 필요합니다.

로봇팔을 최대한 들어올릴 수 있는 지점은 터치 센서를 이용해 정확하게 알 수 있습니다. 만약 터치 센서가 눌렸다면 로봇팔은 최대한 올려진 상태이므로 더 모터를 전진시킨다면 구조물에 무리를 줄 수 있습니다.

들어올리는 한계점을 터치 센서로 검사하는 것과 달리, 로봇팔을 내리는 한계점은 중형 모터에 내장된 회전 센서를 이용합니다.

만약 회전 센서의 값이 0보다 작아진다면, 로봇팔은 최대한 내려간 상태이므로 더 이상 모터를 후진시켜 팔을 내릴 수 없다는 것을 알 수 있습니다.

이 작업이 제대로 진행되기 위해서는, 프로그램이 시작되는 시점에서 로봇팔은 최대한 내려진 상태여야 하고, 이 때 회전 센서의 값이 정확히 0으로 재설정되어야 합니다.

로봇팔이 내리기 동작을 하기에 앞서, 현재 상태를 정확히 알 수 없기 때문에 먼저, '절대 위치'로 초기화가 가능한 Grab 블록을 이용해 로봇팔을 터치 센서가 눌릴 때까지 들어올립니다.

그 다음 최대한 들어올린 상태를 기준으로 중형 모터를 14.2회전시켜 '상대 위치'로 팔을 최대한 아래로 내립니다. 이제 팔은 정확히 '가장 낮은 위치'로 초기화가 되었기 때문에 회전 센서의 값을 0으로 초기화해 주는 것으로 reset 블록의 초기화 작업이 완료됩니다.

스냇처 로봇의 로봇팔 구조물은 손을 열고 최대한 내린 상태에서 아무것도 잡지 않은 손을 닫고 최대한 올린 상태가 될 때까지 모터를 14.2회전시켜야 하도록 설계되었기 때문에, 초기화 과정을 수행할 때는 손 안쪽에 물체를 두지 않아야 합니다.

🧑 터치 센서는 고정된 위치에 있으므로 정확한 기준점이 될 수 있습니다. 마치 방위에서 '북쪽'과 같은 개념입니다. 반면 회전 센서는 현재를 기준으로 상대적인 변화량을 측정하는, 마치 '90도'와 같은 개념이기 때문에 정확한 위치를 알 수 없습니다.

북쪽을 알면 정확히 서쪽을 향할 수 있지만, '현재 위치에서 90도 반시계 방향으로'라는 정보만으로는 내가 어느 방향으로 향한 건지 알 수 없는 것과 같습니다. 이 때 '북쪽'을 확인하는 것과 같은 기능이 Grab 마이 블록의 역할입니다.

그림 18-6에서는 Reset 마이 블록의 블록 다이어그램을 보여줍니다. 이 블록은 모든 프로그램의 시작 부분에 사용되어 항상 로봇팔을 초기화시켜줄 것입니다.

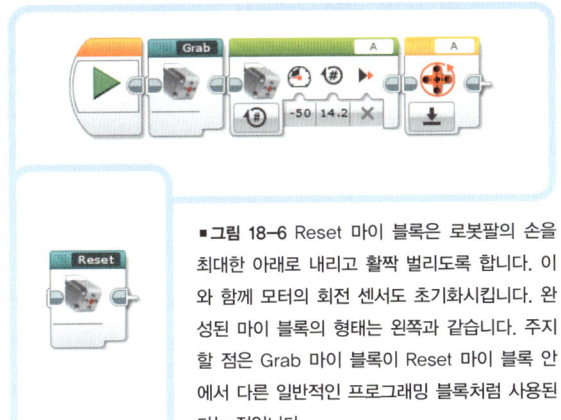

■ 그림 18-6 Reset 마이 블록은 로봇팔의 손을 최대한 아래로 내리고 활짝 벌리도록 합니다. 이와 함께 모터의 회전 센서도 초기화시킵니다. 완성된 마이 블록의 형태는 왼쪽과 같습니다. 주지할 점은 Grab 마이 블록이 Reset 마이 블록 안에서 다른 일반적인 프로그래밍 블록처럼 사용된다는 점입니다.

마이블록 #3: release(놓기)

로봇팔을 내리고 잡았던 물체를 놓기 위해서는 중형 모터를 역회전시켜야 합니다. 이를 위해 중형 모터를 회전 센서의 각도가 0에 수렴할 때까지 동작시킵니다. 그림 18-7은 이와 같은 내용으로 구성된 release 마이 블록의 모습입니다.

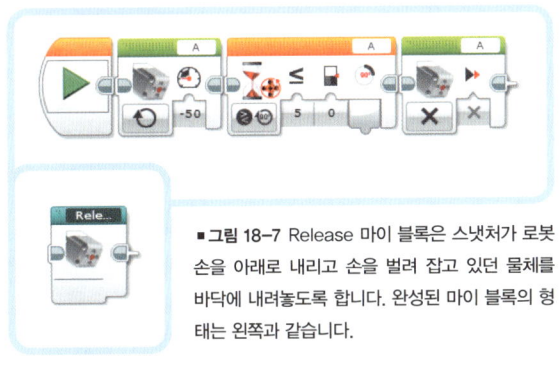

■ 그림 18-7 Release 마이 블록은 스냇처가 로봇손을 아래로 내리고 손을 벌려 잡고 있던 물체를 바닥에 내려놓도록 합니다. 완성된 마이 블록의 형태는 왼쪽과 같습니다.

무선 조종 프로그램 만들기

이제 무선 조종을 위한 RemoteControl 프로그램을 만들어 보겠습니다. 그림 18-8은 기본적인 전후진, 방향 전환 구동과 함께 로봇팔의 '잡아들기와 내려놓기' 기능까지 구현된 조종 프로그램입니다. 조작법은 그림 18-9를 참고하시기 바랍니다. 스냇처가 실제로 들어올릴 물체로는 빈 캔이나 페트 병과 같이 가벼운 물체가 좋습니다.

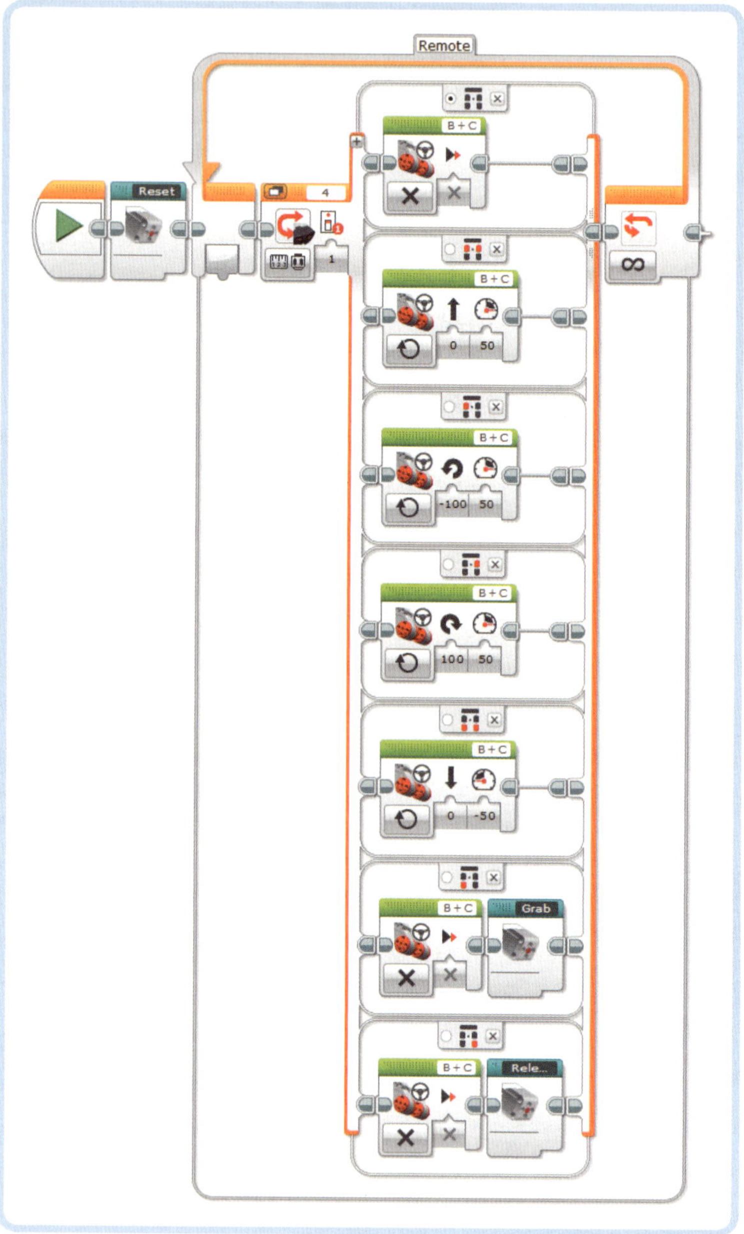

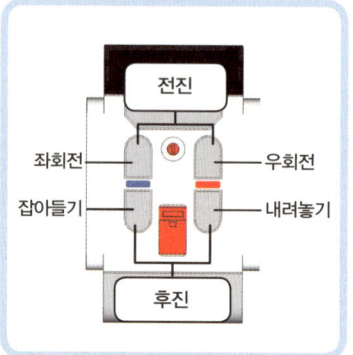

■ 그림 18-9 RemoteControl을 운용할 때 각 버튼의 의미 　그림 18-8의 케이스에서 비콘 버튼을 참고하시기 바랍니다.

■ 그림 18-8 RemoteControl 프로그램. 기본 케이스는 비콘의 버튼이 아무것도 눌리지 않았을 때 실행되는 것으로, 모든 모터가 정지 상태로 대기합니다.

탐구과제 117: 무선 조종 업그레이드!

난이도 ▭▭ 시간 ⏱⏱

RemoteControl 프로그램은 스냇처의 모든 기능을 테스트해 볼 수 있지만, 사실 아주 단순하고 확장될 가능성이 많은 프로그램입니다. 무선 조종 프로그램을 업그레이드해 물체를 잡아 올리거나 내리는 중에도 자유롭게 이동할 수 있도록 만들어 봅시다.

HINT 두 개의 비콘 신호를 각각 처리하는, 두 개의 병렬 프로그램을 이용한 멀티태스킹이 답이 될 수도 있습니다. 하나의 프로그램은 비콘의 1번 채널을 통해 신호를 받고 차체의 구동을, 다른 프로그램은 2번 채널을 통해 신호를 받아 로봇팔을 구동시키는 형태로 구현될 수 있습니다. 여러분은 비콘의 채널 스위치를 조작하는 것으로 비콘 하나로도 이와 같은 두 개의 채널을 사용하는 프로그램을 테스트해 볼 수 있습니다.

탐구과제 118: 무선 속도 조종!

난이도 ▭▭ 시간 ⏱⏱

기본 테스트 프로그램인 RemoteControl은 구동 모터의 속도가 50%로 설정되어 있습니다. 하지만 실제 로봇을 운용하다 보면 먼 곳의 물체를 잡기을 때는 좀 더 빠르게(75%) 이동했으면 하고 느낄 수 있습니다.

반대로, 눈앞의 물체를 정확히 잡기 위해 좀 더 세밀한 조종이 필요할 때는 좀 더 느리게(25%) 움직였으면 하는 생각이 들 수 있습니다. 프로그램을 수정해 이와 같이 속도를 여러 단계로 바꿀 수 있도록 만들어 봅시다.

HINT 이동 속도를 저장하는 숫자형 변수 Speed를 만들고 이를 이용해 조향모드 주행 블록의 속도를 설정합니다. Speed의 값은 스위치 블록에 두 개의 케이스를 추가해서 버튼을 누를 때마다 값이 10씩 증가 또는 감소하도록 구현합니다.

로봇팔의 문제 해결

여러분이 RemoteControl 프로그램을 이용해 스냇처를 동작시키는 과정에서 의도치 않은 문제가 발생할 수도 있습니다. 문제가 발생할 경우 다음 절로 넘어가기에 앞서 문제를 해결하는 것이 좋습니다. 만약 각 부분의 동작이 정확히 이해되지 않는다면 http://ev3.robotsquare.com/에서 스냇처의 동작 동영상을 살펴보기 바랍니다. 도움이 될 것입니다. 아래는 흔히 발생할 수 있는 몇 가지 문제와 이에 대한 해법을 정리한 내용입니다. 여러분의 스냇처 운용에 참고하기 바랍니다.

- 팔을 들어올리기 전에 로봇팔의 손이 오므려지지 않습니다. 이 문제는 로봇팔의 구조적인 조립 과정에서 각 기어와 빔의 위치가 제대로 정렬되지 않았을 때 발생할 수 있습니다. 이 문제는 로봇팔의 구조를 재조립하는 방법을 통해 해결할 수 있습니다. 먼저 조립도 374쪽을 참고해 7M 축을 제거합니다. 다른 축을 이용해 밀어내면 쉽게 뺄 수 있습니다. 그 다음 손을 지지하는 임시 구조물을 재조립합니다.(365쪽의 16단계) 그 다음 373쪽부터 다시 조립 과정을 진행하며 동작을 다시 테스트합니다. 특히 측면에서 본 3번 이미지를 잘 참고해 각 링크의 위치와 빔의 각도를 최대한 정확하게 맞춰주기 바랍니다.

- 적외선 센서에 연결된 케이블이 로봇손의 동작에 방해가 됩니다. 이 문제는 케이블이 로봇팔의 36T 기어에 인접하게 설치된 경우 발생합니다. 해결 방법은 센서의 전선을 제거한 상태로 Reset 마이 블록을 실행해 로봇팔을 초기화시키고, 로봇팔이 제대로 동작하는 것을 확인한 다음 주의 깊게 조립도를 참고해 다시 연결하는 것입니다. 구동되는 기계 장치에서의 전선 처리는 매우 중요합니다. EV3 로봇에서는 원작자가 설계한 경로를 따라 정확히 선을 배치하지 않을 경우 선의 유격이나 변형에 의해 동작에 문제가 생기거나 전선 또는 구조물이 손상을 입을 수도 있습니다. 실제 기계장치에서도 방치된 연질의 전선은 종종 의도하지 않은 방향으로 휘거나 다른 돌출 부위에 걸려 장치의 움직임을 방해하기도 하고, 때로는 기어 사이에 끼어 기어를 손상시키거나 전선 자체가 망가지는 경우도 발생할 수 있습니다. 일반적인 산업용 기계장치에서는 이런 문제를 최소화하기 위해 움직이는 장치에 연결된 전선은 경로를 주의 깊게 설계하고 전선을 보호하는 구조물 등을 추가하기도 합니다.

- 중형 모터가 지면에 수평인 상태로 정렬되지 않습니다. 이 문제는 로봇팔 모듈이 차체에 정확하게 고정되지 않았을 경우 발생할 수 있습니다. 문제를 해결하기 위해 372쪽에서 추가한 축을 제거하고 조립도를 참고해 정확하게 팔이 정렬된 상태에서 재조립을 시도합니다. 측면 시점으로 제시된 조립도는 이와 같은 정확한 정렬에 도움을 주기 위해 추가된 이미지입니다. (조립도에서 일부 부품은 가시성을 높이기 위해 제거되었습니다.)

비콘 찾기

이제, 스냇처가 스스로 적외선 비콘을 찾고 들어올리고 옮겨놓는 작업을 스스로 수행하도록 프로그램을 만들어 보겠습니다. 각 태스크는 자동으로 수행됩니다. 여러분은 단지 프로그램 실행만 하고 로봇은 직접 조작하지 않습니다. 즉 로봇이 스스로 비콘을 찾고 옮긴다는 의미입니다.

적외선 벌레 만들기

프로그램을 만들기에 앞서, 스냇처가 비콘을 좀 더 쉽게 찾고 들어올릴 수 있도록 적외선 비콘에 몇 가지 부품을 추가할 것입니다. 다음 쪽의 조립도를 통해 비콘은 '적외선 벌레'가 됩니다. (앞서 그림 18-4를 참고해 부품을 미리 분류해 놓았다면 스냇처와 함께 적외선 벌레를 만들기 위한 부품을 볼 수 있을 것입니다.)

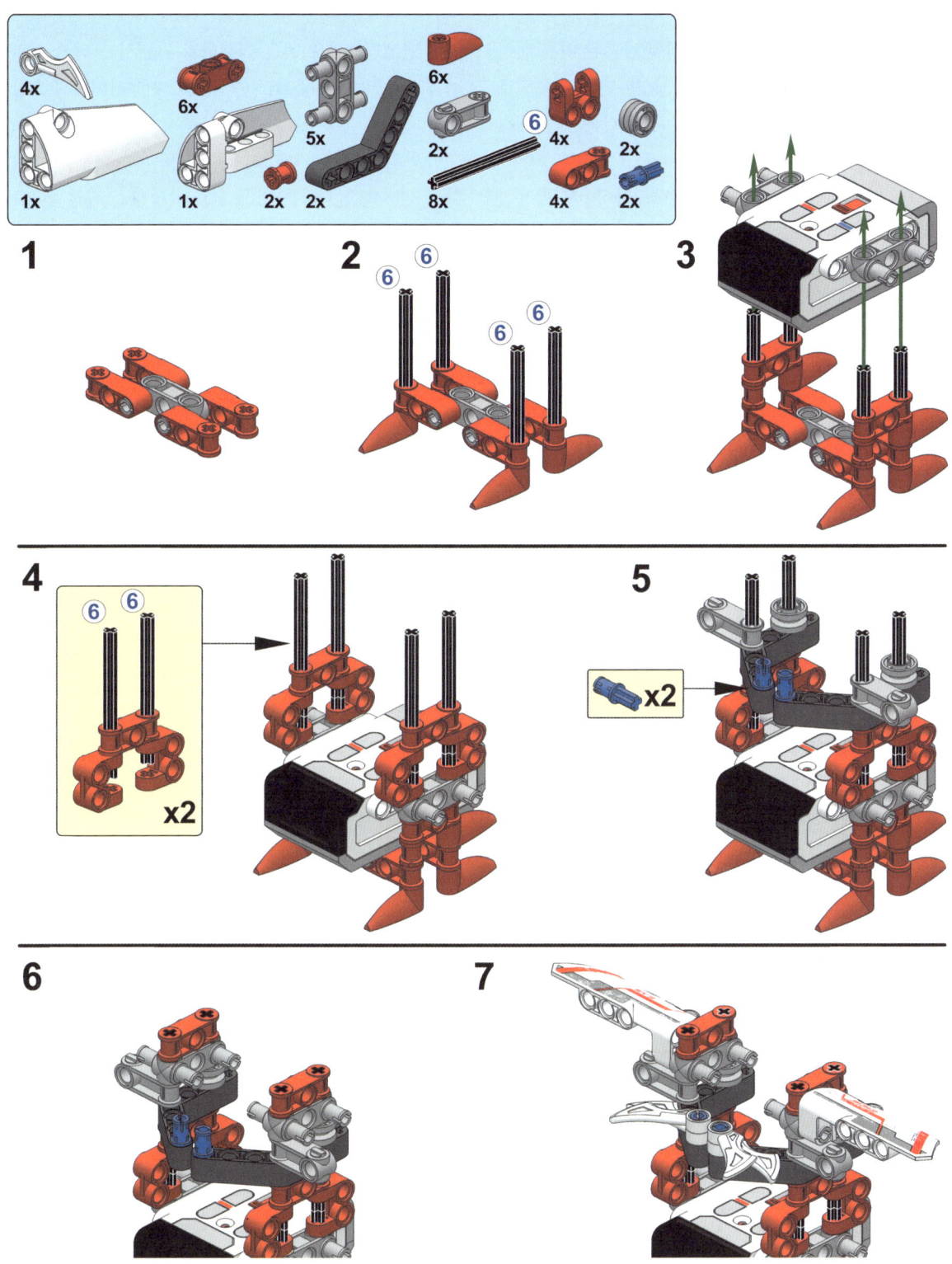

마이블록 #4: search(탐색)

여러분은 이미 로봇이 적외선 센서에 감지된 비콘 위치 값을 판단해 음수라면 왼쪽으로, 양수라면 오른쪽으로 이동해 로봇이 적외선 비콘을 향할 수 있다는 것을 배웠습니다.

이제 또 다른 기법인 변수와 데이터 와이어를 응용하면 이 기능을 보다 더 정교하게 다듬을 수 있습니다.

로봇은 2미터 이내에 신호를 발사하는 비콘이 있을 경우, 설령 그 방향이 로봇의 뒤쪽이라 할지라도 비콘의 방향을 향해 움직이도록 만들 수 있습니다.

이를 위해 'Search'라는 이름의 마이 블록을 만들고 왼쪽(반시계 방향)으로 한 바퀴 회전하며 주변을 탐색하는 기능을 만들어 줍니다.

그 다음 반대 방향(시계 방향)으로 다시 한 번 회전하면서 먼저 확인한 그 위치가 확실한지 재확인합니다. 제대로 탐색이 이루어졌다면 로봇팔의 벌어진 손은 적외선 벌레를 향해 있을 것입니다.

원칙적으로는 이 상태로 전진하면 정확히 적외선 벌레를 잡을 수 있어야 하겠지만, 실제로 적외선 센서의 신호는 오차가 있기 때문에 정확한 방향이 아닌 비슷한 방향으로 인식했을 수도 있습니다.

따라서 필요하다면 이동 중 다시 적외선 벌레의 위치를 재확인하는 과정이 필요하고, 이를 간단히 하기 위해 탐색 기능은 마이 블록 형태로 만드는 것이 좋습니다.

센서 측정에 대한 이해

탐색 알고리즘의 원리를 이해하기 위해서는 먼저 적외선 센서의 비콘 방향 모드 측정값에 대한 이해가 필요합니다.

이를 위해 로봇이 제자리에서 한 바퀴 회전을 하며 적외선 센서에 인식되는 비콘 신호의 방향을 측정한다고 가정한 모습이 그림 18-10입니다.

적외선 센서는 비콘을 정면에 마주할 경우 '방향'을 나타내는 범위 값이 0 또는 0에 가까운 값으로 측정됩니다. 비콘이 센서로부터 90도 측면에 가까워질수록 값은 25(비콘이 센서 우측) 또는 -25(비콘이 센서 좌측)에 가까워집니다.

적외선 센서는 비콘 방향 모드일 때 전방을 기준으로 좌우 90도 안에 위치한 비콘의 방향을 감지할 수 있습니다. 그림 18-10에서 H 값이 -25에서 25 사이로 인식되는 구간이 비콘의 방향을 감지할 수 있는 구간입니다.

즉, 그림에서 10시 방향일 때 센서는 비콘 방향 값 15가, 4시 방향일 때 비콘 방향 값 -25가 감지되어 각각 비콘 방향을 향할 수 있습니다. 다섯시 방향과 일곱시 방향에서는 방향 값이 0으로 출력되어 비콘의 방향을 감지할 수 없습니다.

비콘이 어느 위치에 있는지 모르는 상태에서 비콘을 찾기 위해서는 비콘의 '방향'이 측정된 범위 값을 추적해야 합니다. 이 값은 0에 가까울수록 비콘 신호가 정면에서 감지된다는 의미입니다.

단, 신호가 0으로 감지되는 경우는 일단 무시하도록 합니다. 비콘의 방향을 측정할 때의 값 중 0은 비콘 신호가 정면일 때뿐만 아니라, 비콘 신호를 탐지할 수 없을 때에도 측정되는 값이기 때문입니다.

프로그램을 충분히 정교하게 작성하지 않는다면 0의 값이 0에 가까운 곳(정면)에서 측정된 것인지 25나 -25에 가까운 곳(측면보다 뒤)에서 측정된 것인지 판단하기 어려울 수 있으므로, 우리는 우선 정확도를 높이기 위해 0의 값은 무시할 것입니다. 물론 비콘이 충분히 가까워졌다고 판단되는 최종 검색 단계에서는 더이상 0의 값을 무시하지 않을 것입니다.

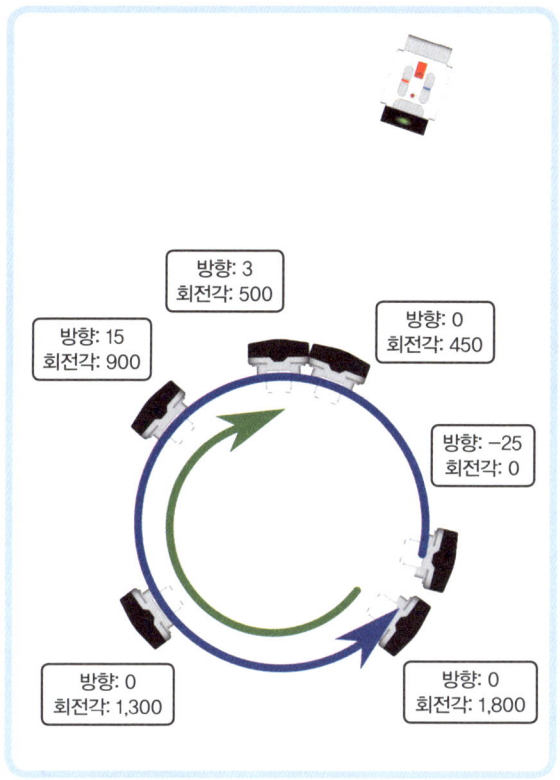

■ 그림 18-10 로봇은 먼저 탐색을 위해 왼쪽(파란색 화살표 / 반시계 방향)으로 선회를 시작합니다. 적외선 센서는 지속적으로 비콘 신호의 방향을 측정합니다.

이 그림에서는 독자의 식별 편의를 위해 임의로 정한 여섯 곳의 센서값만을 기록했습니다. 방향 측정값 0을 무시한다고 했을 때, 이 그림에서 비콘 방향에 가장 가까운 방향 값은 3이 됩니다. 그리고, 이 때 구동용 바퀴 C에 내장된 회전 센서값(회전각)은 500도가 됩니다. 이 때 가장 비콘에 가까운 방향으로의 값과 회전각을 기억하게 만들어 둡니다.

로봇이 회전각 1,800도가 될 때까지(파란색 화살표 방향으로 360도 제자리 선회) 회전을 완료하면 비콘의 방향은 점점 멀어지게 되므로 로봇은 가장 가까웠던 방향 3일 때의 회전각 500도를 기억하고 있을 것입니다.

이제 로봇은 시계 방향(녹색 화살표)으로 회전각이 500도로 줄어들 때까지 선회를 시작합니다. 회전각 500도 지점에서 멈춘다면 이제 로봇은 정확하지는 않지만 대략 적외선 비콘의 방향으로 향해 있을 것입니다.

마지막으로, 방향을 측정한 범위 값에서 음수와 양수(시계 방향과 반시계 방향)는 중요하지 않습니다. 측정값은 절댓값으로 처리할 것이기 때문에, -3 과 3은 모두 0에 가까운 즉 정면에 가까운 방향이라고 판단할 수 있습니다.

정리하자면, 우리는 0이 아닌, 그러나 0에 가까운 측정값을 찾고 이 값을 로봇의 메모리에 저장할 것입니다.

방향에 대해 측정한 가장 낮은 범위 값과 함께, 로봇은 이 범위 값이 측정된 위치에 대해서도 판단해야 합니다. 제자리를 선회하는 형태로 탐색한다고 할 때, 로봇의 바퀴에 내장된 회전 센서값의 변화는 그림 18-10의 '회전각'에서 볼 수 있습니다.

'회전각'은 처음에 0에서 시작하며, 로봇이 왼쪽(반시계 방향)으로 회전할수록 증가합니다. 로봇이 제자리에서 한 바퀴를 돌았을 때 바퀴의 회전각은 1,800도가 됩니다.

절댓값을 이용해 부호를 버린 비콘 방향 값을 저장된 값과 비교해, 기존의 값보다 더 작은 비콘 방향 값이 측정되면 로봇은 비콘의 방향과 좀 더 가깝다고 판단할 수 있습니다. 이 때 비콘 방향 값과 함께 회전각을 저장합니다. 반시계 방향으로 제자리 360도 선회가 끝난 시점에서 로봇은 저장된, 비콘 방향에 가장 가까운 방향일 때의 회전각과 현재의 회전각을 비교해 저장된 방향을 향할 때까지 시계 방향으로 선회를 시작합니다. (이 그림에서는 회전각 500이 될 때까지 회전할 것입니다.)

탐색 알고리즘의 이해

그림 18-11은 로봇이 비콘 신호에 가장 가까운 방향을 결정하기 위한 탐색 알고리즘과 여기에서 적외선 센서의 방향 값 및 회전 센서의 각도에 대한 처리 방법에 대한 흐름을 나타냅니다. 흐름도에서 'Reading'이라는 이름의 변수는 적외선 센서의 '범위'에서 출력되는 방향 값을 절댓값으로 저장합니다. 측정은 매 루프마다 반복되며 지속적으로 새로운 방향 값을 측정하게 됩니다.

최솟값을 얻기 위한 방법은 모든 값을 저장하고 이 중 최솟값을 산출하는 방식이 아닌, 한 개의 값만을 저장하고 반복적으로 비교하는 방법을 사용했습니다. 새로 읽어 Reading에 저장된 방향 값과 Lowest에 저장된 방향 값을 비교, 더 작은 값을 Lowest에 저장해 항상 이제까지 읽은 방향 값 중 가장 작은 값만이 Lowest에 저장되도록 합니다. 이와 함께, Lowest 값을 저장할 때 회전 센서의 회전각 역시 'Position'이라는 변수에 저장합니다. 결과적으로 Lowest에는 지금까지 측정된 것 중 가장 비콘 신호 방향에 가까운 방향 값이, 그리고 Position에는 이 값이 기록될 때의 로봇이 향한 방향을 기억하기 위한 회전 센서의 각도가 기록됩니다.

모든 값을 기억해두지 않고, 한 개의 값을 반복 비교하며 큰 값을 버리고 작은 값만을 취하는 방법을 사용한 이유는 아마도 프로그램을 조금이라도 더 간결하게 하기 위한 저자의 배려라고 생각됩니다.

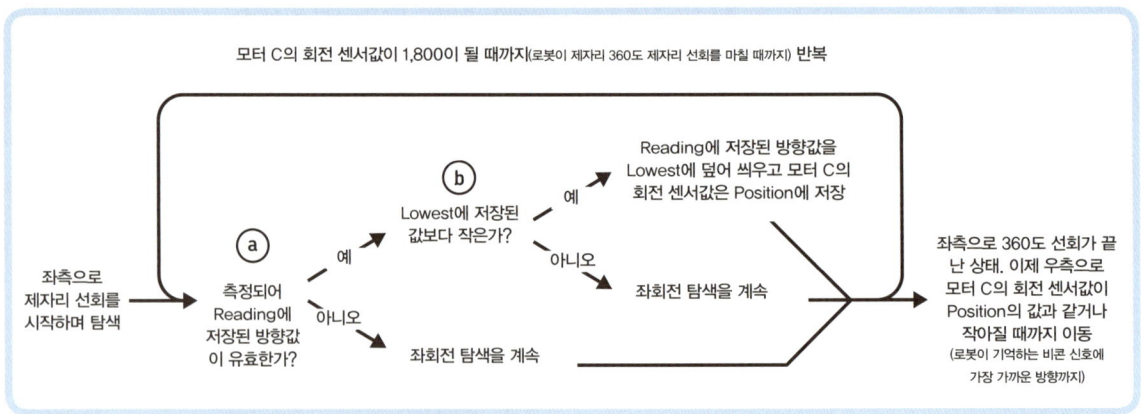

■ 그림 18-11 search 마이 블록의 탐색 알고리즘에 대한 흐름도. Reading 변수는 비콘 신호 방향 값의 절댓값이 저장되며 측정값에서 0은 무시됩니다.

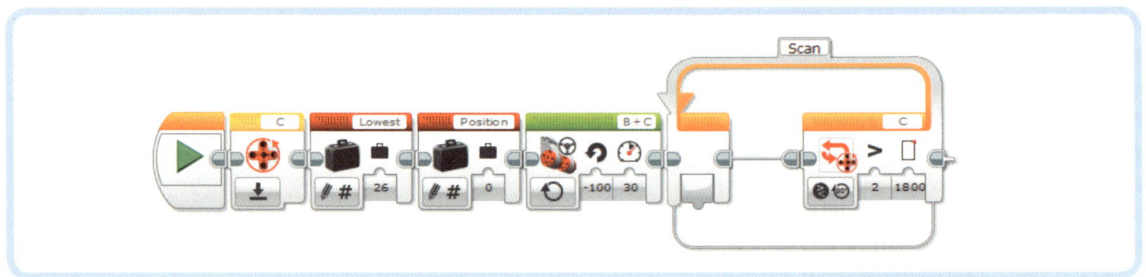

■ 그림 18-12 1단계

Lowest(최솟값)와 Position(회전각)이라는 두 개의 숫자형 변수를 정의하고 그림과 같이 초기화합니다. 방향에 대한 정보는 -25에서 25 사이이고, 우리는 계산의 편의성을 위해 절댓값을 취해 0부터 25 사이의 값을 저장할 것이기 때문에, 최초의 설정 값은 이 범위를 넘어가는 26으로 설정합니다. 로봇의 몸체가 제자리 선회를 시작해서 가장 비콘에 근접한 방향이 될 때까지 바퀴가 회전한 양(각도)을 저장하기 위해 Position은 초기값으로 0을 저장합니다. 탐색 알고리즘의 반복을 위한 루프는 회전 센서의 값이 1,800도가 될 때까지 반복됩니다. (1,800도가 되면 로봇의 몸체는 제자리에서 360도 선회를 마친 것이 됩니다.)

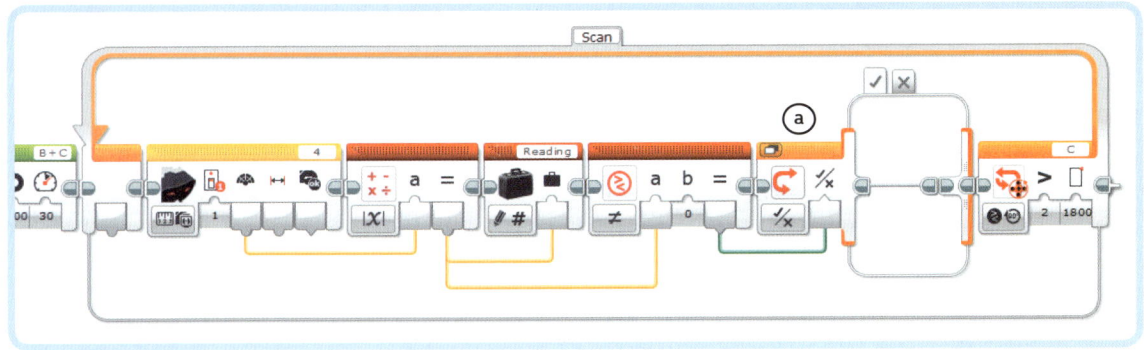

■ 그림 18-13 2단계

이제 루프 블록에 다른 블록을 추가해 적외선 센서로 비콘의 방향을 측정하고 이 값의 절댓값을 취한 후, 버릴 값(0)인지 유효한 값인지 판단하는 기능을 구현합니다. 그림과 같이, 먼저 Reading이라는 이름으로 정의된 숫자형 변수에 측정된 방향 값의 절댓값을 저장합니다. 그 다음 이 값이 0이 아닌지 판단하기 위해 비교 블록을 사용하고 그 결과를 데이터 와이어를 통해 스위치 블록ⓐ의 비교 조건에 연결합니다.

비교 블록에 의해 측정값이 0이 아니라면 참이 출력되며, 이 때 스위치 블록은 참일 때의 블록 다이어그램이 실행될 것입니다. 여기에 그 다음에 진행될 탐색 알고리즘이 들어가게 됩니다. 측정값이 0이라면 거짓이 출력되는데, 이때의 탐색 알고리즘은 아무것도 수행하지 않아야 하기 때문에, 거짓에 해당되는 블록 다이어그램은 비워 두어야 합니다.

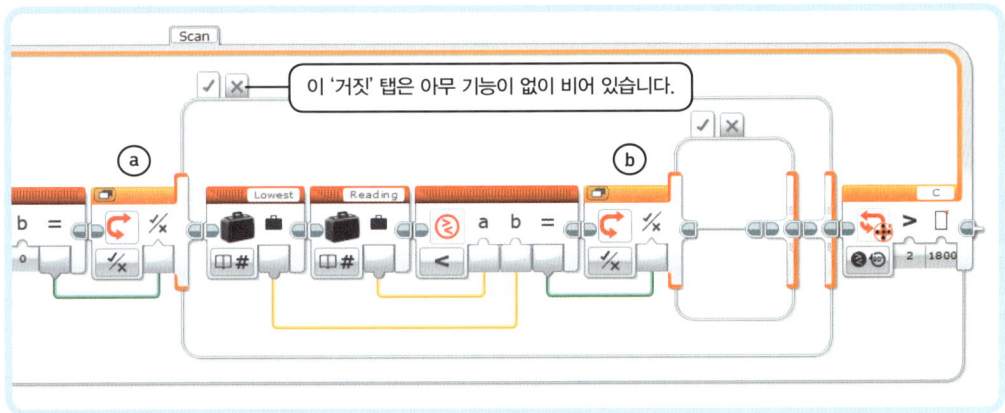

■ 그림 18-14 3단계

여기까지 진행되었다면 비콘 신호 방향의 측정값은 0이 아닌, 즉 적외선 센서의 측정 범위 사이의 어딘가에서 비콘 신호가 감지된 것입니다ⓐ. 이제 측정된 Reading의 값과 저장된 Lowest의 값을 비교해 더 작은 값(비콘 신호 방향에 더 근접한 값)을 판단합니다. 만약 Reading의 값이 더 작다면 로봇은 바로 직전에 비해 비콘 신호에 조금 더 가까워진 것입니다.

이 경우 비교 블록은 데이터 와이어로 참을 출력하고, 스위치 블록 B는 참일 때의 블록 다이어그램이 시작될 것입니다ⓑ. 여기에 Lowest를 새로운 값으로 갱신하고 기억하는 기능이 구현될 것입니다.

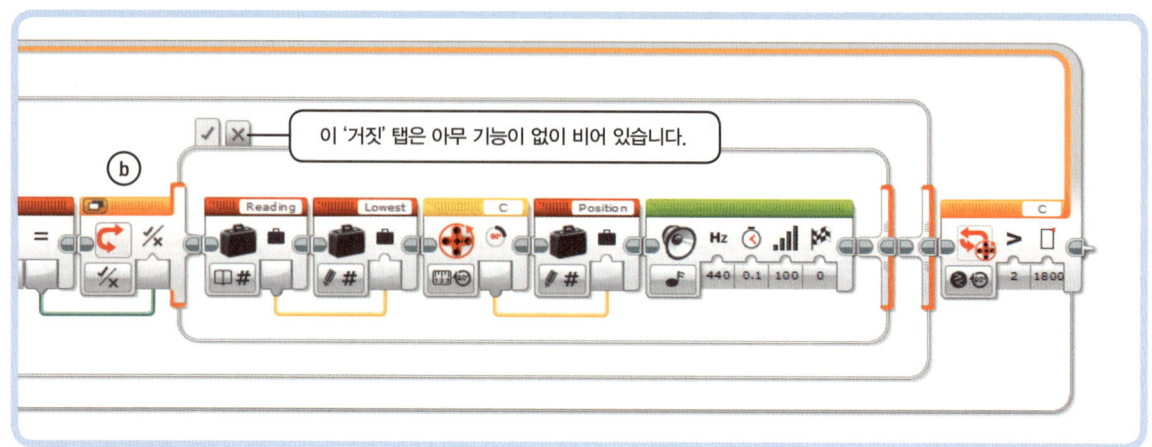

■ 그림 18-15 4단계

이제 Reading에 저장된 값이 저장된 Lowest의 값보다 비콘 신호 방향에 더 근접한 값이라는 것을 알게 되었습니다. 지금부터 할 일은 Lowest의 값을 Reading에 저장된 값으로 갱신하는 것과, 현재의 Reading 값이 저장된 시점에서의 로봇 방향에 대한 회전각도를 Position에 저장하는 것입니다. 이렇게 저장해 두는 이유는 360도 제자리 회전 탐색이 끝났을 때, 비콘을 정면으로 마주보았던 방향이 어디인지 기억하기 위함입니다.

프로그램은 탐색 과정에서 비콘 신호 방향에 더욱 근접하고, 방향과 회전각을 기록했다는 것을 여러분에게 알리기 위해 사운드 블록도 추가합니다. 만약 Reading의 값이 Lowest의 값보다 크다면 스위치 블록ⓑ은 거짓이 수행될 것이고, Lowest의 값보다 큰 Reading의 값은 아무런 의미가 없기 때문에 이번에도 '거짓' 탭에는 아무것도 구현되지 않습니다.

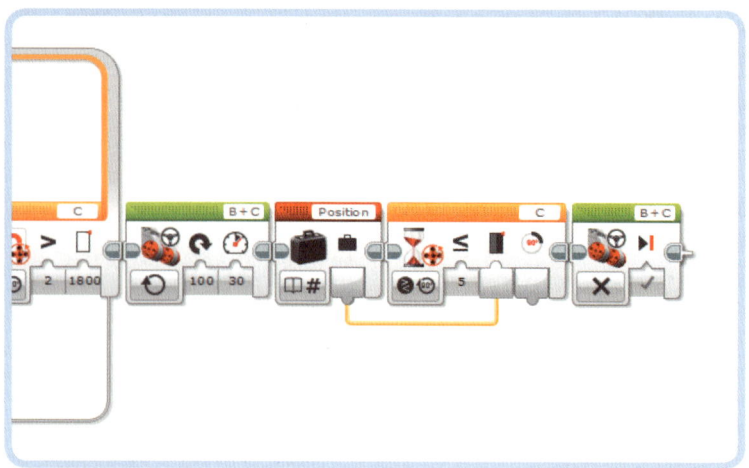

■ 그림 18-16 5단계

회전각 1,800도, 즉 좌측으로 360도 제자리 선회 탐색이 끝나면 로봇의 Position 변수에는 가장 낮은 Lowest 값이 측정되었을 때의 회전각이 기록되어 있을 것입니다. 이제 로봇은 우측으로 선회하며 회전 센서의 값을 감소시킬 것입니다. 우측으로의 선회는 현재 회전 센서의 값이 Position에 저장된 값보다 같거나 작을 때까지 반복될 것입니다.

회전 센서의 값이 Position에 저장된 값과 같아질 때까지 회전하면, 로봇은 비콘을 정면으로 마주보고 가장 낮은 Lowest 값을 저장했을 때와 같은 방향을 향하고 있을 것입니다. 이제 비콘을 정면에서 마주보기 위한 탐색이 완료되었으므로 모터를 정지시켜 탐색을 멈추고 다음 동작을 준비하면 됩니다.

■ 그림 18-17 6단계

이제까지 작성한 프로그램을 Search라는 이름의 마이 블록으로 바꿔줍니다.

Search 마이 블록 만들고 테스트하기

이제 그림 18-11의 흐름도와, 그림 18-12부터 그림 18-16까지를 참고하여 Search 마이 블록을 단계적으로 만들고 테스트해 봅시다. 그림 18-11의 흐름도에서 ⓐ와 ⓑ의 두 가지 분기는 프로그램에서 스위치 문을 이용해 구현합니다.

탐색 알고리즘의 프로그램이 완료되었다면, 이제 블록 다이어그램을 그림 18-17과 같이, 마이 블록으로 바꾸고 'Search'라는 이름을 붙여 줍니다.

로봇을 중심으로 반경 1미터 안에 적외선 벌레를 임의로 놓고, 지속적으로 비콘 신호를 발생하도록 맨 위의 가장 긴 버튼(버튼 ID 9)을 눌러 비콘의 상단에 녹색 불이 켜지는 것을 확인합니다. 프로그램을 실행시키면 비콘의 위치와 관계없이 로봇은 탐색을 시작하고 비콘을 향해 멈출 것입니다.

단, 여러분이 비콘을 놓을 때, 그림 18-18과 같이 비콘의 신호 발생 부분이 로봇을 향하도록 놓아야 한다는 사실을 잊지 마십시오. 또한, 로봇손이 오므려진 상태에서는 손에 의해 적외선 센서의 시야가 가려져 측정에 방해가 되기 때문에, Search 마이 블록을 실행하기에 앞서 Reset 마이 블록을 먼저 실행해 로봇손을 최대한 벌려주어야 합니다.

이제 Search 마이 블록을 테스트해 봅시다. 프로그램을 실행하면 로봇은 천천히 왼쪽으로 회전하며 탐색을 시작하고, 비콘 신호에 좀 더 가까워질수록 반복적으로 '삐' 소리를 낼 것입니다. 신호에서 멀어진다면 소리가 나지 않을 것이고, 이렇게 왼쪽으로 한 바퀴를 회전하며 탐색이 완료되면 이제는 오른쪽으로 선회해 비콘 신호를 향해 멈출 것입니다. 스냇처가 적외선 벌레를 찾았는지의 여부는 소리를 통해 알 수 있습니다. 만약 테스트 과정에서 로봇이 적외선 벌레를 찾지 못했다면 적외선 벌레를 로봇에 조금 더 가깝게 이동하고 다시 테스트해 보기 바랍니다.

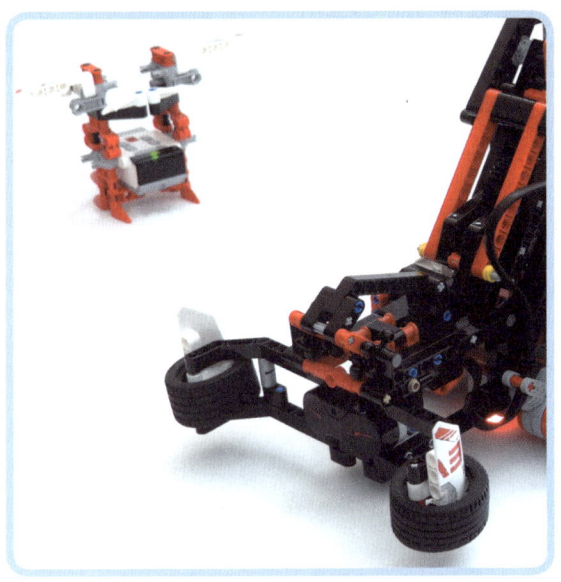

■ 그림 18-18 적외선 벌레는 로봇으로부터 1미터 이내의 위치에, 적외선 송신부가 로봇을 향하도록 놓아둡니다. 로봇은 어느 방향을 향해도 무방합니다.

탐구과제 119: 신호 확인!

난이도 ▢▢ 시간 ⏱

여러분이 만약 적외선 벌레의 비콘 신호를 활성화시키지 않는다면, 스냇처는 탐색에 실패할 것입니다.

Search 마이 블록에 적외선 비콘 탐색에 실패했을 경우 '에러'라는 소리가 나도록 프로그램을 수정해 봅시다.

HINT 로봇이 탐색 과정에서 비콘 신호를 한 번도 감지하지 못했다면, 루프가 종료된 시점에서 Lowest에는 어떤 값이 저장되어 있을까요? 그림 18-11과 그림 18-12에서 힌트를 얻어 보기 바랍니다.

최종 프로그램 만들기

이제 마이 블록들이 다 준비되었으니, 적외선 벌레를 찾고 벌레에게 접근해 잡은 후 다른 곳으로 이동해 벌레를 내려놓는 동작까지 한 번에 수행하는 최종 프로그램을 만들어 보겠습니다. 프로젝트에 'Autonomous'라는 이름의 새 프로그램을 만들고 다음 순서에 따라 하나씩 기능을 구현해 봅시다.

비콘 신호 찾기

스냇처의 최종 프로그램에서 첫 번째 단계는 Search 마이 블록을 이용해 비콘 신호를 찾고, 비콘을 향해 전진해 접근하는 것입니다. 그림 18-19는 Search를 이용해 비콘의 방향을 확인하고 비콘 신호의 거리가 50%보다 작아질(가까워질) 때까지 전진하는 프로그램입니다.

비콘을 향해 전진

로봇이 비콘을 찾으면 비콘을 향해 움직여야 합니다. 이때 비콘이 정확히 앞에 위치해 전진하는 것만으로 비콘까지 도달할 수도 있지만, 가까이 다가갈수록 비콘이 좌측이나 우측으로 있다는 것을 알게 될 수도 있습니다.

🧑 궁수가 화살을 쏠 때 호흡으로 인한 약간의 손떨림으로도 화살은 과녁 중앙에서 완전히 벗어난 곳으로 날아갈 수도 있는 것과 같습니다.

따라서, 비콘을 향해 움직이는 과정에서 비콘의 방향을 확인하고 로봇의 구동 방향을 조향해야 할 수도 있습니다. 이때 방향 전환은 8장에서 프로그래밍한 것과 같이, 고정된 조향 값을 이용할 수도 있지만, 비콘 방향을 측정한 값을 이용해 가변적인 조향 값을 적용할 수도 있습니다. 즉, 비콘이 왼쪽으로 감지되었다면 조향을 왼쪽으로, 오른쪽으로 감지되었다면 오른쪽으로 조향한다는 뜻입니다.

그림 18-19의 탐색을 위한 Search 루프를 통해 로봇은 대략적으로 비콘을 향해 있고, 거리는 50% 이내라는 것을 알고 있습니다. 앞서 만든 Search 마이 블록에서는 비콘이 로봇 뒤에 있을 수도 있기 때문에 0이라는 측정값을 버렸지만, 이제는 0이 정면에 비콘이 있다는 의미로 볼 수 있으므로, 더 이상 0을 무시하지 않습니다.

사실 비콘 신호가 정면일 때 0이라는 것은 의외로 유용합니다. 조향모드 주행 블록의 조향 값을 만들기 위해 수학 블록의 곱하기 연산을 사용했고, 만약 비콘이 정면에 위치할 경우 비콘 방향은 0이 출력되기 때문에 수학 블록에 의해 계산된 결과 값은 0이 되며, 조향모드 주행 블록에서 조향 값 0은 직진을 의미합니다.

만약 비콘이 왼쪽으로 치우쳐 있다면 측정값은 음수 -1부터 -5 정도의 작은 값이 측정될 것이고 수학 블록에 의해 조향 값은 -5부터 -25 사이로 만들어질 것입니

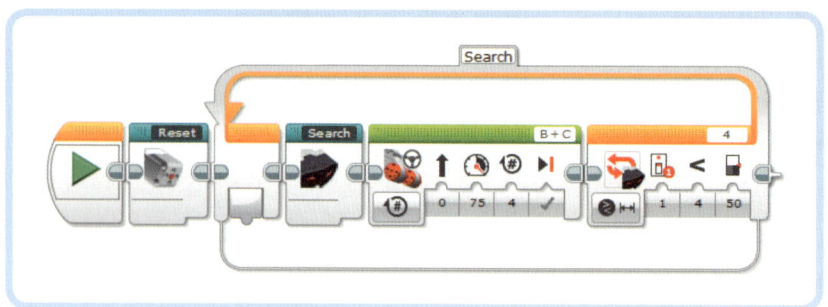

■ 그림 18-19 1단계, 로봇팔을 초기화한 후 비콘의 방향을 탐색하고 비콘의 앞까지 이동합니다.

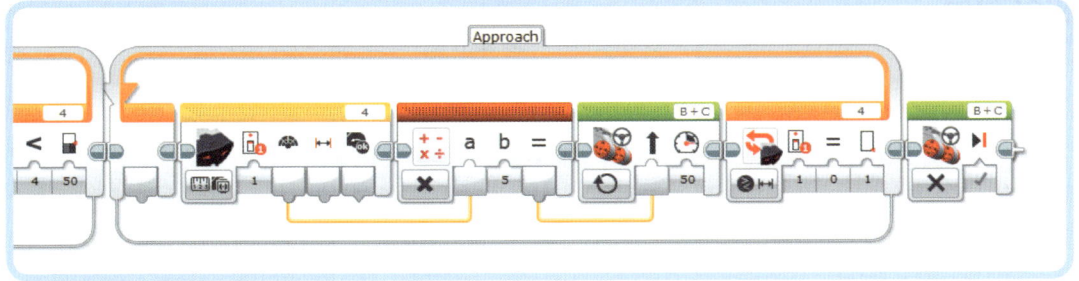

■ 그림 18-20 2단계, 비콘 신호가 로봇팔의 두 손 사이에 위치하도록 방향을 조절하며 비콘 앞까지 전진하기.

다. 결과적으로 중앙(0)에서 더 멀리 벗어날수록 더 큰 조향 값이 적용되고, 중앙에 가까울수록 직진에 가까운 완만한 조향이 이루어지게 됩니다.

그림 18-20의 Approach 루프는 비콘 신호의 강도가 1%가 될 때까지 로봇을 적외선 벌레에 접근시킵니다. 루프가 종료되는 시점에서 아마도 적외선 벌레는 스냇처의 벌린 로봇손 가운데에 위치할 것입니다. 여기까지 프로그램이 완료되었다면 Approach 루프의 동작을 테스트해보기 위해 루프를 선택하고, 선택된 것만 실행할 수 있는 **실행 선택** 버튼(그림 3-9)을 눌러 비콘 방향의 변화에 따른 조향의 변화를 관찰해 봅시다.

적외선 벌레를 집어들어 옮기기

Approach 루프가 끝난 시점에서, 아마도 스냇처는 적외선 벌레를 로봇손 사이에 두고 있을 것입니다. 하지만 좀 더 확실하게 로봇손으로 잡을 수 있도록, 로봇을 1바퀴만 더 전진시키도록 합니다. 그 다음 Grab 마이 블록을 실행하면 로봇은 적외선 벌레를 들어올릴 것입니다.

로봇을 들어올린 후 조향모드 주행 블록을 두 번 사용해서 로봇을 약간 이동시킵니다. 이제 Release 마이 블록을 실행해 적외선 벌레를 내려놓고 뒤로 후진하는 것으로 프로그램이 종료됩니다.

여기까지의 동작에 대한 프로그램은 그림 18-21에서 볼 수 있습니다. 준비가 되었다면 프로그램을 로봇에 다운받고 스냇처가 적외선 벌레를 찾고 집어들어 옮기는 것을 확인하십시오.

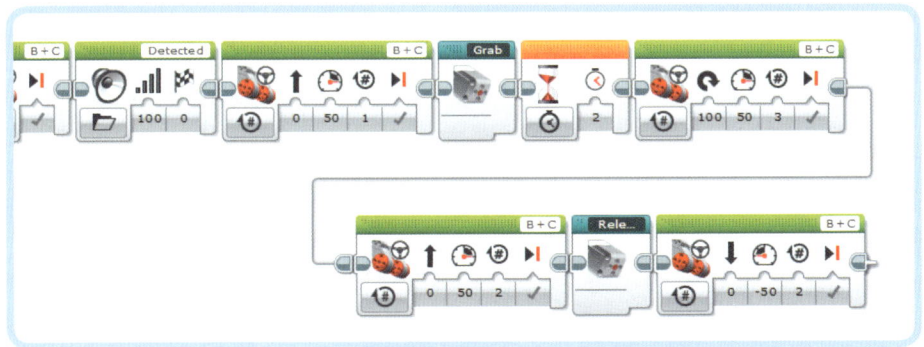

■ 그림 18-21 3단계, 적외선 벌레를 손으로 잡고 들어올린 후 이동해서 다시 벌레를 내려놓기.

추가적인 탐구

축하합니다. 여러분은 이 책에서 가장 복잡한 로봇 중 하나를 성공적으로 만들어 보았습니다. 이번 장에서 여러분은 다양한 조립 기법과 고급 프로그래밍 기법을 결합하고, 이를 이용해 진정한 의미의 자율 주행이 가능한 지능형 로봇을 만들어 보았습니다.

이제 스냇처에 새로운 프로그램을 설계해 좀 더 다양한 실험과 경험을 해볼 수 있을 것입니다. 뒤에서 제시되는 탐구 과제들은 여러분이 배운 로봇에 관련된 기술들을 검증하고 향상시킬 수 있는 좋은 경험이 될 것입니다.

탐구과제 120: 부지런히!

난이도 🔲 시간 ⏱⏱

스냇처의 Autonomous 프로그램이 좀 더 부지런하게, 적외선 벌레를 찾고 잡아 옮기는 동작을 반복적으로 수행하게 만들어 봅시다. 로봇은 적외선 벌레를 잡아 임의의 위치로 옮긴 후, 다시 적외선 벌레를 찾고 또다시 잡아 옮기는 동작을 반복해야 합니다.

만약 스냇처가 적외선 벌레를 잡아 옮긴 후, 다시 찾으려 할 때 충분히 탐색을 해야 할 만큼 적외선 벌레의 위치가 바뀌지 않았다면, 로봇이 적외선 벌레를 놓고 후진할 때 지그재그 형태로 움직이면서 벌레를 밀어내도록 만들 수도 있습니다.

🧑 아마도 스냇처가 적외선 벌레를 드리블하며 가지고 노는 것처럼 보일 것입니다.

HINT 잡았던 적외선 벌레를 놓는 시점에서 로봇에 랜덤 블록을 활용해 임의의 각도로 방향을 틀어 회전하도록 만들 수 있습니다. 이런 동작은 로봇이 매번 탐색을 시작할 때마다 적외선 벌레의 위치가 무작위로 바뀌는 효과를 가져올 것입니다.

탐구과제 121: 경로 찾기!

난이도 ▫▫ 시간 ⏱⏱

스냇처의 몸체 하단을 향해 컬러 센서를 장착하면 로봇이 바닥의 패턴 색상과 라인을 확인할 수 있습니다. 여러분이 임의로 구성한 라인을 스냇처가 따라갈 수 있도록 만들어 봅시다. 라인의 끝에 물체를 두고, 끝에서 물체를 잡은 후 다시 처음의 위치로 돌아오도록 프로그래밍합니다.

> **TIP** 그림 7-4에서 제시된 테스트 트랙은 이 실험에 적당하지 않을 수도 있습니다. 스냇처의 고무 무한궤도는 타이어와 달리 바닥면과의 마찰력이 크기 때문에 트랙이 인쇄된 종이를 찢을 수도 있기 때문입니다.
> 만약 여러분의 테스트 트랙이 너무 약해 실험이 불가능하다면 골판지 또는 폼보드와 같은 판에 종이 트랙을 접착하거나, 합판과 같은 단단한 재질에 검은색 테이프 또는 두꺼운 검정색 펜으로 견고한 트랙을 만들 수 있습니다.
> 그림 1-6에서와 같은 EV3 세트에 포함된 기본 컬러 시트를 사용할 수도 있습니다. 기본 컬러 시트를 사용한다면, 여기에 인쇄된 컬러 패턴을 이용해 여러분만의 미션을 만들어 볼 수도 있을 것입니다.

탐구과제 122: 거리 탐색!

난이도 ▫▫ 시간 ⏱⏱

스냇처가 적외선 신호를 발신하는 비콘이 아닌 다른 물체, 예를 들면 빈 물병과 같은 것을 스스로 찾을 수 있도록 만들어 봅시다. 적외선 센서의 근접감지 모드를 이용해 로봇에게서 가장 가까운 물체를 찾고 접근하도록 합니다. 접근했다면 그 이후엔 물체를 잡아들고 옮기는 동작까지 수행하도록 합니다.

> **HINT** 이 작업을 위해서 가장 크게 바뀌는 부분은 Search 마이 블록입니다. 적외선 센서 블록은 어떤 모드를 사용해야 할까요? 그리고 Lowest 변수에는 어떤 값이 저장되어야 할까요?

디자인 탐구과제 29: 굴삭기!

조립 난이도 ✹✹✹ 프로그래밍 난이도 ▫

스냇처를 개조해 굴삭기를 만들 수 있을까요? 로봇 팔 모듈을 분리해, 조립도 356쪽과 같은 무한궤도형 몸체만 남겨둔 다음, 여기에 중형 모터를 이용한 굴삭기용 삽 모듈을 만들어 장착해 봅시다.

19
라바 렉스: 걷고 말하는 인간형 로봇

LAVA R3X : the humanoid that walks and talks

여러분은 이 책을 통해 차량형, 동물형 로봇과 함께 기계의 느낌이 물씬 풍기는 로봇을 만들어 보았습니다. 하지만 사람들에게 강렬한 인상을 주는 로봇이라면 뭐니 뭐니 해도 사람처럼 생기고 두 다리로 걷는 인간형 로봇, 휴머노이드겠지요.

여러분이 가진 EV3 세트로도 휴머노이드를 만들 수 있습니다. 이번 장에서는 그림 19-1처럼 생긴, 두 다리로 걸을 수 있는 휴머노이드, 라바 렉스LAVA R3X를 만들어 볼 것입니다. 라바 렉스는 대형 모터 두 개로 좌우의 다리를 움직여 걸을 수 있습니다. 또한, 장착된 중형 모터를 이용해 머리와 팔을 간단하게 움직이는 것도 가능합니다.

■ 그림 19-1 라바 렉스는 두 다리를 이용해 걸을 수 있고, 머리와 팔을 움직일 수 있습니다. 또한, 여러분이 로봇의 손에 악수를 시도하면 반갑다는 인사를 할 수도 있습니다.

로봇의 기본 걷기 동작에 성공하면, 그 다음엔 이 책에서 배운 다양한 프로그래밍 기법을 응용해서 프로그램의 기능을 확장시켜 라바 렉스가 보다 현실적으로 반응하고 대화하도록 만들 수 있습니다.

라바 렉스는 ㄷ자형 발을 이용해 움직이는 단순한 태엽식 보행 완구와 달리, 링크 구조를 응용해 능동적으로 자신의 무게중심을 옮기며 한 발씩 걸을 수 있습니다.

두 개의 다리는 그림 19-2와 같이, 기계적으로 연속적인 모터의 전진운동을 이용해 발목을 꺾어 무게중심을 이동시키고, 허공에 들어올려진 다리를 앞으로 전진시켜 바닥을 딛는 동작을 반복할 수 있습니다.

이 로봇은 안정적으로 걷기 위해 좌우의 다리가 완벽한 대칭 구조로 설계되었으며, 각 다리에 내장된 모터 역시 동일한 속도로 구동됩니다. 이를 이용해 라바 렉스는 걸음을 내딛기 위해 한 발을 들어올리고, 다른 발은 땅을 딛습니다.

이 때 들어올린 발 방향으로 넘어지지 않도록 땅을 딛고 있는 발의 발목을 기울여 몸의 무게중심을 들어올린 다리의 반대쪽으로 이동시킵니다. 이 상태로 링크 구조에 의해 몸이 앞으로 움직이면서 전진이 시작됩니다.

앞으로, 뒤로, 좌측 혹은 우측으로 걷기 위해 각 다리에 내장된 모터는 1회전 단위로 구동합니다. 어느 방향으로나 한 걸음을 마친 상태에서 두 모터의 위치 상태는 처음 시작할 때의 초기 상태로 돌아갈 것입니다.

로봇의 두 다리 사이에는 터치 센서가 장착되어 두 다리가 정확하게 반대로 움직이고 있는지 체크합니다. 이 개념은 13장에서 살펴본 개미 로봇 앤티ANTY와 비슷합니다.

또한, 두 다리의 속도를 함께 제어한다면 회전 속도를 바꾸어 약간이나마 보행 속도를 빠르게 혹은 느리게 만드는 것도 가능합니다.

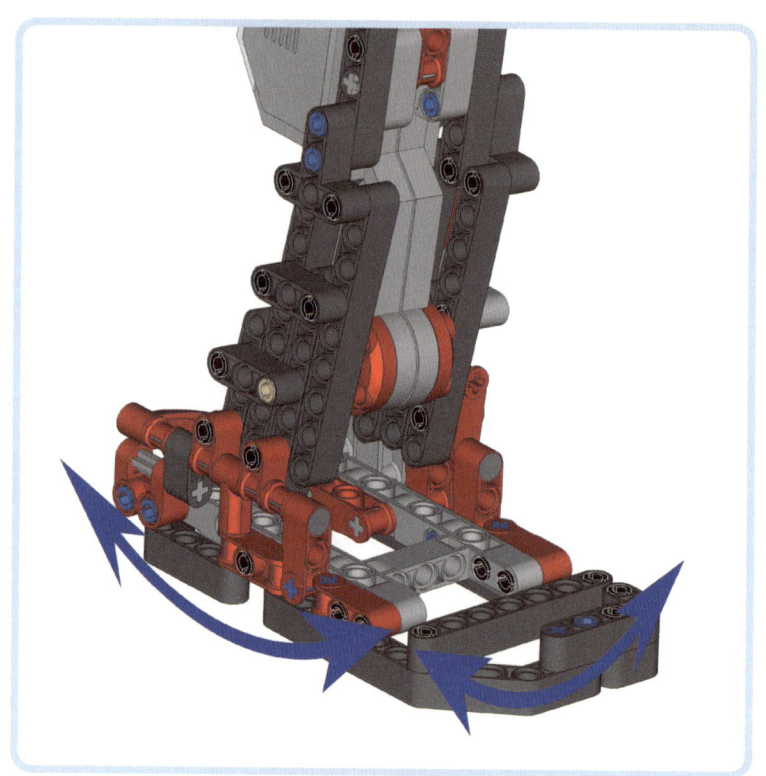

■그림 19-2 각 다리에 장착된 대형 모터는 한 바퀴를 회전할 때마다 발목의 좌우 기울임과 다리를 앞으로 내딛는 동작을 수행해 한 발을 딛은 채 다른 발을 내밀어 걸어가는 동작을 수행할 수 있습니다.

하반신 만들기

먼저, 보행 기능의 테스트를 위해 로봇의 하반신부터 조립합니다. 조립이 완료되면 프로그램 역시 하반신의 전진, 방향 전환과 같은 보행에 필요한 마이 블록부터 작성할 것입니다. 하반신의 기본 기능이 완료되면 로봇의 상반신을 조립하고 로봇이 주변 환경에 대해 반응하고 상호작용할 수 있는 프로그램 역시 추가할 것입니다.

그림 19-3에서 라바 렉스를 조립하는 데 필요한 부품 목록을 확인할 수 있습니다. 이제 로봇을 조립해 봅시다.

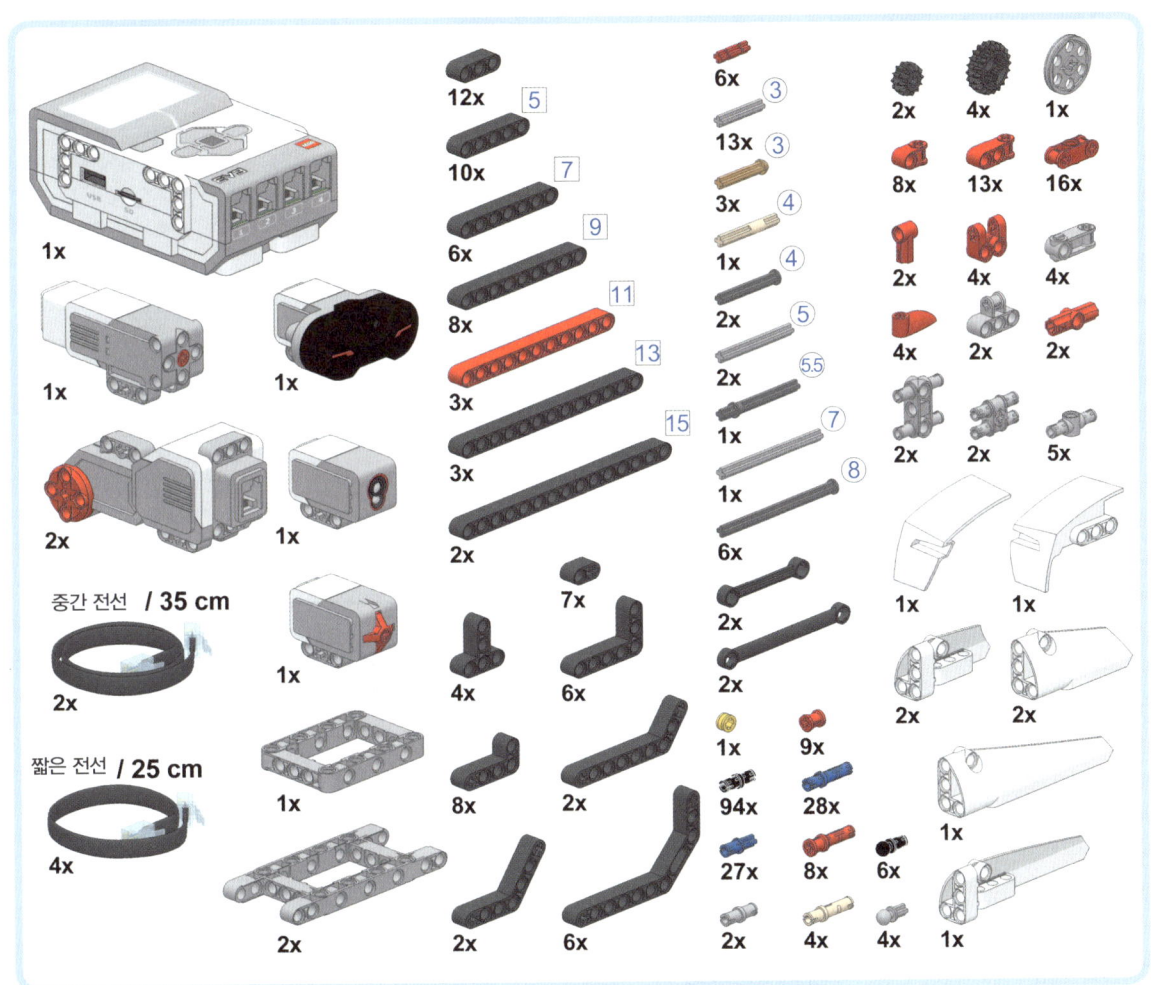

■ 그림 19-3 라바 렉스의 조립에 필요한 부품. 이 부품은 로봇 조립에 필요한 전체 부품 목록으로, 하반신을 완성한 시점에서는 상반신을 위한 부품이 남아 있을 것입니다.

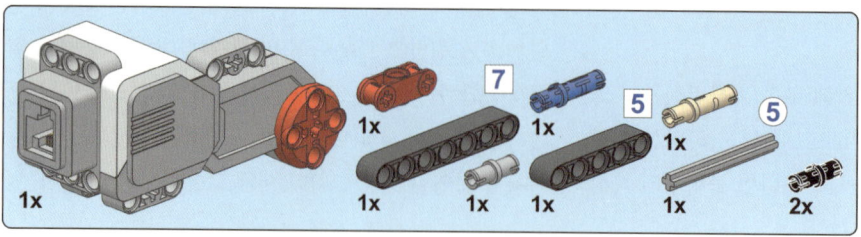

1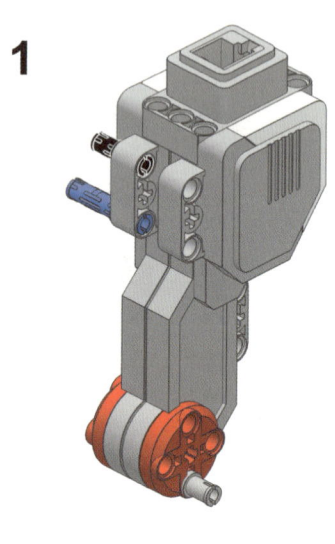

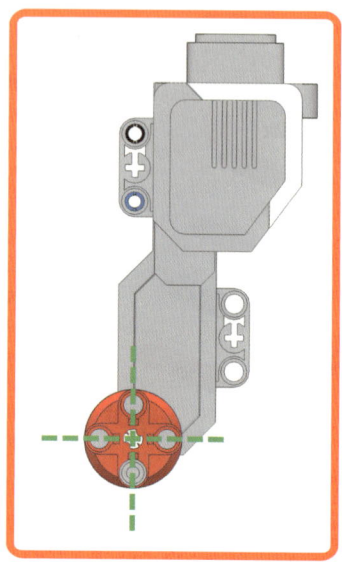

2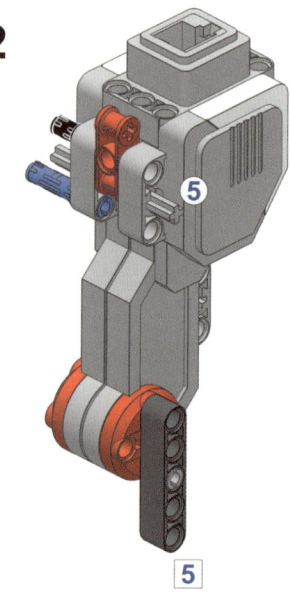

3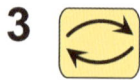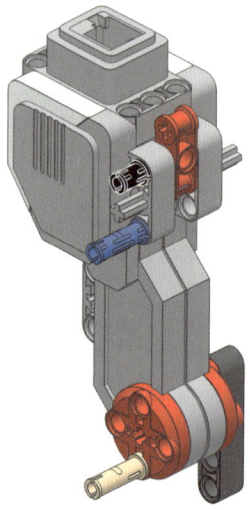

4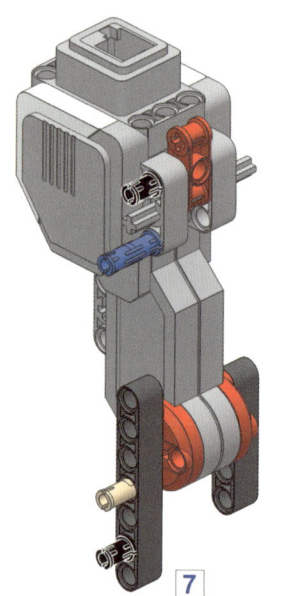

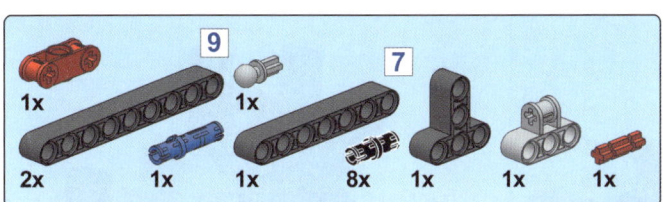
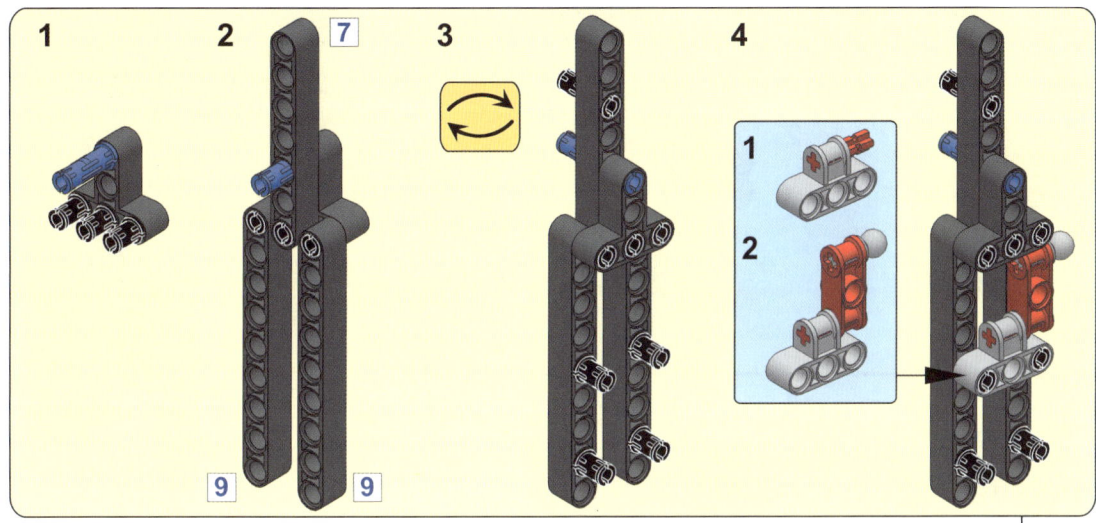
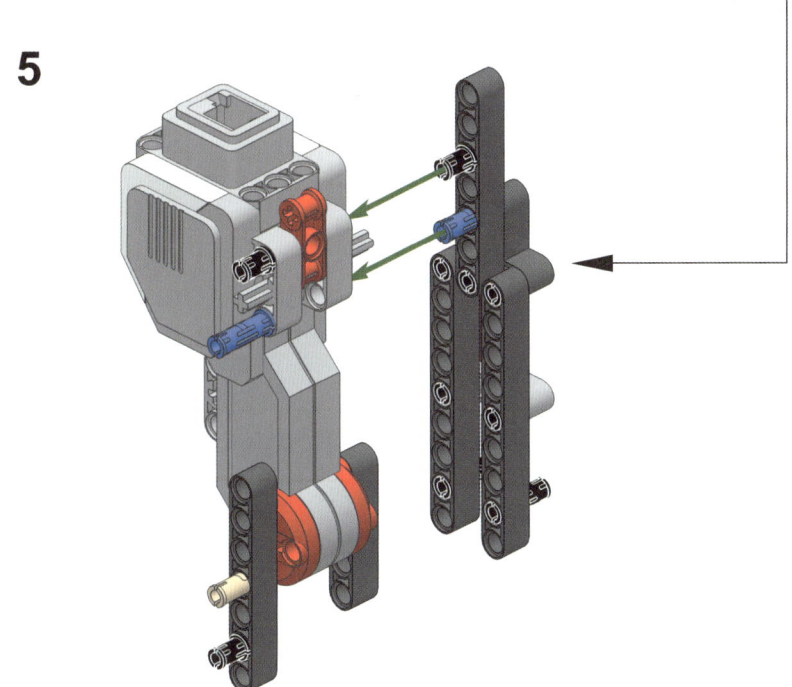

19 라바 렉스: 걷고 말하는 인간형 로봇

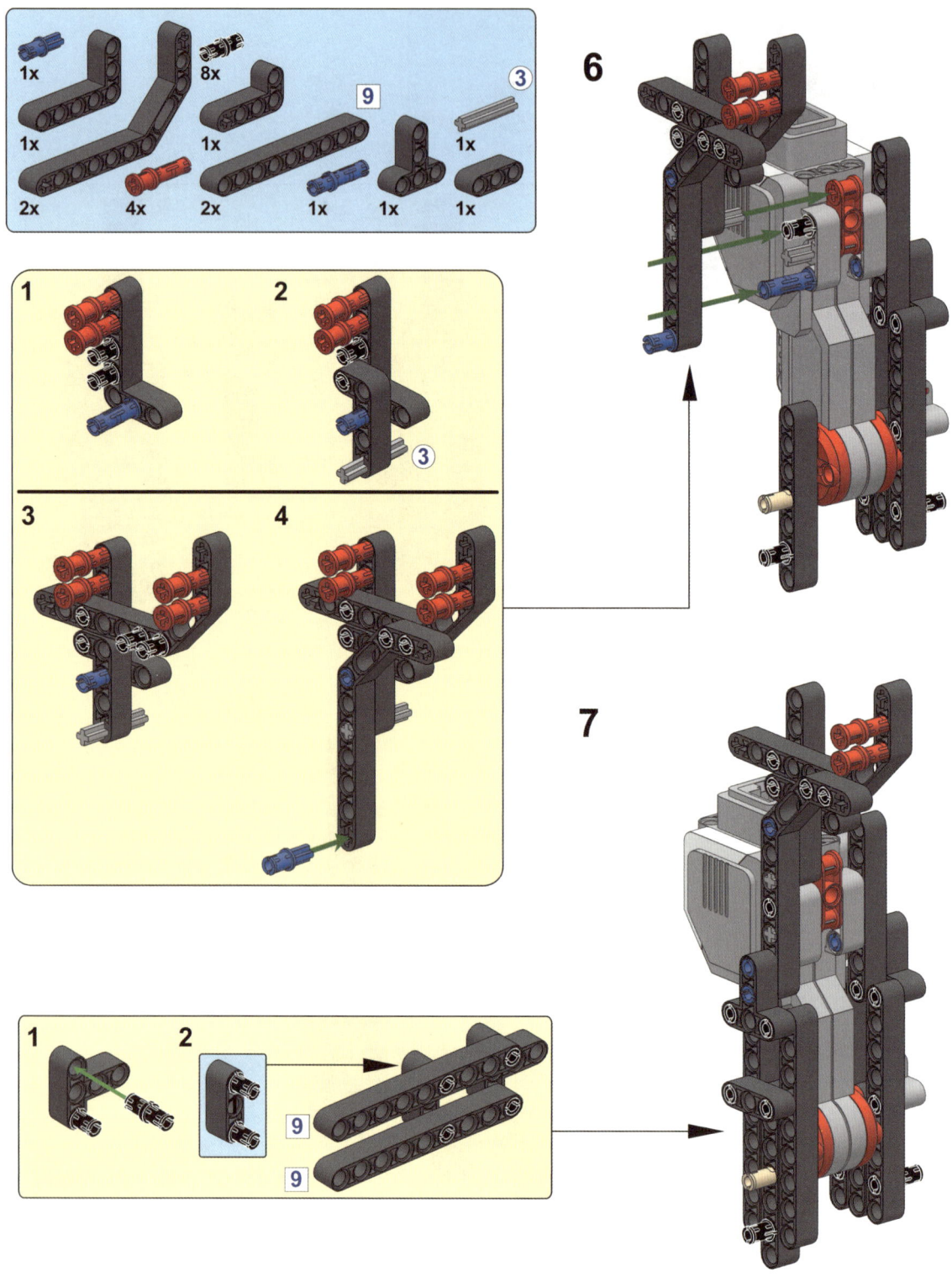

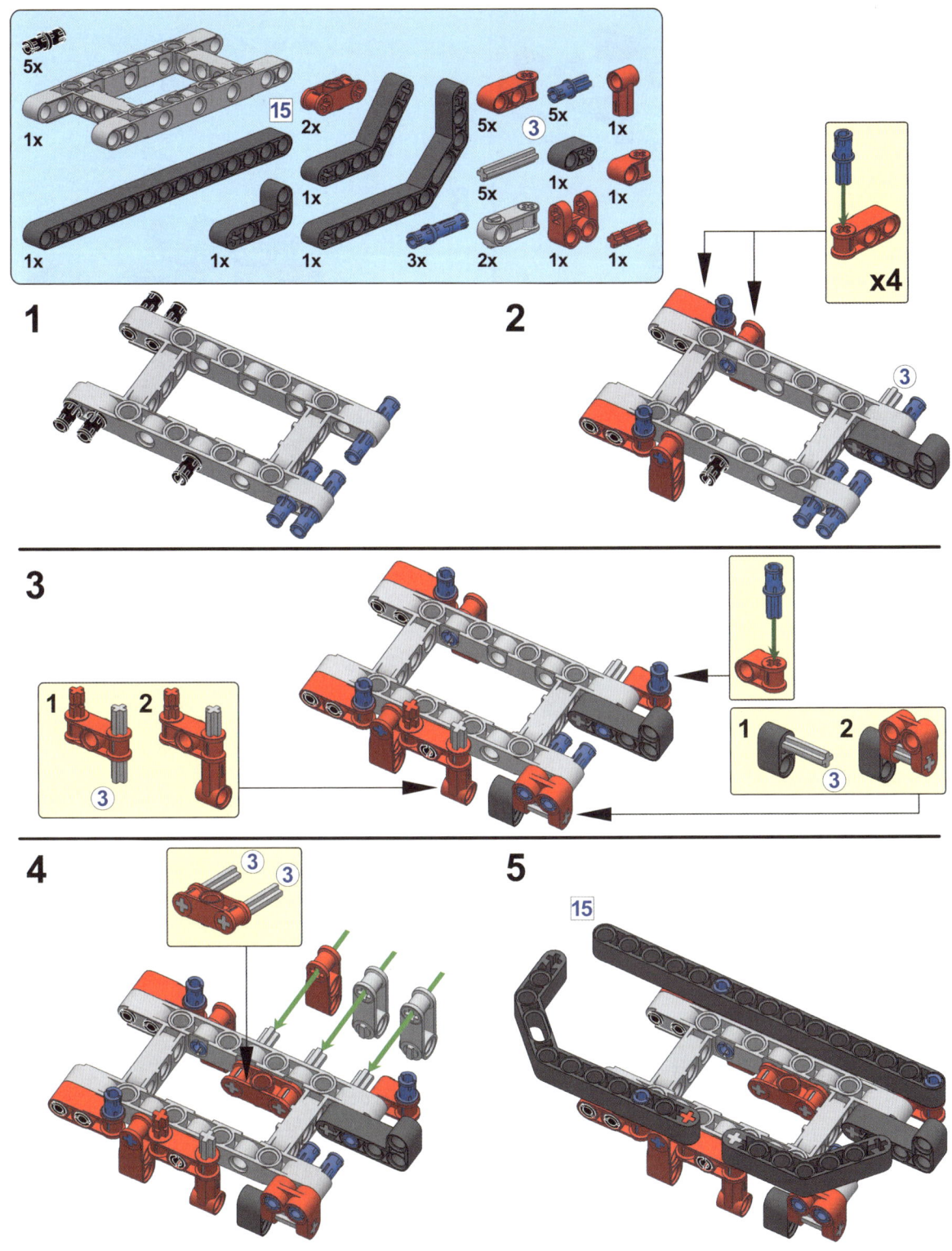

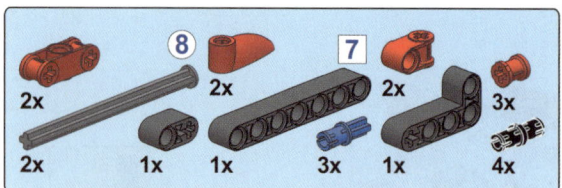

6
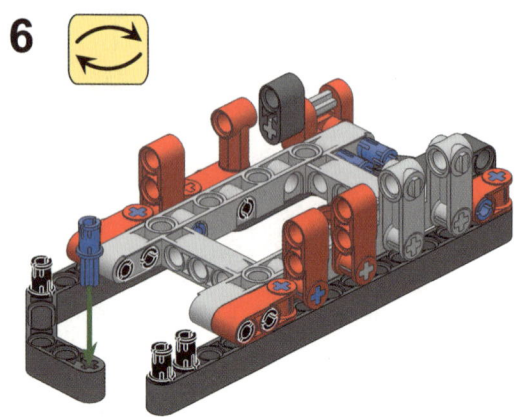

7

8
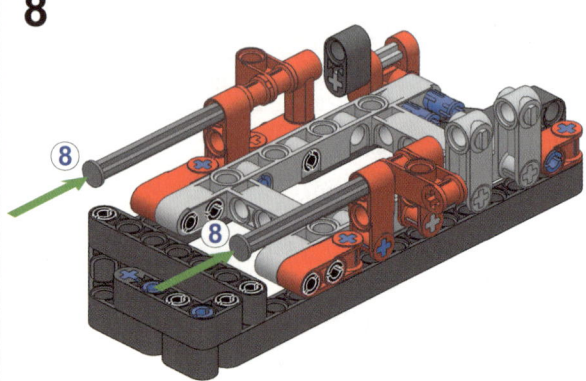

9

10
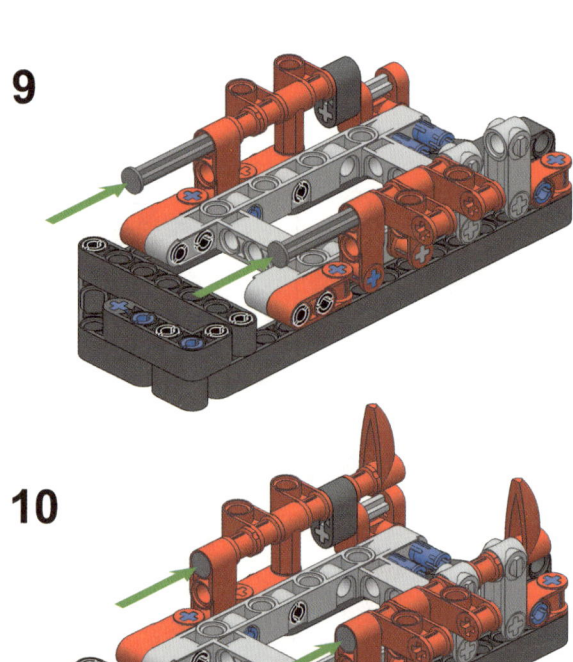

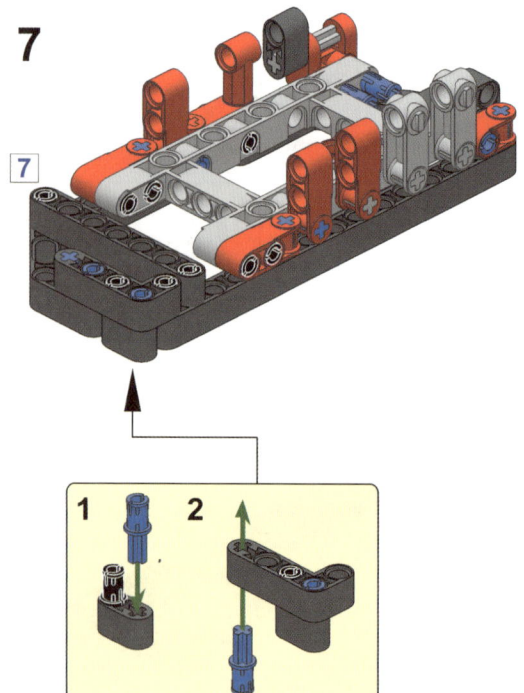

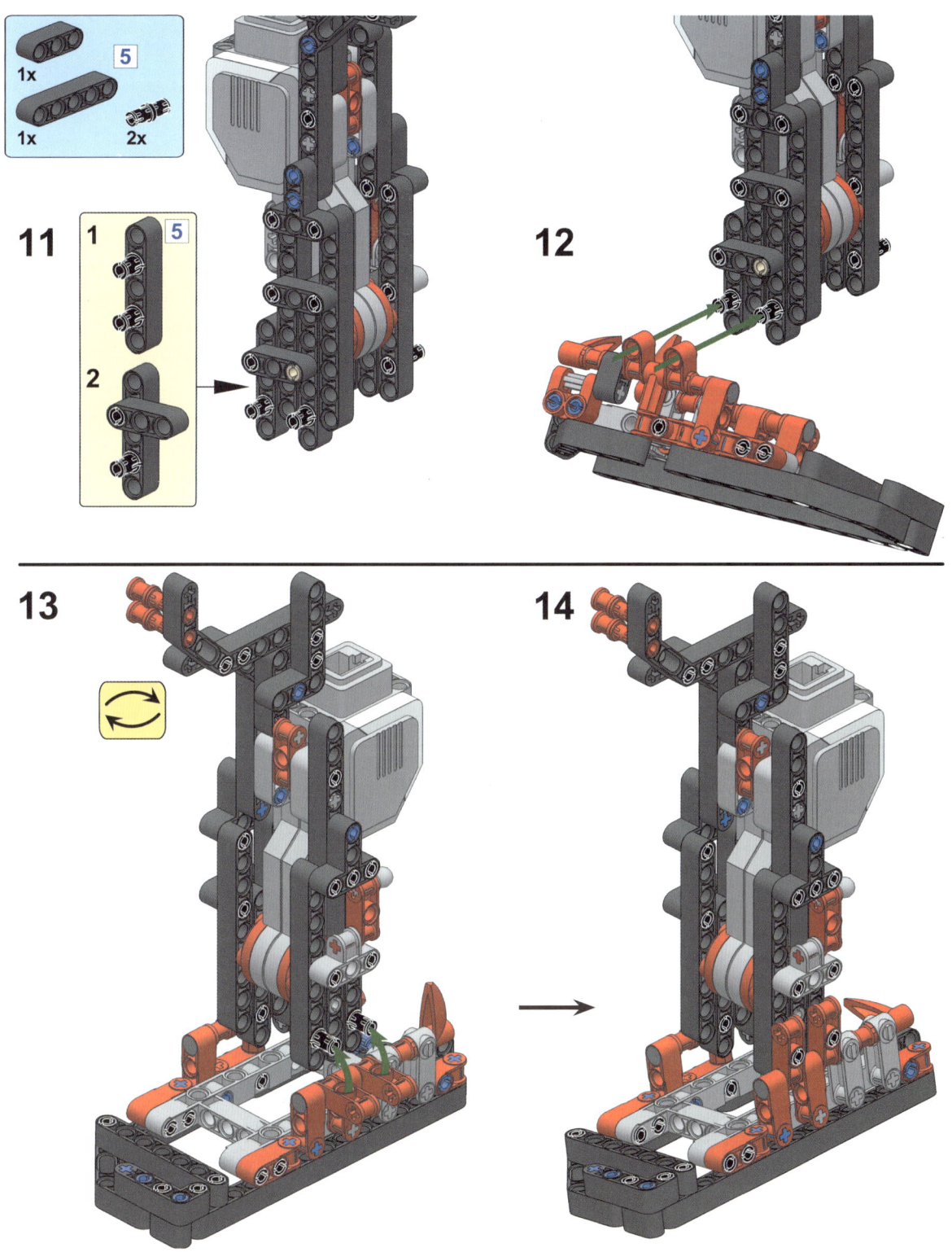

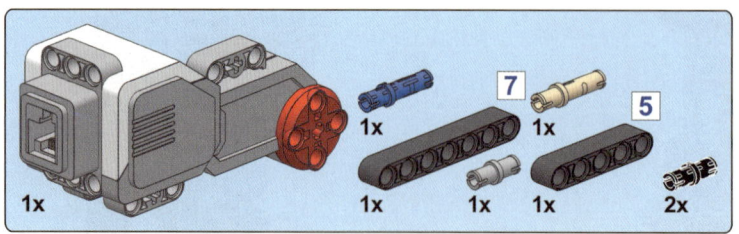

1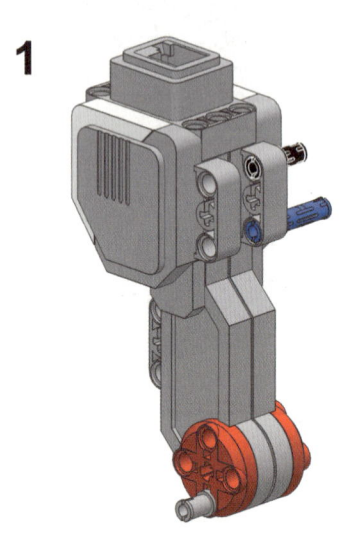

2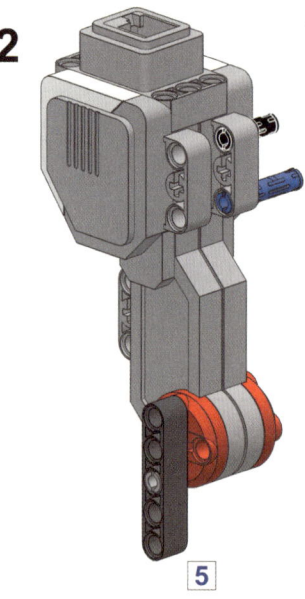

3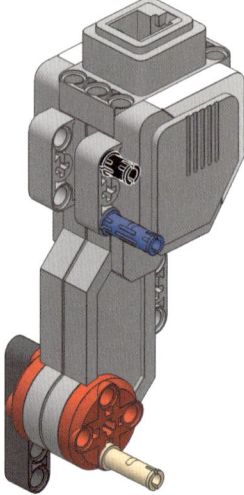

4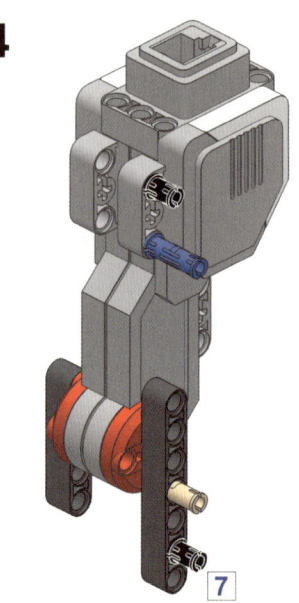

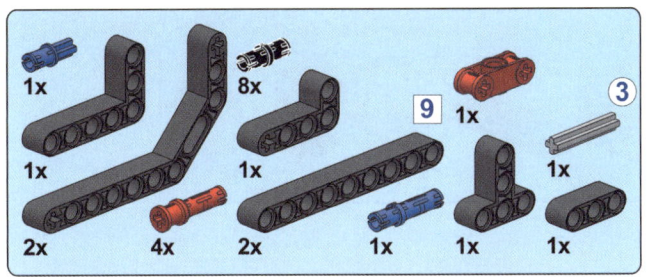
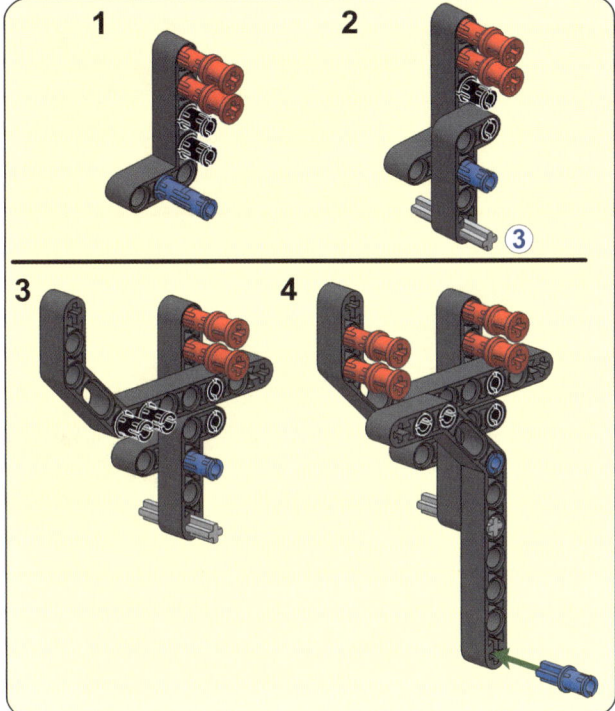
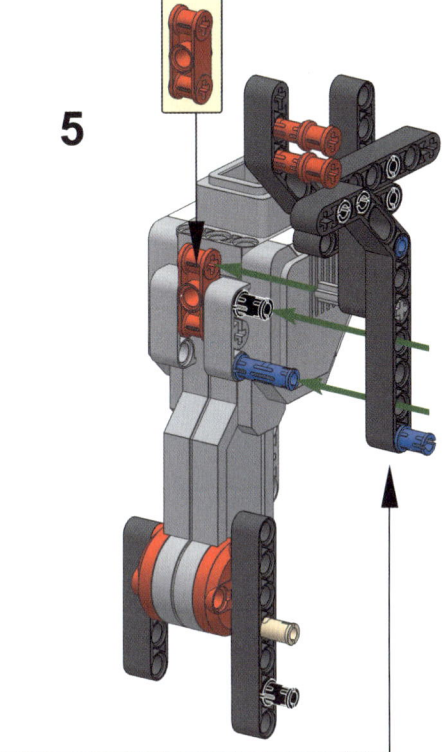
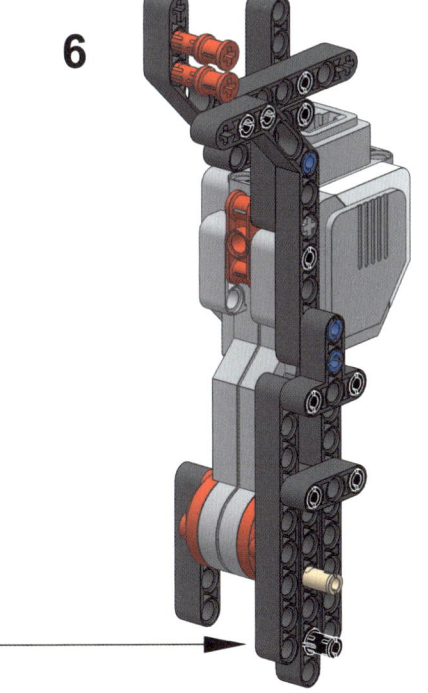
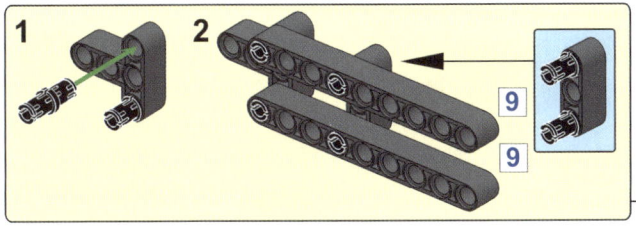

19 라바 렉스: 걷고 말하는 인간형 로봇

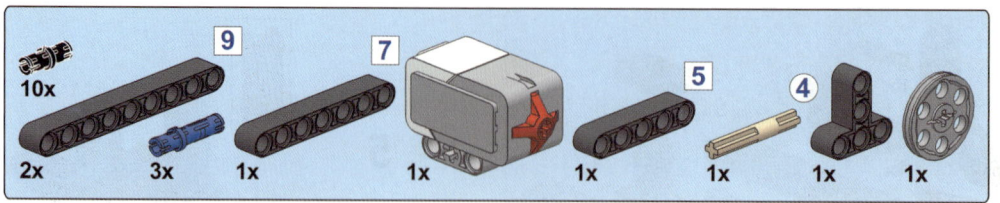

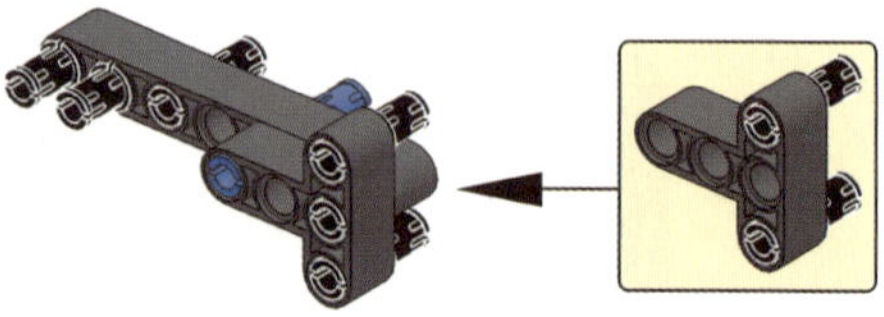

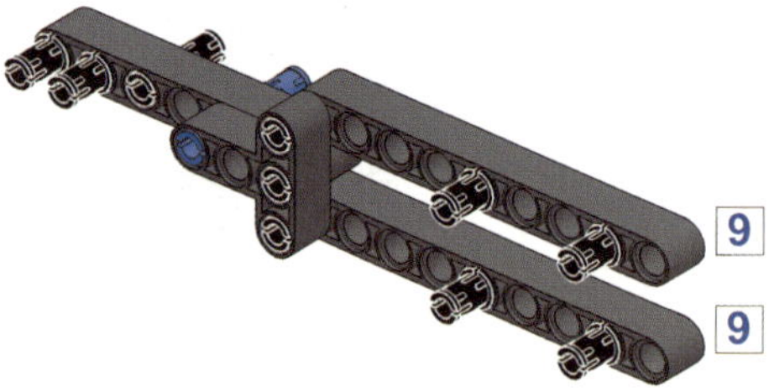

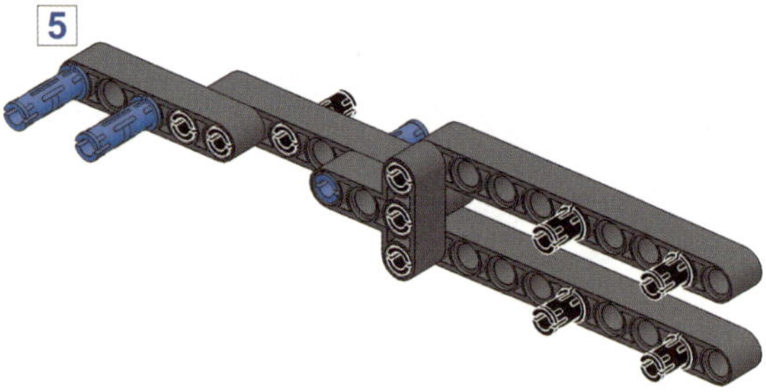

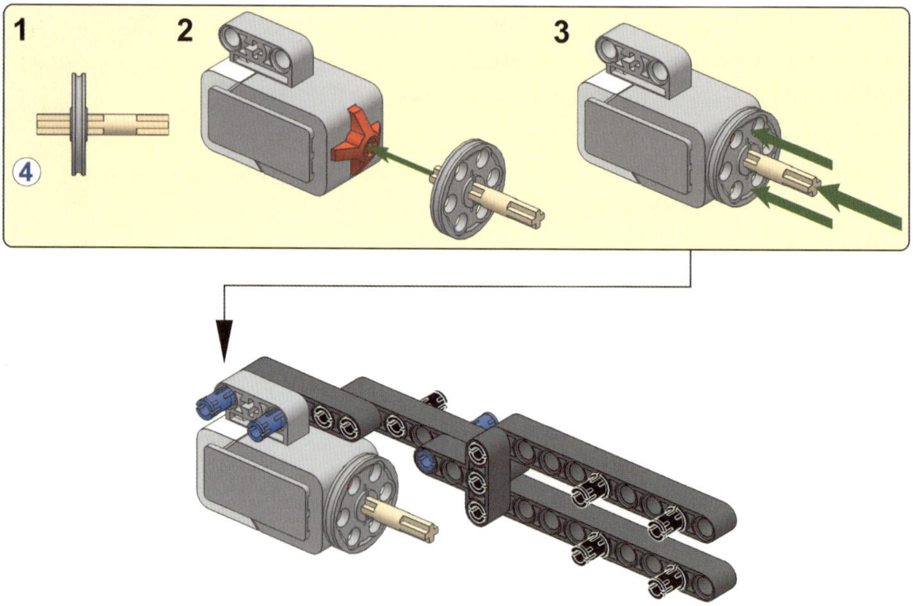

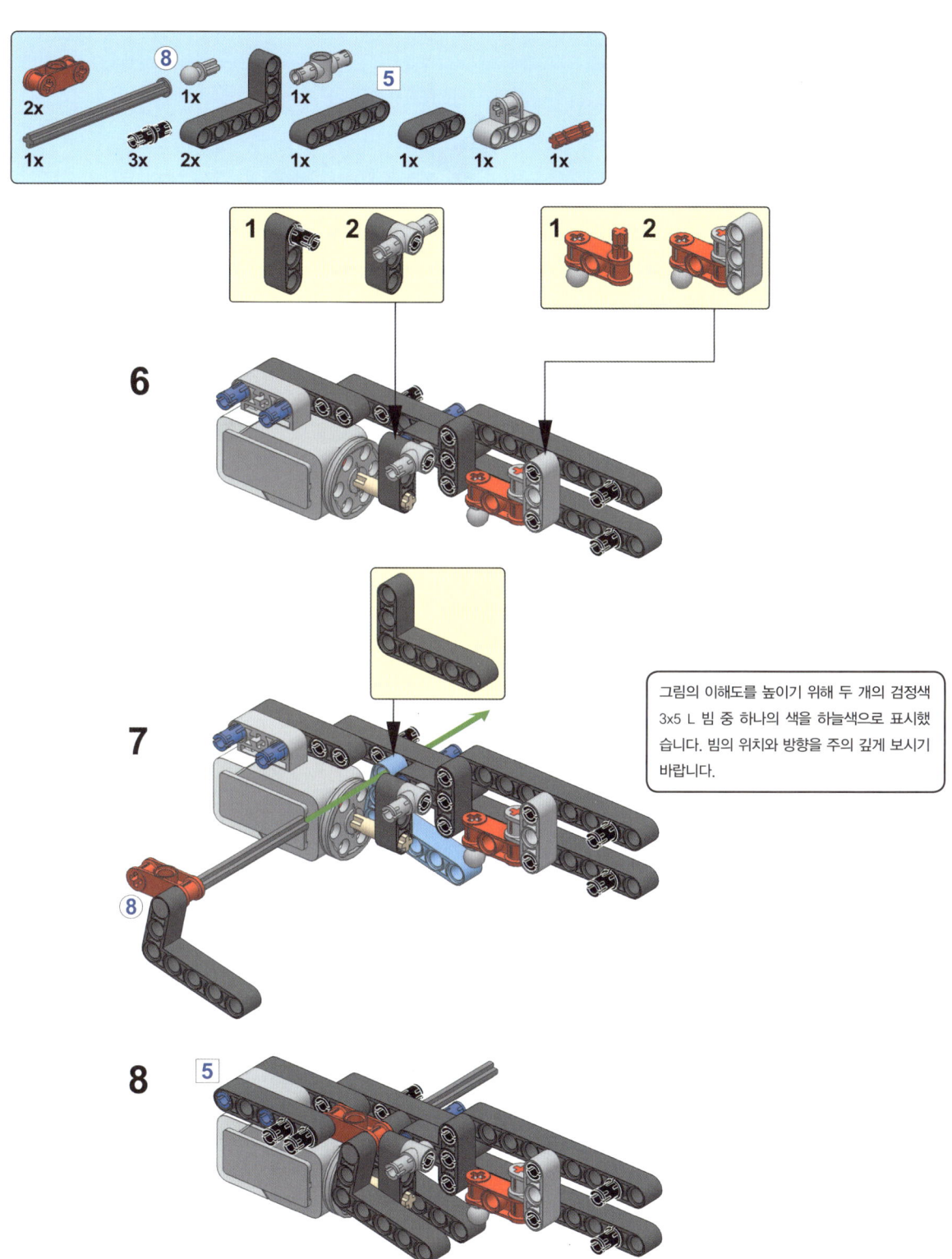

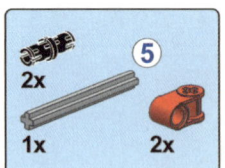

9

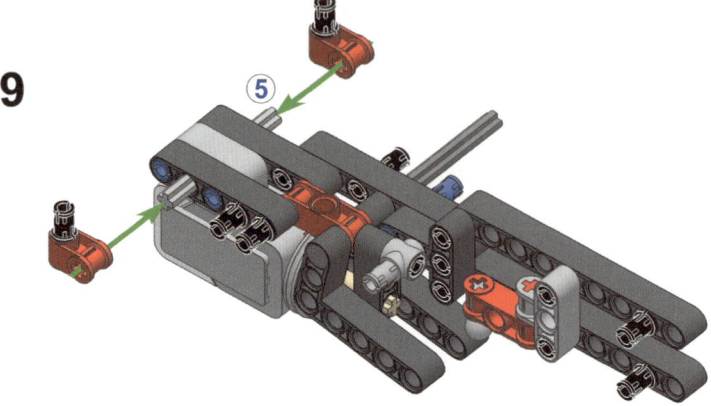

10

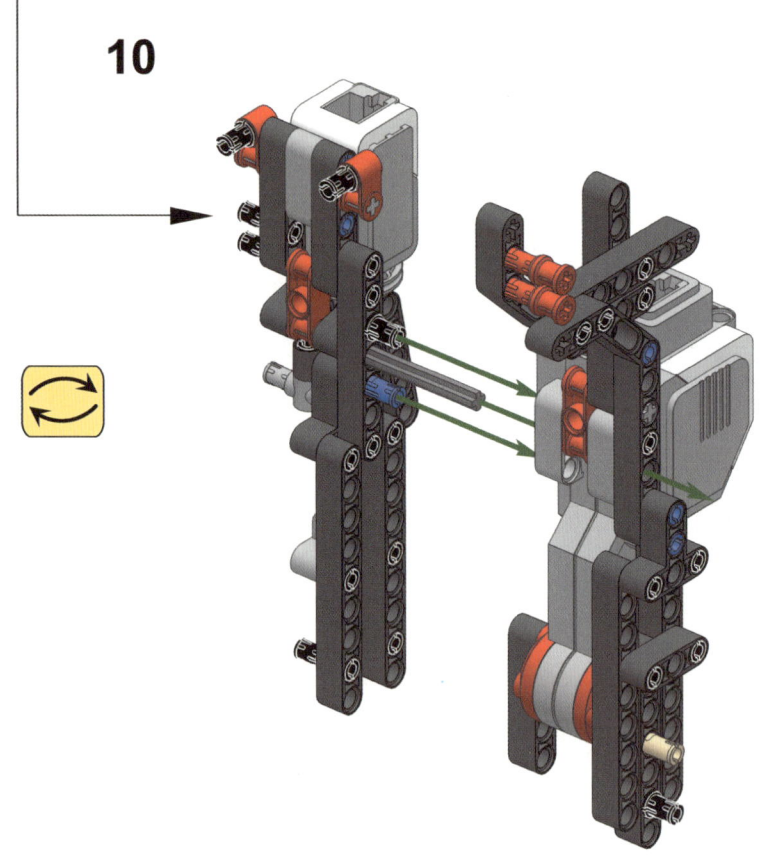

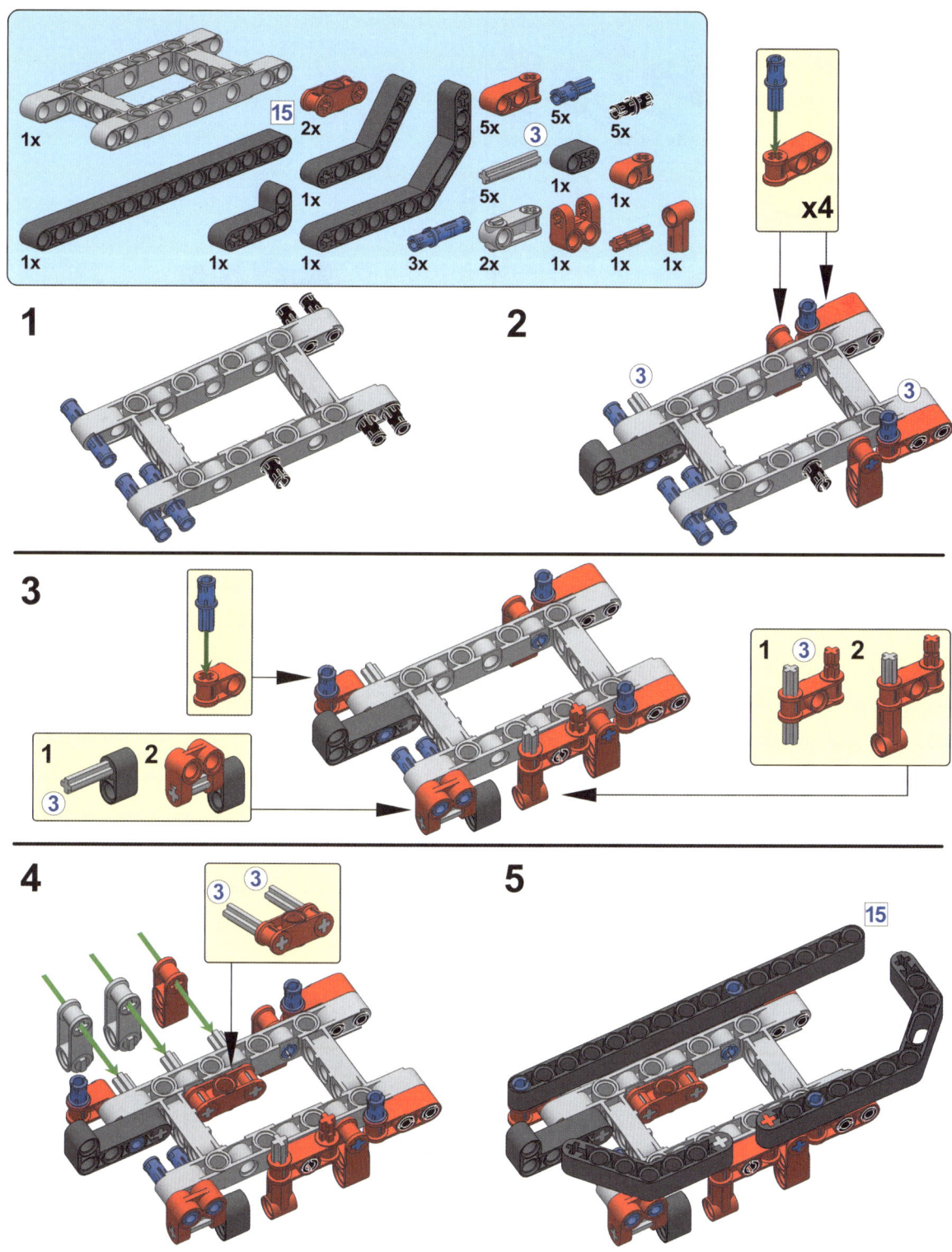

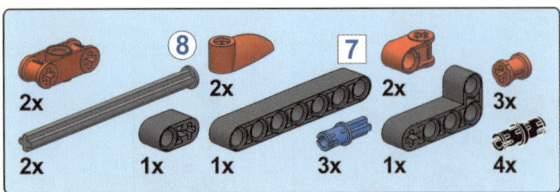

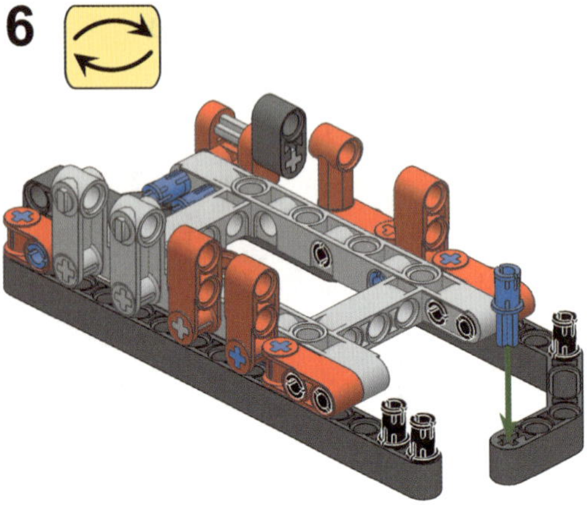

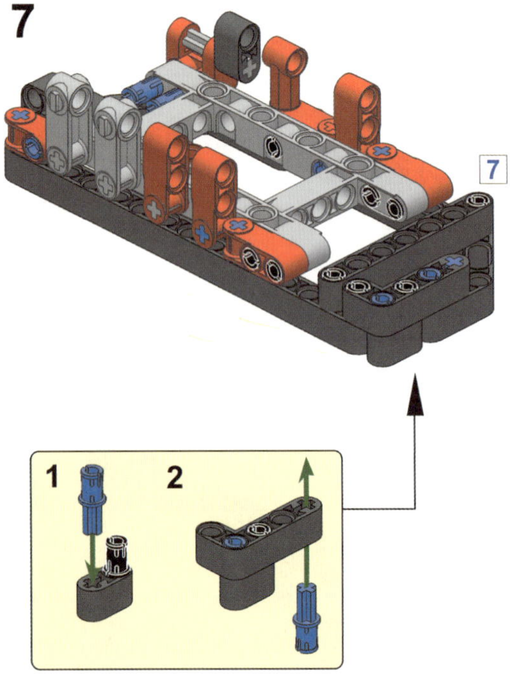

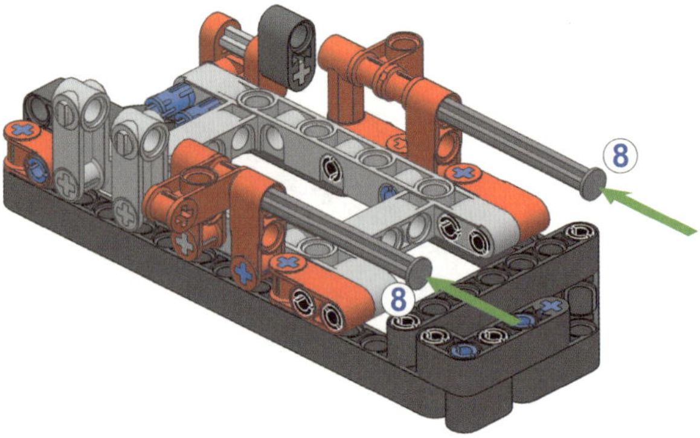

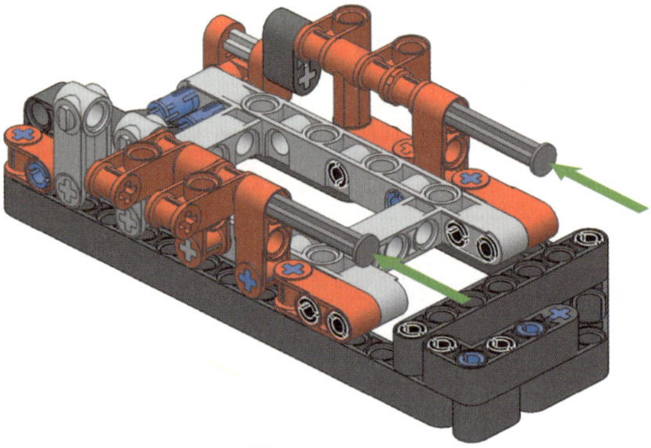

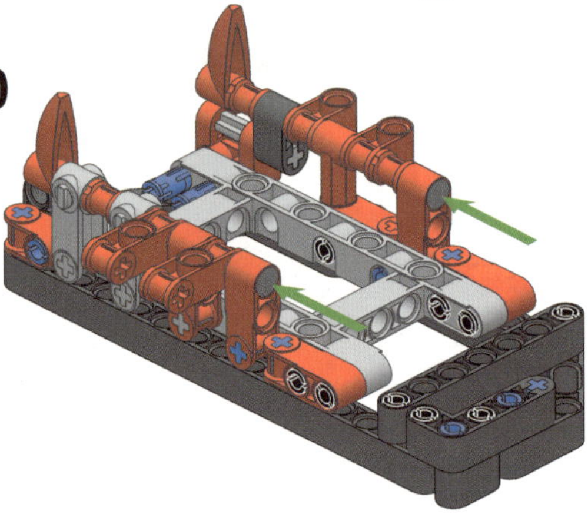

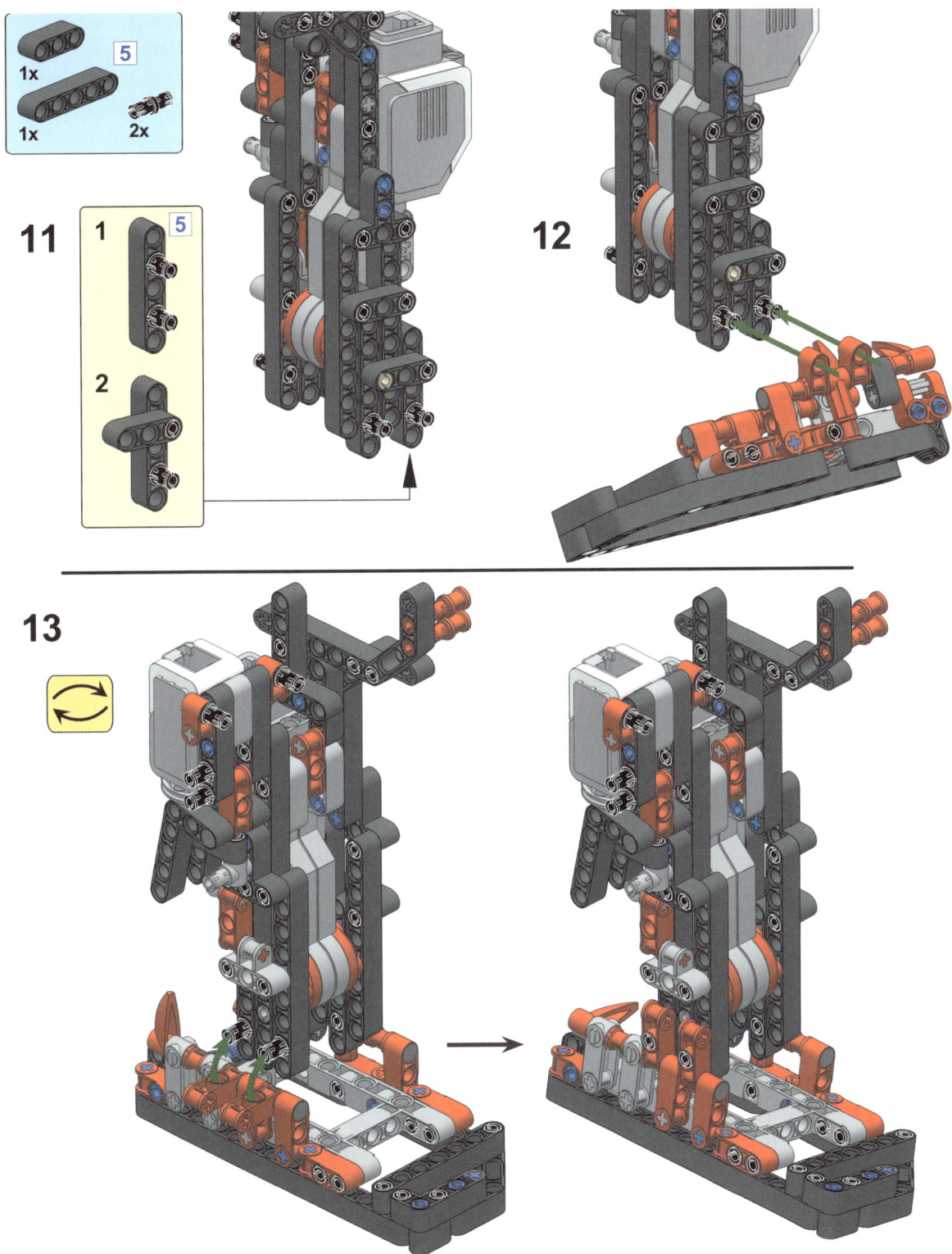

19 라바 렉스: 걷고 말하는 인간형 로봇

1

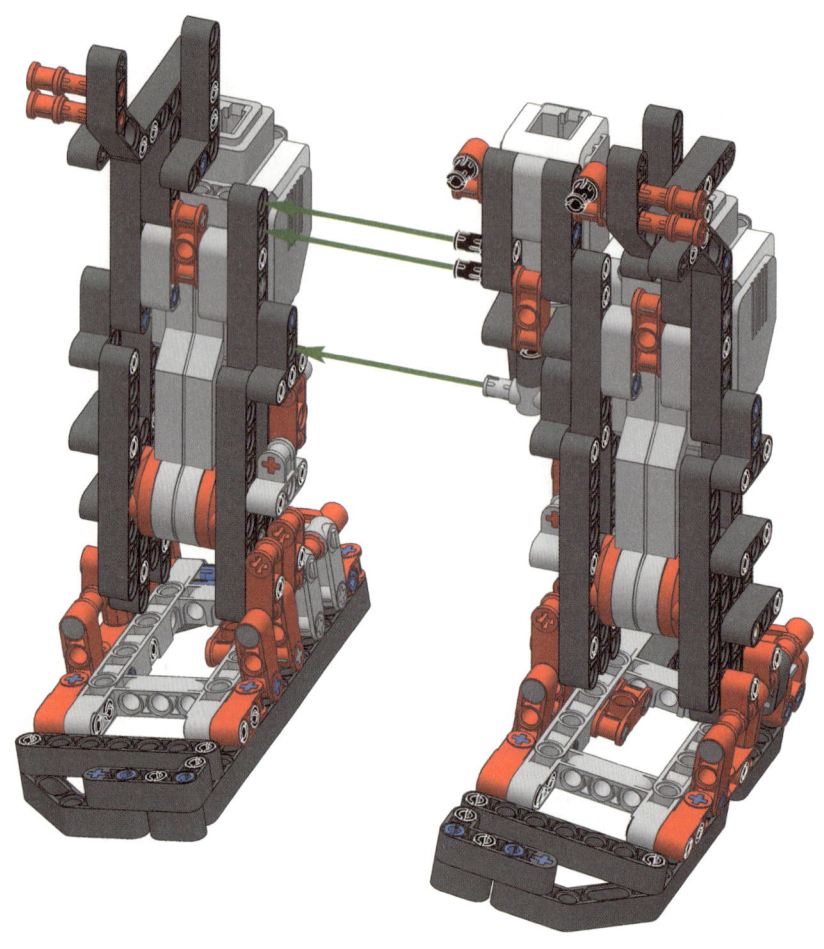

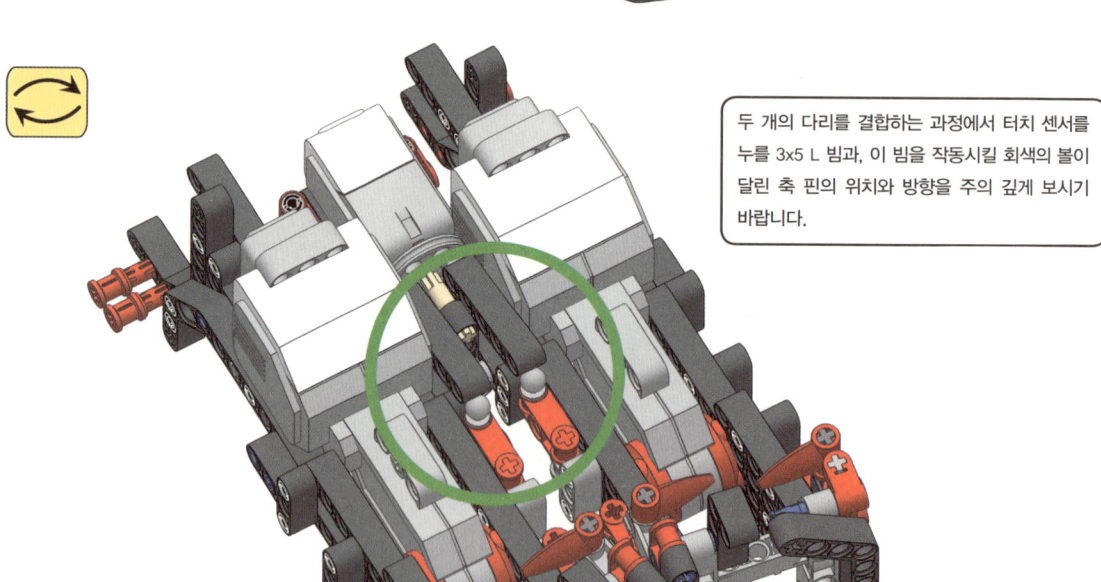

두 개의 다리를 결합하는 과정에서 터치 센서를 누를 3x5 L 빔과, 이 빔을 작동시킬 회색의 볼이 달린 축 핀의 위치와 방향을 주의 깊게 보시기 바랍니다.

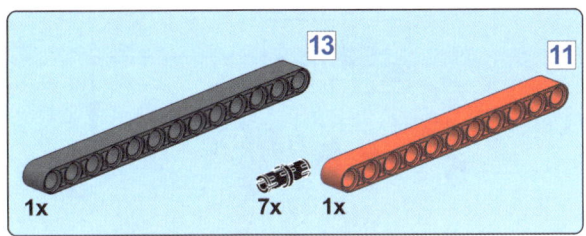

2

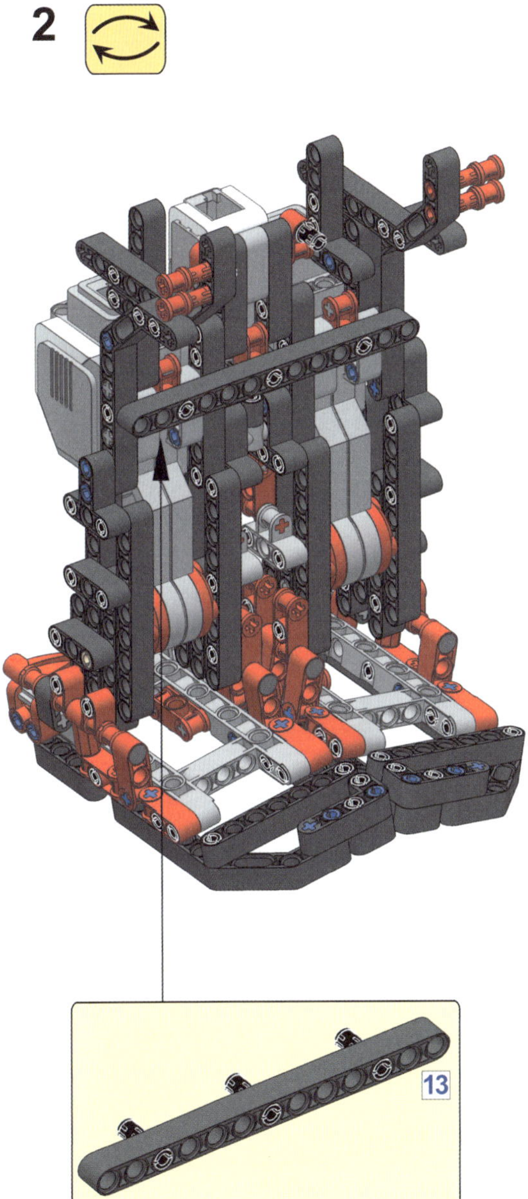

3

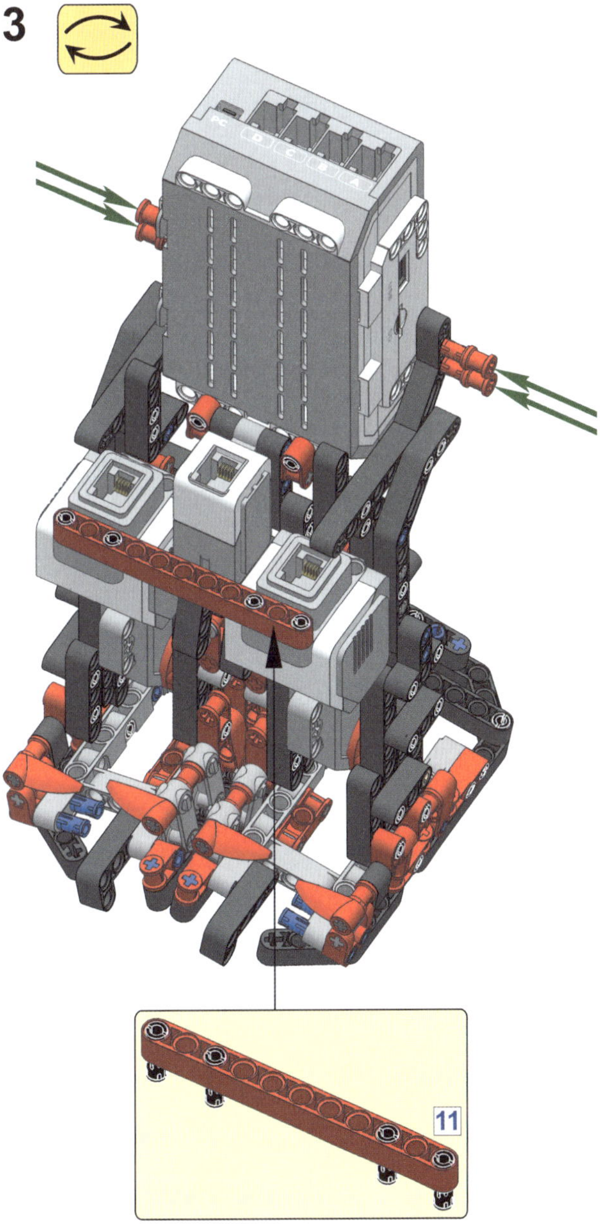

19 라바 렉스: 걷고 말하는 인간형 로봇 411

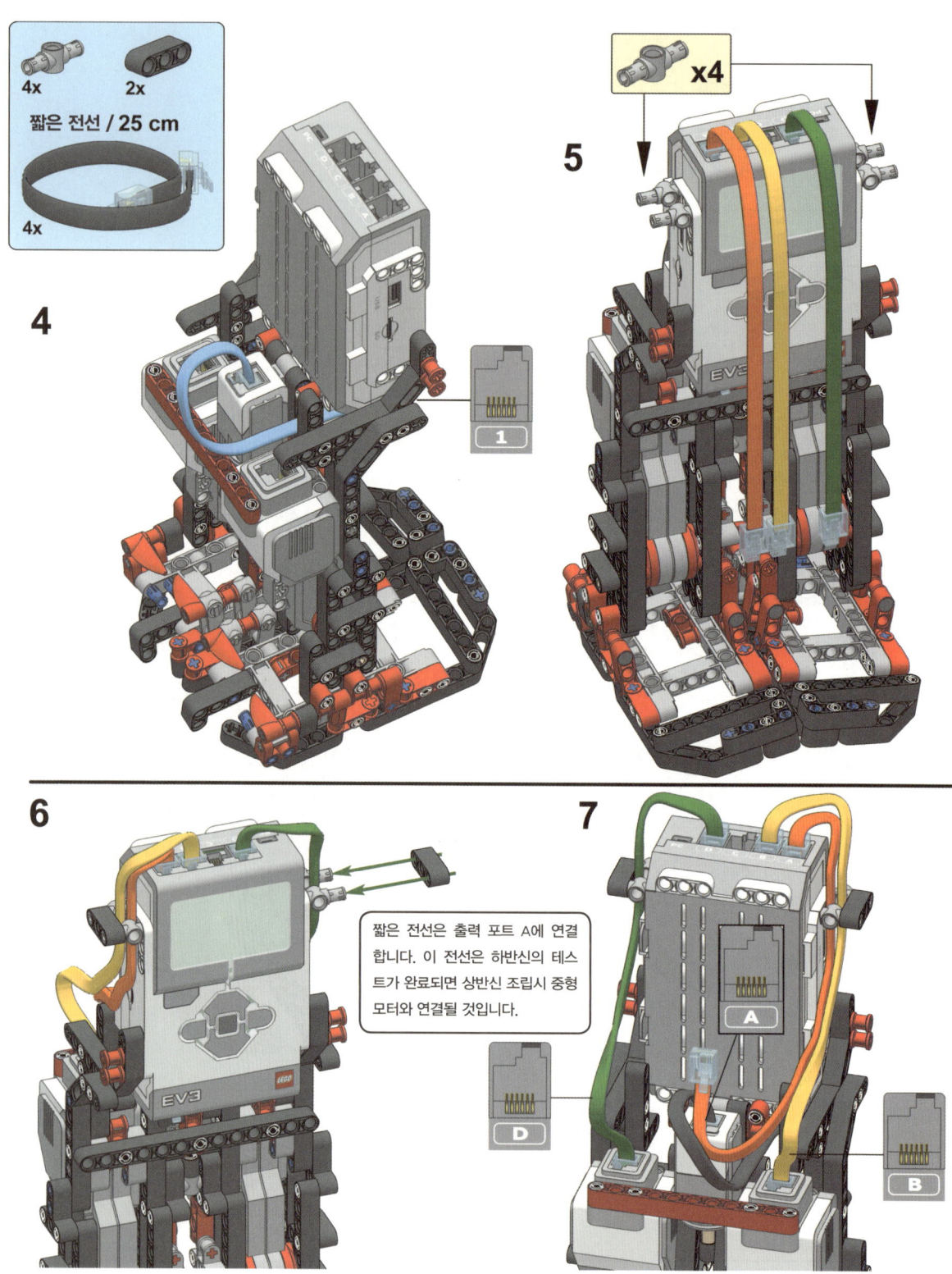

로봇의 걸음마

이제 로봇의 다리를 움직이기 위한 몇 가지 마이 블록을 만들 차례입니다. 우리는 두 다리가 서로 반대 방향으로 향하도록 초기화시키는 것과 가장 기본적인 보행이라 할 수 있는 앞으로 걷기, 그리고 왼쪽으로 방향을 틀 수 있는 기능을 구현해 볼 것입니다. 물론, 이 마이 블록을 테스트할 수 있는 프로그램도 함께 만들어야겠지요.

보행 기능을 테스트하기에 조금 더 나은 환경을 위해, 상반신은 조금 뒤에 만들 것입니다. 보행 프로그램을 구동하는 과정에서 로봇이 균형을 잃는 경우가 자주 발생할 텐데, 상반신까지 완성되어 있다면 무게중심이 더 위로 올라가 로봇이 넘어지기 쉽기 때문입니다.

보행을 위한 마이 블록의 테스트가 끝나고, 실제로 로봇이 걸어가기에 성공한다면 그때 로봇의 상반신 조립을 마무리할 것입니다.

마이 블록 #1: Reset

로봇의 걸음걸이에서 각 동작은 매번 모터의 1회전을 통해 이루어집니다. 라바 렉스의 다리는 모터가 1회전할 때마다 그림 19-4와 같이 터치 센서를 한 번씩 누릅니다. 로봇은 이 터치 센서의 값을 이용해 왼쪽과 오른쪽, 두 개의 다리를 서로 반대 방향으로 초기화시킬 수 있습니다.

두 다리는 대칭이고 터치 센서는 한 개만 이용하기 때문에, 특정한 순간에 터치 센서가 눌렸다 하더라도 어느 다리에 의해 눌린 것인지 로봇은 알 수 없습니다.

그래서 초기화를 위해 로봇은 먼저 터치 센서가 눌려있는지 검사하고, 만약 센서가 눌려 있다면 센서의 눌림이 해제될 때까지 두 모터를 모두 회전시킵니다. 터치 센서가 눌리지 않은 상태가 되면 이제 두 모터를 모두 정지시키고 본격적인 초기화 준비에 들어갑니다.

이제 두 다리 중 하나의 모터를 돌리고 터치 센서를 검사하면, 터치 센서가 눌렸을 때 어떤 모터에 의해 눌렸는지, 즉 어느 다리가 어느 방향을 향하고 있는지 알 수 있

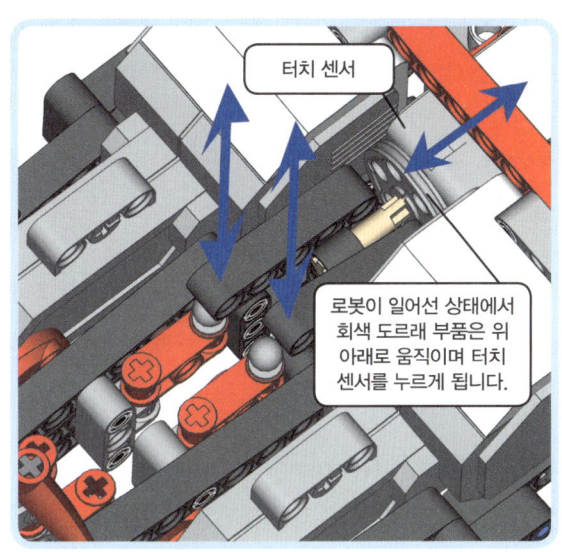

■ 그림 19-4 좌우 각각의 모터는 1회전할 때마다 검정색 3x5 L 빔을 이용해 터치 센서의 스위치에 장치된 회색 도르래 부품을 눌러줍니다. 모래색의 축은 도르래 부품의 이탈을 막기 위한 용도로 사용되었습니다.

게 됩니다. 이를 위해 로봇은 먼저 두 개의 모터를 다른 속도로 아주 조금 구동시키고 멈춘 뒤 터치 센서의 상태를 검사해 눌린 상태라면 루프를 반복하는 식으로 터치 센서가 눌리지 않도록 만듭니다.

만약 제대로 센서가 눌리지 않은 상태가 되면 루프가 끝나고 다음 초기화 작업이 진행되며, 모터의 관성에 의해 다시 터치 센서가 눌린다면 루프는 다시 반복됩니다.

이 과정을 통해, 이제 로봇은 두 다리 중 한 다리만을 돌려 정확한 준비 자세를 만드는 초기화 과정을 진행할 수 있습니다. 이제 두 다리 중 왼쪽 다리(D 포트의 대형 모터)를 터치 센서가 눌릴 때까지 전진시킵니다. 센서가 눌리면 그때부터 90도만큼 더 전진 후 정지시킵니다.

이어 오른쪽 다리(B 포트의 대형 모터)를 터치 센서가 눌릴 때까지 전진시킵니다. 센서가 눌리면 이번에는 90도만큼 모터를 후진 후 정지시킵니다. 이제 두 다리의 링크 구조는 정확히 180도 대칭되는 방향을 향하게 되고, 라바 렉스는 보행을 할 준비가 완료됩니다.

뒤이어 사용될 보행에 관련된 마이 블록들에서 회전

센서의 각도를 활용하기 때문에, 리셋 마이 블록의 맨 마지막에는 회전 센서의 값을 0으로 초기화시키는 기능을 추가합니다. 이는 앞으로 걷기 위해 두 모터가 회전하는 동안, 두 모터는 서로 180도 대칭 방향을 유지하며 함께 회전해야 하기 때문입니다.

그림 19-5는 라바 렉스의 두 다리 위치를 초기화시키는 Reset 마이 블록을 보여줍니다. 이 마이 블록은 라바 렉스를 위한 다른 프로그램들이 초기화를 위해 사용할 것입니다.

마이 블록 #2: Return

라바 렉스의 프로그램은 단지 전진만 하지 않습니다. 때로는 방향 전환도 필요하지요. 문제는 방향 전환을 위해서는 좌우 다리의 움직이는 거리가 달라져야 한다는 것입니다.

전진할 때는 정확히 좌우의 두 모터가 항상 180도 반대 방향을 향하며 구동하지만, 방향을 바꿀 때는 두 모터의 방향이 180도 반대가 아닌 어긋난 상태로 끝날 수 있습니다. 이 상태로는 앞으로 걷기를 할 수 없습니다.

여러분이 다시 라바 렉스를 전진시키려면 두 다리의 위치를 180도 반대 방향이 되도록 초기화시키는 것이 필요합니다. 매번 방향 전환을 할 때마다 동작이 끝난 후 리셋 마이 블록을 실행시키면 간단히 해결되겠지만, 이것은 또 다른 문제를 가져옵니다.

리셋 블록이 구동되려면 긴 시간이 필요하다는 것입니다. 다행히도 다리의 모터에는 회전 센서가 내장되어 있

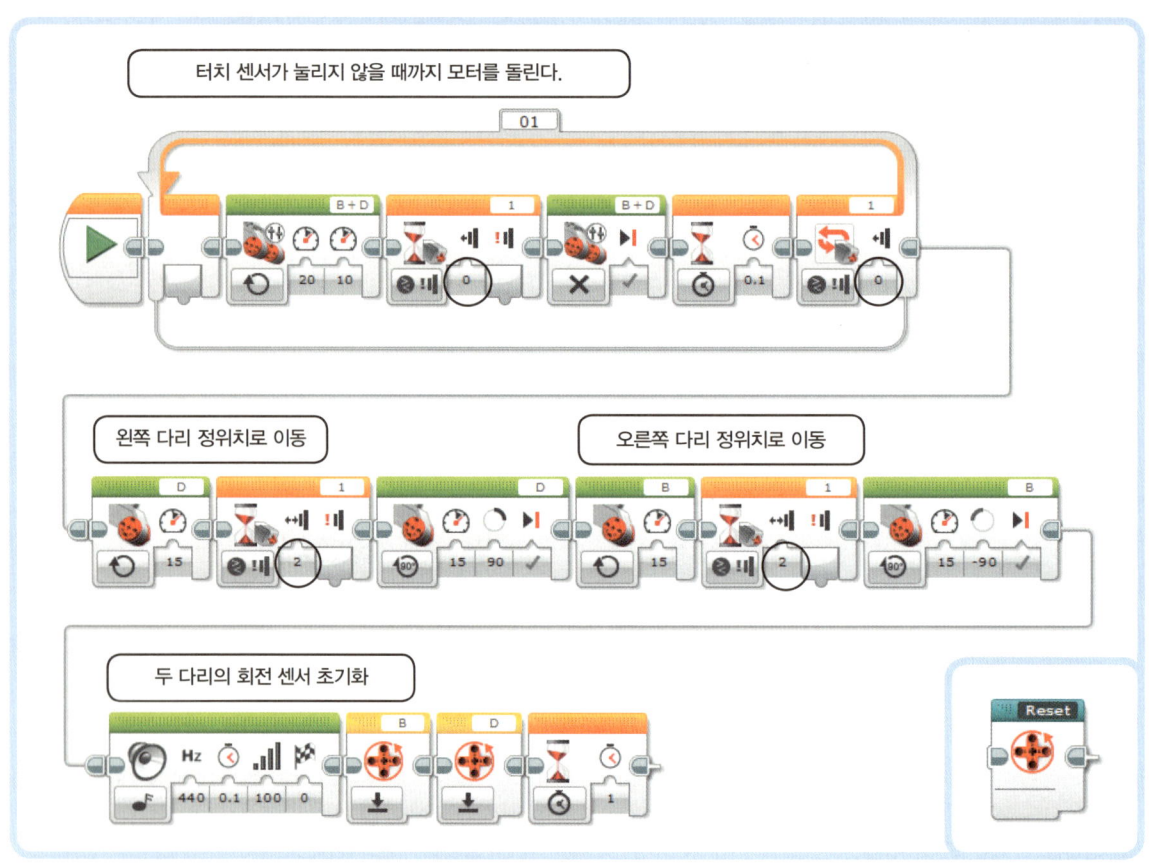

■ 그림 19-5 리셋 마이 블록의 전체적인 구성(왼쪽)과 마이 블록의 모습(오른쪽 아래)

어 회전 센서값이 0이 되도록 모터를 구동시킨다면 리셋 마이 블록을 수행하는 것보다 짧은 시간 안에 두 다리를 초기화시킬 수 있습니다.

두 모터를 시작 위치로 초기화시키기 위해 먼저 프로그램은 두 모터의 회전각을 측정하고 필요한 양만큼 모터를 역회전시킵니다. 간단히 말해 모터가 25도만큼 시계 방향으로 구동된 상태라면 25도만큼 반시계 방향으로 구동시킨다는 의미입니다.

만약 회전량이 한 바퀴, 즉 360도를 넘어갈 때는 어떻게 해야 할까요? 예를 들어 모터의 회전량이 450도라고 가정할 때, 이 모터는 초기화를 위해 -450도를 돌아야 하는 것일까요? 그림 19-6에서 이에 대한 설명을 볼 수 있습니다.

결론부터 이야기하자면 초기화를 위해 필요한 회전량은 -450도가 아닌, -90도입니다. 다리의 모터는 360도 단위로 다리의 위치가 반복되기 때문에, 450도(360도 + 90도)와 810도(360도 + 360도 + 90도) 모두 0도를 기준으로 90도만큼 더 회전한 것으로 볼 수 있습니다.

즉, -450도가 아닌 -90도만 회전해도 결과적으로는 Reset 마이 블록을 이용해 초기화시켰던 방향과 같은 방향으로 다리의 자세를 되돌릴 수 있습니다. 계산 방법은 어렵지 않습니다. 나누기 연산을 이용해서 몫과 나머지를 얻을 수 있기 때문입니다.

나머지만을 얻기 위해서 사용되는 연산자는 %입니다. 이 연산자는 하나의 숫자를 다른 숫자로 나눈 뒤 나머지를 출력합니다. 예를 들어 7을 3으로 나누면 몫은 2, 나머지는 1이 됩니다. 이것을 연산자로 풀면 7 % 3 이 되고, 이 때 출력값은 1이 된다는 의미입니다.

이 기능은 수학 블록의 고급 모드(ADV)를 선택하고, 우측 상단의 방정식 입력창에 수식을 넣어 쓸 수 있습니다.

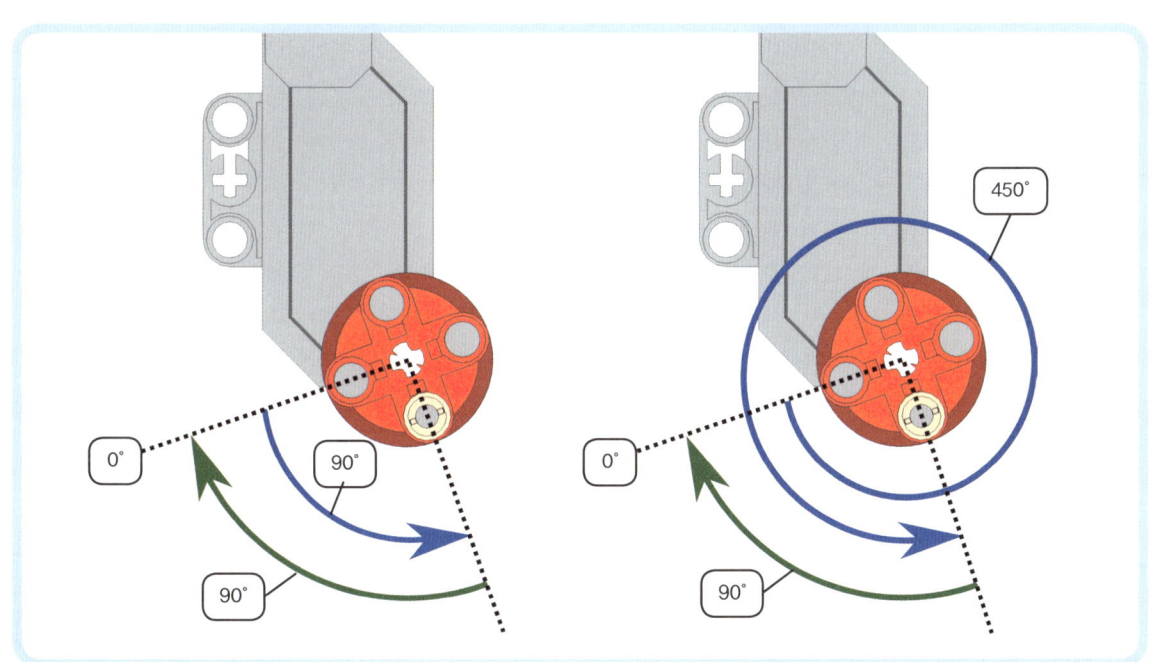

■ **그림 19-6** 모터가 반시계 방향으로 회전했다면(왼쪽 그림 파란색 화살표) 현재 각도를 측정하고, 같은 각도만큼 시계 방향(왼쪽 그림 녹색 화살표)으로 회전시키면 처음의 위치(0도)로 돌아갈 수 있습니다.
만약 모터가 반시계 방향으로 한 바퀴 이상 회전했다면(오른쪽 그림 파란색 화살표) 처음의 위치(0도)로 돌아가기 위해 꼭 시계 방향으로 같은 양을 회전할 필요는 없습니다. 전체 회전량에서 360도 단위로 뺀 나머지 값만큼(오른쪽 그림 녹색 화살표) 회전하는 것만으로 모터는 처음의 위치(0도)로 돌아갈 수 있습니다.

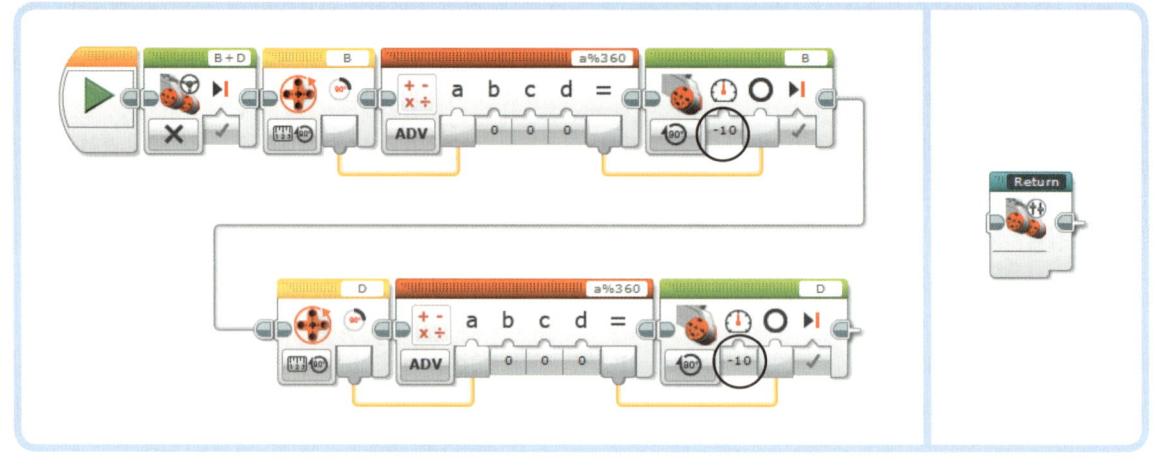

■ 그림 19-7 Return 마이 블록(왼쪽)과 완료된 마이 블록 형태(오른쪽)

우리가 필요로 하는 값은 전체 회전각을 360도(1회전)로 나눈 나머지이므로, 앞의 450도를 예로 든다면, a % 360이라는 수식을 입력하고, a에 450을 대입하면 될 것입니다. 그 결과값은 90이 됩니다.

정리하자면, 모터의 회전 센서에서 측정된 각도가 360도보다 큰 경우 360도 단위를 모두 빼고 남는 각도(360보다 작은 각도)만큼을 역회전시키면 모터는 리셋 마이 블록을 실행했을 때와 같은 초기 위치로 돌아갑니다.

그림 19-7은 이와 같은 원리를 이용해 두 다리를 초기화시키는 Return 마이 블록의 모습을 보여줍니다.

> **NOTE** 마인드스톰 프로그램의 수학 블록에서 나누기(÷)는 슬래시 기호(/)를 사용하고, 곱셈(×)은 별표(*)를 사용합니다. 나머지 계산을 위한 연산자는 '모듈로'라는 이름과 퍼센트 기호(%)를 사용합니다. 각각의 수식은 수학 블록의 '방정식' 입력 상자에서 선택할 수 있습니다.

마이 블록 #3: Onsync

로봇의 두 다리가 반대 방향을 향하도록 한 후 로봇의 보행을 위해 두 개의 모터를 동시에 20%(34 rpm)의 속도로 전진시켜야 합니다. 사실, 조향모드 주행 블록만으로도 이 작업은 충분해 보일 수 있습니다.

하지만 180도 반대 방향을 유지해야 하는 각 모터의 미세한 각도 오차로 인해 어느 한 모터라도 방향이 어긋나는 문제에 대해서는 조향모드 주행 블록만으로 해결할 수 없습니다.

결국 두 다리의 방향이 틀어지게 되어 제대로 걸을 수 없는 지경에 이를 수 있습니다. 이 메커니즘은 두 다리가 정확히 180도 위상을 유지해야 제대로 걸을 수 있습니다. 만약 두 다리가 180도보다 크거나 작은 각도로 방향이 틀어진다면 로봇은 제자리에서 발을 구르는 것처럼 동작할 것입니다.

따라서 이런 문제를 막기 위해서는 단순한 조향모드 주행 블록이 아닌, 두 모터의 회전각을 제대로 유지할 수 있는 동기화 엔진이 필요합니다.

즉 두 모터의 회전 속도를 평균 20% 수준으로 맞추되 모터 D의 회전각 역시 모터 B의 회전각과 거의 비슷하게 맞추는 수식이 필요합니다.

이와 같은 동기화를 위해서는 한 모터가 다른 모터보다 조금 뒤처졌을 때 회전량을 따라잡기 위해 뒤처진 모터의 파워를 20%보다 조금 빠르게 설정하고, 앞선 모터는 파워를 20%보다 조금 느리게 설정하는 과정이 필요합니다.

덧붙이자면, 단순히 느린 모터를 조금 빨리 돌리는 것

이 아니라, 두 모터 사이의 각도 차이가 클수록 속도 조절폭을 크게 하고, 각도 차이가 작을수록 속도 조절폭을 줄이는 가변적인 계산이 필요합니다.

예를 들어, 모터 B의 회전 센서가 790도이고, 모터 D의 회전 센서가 750도라면 모터 D는 22%의 속도로 가속하고, 모터 B는 18%의 속도로 감속해 모터 D가 모터 B와 같은 수준의 회전 센서값을 유지하도록 하는 것입니다.

두 모터 사이의 각도가 40도만큼 차이가 날 때 속도의 가감속 비율을 각각 2%로 적용하기 위한 수식은 다음과 같은 과정을 통해 만들어집니다.

먼저 두 모터의 각도가 얼마만큼 차이 나는지 알아보기 위해서는 빼기 연산을 적용해 모터 D의 회전 센서값에서 모터 B의 회전 센서값을 빼 줍니다(이 경우에는 790 - 750 = 40도가 됩니다).

Return 마이 블록에서와 마찬가지의 이유로, 이 값에 360으로 나눈 나머지를 취하는 모듈로 연산(%)을 적용합니다.

만약 두 모터 사이의 각도 차이가 360보다 더 크게 벌어질 경우 1회전 단위를 뺀 나머지만큼의 각도 차이를 보상하는 것이 훨씬 더 쉽기 때문입니다.

예를 들어 두 모터의 각도 차이가 450도라고 하면, 450도 차이만큼을 가속해서 따라잡는 것과 450 % 360 = 90도 만큼을 가속해서 따라잡는 것 모두 동일하게 두 모터의 회전량을 맞추는 결과를 가져옵니다. 만약 두 모터

가 790도 차이가 난다면, 790 % 360 = 70도 만큼을 가속하면 따라잡을 수 있겠지요.

그림 19-8은 이를 위해 기본적인 블록들을 연결한 모습입니다. 이제 모터 B와 모터 D의 회전량의 차이를 구했습니다. 이 차이는 180도보다 크거나 -180도보다 작을 수 있습니다.

예를 들어, 모터 B가 모터 D보다 220도 정도 앞서 있다면 220도에서 360을 뺀 값, 즉 -140도만큼 이동하는 것이 더 효과적일 것입니다.

시계 바늘을 맞출 때 열두 시를 향하기 위해 어느 방향으로 돌리는 것이 빠를지를 생각해보면 됩니다. 바늘이 5를 가리키고 있다면 반시계 방향으로 돌리는 것이 빠를 것이고, 8을 가리키고 있다면 시계 방향으로 돌리는 것이 빠르겠지요.

정리하자면, 라바 렉스의 다리 자세 제어용 모터에서 모터 B가 모터 D보다 220도 앞서 있다는 것은, 모터 B가 모터 D보다 140도 뒤쳐져 있다는 것과 동일하다는 의미입니다.

전자와 후자, 모두 외형적으로 보이는 두 다리의 방향에 대해서는 같지만, 두 다리의 회전각을 맞추기 위한 운동량의 관점에서 본다면 차이가 있습니다.

220도 만큼의 차이를 맞추는 것 보다는 140도 만큼의 차이를 맞추는 것이 더 짧은 시간 안에 더 효과적으로 맞추는 방법일 것입니다.

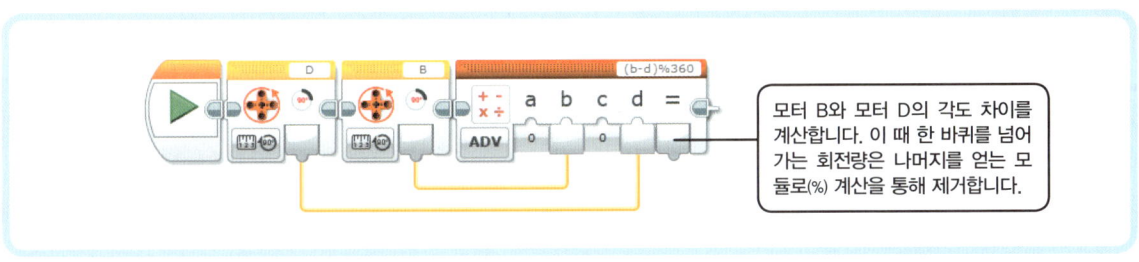

모터 B와 모터 D의 각도 차이를 계산합니다. 이 때 한 바퀴를 넘어가는 회전량은 나머지를 얻는 모듈로(%) 계산을 통해 제거합니다.

■ **그림 19-8** 1단계, OnSync 마이 블록의 첫 번째 블록은 두 모터의 위치 차이를 계산합니다.

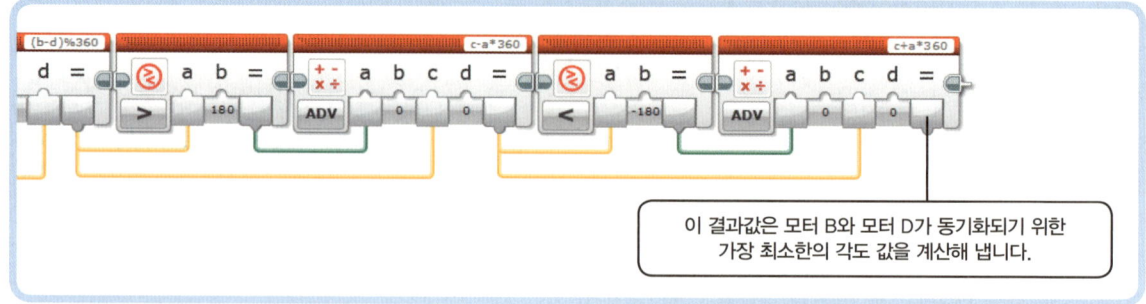

■ 그림 19-9 2단계. 이 블록들은 두 모터의 각도 차에 대해 모터를 정 방향과 역 방향, 어느 방향으로 회전시켜 동기화하는 것이 가장 효율적인지 판단합니다. 각도 차가 180도보다 큰 경우 이 값에서 360을 빼고, -180보다 작은 경우 360을 더하는 계산이 수행됩니다.

만약 각도의 차이가 -180보다 작을 경우 역시 마찬가지입니다. 여러분은 두 각도의 차이 값에 360을 더한 값을 모터의 이동량으로 사용하는 것이 유리합니다. 이를 위해 비교 블록을 추가한 프로그램이 그림 19-9의 모습입니다.

첫 번째 비교 블록은 두 모터의 각도 차가 180보다 큰지 비교하고, 크다면 참(1), 그렇지 않다면 거짓(0)을 반환합니다. 만약 참이라면(각도 차이가 180보다 크다면) 수학 블록은 두 모터의 각도 차에서 1 × 360 = 360의 값을 뺍니다.

거짓이라면(각도 차이가 180보다 작다면) 두 모터의 각도 차에서 0 × 360 = 0의 값을 뺍니다. 두 번째 비교 블록과 수학 블록도 마찬가지입니다. 이 값을 이용해 각도 차가 -180보다 작다면 360을 더하고, -180보다 크다면 0을 더하게 됩니다.

상당히 복잡한 수학 블록의 계산을 통해, 이제 우리는 모터 B와 모터 D가 각도 차가 발생했을 경우, 두 모터의 각도 차를 0에 가깝도록 만들기 위한 가장 효율적인 값을 얻을 수 있게 됩니다.

만약 두 모터의 각도 차가 40도라고 가정하고, 이때 각각의 모터 속도를 20을 기준으로 2%만큼 가감속시켜 각도 차를 상쇄하기 위해 모터 B의 속도와 모터 D의 속도를 결정합니다(그림 19-10의 계산식 참조).

이와 같은 일련의 작업이 완료되면 이 블록을 그림 19-11과 같이 'OnSync'라는 이름의 마이 블록으로 저장합니다.

OnSync 마이 블록은 수학 관련 블록들과 데이터 와이어들 때문에 상당히 복잡해 보입니다. 하지만 사실 기본적인 개념은 간단합니다.

여러분이 기억할 것은, 루프 블록 안에서 OnSync 마이 블록의 동작은 언뜻 조향모드 주행 블록과 비슷해 보이겠지만, 사실 두 모터의 회전량이 어긋나는 것을 막기 위해 지속적인 계산으로 모터의 속도를 가변시키면서 두 모터를 제어한다는 것입니다.

라바 렉스가 제대로 앞으로 걷고, 한 발을 헛발질하는 문제를 막기 위해서는 OnSync의 동기화 기능은 꼭 필요하다고 말할 수 있습니다.

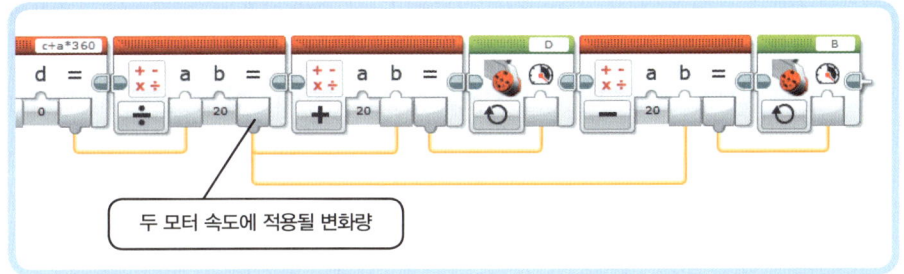

■ 그림 19-10 3단계, 실제적인 두 모터의 속도를 얻기 위해, 먼저 계산된 결과값을 20으로 나누어 줍니다. 이렇게 두 모터 속도에 적용될 변화량을 얻고, 그 다음 모터 D의 속도에는 변화량을 더해서 더 빠르게 움직이도록 하고, 모터 B의 속도에는 변화량을 빼서 더 느리게 움직이도록 합니다.
만약 모터 D가 모터 B보다 앞선, 반대의 상황이라면 결과값은 음수로 출력될 것이고, 결과적으로 모터 B가 더 빨리 회전해 모터 D를 따라잡는 형태로 두 모터는 동기화가 이루어질 것입니다.

■ 그림 19-11
4단계, 마이 블록의 이름은 OnSync로 합니다.

마이 블록 #4: left

라바 렉스는 오른쪽 모터를 후진시키면서 왼쪽 발을 제자리에 두는 형태로 왼쪽으로 방향을 바꿀 수 있습니다. 왼쪽 발은 시작 위치에서 120도만큼만 회전시키고 멈춰, 오른쪽 모터가 이보다 많이 회전하면서 오른쪽 발을 구르는 동안 왼쪽 발은 땅을 딛고 있도록 합니다.

오른쪽 발을 구르는 동안 왼쪽 발은 몸의 축이 되어, 오른발을 구르는 만큼 로봇의 몸은 조금씩 왼쪽을 향해 돌아가게 됩니다.

지면의 상태, 즉 바닥의 마찰력에 따라 약간의 차이는 있을 수 있지만, 대략 오른발의 모터를 10회전(3,600도)시키면 로봇의 몸은 90도 정도 옆으로 회전할 수 있습니다.

왼쪽으로의 보행이 끝나는 시점에서 두 모터의 회전 각은 어긋나 있을 확률이 높기 때문에, 두 다리의 위치를 보정하기 위해 시작과 끝에 Return 마이 블록을 넣어 줍니다.

이렇게 만들어진 Left 마이 블록의 모습은 그림 19-12에서 볼 수 있습니다.

■ 그림 19-12 Left 마이 블록(왼쪽)과 완료된 마이 블록 형태(오른쪽)

첫 번째 단계 진행

라바 렉스를 걸음마시키기 위한 첫 번째 단계는 지금까지 만든 마이 블록들을 결합하는 것입니다. 그림 19-13과 같이, 먼저 로봇이 앞으로 15초간 걷고 왼쪽으로 방향을 바꾸는 동작을 반복하도록 만들어 볼 것입니다.

먼저 로봇이 걷기에 문제가 없는, 평평하고 장애물이 없으며 넘어지더라도 로봇이 손상될 위험이 없는, 나무 마루나 방바닥과 같은 곳에 로봇을 위치시킵니다. 프로그램은 먼저 Reset 마이 블록을 이용해 두 다리의 자세를 초기화시킵니다.

Reset 마이 블록에 사운드 블록을 넣었습니다. 로봇의 '삐' 소리 덕분에 자세 초기화가 완료되었음을 알 수 있습니다. 초기화가 완료되면 안쪽 루프(루프명 Walk)에 의해 OnSync 프로그램이 실행됩니다.

이 루프는 15초간 지속되며 로봇을 전진시킬 것입니다. 전진이 끝나면 바깥 루프(루프명 Walk and turn)로 나와 Left 마이 블록을 실행해 방향을 전환합니다. 로봇은 여러분이 멈출 때까지 15초 전진과 왼쪽으로 방향 전환 동작을 연속적으로 반복할 것입니다.

> **NOTE** 만약 여러분의 로봇이 제대로 걷지 못한다면, http://ev3.robotsquare.com/에서 관련 동영상을 볼 수 있습니다. 또한, 필자가 만든 프로그램을 다운로드 받아 여러분이 만든 프로그램과 비교해 볼 수 있습니다. 저자의 홈페이지에서 검색창을 활용해 보시기 바랍니다.

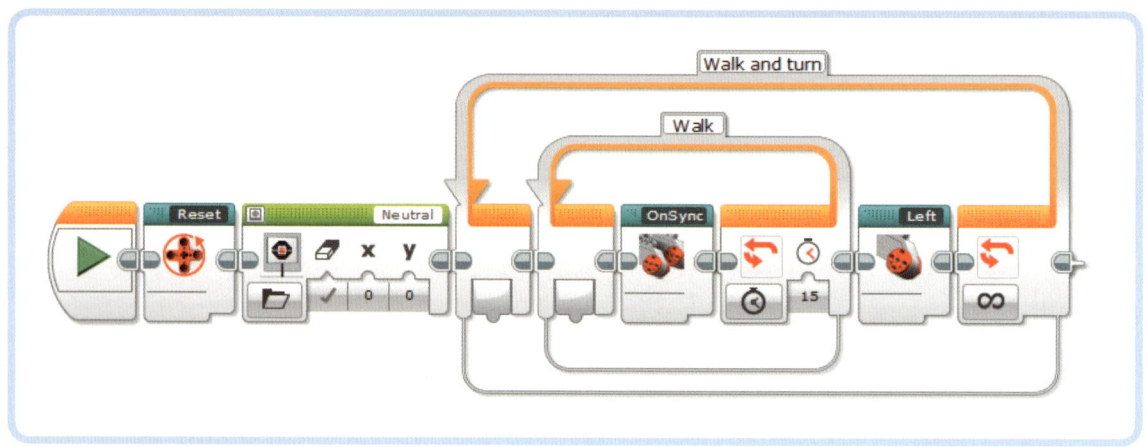

■ 그림 19-13 WalkTest 프로그램

탐구과제 123: WALK 마이 블록!

난이도 🔲 시간 ⏱️⏱️

여러분이 원하는 시간만큼 전진하는 마이 블록을 만들어 봅시다. Walk라는 이름의 이 마이 블록은 그림 19-14와 같이, 데이터 와이어를 통해 Seconds(초)라는 숫자 값을 입력받을 수 있어야 합니다.

HINT 그림 19-13를 보면 안쪽 루프(Walk)의 수행 조건에 전진 보행을 지속할 시간(초)이 입력되어 있습니다. 이를 바꾸면 보행 시간이 바뀔 것입니다.

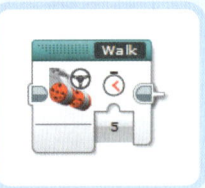

■ 그림 19-14 Walk 마이 블록

탐구과제 125: 우향우, 좌향좌!

난이도 🔲🔲 시간 ⏱️⏱️

'Turn'이라는 이름의 마이 블록을 만들어 줍니다. 이 마이 블록은 논리 데이터 와이어인 Direction을 통해 입력받은 값이 참일 경우 회전 방향을 왼쪽으로, 거짓일 경우 오른쪽으로 결정할 수 있어야 합니다.

Left 마이 블록을 응용해 만들어 보고, 완성되면 WalkTest 프로그램에 Left 마이 블록 대신 Turn 마이 블록을 넣어 테스트해 봅시다.

■ 그림 19-15 Turn 마이 블록

탐구과제 124: 뒷걸음질!

난이도 🔲🔲 시간 ⏱️

앞으로 걷기 위한 마이 블록, OnSync를 응용해 라바 렉스가 뒤로 걸을 수 있도록 만들어 봅시다. 모터의 속도는 20%가 아닌 -20%로, 동기화 기능도 유지해야 합니다.

HINT 먼저 OnSync 마이 블록의 복사본(이름은 OnRev로 합니다)을 만들고, 두 가지 값을 바꾸어 주어야 합니다. 두 모터의 평균 속도는 얼마로 정해야 할까요?

상반신 만들기

이제 하반신의 기본 구동이 완료되었으니, 로봇의 상반신을 만들 차례입니다. 우리는 로봇의 머리와 팔을 만들어 붙여야 합니다. 이를 위한 부품은 이미 이 책의 앞부분에서 하반신을 만들 때 전부 준비되었습니다.

조립도는 다음 쪽에 제시되며 조립을 위해서는 상반신 구조물이 완성된 하반신의 모터 케이블과 간섭이 생기지 않는지 주의하며 조립해야 합니다. 필요하다면 여러분은 중형 모터의 축을 수동으로 회전시키면서 케이블의 위치를 재정렬해 동작에 문제가 생기지 않도록 해야 합니다.

머리와 팔 제어하기

로봇의 조립이 완료되면, 이제 로봇이 걷는 것과 동시에 머리와 팔을 움직이고 주변 상황에 반응도 할 수 있게 최

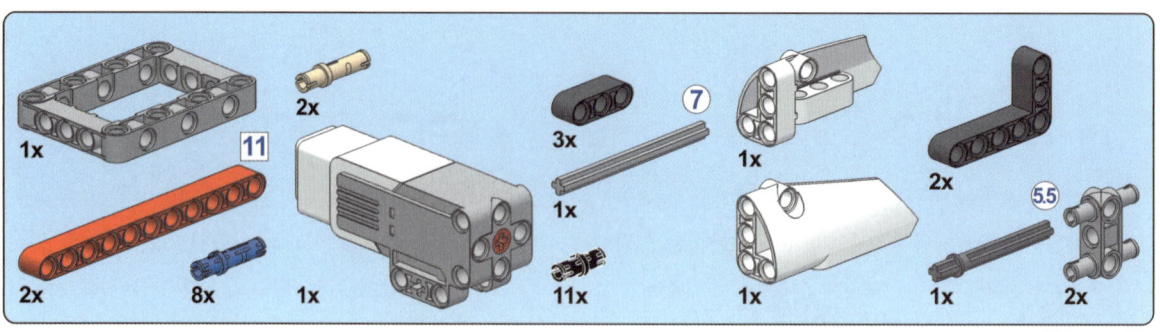

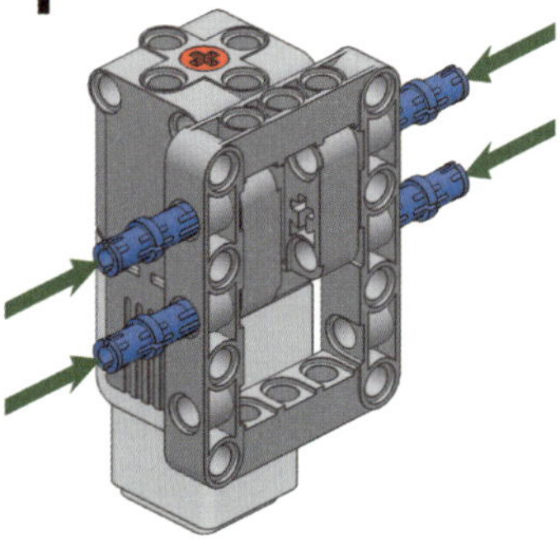

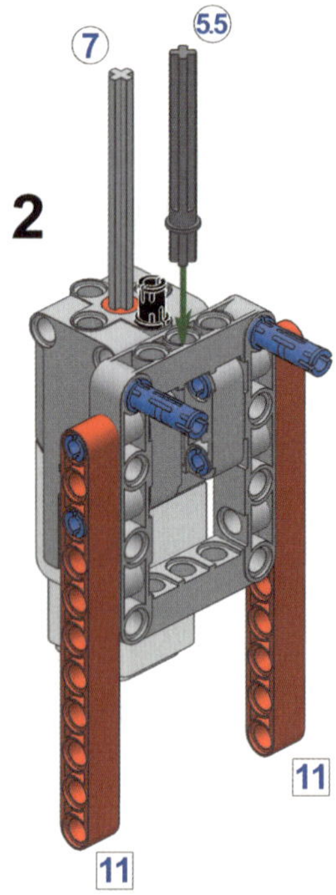

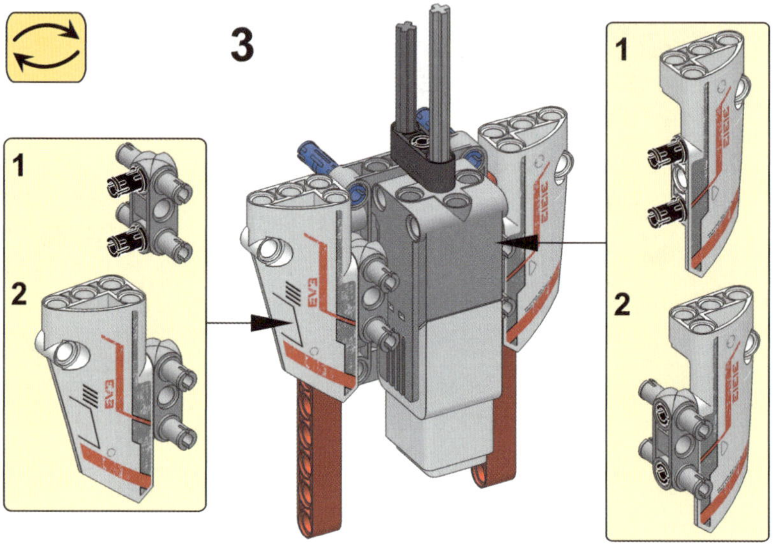

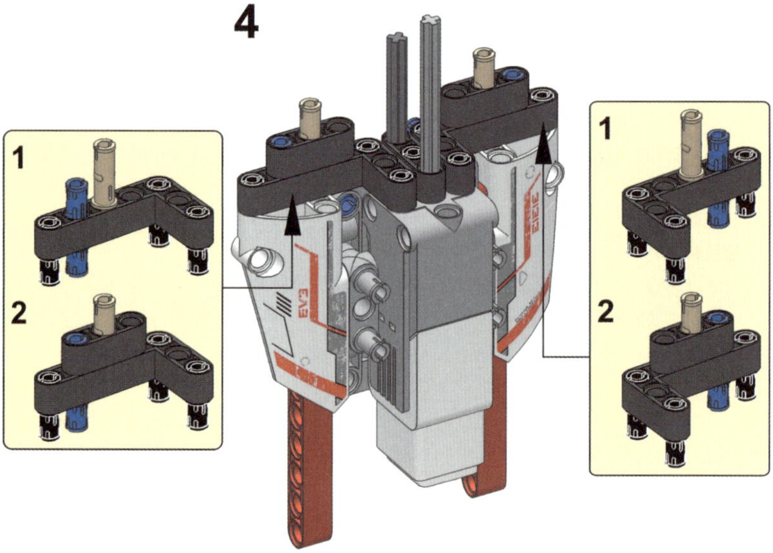

1x
8
2x
5
2x
1x
1x
3
1x
6x
1x
2x
1x
2x
1x
1x

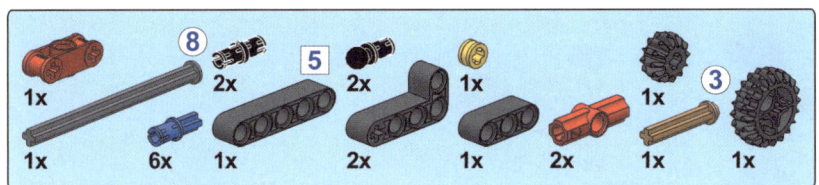

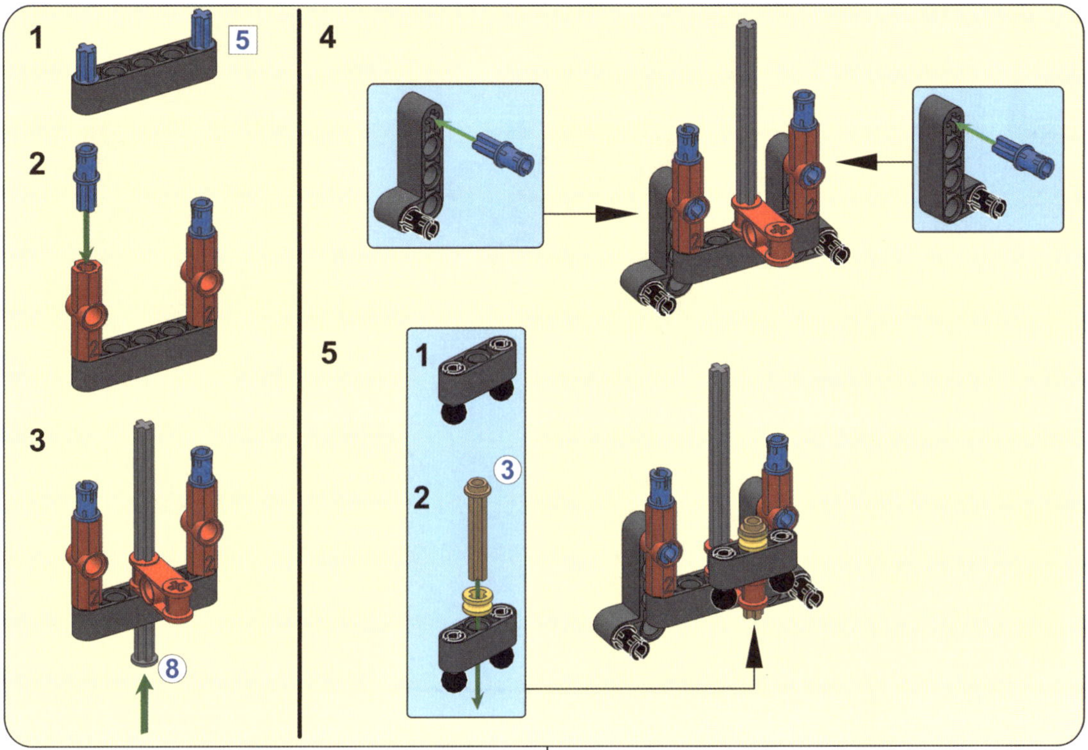
1
5
2
3
8
4
5
1
2
3

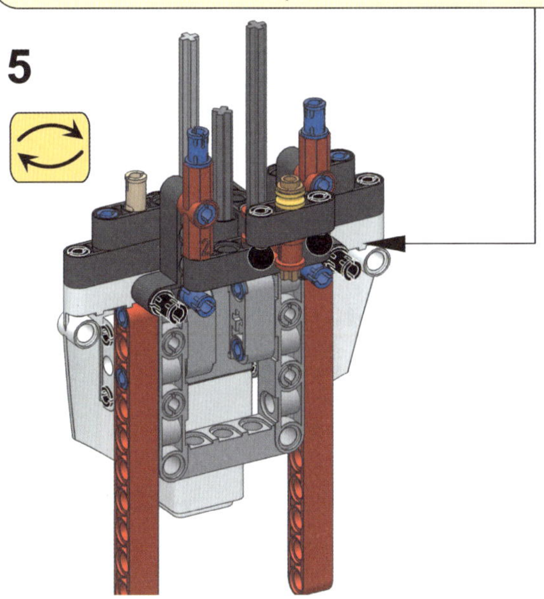
5

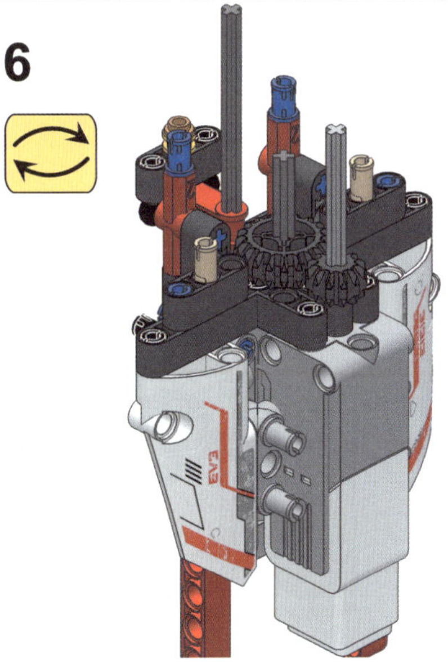
6

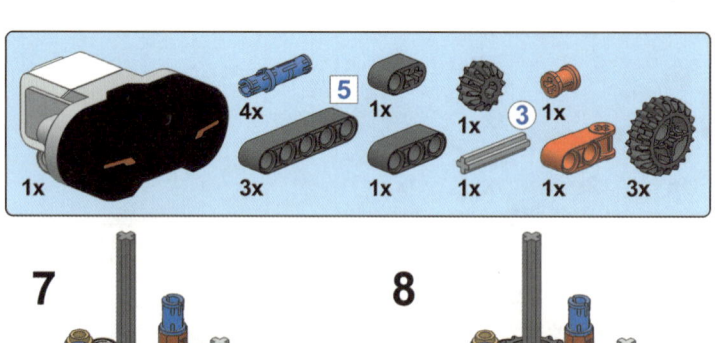

7
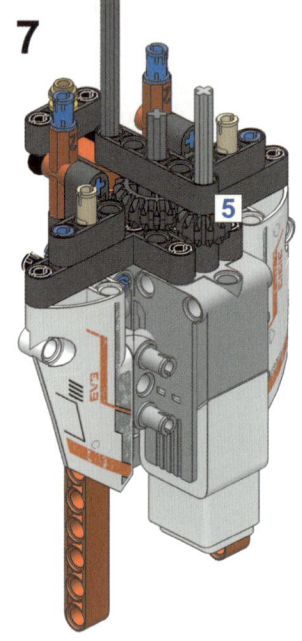

8
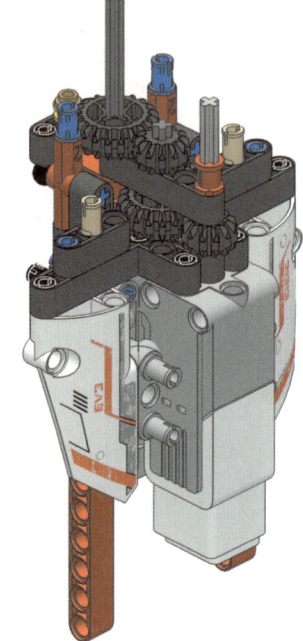

9
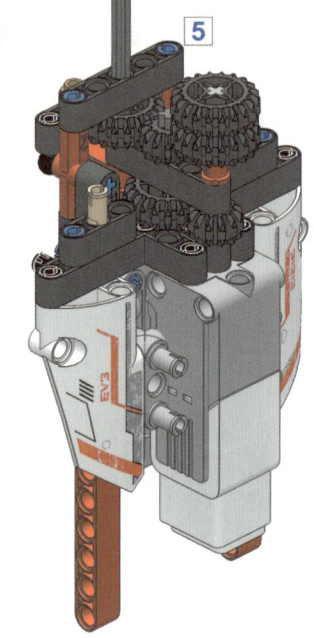

10
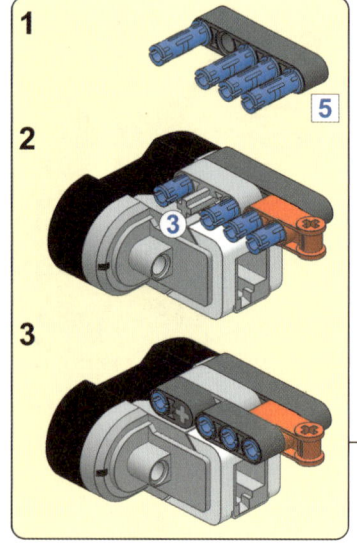
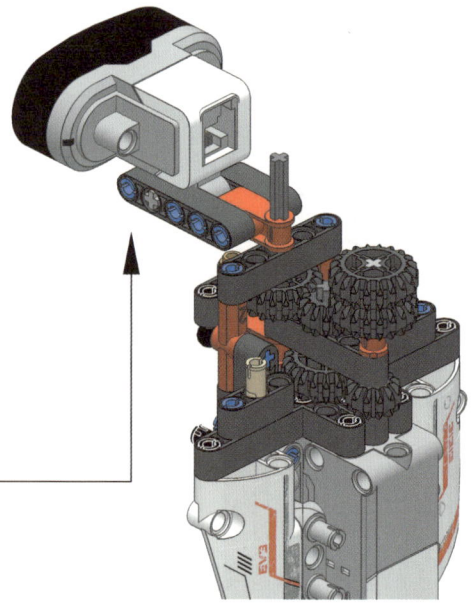

13
1x
4
3
4x
2x

1
2
3

3
4
1
2
13
3
4

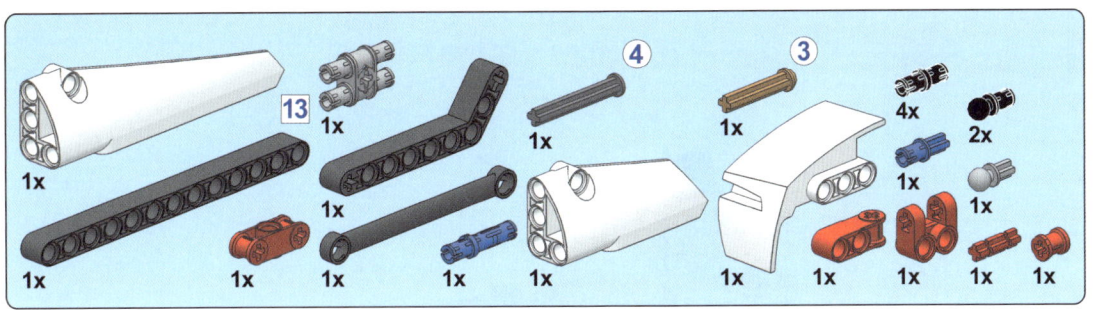

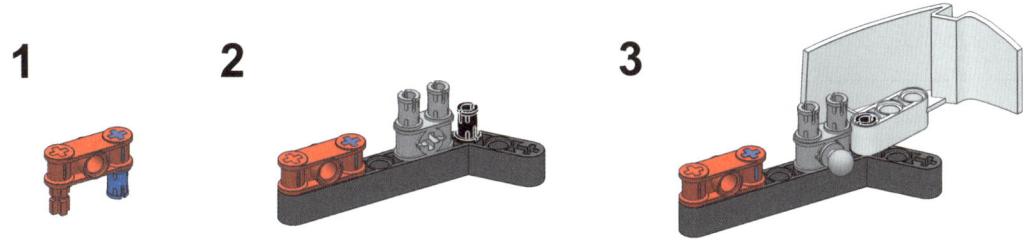

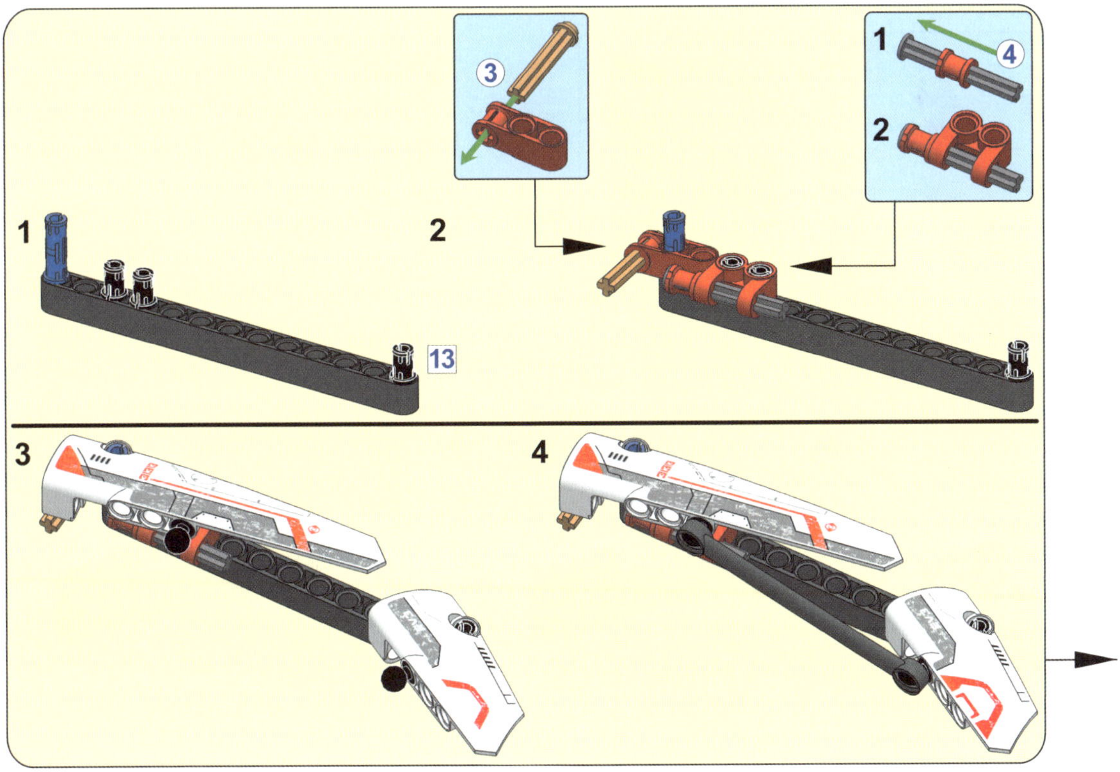

4

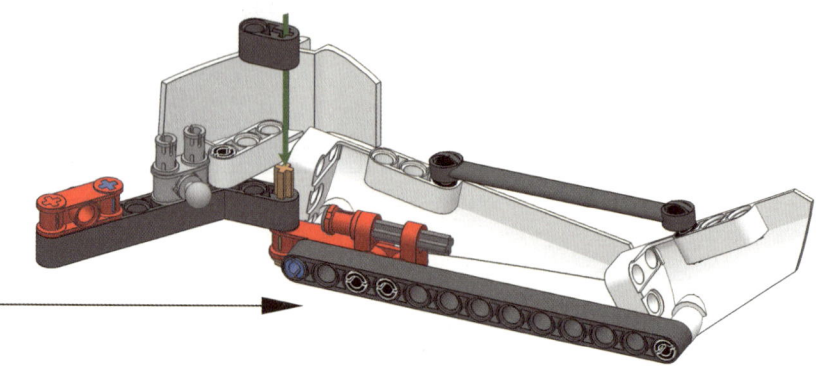

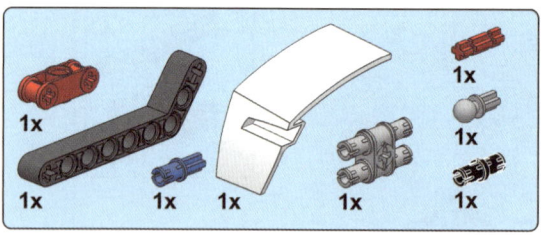

1

2

3
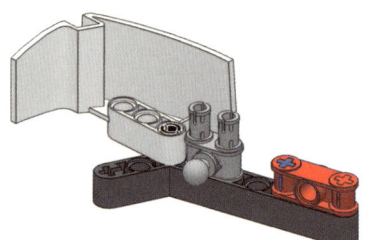

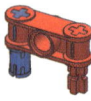

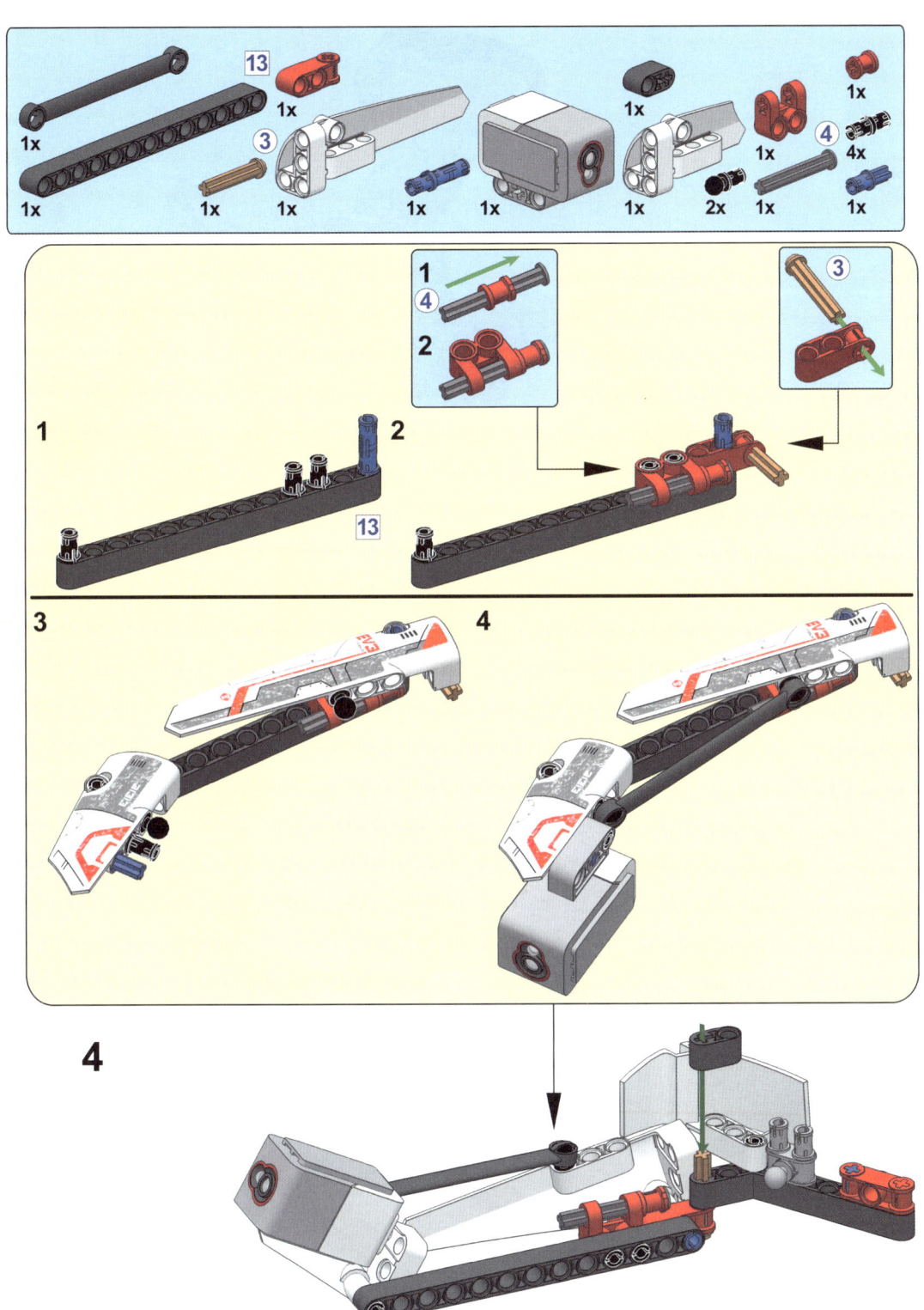

19 라바 렉스: 걷고 말하는 인간형 로봇

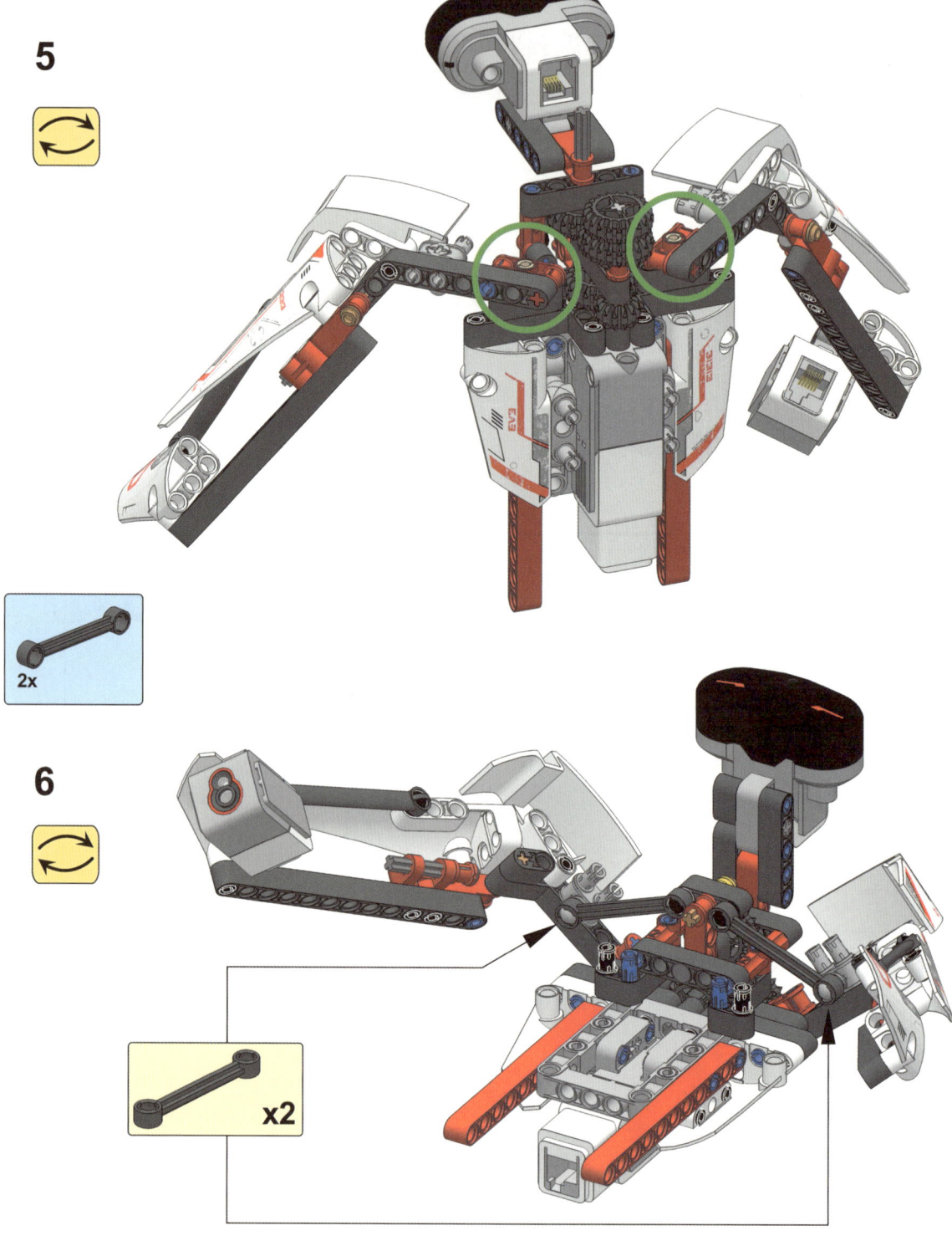

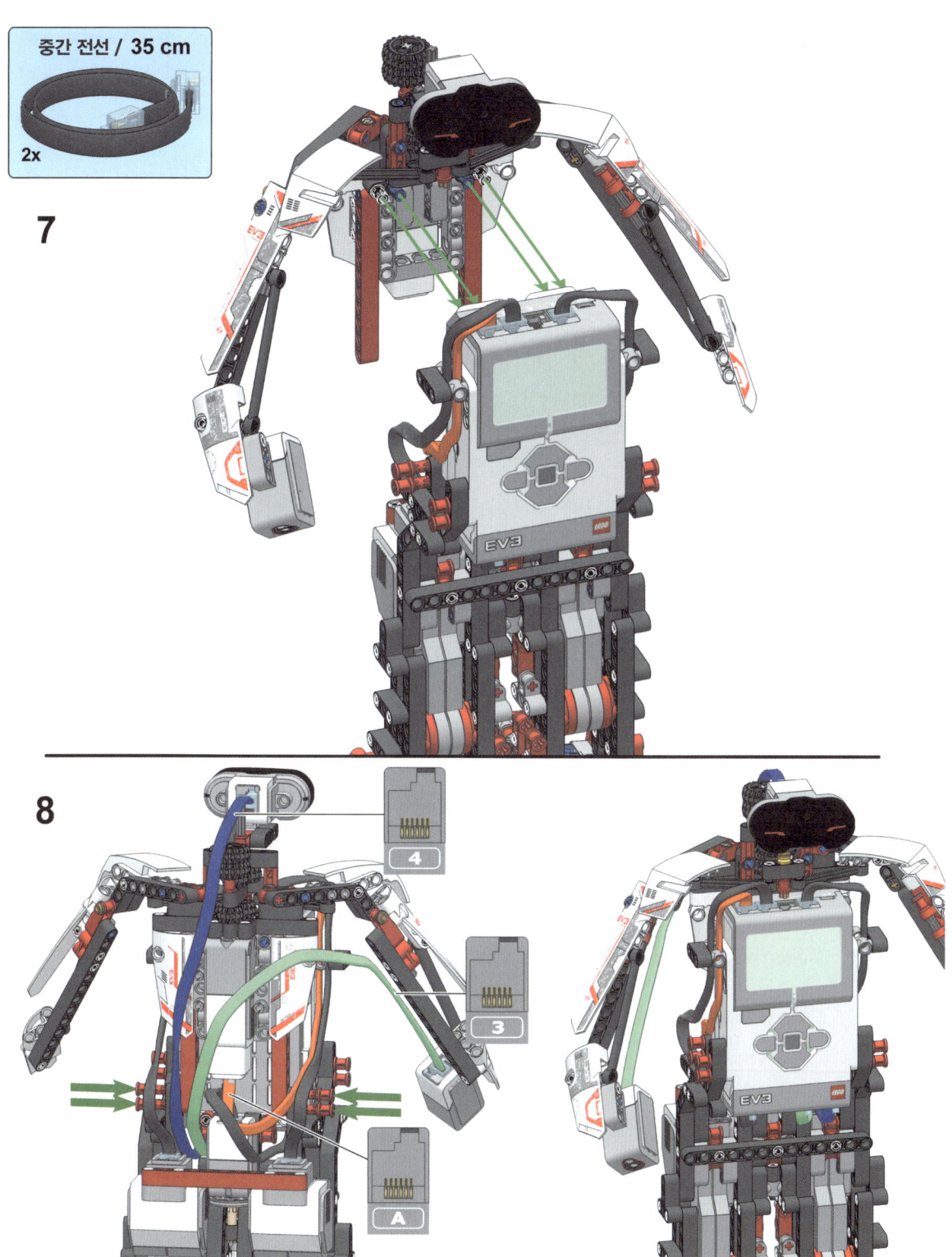

종적인 프로그램을 만들 차례입니다.

팔과 머리의 움직임은 중형 모터를 이용해 제어합니다. 모터를 전진시키면 머리와 팔은 오른쪽으로, 후진시키면 머리와 팔은 왼쪽으로 움직이는 간단한 동작입니다.

마이 블록 #5: Head

머리와 팔의 움직임을 좀 더 간단히 제어할 수 있도록, Head 마이 블록은 주된 보행 프로그램과 나란히 멀티태스킹이 되도록 배치할 것입니다.

라바 렉스는 목을 360도 회전할 수 없습니다. 목의 기순 위치를 잡기 위해 센서를 쓰면 좋겠지만, 이미 터치 센서와 컬러 센서, 적외선 센서를 모두 사용했기 때문에 목의 초기화는 '비조정 모터' 블록을 사용할 것입니다.

'비조정 모터' 블록과 '대기 – 현재 모터 파워' 블록을 통해 로봇은 물리적으로 회전이 가능한 상태에서 고개를 최대한 오른쪽으로 회전시킵니다. 그 다음 50도만큼 역회전시켜 앞을 바라보고 이 상태에서 그림 19-16과 같이 루프를 이용해 반복적으로 고개를 좌우로 두리번거리도록 합니다.

이 동작에는 적외선 센서 블록을 추가해 단순히 로봇이 머리를 움직이기만 하는 것이 아닌, 전방 주변의 장애물을 감지하도록 만들 수 있습니다.

장애물을 피하고 악수에 답하기

이제 기본적인 마이 블록이 만들어졌으니, 여러분은 여기에 손쉽게 보행 기능과 주변 환경 변화에 따른 센서 감지 및 이에 따른 반응을 구현해 볼 수 있습니다. 예를 들어, WalkTest 프로그램의 안쪽 루프를 바꾸어 로봇이 15초 동안 장애물을 보지 않았을 때만 전진을 수행하도록 만들 수 있습니다.

마지막으로 구현해 볼 기능은 로봇이 전진하면서 전방을 주시하고, 장애물을 피하며 악수를 걸어오면 받아주는 것입니다.

만약 당신이 로봇의 오른손을 잡고 흔들어 줄 경우 로봇은 걷기를 멈추고 같이 팔을 흔들어 주며 '헬로우, 굿모닝'이라고 인사를 하고 나서 산책을 계속 하도록 합니다.

또한, 만약 앞에 장애물을 발견하면 '디텍티드'라고 소리 내고 왼쪽으로 방향을 바꾸도록 합니다.

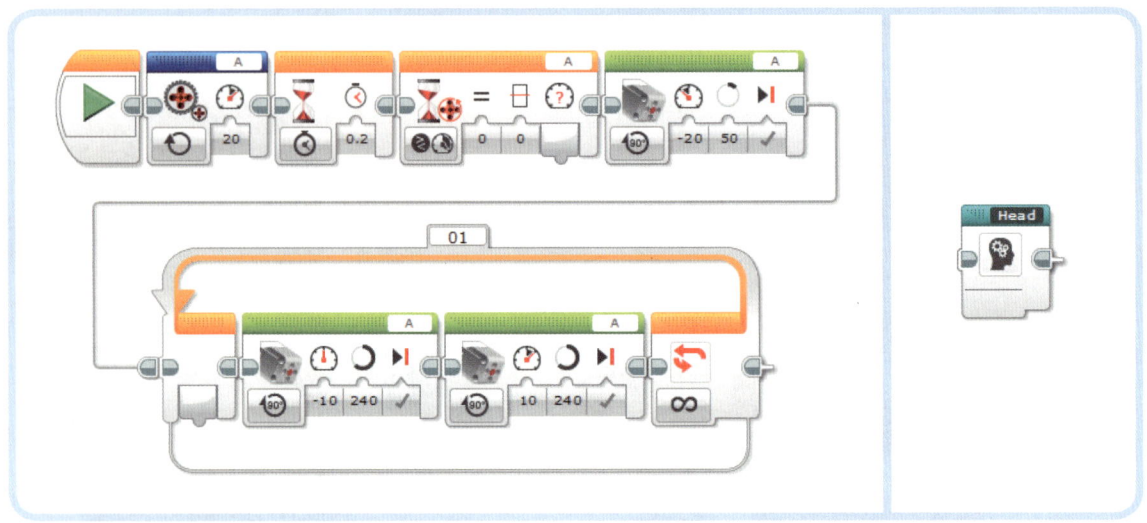

■ 그림 19-16 Head 마이 블록(왼쪽)과 완료된 마이 블록 형태(오른쪽)

다리를 초기화하고 머리를 움직이기

프로그램은 먼저 Reset 마이 블록을 이용해 두 다리의 위치를 초기화합니다. 그 다음 루프를 이용해 걷기와 센서에 반응하기를 추가합니다.

로봇은 걷기를 하는 동안 Head 마이 블록을 이용해 머리를 좌우로 움직입니다. Head 마이 블록은 걷기 블록에 연결하지 않고 그림 19-17과 같이 별개의 시작 블록에 연결합니다. 이렇게 구성한 이유는 머리와 다리를 독립적으로 제어하기 위해서입니다.

두 동작이 분리가 되면 하나의 동작을 임의로 수정하더라도 이 동작에 의해 다른 동작이 영향을 받는 문제를 줄이거나 예방할 수 있습니다.

👦 예를 들어, 걷기와 머리 움직이기가 한 루프 안에 들어갈 경우, 머리를 움직이기 위한 마이 블록을 수정하는 것은 보행에도 영향을 미칠 수 있습니다.

걷기와 머리 움직이기가 분리된 덕분에 여러분이 머리의 동작을 바꾸기 위해 Head 마이 블록을 수정해도 걷기에 영향을 주지 않습니다. 걷기 동작을 수정하기 위해서는 단지 루프 블록 안의 걷기 관련 프로그램만 수정하면 머리의 동작을 그대로 유지하면서 걷기만 다르게 바꿀 수 있습니다.

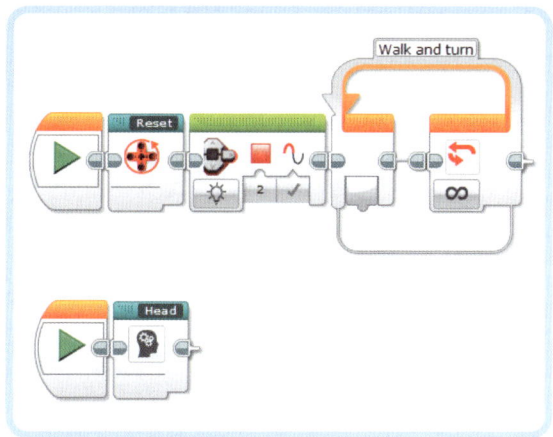

▪ **그림 19-17** 1단계. 이 블록들은 두 다리를 초기화시키고 로봇의 머리를 움직입니다. 루프가 내장된 Head 마이 블록은 독립적으로 움직이기 때문에 걷기 동작의 변화와 관계없이 로봇은 반복적으로 머리를 좌우로 움직일 것입니다.

이와 같은 개념을 넣어 기본적으로 구성한 프로그램이 그림 19-17의 'ObstacleAvoid'입니다. 우리는 여기에 다른 블록들을 조금씩 추가해 완성해 나갈 것입니다.

두 센서 중 하나가 반응할 때까지 걷기

이제 걷기 프로그램이 구현된 메인 루프에 블록을 추가해, 그림 19-18처럼 로봇이 장애물을 볼 때까지, 혹은 악

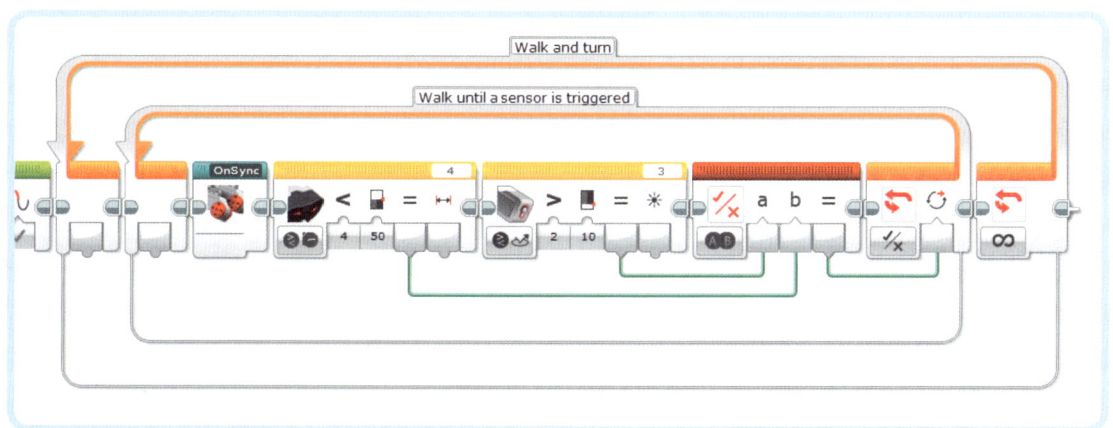

▪ **그림 19-18** 2단계. 로봇의 보행을 책임지는 안쪽 루프는 로봇이 장애물 또는 악수 시도를 감지할 때까지 걷기 동작을 반복합니다.

19 라바 렉스: 걷고 말하는 인간형 로봇 **431**

수를 받을 때까지 걷도록 합니다. 로봇은 앞으로 전진하기 위해 OnSync 마이 블록을 이용해 두 개의 대형 모터를 구동합니다.

이 블록은 루프 안에 위치하며, 모터 속도 역시 동기화가 유지됩니다. 이 루프를 센서의 반응으로 제어하기 위해 몇 가지 블록이 사용됩니다.

로봇은 적외선 센서가 반응할 때까지(장애물을 인식) 또는 컬러 센서가 반응할 때까지(악수를 인식) 걷기 동작을 반복합니다.

물론 두 가지 조건이 동시에 발생하는 경우 역시 걷기를 멈추어야 하는 조건입니다.

악수하는 행동을 알 수 있는 것은 컬러 센서가 반사광의 강도 변화를 경계값과 비교 측정함으로써 가능합니다.

만약 컬러 센서의 반사광 측정값이 10%보다 크면 로봇은 '무언가가 센서 앞에 위치했다, 즉 악수를 받았다'고 판단하고 데이터 와이어로 '참'을 출력합니다.

측정값이 10%보다 작으면 손에 아무것도 감지되지 않은 것이므로 출력값은 '거짓'입니다. 적외선 센서도 마찬가지입니다. 적외선 센서의 근접감지 모드 거리 값이 50% 이하가 되면 장애물을 본 것으로 간주하고 '참'을, 그렇지 않다면 '거짓'을 출력합니다.

논리 연산 블록은 두 논리값을 비교합니다. Or(논리합) 모드로 설정된 논리 블록은 적어도 하나 이상의 참이 입력되면 출력값을 '참'으로 설정합니다.

루프는 참일 때까지 반복으로 설정되어 있으므로, 만약 전방에 장애물을 감지하거나 손에 악수 시도를 감지할 경우 로봇의 보행 루프는 끝나게 됩니다.

인식한 센서에 대한 반응

보행을 멈춘 로봇은 이제 주변의 환경 변화(장애물 또는 악수)를 인식한 센서에 맞는 동작을 취해야 합니다.

만약 적외선 센서가 반응했다면, 로봇이 '디텍티드'라고 소리 내며 장애물 인식을 표현하고, 왼쪽으로 방향을 바꾸도록 할 수 있습니다.

컬러 센서가 반응했다면 로봇은 악수를 시도하는 사람에게 인사하기 위해 멈추고, '헬로우, 굿모닝'이라고 소리 내도록 할 수 있습니다. 걷기 루프가 종료되면 이제 무엇 때문에 루프가 종료되었는지 확인하고, 이에 맞는 적절한 동작을 취해야 합니다.

어떤 센서 때문에 루프가 종료되었는지 판단하는 것은 쉽습니다. 둘 중 한 개의 센서, 이를테면 적외선 센서의 논리 출력값을 이용한 스위치 명령을 추가하는 것으로 충분합니다.

왜냐하면, 루프가 멈춘 것은 적외선 센서 또는 컬러 센서, 둘 중 하나가 반응을 했기 때문이고, 이 때 적외선 센서의 논리 출력값이 참이라면 반응한 센서는 적외선 센서, 적외선 센서의 출력값이 거짓이라면 반응한 센서는 컬러 센서인 것이 확실하기 때문입니다.

이 값에 따라 인사와 회피 중 어떤 동작을 취할지에 대한 스위치 블록이 추가된 모습은 그림 19-19에서 볼 수 있습니다.

한 가지 고려되지 않은 부분은 루프의 종료 조건에는 두 센서 모두가 반응하는 경우도 포함된다는 것입니다. 이 경우 스위치 구문에 입력되는 조건은 적외선 센서만 반응했을 때와 똑같은 '참'이 됩니다.

즉 적외선 센서가 반응했다면 컬러 센서의 반응 여부는 무시되고 무조건 회피 동작이 진행될 것입니다.

🧑 이 부분은 조금 다른 방식으로 처리할 수 있습니다. 적외선 센서로 장애물을 보면 회피하고, 컬러 센서로 손을 감지하면 인사를 하는 것으로 동작을 나누었는데, 악수를 하기 위해서는 로봇 앞에 서야 하고, 이는 곧 장애물을 감지하는 것과 같은 조건이기 때문입니다.

즉, 지금의 프로그램으로는 만약 로봇의 옆에 피한 채 악수를 시도하면 로봇의 인사를 받을 수 있지만, 로봇의 앞에 서서 악수를 시도하면 로봇이 나를 장애물로 인식하고 피한다는 의미입니다.

이 문제는 만약 스위치 구문에 입력할 논리 데이터 와이어를 컬러 센서 블록에서 꺼내온다면 해결될 수 있을

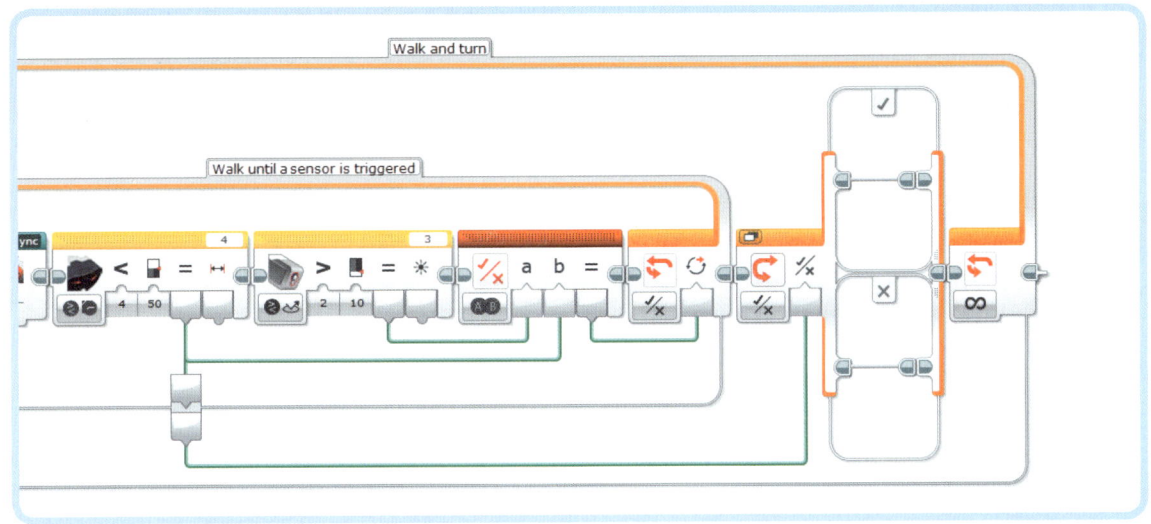

■ 그림 19-19 3단계, 장애물 또는 악수 시도에 의해 걷기 루프가 종료되면, 어떤 센서에 의해 멈춘 것인지 알기 위해서 논리 데이터 와이어를 통해 값을 전달받고, 이를 이용해 스위치 블록을 동작시킵니다. 스위치 블록의 위쪽은 조건이 참(장애물 인식 또는 둘 다 인식), 아래쪽은 거짓(악수 인식)입니다.

것입니다.

　이 경우 '적외선 센서만 참 – 장애물을 본 경우이니 회피' '컬러 센서만 참 – 악수를 받은 상태이니 인사' '적외선 센서와 컬러 센서 모두 참 – 장애물을 보았으나 나에게 악수를 시도하고 있으니 인사'와 같이, 로봇이 정면에서 인사를 시도하는 사람을 회피하지 않고 제대로 인사를 받을 수 있게 될 것입니다.

　이제 스위치 블록 안에 사운드 블록을 추가합니다.

　그림 19-20 과 같이, 스위치 블록이 참일 경우 로봇은 '디텍티드'라는 사운드를 출력하고 Left 마이 블록을 실행해 회피합니다. 거짓이라면 로봇은 '헬로우, 굿모닝'이라는 사운드를 출력합니다.

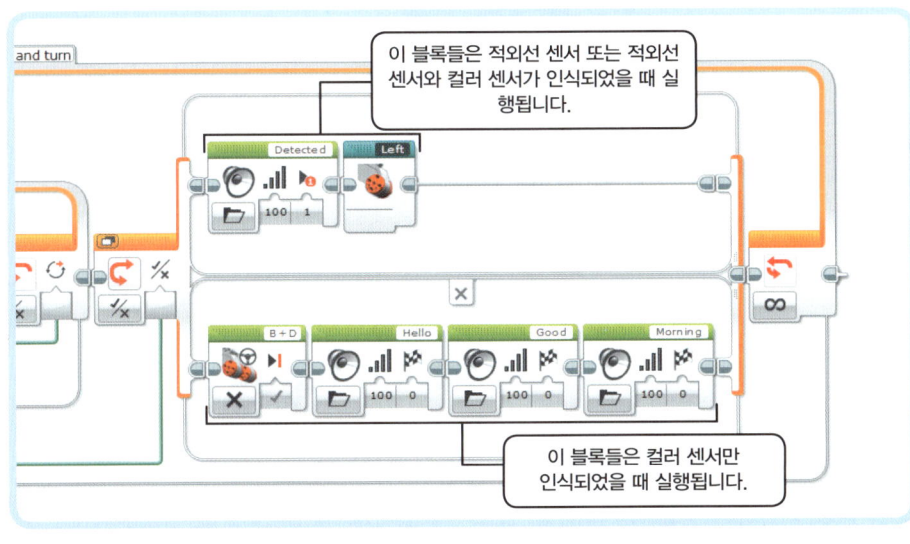

■ 그림 19-20 4단계, 장애물을 인식한 경우(참) 로봇은 장애물을 피하기 위해 Left 마이 블록을 실행합니다. 악수를 시도하는 손을 인식한 경우(거짓) 로봇은 걷기를 멈추고 인사말을 출력합니다.

여기까지 진행되었다면 로봇에 프로그램을 다운로드 받고 테스트해 봅시다. 여러분이 프로그램 다운로드를 위해 USB 케이블을 이용한다면, 여러분은 먼저 로봇의 머리를 수동으로 움직여 USB 케이블이 삽입될 공간을 확보해 주어야 합니다.

이를 위해 중형 모터에 장착된 기어를 손으로 돌려 주고, 프로그램의 다운로드가 끝나면 USB 케이블을 분리한 후 EV3의 화면을 보며 버튼을 눌러 브릭 메뉴를 통해 프로그램을 실행해야 합니다.

이제 여러분이 만든 라바 렉스는 스스로 걷고 벽을 피하며 여러분의 악수 시도에 반갑게 인사할 것입니다.

추가적인 탐구

이제 여러분은 이 책의 대장정에서 마지막을 접하고 있습니다. 축하합니다! 나는 여러분이 이 책의 모든 로봇 조립 과정과 프로그래밍 과정, 그리고 탐구 과제들을 즐겁게 체험했기를 희망합니다.

이제 여러분은 자신만의 아이디어를 실제로 구현할 수 있을 만큼 충분히 레고 마인드스톰을 배웠을 것이라 확신합니다. 이제 자동차, 로봇팔, 걷는 로봇, 또는 말하는 로봇 등 여러분의 머릿속에 있는 수많은 아이디어를 직접 구현해 보고, 멋진 작품들을 전 세계의 레고 마니아들과 공유해 보는 기쁨을 누려 보시기 바랍니다.

LEGO MINDSTORMS EV3와 함께라면, 그 가능성은 무한합니다!

이 책을 닫기 전에 마지막으로 여러분들에게 몇 가지 탐구과제를 더 남깁니다. 이 프로그램들은 보행 로봇, 라바 렉스의 프로그램을 확장시켜 로봇이 좀 더 똑똑해지도록 만들 것입니다.

탐구과제를 통해 프로그래밍 실력을 조금 더 갈고 닦은 뒤라면, 그림 19-21의 색상 분류 로봇과 같은 흥미로운 로봇을 만들고 프로그래밍해 보는 것도 좋은 경험이 될 것입니다.

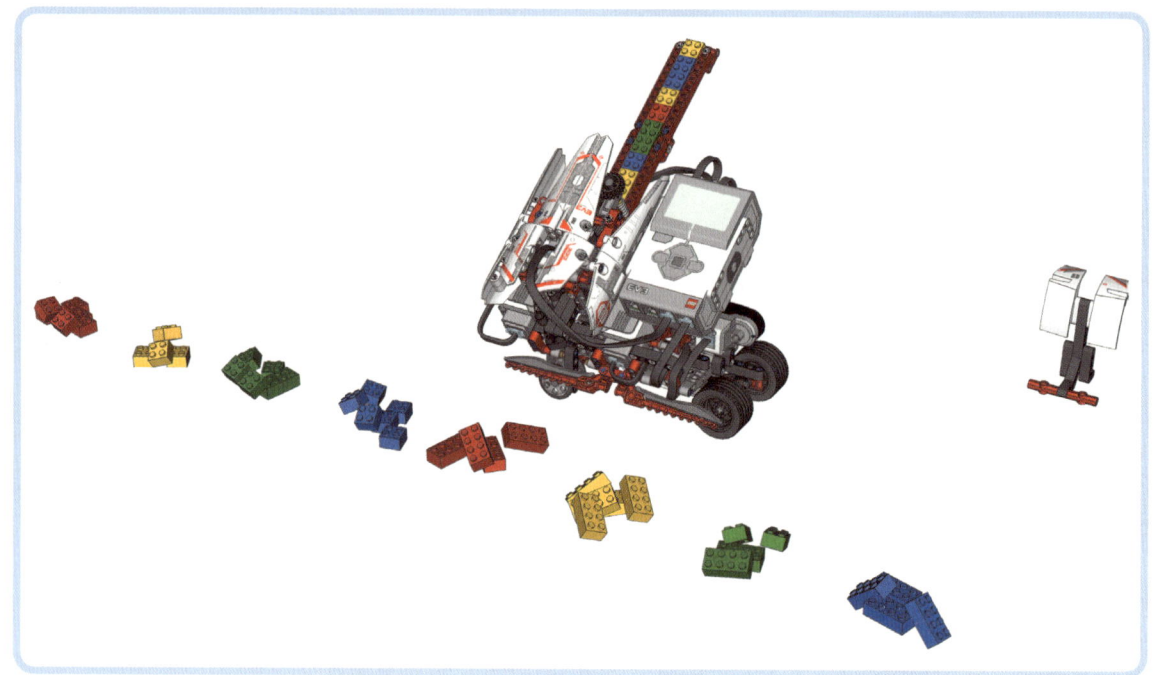

■ 그림 19-21 새로운 로봇을 만들어 보는 것은 어떨까요? 브릭 소터BRICK SORT3R는 레고 브릭을 색상별(빨간색, 노란색, 녹색 그리고 파란색)로, 그리고 크기별(2x2와 2x4)로 구분하는 분류 로봇입니다. 필자의 홈페이지에서 이 흥미로운 로봇의 조립 방법과 프로그램 아이디어를 볼 수 있습니다.

탐구과제 126: 춤추는 로봇!

난이도 ▢ 시간 ⏱⏱

라바 렉스는 두 모터를 서로 180도 반대 방향으로 맞추고 동시에 같은 방향으로 회전시키는 방식으로 전진할 수 있습니다. 만약 두 다리를 같은 방향으로 맞추고, 10%의 속도로 서로 반대로 모터를 돌린다면 무슨 일이 일어날까요?(이번 탐구과제에서는 모터의 동기화를 맞추는 OnSync의 동작에 대해 고민하지 말고 편안하게 프로그램을 수정해 보시기 바랍니다.)

HINT 두 다리를 같은 방향으로 맞추는 것은 Reset 마이 블록을 약간 수정하는 것으로 가능합니다. 단지 둘 중 한 모터를 적당한 각도로 전진시키는 것으로 충분하지요. 모터는 몇 도만큼 돌려야 할까요?

탐구과제 127: 무엇이 다를까요?

난이도 ▢▢ 시간 ⏱

OnSync 마이 블록을 좀 더 잘 이해하기 위해 두 모터의 차이를 화면에 출력하는 기능을 넣어 봅시다. 이를 위해 OnSync 마이 블록에 디스플레이 블록을 넣어 그림 19-9에 있는 마지막 수학 블록의 출력값을 화면으로 출력하도록 합니다.

수정된 OnSync 마이 블록을 루프 블록에 넣고 프로그램을 실행합니다. 만약 여러분이 움직이는 라바 렉스의 두 다리 중 하나를 손으로 잡아 회전을 방해하면 어떤 일이 벌어질까요? 다른 모터는 이 차이를 메꾸기 위해 어떻게 동작이 바뀌는지 관찰해 봅시다.

(단, 주의! 몇 초 이상의 긴 시간 동안 모터를 억지로 잡지 마세요.)

탐구과제 128: 로봇 코치!

난이도 ▢▢ 시간 ⏱⏱

여러분이 책상에서 일하는 시간을 로봇이 관찰하도록 만들 수 있습니까? 라바 렉스의 프로그램을 수정해 여러분이 건강을 해치며 오랫동안 책상에 앉아 있는 일이 없도록, 여러분이 한 시간 이상 책상에 앉아 있다면 휴식을 취하라고 권고하도록 합니다.

만약 여러분이 말을 듣지 않고 계속 책상 앞에서 떠나지 않는다면 여러분을 보며 고개를 절레절레 흔들고 설득하기 위해 여러분에게 말을 걸도록 프로그래밍해 보세요.

탐구과제 129: 경계 근무하는 보초 로봇!

난이도 ▢▢▢ 시간 ⏱⏱

적외선 비콘 신호를 발생하는 여러분의 위치를 로봇이 파악하고, 고개를 돌려 비콘 방향을 계속 노려보도록 로봇을 프로그래밍해 봅시다. 중형 모터의 속도는 비콘 방향 값에 따라 적절하게 바뀌도록 만들 수 있습니다.

이와 같은 프로그램은 389쪽의 그림 18-20, 스냇처 로봇의 프로그램에서 이미 만들어 보았습니다. 주의할 점은 라바 렉스의 머리는 한 바퀴를 온전히 회전할 수 없다는 것입니다.

머리를 더 이상 돌릴 수 없는 위치까지 돌렸을 경우, 어떻게 프로그램에서 무리하게 머리를 돌리다가 로봇의 목이 빠지는 것을 막을 수 있을까요?

탐구과제 130: 다마고치!

난이도 ☐☐☐☐ 시간 ◷◷◷◷

1996년 일본에서 나온 완구 다마고치는 간단한 버튼 인터페이스를 통해, 게임기 속 가상의 애완동물을 키우는 시뮬레이션 게임기입니다.

일반적으로 주인이 애완동물에게 해 주어야 하는 먹이주기, 관심주기, 운동시키기 등의 명령을 게임기의 입력 버튼을 통해 가상의 애완동물에게 행하고, 게임기 속 애완동물은 주인의 이런 행동에 따라 다양하게 반응하며 기쁨, 배고픔, 아픔 등의 자신의 상태를 보여주는 식입니다. 이런 독특한 구조는 게임기 속 애완동물과 주인 사이에 상당한 상호 교감을 일으켜 사회적인 이슈가 될 정도였습니다.

우리의 보행 로봇 라바 렉스를 이와 같이 여러분과 교감할 수 있는 가상의 생명체처럼 움직이도록 프로그램을 수정해 봅시다.

여러분은 로봇에게 운동(걷기), 대화, 먹기 그리고 잠자기 등의 명령을 리모콘 버튼을 통해서 내려 줄 수 있습니다. 라바 렉스가 느끼는 에너지 수치, 행복도, 건강, 배고픔 등의 정도 역시 숫자형 변수를 할당해 기록할 수 있습니다.

에너지 레벨은 로봇이 각각의 어떤 동작을 수행할 때마다 감소하고, 로봇에게 잠자기 명령을 내리면 회복됩니다. 배고픔 수치 역시 로봇이 운동을 하면 증가하고 먹기 명령을 내리면 감소합니다.

로봇의 행복도는 시간이 지나면 서서히, 자연스럽게 감소하고 여러분이 로봇에게 악수를 시도하거나 스킨십을 해줄 때마다 증가하도록 합니다. 에너지 수치, 배고픔 수치와 행복도가 일정 수준 이하로 내려갈 경우, 로봇은 새로운 명령을 무시하고 사기만의 행동을 수행해야 합니다.

예를 들어, 로봇이 너무 피곤하면(에너지 수치가 10% 이하일 경우) 에너지 레벨이 일정 수준으로 복원될 때까지 로봇이 임의로 수면을 취하도록 합니다. 만약 행복도가 너무 낮은 경우, 로봇은 여러분의 명령에 반항심 가득한 '노우' 사운드로 응답하고 필요하다면 여러분이 새로운 명령을 내릴 때마다 우는 등의 자기 감정 표현을 하게 할 수도 있습니다.

에너지 수치, 배고픔 수치와 행복도는 EV3의 화면에 출력시킬 수 있으며, 여러분은 이 수치를 보고 로봇의 건강 상태와 기분을 파악할 수 있습니다. 필

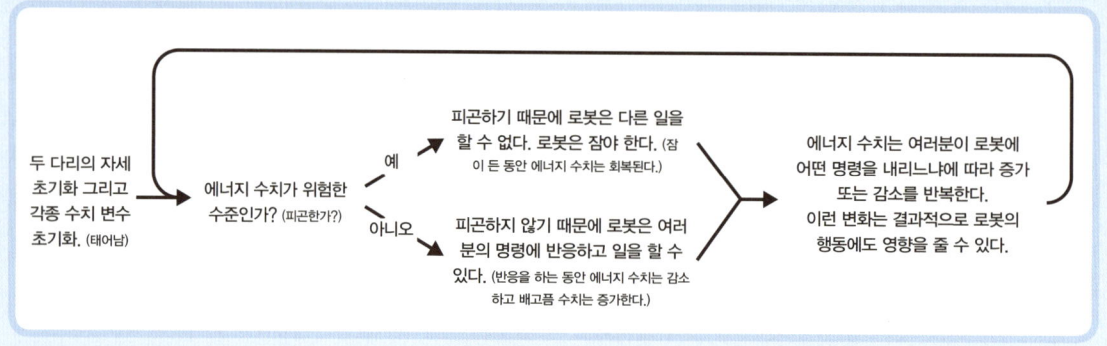

■ 그림 19-22 탐구 과제 132의 프로그램을 구현하기 위한 기본적인 개념의 흐름도. 이것은 여러분이 경험해 볼 수 있는 아주 단순한 로봇과의 교감 기능만이 구현되어 있습니다. 각각의 단계에서 여러분은 많은 루프 블록과 스위치 블록을 쓸 수 있습니다. 하나의 블록이 추가될 때마다 여러분의 로봇은 조금씩 섬세해지고 많은 것을 표현하며 다양한 요구를 하는, 마치 살아있는 생명에 가까운 모습을 좀 더 보일 것입니다.

요하다면 여기에 다른 기능을 더 추가할 수도 있습니다.

이를테면 로봇이 자신의 감정을 표현하기 위해 브릭 버튼의 상태 표시등을 활용하거나, 다른 사운드 파일, 혹은 디스플레이 화면을 이용할 수 있을 것입니다. 로봇이 충분히 행복도가 높을 경우 웃는 눈 표정을 화면에 출력하고, 로봇이 잠자는 동안에는 감은 눈 표정과 코고는 소리 파일을 재생하도록 만들 수 있습니다.

그림 19-22는 저자가 만든 프로그램의 간단한 흐름도입니다. 여러분의 로봇 프로그램을 만들 때 참고하되, 여러분만의 독창적인 아이디어를 추가해 로봇을 보다 풍부한 감성과 표현력을 갖도록 다듬어 보시기 바랍니다.

탐구과제 131: 우아한 걸음걸이!

난이도 ▢▢▢ 시간 ⏱⏱

ObstacleAvoid 프로그램에서 로봇의 팔은 왼쪽과 오른쪽으로 움직이지만 다리와 별개로 움직이기 때문에 무언가 자연스럽지 않고 어색합니다. 두 동작을 좀 더 자연스럽고 사실적으로 보이도록 만들기 위해서는 프로그램을 어떻게 고쳐야 할까요?

탐구과제 132: 무선 조종 보행!

난이도 ▢▢▢ 시간 ⏱⏱⏱

라바 렉스를 자율적인 보행이 아닌, 여러분이 리모컨을 이용해 원하는 방향으로 걸어갈 수 있도록 프로그램을 바꾸어 봅시다. 여러분은 8장에서 이와 비슷한 프로그래밍 기법을 경험해 보았습니다.

물론 라바 렉스는 8장의 로봇보다 훨씬 복잡하기 때문에, 이번 장에서 배운 여러 가지 기법들, 이를테면 동기화와 같은 기능을 적절히 추가해야 할 것입니다.

어떻게 하면 리모컨 버튼을 이용해 로봇을 전진 또는 방향 전환시키고 버튼을 떼었을 때 로봇이 멈추도록 만들 수 있을까요?

디자인 탐구과제 30: 또 다른 2족보행 로봇!

조립 난이도 ✻✻ 프로그래밍 난이도 ▢▢

인간형 로봇이 아닌, 두 다리로 걷는 동물형 로봇을 만들어 봅시다. 로봇의 상반신을 제거하고 다리와 EV3 브릭만을 남겨둡니다. 그 다음 여기에 브릭을 추가해 두 다리로 걷는 동물, 이를테면 타조나 공룡과 같은 동물을 만들어 봅시다.

라바 렉스의 머리를 움직이던 중형 모터를 떼어 내어 동물의 머리나 꼬리, 손톱 내지는 무시무시한 이빨이 달린 주둥이를 만들 수 있습니다. 로봇의 하반신이 아직 라바 렉스의 것 그대로라면 이번 장에서 만든 프로그램을 이용해 동물 로봇의 프로그램도 손쉽게 만들 수 있으리라 생각합니다.

프로그램 문제 해결, EV3 브릭, 무선 연결법

troubleshooting programs, the EV3 brick, and wireless connections

이 책의 내용을 따라 로봇을 만들고 프로그래밍 하면서, 때때로 본문 내용에서 자세히 설명되지 않은 문제에 직면할 수 있습니다. 이번 장에서는 프로그램을 사용하면서 접할 수 있는 여러 가지 문제에 대한 설명과 해결책을 다루어 볼 것입니다.

또한, EV3의 내장 무선 통신 기능을 활용하는 방법과 컨트롤러 리셋하기, 펌웨어 업그레이드에 대해서도 살펴보겠습니다.

문제 해결 – 컴파일 오류

여러분이 만든 프로그램을 EV3 브릭에 다운로드할 때, EV3 소프트웨어는 아이콘과 데이터 와이어로 구성된 블록 다이어그램 형태의 소스코드를 프로세서가 이해하기 쉬운 보다 단순한 기계어 형태로 변환합니다. 이 과정을 '컴파일'이라고 합니다.

🧑 실제로 컴퓨터 또는 스마트폰 등에서 동작하는 대부분의 프로그램을 개발하는 언어가 이와 같은, '프로그래머가 이해하고 수정하기 편리한 소스코드'를 먼저 만들고, 이를 컴파일이라는 과정을 통해 '프로세서가 실행하기 편리한 2진 코드'로 변환하는 개념을 가지고 있습니다.

여러분의 프로그램을 EV3가 직접 이해할 수 있는 코드로 변환하는 과정에서, 누락된 마이 블록 등의 논리적 오류가 발견될 경우 컴파일은 실패하고 그림 A-1과 같은 에러 메시지를 출력하게 됩니다.

마이 블록의 누락

여러분이 마이 블록을 사용했고, 프로그램을 다운로드하는 시점에서 이 마이 블록을 찾지 못했다면 그림 A-1과 같이, 마이 블록의 아이콘은 ❓표시로 바뀌게 되며 EV3 프로그램은 컴파일에 실패했다는 메시지를 출력하고 프로그램을 다운로드하지 않습니다.

가령 'SoundProgram'이라는 이름의 프로그램이 있고, 이 안에 'Talk'라는 이름으로 여러분이 마이 블록을 만들어 넣었다고 가정해 봅시다.

실수로 프로젝트 속성 페이지의 마이 블록 탭에서 Talk 마이 블록을 삭제했다면 프로그램은 컴파일 과정에서 Talk 마이 블록이 프로젝트 안에 없기 때문에 적절한 2진 코드로 번역할 수 없어 그림 A-1과 같은 오류 메시지를 출력할 것입니다.

주의할 점은, 에러 메시지가 어떤 마이 블록 때문에, 어느 위치에서 컴파일에 실패했는지까지 알려주지는 않는다는 것입니다.

그림 A-1을 예로 든다면, Talk 마이 블록이 누락되었으나, 에러 메시지를 통해서는 단지 '어떤 마이 블록이 존재하지 않아' Soundprogram.ev3p 프로그램을 컴파일하지 못했다는 식의 간단한 메시지만 출력합니다.

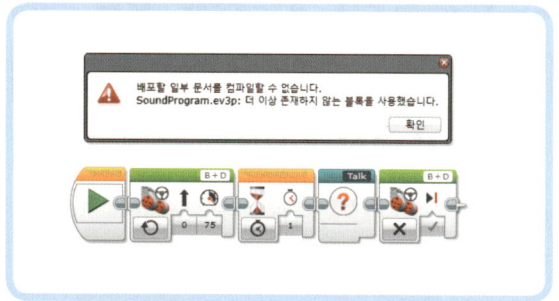

■ 그림 A-1 Talk 마이 블록이 없기 때문에, 이 프로그램은 컴파일되어 EV3 브릭에 전송될 수 없습니다.

🧑 일반적인 텍스트 기반의 프로그래밍 환경에서는 마이 블록과 같은 개념인 함수를 호출할 때, 해당 함수가 없다면 정확히 문제가 생긴 행을 짚어주는 경우가 대부분입니다. 하지만 EV3 소프트웨어에서는 문제가 생긴 마이 블록을 사용자가 직접 찾아야 합니다.

그림 A-1처럼 블록이 몇 개 되지 않는다면 금방 문제를 해결할 수 있지만, 만약 여러 개의 마이 블록이 많은 곳에 분포된 복잡한 프로그램이라면 문제를 해결하는 과정이 상당히 번거로울 수 있습니다.

통상적인 프로그래밍 환경의 개발자에 대한 편의성 지원을 고려할 때, 마인드스톰 소프트웨어에서 마이 블록 누락에 따른 이 에러 메시지는 조금 불친절한 편이라는 것이 옮긴이의 생각입니다.

이와 같은 문제가 발생할 경우, 해결 방법은 몇 가지가 있습니다. 먼저 같은 이름(이 경우 Talk)의 마이 블록을 새로 만드는 것입니다. 또 다른 방법으로, 여러분이 67쪽의 그림 5-13과 같이, Talk라는 마이 블록을 사용한 다른 프로젝트 파일을 열고, 여기에서 Talk 마이 블록을 꺼내어 SoundProgram.ev3p 프로젝트에 Talk 마이 블록을 '가져오기' 하는 것입니다.

🧑 ev3p 확장자는 ev3 project의 약자로, 일단 이미지 설명이나 마이 블록 등의 관련 파일을 모아 놓은 복합 데이터 파일입니다.

마지막으로, ❓로 출력되는 마이 블록을 프로그램에서 모두 삭제할 수 있습니다.

프로그램 블록에서의 오류

EV3 소프트웨어가 여러분이 만든 프로그램을 이해하지 못할 경우에도 컴파일은 실패할 수 있습니다. 예를 들어, 그림 A-2와 같이 수학 블록에 블록이 해석할 수 없는 수식이 들어갈 경우 소프트웨어는 컴파일에 실패하게 됩니다.

이 오류 역시, EV3 소프트웨어는 어떤 블록의 어느 부분에서 문제가 야기되어 컴파일이 실패했는지 친절하게 알려주지 않습니다. 다행스러운 것은 '실행 선택' 메뉴를 이용해 프로그램을 일부만이라도 실행해 볼 수 있으며, 이를 통해 오류 추적을 할 수 있다는 점입니다.

각각의 블록을 선택하고 '실행 선택' 버튼을 누르면, 프로그램에 이상이 없는 부분일 경우 프로그램은 블록을 실행합니다. 그림 A-2에서는 Hello를 출력하는 사운드 블록과 1초를 기다리는 대기 블록이 정상적으로 실행될 것입니다.

에러가 있는 블록의 경우 '실행 선택'이 클릭되면 실행되지 않고 그림 A-2처럼 에러 메시지를 출력하기 때문에 에러를 유발한 잘못된 블록을 찾을 수 있습니다.

블록에서의 오류를 육안으로 찾아내지 못할 때 이와 같은 '실행 선택'을 통해 오류가 있는 블록을 찾아낼 수 있으며, 이렇게 문제가 발견되면 오류가 있는 부분을 수정하거나 삭제하는 방법으로 해결할 수 있습니다.

변수 정의의 누락

변수 블록을 한 프로젝트에서 다른 프로젝트로 복사할

경우, 변수 블록은 복사되지만 프로젝트에서 정의된 변수 명은 함께 복사되지 않습니다. (프로그래밍을 하는 사람에게 혼란을 줄 수 있다고 생각되지만) EV3 소프트웨어는 복사된 변수 블록이 사용하는 변수의 이름(그림 A-3에서 TestVar라는 변수) 자체를 차단하지는 않습니다.

하지만, 그렇다고 해서 새롭게 추가되는 변수 블록(그림 A-3의 오른쪽 변수 블록)에서 이 이름을 쓸 수 있게 보여주지는 않습니다. 이 문제는 여러분이 새 프로젝트에서 같은 이름과 속성으로 변수를 정의하는 것으로 해결할 수 있습니다.

이와 같은 문제는 여러분이 프로젝트에 불러오고자 하는 프로그램 또는 마이 블록이 변수를 포함하고 있을 때 발생할 수 있습니다. 프로젝트 속성 페이지에서 변수 탭으로 이동하면 현재 프로젝트에서 정의된 모든 변수들을 확인할 수 있습니다(그림 16-3 참조).

여기에서 확인된 변수만이 프로젝트 전체에 포함된 모든 프로그램에서 접근하고 활용할 수 있습니다.

실행 중인 프로그램의 문제 해결

앞 절의 내용은 프로그램을 만드는 과정에서 발생할 수 있는 기술적인 문제를 해결하는 방법입니다. 하지만 프로그래밍 중일 때가 아닌, 실행 중일 때의 문제를 해결해야 하는 경우도 있습니다.

사실 프로그램이 오류에 봉착하는 이유는 많지만 대부분의 경우는 프로그래머의 실수에 의한 아주 단순한 논리적 오류인 경우가 대부분입니다. 실제로 필자도 수년 간 로봇 프로그래밍을 해왔지만 종종 데이터 와이어의

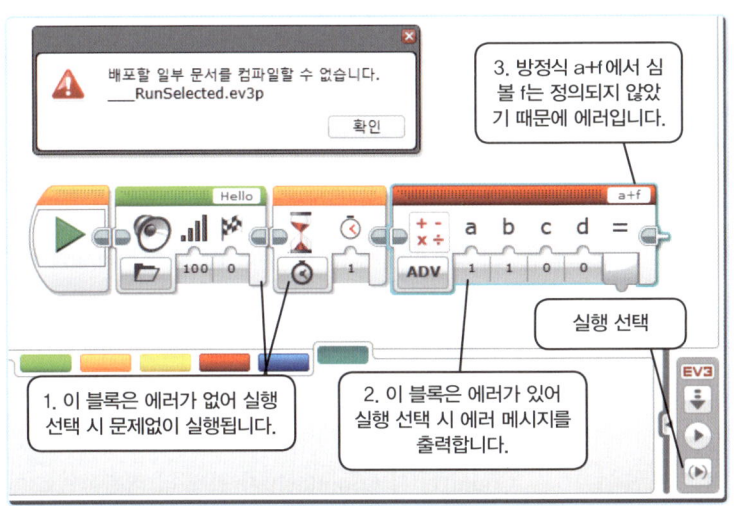

■ 그림 A-2 블록을 선택적으로 실행해 컴파일 오류를 찾는 방법. 이 경우 수학 블록의 방정식 입력에서 오류가 있습니다. 수학 블록의 고급 모드에서는 a부터 d까지의 심볼만 사용할 수 있으나 이 프로그램은 f라는 심볼을 사용했으며, 이 심볼은 EV3 소프트웨어가 이해하고 컴파일할 수 없는 심볼입니다.

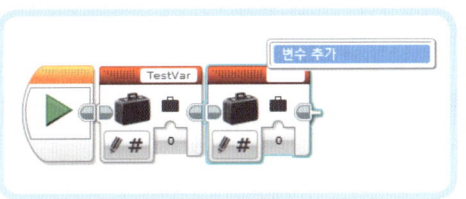

■ 그림 A-3 TestVar라는 이름의 변수는 변수 블록과 함께 이 프로젝트에 복사되어 들어왔지만, 아직 프로젝트의 변수 목록에 등재되지 않았기 때문에 새 변수 블록의 사용 가능한 목록에서는 보이지 않습니다. 다른 변수 블록에서 사용하기 위해서는 '변수 추가' 메뉴를 사용해 TestVar라는 이름으로 새로운 변수를 정의해 주어야 합니다.

연결을 잊어버려 로봇이 정상적으로 작동하지 않았던 경험이 있습니다.

실수는 안타깝지만, 다른 한 편으로는 실수 덕분에 자신이 프로그래밍을 하면서 놓친 부분을 발견할 수 있게 되고, 결과적으로 자신의 지식이 될 것입니다. 문제를 해결하기 위한 과정은 재미있게 느껴질 수 있지만, 무척 지루한 과정일 수도 있습니다.

그러나 이 과정은 로봇을 움직이기 위해 피할 수 없는 부분입니다. 초기 구상안에 가깝게 프로그램이 수정, 보완되고 문제가 해결되는 모습을 보는 것은 분명 보람찬 일일 것입니다.

직접 만든 프로그램에서 오류를 찾기 위한 유용한 방법을 몇 가지 정리해 보았습니다.

🧑 이 기법들은 EV3 소프트웨어에서뿐만 아니라, PC의 운영체제인 윈도우나 맥, 스마트폰 또는 임베디드 시스템 등의 다른 일반적인 소프트웨어 개발환경에서 프로그래밍을 할 때도 염두에 둘 만한 중요한 개념들입니다.

- **프로그램에 주석을 단다.**

주석은 프로그램 자체의 동작에 아무런 영향을 미치지 않습니다. 하지만 여러분이 어떤 의도로 블록들을 이렇게 배치하고 설정했는지에 대한 이유를 정확하게 주석으로 적어둔다면, 나중에 여러분이 이 프로그램의 내용을 잊어버릴 만큼 오랜 시간이 지나더라도, 주석을 통해 프로그램의 구조나 특징에 대해 빠르게 이해하는 데 도움을 줄 것입니다.

주석의 배치는 그림 A-4와 같이, 주석 도구 또는 고급 탭(파란색)의 주석 블록을 이용해 입력할 수 있습니다. 두 가지 주석은 프로그램의 설명이라는 본질적인 면에서 동일하지만, 배치되는 특성에 따라 조금 다르게 활용될 수 있습니다.

주석 도구로 입력되는 주석(그림 A-4의 좌측 상단)은 프로그램 전체의 블록 위치 변경 등에 영향을 받지 않고 현재의 위치를 그대로 유지합니다. 반면 주석 블록으로 입력되는 주석(그림 A-4의 중앙)은 인접한 프로그래밍 블록과 함께 위치가 옮겨질 수 있습니다.

예를 들어, 그림 A-4에서 조향모드 주행 블록과 시작 블록 사이에 무언가 다른 블록을 끼워 넣는다면, 주석 도구로 입력한 블록의 위치는 여전히 그대로이기 때문에 주석 아래 있는 블록과의 연관성을 찾을 수 없게 될 수 있습니다.

반면 주석 블록으로 입력한 블록은 앞에 다른 블록이 끼워지더라도 조향모드 주행 블록 및 사운드 블록과 함께 움직이기 때문에 주석의 위치에 신경 쓰지 않고 해당 블록의 역할을 설명해주기에 좀 더 적합합니다.

🧑 이런 이유로 주석 도구로 입력하는 주석은 프로그램 전체에 대한 개괄적인 설명에, 주석 블록으로 입력하는 주석은 인접한 블록의 구체적인 동작 특성에 대한 설명용으로 적합합니다.

또한 EV3 소프트웨어 우측 상단의 '콘텐츠 편집기'에서 '작업 기록하기'를 이용해 주석을 추가할 수도 있습니다(그림 3-19 참조).

- **프로그램 안에서 정의되는 여러 가지의 이름, 이를테면 프로그램 이름, 변수 이름, 마이 블록 이름 등에 설명이 포함된 이름을 사용한다.**

예를 들어, 여러분이 왼쪽 버튼과 오른쪽 버튼의 눌린 횟수를 기록하기 위해 두 개의 변수를 정의해야 한다고 가정할 때, Count1과 Count2라는 이름보다는 CountLeft와 CountRight가 훨씬 더 직관적으로 이해할 수 있는 이름이 됩니다.

이와 같이 이름을 통해 명확히 그 기능을 이해할 수 있다면 프로그래밍 과정에서 해당되는 변수 또는 프로그램을 잘못 부르는 실수를 줄일 수 있습니다.

🧑 같은 이유로 a나 program1, qwer과 같이 의도를 파악할 수 없는 이름은 변수나 프로그램에 가장 좋지 않은 작명이라 할 수 있습니다.

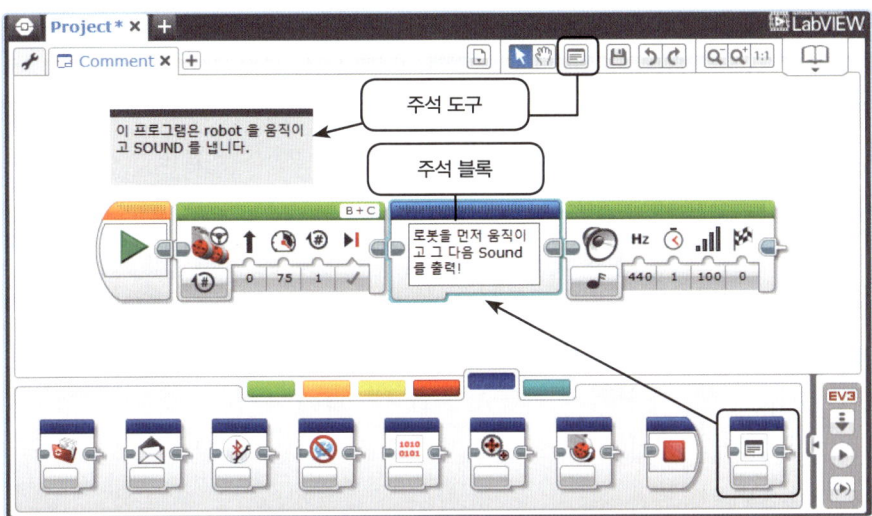

■그림 A-4 여러분은 주석 도구와 주석 블록을 이용해 프로그램에 주석을 삽입할 수 있습니다. EV3 소프트웨어의 초기 버전은 주석 블록 기능이 없었으나 1.1 버전으로 업그레이드 되면서 기능이 추가되었습니다. 최신 버전의 설치 방법은 이 책의 1장 내용을 통해 확인할 수 있으며, 프로그램의 버전은 상단 메뉴의 **도움말 – LEGO® MINDSTORMS(R) EV3** 정보에서 확인할 수 있습니다.

- **소리, 화면, 브릭 상태 표시등은 프로그램의 동작 상태를 알려줄 수 있다.**

예를 들어, 사운드 블록을 센서 블록 뒤에 배치할 경우, 센서 블록이 반응하는 순간 소리를 통해 반응 여부를 여러분이 알 수 있게 됩니다. 또한 특정한 블록의 실행 시점에서 상태 표시등의 색을 바꾸어 준다면 표시등의 색을 통해 프로그램이 현재 어느 시점까지 진행되었는지를 파악할 수 있습니다.

이런 동작은 여러분의 프로그램이 오동작할 경우, 어느 부분까지 정상 작동하고, 어느 부분에서 오류가 발생했는지 파악하는 데 도움을 줍니다.

- **화면에 값을 표시한다.**

예를 들어, 센서값을 기준으로 프로그램이 분기되는 스위치 블록의 경우 센서값이 제대로 입력되고 있는지 여러분이 육안으로 확인할 수 있다면 프로그램이 예기치 않은 오동작을 할 경우 센서값 때문이 아닌지 파악할 수 있습니다.

이를테면 센서의 고장 또는 케이블의 결합 문제로 센서값이 0이 나오는 경우 프로그램이 정상적이라도 동작은 의도한 것과 달리 비정상적으로 될 수 있습니다.

이런 경우 프로그램의 블록만 봐서는 오류를 찾기 어려울 것입니다. 하지만 센서값을 화면으로 확인할 수 있다면 쉽게 문제를 파악할 수 있습니다.

- **EV3 프로그램의 현재 실행 중인 블록 표시 기능을 활용한다.**

이 기능은 EV3가 현재 실행 중인 블록이 무엇인지 시각적 효과를 통해 보여줍니다. 그림 A-5와 같이 블록 상단에 줄무늬 애니메이션이 나타나면서 현재 수행 중인 블록을 보여주고, 만약 다음 블록으로의 진행이 무언가에 의해 막히는 경우 역시 판단할 수 있습니다.

만약 모터 블록에 회전 목표가 정해지더라도 실제로 물리적인 장애물에 의해 모터가 회전할 수 없는 상황을 가정해 봅시다. 이 때 블록은 조건이 완수, 즉 모터가 회전 가능해질 때까지 기다리게 됩니다.

이 때 애니메이션은 현재의 블록에서 반복되고 있으며 프로그램이 진행되지 않고 있음을 시각적으로 알려주는 효과를 나타냅니다.

- **프로그램에 변화를 줄 때마다 테스트를 한다.**
프로그램이 처음에는 문제없이 잘 작동하더라도, 새로운 기능이 추가된다면 그로 인해 예상치 못한 문제들이 추가로 발생할 수 있습니다. 프로그램에 기능적인 요소를 추가한다면, 이로 인해 다른 부분에 영향을 미치지는 않는지 각 부분별로 충분히 테스트를 해보는 것이 좋습니다.

- **프로그램을 다양한 조건에서 테스트한다.**
여러분의 프로그램이 특정한 조건에서 아무런 문제를 일으키지 않는다고 해서 조건이 바뀌어도 문제가 없을 것이라는 보장은 없습니다. 예를 들면, 여러분의 방 안에서 잘 동작하는 길 따라가기 로봇 프로그램은 조건이 바뀐 환경, 이를테면 햇볕이 내리쬐는 운동장이나 밝은 조명이 비추는 로봇 경기장과 같은 곳에서는 제대로 동작하지 않을 수 있습니다.

> **NOTE** 이 책의 내용을 보고 여러분이 만든 프로그램이 정상 작동하지 않는다고 생각되면 http://ev3.robotsquare.com/에서 만들어진 예제 프로그램을 다운로드 받아 비교해 볼 수 있습니다.

EV3 문제 해결

이 절은 EV3 브릭 자체의 배터리와 메모리, 외부 연결이나 초기화 등 여러 설정에 관련된 부분을 다룰 것입니다.

하드웨어 페이지의 활용

그림 A-6과 같이, 하드웨어 페이지에서 EV3 브릭의 상태와 관련된 정보들을 확인할 수 있습니다. 브릭 정보 탭에서는 EV3에 설정된 이름, 배터리 잔량, 현재 탑재된 펌웨어의 버전 등을 확인할 수 있습니다.

EV3의 이름을 바꾸기 위해서는 이름 입력창을 클릭하

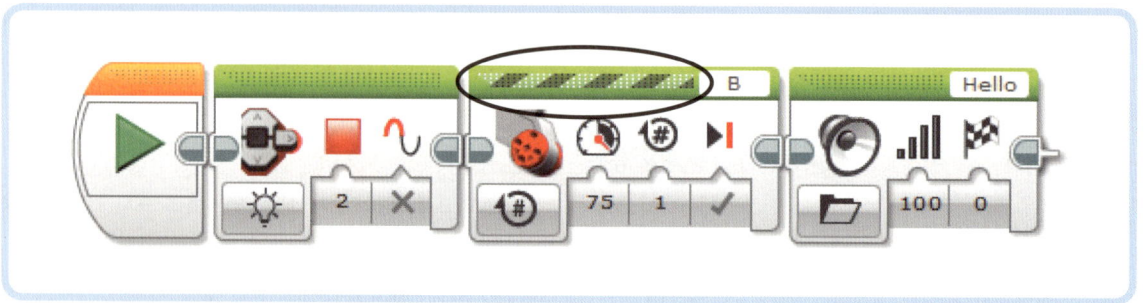

■ 그림 A-5 줄무늬 애니메이션은 현재 라지 모터 블록이 실행되고 있음을 보여줍니다. 이와 같이 EV3 소프트웨어에서 현재 실행 중인 코드를 보여주는 기능은 '다운로드 및 실행' 버튼을 이용해 프로그램을 실행할 때만 지원됩니다. 여러분이 '다운로드' 버튼만 클릭해 프로그램을 전송하고, EV3 컨트롤러의 메뉴에서 프로그램을 직접 실행할 경우 이와 같은 애니메이션 추적 기능은 지원되지 않습니다.

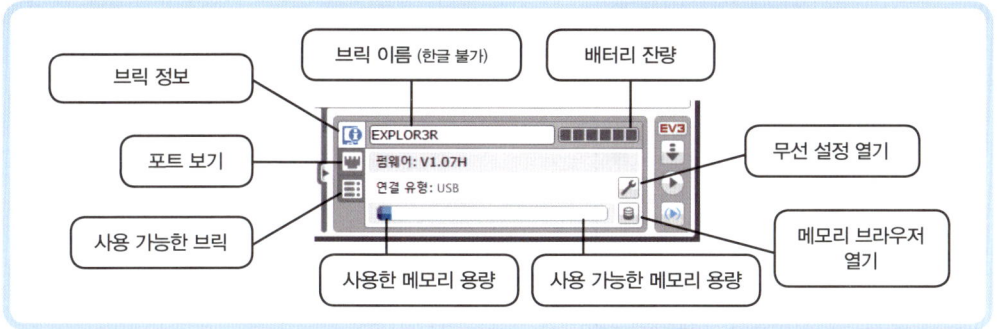

■ 그림 A-6 하드웨어 페이지의 브릭 정보 탭

고 이름을 타이핑한 후 엔터 키를 누르면 바뀐 이름이 반영되며 EV3 화면에서도 확인 가능합니다.

한 개의 마인드스톰 세트만 가지고 있다면 이름은 크게 중요하지 않을 수도 있지만, 두 개 이상의 세트를 가지고 있다면 각각의 EV3 컨트롤러를 식별하기 위해 이름은 중요할 수 있습니다.

포트 보기 탭은 현재 EV3 컨트롤러에 연결된 센서와 모터의 포트 정보 및 출력값을 직접 확인할 수 있습니다 (그림 6-5 참조).

연결된 EV3 브릭 관리

사용 가능한 브릭 탭은(EV3 소프트웨어에 의해 확인된) 현재 컴퓨터에 연결된 EV3 브릭 목록을 모두 보여줍니다. EV3 브릭은 내장된 USB 포트나 내장된 블루투스 무선 통신 모듈 혹은 별매 하는 외장형 Wi-Fi 동글을 이용해 컴퓨터와 연결할 수 있습니다.

연결 방법은 그림 A-7과 같이, 체크 박스를 통해 선택할 수 있습니다. 예를 들어, 그림 A-7에서 EXPLOR3R라는 이름의 EV3 컨트롤러는 USB 방식으로 연결되었음을 알 수 있습니다.

현재 연결 상태를 재확인해야 할 경우 **새로고침** 버튼을 누르고, 현재 연결 상태를 해제하고 다른 EV3 브릭에 연결하려면 연결된 EV3 브릭을 선택하고 **연결 해제** 버튼을 누릅니다.

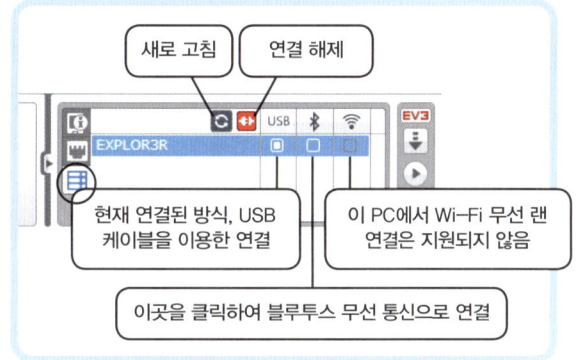

■ 그림 A-7 사용 가능한 브릭 탭에서는 연결된 EV3 브릭의 연결 상태 설정이 가능합니다. EV3 브릭은 USB와 블루투스, 그리고 Wi-Fi 연결이 가능하며 시스템에서 지원되지 않는 연결 방식은 회색으로 표시됩니다.

EV3의 메모리 관리

EV3 브릭에 내장된 프로그램은 윈도우 운영체제의 탐색기와 비슷한 형태의 메모리 브라우저를 통해 관리할 수 있습니다.

그림 A-8은 브릭 정보 탭의 메모리 브라우저 열기 또는 풀다운 메뉴의 '도구 - 메모리 브라우저' 메뉴를 통해 열 수 있는 메모리 브라우저의 모습입니다. 현재 EV3 컨트롤러에 탑재된 모든 프로그램이 프로젝트별로 폴더 단위로 관리되고 있음을 확인할 수 있습니다.

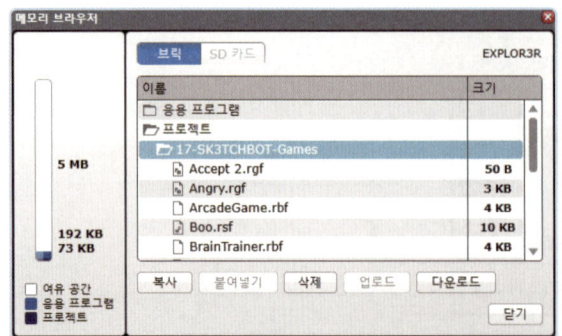

■ 그림 A-8 하드웨어 페이지에서 메모리 브라우저 열기 버튼을 클릭(그림 A-6 참조) 또는 '도구 – 메모리 브라우저' 메뉴(단축키 Ctrl-I)를 통해 메뉴를 호출할 수 있습니다.

EV3 컨트롤러에 내장된 메모리의 여유 공간은 4메가바이트 남짓입니다. 비록 실행 파일의 크기가 수 킬로바이트 정도에 불과하지만 여러분이 제대로 관리하지 않는다면, 특히 사운드나 그림 데이터가 포함되는 경우 프로젝트는 순식간에 메모리 공간을 전부 차지할 수도 있습니다.

이런 문제를 막기 위해서는 메모리 관리에 신경을 쓰고 더 이상 사용하지 않는 프로젝트를 **삭제**하는 과정이 필요합니다.

👤 EV3의 메모리 공간은 16메가바이트의 플래시 메모리와 64메가바이트의 램으로 구성됩니다. 하지만 리눅스 기반의 운영체제를 사용하기 때문에 운영체제 커널의 용량이 커 실제로 사용자에게 할당되는 메모리는 5메가바이트 정도입니다. 1메가바이트는 1,024킬로바이트입니다.

EV3 브릭에서 컴퓨터로 프로그램 또는 데이터 파일을 백업하기 위해서는 **업로드** 버튼을 사용합니다. 반대로, 컴퓨터에 저장된 파일을 EV3 브릭으로 보내기 위해서는 **다운로드** 버튼을 사용합니다.

주의할 점은 EV3에 탑재된, '컴파일된compiled' 실행 파일들을 다시 컴퓨터로 업로드하는 경우, EV3 소프트웨어에서 다시 열어서 내용을 보거나 수정할 수 없다는 점입니다.

실행 파일로부터 그것을 만든 소스코드를 얻는 과정을 프로그래밍 용어로 '디컴파일decompile'이라고 합니다. 일부 프로그래밍 언어는 디컴파일을 완벽하게 지원하지만, 어떤 언어는 약간의 소스코드 손상이 발생하면서 디컴파일되는 경우도 있습니다.

EV3 소프트웨어의 경우 디컴파일이 불가능하기 때문에 여러분이 나중에라도 수정해야 하는 프로그램이라면 소스코드를 잘 관리해야 합니다.

예외적으로, 부록 B에서 살펴볼 EV3 브릭에 내장된 기능인 브릭 프로그래밍의 경우에는 전용 메뉴를 통해 EV3 소프트웨어로 불러들여 수정할 수 있습니다.

USB 연결에 대한 문제 해결

USB 케이블로 컴퓨터에 EV3 브릭을 연결하면 EV3 소프트웨어는 이를 자동으로 감지하고 하드웨어 페이지에 EV3 마크(EV3)를 출력합니다. 만약 마크가 회색(EV3)이라면 아래의 방법을 따라 순서대로 문제를 해결해 보시기 바랍니다.

1. EV3 브릭이 켜져 있는지 확인합니다.
2. EV3 브릭의 USB 포트 중 PC라는 라벨이 붙은 상단의 USB 포트에 케이블이 연결되었는지 확인합니다(그림 2-5 참조). 당연한 말이지만, 케이블의 반대쪽은 컴퓨터의 USB 포트에 연결되어 있어야 합니다.
3. 위의 모든 조건이 만족했는데도 인식이 되지 않는다면 USB 케이블을 분리한 후 다시 연결해 보시기 바랍니다. 컴퓨터의 다른 USB 포트에 연결해 보는 것도 방법이 될 수 있습니다.
4. EV3 소프트웨어를 종료 후 재실행하거나 혹은 컴퓨터 자체를 재부팅해 봅니다.
5. 위의 모든 조건을 다 테스트해 보았다면 마지막으로 USB 케이블을 분리하고 EV3 브릭을 끈 다음 다시 켜고 EV3 브릭의 부팅이 완료된 다음 USB 케이블을 다시 연결해 봅니다.

일반적인 개인용 컴퓨터에서는 이렇게 문제가 생기는 경우가 흔치 않지만, 여러 사람이 컴퓨터를 함께 사용하는 교실과 같은 경우엔 이런 문제가 발생할 확률이 높아집니다. 이런 경우 컴퓨터 관리자에게 도움을 받아 프로그램을 관리자 권한으로 실행해서 테스트해 보고, 필요하다면 여러분의 컴퓨터 사용 계정으로 이런 작업이 가능하도록 허가를 받아야 합니다.

🧑 윈도우 운영체제의 보호 정책 때문에, 사용 권한 수준이 낮은 게스트 유저 같은 경우에는 외부 장치에 접근하는 소프트웨어를 차단해 EV3 소프트웨어가 정상 동작하지 않을 수 있습니다.

EV3 브릭의 강제 재부팅

흔한 경우는 아니지만 EV3 브릭 역시 프로그램이 탑재된 일종의 컴퓨터이기 때문에, 소프트웨어적인 문제에 의해 응답 불능 상태에 빠질 수 있습니다. 이 경우 통상적인 프로그램 종료 명령인 **뒤로** 버튼이 인식되지 않을 수 있습니다.

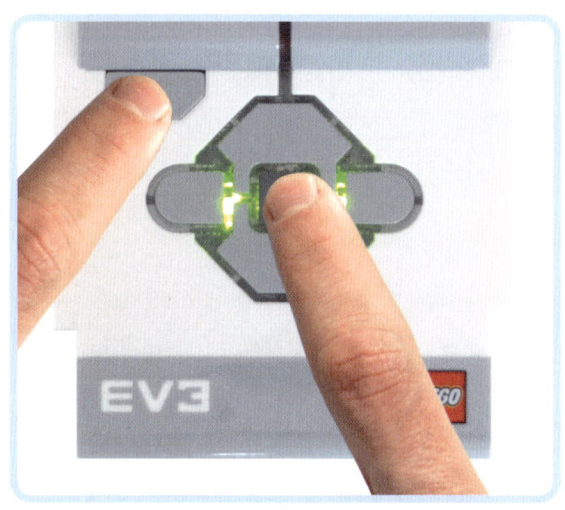

■ 그림 A-9 EV3 브릭을 강제 재부팅하려면 브릭 상태 표시등이 꺼질 때까지 뒤로 버튼과 가운데 버튼을 누릅니다.

이 때 **뒤로** 버튼과 **가운데** 버튼을 동시에 길게 누르고 있으면 잠시 후 그림 A-9와 같이, 브릭 상태 표시등이 꺼지고 버튼에서 손을 떼는 순간 EV3 브릭은 재부팅될 것입니다. 이 때 강제 재부팅하기 직전까지 작업했던 내용들은 손실될 수 있습니다.

만약 EV3 브릭이 부팅되지 않거나, 브릭 상태 표시등이 빨간색으로 점멸한다면 새 건전지로 교체하고 다음의 내용을 참고해 펌웨어를 업데이트해 보시기 바랍니다.

EV3의 펌웨어 업데이트

EV3 소프트웨어는 레고 사 서버와의 통신을 통해 최신 펌웨어의 버전을 확인하고 현재 사용자의 EV3 브릭에 탑재된 펌웨어의 버전이 낮을 경우 업데이트를 권장하는 메시지를 출력합니다.

펌웨어를 바꾸기 위해서는 EV3 소프트웨어의 풀다운 메뉴에서 **도구 - 펌웨어 업데이트**를 실행합니다. 펌웨어 업데이트는 데이터 오류의 가능성 때문에 무선 연결 모드를 지원하지 않습니다.

EV3 브릭과 컴퓨터를 USB 방식으로 연결하고 펌웨어 업데이트 메뉴에서 확인 가능한 최신 버전의 펌웨어를 선택한 후 **다운로드** 버튼을 눌러 펌웨어를 전송합니다. EV3 브릭은 자동으로 '펌웨어 업데이트 모드'로 전환되며 브릭의 LCD에서는 'Updating...'이라는 메시지가 출력됩니다.

컴퓨터의 펌웨어 업데이트 화면에서는 두 개의 진행 상태 막대가 출력되며, 수분 안에 펌웨어 업데이트는 완료되고 EV3는 자동으로 재부팅됩니다.

부팅이 완료되고 하드웨어 페이지에서 펌웨어 버전을 확인하면 펌웨어 버전이 업데이트된 것을 볼 수 있습니다.

만약 펌웨어 업데이트가 실패하는 경우(예를 들어 다운로드 중 정전으로 컴퓨터가 꺼지거나, 발에 걸려 USB 케이블이 분리되는 등의 경우) EV3 브릭은 정상적으로 부팅되지 않고 고장난 것처럼 보일 것입니다. 이것은 마치 윈도우 운영체제를 설치 중 컴퓨터를 꺼버린 것과 같은 상황입니다(부팅이 되지 않습니다).

시스템을 정상화시키기 위해서는 운영체제를 다시 설치해야 하는데, 다행히도 EV3 브릭은 하드웨어에 고장이 없는 경우, 그림 A-10과 같이 뒤로 버튼과 가운데 버튼, 그리고 오른쪽 버튼을 이용하면 업데이트 모드가 동작해 펌웨어를 다운로드 받을 수 있습니다.

버튼 세 개를 동시에 누른 채 기다리다가 상태 표시등이 꺼지면 뒤로 버튼에서만 손을 떼고, EV3의 화면에 'Updating'이라는 메시지가 출력되면 남은 두 버튼에서 마저 손을 뗍니다. 이 상태가 업데이트 모드입니다.

그 다음 컴퓨터에 USB 케이블로 EV3 브릭에 연결해서 펌웨어를 업데이트하면 EV3 브릭이 살아납니다.

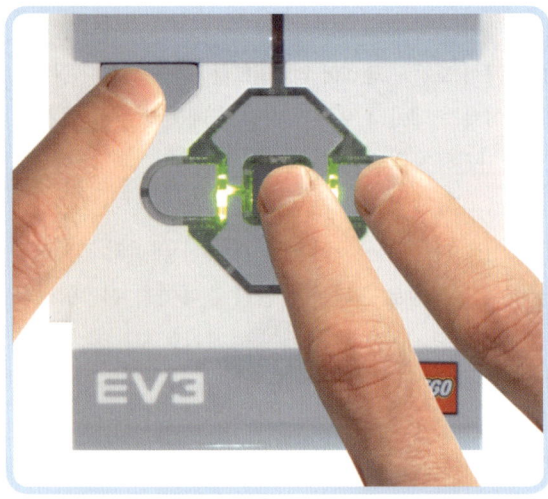

■ 그림 A-10 EV3 브릭을 강제 펌웨어 업데이트 모드로 만들기 위해서는 뒤로, 가운데, 그리고 오른쪽 버튼을 동시에 브릭 상태 표시등이 꺼질 때까지 눌러야 합니다. 상태 표시등이 꺼지면 뒤로 버튼에서 손을 떼고 그러면 화면에서 'Updating..'이라는 메시지가 출력되며 강제 펌웨어 업데이트 모드에 진입합니다.

🧑 이와 같이 번거롭고 복잡한 버튼의 조합 과정으로 강제 펌웨어 업데이트 모드를 호출하는 이유는, 혹시 모를 실수로 의도치 않게 여러분이 작업한 소중한 프로그램을 날리는 일을 미연에 막기 위해서입니다.

NOTE 펌웨어를 업데이트하면 EV3 브릭은 공장에서 출고될 때의 상태 그대로, 모든 추가적으로 다운로드 받은 프로그램과 설정들이 전부 삭제된 상태가 됩니다.

마이크로 SD 카드를 사용해 데이터를 보존

여러분이 EV3 브릭에 다운로드한 프로그램과 데이터 파일은 램(휘발성 메모리)에 저장됩니다. EV3 브릭은 끄기 명령을 통해 시스템이 Off 될 때 램의 내용을 플래시(비휘발성 메모리)에 옮겨 쓰고 종료됩니다. (이것이 EV3 브릭이 꺼질 때 긴 시간이 소요되는 이유입니다.)

정상적인 종료 과정을 거치지 않거나 또는 EV3 브릭이 켜져 있는 상태에서 배터리를 제거할 경우, 정상적인 종료 과정을 거치기 전에 EV3에 전송된 모든 파일들은 사라지게 됩니다.

이 문제는 사실상 여러분이 EV3 브릭을 장시간 사용하지 않을 생각으로 정상 종료 후 배터리를 분리한 상태로 보관할 경우에도 생길 수 있습니다. 다운로드한 데이터와 프로그램은 장시간 배터리가 분리된 EV3 브릭 속에서 언제라도 사라질 수 있음을 기억해야 합니다.

🧑 사실 플래시형 메모리의 가격이 전과 비교할 수 없을 만큼 낮아지고 그 신뢰도도 하루가 다르게 상승하는 시점에서 이와 같은, 내장 메모리에 저장된 사용자 프로그램의 휘발은 많은 안타까움을 남깁니다.

컴퓨터에 설치되는 SSD나 스마트폰의 내장 스토리지들만 봐도 시스템이 전원에서 완전히 분리되어도 아무런 이상이 없도록 데이터가 안전하게 보존되기 때문입니다.

이런 문제는 사용자의 입장에서 썩 만족스러운 것은 아니지만, 시스템을 사용하지 못할 만큼 치명적인 것도 아닙니다. (사실 조금 번거롭고 귀찮을 수는 있습니다.)

사실상 여러분의 EV3의 내장 메모리에 저장되는 데이터들은 대부분 여러분의 컴퓨터에서 전송되는 것이기 때문에, 그 원본은 컴퓨터의 데이터를 삭제하지 않는 한 유지될 것이라는 점입니다.

👦 약 EV3 브릭이 자체적으로 데이터를 기록하는 데이터 기록 프로그램을 운용한다면, 이렇게 만들어진 데이터는 원본이 컴퓨터가 아닌 EV3에 있기 때문에 여러분이 제대로 백업하지 않는 경우 영원히 사라질 수도 있습니다.

다행히 여러분이 다운로드 받은 데이터를 잃어버릴 수 있다는 위험성을 피할 수 있는 방법이 아주 없는 것은 아닙니다. EV3 브릭은 마이크로 SD 메모리카드 슬롯이 내장되어 있고, 그림 A-11과 같이 여기에 별매 하는 마이크로 SD 호환 메모리카드를 삽입해 문제를 해결할 수 있습니다.

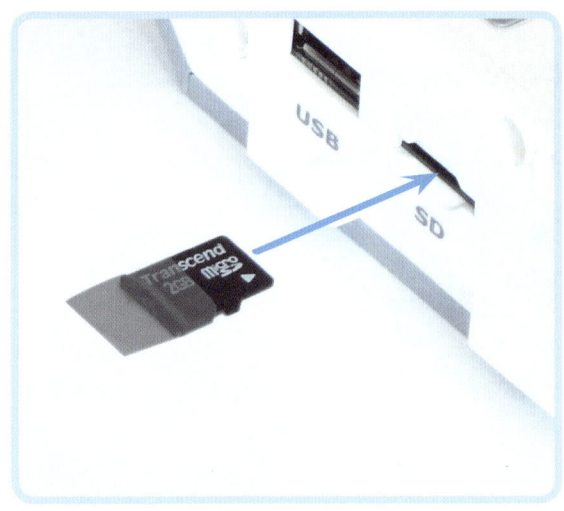

■ 그림 A-11 마이크로 SD 메모리카드를 활용하면 데이터의 유실을 방지할 수 있습니다. 메모리카드는 상단에 브랜드 이름과 용량이 인쇄되어 있고, 하단에 금속 접점이 있는 형태로, 접점 부위가 아래를 향하도록 삽입해야 합니다. 또한, 필자는 메모리카드 크기가 너무 작고, EV3 브릭에 완전히 삽입되어 뺄 때 어려움이 발생할 수 있기 때문에, 메모리카드에 손잡이 역할을 할 수 있도록 얇은 테이프와 같은 것을 부착해 두는 것을 권장합니다(그림에서 진회색의 사각형 부분입니다).

슬롯의 형태는 일반적인 메모리카드 리더기와 같이 '밀어서 집어넣고 잡아당겨 꺼내는' 방식입니다. (스프링이 내장되어 누르면 튀어나오는 방식이 아닙니다.) 문제는 메모리카드가 EV3 브릭 안으로 완전히 삽입된다는 것이고, 너무 작기 때문에 꺼내기가 쉽지 않다는 점입니다.

👦 마이크로 SD 카드의 뒷면은 손톱이 걸릴 만한 돌기가 만들어져 있으나 슬롯이 빡빡하고 메모리카드가 작아 손톱만으로 카드를 빼기엔 어려움이 있습니다. 옮긴이는 메모리카드를 꺼내려 힘을 주다가 손톱 끝에서 미끄러진 메모리카드가 엉뚱한 곳으로 날아가 버려 구석에서 겨우 찾았던 경험도 있습니다. 이것이 그림 A-11의 메모리카드에 테이프가 붙어 있는 이유입니다.

사용 가능한 메모리는 마이크로 SD와 함께 마이크로 SDHC도 사용할 수 있으며 용량은 최대 32GB까지 지원합니다. 메모리카드를 삽입하면 EV3 소프트웨어는 자동적으로 프로젝트를 저장하는 스토리지를 내장 메모리가 아닌 마이크로SD(EV3 소프트웨어에서 'SD 카드'로 출력됨)로 설정합니다.

이렇게 저장된 데이터는 EV3 브릭을 강제 종료하거나 펌웨어를 업데이트하는 경우에도 유실되지 않고 그대로 유지될 것입니다.

만약 여러분이 마이크로 SD 메모리카드를 가지고 있다면, EV3 브릭에 삽입할 경우 EV3의 내장 탐색기에서 SD_Card라는 이름의 폴더를 찾을 수 있습니다.

EV3에 저장되는 데이터의 용량은 사실, 대부분 아주 작은 크기이기 때문에 시중에서 파는 마이크로 SD 카드 중 가장 작은 용량이라 할지라도 EV3에서 사용하기에는 아마도 충분할 것입니다. (현재 시중에서는 4GB 이상의 메모리가 유통되며 가격도 수천 원 이내로 충분히 구할 수 있습니다.)

무선으로 EV3에 프로그램 전송

마인드스톰 세트에는 한 개의 USB 케이블이 동봉되며, 이를 이용해 여러분은 컴퓨터와 EV3 브릭을 연결할 수 있습니다. 하지만 프로그램을 다운로드하기 위해 무선 통신 기능을 활용할 수도 있습니다.

EV3 브릭은 블루투스 무선 통신 모듈이 내장되어 있으며, 내장된 USB 확장 포트에 전용 Wi-Fi 동글을 장착하면 무선 네트워크 환경을 활용해 데이터를 전송할 수도 있습니다.

무선을 활용한 프로그램 다운로드는 여러분이 일일이 로봇에 장착된 EV3 브릭에 USB 케이블을 삽입하고 분리하는 번거로움에서 벗어날 수 있다는 장점이 있습니다.

처음에 무선 연결에 대한 설정을 마치고 나면, 그 이후로는 USB로 연결되었을 때와 마찬가지로 프로그램을 전송하고 원격으로 프로그램을 실행하는 등의 작업이 가능합니다.

🧑 노트북의 경우 무선 랜과 블루투스가 내장되는 경우도 많지만 데스크톱의 경우 일부 고급형 메인보드 또는 특수한 조건의 사용자를 제외하면 이런 기능들이 배제된 경우가 대부분입니다.

만약 여러분의 컴퓨터 또는 노트북에 블루투스 기능이 없다면 블루투스 동글을 별도로 구매해 컴퓨터에 장착해야 이 기능을 활용할 수 있습니다.

블루투스를 이용해 EV3 브릭에 연결하기

EV3 브릭은 블루투스 무선 통신 기능이 내장되어 있습니다. 이를 이용해 EV3 브릭과 컴퓨터를 연결해 무선으로 프로그램을 다운로드 받거나, EV3 브릭과 스마트폰/태블릿 PC를 연결해 앱을 통한 무선 리모컨 제어를 해볼 수도 있습니다.

또한 EV3 브릭 상호간 무선 연결을 통해 로봇이 서로 데이터를 통신하도록 만들어 볼 수 있습니다. (주의할 점은 이 연결들이 동시에 모두 지원되지 않고 한 번에 한 가지만 제어된다는 것입니다. 즉 컴퓨터에 블루투스로 연결해 프로그램을 다운받은 뒤 스마트폰으로 무선 제어를 하려면 컴퓨터와의 연결을 끊고 스마트폰에 다시 블루투스로 연결해야 한다는 의미입니다.)

블루투스 연결을 위해서는 컴퓨터에 내장된 블루투스 모듈을 활성화시키거나 기능이 없는 경우, 그림 A-12와 같이 USB형 블루투스 동글을 장착해 무선 연결을 시도할 수 있습니다.

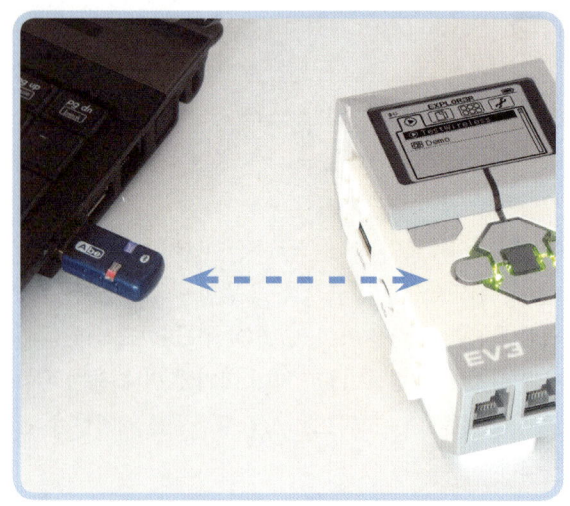

■ 그림 A-12 블루투스 동글이 장착된 노트북과 EV3 브릭의 무선 연결

블루투스 동글 선택

블루투스 무선 동글은 쉽게 구할 수 있으며 가격 역시 그다지 비싸지 않습니다. 🧑 국내 기준으로 10,000원 내외의 가격으로 충분히 구매 가능합니다.

레고 사에서 권장하는 동글도 있지만, 사실 이보다 훨씬 더 저렴한 동글도 대체로 문제없이 동작합니다. 중요한 것은 동글에 사용된 하드웨어 칩셋보다는 그 위에서 동작하는 드라이버 소프트웨어에 영향을 더 받을 수 있다는 점입니다.

동글을 컴퓨터에 연결하고 드라이버를 설치하고 나면 대부분의 경우 이상 없이 운영체제에서 동글이 인식되고 EV3 소프트웨어 역시 이 동글을 통해 EV3 브릭과 무선 연결을 할 수 있습니다.

일반적으로는 큰 문제없이 연결될 것이라 생각되지만, 만약 여러분이 별매 하는 동글을 구매한다면 저자의 홈페이지에서 권장 블루투스 동글에 대한 글을 먼저 읽어보시기 바랍니다. (http://robotsquare.com/2012/03/04/list-of-nxt-compatible-bluetooth-dongles/)

🧑 간단하게 http://goo.gl/nd9c79이며 EV3 이전 버

전인 NXT 컨트롤러와 호환되는 동글에 대한 글입니다. NXT 사용 시 문제가 없었던 동글은 대부분 EV3에서도 문제없었고 옮긴이 역시 NXT 때부터 사용한 무선 블루투스 동글을 EV3와도 잘 사용하고 있습니다.

내장 블루투스 동글이 EV3 브릭과 호환되지 않는 경우(활성화시켜도 EV3 소프트웨어에서 블루투스 연결을 할 수 없는 경우)에는 내장된 블루투스 동글을 비활성화시키고 별매하는 블루투스 동글을 이용해 컴퓨터의 블루투스 환경을 새로 설정해 연결할 수 있습니다.

블루투스로 EV3에 연결

컴퓨터와 EV3 브릭을 블루투스로 연결하기 위해서는 최초 1회, 다음과 같은 단계를 수행해야 합니다.

1. 컴퓨터에 내장된 블루투스 동글을 활성화시키거나, 혹은 컴퓨터의 USB 포트에 블루투스 동글을 장착합니다.

   이 때 컴퓨터의 운영체제에 따라 드라이버가 자동 설치되거나 혹은 수동으로 드라이버를 설치해야 합니다. 윈도우 XP 이후의 PC라면 일반적인 블루투스 동글은 전용 드라이버를 설치하지 않아도 내장 드라이버를 통해 기본 기능을 활용하는 데 무리가 없을 것입니다.

2. EV3 브릭의 전원을 켜고, 컴퓨터와 USB로 연결합니다.

3. EV3 브릭의 Setting 탭으로 이동해 Bluetooth 메뉴를 실행합니다.

   그림 A-13과 같은 메뉴가 출력되면 여기에서 EV3의 브릭 버튼 중 가운데 버튼을 이용해 Visibility와 Bluetooth를 체크하고 iphone/ipad/ipod은 체크를 해제합니다.

4. 그림 A-7을 참고하여 EV3 소프트웨어의 '사용 가능한 브릭' 메뉴에서 **새로 고침** 버튼을 클릭해 연결 상태를 재인식시킵니다. 주변의 블루투스 신호에 반응하는 기기를 찾는 데 걸리는 시간은 약 30초 정도면 됩니다.

   준비가 완료되면 사용 가능한 브릭 메뉴에서 연결이 가능한 EV3 브릭의 목록과 각각의 EV3 브릭에서 지원 가능한 연결 방식을 선택할 수 있습니다. 그림 A-7에서 USB는 체크가 되어 있고, 블루투스는 체크할 수 있으나 비어 있고, 와이파이는 아무 것도 없습니다. 이와 같이 '연결 가능한 것'에는 체크할 수 있는 박스가 활성화됩니다.

   즉 이 그림은 현재 컴퓨터가 'EXPLOR3R'라는 이름의 블루투스를 켜고 USB에 케이블이 연결된 EV3

■그림 A-13 EV3 브릭의 Setting 탭의 Bluetooth 관련 메뉴. 세 개의 메뉴를 선택할 수 있습니다. Bluetooth는 블루투스 통신 모듈의 On/Off를, Visibility는 다른 블루투스 장치(컴퓨터에 설치된 동글)에서 주변장치를 검색할 때 이 EV3 브릭이 응답할지를 결정합니다.

Visibility가 활성화되면 컴퓨터에서 주변의 블루투스 장치를 검색할 때 EV3가 감지되어 목록에서 연결 가능 장치로 보입니다. Visibility가 비활성화되면 EV3 브릭은 외부에서 장치를 검색하는 블루투스 신호에 응답하지 않고 이 경우 컴퓨터에서 장치를 검색할 때 이 EV3 브릭은 보이지 않습니다.

가장 아래의 iPhone/iPad/iPod 메뉴는 오직 iOS 기반의 장비에서 EV3를 무선 조종하기 위해서만 필요합니다. 여러분이 컴퓨터를 이용해 프로그램을 무선 다운로드 및 실행하는 용도로만 사용하거나, 안드로이드 기반의 스마트폰/태블릿 PC를 이용해 무선 제어를 하려 한다면, 이 마지막 메뉴는 비활성화시켜야 합니다.

한 개를 찾았고, 연결은 USB 방식으로 되었다'라고 알려주는 상태입니다.

처음에 USB에만 연결한 상태로 블루투스 검색을 하지 않으면 블루투스 아래도 체크박스가 없이 와이파이 아이콘처럼 비어 있게 되는데, 이 때 '새로 고침'으로 연결 상태를 재인식시키면 30초 탐색 끝에 블루투스를 켠 EV3를 발견합니다.

그러면 체크박스가 열리고 '지원 가능한 연결 방식을 선택'할 수가 있습니다.

5. EV3 소프트웨어의 사용 가능한 브릭 메뉴에서 블루투스 로고(✱) 아래의 체크박스가 활성화되면 블루투스 무선 연결이 가능한 것입니다. 만약 체크박스가 비활성화되어 있다면 **새로 고침**을 다시 시도해 보시기 바랍니다. 그래도 문제가 지속된다면 EV3 브릭의 블루투스 기능(그림 A-13 참조)을 끈 다음 다시 켜고 모든 과정을 재시도해 보시기 바랍니다.

EV3 브릭은 내장된 LCD를 통해 내장 블루투스 통신 모듈의 상태를 알려줍니다. 블루투스 모듈이 활성화되지 않았다면 LCD의 좌측 상단에 아무런 표시도 출력되지 않으며, 블루투스 모듈이 활성화되고 연결이 되었다면 ✱<> 표시가, 그리고 블루투스로 다른 장치와 연결이 되지 않았다면 ✱< 표시가 출력됩니다. 연결이 성공되었다면, 이제 USB 케이블을 분리하고 무선으로 프로그램을 다운로드 받을 수 있습니다.

이 이후로는 블루투스 무선 연결을 위해 USB 케이블을 먼저 연결할 필요가 없고, 앞의 절차들 중 4번과 5번만 진행하면 바로 무선 연결이 가능합니다.

사실 2번 단계의 USB 케이블 연결 역시 필수 요소는 아닙니다. 하지만 여러분이 USB 케이블을 연결하고 블루투스 설정을 진행하는 것은 여러모로 여러분에게 편리함을 줄 것입니다. 블루투스 통신은 무선 연결이기 때문에 연결을 시도하는 기기(컴퓨터) 입장에서는 자신과 무선 연결을 시도하는 이 블루투스 장치가 신뢰할 수 있는 장치인지 알 수 없습니다.

🧑 컴퓨터의 입장에서는 외부에서 다른 장치가 자신의 하드웨어에 무선으로 접근을 시도하는 상황은 충분히 해킹 시도로 간주할 만합니다.

블루투스에서는 무선 연결에서 기기 상호간의 신뢰성을 확보하기 위해 간단한 암호 인증 방식을 지원합니다. 최초 연결 시도 시 컴퓨터는 EV3라는 '알 수 없는 블루투스 장치'가 컴퓨터의 사용자의 제어권에 놓인 장비인지, 알 수 없는 해커의 침입 시도인지 확인할 수 없기 때문에, 5단계에서 장치를 연결할 때 보안 암호를 요구합니다.

이 암호는 한 번은 컴퓨터에서 직접 입력하고, 또 한 번은 EV3 브릭에서 직접 입력해야 합니다. (사용자가 제어하고 있는 장비라는 것을 컴퓨터에 알려주는 것입니다.) 암호는 복잡할 필요는 없으며, 간단히 숫자 1234와 같은 정도로도 충분합니다.

🧑 문제는 EV3에서 암호를 입력하기 위해서는 클릭감이 좋지 않은 EV3의 브릭 버튼을 좌우, 상하로 조작해 EV3 화면에 보이는 가상 키보드에서 암호를 입력하고 가상 키보드 맨 끝의 엔터까지 커서를 옮겨 누르는 아주 번거로운 과정이 수반되어야 한다는 것입니다.

이와 같은 보안을 위한 인증 절차는 알 수 없는 무선장치로 인한 위험을 막기 위한 최소한의 보안장치입니다. 하지만 만약 여러분이 USB 케이블을 통해 EV3 브릭을 미리 연결해 둔다면, 컴퓨터는 이 장치가 신뢰할 수 있는 장치라고 판단하고 앞서 말한 패스워드 인증 절차를 생략합니다.

Wi-Fi 무선 네트워크를 이용해 EV3 브릭에 연결하기

Wi-Fi 동글을 이용하면, EV3 브릭을 무선 네트워크를 통해 컴퓨터와 연결할 수 있습니다. 그림 A-14는 이와 같이 무선 랜 동글을 장착한 EV3와 컴퓨터가 무선 공유기(라우터)를 통해 연결된 모습을 보여줍니다.

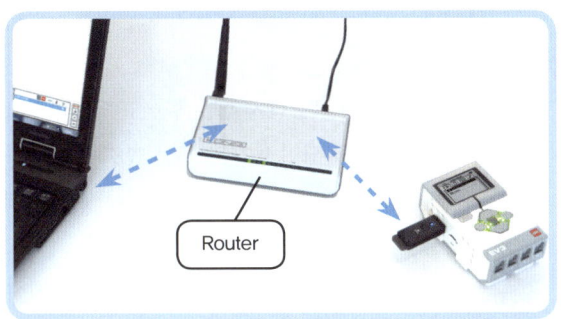

■ 그림 A-14 Wi-Fi 무선 네트워크를 이용한 컴퓨터와 EV3 브릭의 무선 연결

EV3와 네트워크는 무선랜으로 연결되며, 컴퓨터는 네트워크와 어떤 방식으로 연결되어도 무방합니다. 즉 무선 랜 동글이 장착된 EV3 브릭과 함께, 유무선 랜 공유기와 여기에 랜선으로 연결된 컴퓨터만으로도 무선 연결이 가능하다는 의미입니다.

EV3의 동글이 네트워크에 속해 있다면(공유기 등에서 인식되도록 활성화되어 있다면) 여러분은 블루투스 무선 연결과 같이 프로그램을 무선으로 전송하고 실행하는 등의 활용이 가능합니다. 이 책을 작성한 현재까지 공식 지원되는 무선 랜 동글은 넷기어 사의 WNA1100 N150이 유일합니다.

🧑 EV3의 펌웨어는 리눅스 커널을 기반으로 만들어졌습니다. 문제는 이 커널에 포함된 무선 랜 드라이버가 바로 넷기어 사의 WNA1100 N150 모델의 것이라는 점입니다.

이 모델은 특별히 저렴하지도 않고, 그렇다고 보기에 효율적인 작은 크기도 아닙니다. 실제로 해외의 많은 유저들도 이에 대한 불만을 토로하고 있으며 USB 젠더 등을 추가로 구매해 튀어나온 동글을 옆으로 돌려 끼우는 등의 활용 방법도 많이 소개되고 있습니다.

문제는 순정 펌웨어에 내장된 드라이버가 오직 이 동글 전용이기 때문에 이 동글과 다른 칩셋을 쓰는 보다 작고 저렴한 무선 랜 동글을 EV3에 연결해도 EV3는 인식을 하지 않는다는 것입니다.

옮긴이는 자료를 검색 중 흥미로운 펌웨어와 실험 결과를 하나 발견했습니다. 바로 레고 사에서 오픈한 펌웨어 소스코드(EV3 하드웨어에 맞추어 커스터마이즈된 리눅스 커널 소스)와 상용 무선 랜 동글의 리눅스 드라이버를 활용해 만든 '비공식 펌웨어'입니다.

http://thetechnicgear.com/2014/04/howto-configure-wifi-edimax-ew-7811un-mindstorms-ev3/를 통해 해당 페이지를 열람할 수 있습니다. (또는 http://goo.gl/APa46a)

요약하면, 이 커스텀 펌웨어를 사용하는 것은 레고 마인드스톰 제품을 구매하면서 계약된 보증을 무효화하지 않으며, 표준 EV3 소프트웨어로 이 펌웨어 상에서 프로그램을 동작시킬 수 있고, 여러분이 원한다면 언제든지 다시 순정 펌웨어로 돌아갈 수도 있음을 명시합니다.

이 링크에서는 Realtek RTL8188 칩셋을 사용한 무선 랜 동글을 이용했고, 때마침 보유 중인 국내 브랜드의 저가형 Wi-Fi 동글의 칩셋이 같은 종류임을 확인하고 실험해 본 결과, 이 커스텀 펌웨어를 활용할 경우 보유 중인 저가형 무선 Wi-Fi 동글로도 네트워크에 아무런 문제없이 연결이 가능함을 확인했습니다.

유일한 단점이라면 순정 펌웨어보다 이 커스텀 펌웨어의 버전(1.04H)이 낮아 EV3 소프트웨어에서 '펌웨어 버전 업데이트' 권장 메시지가 이따금씩 출력되어 귀찮게 한다는 점입니다.

무선 랜 연결을 위한 다음 단계에 들어가기에 앞서, 이 과정은 여러분이 접근할 수 있는 무선 네트워크가 WPA2 암호화 방식의 연결을 지원해야 합니다. 또한, 여러분은 Wi-Fi 네트워크에 접속하기 위한 네트워크 이름(SSID)과 암호를 알고 있어야 합니다. 컴퓨터와 EV3 브릭을 Wi-Fi 무선 네트워크로 연결하기 위해서는 최초 1회, 다음과 같은 단계를 수행해야 합니다.

1. EV3 브릭을 켜고, EV3에 호환되는 무선 랜 동글을 EV3의 측면 USB 호스트 포트에 장착합니다. (그림 A-14 참조. EV3 브릭 옆면의 검정색 막대가 표준으로 지원하

는 WNA1100 무선 랜 동글) 그 다음 USB 케이블을 이용해 컴퓨터와 EV3 브릭을 연결합니다. (앞서 블루투스 연결에서 본 USB의 연결 필요성과 같은 이유입니다.)

2. EV3 소프트웨어의 브릭 정보 탭으로 이동해 **무선 설정 열기** 버튼을 클릭합니다(그림 A-6 참조). EV3 브릭은 연결된 무선 랜 동글을 자동으로 활성화시키고 연결 가능한 무선 네트워크를 검색한 결과를 컴퓨터의 화면을 통해 출력합니다. 여기에서 연결할 무선 네트워크를 선택하고 **연결** 버튼을 누르면 암호 입력창이 열리고 여기에 암호를 입력하면 EV3 브릭은 이 암호를 통해 선택된 무선 네트워크에 연결합니다.

   🧑 만약 여러분이 1단계에서 USB 케이블을 연결하지 않았다면, 이 '네트워크 검색'과 'WPA2 암호 입력'을 EV3의 내장 LCD 화면을 보며 브릭 버튼을 이용해 조작해야 합니다. 입력의 편의성을 고려할 때 USB 연결 후 컴퓨터에서의 입력을 강력하게 추천합니다.

   만약 여러분의 EV3 브릭이 Wi-Fi 동글을 정상적으로 인식하지 못했다면 이 과정에서 에러 메시지가 출력될 것입니다.

3. 암호 입력창에 네트워크 암호를 입력하고 **연결** 버튼을 클릭합니다. EV3 브릭에서 단순히 무선 랜 동글이 활성화만 되고, 연결되지 않은 상태라면 EV3의 화면 좌측 상단에 📶 표시가 출력될 것이고, 암호 인증에 성공해 무선 랜에 연결될 경우 EV3의 화면에 📶 표시가 출력될 것입니다.

   이제 EV3 브릭은 무선 네트워크의 공유기(라우터)에 연결되었습니다. (아직 컴퓨터와의 연결까지 완료된 것은 아닙니다.)

4. 그림 A-7을 참고하여 EV3 소프트웨어의 브릭 정보 탭에서 '사용 가능한 브릭'을 열고 **새로 고침**을 클릭합니다.

5. 사용 가능한 브릭 메뉴에서 Wi-Fi 로고(📶) 아래의 체크박스가 활성화되면 Wi-Fi 무선 연결이 가능한 것입니다. 만약 체크박스가 비활성화되어 있다면 **새로 고침**을 다시 시도해 보시기 바랍니다.

   그래도 문제가 지속된다면 컴퓨터의 설정 메뉴에서 네트워크를 비활성화시키거나 네트워크 선을 빼는 등의 방법으로 컴퓨터를 네트워크에서 분리한 후 다시 연결하고 재시도해 보시기 바랍니다.

블루투스와 Wi-Fi 무선 랜 사이의 선택

EV3는 두 가지 종류의 무선 네트워크를 지원하므로 여러분은 취향에 따라 연결 방식을 선택할 수 있습니다. 하지만 만약 여러분이 둘 중 어떤 방식을 선택할지 필자에게 묻는다면 필자는 블루투스 무선 연결 방식을 추천합니다.

무선 네트워크는 별도로 구축해야 하는 수고로움을 피할 수 없고, 순정 펌웨어에서 지원되는 무선 랜 동글이 한 가지뿐이며 동시에 심지어 동글의 크기가 커서 로봇을 설계할 때 설치할 공간을 고려해야 하는 번거로움이 따릅니다.

반면 블루투스 무선 연결은 이미 EV3에 내장된 블루투스 모듈을 이용하기 때문에 훨씬 간편하며, 연결 설정 방법도 Wi-Fi보다는 훨씬 더 간편하기 때문입니다.

🧑 국내의 네트워크 환경은 초고속인터넷 통신망과 유무선공유기의 대중화로 저자의 관점에서 보는 것과 조금 다를 수 있습니다. 아마도 이 책을 읽는 대부분의 독자들은 가정 또는 학교 등의 공간에서 무선 네트워크를 활용하고 있을 확률이 높으며, 이 경우 블루투스 연결이 가능한 컴퓨터가 없다면 '블루투스 연결을 위해 컴퓨터에 장착할 무선 블루투스 동글을 구매하는 것'과, 'Wi-Fi 연결을 위해 EV3에 장착할 무선 Wi-Fi 동글을 구매하는 것'은 큰 차이가 없을 수도 있습니다.

옮긴이의 관점에서 보았을 때 Wi-Fi 연결이 가지는 유일한 단점은 순정 펌웨어에서 사용 가능한 Wi-Fi 동글이 제한적이어서 블루투스에 비해 불편하다는 점뿐입니다.

사실 이제까지 언급된 Wi-Fi 연결의 불편함과 별개로, Wi-Fi 연결이 갖는 장점은 전혀 다른 곳에서 찾을 수 있습니다.

EV3 브릭은 작은 리눅스Linux 커널이 올라간 마이크로 컴퓨터 혹은 임베디드 장비의 한 종류로 볼 수 있으며, 이를 이용한다면 블루투스를 이용하는 것보다 훨씬 다양한 작업을 할 수 있습니다.

이런 확장 기능은 EV3 소프트웨어에서 제공되지는 않지만, 자바JAVA 기반의 LEGO OS인 LeJOS나 다른 EV3를 지원하는 개발환경과 접목될 경우 블루투스 무선 통신보다 한층 더 다양하게 응용할 수 있습니다.

정리

이 부록을 통해 여러분이 EV3를 만지면서 직면하는 크고 작은 문제를 해결할 수 있기를 기원합니다.

물론 이 책이 모든 문제를 다 완벽하게 다루고 있지는 않습니다. 이 책의 내용을 실습하면서 또는 여러분만의 작품을 만들면서 직면하는 EV3와 관련된 각종 궁금증은 홈페이지(http://ev3.robotsquare.com/)를 통해 질문을 하셔도 무방합니다. 이곳에는 이 책에 실리지 않은 다른 유용한 정보도 함께 제공하고 있으니 분명 여러분의 로봇 실습에 도움이 될 것입니다.

🧑 국내에서는 레고 동호인 커뮤니티인 '브릭인사이드'(http://www.brickinside.com/)의 마인드스톰 관련 게시판에서도 회원들 사이의 기술적인 정보 교류가 진행되고 있습니다. 옮긴이는 현재 이곳에서 마인드스톰 관련 게시판의 관리자로 활동 중입니다.

브릭 프로그램 기능의 활용

creating on brick programs

이제까지 우리가 책에서 본 내용은 EV3 브릭을 프로그래밍하기 위해서는 EV3 소프트웨어를 사용한다는 것입니다. 하지만, 사실 EV3 브릭에는 아주 재미있는 프로그래밍 도구가 내장되어 있습니다. 바로 '브릭 프로그램Brick Program'이라는 기능입니다.

이 프로그램은 컴퓨터가 없어도, EV3에서 동작되는 기본적인 형태의 간단한 프로그램을 EV3의 화면을 보며 브릭 버튼을 이용해 만들 수 있습니다.

이 기능은 복잡한 프로그램을 만들기에는 한계가 있지만, 여러분이 컴퓨터를 쓰기 어려운 상황이고 간단한 테스트가 필요한 경우라면 충분히 유용하게 쓸 수 있습니다.

EV3에 내장된 또 하나의 기능인 'IR Control(적외선 무선 조종)'으로 간단하게 모터를 제어해 볼 수 있으며, 'Port View(포트 보기)' 기능을 이용하면 센서에서 입력되는 값들 역시 전부 확인할 수 있지만, 브릭 프로그램은 적외선 무선 조종이나 포트 보기 기능보다 훨씬 더 유기적으로 모터와 센서의 상태에 따른 움직임을 테스트해 볼 수 있습니다.

예를 들어, 터치 센서를 이용해 스냇처SNATCH3R의 집게손을 동작시키는 테스트를 해 보고 싶다면, 적외선 무선 조종과 포트 보기 기능만으로는 불가능하지만 브릭 프로그램 기능을 이용한다면 '터치 센서가 눌릴 때까지 모터를 회전'하도록 프로그램을 작성해 간단하게 테스트해 볼 수 있습니다.

이번 장에서는 브릭 프로그램 기능을 어떻게 사용하는지에 대해 살펴볼 것입니다. 또한 EV3 브릭 내부에서 브릭 프로그램을 통해 만들어진 여러분의 프로그램을 컴퓨터에 설치된 EV3 소프트웨어로 불러오고, 이를 다듬어 프로그램을 완성하는 방법도 살펴볼 것입니다.

NOTE 브릭 프로그램에서 등장하는 각각의 아이콘들은 컴퓨터의 EV3 소프트웨어의 그것과 완전히 동일하지는 않지만, 상당 부분 유사성을 보여주며 컴퓨터의 소프트웨어와 1:1로 변환이 가능합니다.
이 부록의 내용은 여러분이 이 책의 1장부터 6장까지의 기본적인 프로그래밍 기법을 충분히 숙지했다고 가정하고 내용을 설명할 것입니다. 아마도 여러분이 6장까지의 내용을 충분히 이해했다면 브릭 프로그램 역시 어렵지 않게 이해하고 다룰 수 있을 것입니다.

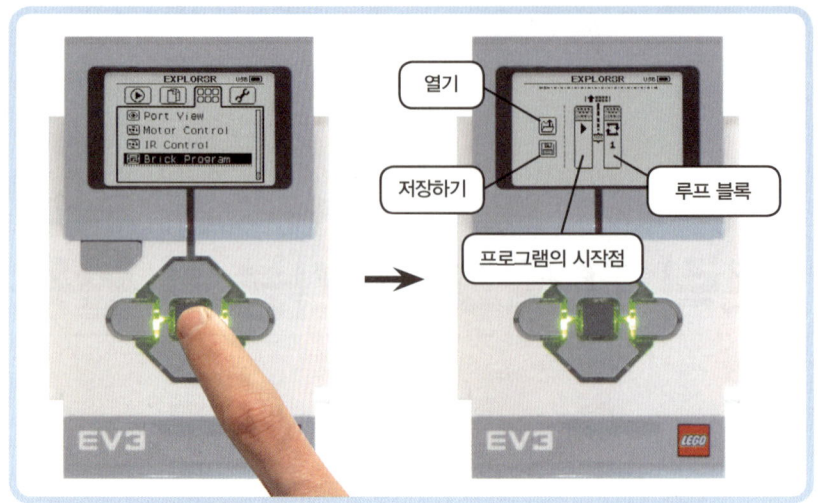

■ 그림 B-1 새로운 브릭 프로그램 만들기

브릭 프로그램을 만들기, 저장하기, 그리고 실행하기

브릭 프로그램 기능은 그림 B-1과 같이, 브릭 앱 탭에서 Brick Program 메뉴를 클릭해 실행합니다. 브릭 프로그램의 개발환경은 항상 하나의 루프 블록이 기본적으로 포함되며, 이 안에 여러분이 원하는 조건에 대한 동작이나 대기 블록을 삽입하는 형태로 프로그래밍하게 됩니다.

루프에 블록 추가하기

브릭 프로그램 개발환경에서 기본적인 프로그램 소스를 보는 방법은 왼쪽과 오른쪽 브릭 버튼을 사용하는 것입니다. 그리고 작업 대상이 되는 블록은 항상 EV3의 화면 중앙에 위치하게 됩니다. 루프 블록 안에 새로운 블록을 삽입하기 위해서는 먼저 루프의 시작 블록과 끝 블록 사이로 이동한 후, **위** 브릭 버튼을 눌러야 합니다(그림 B-2).

위 버튼은 삽입할 수 있는 블록의 목록을 출력하고(그림 B-2 오른쪽) **가운데** 버튼을 누르면 선택된 블록이 해당 위치에 삽입되며, **뒤로** 버튼을 누르면 작업이 취소되고 직전의 블록 다이어그램 상태로 돌아가게 됩니다.

삽입 가능한 블록은 모터의 구동, 소리, 센서 상태 표시등, 센서 대기 조건 등이 있으며 각각 고유한 옵션을 가집니다. 예를 들어, 브릭 상태 표시등 블록을 선택하면, 옵션으로 상태 표시등을 주황색(Orange의 O)으로 켜는 것이 기본 설정되어 있습니다.

브릭 프로그램은 아주 길고 복잡한 프로그램은 작성할 수 없으며, 루프 안에 넣을 수 있는 블록 숫자는 최대 16개까지입니다.

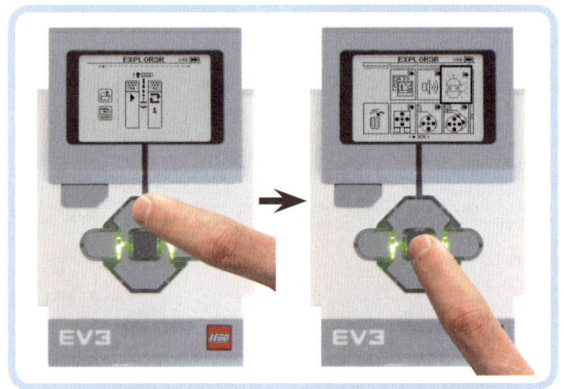

■ 그림 B-2 브릭 프로그램에 새로운 블록 삽입하기

블록을 대체하기

배치된 블록을 바꾸고 싶다면 **왼쪽**과 **오른쪽** 버튼을 이용해 바꾸고자 하는 블록이 화면 가운데로 오도록 움직인 뒤, **위로** 버튼을 누르면 블록 삽입 메뉴가 나오게 됩니다. 이 때 바꾸고자 하는 블록을 **가운데** 버튼으로 선택해 주면 기존의 블록이 새 블록으로 대체됩니다.

새로운 블록을 삽입할 때와 마찬가지로, **뒤로** 버튼을 누르면 대체하기 작업은 취소되고 현재의 블록이 그대로 유지됩니다.

블록을 삭제하기

블록을 삭제하기 위해서는 대체하기와 마찬가지로 먼저 삭제할 블록을 선택하고 **위로** 버튼을 눌러야 합니다. 그 다음 대체할 대상 블록으로 휴지통 모양의 블록을 선택합니다. 그림 B-3의 오른쪽을 보면 휴지통 모양의 삭제 블록이 선택된 것을 볼 수 있습니다.

블록의 세부 설정 바꾸기

각각의 블록은 저마다의 동작 특성에 따라 몇 가지의, 사용자가 바꿀 수 있는 설정이 있습니다. 설정을 바꾸기 위해서는 블록을 선택(가운데로 이동)하고 그림 B-4와 같이, **가운데** 버튼을 누릅니다.

그 다음 해당 블록의 설정 값을 바꾸기 위해 **위로** 버튼, 또는 **아래로** 버튼을 누릅니다. 원하는 값으로 설정되었다면 다시 **가운데** 버튼을 눌러 설정을 저장하거나, **뒤로** 버튼을 눌러 설정 바꾸기 작업을 취소할 수 있습니다.

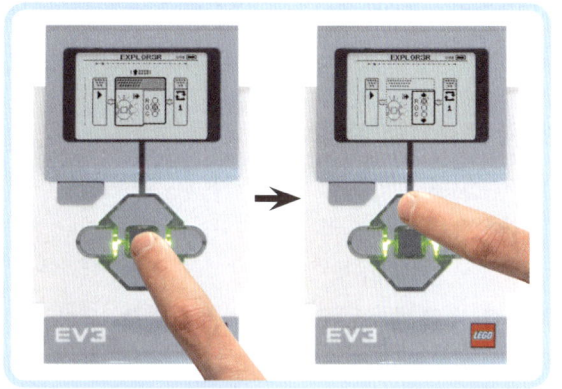

■ 그림 B-4 브릭 프로그램에서 블록의 설정 값 바꾸기. 그림에서는 브릭 상태 표시등 블록을 꺼내고, 표시등이 출력할 수 있는 세 가지 색상(빨간색- Red의 R, 주황색- Orange의 O, 녹색- Green의 G) 중 하나를 선택하는 모습을 보여줍니다. 그림에서는 주황색으로 설정된 초기값을 빨간색으로 바꾸었습니다.

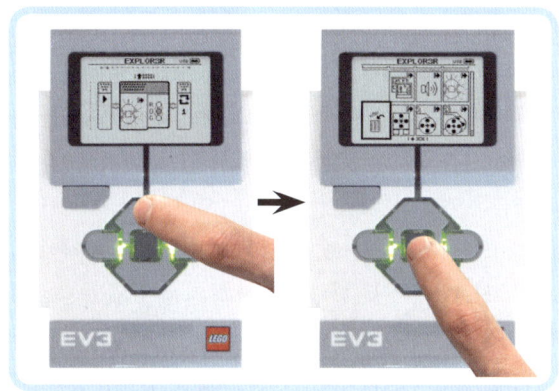

■ 그림 B-3 브릭 프로그램에서 블록을 삭제

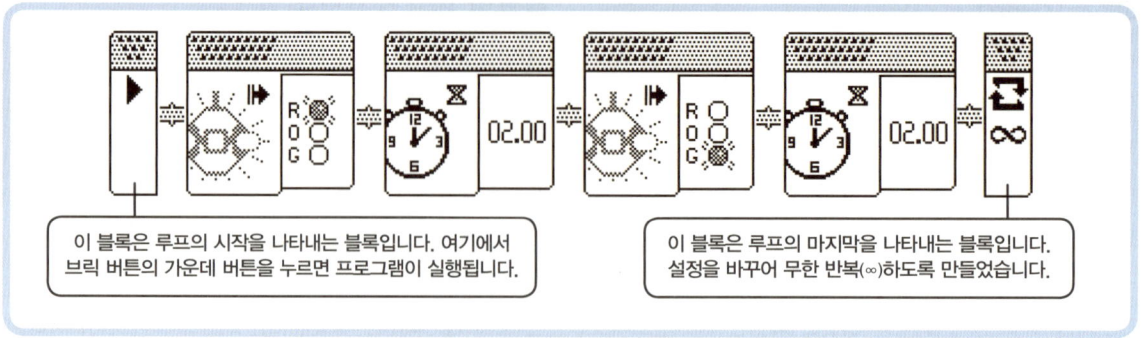

이 블록은 루프의 시작을 나타내는 블록입니다. 여기에서 브릭 버튼의 가운데 버튼을 누르면 프로그램이 실행됩니다.

이 블록은 루프의 마지막을 나타내는 블록입니다. 설정을 바꾸어 무한 반복(∞)하도록 만들었습니다.

■ 그림 B-5 OnBrickStatus 프로그램은 브릭 상태 표시등의 색을 2초 단위로 빨간색과 녹색으로 바꾸어 점멸합니다. 전체 프로그램의 모습은 아마도 위와 같을 것입니다. 물론 여러분은 이 프로그램을 EV3의 작은 LCD 화면으로 보아야 하기 때문에, EV3의 화면에서는 이 그림의 일부분만 볼 수 있을 것입니다. 그림을 잘 보고 똑같은 값으로 각각의 브릭을 설정하고 테스트해 보기 바랍니다.

브릭 프로그램 실행하기

이제 그림 B-5를 참고해, 간단한 브릭 프로그램을 만들어 봅시다. 두 개의 루프 블록 사이에 먼저 두 개의 브릭 상태 표시등 블록과 두 개의 대기 블록을 삽입합니다. 그 다음 첫 번째 브릭 상태 표시등 블록은 빨간색으로 켜지도록 바꾸고, 두 번째 대기 블록은 2초간 상태를 유지하도록 바꾸어 줍니다.

세 번째 브릭 상태 표시등 블록은 녹색으로 켜지도록 바꾸고, 네 번째 대기 블록 역시 2초간 상태를 유지하도록 바꾸어 준 다음, 마지막으로 루프 종료 블록을 무한 루프로 바꾸어 줍니다.

만들어진 프로그램을 실행하는 가장 간단한 방법은 **왼쪽** 브릭 버튼을 눌러 루프의 시작 위치까지 이동한 다음, **가운데** 버튼을 누르는 것입니다.

프로그램을 실행하면 EV3의 LCD는 프로그램 동작 모드로 바뀌고, 브릭 상태 표시등은 2초 단위로 빨간색과 녹색을 오가며 점멸할 것입니다.

프로그램을 종료하는 방법은 EV3 소프트웨어에서 다운로드 받은 프로그램을 종료할 때와 마찬가지로, **뒤로** 버튼을 눌러 줍니다.

프로그램 저장하기, 열기

그림 B-1에서와 같이, 여러분이 만든 브릭 프로그램을 저장하려면 **저장** 아이콘을 선택하고 **가운데** 버튼을 눌러 실행합니다.

여러분이 만든 프로그램을 식별할 수 있는 이름으로 저장하기 위해 EV3 브릭은 LCD 화면에 네 방향의 브릭 버튼으로 이동해 가운데 버튼으로 키를 누를 수 있는 가상 키보드를 출력할 것입니다.

조금은 불편하지만 이 키보드는 Shift 키를 이용한 영문 대소문자의 변환과 숫자 및 특수기호, 공백 문자의 입력이 가능하며, 잘못 입력된 글자를 지울 수 있는 백스페이스(⇦)도 지원합니다.

키보드를 이용해 프로그램의 이름을 입력한 후 가상 키보드의 엔터 위치에 있는, 체크 표시가 된 **가운데** 버튼을 선택하면 이름 입력이 완료됩니다.

기존에 만든 브릭 프로그램을 열고 수정하기 위해서는 그림 B-1의 열기 아이콘을 실행합니다. EV3는 현재 저장된, 수정 가능한 브릭 프로그램으로 만들어진 코드의 목록을 보여주며, 여기에서 여러분은 수정하고자 하는 프로그램을 선택해 브릭 프로그램 화면으로 불러올 수 있습니다.

만약 저장된 프로그램을 실행하고자 한다면, EV3 브릭의 파일 내비게이션File Navigation 탭에서 BrkProg_SAVE 폴더 안에 들어가면 그 프로그램을 찾을 수 있습니다.

브릭 프로그램 메뉴를 이용해 만든 프로그램을 저장하지 않은 상태로 뒤로 버튼을 눌러 메뉴를 나가려 할 경우 EV3 브릭은 경고음과 함께 저장 여부를 묻는 메시지 창을 출력합니다.

여러분은 여기에서 X를 선택해 저장을 취소할 수도 있고, 체크 표시를 선택해 파일명을 입력하고 EV3 브릭에 여러분이 만든 브릭 프로그램을 저장할 수도 있습니다.

> **NOTE** 브릭 프로그램의 파일 이름을 저장하는 가상 키보드 인터페이스는 사실 글자를 입력하기에 불편한 형태입니다. 여러분이 브릭 프로그램을 이용해 프로그램을 자주 수정하고 저장해야 한다면 이름은 최대한 간단하게 저장하는 것이 좋습니다.

브릭 프로그램의 블록 사용하기

다음 쪽의 표 B-1은 브릭 프로그램 블록과 1:1로 매치되는 EV3 소프트웨어의 프로그래밍 블록을 비교한 자료입니다.

액션 블록(동작) 또는 대기 블록(조건) 중 하나를 선택할 수 있으며, 각각의 블록이 갖는 모드와 특성에 대해서는 이 책의 해당 페이지를 참고할 수 있도록 기입해 두었습니다.

브릭 프로그램은 각각의 블록에 대해 한 가지의 속성만 바꿀 수 있도록 설계되었습니다. 여기에 해당되는 프로그래밍 블록의 설정을 한눈에 비교해 볼 수 있도록 파란색으로 표시해 두었습니다.

각 블록은 EV3 소프트웨어의 블록에서 지원하는 속성들이나 포트 설정 등을 전부 적용할 수 없습니다. 예를 들어, 브릭 프로그램에서 터치 센서를 활용하기 위해서는 무조건 블록에 기본 설정된 1번 포트에 터치 센서를 연결해야만 합니다.

입력의 편의성을 고려해 디스플레이 블록과 사운드 블록은 각각의 이미지와 사운드 데이터를 번호로 할당해 구분합니다.

이미지와 사운드에 할당된 번호는 EV3 소프트웨어의 로비(그림 3-2 참고)에서 **사용 설명서** 메뉴를 클릭해 '브릭 프로그램 앱 자산 목록' 내용을 참고하시기 바랍니다.

이 블록들을 이용해 이 책의 4장부터 6장까지 나오는 대부분의 예제들을 만들어 볼 수 있습니다. 그림 B-6은 1번 포트에 연결된 터치 센서를 누를 때마다 D 포트의 모터가 1초간 회전하는 OnBrickTouch라는 프로그램입니다.

이 프로그램은 모터를 최고 속도로 설정해 1초간 회전시키고 다시 모터 파워를 0으로 설정한 뒤 터치 센서 대기를 반복 수행합니다.

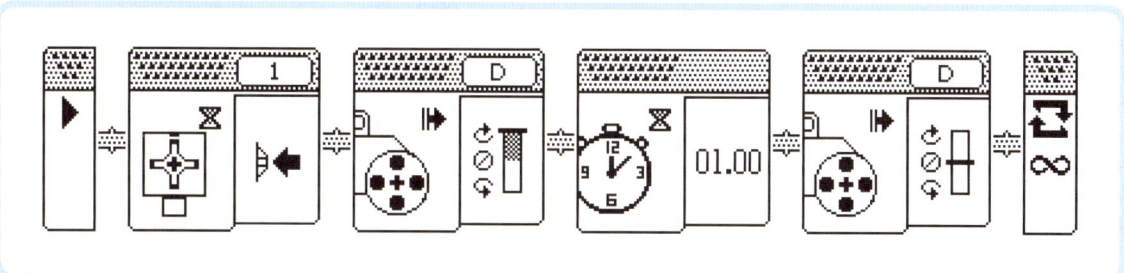

■ 그림 B-6 OnBrickTouch 프로그램은 여러분이 1번 포트에 연결된 터치 센서를 누를 때마다 D 포트에 연결된 라지 모터를 1초간 회전시키는 동작을 반복합니다.

■ 표 B-1 브릭 프로그램 블록과 1:1로 매치되는 EV3 소프트웨어의 프로그래밍 블록

동작 블록			해당 쪽	대기 블록 (모드)			해당 쪽
미디엄 모터			56	타이머			59
라지 모터			56	브릭 버튼			125
조향모드 주행			40	모터 회전 – 도			127
디스플레이			49	컬러 센서 – 색상			97
사운드			46	컬러 센서 – 반사광 강도			103
브릭 상태 표시등			53	적외선 센서 – 근접감지 모드			115
				적외선 센서 – 원격			119
				터치 센서 – 상태			81
				자이로 센서 * – 각도			n/a
				온도 센서 * – 섭씨 온도			n/a
				초음파 센서 * – 거리 (센티미터)			n/a

*이 센서들은 리테일 제품인 #31313 마인드스톰 EV3에 포함되지 않은 센서입니다. 레고를 이용한 교육용 제품군인 '레고 에듀케이션'에서 출시된 #45544 '마인드스톰 에듀케이션 EV3 코어 세트'에 포함되는 센서들로, 자세한 추가 정보는 필자의 홈페이지(http://ev3.robotsquare.com/)에서 45544를 검색하면 확인하실 수 있습니다.

브릭 프로그램 불러오기

여러분이 만든 브릭 프로그램은 메뉴에서 **도구 – 브릭 프로그램 가져오기** 기능을 이용해 불러올 수 있습니다. 그림 B-7은 이런 방법을 통해 B-6의 브릭 프로그램을 불러온 모습입니다.

메뉴를 선택하면 현재 연결된 EV3 브릭에서 가져올 수 있는 브릭 프로그램의 목록이 표시되며, 여기에서 원하는 브릭 프로그램을 선택하면 EV3 소프트웨어의 프로그래밍 캔버스로 프로그램을 불러와 재구성하게 됩니다. 이렇게 불러온 브릭 프로그램은 현재의 프로젝트에 새 프로그램으로 등록됩니다.

브릭 프로그램 불러오기 기능을 이용해 EV3 소프트웨어 프로그램을 불러오면, 이 프로그램은 여느 EV3 프로그램처럼 자유롭게 컴퓨터에서 수정할 수 있습니다.

보시는 바와 같이, 표 B-1과 같은 EV3 소프트웨어의 블록과 1:1로 호환되는 덕분에 약간의 모양 변화는 있지만 대략적인 외형이나 동작에 있어서 두 프로그램의 특징은 서로 같습니다.

물론 다운로드와 실행 역시 처음부터 EV3 소프트웨어에서 만든 프로그램과 전혀 다르지 않은 절차로 똑같이 실행할 수 있습니다.

하지만 이렇게 불러온 브릭 프로그램으로 만든 프로그램은 여전히 EV3에 남아 있으나, 한번 EV3 소프트웨어로 내보내지면 저장되는 순간 일반 EV3 프로그램으로 컴파일되어 다시는 EV3의 브릭 프로그램 기능으로 불러오거나 수정할 수 없습니다.

즉, EV3에 내장된 브릭 프로그램으로 만든 프로그램을 EV3 소프트웨어로 불러오는 것은 가능하지만, EV3 소프트웨어에서 저장한 프로그램을 EV3의 브릭 프로그램에서 불러오는 것은 불가능합니다.

> **NOTE** 표 B-1의 블록들은 브릭 프로그램의 블록과 EV3 소프트웨어의 블록이 기능상으로 1:1로 매치가 되는 것으로 설명했지만, 여기에는 하나의 예외적인 블록이 존재합니다. 바로 회전 센서의 각도를 기다리는 '대기 – 모터 회전 – 도' 블록으로, 브릭 프로그램에서는 항상 시작 전에 자체적으로 회전 센서의 각도를 0으로 리셋하는 기능이 구현되어 있습니다.
> 하지만 EV3 소프트웨어에서는 리셋 기능이 분리되어 있으며, 여러분은 필요하다면 리셋 블록을 추가해 이 기능을 구현해야 합니다. (리셋 기능에 대해서는 그림 9-4를 참고하세요.)

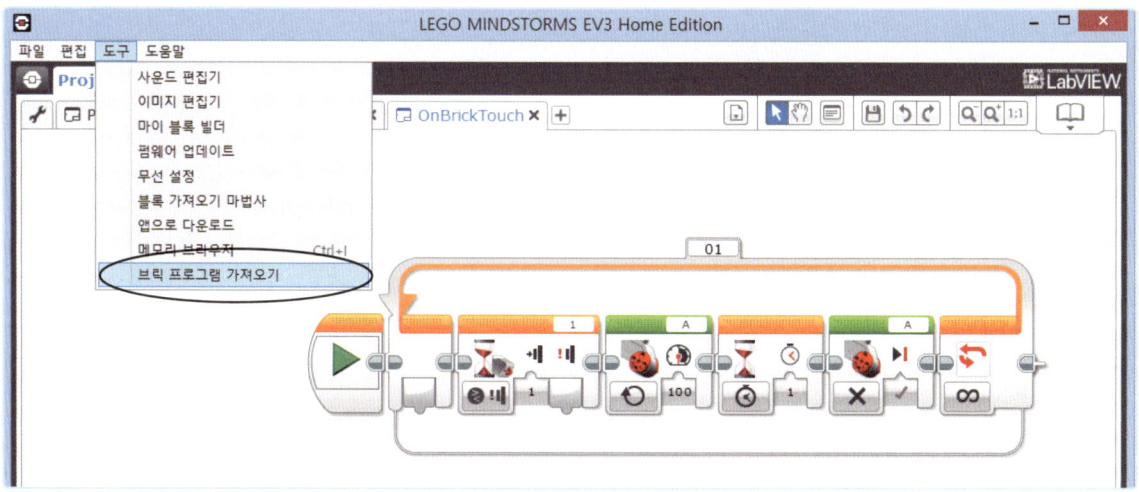

■ 그림 B-7 OnBrickTouch 프로그램을 브릭 프로그램 가져오기 기능으로 EV3 소프트웨어에서 불러 온 모습

정리

이 부록에서 여러분은 EV3 브릭을 컴퓨터 없이 동작시킬 수 있는 브릭 프로그램 툴의 사용법에 대해 살펴보았습니다. 이 기능은 여러분이 간단하게 로봇을 테스트해 보고자 할 때 유용하게 쓸 수 있습니다.

브릭 프로그램은 단일 루프 안에서 조건에 대한 대기와 동작으로 구성되는 간단한 프로그램을 만들 수 있으며, 필요하다면 이렇게 만들어진 브릭 프로그램의 코드를 EV3 소프트웨어에서 불러와 기능을 확장하는 형태로도 활용할 수 있습니다.

찾아보기

ㄱ

가변형 구조   149~150
각도 모드   43
각도로 동작   42~43
격자 단위   169~170
경첩 구조에 쓰이는 일반 핀   149
계산식의 활용   290~292
고급 블록   30
곡선 주행   44~45
곤충형: 로봇 개미 앤티   219
    두 다리의 위치 반전   238
    로봇 조립   222~237
    먹이 찾기   240
    보행 메커니즘   220
    색상을 이용한 주변 환경 감지   240~242
    소요 부품 목록   221
    장애물 감지   239
곱셈 연산자   416
공식 지원 Wi-Fi 동글   (EV3 호환 Wi-Fi 무선랜 동글 참조)   455
괴물 이빨   155
구동
    가속   44
    후진   40
구동 기어   164
구슬 발사기   155
구조
    가변형 구조   149~150
    격자에 맞추기   142~143

구조 강화   139~141
그림그리기: 스케치봇   로봇 조립   251~259
근접감지 모드   115~116
    장애물 감지   116~118
기본형: 익스플로러 로봇   11~12
    로봇 조립   13~21
    부드럽게 선 따라가기   105~107
    부품 구성   12
    선 따라가기   99~101
    센서의 복합 활용   116~118
    속도 조절에 대한 이해   130~131
    장애물 감지   83
    장애물 감지   116~117
    컬러 센서 장착   95~96
    케이블 연결   21
    터치 센서를 이용한 범퍼   76~80
    테스트 트랙   97~98
기본형: 트랙커 로봇   4
기어
    0.5 단위   168~169
    12톱니 기어   341
    24톱니 기어   341
    36톱니 기어   341
    격자 단위   169~170
    기어비 계산기   169
    기어비의 계산   160
    기어열   157, 163~165
    꺾인 빔을 활용   170
    노브 휠   168, 174
    마찰과 유격   166

모터에 장착　178
　　　반경　168
　　　베벨　168, 170~171
　　　복합 기어비　164
　　　빔을 이용한 보강　175~176
　　　속도 가감속　160~162
　　　양면 베벨　168, 170~171
　　　웜 기어　175, 168
　　　일반적이지 않은 조합　170
　　　제품에 포함　168
　　　직교 결합　171~175
　　　직교 축　172~173
　　　축이 꼬이는 현상　176
　　　출력축의 속도 계산　160
　　　토크 감소　161~162
　　　　　증가　162~166
　　　톱니　158
　　　평 기어　168
　　　활용　157
　　　회전 방향 바꾸기　177
　기어의 마찰　166
　기어의 반경　168
　기어의 유격　166
　기준값　104~105
　꺾인 빔　140~141
　　　기어 연결　170
　꼬인 축　176

ㄴ

　나눗셈 연산자　416
　내장된 브릭 프로그램　27, 459~465
　　　만들기　460
　　　불러오기　462, 465
　　　사용 가능한 블록　463~464
　　　실행하기　460~462
　　　열기　462
　　　일반 프로그래밍과의 차이점　27
　　　저장하기　462
　네트워크 이름(SSID)　455~457
　노브 휠　168, 174
　논리~조건　296~298
　논리 데이터 와이어(스위치 블록에서)　279~282
　논리 모드를 이용한 루프 블록의 종료　278~279

　논리 배열형 데이터 와이어　266~267
　논리 부정　296~298
　논리 연산 블록　296~298, 431
　　　Not 모드　296~298
　　　모드의 종류　296~298
　논리합　296~298
　논리형 데이터 와이어　265~266
　논리형 변수　316~318

ㄷ

　다리 동기화　416~418
　다운로드와 실행하기　28~29
　다운로드하기(EV3 프로그래밍 소프트웨어)　7~8
　　　다양한 길따라가기 트랙　102
　　　레고 격자 단위　142
　　　색 패턴 시트　97~98
　대기 블록　59
　　　데이터 와이어에서　277~278
　　　모드 변경　90
　　　비교 모드　90
　　　센서　82
　　　컬러 센서에서　97
　　　터치센서 모드　82
　데모 프로그램　25
　데이터 연산 블록　30, 289
　　　논리 연산 블록　Not 모드　296~298
　　　모드의 종류　296~298
　　　랜덤 블록　294
　　　범위 블록　296~298
　　　비교 블록　295, 418~419
　　　수학 블록에서　(수학 블록 참조)
　　　올림/내림 블록　299
　　　텍스트 블록　300
　데이터 와이어　260~266
　　　EV3 화면에 값 출력　268~270
　　　값 보기　262
　　　논리 배열형　266~267
　　　논리형　265~266
　　　대기 블록　277~278
　　　루프 블록　278~279
　　　마이 블록에서의 활용　301
　　　반복 구조　263
　　　범위 블록　266~269

　　　　삭제　262
　　　　수학 블록에서　292
　　　　숫자 배열형　266~267
　　　　숫자형　265~266
　　　　스위치 블록에서　279~282
　　　　여러 개 사용하기　263
　　　　텍스트형　265~266
　　　　프로그램에서의 데이터 와이어　262
　　　　형 변환　265~268
　　데이터 와이어의 삭제　263
　　동작 블록　30
　　디스플레이 블록　49~52
　　　　그리기 위치　52
　　　　모양 그리기　51
　　　　반지름 설정　51
　　　　색상 설정　51
　　　　서브 모드　50~52
　　　　와이어 연결　268~270
　　　　출력 영역　49
　　　　텍스트 모드　51
　　　　화면 지우기　50
　　　　화면에 값을 표시하고 확인하기　445
　　디컴파일하기　448

ㄹ

　　라지 모터
　　　　기어모듈의 조립　178
　　　　결합 부위　178
　　　　바퀴 또는 무한궤도의 조립　150~152
　　　　빔과의 결합　150
　　　　속도 조절에 대한 이해　130~131
　　　　외형적 특징　151
　　　　최대 토크　163
　　　　프레임과의 연계 조립　150~151
　　　　회전 속도　128
　　　　회전 속도 계산　129
　　라지 모터 블록　55~56
　　랜덤 블록　294
　　랜덤 블록의 숫자 모드　294
　　레고 단위　138
　　　　격자　141~143
　　　　얇은 부품　149
　　레고 마인드스톰 에듀케이션 EV3 코어 세트　3

　　레이싱 트럭 로봇　38
　　로봇 꾸미기　155
　　로봇 더 보기 탭　38
　　로봇의 무게　155
　　로봇의 회전
　　　　곡선 주행　44~45
　　　　정확한 회전　44~45
　　　　좌우 회전 속도가 다를 때　41
　　루프 반복 횟수　278
　　루프 블록　61
　　　　논리 모드를 이용한 종료　278~279
　　　　데이터 와이어 작업　263, 277~282
　　　　루프 인덱스　278
　　　　모드 설정　61
　　　　비교 모드　90
　　　　빠져 나가기
　　　　　　내부에서부터　283
　　　　　　외부에서부터　284
　　　　센서　85
　　　　스위치 블록에서　89~90
　　　　이름 입력　61~62
　　　　중첩　62~63
　　　　컬러 센서에서　97
　　　　크기 조절　62
　　루프 인터럽트 블록　282
　　리모컨으로 움직여 보기(내장된 프로그램)　25~26
　　리소스간 충돌　70

ㅁ

　　ㅁ 형 프레임　139
　　마이 블록　30
　　　　누락 문제 해결　441~442
　　　　데이터 와이어의 활용　301
　　　　만들기　65, 311
　　　　수정하기　67, 305
　　　　입력　301~304, 309~310
　　　　출력　306, 309~310
　　　　프로젝트에서 공유하기　312
　　　　프로젝트에서 관리하기　67~68
　　　　활용하기　64~66, 311~313
　　마이 블록 공유하기　312
　　마이크로 SD 카드
　　　　EV3 에서 활용　450~451

EV3에서의 폴더　34
　　　저장 용량 확장　23
마이크로 SDHC 카드(마이크로 SD 카드 참조)　23
마인드스톰 EV3 교육용 세트　3
마인드스톰 EV3 세트　3
마찰 핀　12, 137
멀티태스킹
　　　리소스 간 충돌　70
　　　여러 개의 시작 블록　68
　　　여러 개의 시퀀스 와이어　69
메모리 브라우저　448
모듈 단위　138
모듈로 연산자　416
모양 그리기　51
모터
　　　각각 다른 속도로 구동　55~56
　　　각도 측정　회전 센서　125, 127
　　　기본 구동모듈의 조립　150~154
　　　라지 모터　22
　　　미디엄 모터　22
　　　속도 조절에 대한 이해　130~131
　　　실속 감지　131
　　　위치　재설정　128
　　　출력 포트　22
　　　탱크모드 주행　55~56
　　　포트 설정　42
　　　회전 센서　76
　　　회전 속도　128
　　　EV3 세트에 포함된　3
모터 가속　278
모터 컨트롤 앱　25~26
모터의 실속　131
무선 조종　3
무선 프로그래밍 환경
　　　무선랜을 활용　455~456
　　　블루투스(동글)　452~453
　　　연결　452~454
　　　프로그램 다운로드　452~454
무선랜을 이용한 프로그램 전송　455~456
무한궤도　150
문제 해결
　　　EV3 브릭　448
　　　　　USB 연결　29, 448~449
　　　　　연결　447

　　　재시작　449
　　　펌웨어 업데이트　449~450
　　　하드웨어 페이지　447
　　　USB 연결　29
　　　스냇처의 로봇팔　380
　　　좌우 회전 속도가 다를 때　41
　　　변수 정의의 누락　443
　　　컴파일 오류
　　　　　마이 블록의 누락　441~442
　　　　　프로그래밍 블록 에러　441~443
　　　　　프로그램 실행하기　444~446
미디엄 모터
　　　기어모듈의 조립　178
　　　외형적 특징　153
　　　토크　163
　　　회전 센서　207
　　　회전 속도 계산　129
미디엄 모터 블록　55~56
미리 보기　디스플레이 블록　51

ㅂ

바퀴
　　　라지 모터와의 결합　150
　　　중앙 정렬　207~208
반사광 강도 모드　95, 103~104
　　　기준값　104
　　　부드럽게 선 따라가기　105~107
배타적 논리합　296~298
배터리
　　　EV3 전용 충전식 배터리팩　4~5
　　　교체　24
　　　일반 AA 사이즈　4~5
　　　적외선 리모트 컨트롤러용　4~5
버튼, EV3 브릭 내장　23~26
범위 블록　298
베벨 기어　168, 170~171
변경 모드　84, 90
변수　316~318
　　　값의 변화　320
　　　값의 증가　320
　　　시작시 초기화　321
　　　정의　316~318
　　　정의의 누락　443

　　　　종류　316~318
　　　　평균값 계산에 활용　321~322
　변숫값의 증가　320
　변수 블록　316~318
　　　　변수의 정의　317
　　　　상수 블록과의 비교　316~318
　　　　프로그램에서의 활용　316~318
　보기 모드　38
　보너스 모델　38
　보행형 로봇의 구동 메커니즘　220
　복합 기어비 계산　164
　부시　137
　　　　꽉 밀어 끼우기　158
　　　　이탈 방지　144
　부품 정리　5
　브릭 버튼 블록　271
　브릭 버튼 센서　53
　브릭 상태 표시등 블록　53, 125~126, 275, 445
　브릭 앱　24
　블록(프로그래밍 블록)　39, 289
　　　　EV3 내장 브릭 버튼　125~126
　　　　도움말　36~37
　　　　멀티태스킹
　　　　　　리소스간 충돌　70
　　　　　　여러 개의 시작 블록　68
　　　　　　여러 개의 시퀀스 와이어　69
　　　　모드의 설정　39, 41~42
　　　　문제 해결　441
　　　　배치　30~31
　　　　복사하기　36
　　　　삭제　30
　　　　선택된 것만 실행　32
　　　　실행 상태 보기　446
　　　　종류　30
　　　　파워의 음수 설정　42
　　　　프로그램에 배치하기　29
　블루투스
　　　　Wi-Fi 와의 비교　456~457
　　　　동글　452~453
　　　　무선랜과의 비교　456~457
　　　　설정　24
　　　　연결　452~454
　　　　프로그램 다운로드 받기　452~454
　비교 대상과 같은지 비교　295

　비교 대상보다 작은지 비교　295
　비교 대상보다 큰지 비교　295
　비교 모드　90
　　　　모드 변경　82
　　　　비교　275
　　　　센서 블록　271~274
　비교 블록　295, 417~418
　비조정 구동　130~131
　비조정 모터 블록　130~131
　비콘　(적외선 비콘 참조)
　비콘 방향 모드　121
　　　　방향 측정　382~383
　　　　비콘 거리　275
　빔　137
　　　　구조 강화　139~141
　　　　기어열의 보강　175~176
　　　　길이 측정　11~12, 138
　　　　꺾인 것　140~141
　　　　라지 모터에 장착하기　178
　　　　라지 모터와의 결합　150
　　　　센서 조립에 활용　154
　　　　연장하기　138
　　　　직각으로 연결　146~148
　　　　평행 구조의 보강　146~148
　　　　평행으로 보강　146
　빔과 축의 길이 측정　11~12
　빔을 이용한 기어열의 보강　175~176

ㅅ

　사용 가능한 브릭 탭　447
　사운드 블록　46
　　　　소리를 내어 확인하기　445
　　　　수행 시간 설정　47
　　　　음계 또는 톤　47
　　　　음량　46
　　　　재생 유형 설정　46~47
　　　　파일 재생 모드　46
　사운드 블록의 음량　46
　사운드 블록의 재생 유형　46~47
　사운드 블록의 톤　47
　사운드 출력 시간 설정　47, 283
　상수 블록(변수 블록과의 비교)　315~318
　상태 모드　83~85

상태 표시등   23~24, 53~54
새로 고침 버튼   447
색 패턴 시트   97
색상 설정(디스플레이 블록)   51
색상 없음 탭   241~242
서브 모드   50~52
선택 도구   35
선택된 것만 실행   32
설정   24
센서   75~76
    내장   125, 127
    대기 블록   82
    루프 블록   85
    모드 변경   90
    복합 활용   116~118
    브릭 버튼   125~126
    비교 모드   90
    센서 타입 설정   81
    센서값 보기   81
    스위치 블록   86~89
        다른 블록 추가하기   87~88
        설정   86
    입력 포트   22
    조립   154
    종류   75~76
    측정 모드   90
    포트 설정   82
센서 블록   30
    비교 모드   271~274
    측정 모드   271~274
속도
    기어를 이용한 가감속   160~162
    기어비로 계산   160
    데이터 와이어를 활용   262~263
    동작 상태에 따른 속도 제어   130~131
    웜 기어를 이용한 감속   173~174
    토크와 속도의 관계   165~166
속도 조절   130~131
속도 줄이기   159~161
수식 입력   291
수학 블록   290
    고급 모드   290~292
    곱셈   416
    나눗셈   416

모듈로 연산   416
수학 블록의 고급 모드   290~292
숫자 배열형 데이터 와이어   266~267
숫자형 데이터 와이어   265~266
숫자형 변수   316~318
스냇처의 로봇팔 동작 원리   340~343
스냇처의 로봇팔 동작 원리   340~343
스마트폰으로 로봇 제어   6~7
스위치 블록   86~89
    눌린 버튼 확인하기   125, 127
    다른 블록 추가하기   87~88
    데이터 와이어에서   279~282
    랜덤 블록에서   294
    모드 변경   90
    바퀴 정렬에 활용   209
    반복   89~90
    비교 모드   90
    비콘 방향 모드에서 활용   121
    설정   86
    센서값과 기준값의 비교   104~105
    숫자 모드   279~282
    스위치   279~282
    측정 ~ 색상 모드   101~102
    컬러 센서에서   97
시간 모드   43
시작 블록   30
    멀티태스킹을 위해 활용   68
시퀀스 와이어   31
    멀티태스킹을 위해 활용   69
실행 중인 프로그램   문제 해결   444~446

ㅇ

악수 감지   432
얇은 부품   149
양면 베벨 기어   168
엔코더   (회전 센서 참조)
연결
    문제 해결   447~449
    블루투스   452~454
연결 해제 버튼   447
올림/내림 블록   299
완구형: 스케치봇   (데이터 와이어 참조)   249
    소요 부품 목록   250

연필 제어
  연필 두께 설정 330~331
  연필을 들고 이동 329
  지우개로 활용 330
  화면 지우기 330
  화면 좌표 326
외부 모드 298
원 그리기 51
웜 기어 168, 175, 341
유동 기어 164
음계 연주 47
이동 도구 35
이브스톰 로봇 38
일반 핀 12, 137
  가변형 구조 149
읽기 모드 316~318
임무 패드 6
임의의 숫자 생성 294
입력 포트 22
입력축 164

ㅈ

자동차형: 포뮬러 EV3 레이싱 로봇 185
  로봇 조립 187~206
  무선 조종 프로그램 212~213
  무인 자동차 모드로 장애물 회피 214
  소요 부품 목록 186
  조향 207~210
    재설정 208
    좌우 구동 208~210
    중앙 정렬 207~208
    테스트 210~211
자율이동형: 스냇처 339
  로봇손의 동작 원리
    문제 해결 380
    제어 340~343
  로봇 조립 345~375
  로봇팔의 동작 원리 340~343
  무선 조종 프로그램 378
  센서 방향 감지 382~383
  소요 부품 목록 344
  적외선 비콘 찾기
    비콘 찾아가기 388~389

  적외선 벌레 조립 381
  탐색 알고리즘 382~386
  적외선 비콘 탐색 비콘 잡아 들기 382~386
장식 스티커 5~6
장애물 감지 116~118, 239
적외선 리모트 컨트롤러
  로봇 제어하기 6~7
  로봇 테스트 프로그램 25~26
  배터리 4
  스냇처의 프로그램에서 378
  자동차형: 포뮬러 EV3 레이싱 로봇 212~213
  적외선 센서에 활용 119
  (적외선 비콘 참조) 6~7
적외선 센서 블록 273
적외선 센서 76
  근접감지 모드 115~116
  기능 115~116
  다른 센서와의 혼용 116~118
  리모트 컨트롤에 활용 119
  비콘 방향 모드 121
  비콘 신호강도 모드 120
  센서 모드의 혼용 122~123
  원격 모드 119
  장애물 감지 116~118
  장애물 감지 외 214
적외선 센서의 원격 모드 119
전선 22
전용 충전기 4~5
절반 단위 149
점멸 설정 275
정지 방식 설정 44, 209
조향
  자동차형: 포뮬러 EV3 레이싱 로봇
    재설정 208
    좌우 구동 208~210
    중앙 정렬 207~208
  조향 설정 42
  조향모드 주행 블록
    모드 42
    활용 39~41
조향모드 주행 블록 39
  가속 44
  모드 42
  정지 방식 설정 44

정확한 회전　44~45
조향 설정　42
켜짐과 꺼짐 모드　54
켜짐과 꺼짐 모드　416
파워 설정　42
활용하기　39~41
종동 기어　164
주변광 강도 모드　95, 108~109
주석(주석 도구)　36
주석 블록(문제 해결을 위해)　444
주행 블록의 꺼짐과 켜짐 모드　54
중첩된 루프 블록　62~63
직교 결합
　기어　171~175
　축　172~173

ㅊ

참의 확률 설정　294
최근 실행된 파일　23
추가 EV3 컨트롤러 연결　22
추가 장비 연결　22
축　137
　길이 측정　11~12
　꼬이면서 손상됨　176
　센서 조립에 활용　154
　이탈 방지　144
　직교　172~173
　축 구멍에 끼우기　144~145
　커넥터 블록과의 활용　145
축 구멍　144~145, 153
출력 포트　22
출력축　164
측정 모드　90
　센서 블록　271~274
　타이머 블록　299~300

ㅋ

카운트한 값　320
캐터필러　150
캠　149
커넥터 블록　137
　직각으로 연결　146~148
　축을 이용해 연장　145
　평행으로 보강　146
컨텍스트 도움말 표시　36~37
컬러 모드　95, 97
컬러 센서　76, 95
　로봇 개미 앤티의 반응　240~242
　반사광 강도 모드　95, 103
　　기준값　104
　부드럽게 선 따라가기　105~107
　색 패턴 시트　97
　색상 감지　240~242
　선 따라가기　99~100
　선 밖으로 나가지 않기　97~99
　악수 감지　432
　익스플로러 로봇에 장착　95~96
　주변광 강도 모드　95, 108~109
　컬러 모드　95, 97
　테스트 트랙　97~98
컬러센서 블록　272
컴파일 된 프로그램 디컴파일하기　448
컴파일 오류
　마이 블록의 누락　441~442
　변수 정의의 누락　443
　프로그래밍 블록 에러　441~443
컴퓨터로의 파일 전송　448
콘텐츠 편집기　37

ㅌ

타이머 블록　271, 299
타이머 블록의 리셋　300
태블릿으로 로봇 제어　6~7
탭 뷰　88~89
탱크 바퀴　150
탱크모드 주행 블록　55~56
터치 센서　76
　다른 센서와의 혼용　116~118
　모터 각도 감지　220
　범퍼에 활용　76~80
　변경 모드　82~83, 90
　비교 모드　82~83, 86, 90, 275~276
　상태 모드　83~85
　스위치 블록　86~89
　장애물 감지　83

측정 모드　90

휴머노이드형: 라바 렉스　413

터치 센서 블록　271

터치 센서를 이용한 범퍼　76~80

테스트 트랙　97~98

테스트 패드　6

프로그램의 변화를 확인　445~446

테크닉 부품

EV3 세트에 포함된　3

분류 및 정리　5

텍스트 블록　300

텍스트 출력　51

텍스트형 데이터 와이어　265~266

텍스트형 변수　316~318

토크　162~166

감소　163~164

기어에 의한　164~166

속도와 토크의 관계　165~166

증가　163

ㅍ

ㅍ 형 프레임　139

파워(모터 속도 제어)　42

파일 탐색기　23~24, 34

펌웨어 업그레이드　28, 449~450

평 기어　168

평행한 빔

보강　146

연결　146

포트 뷰 탭　447

포트 설정　42

프레임　137~140

프로그래밍 블록 복사하기　36

프로그래밍 블록의 도움말　36~37

프로그래밍 블록의 모드 설정　41~43

프로그래밍 캔버스　30

프로그램

EV3 에 전송하기　27

무선랜을 활용　455~456

블루투스를 활용　452~454

EV3 탐색기에서 찾기　34

닫기　33

데모 프로그램　25

디컴파일링　448

마이 블록의 활용　64~66

블록을 놓기　29

새 프로젝트 시작　28

수정 후 변화를 확인　446

실행하기

EV3 에서 직접　24

다운로드 후 자동으로　31

문제 해결　444~446

직접　32

이름 변경　33~34

일시적 중지　59

저장하기　33

프로젝트와의 비교　32

(프로그래밍 블록 참조)　4

프로그램 닫기　33

프로그램 실행하기

다운로드 후 자동으로　31

직접　32

프로그램 이름 변경　33~34

프로그램 저장　33

프로그램과 블록의 이름 짓기　444~445

프로그램의 도구 모음　35

프로그램의 일시 중지　59

프로젝트

EV3 탐색기에서 찾기　34

각각의 프로젝트 폴더　34

닫기　33

마이 블록 공유하기　312

마이 블록 복사하기　67~68

마이 블록의 관리　67~68

속성　34

열기　33

이름 변경　33~34

프로그램과의 비교　32

플랫 뷰와 탭 뷰　88~89

피타고라스의 정리　170

핀　12, 137

ㅎ

하드웨어 페이지　31, 81, 447

현재 모터 파워 모드　128

화면 지우기　50

찾아보기　473

확대/축소 도구   35
회전
   기어열에서의 방향   164~165
   반전시키기   177
회전 센서   125, 127
   계산   129
   그림 그리기에서의 활용   326
   모터 각도   125, 127
   바퀴 정렬에 활용   207~208
   보행 방향 동기화   416~417
   속도   161~162
   속도 조절   130~131
   스냇처의 로봇손 초기화   340~343
   용도   76
   위치 재설정   128
   회전 속도   128
   회전 속도 계산   129
회전 센서 블록   274
회전수로 동작 모드   239
후진 구동   40, 43
휴머노이드형: 라바 렉스   393
   다리 초기화하기   431
   두 센서 중 하나의 반응 감지   432
   로봇 조립   422~429
      하반신   396~412
   머리와 팔 제어   430
   보행
      다리 동기화   416~418
      두 센서 중 하나가 반응할 때까지   432
      모터 방향 설정   413~415
      방향 바꾸기   420
      보행 초기화   413~418
      테스트   420
   소요 부품 목록   395
   장애물 감지   430
흐름 제어 블록   30
   회전 속도 계산   130~131

AND 모드, 논리 연산 블록   297
EV3 메뉴
   Brick Apps tab   24
   File Navigation tab   23
   Run Recent tab   23
   Settings tab   24
   브릭 앱   24
   설정   24
   최근 실행된 파일   23
   파일 탐색기   23
EV3 브릭
   내장 메뉴   23~24
   다운로드한 프로그램 찾기   34
   마이크로 SD 카드   450~451
   메모리 관리   448, 450~451
   배터리   4~5
   버튼의 동작   23~26
      프로그램을 통한   125~126
   상태 표시등   23~24, 53~54
   운영체제   23
   재부팅   449
   주의사항   24
   켜고 끄기   23~24
   펌웨어 업데이트   449~450
   프로그램 다운로드 받기   27, 32
      무선랜을 활용   455~456
      블루투스를 활용   452~454
   프로그램 실행하기   24
   브릭 프로그램 참조   3~4
EV3 브릭의 버튼(프로그래밍)   125~126
EV3 브릭의 재시작   449
EV3 전용 충전식 배터리팩   4~5
EV3 프로그래밍 소프트웨어
   다운로드   7~8
   도구 모음   35
   로봇 제어하기   7
   블록을 놓기   29
   블록의 도움말   36~37
   선택 도구   35
   선택된 것만 실행   32
   설치   7~9
   시작 블록   30
   실행하기   27
   업그레이드   7~9
   이동 도구   35
   주석 도구   36
   콘텐츠 편집기   37
   프로그래밍 캔버스   30
   프로그래밍 팔레트   30

프로그램 다운로드 받기　27, 32
프로그램 직접 실행하기　32
프로젝트와 프로그램　32
하드웨어 페이지　31
확대/축소 도구　35
EV3 호환 Wi~Fi 무선랜 동글　22
H 형 프레임　139
IR 무선 조종　(적외선 비콘 참조)
IR 컨트롤 앱　25~26
Linux, 리눅스　23
M 단위　138, 148
MAC 으로 제어　8
Not 모드, 논리 연산 블록　296~298
O 형 프레임　139
Or 모드, 논리 연산 블록　296~298
PC로 제어　8
SD카드 폴더　450~451

SSID (네트워크 식별을 위한 이름)　455~457
USB 연결　문제 해결　29, 447
　추가 장비 연결용　22~23
　프로그램 다운로드를 위해　4, 22, 29
USB 포트　22~23
WNA1100 N150　(EV3 호환 Wi~Fi 무선랜 동글 참조)　455
XOR 모드, 논리 연산 블록　296~298

% (모듈로 연산자)　416
* (곱셈 연산자)　416
/ (나눗셈 연산자)　416
0.5 단위　(기어에서)　12, 146, 168~169
12톱니 기어　341
24톱니 기어　341
36톱니 기어　341

조립 참조용 차트(1:1)

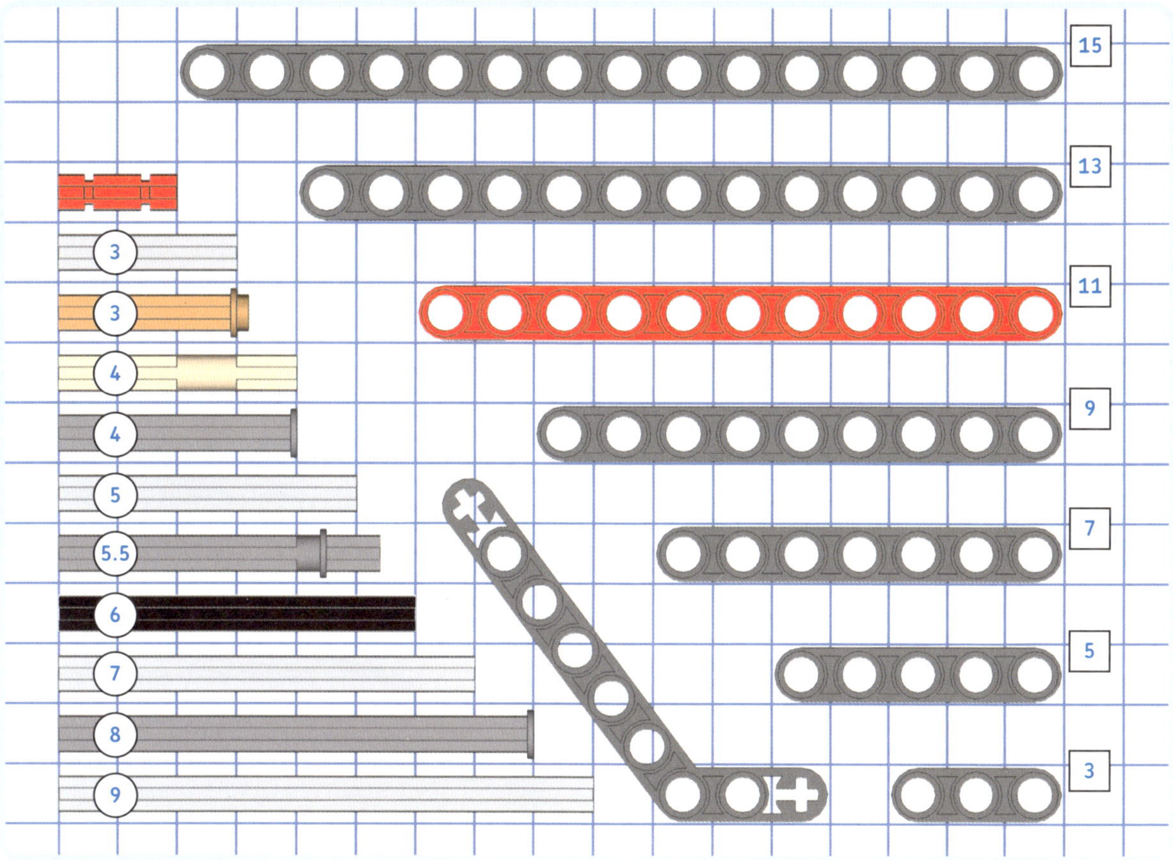

센서의 모드

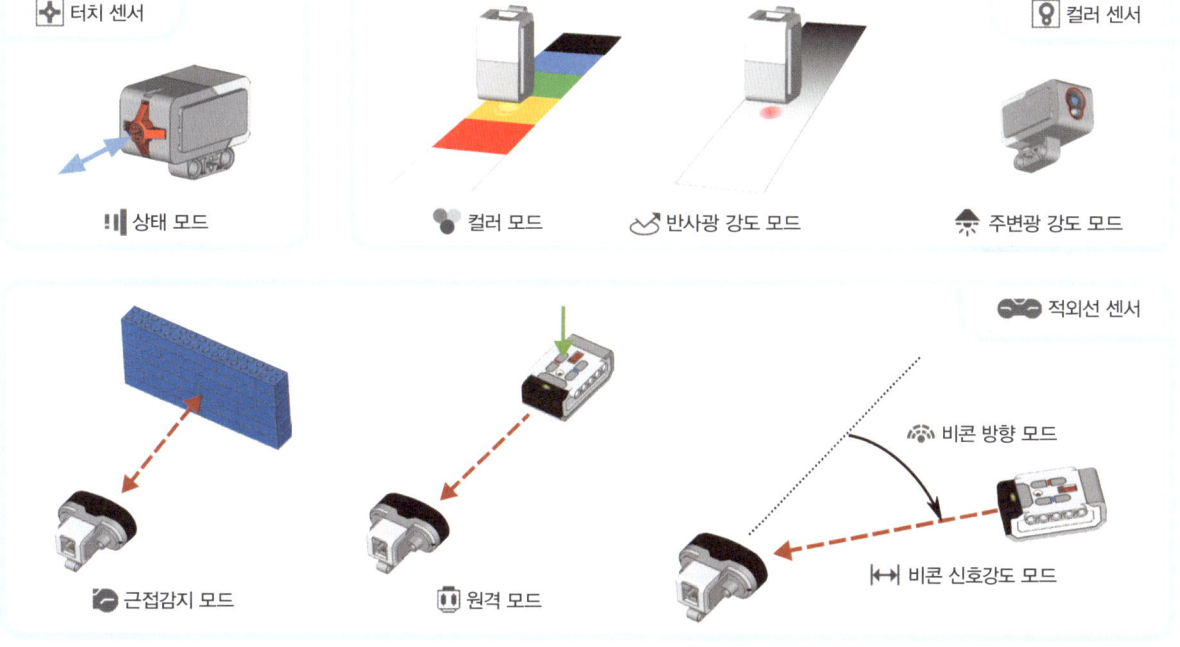

레고® 마인드스톰® EV3 마스터 가이드 부품 리스트 (제품번호 31313)

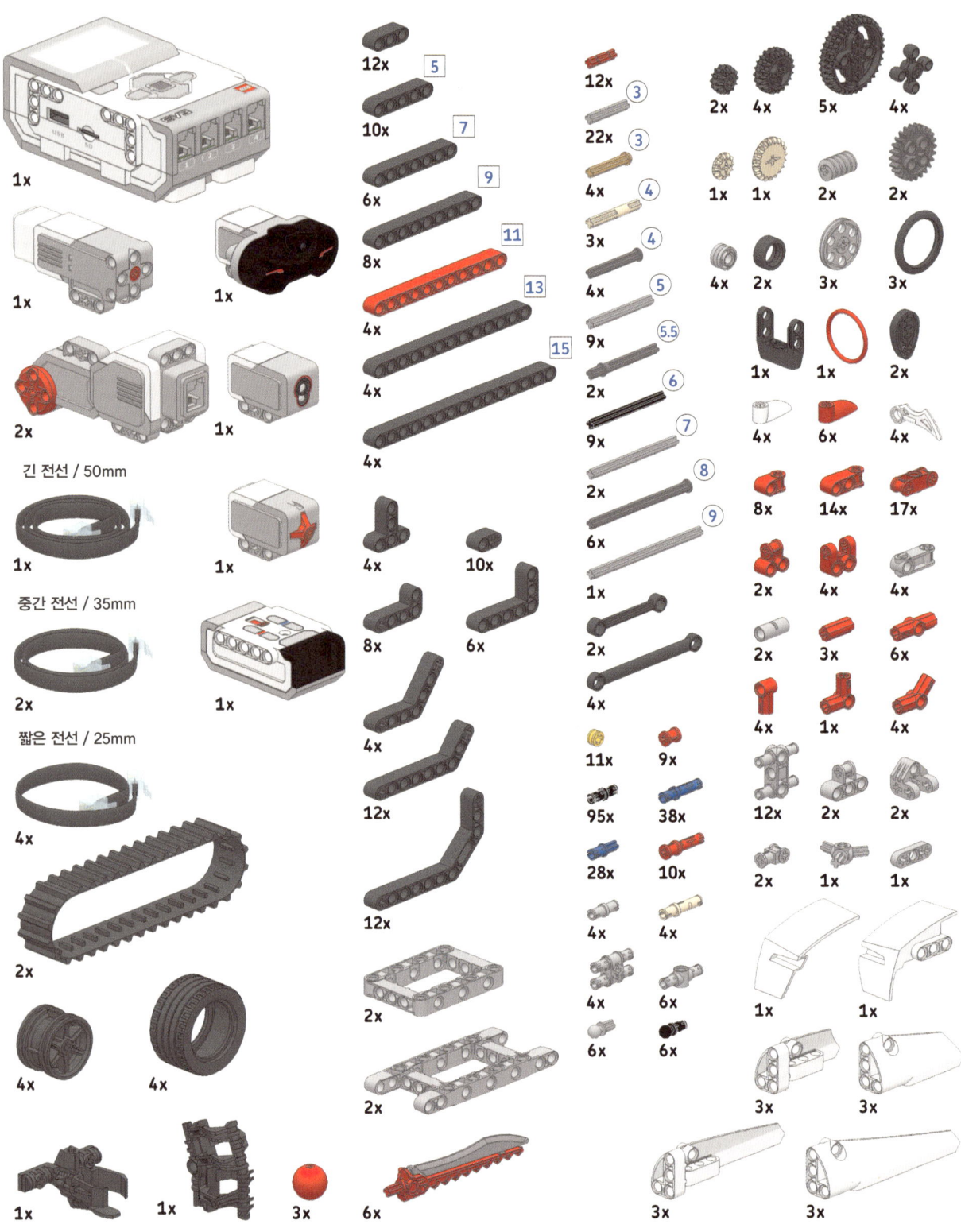